제2판

저작권침해 판단론

실질적 유사성을 중심으로

권영준 · 조정욱

박영사

제2판 머리말

"하늘 아래 새로운 것은 없다(There is nothing new under the sun)"는 말은 특허와 관련하여 종종 언급되기도 하지만, 사실 저작물에 더 적합한 것이 아닐까 싶다. 누구나 자신의 생각과 감정을 말하고 쓰고 표현하는 것은 인간의 본성이며, 이를 보호하는 것이 "표현의 자유"이다. 그런데 이러한 표현 중에 창작성이 있는 것을 독점적, 배타적으로 보호하는 것이 저작권법이다. 누구나 저작물을 창작할 수 있고 반대로 이용할 수 있다는 점에서 저작권법은 창작자와 이용자 모두를 배려하지 않을 수 없다. 이러한 점을 고려할 때 저작권침해의 판단기준에 관한 논의는 저작권법의 가장 핵심일 것이다.

이 책 초판이 2007년에 출간된 이래 16년 동안 저작권법은 상당히 많은 개정과 개선이 있었다. 또 콘텐츠 산업과 시장 환경도 크게 변화하여 대한민국 콘텐츠가 세계에서 큰 주목을 받는 것뿐만 아니라, 각종 시상식 수상과 함께 한국 콘텐츠를 원작으로 하는 국내외 콘텐츠 제작이 활발해지고 있다. 국내 판례 및 학계·실무 연구도 다양한 주제에 관해 심도 있게 축적되고 있다. 이러한 발전에 맞추어 이 책의 개정 필요성을 절실히 느끼게 되었다.

이 책은 총론과 각론으로 나누어지는데, 원칙적으로 침해판단기준에 관한 기본법리 내용은 유지하되, 각론에서는 기존 내용을 대폭 보강하여 저작권법 제4조에서 예시하는 저작물의 유형에 따른 침해판단기준을 세부적으로 다루었다. 이는 "표현"을 본질로 하는 저작물의 다양한 유형에 따라 침해판단기준을 개별적으로 살펴볼 필요가 있다고 보았기 때문이다. 저작권 보호가 강화되면서 완전 복제에 의한 침해보다는 실질적으로 유사한 콘텐츠 제작·이용에 의한 침해가 늘어나고, 특히 콘텐츠의 활용 범위가 확대되면서 "장르 간, 매체 간 차이"와 "포괄적·비문자적 유사성"을 둘러싼 문제가 더 중요해지고 있다는 점을 고려하여 실질적 유사성 판단기준을 다각적 관점에서 분석하고자 하였다.

이 책의 원저자는 7년 이상 법원에서 판사로서 재판실무를 경험하고 17년간

대학에서 심도 있는 이론연구를 해왔고, 공동저자는 22년간 변호사로서 다양한 소송 및 자문 업무의 수행을 통해 실무 경험을 쌓아 왔고 수년간 법학전문대학원에서 겸임교수 또는 객원교수로 강의를 해오고 있는바, 함께 공동으로 이 책을 개정함으로써 저작권침해판단론에 관한 이론과 실무의 조화를 최대한 반영하고자 하였다. 무엇보다 공동저자들의 스승이신 정상조 교수님께 학문적 지도뿐만 아니라, 늘 따뜻한 격려에 깊은 감사를 드리고자 한다. 그리고 동문수학한 박준석 교수님에게도 늘 학문적 조언을 해주시고 연구 동기를 일깨워주신 점에 대해 쑥스럽지만 감사의 뜻을 표하고자 한다. 또 한국엔터테인먼트법학회 시절부터 실무와 이론의 끈을 계속 이어나갈 수 있는 계기를 마련해주신 남형두 교수님께도 감사함을 전하고자 한다.

최근 2023년 3월경 세계최초 인공지능(A.I.)이 만든 작품을 전시하였다는 미술관이 네덜란드 암스테르담에서 개장하였다는 뉴스가 있었는데, 이는 저작권법이 새로운 지경을 맞이했다는 점을 보여주는 것이다. 또 두 작품을 비교하는 기술이 첨단화되고 있는 점, 거대한 데이터베이스에서 유사한 작품을 찾아내는 검색기술의 발전도 주목할 부분이다. 이 책 저자들은 새롭게 급변하는 저작권 환경에 가장 적합한 기준과 법리를 찾아가는 노력을 쉬지 않을 것이다.

아울러 오래된 초판이 제2판으로 세상에 다시 나올 수 있도록 해주신 안종만 회장님과 조성호 이사님, 김선민 이사님께도 깊은 감사를 드리지 않을 수 없다.

2023년 4월
서울대학교 법학전문대학원 연구실에서
권 영 준, 조 정 욱

머 리 말

영국의 사학자 아놀드 토인비가 언급한 것처럼 이제 지식, 정보 및 문화의 물결이 세계를 지배하고 있다. 그리고 그 소용돌이의 중심에 문화의 기본규범인 저작권법이 자리잡고 있다. 특히 어떠한 경우에 저작권이 침해되는 것인가 하는 문제는 저작권법의 핵심적인 쟁점이다. 한편 저작권침해를 판단함에 있어서, 원고의 저작물과 피고의 작품이 저작권침해에 이를 정도로 실질적으로 유사한가 하는 점은 저작권침해소송에서 가장 중요하고 어려운 문제이다.

저자는 서울지방법원의 지적재산권 전담부에 근무하던 시절 이른바 표절사건들을 접하면서 인간의 내면에서 창조된 무형적 재산이 과연 어느 정도까지 보호되어야 마땅한가 하는 문제의식을 가지기 시작하였다. 이에 관한 각종 자료들을 수집하고 본격적으로 이 점을 고민하기 시작한 것은 2003년 하버드 법대 유학시절이었다. 그리고 그 결과물로 2005년에 서울대학교에 박사학위논문을 제출하기에 이르렀다. 이 책은 그 박사학위논문을 수정, 보완하여 완성한 것이다.

이 주제를 연구하는 과정에서 다음 세 가지 점을 염두에 두었다.

첫번째로 "법관이 일반인의 관점에서 볼 때 두 작품이 유사하다고 느끼면 곧 유사한 것이다"라는 공허한 기준에 색깔을 입힐 수 있는 실체적인 기본원리를 발견하고자 하였다. 그리고 그 원리는 저작권법의 목적에서 도출하고자 하였다. 저작권법은 창작 인센티브 부여를 위한 규범이므로, 저작권 보호범위를 확정하는 실질적 유사성의 문제도 창작 인센티브와의 상관관계에서 해결하여야 하는 것이다. 이러한 입장에서 이 책에서는 가장 포괄적이고 추상적인 저작권법의 목적과 가장 개별적이고 구체적인 실질적 유사성 판단 사이에 논리적 연결고리를 생성하고자 하였다. 이로써 포괄적인 저작권법의 목적이 개별적인 실질적 유사성 판단의 현장에도 지도이념으로 투영될 수 있도록 하였다.

두 번째로 실질적 유사성을 둘러싼 국내외의 복잡하고 다양한 논의들을 통일된 체계 속에 위치시키고자 하였다. 실질적 유사성 판단은 실제 저작권침해분쟁의 핵심적인 문제이면서도 그 사안중심적 속성 때문에 개별적 논의들의 이론적 체계화 작업이 충실하지 못하였던 감이 있다. 이 책에서는 실질적 유사성에 관하여 논의되었던 많은 관련 쟁점들을 하나의 체계적 틀 안에서 설명하되, 구체적으로는 이를 실체적 측면과 방법적 측면의 두 가지 측면으로 분류하여 검토하였다.

세 번째로 저작물의 유형별로 국내외의 다양한 판례들을 분석하여 가급적 구체화된 판단지침을 제시함으로써 실무가들의 실질적 유사성 판단에 조금이나마 도움을 주고자 하였다. 다만 우리나라나 이웃 일본의 경우 관련 판례들이 많지 않은 반면, 미국에는 상당한 정도로 판례축적이 이루어졌기 때문에 불가피하게 미국의 판례들이 상대적으로 많이 소개될 수밖에 없었음을 양해하기 바란다.

이러한 거창한 소개에도 불구하고 이 책에는 여전히 부족함이 많다. 그리고 이는 온전히 나의 보잘것 없음에 기인한 것이다. 반면 이 책에 다소나마 유익한 것이 있다면 이는 오로지 다음 분들의 격려와 도움으로 인한 것이다.

우선 저자에게 학문적으로나 인간적으로 큰 모범과 격려를 아끼지 않으셨던 정상조 교수님이 아니었다면, 이 연구는 불가능하였을 것이다. 연구과정에서 친절하고 상세한 조언을 아끼지 않으셨던 김재형, 송옥렬, 구대환, 이대희 교수님들께도 진심으로 감사드린다. 동문수학하면서 학문과 우정의 즐거움을 일깨워 준 친구, 박준석 판사와 조정욱 변호사에게도 평소에는 쑥스러워 표현하지 못하였던 감사함을 표하고 싶다. 아울러 박사학위논문의 작성이 완료된 시점부터 지금에 이르기까지 이 책을 출간할 수 있도록 빈틈없이 도와 주신 조성호 차장님, 홍석태 차장님을 비롯한 박영사 관계자들에게는 죄송하기도 하고 감사하기도 하다.

이제 나는 분에 넘치게도 2006년 9월 이래 모교에서 민법을 연구하고 가르치게 되었다. 끊임없이 달리는 열차 같은 법원행정처의 업무를 뒤로 하고 사직하는 과정에서도 모든 것을 이해해 주시고 격려하여 주신 이용훈 대법원장님, 장윤기 법원행정처장님, 목영준 당시 법원행정처 차장님(현 헌법재판관), 그리고 박병대 기획조정실장님 등 존경하는 선배 법관들께 이 기회를 빌려 가슴 속 깊은 감사를 올린다. 한편 그 높은 학문적 성취 때문에 먼 곳에만 계신다고 느껴 왔던 양창수, 윤진수, 남효순 교수님을 비롯하여 서울대 법대의 훌륭하신 교수님들로부터 직접 따뜻한 가르침과 격려를 받을 수 있게 된 것은 실로 인생의 가장 큰 축복 중 하나이다.

아울러 오랜 세월 동안 내가 가정과 사회에서 잘 설 수 있도록 도움과 사랑을 아끼지 않으셨던 양가의 부모님들께 깊은 감사를 올린다. 마지막으로, 작지만 가장 소중한 행복의 원천이 되어 주는 아내 연신과 자녀들인 하람, 해린, 해찬, 하은에게 서툴지만 진솔한 사랑을 전한다.

2007년 1월
서울대학교 법과대학 연구실에서
권 영 준

요약 목차

목 차

제1장 서 론 3

제2장 저작권침해소송과 실질적 유사성 판단 11

제4장 실질적 유사성의 일반적 판단 기준   91

제5장 실질적 유사성의 유형별 판단 기준 161

제6장 결 론 399

제1장

서 론

제1장   서   론

제1절   연구의 목적

　이 책은 저작권침해소송에서의 실질적 유사성 판단 기준을 연구 대상으로 삼고 있다. 실질적 유사성 이론은 타인의 저작물을 그대로 무단 이용하는 경우뿐만 아니라 이를 실질적으로 유사한 형태로 무단 이용하는 경우에도 저작권침해가 성립한다는 이론이다. 이른바 표절(剽竊)이 문제되는 저작권침해소송에서는 실질적 유사성이 사건의 핵심적 쟁점이 된다.

　실질적 유사성에 관한 판단 기준을 정립하는 것은 쉽지 않은 일이다. 그 판단은 논리필연적으로 구체적인 두 작품의 존재 및 비교를 전제하고 있으므로 개별 사안의 내용에 많은 영향을 받는다. 또한 저작물은 수많은 종류의 문화적 산물을 포괄하는 개념으로서 예술성이 강한 시(詩)나 추상화(抽象畵)로부터 기능성이 강한 소프트웨어에 이르기까지 매우 넓은 스펙트럼을 가지고 있다. 이와 같이 실질적 유사성은 구체적 사안에서 판단되는 것일 뿐만 아니라 그 각각의 사안에서 문제되는 저작물의 종류와 내용도 매우 다양하고 광범위하기 때문에 모든 저작물에 적용될 수 있는 일반적 판단 기준을 정립하는 데에는 한계가 있다. 아울러 그 판단 기준이 지나치게 구체화되면 저작권법의 정책적 목적에 부합하는 유연한 판단에 오히려 장애가 될 수 있으므로 이 또한 꼭 바람직한 것만은 아니다.

　그렇다고 그 판단 기준을 정립하려는 시도를 포기한 채 개별 사건을 담당하는 법관에게 그 사건에 관한 구체적 타당성 있는 결론을 내려 줄 것만 기대하는 것도 바람직하지 않다. 그 판단 기준의 정립은 저작권침해 여부에 대한 예측 가능성을 높여 불필요한 분쟁을 미리 예방하고, 설령 분쟁이 발생하였더라도 분쟁 해결 비용을 줄이는 등 법적 안정성을 높이고 저작권침해 분쟁을 둘러싼 사회적 비

용을 낮추는 데에 큰 기여를 하게 될 것이다. 이는 궁극적으로 안정적인 창작환경
을 보장함으로써, 창작활동을 장려하여 사회 전체의 문화를 풍요롭게 한다는 저작
권법의 기본 정신에도 부합하는 것이다. 따라서 실질적 유사성 판단 기준의 정립
에 뒤따르는 한계들을 염두에 두면서도 가능한 범위 내에서 그 판단 기준을 형성
해 나가기 위한 노력은 반드시 필요하다.

이 책은 다음과 같은 목적으로 저술되었다.

첫 번째로 "법관이 실질적으로 유사하다고 느끼면 유사한 것이다"라는 공허
하고 형식적인 입장에서 나아가, 무엇 때문에 실질적으로 유사한지에 관한 답변을
제공할 수 있는 실체적 원리를 연구하고자 하였다. 실질적 유사성 판단에 관하여
이루어진 국내외의 기존 논의들은 주로 어떻게 실질적 유사성 판단을 할 것인가
에 관한 방법론에 초점이 맞추어져 있었다. 미국 판례들을 통하여 형성되고 학자
들에 의하여 논의되어 온 추상화 테스트(abstractions test), 유형 테스트(pattern
test), 전체적인 관념과 느낌 테스트(total concept and feel test), 보통 관찰자 테스트
(ordinary observer test) 등은 모두 실질적 유사성 판단과 관련된 대표적 기준들이
다. 그러나 이러한 기준들은 어떻게 실질적 유사성을 인정할 것인가 하는 점에 관
하여 직접 다루고 있을지는 몰라도, 왜 실질적 유사성이 인정되는지, 또는 인정되
지 않는지에 관하여는 직접 다루지 않고 있다. 이러한 이유로 실질적 유사성 판단
은 구체적 사안 해결에 적용되는 기술적 틀로서의 측면이 강조되는 반면, 그 배후
에 흐르는 기본적이고 실체적인 정신이나 원리는 강조되지 않는 듯한 느낌이 있
다. 그렇다면 실질적 유사성 판단에 관한 각종 기준들을 모두 관통하면서, 판단
과정에서 최종적으로 개입되는 판단 재량까지 지배할 수 있는 실체적인 기본원리
가 무엇인가를 찾아내고 이를 실질적 유사성 판단의 지도원리로 제시하는 것은
대단히 중요한 일이다. 이 책에서는 이러한 점에 주목하여 실질적 유사성 판단 전
반을 관통하는 거시적이고 기본적인 원리를 판단 기준 정립의 출발점으로 삼기로
하고, 이러한 원리는 저작권법이 추구하는 목적에서 도출되는 것이 타당하다는 점
을 강조하였다.

두 번째로 이 책에서는 실질적 유사성 판단과 관련하여 논의되었던 여러 가
지 쟁점들을 포괄하는 하나의 이론 체계를 완결시키고자 하였다. 실질적 유사성은
처음부터 체계를 갖추어 정립된 개념이라기보다는 주로 개별적인 저작물에 관하
여 발생한 저작권침해 분쟁들에 관하여 미국 판례들이 축적되면서 점차 그 내용

을 형성하여 온 개념이다. 따라서 실질적 유사성은 현실적인 분쟁 해결과 관련하여 자주 논의되면서도 막상 그 이론적인 체계화 작업은 충실하게 이루어지지 않았다. 실질적 유사성 판단에는 창작성이나 저작물의 자유이용과 같은 관련 개념들과의 상호관계, 아이디어/표현 이분법이 실질적 유사성 판단에서 차지하는 의미, 실질적 유사성의 판단 관점이나 판단 방식을 둘러싼 각종 논의, 저작물의 유형에 따라 차별적으로 이루어지는 실질적 유사성 판단의 모습 등 실질적 유사성 판단을 둘러싼 여러 가지 쟁점들이 얽혀 있다. 이러한 복잡성은 실질적 유사성 이론의 체계화를 어렵게 한다. 또한 실질적 유사성 판단을 위하여 형성된 각종 테스트들도 체계적인 방향성을 가지고 발전하여 왔다기보다는 산발적으로 형성되어 적용되어 왔는데 각종 테스트들의 상호관계도 명확하게 정리되지 못하였다는 느낌을 준다.[1] 이러한 문제의식하에 이 책에서는 실질적 유사성은 저작권 제도의 가장 큰 정책적 목표인 적정한 저작권 보호범위 설정의 핵심적인 도구라는 점에서 출발하여, 1차적으로는 그러한 저작권 제도의 목적과의 상관관계 아래에서 실질적 유사성 판단의 기본원리를 도출하고, 2차적으로는 그 기본원리 아래에서 그동안 산발적으로 논의되어 오던 각종 관련 쟁점 내지 테스트들을 실체적인 측면과 방법적인 측면의 두 가지 측면에서 체계적으로 정리하여 실질적 유사성의 일반적 판단 기준을 정립하며, 3차적으로는 그러한 일반적 판단 기준이 개별적인 저작물의 유형별로 어떠한 모습으로 적용되고 변형되는지를 살펴보아 실질적 유사성의 유형별 판단 기준을 제시하는 등, 그 동안 하나의 논리체계 안에서 정리되지 못하였던 실질적 유사성 판단에 관한 논의를 좀더 거시적이고 일관된 하나의 이론체계 안에서 그려나가기 위하여 노력하였다.

세 번째로 이 책에서는 사안중심적인 실질적 유사성 판단의 특성에 맞추어, 가급적 다양한 판례들을 분석하여 저작물의 유형에 따라 적용할 수 있는 실질적 유사성 판단의 지침을 제공하고자 하였다. 실질적 유사성은 개별적 사안의 맥락 안에서 판단되는 것으로서, 해당 저작물의 유형과 특성, 그 저작물에 나타난 창작

---

[1] 미국에서 가장 권위있는 저작권 주해서의 하나로 평가받는 Melville B. Nimmer & David Nimmer, *Nimmer on Copyright* (2002), §13.03, 13 − 31 내지 40면에서는 실질적 유사성 판단에 관한 대표적 테스트로서 추상화 테스트, 유형 테스트, 전체적인 관념과 느낌 테스트를 차례대로 소개하고 있다. 그러나 추상화 테스트나 유형 테스트는 주로 저작권 보호대상인 표현을 확정하기 위한 도구로서의 성격을 가지는 반면, 전체적인 관념과 느낌 테스트는 실질적 유사성을 판단하기 위한 방식으로서의 성격을 가지는 것으로서 이를 같은 차원의 테스트로 병렬적으로 파악할 수는 없다.

성의 정도, 이용된 부분의 표현성, 이용된 양, 그 부분이 차지하는 질적 비중, 피고 작품에 부가된 새로운 요소 등 수많은 개별 변수들에 의하여 좌우된다. 그러므로 실질적 유사성에 관한 이론을 체계화하는 것은 실질적 유사성의 개념과 의미를 명확하게 하고 총론적인 접근방법을 파악하는 데에는 도움이 될 것이나, 그 자체만으로 실제 사례를 해결하는 데에 큰 도움이 될 수는 없다. 이는 형사재판에서의 양형에 비유할 수 있다. 형법 제51조에서는 양형의 기준으로서 ① 범인의 연령, 성행, 지능과 환경, ② 피해자에 대한 관계, ③ 범행의 동기, 수단과 결과, ④ 범행 후의 정황을 제시하고 있다. 이는 일응 명쾌해 보이지만 실제 형을 정함에 있어서 위와 같은 추상적인 기준의 적용만으로 직접 얻을 수 있는 해답은 거의 없다고 해도 과언이 아니다. 오히려 위와 같은 추상적 기준이 구체적인 모습으로 적용된 다른 사안들을 가급적 많이 참고한 뒤 그로부터 해당 사안에 대한 적정한 양형의 감각을 얻는 것이 보다 현실적이고 합리적이다. 이와 비슷한 맥락에서 실질적 유사성 판단론이 실제 분쟁해결의 장에서 살아 움직이기 위하여서는 다양한 사안에 관한 다양한 판례들이 이론체계의 컨텐츠로 제공되지 않으면 안 된다. 저작권법에서 실질적 유사성 판단 기준에 관한 아무런 단서도 제공하지 않는 이상 실질적 유사성 판단에 있어서 판례들이 가지는 중요성은 매우 크다고 할 수 있다. 이는 특히 일반적이고 포괄적인 판단 기준보다는 저작물의 유형에 따른 판단 기준에서 더욱 부각된다. 따라서 이 책에서는 이론체계의 선명성을 해치지 않는 범위 안에서 가급적 다양한 판례들의 내용을 분석하고 반영함으로써 유형별 저작권 침해판단 기준을 가급적 구체화하는 데에 관심을 기울였다.

제2절 연구의 구성

본 연구는 크게 ① 실질적 유사성 판단이란 무엇(what)이고, 그것이 왜(why) 저작권침해소송에서 중요한가에 대한 부분과 ② 실질적 유사성 판단을 어떻게 (how) 행할 것인가에 대한 부분으로 나누어진다. 그 중 ②의 부분이 본론적인 부분이라고 할 수 있는데, 이를 실질적 유사성 판단의 배후에 흐르는 기본원리 ―모든 유형의 저작권침해분쟁에 일반적으로 적용되는 실질적 유사성의 일반적 판단 기준― 개별적인 유형의 저작권침해분쟁에 적용되는 실질적 유사성의 유형별 판단 기준으로 나누었다. 이러한 커다란 틀 아래에서 이 책은 아래와 같이 구성되어 있다.

제2장 '저작권침해소송과 실질적 유사성 판단'에서는 실질적 유사성 판단이 무엇이고, 왜 중요한가를 저작권침해소송의 맥락 안에서 다룬다. 실질적 유사성 판단은 저작권침해소송의 체계 안에서 의미를 가지는 것이므로, 우선 저작권침해소송의 전체적인 구조를 개략적으로 살펴보면서 그 구조 안에서 실질적 유사성 판단이 어떠한 체계적인 의미를 가지고 있는지, 또한 왜 실질적 유사성 판단이 저작권침해소송에서 중요한 비중을 차지하고 있는지에 대하여 검토한다.

제3장부터 제5장까지는 실질적 유사성 판단을 어떻게 할 것인가에 관하여 기본적이고 추상적인 원리에서 출발하여 각론적이고 세부적인 지침으로 논의를 발전시켜 나간다.

제3장 '실질적 유사성 판단의 기본원리'에서는 실질적 유사성 판단의 배후에 흐르는 지도적인 원리가 무엇인가를 논의한다. 이 장에서는 실질적 유사성 판단이 단순히 두 작품을 형식적, 피상적으로 비교하여 유사성을 찾아내는 정책중립적 작업이 아니라, 저작권법이 추구하는 목적에 도달하기 위한 중요한 정책적 수단이라는 점에 주목한다. 여기에서는 저작권 제도의 존재 목적에 대한 논의에서 출발하여 저작권 제도의 목적을 달성하기 위한 기본적인 운영원리가 적정한 저작권 보호범위의 설정이라는 것, 한편 적정한 저작권 보호범위의 설정을 위한 여러 가지 도구들 중에서 실질적 유사성 판단은 대단히 중요한 비중을 차지한다는 것을 차례대로 검토한다. 이러한 연결고리 아래에서 실질적 유사성 판단은 저작권법의 목적에 도달하기 위한 기본적인 운영원리인 적정한 저작권 보호범위 설정과의 상관관계에서 행하여져야 한다는 점을 논증한다.

제4장 '실질적 유사성의 일반적 판단 기준'에서는 실제 실질적 유사성 판단을 행하면서 직면하게 되는 실체적 문제 및 방법적 문제의 두 가지 측면에서 제3장에서 논의한 기본원리가 어떻게 구현되는지를 살펴본다. 이는 실질적 유사성 판단 기준에 관한 총론(總論)에 해당하는 것으로서 개별적인 저작물의 유형에 관계없이 일반적으로 적용될 수 있는 일반적인 판단 기준을 다루는 부분이다. 실질적 유사성 판단의 실체적 측면에 관하여서는 보호대상의 문제2)와 보호범위의 문제3)로

---

2) 이는 원고의 작품을 구성하는 요소 중 어느 부분이 저작권보호의 대상이 되는가 하는 문제로서 결국 아이디어와 표현을 구분하는 문제로 귀착된다.

3) 이는 원고의 저작물과 피고의 작품이 어느 정도로 유사하여 실질적으로 유사한가 하는 문제로서 결국 유사성 정도 또는 보호범위의 문제라고 할 수 있다.

나누어 고찰하고, 방법적 측면에 관하여서는 판단관점의 문제4)와 판단방식의 문제5)로 나누어 고찰한다.

제5장 '실질적 유사성의 유형별 판단 기준'에서는 제4장에서 살펴본 실질적 유사성의 일반적 판단 기준이 각각 다른 모습을 가지고 있는 개별적 유형의 저작물에 어떻게 적용되는가 하는 점을 다룬다. 이는 실질적 유사성 판단에 관한 각론(各論)에 해당한다. 이 장은 저작물의 종류와 특성이 매우 다양한 현실에서 모든 저작물에 일률적으로 적용될 수 있는 실질적 유사성 판단 기준은 지나치게 추상적일 수밖에 없다는 문제의식에서 출발한다. 이에 저작물을 그 특성과 내용에 따라 유형화한 뒤 각 유형별로 실질적 유사성의 일반적 판단 기준이 적용되는 모습을 살펴보면서 기존 판례들을 분석하여 실제 판단에 참고가 될 만한 세부적인 기준 내지 지침들을 제시한다.

제6장 '결론' 부분에서는 이 책에서 제시한 세 가지 목적에 대하여 결론적으로 이야기하고자 하는 바가 무엇인지를 제시하고, 본 연구의 한계 및 그에 대한 평가, 그리고 향후 이 주제에 대한 연구 방향에 관한 제언을 덧붙인다.

---

4) 이는 실질적 유사성은 일반인과 전문가 중 누구의 관점에서 판단하여야 하는가의 문제이다.
5) 이는 저작권에 의하여 보호되는 표현을 추출하는 작업과 두 작품을 비교하는 작업이 어떠한 순서에 의하여 이루어져야 하는가의 문제이다.

제2장

저작권침해소송과 실질적 유사성 판단

제2장 저작권침해소송과 실질적 유사성 판단

제1절 개관

이 책은 저작권침해소송에 있어서 실질적 유사성 판단 기준을 주로 다루고자한다. 그러므로 실질적 유사성 판단이 무엇인가를 규명함에 있어서는 우선 그 판단이 문제되는 저작권침해소송에 관한 개괄적인 이해가 선행되어야 한다. 특히 저작권침해소송은 저작권법을 관통하는 가치들이 충돌하기도 하고 조화를 이루기도하는 절차적 장(場)으로서의 성격을 가지기 때문에, 저작권침해소송을 조망하는것은 저작권법 전체 체계와 조화를 이루는 실질적 유사성 판단 기준을 지향하는이 책 연구의 기본적인 방향과도 입장을 같이 한다.

이 장에서는 먼저 실질적 유사성 판단을 이해하기 위하여 필요한 범위 내에서 저작권침해소송의 전체 구조를 조망하고, 그 틀 안에서 실질적 유사성 판단의개념과 의미를 검토한다. 실질적 유사성 판단이 저작권침해소송 안에서 가지는 의미를 발견하기 위하여서는 실질적 유사성과 밀접한 관련성을 가지고 있는 다른개념들, 즉 창작성이나 의거관계 또는 저작물의 자유이용에 대한 검토 및 비교도필요하므로 저작권침해소송의 전체 구조를 조망하는 과정에서 위 개념들과 실질적 유사성의 관계에 대하여서도 검토한다. 저작권침해소송 안에서 실질적 유사성을 판단하는 것이 어떤 의미를 가지는가에 대한 논의가 끝나면 그 다음으로 실질적 유사성 판단이 왜 저작권침해소송에서 중요한 비중을 가지는 쟁점인지에 대하여서 논의한다.

이제 아래에서 저작권침해소송의 전체 구조를 살펴보기에 앞서 저작권침해소송의 개념과 유형에 관하여 짚어 보기로 한다. 저작권침해소송은 저작권자나 저작인접권자(이하 특별히 구분이 필요한 경우가 아닌 한 편의상 '저작권자'로 통칭한다)가 그 권리가 침해되었음을 주장하면서 침해금지나 손해배상을 구하는 소송이다. 그러므로 민사사건의 경우 저작권침해소송은 크게 저작권침해금지소송과 저작권침해를 이유로 한 손해배상소송으로 나누어 볼 수 있다.

그 중 저작권침해금지소송은 저작권자가 침해자에 대하여 침해상태의 정지, 예방 기타 필요한 조치를 청구하는 소송이다. 저작권침해로 인한 침해금지청구권은 저작권법(법률 제18547호, 2021. 12. 7. 개정, 2022. 12. 8. 시행: 이하 특별한 사정이 없는 한 이 법을 기준으로 함) 제123조에 근거한다. 저작권법 제123조 제1항은 "저작권 또는 이 법에 따라 보호되는 권리(제25조·제31조·제75조·제76조·제76조의2·제82조·제83조 및 제83조의2의 규정에 따른 보상을 받을 권리는 제외한다. 이하 이 조에서 같다)를 가진 자는 그 권리를 침해하는 자에 대하여 침해의 정지를 청구할 수 있으며, 그 권리를 침해할 우려가 있는 자에게 침해의 예방 또는 손해배상의 담보를 청구할 수 있다."고 규정하고 있고, 제2항은 "저작권 또는 이 법에 따라 보호되는 권리를 가진 자는 제1항에 따른 청구를 하는 경우에 침해행위에 의하여 만들어진 물건의 폐기나 그 밖의 필요한 조치를 청구할 수 있다."고 규정하고 있다. 여기에서 주의할 점은 "침해"의 개념이 반드시 고의나 과실을 요건으로 하는 것이 아니라는 것이다.[1] 또 같은 조 제3항은 "제1항 및 제2항의 경우 또는 이 법에 따른 형사의 기소가 있는 때에는 법원은 원고 또는 고소인의 신청에 따라 담보를 제공하거나 제공하지 아니하게 하고, 임시로 침해행위의 정지 또는 침해행위로 말미암아 만들어진 물건의 압류 또는 그 밖의 필요한 조치를 명할 수 있다."고 규정하고 있고, 제4항은 "제3항의 경우에 저작권 또는 이 법에 따라 보호되는 권리의 침해가 없다는 뜻의 판결이 확정된 때에는 신청자는 그 신청으로 인하여 발생한 손해를 배상하여야 한다."고 규정하고 있다.

한편 손해배상청구소송은 저작권자가 침해자에 대하여 침해로 인하여 발생한 손해배상을 구하는 소송이다.[2] 저작권침해로 인한 손해배상청구권은 불법행위에 대한 손해배상청구권의 발생을 규정하고 있는 민법 제750조와 저작권침해에 있어

---

1) 이성호, "지적재산권에 대한 침해와 침해자의 고의·과실", 사법논집 제28집(1997. 12), 법원도서관, 446면. 한편 대법원 1995. 10. 2.자 94마2217 결정도, 침해금지가처분 신청사건에 있어서 저작물에 관한 저작자의 성명, 칭호를 변경하거나 은닉하는 것은 고의, 과실을 불문하고 저작인격권의 침해가 된다고 판시하였다.
2) 저작인격권침해의 경우 저작자는 손해배상에 갈음하거나 손해배상과 함께 명예회복을 위하여 필요한 조치를 청구할 수 있다(저작권법 제127조).

서 손해배상액의 산정에 관한 저작권법 제125조, 제125조의2, 제126조[3])에 의하여 규율된다.[4]) 손해배상소송 역시 저작권침해를 전제로 한다는 점에서 침해금지소송과 다르지 않다. 그러나 손해배상청구권이 성립하기 위하여서는 고의나 과실, 저작권침해행위와 손해 사이의 인과관계가 인정되어야 하고, 손해배상의 범위도 주장·증명해야 한다는 점이 다르다.

침해금지소송이건 손해배상청구소송이건 양자는 모두 저작권침해를 주장·증명해야 한다는 공통점이 있다. 한편 저작권침해가 인정되려면 원고의 저작물과 피고의 작품이 동일하거나 실질적으로 유사하다는 점이 인정되어야 한다. 통상 완전복제(dead copy)의 경우에는 자유이용의 영역에 속하는가 여부가 다투어지지 않는 한 저작권침해 여부 판단이 용이하다. 그러나 저작물과 침해물이 동일하지 않은 경우에는 과연 양자 사이에 저작권침해가 인정될 정도의 유사성 내지 종속성, 즉

---

3) 저작권법 제125조 제1항은 침해자가 침해행위에 의하여 이익을 받은 액수를 손해액으로 추정한다고 규정하고 있고, 제2항은 권리자가 권리의 행사로 통상 받을 수 있는 금액에 상당하는 액을 손해액으로 간주한다고 규정하고 있으며, 제3항은 실제 손해액이 제2항에 따라 계산된 금액을 초과하는 경우 그 초과액에 대하여도 손해배상을 청구할 수 있다고 규정하고 있고, 제4항은 등록되어 있는 저작권, 배타적발행권(제88조 및 제96조에 따라 준용되는 경우를 포함한다), 출판권, 저작인접권 등의 권리를 침해한 자는 그 침해행위에 과실이 있는 것으로 추정한다고 규정하고 있다. 그리고 저작권법 제125조의2는 법정손해배상을 인정하고 있는데, 제1항에서 '저작재산권자등은 고의 또는 과실로 권리를 침해한 자에 대하여 사실심(事實審)의 변론이 종결되기 전에는 실제 손해액이나 제125조 또는 제126조에 따라 정하여지는 손해액을 갈음하여 침해된 각 저작물등마다 1천만원(영리를 목적으로 고의로 권리를 침해한 경우에는 5천만원) 이하의 범위에서 상당한 금액의 배상을 청구할 수 있다.'고 규정하고 있고, 제3항은 '저작재산권등이 제1항에 따라 청구를 하기 위해서는 침해행위가 일어나기 전에 제53조부터 제55조까지의 규정(제90조 및 제98조에 따라 준용되는 경우를 포함한다)에 따라 그 저작물등이 등록되어 있어야 한다'고 규정하고 있으며, 제4항은 '법원은 제1항의 청구가 있는 경우에 변론의 취지와 증거조사의 결과를 고려하여 제1항의 범위에서 상당한 손해액을 인정할 수 있다.'고 규정하고 있다. 한편 저작권법 제126조는 손해발생사실은 인정되나 제125조에 따른 손해액을 산정하기 어려운 때에는 법원은 변론의 취지 및 증거조사의 결과를 참작하여 상당한 손해액을 인정할 수 있다고 규정함으로써 재량에 의한 손해배상액의 인정을 허용하고 있다. 이러한 재량에 의한 손해배상액 인정 조항은 저작권법과 같은 개별 법률에 그 법률 적용 범위 내에서 파편적으로 규정되어 있었는데, 이제는 민사소송법 제202조의2에 이에 관한 일반적인 내용이 규정되어 있고, 특별법에 따른 손해배상에도 적용된다. 대법원 2020. 3. 26. 선고 2018다301336 판결 참조.

4) 저작권법 제125조 제1 내지 3항은 손해배상청구권의 성립요건에 관한 규정이 아니라 손해배상청구권의 발생을 전제로 손해배상액을 산정함에 있어서 저작권자의 증명책임을 경감하기 위한 규정이다. 한편 위 법 제125조 제4항은 "등록되어 있는 저작권·배타적발행권(제88조 및 제96조에 따라 준용되는 경우를 포함한다), 저작인접권, 데이터베이스제작자의 권리를 침해한 자는 그 침해행위에 과실이 있는 것으로 추정한다."고 규정함으로써 손해배상청구권의 성립요건 중 하나인 과실에 관하여 다루고 있으나, 이 역시 손해배상청구권의 성립요건을 직접 규정한 것이라기보다는 그 성립요건의 증명책임을 경감하기 위한 규정일 뿐이다. 그러므로 저작권침해로 인한 손해배상청구권 발생의 근거 규정은 일반조항인 민법 제750조이다.

실질적 유사성이 인정되는가가 주된 쟁점으로 떠오르게 된다. 그러므로 실질적 유사성은 침해금지소송이건 손해배상소송이건 불문하고 쟁점이 될 수 있다.

한편 저작권침해소송은 저작재산권에 관한 소송과 저작인격권에 관한 소송으로 나눌 수 있다. 실질적 유사성은 저작재산권과 관련하여 문제되는 경우가 많으나 저작인격권에서도 여전히 문제될 수 있다. 실제로는 1개의 행위로 저작재산권뿐만 아니라 저작인격권에 속하는 지분권을 침해하는 경우가 많은데,[5] 이처럼 저작인격권 침해가 문제되는 경우에도 과연 변형된 작품과 기존 저작물 사이에 넓은 의미의 동일성을 인정할 수 있는가가 문제되기 때문에 여전히 실질적 유사성 여부가 쟁점으로 대두된다.[6] 그러나 저작재산권 침해에 관한 실질적 유사성 판단의 기준은 저작인격권 침해에 관하여서도 적용될 수 있을 것이므로, 여기에서는 저작재산권이 침해된 경우를 위주로 하여 실질적 유사성의 문제를 검토한다.

아래에서는 저작권침해소송에 있어서 당사자들의 주장·증명구조를 살펴보고, 그 체계 안에서 실질적 유사성이 어떠한 위치와 비중을 차지하는지 살펴보고자 한다. 이를 서술함에 있어서 실질적 유사성과 밀접한 관련성이 있는 창작성, 의거관계나 저작물의 자유이용에 관하여서는 비교적 자세하게 다루되, 나머지는 간단한 설명으로 대신한다.

---

5) 예를 들어 타인의 저작물에 약간의 변형을 가하여 새로운 작품을 만든 경우에는 저작재산권으로서의 복제권 침해뿐만 아니라 저작인격권으로서의 성명표시권이나 동일성유지권 침해도 문제된다. 三山峻司, 松村信夫, 實務解說 知的財産權訴訟, 法律文化社(2003), 470면 참조. 또한 "원저작물을 원형 그대로 복제하지 아니하고 다소의 변경을 가한 것이라고 하여도 원저작물의 재제 또는 동일성이 감지되는 정도이면 복제가 되는 것이고, 이와 같은 복제물이 타인의 저작물로 공표되게 되면 원저작자의 성명표시권의 침해가 있었다고 보아야 할 것이고, 원저작물을 복제함에 있어 함부로 그 저작물의 내용·형식·제호의 변경을 가한 경우에는 원저작자의 동일성유지권을 침해한 경우에 해당한다고 보아야 할 것이다"라고 판시한 대법원 1989. 10. 24. 선고 89다카 12824 판결 참조.

6) 대법원 2015. 4. 9. 선고 2011다101148 판결(미리듣기 서비스 사건) 참조. 이 판결에 대하여 '본 판결은 저작물의 이용태양에 따라 저작물의 동일성의 형식이 일부 변경되더라도 저작자의 인격적 이익이 침해될 우려가 없는 경우에는 동일성유지권의 침해를 부정함으로써 베른협약의 입법형식에 부응하고 공정한 이용을 허용하는 해석을 하였다는 점에서 의의가 있다'는 견해가 있다. 임상혁, "2015년 분야별 중요판례해석 25. 엔터테인먼트", 법률신문(2016. 8. 25.) 참조.

제2절 저작권침해소송에 있어서 원고와 피고의 주장·입증 구조

1. 원고의 주장·입증사항

저작권침해소송[7]에서 원고가 저작권침해를 밝히기 위하여 주장·입증하여야 할 사항을 가장 넓게 분류하자면, ① 자신이 특정한 저작물에 대한 저작권자라는 점, ② 그 저작권이 피고의 행위로 인하여 침해되었다는 점이다.[8]

가. 원고가 해당 저작물에 대한 저작권자라는 점

먼저 ①의 요건과 관련하여서 원고는 해당 저작물에 대한 저작권자라는 점을 주장·입증하여야 한다. 이를 상세하게 분류하면, 원고는 자신의 작품이 저작물에 해당한다는 점, 그리고 자신이 그 권리의 귀속주체라는 점을 주장·입증하여야 한다. 이 요건들 중 특히 창작성의 존재 여부와 관련하여 저작물성이 쟁점이 되는 경우가 많다.

1) 저작물성(특히 창작성과 관련하여)

가) 저작물 및 창작성의 개념

저작권침해소송에 있어서는 우선 원고의 작품이 저작권법 제2조 제1호에서 정의한 저작물의 개념에 포함된다는 점이 인정되어야 한다. 저작권법 제2조 제1호에서는 저작물을 "인간의 사상 또는 감정을 표현한 창작물"이라고 정의하고 있다.[9] 일반적으로 어느 작품이 저작물인지 여부는 그 작품의 표현에 "창작성"이

---

7) 저작권침해소송에는 앞서 살펴본 것처럼 저작권침해금지소송과 저작권침해를 원인으로 한 손해배상청구소송이 있고, 후자의 경우 전자와 비교할 때 침해자의 고의나 과실, 손해의 발생, 침해행위와 손해 사이의 인과관계 등 추가적으로 주장·입증하여야 하는 사항들이 있으나, 이러한 요건들은 이 책의 연구대상인 실질적 유사성과 큰 관련성이 없으므로 여기에서는 저작권침해금지소송을 중심으로 살펴보기로 한다. 한편 저작권침해소송에는 본안소송뿐만 아니라 저작권침해정지등가처분과 같은 보전소송도 포함된다. 이 경우 보전처분을 신청한 당사자는 신청인 또는 채권자, 그 반대 당사자는 피신청인 또는 채무자로 호칭된다. 이 책에서는 본안소송을 중심으로 살펴보되 그 서술내용은 보전소송에도 대부분 그대로 적용될 것이다.

8) 미국 연방대법원의 Feist Publications, Inc. v. Rural Tel. Serv. Co., 499 U.S. 340 (1991) 판결에서는 저작권침해소송에서 원고가 주장, 입증해야 할 사항을 1) 유효한 저작권의 보유(owner-ship of a valid copyright)와 2) 저작물을 구성하는 창작적 요소의 복제(copying of constituent elements of the work that are original)라고 표현하고 있다.

9) "인간의 사상 또는 감정을 표현"하였다는 점에서 동물이나 기계(인공지능)가 작성한 작품은 현

있는가와 관련하여 다투어진다.

미완성 작품이라고 하여 창작성이 부정되는 것은 아니다.[10] 해당 작품에 음란성이나 이적성과 같은 반사회적 요소가 있더라도 창작성은 이와 별도로 인정 여부를 검토하여야 한다.[11] 즉 형사법상으로는 처벌 대상이 될 수 있지만 저작권법상으로는 저작물로 보호받는 작품도 있을 수 있다. 대법원은 음란 영상물의 저작물성에 관하여 "사상의 감정 또는 윤리성 여하는 문제되지 아니하므로, 설령 내용 중에 부도덕하거나 위법한 부분이 포함되어 있다 하더라도 저작권법상 저작물로 보호된다"라고 판단한 바 있다.[12] 그렇다면 어떠한 경우에 창작성이 인정되는가? 이에 대하여 저작권법은 명시적으로 창작성 판단 기준을 제시하지 않고 있다. 저작물로서 인정받기 위하여 어느 정도의 창작성이 요구되는가에 관하여 영미법계에서는 이마의 땀방울(sweat of the brow) 이론에 기초한 노동이론(勞動理論)의 영향을 받아 창작성의 개념을 너그럽게 해석하는 반면,[13] 독일을 비롯한 대륙법계에서는 문학과 예술로서의 가치에 영향을 미치는 개성과 인격의 표현이어야 한다고 하여 일정한 수준 이상의 창작성을 요구하고 있다.[14][15]

이에 관하여 우리나라 대법원 판례는 저작권법상 창작성이란 완전한 의미의 독창성을 말하는 것은 아니며, 단지 어떠한 작품이 남의 것을 단순히 모방한 것이 아니고 작자 자신의 독자적인 사상 또는 감정의 표현을 담고 있음을 의미할 뿐이

행 저작권법상 저작물로 보호될 수 없다. 이해완, 저작권법, 제4판, 박영사(2019), 39면; 오승종, 저작권법, 제5판, 박영사(2020), 73~74면 참조.

10) 박성호, 저작권법, 제2판, 박영사(2017), 43면.

11) 오승종, 저작권법, 제5판, 박영사(2020), 331면.

12) 대법원 2015. 6. 11. 선고 2011도10872 판결.

13) 예컨대 Alfred Bell & Co. v. Catalda Fine Arts, Inc. 191 F.2d 99, 103 (2d Cir. 1951) 판결에서는 "저작권을 획득하기 위한 창작성의 요건은 신규성을 요구하는 특허와 달리 매우 낮은 정도라는 것은 잘 확립되어 있는 점이다. …저작권의 목적을 위한 창작성은 사실상 복제를 금지하는 정도보다 약간 높은 정도에 불과하다…작가가 아무리 보잘것없는 부가를 하였다고 하더라도 그 스스로 한 것이라면 그것으로 충분하다."라고 판시하고 있다.

14) 정상조·박준석, 지적재산권법, 제5판, 홍문사(2020), 263~264면.

15) 일본의 中山信弘 교수의 "선택의 폭" 이론을 통해 '창작성' 요건에 대한 새로운 해석을 시도하려는 견해가 있다. 이 이론은 창작성 개념을 "사상·감정의 유출물"로서의 개성이 아닌, "표현 선택의 폭"으로 보는 게 타당하다고 주장한다. 한 작품에 저작권을 부여해도 여전히 다른 사람에게는 창작할 여지가 많이 남아 있는 경우에 창작성이 있다고 보아야 한다는 입장이다. 中山信弘, "創作性についての基本的考え方", 著作権研究 28号, 著作権法学会(2001), 2면 이하. 그 외에 일본 학계의 학설에 대한 추가 설명은 우원상, "저작물에 대한 창작성 요건의 검토", 계간 저작권 제28권 제4호(2015), 한국저작권위원회, 110~115면; 오승종, 저작권법, 제5판, 박영사(2020), 53~56면 참조.

어서 이러한 요건을 충족하기 위하여 단지 저작물에 그 저작자 나름대로의 정신적 노력의 소산으로서의 특성이 부여되어 있고 다른 저작자의 기존의 작품과 구별할 수 있을 정도이면 충분하다고 함으로써,16) 창작성의 정도를 높게 요구하지 않는 입장에 서 있다.17)

나) 창작성과 실질적 유사성의 관계

논리적으로 창작성은 저작권침해소송의 가장 첫 번째 단계에서 문제된다. 만약 원고의 작품에 창작성이 결여되어 있어 저작물로 인정되지 않는다면 더 나아가 저작권침해 여부에 관하여 판단할 필요가 없기 때문이다. 그러므로 저작물성의 요건인 창작성과 저작권침해행위의 요건인 실질적 유사성은 논리적 선후관계에 있다.

---

16) 대법원 1995. 11. 14. 선고 94도2238 판결; 대법원 1997. 11. 25. 선고 97도2227 판결; 대법원 1999. 11. 23. 선고 99다51371 판결; 대법원 1999. 11. 26. 선고 98다46259 판결; 대법원 2001. 5. 8. 선고 98다43366 판결 등 참조.

17) 표현물의 길이가 극히 짧은 경우에는 독자적인 저작물로 보호되지 않을 가능성이 커진다. 따라서 일반적으로 저작물의 제호(題號)나 영업체의 상호(商號) 등은 특별한 사정이 없는 한 저작물성이 부정된다. 우리나라의 대법원 판례도 만화제명 "또복이"는 사상 또는 감정의 표명이라고 볼 수 없어 저작물로서 보호받을 수 없다고 판시하는 등(대법원 1977. 7. 12. 선고 77다90 판결), "저작권법에 의하여 보호되는 저작물이라 함은 문학·학술 또는 예술에 속하는 것으로서 사상 또는 감정을 창작적으로 표현한 것을 말하므로, 어문저작물인 서적 중 저작자의 사상 또는 감정을 창작적으로 표현한 부분이라고 볼 수 없는 단순한 서적의 제호나 저작자 또는 출판사의 상호 등은 저작물로서 보호받을 수 없다"는 태도를 취하고 있다(대법원 1996. 8. 23. 선고 96다273 판결; 대법원 1977. 7. 12. 선고 77다90 판결. 하급심 판례로는 서울지방법원 서부지원 1990. 9. 21.자 90카6150 결정; 서울고등법원 1989. 4. 11.자 89라28 결정; 서울고등법원 1991. 9. 5.자 91라79 결정(확정); 서울고등법원 2002. 9. 4. 선고 2002나3596 판결 참조). 하이트 맥주의 온도감응테이프에 관한 서울고등법원 1998. 7. 7. 선고 97나15229 판결에서는 '가장 맛있는 온도가 되면 암반천연수 마크가 나타나는 하이트. 눈으로 확인하세요'라는 광고문구가 짧고, 의미도 단순하여 그 표현형식에 위 내용 외에 어떤 보호할 만한 독창적인 표현형식이 포함되어 있다고 볼 여지도 없다 할 것이어서 위 광고문구에 저작권을 인정할 수 있는 전제로서의 창작성을 인정할 수 없다고 판시한 바 있다. 일본 하급심 판례 중에도 신문기사의 제목에는 저작물성이 없다고 판시한 예가 있다. 東京地裁 2004(平成 16). 3. 24. 선고 平14(ワ)28035호 판결(コビライト 517호 38면 참조). 반면 저작물의 제호가 항상 저작물성이 부정되는 것은 아니고 사상 또는 감정의 창작적 표현으로 인정되는 예외적 경우에는 저작물성이 인정될 수도 있다는 취지의 견해로서 이상정, "저작물의 제호의 보호에 관한 판례, 실무의 경향과 그 비판", 계간 저작권 제10권 제2호(1997), 저작권심의조정위원회, 59~61면. 참고로, 하급심 판결 중에는 짧은 글귀의 '트윗글'에 삶의 본질을 꿰뚫는 촌철살인의 표현이나 시대와 현실을 풍자하고 약자들의 아픔을 해학으로 풀어내는 독창적인 표현형식이 포함되어 있다는 이유로 저작물성을 인정한 사례가 있는가 하면(서울남부지방법원 2013. 5. 9. 선고 2012고정4449 판결), 원고가 발매한 음반의 표지에 '우리 조금 불안하더라도 인생에서 다시 없을 청년 시절을 충분히 만끽하고 즐기자'라는 사상이 표현되었고, 용어의 선택, 리듬감, 음절의 길이, 문장의 형태 등에 비추어 독창적인 표현형식이 포함되었다는 이유로 창작성을 인정한 사례도 있다{서울중앙지방법원 2018. 9. 4. 선고 2017가소7712215 판결(확정)}.

만약 창작성의 요건을 엄격하게 해석한다면 많은 저작권침해청구가 이 단계에서 걸러지게 될 것이므로 저작권침해소송에서 실질적 유사성 판단에 걸리는 부담은 낮아진다. 반대로 창작성의 요건을 너그럽게 해석한다면 많은 저작권침해청구가 실질적 유사성 판단의 단계로 나아가게 될 것이므로 저작권침해소송에서 실질적 유사성 판단에 걸리는 부담은 높아진다.

기능적 저작물의 유형에 속하는 작품과 관련하여서는 저작물성 여부 판단과정에서 "창작성"의 요건을 엄격하게 해석하여 저작물성 자체를 부인한 뒤 원고의 청구를 기각하는 사례가 발견되기도 한다.[18] 이러한 입장은 기능적 저작물에 있어서는 저작권의 보호범위가 좁기 때문에 저작권침해가 발생할 가능성이 낮아지고, 이 경우 창작성의 단계에서 저작권침해청구를 배척하는 것이 훨씬 효율적이라는 점에서 수긍이 가는 면이 없지 않다.

그러나 기능적 저작물과 관련하여 이러한 입장은 다음의 두 가지 점에서 재고할 필요가 있다.

첫 번째로 이러한 입장은 저작물성 여부 판단에서 창작성의 개념에 대한 대법원의 원칙적인 입장과 일관되지 못할 수 있다. 우리나라 대법원의 기본적인 태도는 '창작성은 작자 자신의 독자적인 사상 또는 감정의 표현을 담고 있음을 의미할 뿐이어서 이러한 요건을 충족하기 위하여 단지 저작물에 그 저작자 나름대로의 정신적 노력의 소산으로서의 특성이 부여되어 있고 다른 저작자의 기존의 작품과 구별할 수 있을 정도이면 충분하다'는 것으로 보인다. 한편 기능적 저작물에 있어서도 창작자의 정신적 노력이 가하여지는 경우가 적지 않고, 그러한 흔적이 어떠한 형태로든 해당 저작물에 배어나오는 경우도 많다. 또한 구체적 사정에 따라서는 기능적 저작물에 가하여진 1%의 창작성은 문예적 저작물에 가하여진 10%의 창작성보다 훨씬 의미있는 정신적 소산일 수 있다. 이러한 정신적 소산에 대하여는 원칙적으로 저작권법에 의하여 보호받을 자격이 주어지는 것이 마땅하다. 다만 기능적 저작물의 특성상 일단 창작성이 인정되어 저작물성이 부여되더라도 그 저작권 보호범위는 원칙적으로 좁게 해석되어야 한다. 따라서 통상 기능적 저작물은 완전히 또는 거의 동일하게 복제한 경우에 한하여 저작권침해가 성립할 것이다. 이처럼 기능적 저작물에 대한 보호와 이에 대한 일반 대중의 이해관계는 실질

---

18) 대법원 2005. 1. 27. 선고 2002도965 판결; 대법원 2001. 5. 8. 선고 98다43366 판결; 서울고등법원 2001. 8. 14. 선고 2000나38178 판결(확정) 등 참조.

적 유사성의 단계에서 저작권 보호범위를 적정하게 설정함으로써 조정할 문제이
지, 저작물 인정단계에서 창작성의 요건을 지나치게 인색하게 해석함으로써 조정
할 문제는 아니다.19) 이는 창작자로부터 저작물에 관한 권리를 원천적으로 빼앗
는 것과 같은 결과를 초래하기 때문이다.

〈서울고등법원 2004. 10. 6.자 2004라21 결정(확정)〉
  그 표현형태가 극히 제한된 기능적 저작물에 있어서 저작권 침해가 인정되기 위하
여는 그 설계도서에 나타난 표현의 세세한 부분까지 거의 동일하게 모방한 경우라야
할 것

두 번째로 기능적 저작물의 창작성을 엄격하게 해석하는 태도는 당해 작품이
그대로 복제(dead copy)된 경우에 부당한 결과를 가져올 수 있다. 창작성이 없어
저작물로 인정되지 않는 경우에는 그 작품을 그대로 복제, 배포하는 것을 막을 방
법이 없다. 그러나 창작성을 인정하되 실질적 유사성 판단단계에서 그 보호범위를
매우 좁게 해석하는 경우 그 작품을 그대로 복제, 배포하는 것에 대하여서는 저작
권침해를 긍정할 수 있다. 그러므로 기능적 작품에 창작성이 없다고 하여 저작권
침해에 기한 청구를 배척하기에 앞서서 그 작품이 그대로 복제되어 유통되더라도
문화적 창작물의 생산을 장려하는 저작권법의 목적에 배치되지 않는 것인지를 고
려하여야 할 것이고, 그렇게 하더라도 문제가 없다고 생각되는 경우에 한하여 저

---

19) 이와 관련하여 비록 기능적 저작물에 국한된 설명은 아니지만 정상조·박준석, 지적재산권법, 제
    5판, 홍문사(2020), 264~265면에서는 "창작성의 기준이 높아야만 우리의 저작권법의 목적이 달
    성된다고 볼 만한 아무런 이유도 없다. 창작성의 기준은 결국 저작권법에 의해서 보호해야 할
    창작적 표현과 그렇지 못한 것을 구별해내는 기준이고, 예술적 가치를 판단하기 위해서 마련된
    기준이 아니기 때문에 우리 저작권법에서의 창작성 기준이 높게 책정되어야 할 이유도 필요도
    없다. 우리 판례 가운데, '제품사진의 경우에 제품을 충실히 반영했는지 여부가 중요할 뿐이고,
    예술적인 판단이나 창작적인 표현이 문제되지 않기 때문에 제품사진은 저작물로서 보호받을 수
    없다'고 판시한 대법원 판결(2001. 5. 8. 선고 98다43366 판결)은 우리 저작권법 하에서의 창작
    성 기준을 높게 보고 있으나, 어문저작물(대법원 1995. 11. 14. 선고 94도2238 판결)이나 미술저
    작물(대법원 1991. 8. 13. 선고 91다1642 판결)의 경우에 '타인의 작품이나 전통문양을 모방하지
    않고 독자적으로 저작한 것이면 저작권법하에서의 창작성 기준을 충족한다'고 본 판결이나 '평
    범한 도형과 문자로 구성된 시력표의 경우에도 저작권법에 의해서 보호될 창작적 표현이 있다'
    고 본 판결(대법원 1992. 6. 23. 선고 91도2101 판결)은 우리 저작권법하의 창작성 기준이 반드
    시 높게 책정되어야 할 필요가 없다고 보고 있다. 이와 같이 창작성의 기준에 관해서 판례의 입
    장은 일관되지 못한 모습을 보여주고 있으나, 이제는 보다 효율적인 저작권법목적의 달성을 위
    해서 창작성의 기준을 어떻게 해석해야 할 것인지에 대해서 심각한 고민을 해야 할 때가 되었
    다"라고 설명하고 있다.

작물성 자체를 부정하는 것이 상당하다.

참고로 미국에서는 기능적 저작물의 저작권 보호범위를 제한함에 있어서 저작물성 자체를 엄격하게 보기보다는 저작물의 보호범위를 엄격하게 보아 거의 동일한 복제가 아니면 실질적 유사성이 없다고 하는 사례가 많다.[20] 이와 관련하여 하버드 법대의 Weinreb 교수는 컴퓨터프로그램과 같은 기능적 표현물의 경우에는 프로그램의 저작물성을 인정하면서도 이를 '문자적으로 복제(literal copying)하는 경우'에만 저작권침해가 인정된다고 하여 저작권의 보호범위를 실질적 유사성 단계에서 극도로 제한하여야 한다는 입장에 있다.[21]

2) 저작권의 귀속주체(저작자 내지 저작권 양수자)로서의 지위

원고의 작품에 저작물성이 인정된다고 하더라도, 원고는 더 나아가 그 저작물에 대한 권리가 자신에게 있다는 점도 주장·입증하여야 한다.

저작권은 저작자에게 최초로 부여된다. 저작자는 저작물을 창작한 자이다(저작권법 제2조 제1호). 저작물을 창작한 자라고 하기 위하여서는 창작활동에 주된 비중을 가지고 기여하여야 한다. 저작물이 사상이나 감정의 창작적 표현이라고 하는 개념정의에 충실하면 저작자는 자연인에 한정될 것이나, 저작권법은 창작활동에 관한 투자를 유인함으로써 창작을 촉진한다는 저작권법의 목적을 달성하기 위하여 법인·단체 등도 저작자로 될 수 있는 길을 열어 놓고 있다.[22]

또한 둘 이상의 저작자가 공동으로 창작하여 각자의 이바지한 부분을 분리하

---

20) 컴퓨터프로그램저작물에 관한 Apple Computer Inc. v. Microsoft Corp., 35 F.3d 1435, 1439, 1442 (9th Cir. 1994) 판결에서는 기능적 저작물의 일종인 컴퓨터프로그램에 관하여서는 오로지 약한(thin) 저작권보호, 즉 실질적으로 동일한 복제(virtually identical copying)로부터의 보호만 적절하다고 판시하였다. 사실적 저작물에 관한 Landsberg v. Scrabble Crossword Game Players, Inc., 736 F.2d 485 (9th Cir. 1984) 판결도 같은 취지이다. 미국의 저명한 저작권법 학자인 Paul Goldstein 교수는 저작권법에 의하여 보호받지 못하는 아이디어와 저작권법에 의하여 보호받는 표현을 구분하는 지침 중의 하나로, 아이디어와 표현 중 어느 것인지 불명확할 때에는 일단 표현으로 보되, 표현의 보호범위의 조정을 통하여 저작권법의 목적에 부합하는 결론을 모색해야 한다고 설명하고 있다. Paul Goldstein, *Copyright*, (2d ed. 1996), 2:28~29면 참조.
21) Lloyd L. Weinreb, *Copyright for Functional Expression*, 111 Harv. L. Rev. 1149, 1250 (1989). 다만 컴퓨터프로그램의 비문언적 복제에 대한 침해를 완전히 부정하는 것이 타당한지 의문이다.
22) 저작권법 제2조 제31호는 '업무상저작물'을 「법인·단체 그 밖의 사용자(이하 "법인등"이라 한다)의 기획하에 법인등의 업무에 종사하는 자가 업무상 작성하는 저작물」로 정의하고 있고 제9조는 「법인등의 명의로 공표되는 업무상저작물의 저작자는 계약 또는 근무규칙 등에 다른 정함이 없는 때에는 그 법인등이 된다. 다만, 컴퓨터프로그램저작물(이하 "프로그램"이라 한다)의 경우 공표될 것을 요하지 아니한다.」고 규정하고 있다.

여 이용할 수 없거나 상호의존적으로 결합함으로써 전체적으로 하나의 저작물로 된 경우를 공동저작물이라고 하는데(저작권법 제2조 제21호) 이 경우 하나의 저작물에 대하여 복수의 저작자가 존재하게 된다. 원칙적으로 공동저작물의 저작인격권은 저작자 전원의 합의에 의하지 아니하고는 이를 행사할 수 없는 것이지만(저작권법 제15조 제1항), 저작권침해에 대한 구제수단을 행사함에 있어서까지 이러한 원칙을 관철하게 되면 권리의 효율적인 보호가 곤란하게 되므로, 저작권법 제129조에서는 공동저작물의 각 저작자 또는 각 저작재산권자는 다른 저작자 또는 다른 저작재산권자의 동의 없이 저작권침해금지청구 및 자신의 지분에 관한 손해배상청구를 할 수 있다고 규정하고 있다. 그러므로 공동저작물에 있어서 저작자 중 1인이 단독으로 저작물 전체에 대한 저작권침해금지청구나 자신의 지분에 관한 손해배상청구를 하는 것은 허용된다.[23]

이처럼 원고는 자신이 직접 저작물의 창작에 본질적으로 기여하였다거나 직무저작자에 해당한다는 점을 주장·입증한다.[24][25]

---

23) 저작자 중 1인이 단독으로 저작물 전체에 대한 저작권침해금지청구를 할 수 있다는 것은, 민법의 법리상 공유물 또는 합유물에 대한 방해제거청구는 보존행위로서 민법 제265조와 제272조에 의하여 공유자 또는 합유자 각자가 할 수 있다는 점과 비교하여 볼 때에 더욱 쉽게 이해될 수 있다(대법원 1993. 5. 11. 선고 92다52870 판결 참조). 이러한 원리는 저작자 사망 후 그 상속인들이 저작권을 상속하게 된 경우에도 그대로 적용된다. 따라서 상속인들 중 1인이 단독으로 저작권침해정지청구권을 행사할 수 있다(서울민사지방법원 1989. 7. 26.자 89카13692 결정(확정) 참조). 저작인격권과 관련하여 저작권법 제15조 제1항은 공동저작물의 저작인격권은 저작자 전원의 합의에 의하지 아니하고는 이를 행사할 수 없다고 규정하고 있어 이를 근거로 저작자 중 1인이 저작인격권 침해를 원인으로 한 침해정지청구를 하는 것은 부적법하다고 항변할 여지도 있으나, 저작인격권 침해에 기한 침해정지청구가 위 제15조 제1항에서 예정한 저작인격권의 행사의 개념에 포함되는지도 의문스러울 뿐만 아니라, 저작권법 제129조가 명문으로 저작자 1인에 의한 침해정지청구를 허용하는 이상 위 항변은 배척되어야 할 것이다(서울고등법원 1998. 7. 15. 선고 98나1661 판결(대법원 1999. 5. 25. 선고 98다41216 판결로 확정) 참조).

24) 저작권법 제8조에서는 저작자의 지위에 대한 입증의 부담을 덜어 주기 위하여, "1. 저작물의 원본이나 그 복제물에 저작자로서의 실명 또는 이명(예명·아호·약칭 등을 말한다. 이하 같다)으로서 널리 알려진 것이 일반적인 방법으로 표시된 자, 2. 저작물을 공연 또는 공중송신하는 경우에 저작자로서의 실명 또는 저작자의 널리 알려진 이명으로서 표시된 자"를 저작자로 추정하는 한편, 위 각 규정에 의한 저작자의 표시가 없는 저작물에 있어서는 발행자·공연자 또는 공표자로 표시된 자가 저작권을 가지는 것으로 추정한다고 규정하고 있다. 또한 저작권법 제53조 제3항은 "저작자로 실명이 등록된 자는 그 등록저작물의 저작자로, 창작년월일 또는 맨 처음의 공표연월일이 등록된 저작물은 등록된 연월일에 창작 또는 맨 처음 공표된 것으로 추정한다. 다만, 저작물을 창작한 때부터 1년이 경과한 후에 창작연월일을 등록한 경우에는 등록된 연월일에 창작된 것으로 추정하지 아니한다."고 규정함으로써 등록저작물에 관한 원고의 입증책임을 추가로 경감하고 있다.

25) 최근에는 인공지능이 창작한 작품에 대해 저작물성을 인정할 것인지, 또는 그 작품의 저작권자를 누구로 할 것인지 등에 관한 논의도 있다. 최재원, "인공지능 창작물에 대한 저작권의 주체",

한편 저작자가 최초로 저작권을 취득하였다고 하더라도 그 중 저작재산권은 저작인격권과 달리 일신전속성이 없기 때문에 그 전부 또는 일부를 타인에게 양도할 수 있다. 저작재산권이 양도된 경우에는 이를 양수한 자가 저작권침해소송의 원고가 된다. 저작권법 제53조에서는 저작재산권의 양도(상속 기타 일반승계의 경우를 제외한다)는 등록하지 아니하면 제3자에게 대항할 수 없다고 규정하고 있지만, 여기에서의 제3자는 권리변동에 관계한 당사자의 법률상 지위와 양립할 수 없는 법률상 지위를 가진 제3자를 의미하는 것이므로, 단순히 불법으로 저작권을 침해하고 있는 무단이용자에 대하여서는 저작권이전등록을 마치지 않은 저작권 양수인이라고 하더라도 저작권침해소송을 제기할 수 있고,[26] 저작권침해행위에 대한 고소를 할 수 있다.[27] 또 이러한 권리를 신탁받은 자는 대외적으로는 권리자로서 권리를 행사할 수 있으므로, 저작권침해금지소송의 원고가 될 수 있다.[28]

저작권의 이용허락계약과 관련하여, 판례는 '저작권법이 보호하는 저작권의 침해가 발생하였으나 그 권리자가 스스로 저작권법 제91조의 침해정지청구권을 행사하지 않는 경우, 그 재산권의 독점적인 이용권자가 권리자를 대위하여 위 침해정지청구권을 행사할 수 있다'는 취지의 판시를 하였다.[29][30]

나. 저작권침해행위가 이루어졌다는 점

원고의 저작권에 대한 주장·입증이 이루어지면 그 다음 단계로서 피고가 원

문화·미디어·엔터테인먼트법 제11권 제1호(2017. 6), 중앙대학교 법학연구원 문화·미디어·엔터테인먼트법연구소, 117~137면 참조.

26) 대법원 2002. 11. 26. 선고 2002도4849 판결.

27) 대법원 2002. 11. 26. 선고 2002도4849 판결.

28) 손해배상청구권에 관한 것이기는 하나 대법원 2006. 7. 13. 선고 2004다10756 판결 참조.

29) 대법원 2007. 1. 25. 선고 2005다11626 판결: "저작권법은 특허법이 전용실시권제도를 둔 것과는 달리 침해정지청구권을 행사할 수 있는 이용권을 부여하는 제도를 마련하고 있지 아니하여, 이용허락계약의 당사자들이 독점적인 이용을 허락하는 계약을 체결한 경우라도 그 이용권자가 독자적으로 저작권법상의 침해정지청구권을 행사할 수는 없다고 할 것이다. 따라서, 이용허락의 목적이 된 저작권법이 보호하는 재산권의 침해가 발생하는 경우에도 그 권리자가 스스로 침해정지청구권을 행사하지 아니하는 때에는 독점적인 이용권자로서는 이를 대위하여 행사하지 아니하면 달리 자신의 권리를 보전할 방법이 없을 뿐 아니라, 저작권법이 보호하는 이용허락의 대상이 되는 권리들은 일신전속적인 권리도 아니어서 독점적인 이용권자는 자신의 권리를 보전하기 위하여 필요한 범위 내에서 권리자를 대위하여 저작권법 제91조에 기한 침해정지청구권을 행사할 수 있다고 할 것이다."

30) 배타적 이용허락을 받은 경우 배타적 이용권에 기한 침해금지청구권을 가진다는 견해에 관하여는, 정상조·박준석, 지식재산권법, 제5판, 홍문사(2020), 447~448면 참조.

고의 저작권을 침해하였는지를 가리게 된다. 이에 대한 주장 및 입증책임도 원고가 부담한다.

누가 침해행위를 하였는가는 종종 어려운 문제를 야기한다. 침해행위 주체의 판단은 규범적 판단이다. 따라서 침해행위에 사실적으로 관여하였다는 사정만으로 당연히 침해행위의 주체가 되는 것은 아니다. 여러 사람이 침해행위에 관여하거나 법인 기타 단체의 구성원 중 일부가 침해행위에 관여한 경우에 이러한 규범적 판단이 중요하게 등장한다. 이에 대해서는 일률적인 기준을 제시할 수는 없다. 침해행위의 속성과 내용, 침해행위자로 의심되는 자의 침해행위에 대한 기여의 정도와 방법, 그 자의 지위와 영향력 등을 종합적으로 고려하여 판단할 수밖에 없다. 침해행위의 속성과 내용, 침해행위자로 의심되는 자의 침해행위에 대한 기여의 정도와 방법, 그 자의 지위와 영향력 등을 종합적으로 고려하여 판단할 수밖에 없다.

직접침해자가 아닌 방조자도 저작권침해금지소송의 피고가 될 수 있다. 금지청구권을 부여한 저작권 제123조는 저작권을 물권이나 인격권에 준하는 일종의 준물권(準物權)으로 파악하여 그 권리의 침해상태를 배제하는 수단을 제공하는 것이다. 그러므로 반드시 직접적으로 권리를 침해한 자가 아니라고 하더라도 그 권리침해상태의 발생에 관여하였고, 현재 그 침해상태를 지배하고 있어 이를 해소할 수 있는 지위에 있는 자라면 금지청구권의 상대방이 된다고 새기는 것이 타당하다.[31] 이와 같이 해석하지 않는다면 효과적으로 침해상태를 금지 또는 중단시키는 것이 현실적으로 어려워질 수 있기 때문이다.[32]

온라인 환경에서 직접침해자가 별도로 있는 경우에 온라인서비스제공자가 이를 방조하였다는 이유로 그를 상대로 저작권침해금지소송을 제기할 수 있는지가 자주 문제된다. 앞서 보았듯이 이 경우 온라인서비스제공자를 상대로 저작권침해금지를 구할 수 있다.[33] 왜냐하면 온라인서비스제공자는 자신이 직접적으로 침해행위를 하지 않았으나 현재 그 침해상태를 지배하고 있는 주체이기 때문이다. 또

---

31) 소유권방해배제청구권에 관한 민법 제214조와 관련하여, 대법원은 타인의 지배에 속하는 사정으로 인하여 방해를 받을 경우에 그 방해하는 사정을 지배하는 지위에 있는 자에 대하여 방해의 제거를 청구할 수 있다고 판시하고 있다. 대법원 1966. 1. 31. 선고 65도218 판결; 대법원 1997. 9. 5. 선고 95다51182 판결; 대법원 2003. 3. 28. 선고 2003다5917 판결; 대법원 2007. 9. 20. 선고 2005다54951 판결; 대법원 2011. 7. 14. 선고 2010다27663 판결 등 참조.

32) 대법원 2007. 1. 25. 선고 2005다11626 판결.

33) 정상조·박준석, 지식재산권법, 제5판, 홍문사(2020), 518면.

한 온라인서비스제공자는 그 침해상태를 가장 효과적이고 적절하게 제거할 수 있는 주체이기 때문이다. 저작권법 제102조 이하에서는 온라인서비스제공자의 책임 제한에 관하여 규정한다. 그런데 이 조항들은 온라인서비스제공자가 저작권침해 금지청구의 상대방이 된다는 점을 당연히 전제하고 있다. 특히 저작권법 제103조 제1항에서는 권리가 침해됨을 주장하는 자는 그 사실을 소명하여 온라인서비스제 공자에게 그 저작물등의 복제·전송을 중단시킬 것을 요구할 수 있다고 규정하고 있다.

원고의 저작재산권이 피고의 행위로 인하여 침해되었다는 점은, 피고가 원고의 저작물에 의거하여 원고의 저작물의 표현과 동일하거나 실질적으로 유사한 작품을 복제, 공연, 공중송신, 전시, 배포, 대여하거나 원고의 저작물을 원저작물로 하는 2차적 저작물 내지 편집저작물을 작성, 이용하였음을 구체적으로 주장·입증함으로써 밝힌다. 이를 다시 분해하여 보면, ① 원고의 저작물에 "의거(依據)"한 피고의 "행위"가 있어야 하고, ② 원고 저작물의 표현과 피고 작품 사이에 "동일성 내지 실질적 유사성"이 존재하여야 한다.[34] 이와 같이 저작권침해행위의 성공적인 주장·입증을 위하여서는 의거관계와 실질적 유사성이 모두 주장·입증되어야 하는 것이므로, 피고가 원고 저작물을 참고하여 자신의 작품을 만들었다고 하더라도 원고 저작물의 표현과 사이에 동일성이나 실질적 유사성이 존재하지 않는 경우에는 저작권침해가 성립하지 않고, 반대로 원고 저작물의 표현과 피고의 작품 사이에 동일성 내지 실질적 유사성이 존재하더라도 피고가 원고의 저작물에 의거하지 않고 독립적으로 그러한 작품을 만든 경우에는 저작권침해가 성립하지 않는다.[35]

참고로, 미국에서는 저작권침해로서의 복제(copying)[36]를 다시 사실적 복제

---

34) 고의나 과실과 같은 주관적 요건은 저작권침해행위의 요건에 해당하지 않으므로 선의·무과실의 경우에도 저작권침해행위가 성립할 수 있다. 다만 저작권침해를 이유로 손해배상청구를 하기 위하여서는 더 나아가 위와 같은 주관적 요건과 손해의 발생, 인과관계 등 손해배상청구권의 성립에 필요한 추가적인 요건들을 주장·입증하여야 한다.

35) "실질적 유사성"과 "의거관계" 중 어느 요건을 먼저 판단하여야 하는가에 관한 문제에 대하여, 구체적 개별사안에 따라서는 의거성 요건과 실질적 유사성 요건은 서로 밀접하게 관련되어 판단되는 경우가 많을 것이므로 개별 사안의 상황에 맞게 양 요건을 판단하면 충분하다는 견해가 있다. 박성호, "현저한 유사성에 의한 '의거관계'의 추정", 정보법 판례백선(Ⅱ), 한국정보법학회, 박영사(2016), 282~288면 참조.

36) 원래 copy는 복제를 뜻하는 개념이지만, 일반적으로 저작권침해요건을 논의함에 있어서 사용되는 용어로서의 copy는 복제 이외에도 공연, 방송, 2차적 저작물 작성 등 다른 행위유형을 포함하는 포괄적인 침해행위의 의미로 사용된다.

(actual copying)와 위법한 복제(actionable copying)[37]로 나누어 전자는 타인의 저작물에 대한 현실적인 복제행위의 개념으로, 후자는 법적 책임이 부과되는 규범적 복제행위의 개념으로 파악한다.[38] 사실적 복제는 타인의 저작물을 그대로 이용하거나 타인의 저작물에 의거하여 자신의 작품을 만드는 행위이다. 그러한 사실적 복제행위가 모두 저작권침해행위에 해당하는 것은 아니다. 예컨대 타인의 저작물의 표현을 복제한 것이 아니라 아이디어만을 복제한 경우, 타인의 저작물의 표현을 복제하였으나 그 표현이 공유(public domain)의 영역에서 차용한 것이거나 창작성이 없는 경우 등에는 타인의 저작물에 대한 사실적 복제행위는 존재하지만 법적 책임이 부과되는 규범적 복제행위는 존재하지 않는다. 따라서 사실적 복제가 더 나아가 위법한 복제로 인정받기 위하여서는 저작권법에 의하여 보호받는 표현에 대한 실질적 유사성이 존재하여야 한다.

아래에서는 침해행위의 요건을 ① 저작권법에서 금지하는 행위유형의 존재 ② 의거관계 ③ 실질적 유사성의 순서로 나누어 좀 더 구체적으로 설명하기로 한다.

1) 저작권법에서 금지하는 행위유형의 존재

우선 저작권침해행위는 피고의 "행위"를 전제로 하는 것이다. 이러한 행위는 저작권법에서 금지하는 유형의 행위라야 한다. 한편 저작재산권에 국한하여 보면, 저작권법에서는 저작재산권의 내용으로서 복제권, 공연권, 공중송신권, 전시권, 배포권, 대여권, 2차적 저작물 등의 작성권을 열거하고 있으므로, 저작권법에 의하여 금지되는 행위는 타인의 저작물을 복제·공연·공중송신·전시·배포·대여하거나 2차적 저작물 내지 편집저작물을 작성하는 행위이다. 단지 저작물을 열람하는 행위는 금지행위의 유형에 포함되지 않는다. 그러므로 저작권침해행위에 대한 주장·입증은 그 행위성에 대한 주장·입증으로부터 출발한다.

과거와 같이 침해행위유형이 단순하였을 때에는 이러한 행위성에 대한 주

---

37) 원래 actionable의 사전적 의미는 "소를 제기할 수 있는"이다. 그러므로 actionable copying을 직역하면 "소를 제기할 수 있는 복제"이다. 하지만 actionable copying은 actual copying과 대응되는 개념이다. actual copying은 사실적 복제로서 그 자체만으로 막바로 위법하다는 평가를 받을 수 없는 복제를 지칭하는 반면, actionable copying은 사실적 복제 가운데에서도 권리침해가 인정되어 위법하다는 평가를 받을 수 있는 복제를 지칭한다. 이 책에서는 actionable copying의 이러한 의미에 중점을 두어 이를 "위법한 복제"라고 번역하기로 한다.

38) Melville B. Nimmer & David Nimmer, *Nimmer on Copyright* (2002), §13.01, 13−8 내지 14면 참조.

장·입증이 중요하지 않았지만 인터넷·모바일 등 새로운 매체의 등장과 복제·편집·저장·전송 등에 관한 기술 또는 정보통신 기술의 발달로 인하여 과연 특정한 행위가 위 금지행위 유형 속에 포함되는 것인가에 관한 문제도 중요한 쟁점으로 떠오르는 경우가 종종 있다. 예컨대 우리나라 대법원에서는 인터넷 방송이 저작권법상 방송에 해당하는지 여부39)가 문제된 바 있었고, 하급심에서는 P2P 사이트의 이용자들이 공유폴더에 음악파일을 저장하여 다른 이용자들로 하여금 다운로드받을 수 있는 상태에 두는 것이 저작권법상 배포의 개념에 포섭되는지 여부,40) 음반을 컴퓨터압축파일로 변환한 후 이를 컴퓨터의 보조기억장치에 저장하는 행위가 음반의 복제에 해당하는지 여부,41) 음악청취 사이트의 개별적인 이용자들이 같은 시간에 동일한 내용의 음악청취 서비스를 받을 가능성이 있는 경우 방송에 해당하는지 여부42) 및 음악청취 사이트에서 이용자들이 선택한 곡에 해당하는 컴퓨터 압축파일을 스트리밍 방식에 의하여 이용자의 컴퓨터에 전송하고 실시간으로 재생되도록 하는 것이 저작권법상의 배포에 해당하는지 여부43) 등이 문제된 바 있다. 앞으로 새로운 기술 발전과 저작물의 이용환경 변화에 따라 저작권침해와 관련된 새로운 문제는 계속 제기될 것이다.

---

39) 대법원 2003. 3. 25. 선고 2002다66946 판결. 이 판결에서 대법원은 "방송에는 일반 공중으로 하여금 동시에 수신하게 할 목적으로 유·무선통신의 방법에 의하여 음성 등을 송신하는 것뿐만 아니라 그와 달리 방송이 서버까지만 송신이 되고 일반 공중이 개별적으로 선택한 시간과 장소에서 인터넷을 통하여 그에 접속하여 비로소 서버로부터 개인용 단말기까지 송신이 이루어지는 '인터넷 방송'과 같은 전송도 포함된다"라고 판시하였다. 그러나 이는 전송권의 개념이 도입되기 전에 구 저작권법(2000. 1. 12. 법률 제6134호로 개정되기 전의 것) 제2조 제8호의 '방송' 개념을 확대해석한 것으로서 공중송신권 또는 전송권이 인정되고 있는 현행 저작권법 하에서는 달리 판시될 가능성이 있어 보인다.

40) 이른바 "소리바다" 사건에서 이러한 쟁점이 존재하였는데, 1심(수원지방법원 성남지원 2003. 2. 14.자 2002카합284 결정)에서는 배포권침해가 긍정되었으나, 항소심(서울고등법원 2005. 1. 12. 선고 2003나21140 판결)에서는 전송권침해가 성립하는 것은 별론으로 하고 배포권침해라고 할 수는 없다고 판시하였다.

41) 서울지방법원 2003. 9. 30.자 2003카합2114 결정(확정). 법원은 음반을 컴퓨터압축파일로 변환하는 것은 변환 프로그램에 의하여 기계적으로 이루어지므로 창작성이 포함된다고 볼 여지가 없고, 변환된 컴퓨터압축파일이 컴퓨터의 보조기억장치에 저장되면 인위적인 삭제 등 특별한 사정이 없는 한 유형물에 고정되었다고 볼 만한 영속성을 지니게 되므로 그 파일저장행위도 음반의 복제에 해당한다고 판단하였다.

42) 위 결정 참조. 법원은 위와 같은 행위는 저작권법 제2조 제8호의 "동시성"의 요건을 충족하지는 못하여 방송에 해당한다고 볼 수 없다고 판단하였다.

43) 위 결정 참조. 법원은 음악청취 사이트에서 이용자들이 선택한 곡에 해당하는 컴퓨터압축파일을 스트리밍 방식에 의하여 이용자의 컴퓨터에 전송하고 실시간으로 재생되도록 하는 것이 저작물의 원작품이나 그 복제물을 일반 공중에게 양도 또는 대여하는 것에 해당한다고 볼 수 없어 배포에 해당되지 않는다고 판단하였다.

2) 의거관계

가) 의거관계의 개념

의거(依據)는 어떠한 것에 의지하고 근거함을 의미한다. 한편 저작권침해가 성립하기 위하여서는 피고가 원고의 저작물의 존재를 인식하고 이에 근거하여 자신의 작품을 만들었다는 점, 즉 "의거관계"가 성립하여야 한다. 이는 의거관계를 요건으로 하지 않는 특허권침해와 구별되는 것이다. 한편 여기에서의 "의거"에는 원고의 저작물을 그대로 복제하는 경우와 같이 전적으로 원고의 저작물에 의존하는 경우뿐만 아니라 원고의 저작물의 아이디어만을 참고하거나 표현의 일부분만 차용하는 경우도 포함된다. 또한 의거대상이 되는 원고의 저작물에는 저작물 자체뿐만 아니라 그 복제물도 포함된다.[44]

이처럼 저작권침해소송에서는 침해요건의 하나로서 의거관계가 요구되기 때문에, 피고가 원고의 저작물과 동일하거나 실질적으로 유사한 작품을 만들었다고 하더라도 피고가 원고의 저작물에 의거한 것이 아니라 독립적으로 그러한 작품을 만든 것이고, 그 동일성 또는 유사성은 단순한 우연의 일치에 불과하다면 저작권침해가 성립하지 않는다. 또한 양자 사이의 동일성 또는 유사성이 원고의 저작물에 의거한 결과가 아니라 원고와 피고 모두 제3의 공통소재를 이용한 데서 오는 결과라면 의거관계가 성립하지 않는다.[45]

나) 주관적 요건으로서의 의거관계

타인의 저작물에 의거하기 위하여서는 논리적으로 타인의 저작물이 먼저 저

---

44) 이해완, 저작권법, 제4판, 박영사(2019), 1133면.

45) 1952년판 및 1961년판 '성경전서 개역한글판'의 저작권자인 재단법인 대한성서공회가 '하나님의 말씀 신구약성경'의 간행사업을 진행하던 한국성경공회를 상대로 제기한 저작권침해금지가처분 사건에서 서울지방법원 북부지원은 "복수의 번역문이 존재하는 경우 그 번역의 기초로 된 원문이 동일한 것인 한 그 내용이나 용어 자체가 부분적으로 동일한 표현으로 이루어져 있는 것은 당연하므로 그것만으로 일방의 번역문이 다른 번역문을 복제한 것이라고 단정할 수는 없고, 어디까지나 저작물을 복제하는 경우라고 함은 기존의 저작물에 의거한 것일 뿐만 아니라 그 저작물의 내용 및 형체를 충분히 추지할 수 있도록 재제되어 그와 동일한 것이라고 볼 수 있을 때를 가르키고, 이러한 의거성 내지 동일성의 여부는 구체적으로 원문의 번역에 임하는 기본적 태도를 바탕으로 신중하게 판단하여야 한다"라고 함으로써 공통의 소재에 기반한 작품 사이의 의거관계 인정이 신중하게 이루어져야 함을 판시하였다(서울지방법원 북부지원 1997. 11. 5.자 97카합2072 결정). 다만 이 사건에서 법원은 의거관계는 일단 인정한 뒤 실질적 유사성을 부인함으로써 신청인의 가처분신청을 기각하였다. 그 이외에도 대법원 2014. 7. 24. 선고 2013다8984 판결; 서울고등법원 1995. 6. 22. 선고 94나8954 판결(확정) 등 참조.

작되었어야 하고,[46) 그 저작물의 존재를 인식하고 있었어야 한다.[47) 그러므로 그 저작물의 존재를 인식하지 못하였다면 그것이 과실에 의한 것이라고 하더라도 의거관계는 성립하지 않는다.[48) 이와 같이 원고의 저작물에 대한 인식을 요구한다는 특성 때문에 저작권침해행위의 요건 중 의거관계를 주관적 요건으로, 실질적 유사성을 객관적 요건으로 파악하기도 한다.[49)

타인의 저작물의 존재를 인식하고 있다는 것은 이를 보거나 들었다는 것을 전제한다.[50) 반드시 명백한 인식이 필요한 것이 아니라 잠재적 인식으로도 족하다. 특히 간결하고 마음에 쉽게 와닿는 음악저작물의 가락은 짧은 순간에도 이를 듣는 사람의 마음 속에 새겨질 수 있으므로, 비록 침해자가 그 가락의 존재를 명시적으로는 기억하지 못하더라도 무의식 중에 자신의 작품을 만드는 데에 영향을 받은 경우에 주로 위와 같은 논리가 적용된다.[51)

---

46) 서울고등법원 1995. 6. 22. 선고 94나8954 판결(확정)에서는 피고가 제작, 방영한 '유산'이라는 텔레비전 드라마의 각본이 원고가 작성한 '야망의 도시'라는 시나리오 작품의 저작권을 침해하였는가가 문제되었다. 그런데 서울고등법원은 '야망의 도시'가 완성된 이후 원고가 주위 사람들에게 그 복사본을 교부하기 이전에 이미 피고측에서 '유산'의 시놉시스를 완성하여 극본집필에 들어간 점을 들면서 '유산'의 기획이나 그 극본의 저작이 '야망의 도시'보다 그 뒤에 이루어졌다고 보기 어렵다고 판시하여 의거관계를 부정하였다(다만 위 법원은 더 나아가 실질적 유사성 여부에 대하여서도 판단하면서 결론적으로 저작권침해를 부정하였다).
47) 三山峻司, 松村信夫, 實務解說 知的財産權訴訟, 法律文化社(2003), 474면.
48) 最高裁 1978(昭和 53). 9. 7. 선고 昭50(オ)324호 판결(民集 32卷 6号 1145頁) 참조, 한편 이상경, 지적재산권소송법, 육법사(1998), 725면에서는 과실의 유무를 문제삼지 않는 이유로서, 저작권의 발생에 대하여는 무방식주의를 취하고 있고 특정 분야라고 하더라도 저작권이 존재하는 작품이 다수 존재할 수 있는데, 이러한 상태에서 주의의무를 부과하여 기존 저작물 전부를 조사할 의무를 부담시키는 것은 자유창달을 도모하여야 할 인간의 정신적 활동을 위축시키고 문화의 정체를 가져오기 때문이라고 설명한다.
49) 이상경, 지적재산권소송법, 육법사(1998), 725면, 이해완, 저작권법, 제4판, 박영사(2019), 1132~1134면 등.
50) 이상경, 지적재산권소송법, 육법사(1998), 725면.
51) Bright Tunes Music Corp. v. Harrisongs Music, Ltd, 420 F.Supp. 177 (S.D.N.Y. 1976)에서는 George Harrison의 히트송인 "My Sweet Lord"가 Ronald Mack의 "He's So Fine"을 표절한 것인가가 문제되었는데, 이 사건에서 법원은 Harrison이 고의적으로 "He's So Fine"을 표절한 것으로는 보여지지 않지만 그 노래에 접근할 기회가 있었고 이를 통해 그의 잠재의식 속에 그 멜로디가 들어 있었다는 점을 들어 저작권침해를 인정하였다. 또한 ABKCO Music, Inc. v. Harrisongs Music, Ltd, 722 F.2d 988 (2d Cir, 1983)에서도 피고가 자신의 음악작품을 만들기 6년 전에 원고의 저작물에 접근할 기회가 있었는데, 비록 피고가 원고의 저작물이 자신의 음악작품의 원천이 되었다는 것을 선의로 잊어버렸다고 하더라도 그와 같은 선의의 복제 역시 저작권침해행위를 구성할 수 있다고 판시하였다.

다) 의거관계의 입증

(1) 접근가능성의 입증

의거관계는 피고가 자백하는 경우에는 그대로 인정되지만,[52] 피고가 다투는 경우 원고는 이에 대한 직접증거와 간접증거 또는 정황증거에 의하여 증명할 수 있다. 하지만 피고가 원고의 저작물을 옆에 놓고 베끼는 행위를 직접 목격한 증인의 증언과 같이 의거관계에 관한 직접적인 증거를 수집, 제출하는 것은 현실적으로 대단히 어려운 일이다. 따라서 통상 피고가 원고의 저작물에 접근(Access)할 수 있었다는 정황증거를 제출함으로써 이를 입증한다.[53] 여기서의 접근가능성은 합리적인 정도에 이르는 가능성(reasonable possibility)을 의미하므로, 미미한 정도의 가능성(bare possibility)만으로 접근가능성이 인정되는 것은 아니다.[54] 즉 피고가 원고의 저작물을 접해서 현실적으로 읽거나 보거나 들은 경우뿐만 아니라 피고가 원고의 저작물을 알고 있어서 그에 접근할 수 있는 구체적인 가능성이 있으면 의거관계가 추정된다.[55] 컴퓨터프로그램의 경우 소스코드(source code)가 프로그램의 핵심적 표현 부분인데, 이를 직접 구하여 보지 않았다고 하더라도, 그 프로그램에 대한 접근가능성이 있고, 리버스 엔지니어링(reverse engineering) 등의 방법으로 그 프로그램의 소스코드를 추단할 수 있는 사정이 있다면 의거관계가 추정된다.[56] 일반적으로 접근가능성은 원고의 저작물이 널리 알려져 있는 경우 더욱

---

52) 피고의 자백이 담겨 있는 녹취서를 제출한 사안에 관한 판례로서 Lisa Frank, Inc. v. Impact Int'l Inc., 799 F.Supp. 980, 990 (D.Ariz. 1992) 참조.

53) 일반적으로 피고가 원고의 저작물을 보거나 복제할 수 있는 합리적인 기회가 있었다는 점 (reasonable opportunity to view or opportunity to copy)이 밝혀지면 접근가능성이 인정되고 이에 따라 의거관계가 추정된다. 이러한 이유로 사실적 복제행위가 있었음을 나타내는 용어로서 우리나라 판례들이 사용하는 "의거"라는 용어 대신 "접근" 또는 "접근가능성"이라는 용어를 사용하는 문헌들도 있다{정상조 · 박준석, 지식재산권법, 제5판, 홍문사(2020), 463면 등}.

54) M.S.R.Imports, Inc. v. R.E.Greenspan Co., 220 U.S.P.Q. 361, 371 (E.D.Pa. 1983).

55) 정상조 · 박준석, 지적재산권법, 제5판, 홍문사(2020), 463~464면. 한편 소설 "텐산산맥"과 드라마 "까레이스키" 사이의 저작권침해 여부가 다루어진 대법원 2000. 10. 24. 선고 99다10813 판결에서도 피고측의 드라마 "까레이스키"의 제작을 위해 작성된 1차 시놉시스는 원고의 소설 "텐산산맥"이 출간되기 전에 완성되었으므로 의거관계가 처음부터 성립될 여지가 없으나, 2차 시놉시스를 완성한 뒤 방송대본을 집필하고 실제 "까레이스키"가 제작될 시점에는 피고측의 연출가가 적어도 소설 "텐산산맥"의 존재를 이미 알고 있었다 할 것이어서 드라마 "까레이스키"는 소설 "텐산산맥"에 의거하여 그것을 이용하여 저작된 것으로 추정된다고 함으로써, 피고가 원고의 저작물의 존재를 알고 있었다는 사실로부터 저작권침해의 의거관계가 추정된다는 취지로 판시하였다. 같은 취지의 일본 판례로서 東京地裁 1998(平成 10). 11. 27. 선고 平5(ワ)11758호 판결 (判例時報 1675호, 119면); 東京地裁 1999(平成 11). 1. 29. 선고 平10(ワ)21662호 판결(判例時報 1680호, 119면) 참조.

56) 그러한 의미에서 원고가 만든 프로그램의 원시코드를 구하여 볼 방법이 없었다는 점을 근거로

높아진다.57) 하지만 당해 저작물이 피고의 주소지 소재 시(市)에서 이용가능하였다는 정도의 입증만으로는 접근가능성이 입증되었다고 보기 어렵다.58)

또한 피고의 관련자가 원고의 저작물에 접할 수 있었던 경우에는 피고의 접근가능성도 인정될 가능성이 많다. 따라서 예컨대 영화제작사의 전무와 영화감독에게 저작물이 전달된 경우에는 영화제작사 및 그 제작사의 실질적인 운영자 및 영화기획자 역시 그 저작물에 접근할 수 있는 구체적인 가능성이 있었다고 봄이 상당하다.59) 또한 공동제작자 중 1인에게 의거관계가 인정된다면, 이러한 점을 알고 있던 다른 공동제작자에게도 의거관계가 인정된다는 일본 판례60)도 있다. 그리고 2차적 저작물에 원저작물 부분이 포함되어 있다면 2차적 저작물에 대한 접근가능성은 원저작물에 대한 접근가능성으로도 취급될 수 있다.61)

하지만 접근가능성이 있었다고 하더라도 의거하지 않았다는 반증이 있다면 의거관계의 추정은 깨진다.62) 예컨대 국내의 시나리오 작가가 자신이 작성한 시나리오를 영화제작사인 드림웍스 및 스티븐 스필버그 등 그 설립자들에게 발송하였다가 반송된 사안에서, 그 시나리오가 '요청하지 않았음에도 발송된 자료의 어떠한 사항도 고려하지 않고, 읽지 않고 반송한다는 드림웍스의 엄격한 정책'을 알리는 서신에 동봉된 상태로 짧은 시간 내에 반송된 점, 드림웍스에는 1주일에 약 50건 정도의 '요청하지 않았음에도 발송된 자료'들이 배달되고 있는 점 등을 들어 의거관계를 부정한 하급심 판례63)도 있다.

사실상 같은 주체가 양 작품의 창작에 관여한 것으로 밝혀진다면 그 자체만

피고의 의뢰를 받은 제3자가 독자적으로 프로그램을 설계하였다고 판시함으로써 마치 의거관계가 부정되는 듯한 판시를 한 서울고등법원 1993. 6. 18. 선고 92나64646 판결(확정)은 재고의 여지가 있다.

57) ABKCO Music, Inc. v. Harrisongs Music, Ltd., 722 F.2d 988 (2d Cir. 1983)에서 원고는 미국의 작곡가로서 그의 곡이 미국의 음반판매순위 1위를 차지하였고, 영국에서도 30위 안에서 들었는데, 피고는 영국의 작곡가로서 그 때로부터 6년 후 그의 작품을 만들었던 사안에 관하여, 원고 음악저작물이 널리 알려졌던 점을 이유로 피고의 원고 음악저작물에 대한 접근가능성을 인정하였다.

58) Ferguson v. National Broadcasting Co., 584 F.2d 111 (5th Cir. 1978).

59) 서울고등법원 2005. 2. 15.자 2004라362 결정(확정).

60) 東京高裁 1996(平成 8). 4. 16. 선고 平5(ネ)3610호, 平5(ネ)3704호 판결(判例時報 1571호 98면).

61) 대법원 2014. 9. 25. 선고 2014다37941 판결.

62) 대법원 2007. 12. 13. 선고 2005다35707 판결은 "대상 저작물이 기존의 저작물보다 먼저 창작되었거나 후에 창작되었다고 하더라도 기존의 저작물과 무관하게 독립적으로 창작되었다고 볼 만한 간접사실이 인정되는 경우에는 대상 저작물이 기존의 저작물에 의거하여 작성되었다는 점이 추정된다고 단정하기 어렵다"고 판시하였다.

63) 서울중앙지방법원 2005. 6. 22. 선고 2003가합87723 판결(확정).

으로 저작물에 대한 접근이 인정될 것이다.[64]

(2) 현저한 유사성의 입증

피고가 원고의 저작물을 이용하지 않고서는 존재하기 어려운 고도의 유사성 또는 현저한 유사성(striking similarity)[65]이 존재하는 경우[66]에는 그 자체로 의거사 실이 증명되었다고 볼 수 있다.[67] 판례는 "의거관계는 기존의 저작물에 대한 접근 가능성, 대상 저작물과 기존의 저작물 사이의 유사성이 인정되면 추정할 수 있고, 특히 대상 저작물과 기존의 저작물이 독립적으로 작성되어 같은 결과에 이르렀을 가능성을 배제할 수 있을 정도의 현저한 유사성이 인정되는 경우에는 그러한 사 정만으로도 의거관계를 추정할 수 있다"고 판시하고 있다.[68] 예를 들어 원고의 소 설과 피고의 동화 사이에 주요 인물들의 설정과 상호관계, 상황 설정, 구체적 줄 거리 및 사건의 전개과정, 구체적인 에피소드들이 현저히 유사하다면 동화의 소설 에 대한 의거관계는 인정된다.[69] 원고의 저작물이 지극히 개성적·독창적인 것이

---

64) Smith v. Little, Brown & Co., 245 F.Supp. 451 (S.D.N.Y. 1965).

65) 이와 같은 현저한 유사성의 개념은 어디까지나 의거관계의 존재 여부를 판단하기 위한 것으로서 논리적으로 의거관계가 충족된 후에 판단하는 실질적 유사성의 개념과는 구별하여야 하는 것이 다. 그러므로 실질적 유사성 대신 "현저한 실질적 유사성"을 저작권침해요건의 하나로 설시한 대법원 1997. 9. 29.자 97마330 결정(이 판례는 속독법 강의록의 저작권침해에 관한 것으로서 대법원은 속독법에 관한 양 작품의 서술의 순서나 용어의 선택 또는 표현방법 등 문장표현상의 각 요소가 현저하게 실질적으로 유사하여 원고의 작품의 재제 또는 동일성이 인식되거나 감지 되는 정도에 이르지 아니하여 저작권침해가 발생하지 않았다고 설시하였다)은 위 두 가지 개념 을 혼용한 것으로서 부적절하다고 보여진다.

66) John Autry, *Toward a Definition of Striking Similarity in Infringement Actions for Copyrighted Musical Work*, 37 J. Intell. Prop. L. 113 (2002)에서는 현저한 유사성을 결정하는 세 가지 요소로서 양(Quantity), 창조성(Creativity), 독자성(Identity)을 들고 있다.

67) Melville B. Nimmer & David Nimmer, *Nimmer on Copyright* (2002), §13.01, 13면, 또한 Ferguson v. National Broadcasting Co., Inc., 584 F.2d 111(5th Cir. 1978) 판결에서는 "접근에 대한 증거없이도 원고는 두 작품이 단순히 실질적으로 유사한 정도가 아니라 독립적인 창작의 가능성을 배제할 정도로 현저하게 유사하다는 점을 입증함으로써 입증책임을 다할 수 있다"라 고 판시하고 있다. 그 이외에도 Baxter v. MCA, Inc., 812 F.2d 421(9th Cir., 1987) 참조. 한편 국내에서는 일명 '여우와 솜사탕' 사건에 관한 서울남부지방법원 2004. 3. 18. 선고 2002가합 4017 판결(서울고등법원 2005. 9. 13. 선고 2004나27480 판결로 항소기각 확정)에서 원고의 대 본과 피고의 대본 및 드라마 사이에는 유사한 상황에서 우연의 일치라고 하기에는 너무나 일치 하는 미적 특수표현으로서의 대사들이 공통적으로 분포되어 있어 그 현저한 유사성이 인정된다 고 하면서 이를 의거관계 인정 근거의 하나로 제시한 바 있다.

68) 대법원 2014. 5. 16. 선고 2012다55068 판결; 대법원 2014. 7. 24. 선고 2013다8984 판결 등. 정 상조·박준석, 지식재산권법, 제5판, 홍문사(2020), 463~464면.

69) 서울고등법원 2005. 7. 13. 선고 2004나86199 판결(대법원 2007. 3. 29. 선고 2005다44138 판결 로 확정).

어서 본래 양자의 표현 사이에 유사성이 존재하기 어려운 경우에는 그 유사성의 정도가 높지 않아도 현저한 유사성으로 취급된다.[70]

오류의 유사성 역시 현저한 유사성의 한 징표이다. 따라서 두 작품 사이에 의거관계가 있지 않고서는 우연하게 존재하기 어려운 공통의 오류(common errors)가 유사하게 나타난다면 의거관계가 추정된다.[71] 또한 역설적으로 저작권침해의 의혹을 피하기 위하여 일부러 원고 저작물을 변형시킨 흔적이 발견된다면 이러한 비유사성이 오히려 의거관계를 추정하게 하는 근거가 될 수도 있다.[72]

이러한 현저한 유사성을 의거관계의 인정근거로 삼음에 있어서는 저작물의 특성을 충분히 고려하여야 한다. 예컨대 저작물의 속성상 다양한 표현이 가능한 소설이나 시나리오, 회화와 같은 경우에는, 우연히 타인의 저작물과 유사할 가능성은 떨어지는 것이므로 이러한 유형의 저작물에 존재하는 현저한 유사성은 의거관계를 강하게 추인케 하는 정황이지만,[73] 저작물의 속성상 유일하거나 제한된 표현만 가능한 지도와 같은 경우에는, 독립적으로 창작하더라도 타인의 저작물과 유사할 수밖에 없는 특성을 가지고 있으므로, 현저한 유사성이 존재한다고 하여 막바로 의거관계가 인정되어서는 안 될 것이다. 예컨대 컴퓨터프로그램의 경우와 같이 원·피고 작품의 동일·유사성이 그 기능적 필요로 인해서 부득이하게 야기된 것이라면 그러한 동일·유사성만으로는 피고의 무단복제를 추정할 수 없다.[74]

주의하여야 할 점은 여기에서의 유사성은 피고가 원고의 저작물을 참고하여 자신의 작품을 만들었는지, 즉 의거관계의 존재 여부를 판단하기 위한 도구적 개념이므로 침해판단 기준으로서의 실질적 유사성의 개념과는 달리 저작권법에 의하여 보호받는 표현뿐만 아니라 아이디어 간의 유사성까지도 포괄하는 개념이라는 것이다. 판례도 "두 저작물 사이에 의거관계가 인정되는지 여부와 실질적 유사성이 있는지 여부는 서로 별개의 판단으로서, 전자의 판단에는 후자의 판단과 달리 저작권법에 의하여 보호받는 표현뿐만 아니라 저작권법에 의하여 보호받지 못

---

70) 강동세, 지적재산권의 형사적 이해, 세창출판사(2003), 206면 참조.
71) 서울민사지방법원 1988. 3. 18. 선고 87카53920 판결 참조.
72) Paul Goldstein, *Copyright* (2d ed. 1996), 7:16면; Concord Fabrics, Inc. v. Marcus Bros. Textile Corp., 409 F.2d 1315, 1316 (2d Cir. 1969)에서는 양 작품에 나타난 비유사성은 피고가 얼마나 의도적으로 원고의 저작물을 베꼈는가를 강조할 뿐이라고 하여 이를 의거관계의 인정근거로 삼았다.
73) Association of American Medical Colleges v. Mikaelian. 571 F.Supp. 144 (E.D.Pal 1983).
74) 정상조·박준석, 지적재산권법, 제5판, 홍문사(2020), 464면.

하는 표현 등이 유사한지 여부도 함께 참작될 수 있다"고 판시하고 있다.[75]

일본 문헌이나 판결들 가운데에는 원고의 저작물의 창작성이 인정되는 표현 부분에 의거할 것을 의거관계의 성립요건으로서 설명하는 것도 있으나,[76] 이는 의거관계와 실질적 유사성이 별개의 요건임을 간과한 것으로서 잘못된 것이다. 한편 의거단계에서의 유사성 입증이 성공하였다고 하여 그것이 그 다음 단계인 실질적 유사성 판단에 곧바로 구속력을 미치는 것은 아니다.

이러한 유사성 개념의 차이점 때문에 미국의 Alan Latman 교수는 1984년 그의 논문[77]에서 증명적 유사성(probative similarity)[78]이라는 새로운 개념을 도입하면서, 이를 실질적 유사성(substantial Similarity)과 구별하여야 한다고 주장하였다. 즉 저작권침해소송에 있어서 유사성의 개념은 피고의 작품이 현실적으로 원고의 저작물에 의거하여 만들어졌는지를 판명하는 단계와, 그와 같은 행위가 위법한 침해행위에 해당하는가를 판명하는 단계에서 문제된다. 그런데 전자의 경우에 문제되는 유사성은 증명적 유사성이고, 후자의 경우에 문제되는 유사성은 실질적 유사성이라는 것이다. 두 가지 개념의 유사성 사이에서 발견되는 가장 큰 차이점은 증명적 유사성은 아이디어와 표현을 가리지 않고 존재하는 유사성인 반면에, 실질적 유사성은 저작권법의 보호를 받는 표현 사이의 유사성만을 지칭한다는 것이다.[79]

---

75) 대법원 2014. 5. 16. 선고 2012다55068 판결; 대법원 2007. 3. 29. 선고 2005다44138 판결.

76) 三山峻司, 松村信夫, 實務解說 知的財産權訴訟, 法律文化社(2003), 475면; 著作權法·不正競爭防止法 コンメンタール, 改訂 第2版, 法學書院(2004), 146면; 東京高裁 1989(平成 1). 6. 20. 平元(ワ)327호 판결(判例時報 1322호 138면); 東京地裁 1996(平成 8). 9. 30. 선고 平3(ワ)5651호 판결(判例時報 1584호 39면) 참조.

77) Alan Latman, *Probative Similarity as Proof of Copying: Toward Dispelling Some Myths in Copyright Infringement*, 90 Colum. L. Rev. 1187, 1190 (1990).

78) probative는 "증명하는" 또는 "시험하는"의 의미를 가지고 있다. 한편 probative similarity는 사실적 복제 또는 의거관계가 존재하는지 여부를 증명 또는 시험하는 단계의 유사성이다. 그러므로 "실질적 유사성"과 대비하여 볼 때 위 용어는 "증명적 유사성" 또는 "시험적 유사성"으로 번역할 수 있다. 다만 이 책에서 설명하는 것처럼 저작권침해소송에 있어서 위와 같은 의미의 유사성은 의거관계를 입증하는 하나의 수단이므로 "증명적 유사성"이라고 번역하는 것이 더 적합하다고 생각한다.

79) 예컨대 원고의 저작물에 존재하는 불필요한 부분이나 오류, 모순 등이 피고의 작품에 그대로 존재한다면, 이러한 사정만으로 피고의 작품과 원고의 저작물 사이에 "실질적 유사성"이 인정된다고 하기는 어렵겠지만 적어도 피고가 원고의 저작물을 베꼈다는 의미에서 "증명적 유사성"이 인정될 수 있다. 이와 관련하여 Williams Elecs., Inc. v. Arctic Int'l Inc., 685 F.2d 870, 876 (3d Cir. 1982), Cybermedi, Inc. v. Symantec Corp., 19 F.Supp.2d 1070 (N.D.Cal.1998), E.F. Johnson Co. v. Uniden Corp. of Am., 623 F.Supp. 1485 (D.Minn.1985) 참조. 또한 양자 사이의 유사성이 이미 공유의 영역에 포함된 표현이어서 저작권법에 의하여 보호받는 표현 사이의 유사성이 존재하지 않는 경우에는 실질적 유사성은 존재하지 않지만 증명적 유사성은 여전히

이와 같은 증명적 유사성의 개념은 두 가지 다른 단계에서 동일한 용어가 쓰이는 과정에서 발생할 수 있는 혼란을 방지하기 위하여 미국 연방항소법원의 여러 판례들80)에 의하여 받아들여지고 있다. 증명적 유사성의 개념은 의거관계와 실질적 유사성의 두 가지 단계에서 작용하는 유사성의 개념을 분명히 구별하여 주었다는 점에서 긍정적인 평가를 받을 수 있다. 그러나 실제로는 '현저한 유사성'과 '실질적 유사성'이라는 별도의 개념이 사용되어 왔으므로, 양 유사성의 개념이 상이하다는 것만 명확히 한다면 우리나라에서 굳이 다시 새로운 '증명적 유사성'이라는 용어를 사용하여야 할 필요성은 크지 않다고 생각한다.

(3) 접근가능성과 현저한 유사성의 상호관계

접근가능성과 현저한 유사성은 모두 의거관계를 판단함에 있어서 종합적으로 고려하여야 할 요소들이다.81) 의거관계를 입증하기 위한 접근가능성과 유사성의 입증정도는 서로 영향을 주고 받는다.82) 즉 양자 사이의 유사성이 강하면 강할수록 피고의 원고 저작물에 대한 접근가능성에 관한 입증부담이 완화되는 반면,83) 양자 사이의 유사성이 약하면 약할수록 그 입증부담은 높아지는 반비례관계가 존재한다.84) 그러므로 양자 사이의 유사성이 의거관계를 전제하지 않고서는 설명이

존재할 수 있다. 이와 관련하여 Laureyssens v. Idea Group Inc., 964 F.2d 131, 140 (2d Cir. 1992) 참조.

80) Lotus Dev. Corp. v. Borland Int'l Inc., 49 F.3d 807 (1st Cir. 1995); Laureyssens v. Idea Group Inc., 964 F.2d 131, 140 (2d Cir. 1992); Repp v. Webber, 132 F.3d 882, 889 (2d Cir. 1997); Castle Rock Entm't, Inc. v. Carol Publ'g Group, Inc., 150 F.3d 132, 137 (2d Cir. 1998); Dam Things from Denmark v. Russ Berrie & Co., 290 F.3d 548, 562 (3d Cir. 2002); Eng'g Dynamics, Inc. v. Structual Software, Inc., 26 F.3d 1335(5th Cir. 1994); Gates Rubber Co. v. Bando Chem. Indus., Ltd., 9 F.3d 823 (10th Cir. 1993); Mitek Holdings, Inc. v. Arce Eng'g Co., Inc., 89 F.3d 1548 (11th Cir. 1996) 등 참조. Melville B. Nimmer & David Nimmer, *Nimmer on Copyright* (2002), §13.01, 13~14면에서 인용.

81) 이른바 롯티사건에 대한 서울고등법원 1990. 6. 25.자 89라55 결정(확정)은 "후에 만들어진 저작물이 먼저 만들어진 저작물의 변형 내지 변경이라고 인정되기 위하여는 첫째, 후에 저작물을 만든 자가 저작물을 만드는 과정에서 먼저 만들어진 저작물을 보거나 이용할 수 있는 상황이었는지 여부와 둘째, 위 두 저작물이 외형상 객관적으로 보아 현저하게 유사한지의 여부 등을 종합적으로 판단하여야 한다"라고 판시하고 있다.

82) Montgomery Frankel, *From Krofft to Shaw and Beyond, The Shifting Test for Copyright Infringement in the Ninth Circuit*, 40 Copyright Law Symposium 429, 430 (1997).

83) Country Kids'n City Slicks, Inc., v. Sheen, 77 F.3d 1280 (10th Cir. 1996).

84) 홍길동 캐릭터의 상표권 및 저작권 침해가 문제되었던 서울지방법원 2002. 1. 11. 선고 2001가합4687 판결(확정)에서는 원고의 저작물과 피고 캐릭터들이 고전소설 홍길동전의 주인공 홍길동을 표현함에 있어 얼굴과 몸통의 비례, 캐릭터의 연령, 얼굴 모양, 표정, 인상 등이 상이한 점

불가능할 정도로 현저할 때에는 접근가능성에 관한 아무런 입증이 이루어지지 않더라도 그 현저한 유사성의 존재 자체로 의거관계가 인정된다. 반대로 유사성의 정도가 낮아질수록 접근가능성에 대한 입증부담은 늘어나게 되고, 만약 양자 사이의 유사성이 전혀 없다면 접근에 관한 어떠한 증거를 제출한다고 하더라도 의거관계가 성립한다고 보기가 어려울 것이다.85)

라) 의거관계와 실질적 유사성의 관계

이와 같이 타인의 저작물에 의존하여 작품을 만들었다는 의거관계는 저작권침해행위를 구성하기 위한 하나의 요건에 불과하다. 즉 타인의 저작물에 의거하였다는 행위 그 자체만으로 그것이 위법하다고 할 수 없다. 예컨대 타인의 저작물에 의거한 작품이라고 하더라도 그 저작물의 표현이 아닌 아이디어만 차용하였거나 표현을 차용하였다고 하더라도 실질적 유사성이 인정되지 않는 경우에는 저작권침해에 해당하지 않는다. 그러므로 의거관계가 인정되더라도 그 외에도 과연 두 작품 사이에 침해가 인정될 정도의 실질적 유사성이 존재하는가를 살펴보아야 하고, 실질적 유사성까지 인정될 때에 비로소 최종적으로 저작권침해라는 평가를 도출할 수 있는 것이다.

미국이나 우리나라의 판례들 중 의거관계를 먼저 판단한 뒤 실질적 유사성 판단으로 나아가는 사례가 있다.86) 일본에서는 두 요건이 병렬적인 관계에 있다고 하면서 개별적 사건에서 실질적으로 더욱 중요한 쟁점이 되는 요건부터 판단한다는 입장87)과 이에 반대하면서 의거관계요건을 먼저 판단하여야 한다는 입장88)이 있다.

논리적으로 보자면 의거관계와 실질적 유사성은 모두 저작권침해행위를 구성하는 동등한 요건이기 때문에 어느 한 요건이 반드시 다른 요건에 앞서서 판단되어야 하는 것은 아니다. 그러나 일반적으로 의거관계에 대한 판단이나 판결이유의

에 비추어 볼 때 원고가 제출한 증거만으로 의거관계가 인정되기에 부족하다고 판시하였다.

85) 물론 이는 어디까지나 이론적인 설명일 뿐이고 실제로 이처럼 양자 사이에 유사성이 없는 경우에는 애당초 저작권침해분쟁이 발생하지 않을 것이다.

86) 대법원 2014. 7. 24. 선고 2013다8984 판결은 상고이유에 따라 두 저작물 사이에 의거관계가 있는지 여부에 관한 판단만 하였다. 한편 실질적 유사성을 의거관계보다 먼저 판단한 예도 발견된다. 서울중앙지방법원 2004. 11. 16. 선고 2002나40684 판결(확정) 참조.

87) 陸本英史, "著作權侵害の判斷について(上)", 判例時報 1595호 27면.

88) 光石俊郎, "著作權法の依據におけるついて", 知的財産權の現代的課題 : 本間崇先生還曆記念, 信山社(1995).

작성이 실질적 유사성에 비하여 더욱 간명하여 특히 원고의 청구를 배척하는 경우에는 이를 먼저 판단하는 것이 효율적일 수 있다. 의거관계를 먼저 판단하는 실무태도는 이러한 효율성의 측면에서 수긍할 수 있다.[89]

3) 동일성 내지 실질적 유사성의 존재
가) 실질적 유사성의 의의

피고가 원고의 저작물에 의거하여 자신의 작품을 만들었고, 그 작품이 원고의 저작물과 완전히 동일한 경우 당연히 저작권침해가 성립한다. 한편 피고가 원고의 저작물에 의거하였다고 하더라도 원고의 저작물과는 구별되는 새로운 작품을 만들었다면 저작권침해가 성립하지 않는다는 점 역시 이론의 여지가 없다. 문제는 의거관계가 존재하고, 원고와 피고의 작품이 동일하지는 않지만 유사한 경우이다. 유사하다는 것 사이에도 그 정도의 차이가 매우 크므로 두 작품이 유사하다고 하여 항상 저작권침해가 성립하는 것은 아니다. 저작권침해책임을 부과하는 것이 저작권 제도의 취지에 부합할 정도로 피고의 작품이 원고의 저작물과 충분히 유사하여야 하는데, 이러한 정도의 유사성을 "실질적 유사성"이라고 한다.[90] 요컨대 피고가 원고의 저작물에 의거하여 자신의 작품을 만들었고, 그 작품과 원고의 저작물이 실질적으로 유사하다는 점이 확정되면 저작권침해가 성립한다.[91] 저작

---

89) 대법원 2014. 7. 24. 선고 2013다8984 판결 참조.
90) 일본에서는 복제는 기존 저작물을 재제(再製)하는 것으로서 기존 저작물과 동일성이 인정되어야 하는 것이므로, 복제권침해가 인정되기 위한 요건으로서는 실질적 유사성의 개념보다는 동일성 또는 실질적 동일성의 개념을 사용하는 것이 적절하다는 견해가 있다(西田美昭, "複製權の侵害の判斷の基本的考え方", 裁判實務大系 27, 知的財産關係訴訟法, 靑林書院(1997), 131면, 이러한 용어를 사용한 논문으로서 陸本英史, "著作權侵害の判斷について(上)", 判例時報 1595호 26면 참조). 이는 복제권침해에 국한하여 볼 때에는 타당한 설명이라고 할 것이나, 2차적 저작물작성권 침해까지 포괄하는 개념으로서는 실질적 유사성이 더 유용하다고 생각한다. 또한 저작인격권 중 동일성유지권과 관련하여서도 '동일성'이라는 개념이 사용되고 있는바, 이 경우 기존 저작물에 변형이 가하여지면 더 이상 '동일성'이 유지되지 못하여 동일성유지권이 침해되는 것이므로, 기존 저작물에 변형이 가하여졌으나 2차적 저작물 작성에 이르지 못한 경우, 즉 복제권침해의 경우에도 '동일성'이 있다고 표현하기보다는 '실질적 유사성'이 있다고 표현하는 것이 더 적합하다.
91) 이와 같이 실질적 유사성은 일반적으로 원고의 저작물과 피고의 작품 사이의 상호관계에서 문제된다. 하지만 원고가 자신의 저작물이라고 주장하는 작품에 창작성이 인정되는가와 관련하여, 이미 공유의 영역에 있는 제3의 작품과 원고의 작품의 실질적 유사성 여부가 문제되는 경우도 있다. 만약 원고의 작품이 제3의 작품과 실질적으로 유사하다면 원고의 작품에 창작성을 인정할 수 없어 원고의 청구가 기각되거나, 2차적 저작물로 인정되더라도 실질적으로 유사한 한도 내에서는 저작권법의 보호를 받지 못할 것이다. 대법원 2015. 8. 13. 선고 2013다14828 판결 등 참조.

물에의 접근 내지 의거는 저작권침해과정을 밝히기 위한 증거법적 성격의 기준이고, 실질적 유사성은 침해결과가 저작권법의 법목적에 비추어 허용될 수 없는 것을 밝히기 위한 실체법적 기준이라고 말할 수 있다.[92]

실질적 유사성은 법적 평가라기보다는 사실인정의 문제에 해당하지만, 그 본질에 있어서는 구체적이고 세부적인 사실관계에 대한 평가를 통하여 확정된다는 점에서 불확정개념에 해당한다.

나) 실질적 유사성의 적용범위

실질적 유사성의 법리는 저작권뿐만 아니라 저작인접권 및 데이터베이스제작자의 권리에도 그대로 적용된다. 저작권법 제3장의 규정들에 의하여 저작인접권의 대상으로 보호받는 실연·음반·방송이나 제4장의 규정들에 의하여 보호받는 데이터베이스는 이를 동일하게 이용한 경우뿐만 아니라 실질적으로 유사하게 이용한 경우에도 권리침해가 성립한다.

배타적발행권[93]의 경우는 조금 차원을 달리한다. 배타적발행권의 목적인 저작물의 전부를 그대로 복제하는 경우에는 당연히 배타적발행권침해가 성립한다. 저작물 중 일부만 그대로 복제한 경우에는 어떠한가? 이에 관하여 대법원은, 구 저작권법 제54조(출판권의 설정) 제2항에서 "출판권을 설정받은 자는 그 설정행위에서 정하는 바에 따라 그 출판권의 목적인 저작물을 '원작 그대로' 출판할 권리를 가진다."고 규정하고 있는바,[94] 여기서 '원작 그대로'라 함은 원작을 개작하거나 번역하는 등의 방법으로 변경하지 않고 출판하는 것을 의미할 뿐 원작의 전부를 출판하는 것을 의미하는 것은 아니고, 침해자가 출판된 저작물을 전부 복제하지 않았다 하더라도 그 중 상당한 양을 복제한 경우에는 출판권자의 출판권을 침해하는 것이라고 판시하고 있다.[95]

그런데 배타적발행권의 목적인 저작물에 변형을 가하여 유사한 형태로 이용하는 경우는 어떠한가? 이 경우 실질적 유사성이 인정된다면 저작권침해가 성립하는 것은 물론이다. 그러나 나아가 배타적발행권침해도 성립하는가가 문제된다. 배

---

92) 정상조, "창작과 표절의 구별기준", 서울대 법학 제44권 제1호(2003), 113면.
93) 2021년 저작권법 전부개정안은 "배타적발행권"과 "출판권"을 일원화하였다.
94) 2021년 저작권법 전부개정안 제76조 제3항은 "배타적발행권을 설정받은 자(이하 "배타적발행권자"라 한다)는 그 설정행위에서 정하는 바에 따라 그 배타적발행권의 목적인 저작물을 발행등의 방법으로 이용할 권리를 가진다"고 규정하고 있다.
95) 대법원 2003. 2. 28. 선고 2001도3115 판결.

타적발행권, 즉 저작권법 전부개정 전의 출판권은 타인의 저작물을 복제하여 배포할 수 있는 권리이다. 그러므로 복제권이 침해된 경우에는 출판권(현재 배타적발행권)도 침해되었다고 보는 것이 타당하다. 한편 복제권 침해는 저작물에 사소한 변경을 가한 경우에도 발생한다. 따라서 타인의 출판물에 사소한 변경을 가하여 출판하는 것도 배타적발행권(구 출판권) 침해에 해당한다고 볼 것이다.[96] 하지만 출판권자에게 2차적 저작물을 출판할 권리까지 주어진 것은 아니다. 그러므로 그 변경의 정도가 2차적 저작물 작성의 정도에 이르렀다면 배타적발행권 침해는 성립하지 않고 2차적 저작물 작성권을 침해한 것이 된다. 대법원 역시 원작의 동일성을 손상하는 정도로 원작을 변경하여 출판하는 때에는 저작자의 2차적 저작물 작성권 침해에 해당할지언정 출판권자의 출판권 침해는 성립되지 않는다고 판시하였다.[97] 요컨대 배타적발행권 침해는 실질적 유사성이 인정되는 경우 중 복제권 침해시에만 발생하고 2차적 저작물 작성권 침해시에는 발생하지 않는다.

다) 실질적 유사성의 판단

저작권에 의하여 보호되는 것은 아이디어가 아니라 창작성 있는 표현이므로, 저작권침해요건으로서의 실질적 유사성을 판단함에 있어서도 원고의 저작물의 창작적인 표현 부분과 피고의 작품을 비교하여 결정한다. 우리나라 대법원 판례[98]는 "저작권의 보호 대상은 학문과 예술에 관하여 사람의 정신적 노력에 의하여 얻어진 사상 또는 감정을 말, 문자, 음, 색 등에 의하여 구체적으로 외부에 표현한 창작적인 표현형식이고, 표현되어 있는 내용 즉 아이디어나 이론 등의 사상 및 감정 그 자체는 설사 그것이 독창성, 신규성이 있다 하더라도 원칙적으로 저작권의 보호 대상이 되지 않는 것이므로, 저작권의 침해 여부를 가리기 위하여 두 저작물 사이에 실질적인 유사성이 있는가의 여부를 판단함에 있어서도 창작적인 표현형식에 해당하는 것만을 가지고 대비하여야 할 것이며"라고 판시하여 이를 분명히 밝히고 있다.[99]

---

96) 서울지방법원 서부지원 2002. 3. 27. 선고 2001가합3917 판결(확정) 참조.
97) 대법원 2005. 9. 9. 선고 2003다47782 판결.
98) 대법원 2000. 10. 24. 선고 99다10813 판결 등 다수.
99) 대법원 판결이유에서는 이를 "두 저작물 사이에"라고 표현하고 있고 실제로도 당해 사건에서는 드라마 까레이스키의 극본이 소설 텐산산맥의 저작권을 침해하지 않는 것으로 결론이 내려졌다. 하지만 비교대상의 하나가 저작물이고 다른 하나는 아무런 창작적 요소의 부가 없이 단지 사소한 수정만 가한 실질적인 복제물에 불과하다면 그 복제물은 창작성이 결여되어 있어 "인간의 사

이와 같은 실질적 유사성 판단 기준에 의하면, 실질적 유사성을 판단함에 있어서는 ① 창작적인 표현형식과 그렇지 아니한 부분(아이디어)을 구분하는 작업과 ② 창작적인 표현형식과 피고의 작품을 비교하여 실질적으로 유사한지 확정하는 작업이 병행되어야 한다. 실제로는 아이디어와 표현을 구분한다거나 원고 저작물의 표현 부분과 피고 작품 사이에 실질적 유사성이 존재하는지를 확정하는 것은 대단히 어려운 작업이다. 또한 이 두 작업의 논리적 선후관계나 결합방식에 관하여는 여러 가지 미묘한 문제가 발생하는데, 이 문제에 대하여는 나중에 실질적 유사성 판단의 방법론과 관련하여 상세하게 다루기로 한다.

실질적 유사성은 작품 속의 근본적인 본질 또는 구조를 복제함으로써 전체로서 포괄적인 유사성이 인정되는 경우인 이른바 '포괄적·비문자적 유사성(comprehensive nonliteral similarity)'과 작품 속의 특정한 행이나 절 또는 기타 세부적인 부분이 복제됨으로써 양 저작물 사이에 문장 대 문장으로 대칭되는 유사성이 인정되는 경우인 이른바 '부분적·문자적 유사성(fragmented literal similarity)'으로 구분하기도 한다.[100] 위에서 살펴본 아이디어와 표현의 구분이나 유사성 정도의 판정은 포괄적·비문자적 유사성의 경우에 더욱 문제된다. 이러한 이유로 실질적 유사성 판단 기준론에 있어서 더욱 중요한 비중을 차지하는 것은 포괄적·비문자적 유사성이다.[101]

라) 표절과의 관계

참고로 타인의 저작물과 실질적으로 유사한 작품을 만들어내는 것을 '표절(剽竊, plagiarism)'이라고 하기도 한다. 표절은 일반인들에 의하여 저작권침해와 거의 유사한 의미를 가지고 널리 사용되고 있다. 한편 과거 저작권심의조정위원회(현재

상 또는 감정을 표현한 창작물"을 의미하는 저작물의 개념(저작권법 제2조 제1호 참조)에 포함되기 어렵다. 그러므로 실질적 유사성에 관한 일반론을 설시함에 있어서 "두 저작물 사이에"라는 표현을 쓴 것은 적절하지 않다고 볼 수 있다.

100) Melville B. Nimmer & David Nimmer, *Nimmer on Copyright* (2002), §13.03, 13~29면.

101) 게임저작물과 같이 어문저작물, 미술저작물, 영상저작물 등 복합적 성격을 가지는 경우에 특히 포괄적·비문언적 유사성이 더 중요하게 여겨진다는 견해로, 권영준, "게임저작물과 실질적 유사성 —한국의 포레스트 매니아 판결과 미국의 테트리스 판결을 중심으로—", 지식재산연구 제17권 제3호(2022. 9), 한국지식재산연구원, 168~171면 참조. 대법원 2019. 6. 27. 선고 2017다212095 판결은 원심을 파기하면서 '위와 같은 사정들을 '종합하여 보면, 피고 게임물은 원고 게임물의 제작 의도와 시나리오가 기술적으로 구현된 주요한 구성요소들의 선택과 배열 및 유기적인 조합에 따른 창작적인 표현형식을 그대로 포함하고 있으므로, 양 게임물은 실질적으로 유사하다'고 판시하였다.

'한국저작권위원회')가 발간한 저작권표준용어집[102]에서는 표절에 관하여 "다른 사람의 저작물의 전부나 일부를 그대로 또는 그 형태나 내용에 다소 변경을 가하여 자신의 것으로 제공 또는 제시하는 행위를 의미한다. 표절은 사기행위의 일종이며, 저작권 보호를 받는 저작물의 경우에는 또한 저작권침해가 된다."라고 설명하였다.

하지만 표절은 위장하거나 은폐한다는 뉘앙스를 강하게 풍기는 개념으로서,[103] 위법한 행위로서의 의미보다는 도덕적 비난가능성이 높은 행위로서의 의미가 강하다.[104]

표절이 곧 저작권침해가 될 가능성이 많지만, 저작권에 의하여 보호받는 표현의 모방뿐만 아니라 저작권에 의하여 보호받지 못하는 아이디어의 모방 역시 넓은 의미의 표절로 이해되고 있고, 저작재산권 보호기간이 만료한 저작물을 그대로 베끼는 경우도 표절의 범주에 포함시킬 수 있으므로, 표절행위가 있다고 하여 반드시 저작권침해가 성립하는 것은 아니다. 그러므로 엄밀히 말하자면 표절은 실질적 유사성을 대체할 수 있는 용어가 아니다. 이처럼 표절은 저작권법에서 사용하는 용어는 아니지만 주로 당사자들의 주장이나 사실관계의 설시와 관련하여 이 용어를 사용하고 있는 판례들[105]도 발견된다.[106]

2. 피고의 주장·입증사항

원고가 저작권의 존재 및 저작권의 침해사실을 모두 주장·입증하더라도, 피고는 다음과 같은 사항을 주장(항변)·입증함으로써 저작권침해책임으로부터 벗어날 수 있다.

---

102) 저작권심의조정위원회, 저작권표준용어집(1993), 89면.

103) 김수현, "예술작품에 대한 표절판정의 논리", 미학 Vol. 18, 한국미학회(1993), 42면.

104) 영어로 표절을 의미하는 plagiarism의 접두어인 "plagi－"는 그 어원이 "도덕적으로 부정한, 잘못된"이라는 뜻이다. 이상연, "표절과 그 패러다임에 관한 연구 — 어문저작물을 중심으로", 연세대학교 석사학위논문(1999), 24면 참조.

105) 대법원 1990. 2. 27. 선고 89다카4342 판결. 다만 이 판결도 그 이유를 자세히 읽어 보면 표절이라는 용어에 법적인 의미를 두어 사용한다고 보여지지는 않는다. 이 판결에서는 원저작물과 거의 동일하게 복제하는 행위를 이른바 도작 또는 표절이라고 파악하고 있다. 그 이외에 서울고등법원 1995. 6. 22. 선고 94나8954 판결; 서울고등법원 1987. 8. 21. 선고 86나1846 판결; 서울서부지방법원 2004. 6. 28.자 2004카합271 결정 등 참조.

106) "표절"에 관한 더 자세한 연구는 남형두, 표절론(표절에서 자유로운 정직한 글쓰기), 현암사(2015) 참조.

가. 저작물의 이용허락 및 법정허락

1) 이용허락

저작재산권자는 저작물에 대한 독점적·배타적 이용권을 가지므로 타인이 자신의 저작물을 복제·공연·공중송신전시·배포·대여하거나 2차적 저작물 또는 편집저작물을 작성하는 방법으로 이용하는 것을 금지할 수도 있으나 반대로 타인이 자신의 저작물을 이용하도록 허락할 수 있고, 허락을 받은 자는 허락받은 이용방법 및 조건의 범위 안에서 그 저작물을 이용할 수 있다. 이용허락은 복수의 이용자들에게 중첩적 허락이 가능한 비배타적 이용허락(non-exclusive license)과 특정한 이용자에게만 이용허락을 하는 배타적 이용허락(exclusive license)이 있는데, 어떠한 유형의 이용허락이라고 하더라도 이용자가 저작권자에게 그 이용의 정당함을 주장할 수 있다. 따라서 피고가 저작물의 이용허락을 받았다면 그 저작물을 정당하게 이용할 수 있으므로, 이에 기하여 자신의 저작물 이용이 저작권침해에 해당하지 않는다는 항변을 할 수 있다.107)108)

2) 법정허락

저작권자의 이용허락을 받지 못하면 저작물을 이용할 수 없는 것이 원칙이지

---

107) 일반적으로 원고가 피고에게 저작물 이용을 허락하였고, 피고가 그 저작물을 허락받은 이용방법 및 조건의 범위 안에서 이용한 것이 명백하다면, 원고와 피고 사이에 저작권침해분쟁이 생길 가능성은 미미하다. 하지만 이용허락이 존재하는지 여부가 다투어지거나, 이용허락이 존재한다고 하더라도 그 범위가 어떠한지 여부가 다투어지는 경우에는 저작권침해분쟁이 생길 수 있다. 이때 피고는 이용허락이 존재할 뿐만 아니라 자신의 이용이 그 허락의 범위 안에 포함된다고 항변하면서 이에 관한 증거방법을 제출하게 된다. 특히 문제가 되는 것은 이용허락의 범위인데, 이는 이용허락약정의 합리적인 해석을 통하여 그 범위를 확정하여야 할 것이다. 예컨대 대법원은 기존의 LP 음반에 의한 음악저작물의 이용허락의 범위 내에 그 당시에는 존재하지 않았던 새로운 매체인 CD 음반에 의한 이용도 포함된 것인가에 관하여 이를 적극적으로 해석하였고(대법원 1996. 7. 30. 선고 95다29130 판결), 노래방기기 제작업자에 대한 음악저작물의 이용허락의 범위 안에 그 노래방기기를 구입한 노래방영업자가 일반공중을 상대로 거기에 수록된 저작물을 재생하여 주는 방식으로 이용하는 것에 대한 허락까지 포함된 것인가에 관하여는 이를 소극적으로 해석하였다(대법원 1996. 3. 22. 선고 95도1288 판결).

108) 이용허락계약에서 당사자가 합의한 이용방법이나 조건을 위반한 경우 민법이 정한 채무불이행 책임을 부담하게 되는데, 이와 함께 저작권침해(불법행위) 책임도 부담하는지 여부에 관하여 다툼의 여지가 있다. 채무불이행과 저작권침해의 구별기준에 관해서는 다양한 견해가 존재하나, 유력한 견해는 '이용권자가 "저작권의 효력으로서 부담하는 의무(저작권법이 규정하는 의무)"에 위반하면 저작권침해에 해당하지만, "계약(합의)의 효력으로서 부담하는 의무(예컨대 이용료납부의무)"에 위반한 경우에는 단순히 채무불이행에 그치게 된다'고 한다{박성호, 저작권법, 제2판, 박영사(2017), 454~455면 참조}.

만, 공공의 관점에서 볼 때 저작권자가 이용허락을 하지 않더라도 적정한 대가를
지급하거나 공탁하고 일반 공중으로 하여금 저작물을 이용할 수 있게 하는 것이
바람직한 때에는 예외적으로 그와 같은 방법으로 저작물을 이용할 수 있게 하는
제도가 법정허락제도이다. 법정허락을 얻은 경우에도 저작물을 이용할 수 있으므
로 이를 항변사유로 삼을 수 있다.[109]

나. 배타적발행권의 설정

　전부개정된 저작권법 제57조 제1항은 「저작물을 발행하거나 복제·전송(이하
"발행등"이라 한다)할 권리를 가진 자는 그 저작물을 발행등에 이용하고자 하는 자
에 대하여 배타적 권리(이하 "배타적발행권"이라 하며, 제63조에 따른 출판권은 제외한
다. 이하 같다)를 설정할 수 있다」고 규정하고, 제3항은 「제1항에 따라 배타적발행
권을 설정받은 자(이하 "배타적발행권자"라 한다)는 그 설정행위에서 정하는 바에 따
라 그 배타적발행권의 목적인 저작물을 발행등의 방법으로 이용할 권리를 가진
다.」고 규정하고 있다.[110] 이러한 배타적발행권설정계약은 일종의 준물권적인 계
약으로서 채권적 성질을 가지는 이용허락계약과 구별된다. 배타적발행권설정이
이루어지게 되면 배타적발행권자는 그 설정계약의 취지에 따라 저작물을 배타적
발행을 할 권리를 가지게 되므로 배타적발행행위로 인한 저작권침해가 성립되지
아니하고, 저작권자가 저작권침해를 주장할 경우 이에 기하여 항변할 수 있다.[111]

---

109) 우리나라 저작권법에서는 누구든지 대통령령이 정하는 기준에 해당하는 상당한 노력을 기울였
　　 어도 공표된 저작물(외국인의 저작물을 제외한다)의 저작재산권자나 그의 거소를 알 수 없어 그
　　 저작물의 이용허락을 받을 수 없는 경우(제50조 제1항), 공표된 저작물을 공익상 필요에 의하여
　　 방송하고자 하는 방송사업자가 그 저작재산권자와 협의하였으나 협의가 성립되지 아니하는 경
　　 우(제51조), 상업용 음반이 우리나라에서 처음으로 판매되어 3년이 경과한 경우 그 음반에 녹음
　　 된 저작물을 녹음하여 다른 상업용 음반을 제작하고자 하는 자가 그 저작재산권자와 협의하였
　　 으나 협의가 성립되지 아니하는 경우(제52조)에는 대통령령이 정하는 바에 의하여 문화체육관
　　 광부장관의 승인을 얻은 후 문화체육관광부장관이 정하는 기준에 의한 보상금을 당해 저작재산
　　 권자에게 지급하거나 공탁하고 다른 상업용 음반을 제작할 수 있다고 규정하고 있고, 실연·음
　　 반 및 방송의 이용에 관하여도 이를 준용하고 있다(제89조).
110) 저작권법 제63조 제1항은 「저작물을 복제·배포할 권리를 가진 자(이하 "복제권자"라 한다)는
　　 그 저작물을 인쇄 그 밖의 이와 유사한 방법으로 문서 또는 도화로 발행하고자 하는 자에 대하
　　 여 이를 출판할 권리(이하 "출판권"이라 한다)를 설정할 수 있다」고 규정하였고, 제2항은 「출판
　　 권을 설정받은 자(이하 "출판권자"라 한다)는 그 설정행위에서 정하는 바에 따라 그 출판권의
　　 목적인 저작물을 원작 그대로 출판할 권리를 가진다」고 규정하였다. 출판권의 설정의 경우는 설
　　 정출판자가 복제·배포만을 할 수 있음에 비하여, 배타적 발행권자는 복제·배포뿐만 아니라 복
　　 제·전송까지 할 수 있다.
111) 저작권법은 2011년 저작권법 개정 시 '배타적발행권'을 도입하였음에도 종전의 '출판권'에 대한

다. 저작재산권의 제한 또는 저작물의 자유이용

저작권법 제1조에서 명시하고 있는 것처럼 저작권법은 비단 저작자의 권리보호뿐만 아니라 일반 대중에 의한 저작물의 공정한 이용도 함께 도모함으로써 문화의 향상발전에 이바지함을 최종 목적으로 하고 있다. 이와 같은 저작권법의 기능 때문에 저작권법에 의하여 보호되는 저작권은 비록 물권과 비슷한 성격을 가지고 있지만 소유권처럼 원칙적으로 아무런 제한이 가하여지지 않는 권리가 아니다. 저작권법의 최종 목적인 문화의 향상발전을 위하여 비록 저작권으로 보호되는 저작물이라고 하더라도 일반 대중이 자유롭게 이용할 수 있도록 하는 것이 바람직하다면, 그 범위 내에서 저작재산권은 제한되는 것이다.

우리 저작권법은 이를 "제2장 제4절 제2관 저작재산권의 제한(제23조 내지 제36조)에서 다루고 있다. 재판절차 등에서의 복제(제23조), 정치적 연설 등의 이용(제24조), 공공저작물의 자유이용(제24조의2), 학교교육 목적 등에의 이용(제25조), 시사보도를 위한 이용(제26조), 시사적인 기사 및 논설의 복제(제27조), 공표된 저작물의 인용(제28조), 영리를 목적으로 하지 아니하는 공연·방송(제29조), 사적 이용을 위한 복제(제30조), 도서관 등에서의 복제 등(제31조), 시험문제로서의 복제(제32조), 시각장애인 등을 위한 복제(제33조), 청각장애인 등을 위한 복제 등(제33조의2), 방송사업자의 일시적 녹음·녹화(제34조), 미술저작물 등의 전시 또는 복제(제35조), 저작물 이용과정에서의 일시적 복제(제35조의2), 부수적 복제 등(제35조의3), 문화시설에 의한 복제 등(제35조의4), 저작물의 공정한 이용(제35조의5), 번역 등에 의한 이용(제36조)이 저작재산권의 제한으로 열거된 유형들이다.

특히 저작권법 제35조의5는 미국 저작권법 제107조의 공정이용(fair use) 조항과 같은 보충적 일반조항을 두고 있는바, 제1항은 '제23조부터 제35조의4까지, 제101조의3부터 제101조의5까지의 경우 외에 저작물의 통상적인 이용 방법과 충돌하지 아니하고 저작자의 정당한 이익을 부당하게 해치지 아니하는 경우에는 저작물을 이용할 수 있다'고 규정하고 있다. 따라서 피고로서는 단지 자신의 저작물이용행위가 공정하다는 추상적 사유만으로 항변할 수는 없고, 저작권법에 규정된 각

일부 규정을 존치하고 있었으나 양 권리는 그 내용과 법적 성격이 거의 동일하며 종이책 출판에만 적용되는 '출판권'은 전자책 출판을 병행하거나 전자책 출판만으로 이루어지고 있는 현재 출판 시장의 현실에 부합하지 않는다는 점이 있었다. 이에 저작권법 전부개정안은 배타적발행권과 출판권을 일원화하였다. 2021년 저작권법 전부개정법률안(도종환의원 대표발의, 의안번호 7440), 9면 참조.

구체적인 사유에 상응할 정도로 "저작물의 통상적인 이용 방법과 충돌하지 아니하고 저작자의 정당한 이익을 부당하게 해치지 아니하는 경우에 해당하므로 자신의 저작물 이용행위가 저작권침해에 해당하지 않는다"고 항변하여야 한다.[112]

저작재산권의 제한 내지 저작물의 자유이용에 기한 항변은 논리적으로 원고의 주장·입증사항인 실질적 유사성이 인정된 이후에 행하여진다. 따라서 저작재산권의 제한 내지 저작물의 자유이용과 실질적 유사성은 양립가능하다. 예를 들어 패러디가 저작권법 제23조나 제36조에 기하여 저작권침해가 아닌 것으로 판단되더라도 패러디와 원저작물 사이의 실질적 유사성의 존재 자체가 부정되는 것은 아니다.

만약 실질적 유사성의 요건을 엄격하게 해석하여 이 단계에서 저작권침해청구를 배척하는 비율이 높아진다면 자유이용 항변의 비중은 낮아진다. 반대로 실질적 유사성의 요건을 너그럽게 해석한다면 자유이용 항변이 차지하는 비중은 높아진다. 이는 창작성과 실질적 유사성의 관계에 있어서와 마찬가지이다. 결국 창작성 ─실질적 유사성─ 자유이용의 관계는 저작권침해소송에 있어서 저작권의 보호범위를 설정하는 세 가지 관문으로서 어느 한쪽의 부담이 높아지면 다른 쪽은 낮아지는 관계에 있다.

라. 저작재산권의 보호기간 경과

일단 원고의 작품이 저작물로 인정된다면 저작권법에 의한 보호가 주어지는 것이 원칙이다. 그러나 저작권 중 저작재산권은 보호기간이 법으로 정해져 있다. 저작재산권은 원칙적으로 저작자(공동저작물의 경우 가장 마지막에 사망하는 저작자)가 생존하는 동안과 사망 후 70년간 존속한다(저작권법 제39조 제1항·제2항). 한편 저작자의 사망시기를 정확하게 알 수 없는 무명(無名) 또는 널리 알려지지 아니한 이명(異名)이 표시된 저작물의 저작재산권은 공표된 때부터 70년간 존속한다. 다만, 이 기간 내에 저작자가 사망한지 70년이 지났다고 인정할만한 정당한 사유가 발생한 경우에는 그 저작재산권은 저작자가 사망한 후 70년이 지났다고 인정되는 때에 소멸한 것으로 본다(저작권법 제40조 제1항). 또 업무상저작물의 저작재산권은 제39조 및 제40조에도 불구하고 공표한 때부터 70년간 존속한다. 다만, 창작한 때부터 50년 이내에 공표되지 아니한 경우에는 창작한 때부터 70년간 존속한다(저작

---

112) 박성호, 저작권법, 제2판, 박영사(2017), 631~638면 참조.

권법 제41조). 그리고 복수의 저작자나 실연자 등이 존재하는 영상저작물의 저작
재산권은 제39조 및 제40조에도 불구하고 공표한 때부터 70년간 존속한다. 다만
창작한 때부터 50년 이내에 공표되지 아니한 경우에는 창작한 때부터 70년간 존
속한다(저작권법 제42조).

위와 같은 저작재산권 보호기간이 경과한 경우에는 당해 저작물은 공유의 영
역에 속하게 되어 저작자 또는 그로부터 권리를 양수한 자는 더 이상 유효한 저
작권을 주장할 수 없다.

이때 원고의 저작물에 대한 저작재산권의 보호기간이 경과하였는지 여부에
관한 주장·입증책임은 누가 부담하는가가 문제된다. 전통적인 법률요건분류설에
의하면 권리의 존재를 주장하는 자는 요증사실(要證事實) 중 권리근거규정의 요건
사실에 대하여 입증책임을 지는 반면, 권리의 존재를 다투는 상대방은 권리장애규
정, 권리멸각규정, 권리저지규정의 각 요건사실에 대하여 입증책임을 진다.[113] 한
편 저작자가 당해 저작물을 창작하게 되면 저작권을 취득하므로 그 사실이 권리
근거사실이 되는 반면, 일단 발생한 저작권 중 저작재산권은 보호기간이 경과하면
소멸하게 되므로 그 사실은 권리멸각사실에 해당한다. 따라서 저작재산권의 보호
기간이 경과하여 그 권리가 소멸하게 되었다는 사실은 권리멸각규정의 요건사실
로서 피고가 항변·입증하여야 할 사항이다.[114]

실제 소송에서 저작재산권의 보호기간이 경과된 저작물이 문제되는 경우는
흔하지 않기 때문에 당해 저작물이 저작재산권 보호기간 내에 있다는 점에 관하
여는 쌍방 사이에 아무런 다툼이 없는 경우가 대부분이다. 만약 이 점이 다투어진
다면 언제 저작물이 창작되었는가, 즉 보호기간의 기산점의 문제가 실제 쟁점이
될 가능성이 많다.

마. 저작권의 포기

피고는 원고가 저작권을 포기하였다고 항변할 수 있다. 다만 원고가 저작권
을 포기하였다고 보기 위하여서는 저작권자인 원고가 저작권을 포기한다는 의사
를 대외적으로 표시하여야 하는데, 현실적으로 저작권의 포기가 이루어지는 경우
는 거의 없다. 또한 실제로 저작권 포기가 이루어졌다면 본래의 저작권자는 그 이

---

113) 이시윤, 민사소송법, 신정4판, 박영사(2002), 510면.
114) 靑柳昑子, "著作權訴訟の要件事實", 裁判實務大系 27, 靑林書院(1997), 47면.

용행위를 문제삼을 리 없으므로 소송에 이를 가능성도 거의 없다. 따라서 실제 소송에서 원고의 저작권 포기가 쟁점이 되는 경우는 드물다. 인터넷에 자신의 저작물을 업로드하여 불특정 다수인으로 하여금 이용할 수 있게 하는 경우에도 그러한 사정만으로 저작권을 포기하였다고 인정할 수는 없다.

바. 저작권의 남용
1) 공정거래법상 시장지배적 지위 남용 또는 불공정거래행위

저작권 남용의 항변은 저작자에게 부여된 독점적 권리를 본래 목적 범위를 넘어서서 공익에 반하는 의도로 행사하는 것은 허용되지 않는다는 내용의 항변이다.[115]

미국에서는 원래 특허권의 남용법리가 발달되어 오다가,[116] Lasercomb America, Inc. v. Reynolds[117] 판결에서 처음으로 저작권남용의 항변이 인정되었다. 이 사건에서 법원은 소프트웨어 저작권자가 그 소프트웨어의 이용허락계약을 체결하면서 이용자에게 향후 100년간 당해 소프트웨어와 경쟁적인 소프트웨어의 제작을 금지한다는 부담을 지우는 것은 반경쟁적 행위로서 저작권의 남용에 해당한다고 판시하였다. 그 이후 Practice Management Information Corp. v. American Medical Ass'n 판결[118]에서도 법원은 각 의료절차를 번호로 표시한 분류표에 관한 저작권자인 미국의료연합(American Medical Association, AMA)이 연방보건재정국(Health Care Financing Administration, HCFA)에 위 분류표의 이용허락을 하는 대가로 HCFA가 AMA의 분류표 이외에는 다른 어떠한 분류표를 사용할 수 없게 하는 약정을 체결한 것에 관하여, 이는 불공정한 반경쟁적 방법으로 저작권을 행사한 것으로서 저작권의 남용에 해당한다고 판시하였다.[119]

우리나라 판결례 중에는 "저작권자(신청인)가 피신청인에 대하여 온라인 강의 제작에 필수적인 이 사건 교과서 및 평가문제집의 이용허락을 거절하고 이 사건

---

115) Robert A. Gorman & Jane C. Ginsburg, *Copyright* (6h ed. 2003), 835~836면.
116) 특허권의 남용법리가 처음 등장한 것은 Morton Salt Co. v. G.S.Suppiger, 314 U.S. 488 (1942) 판결이다.
117) 911 F.2d 970 (4th Cir. 1990).
118) 121 F.3d 516 (9th Cir. 1997).
119) 그 외에도 저작권남용에 관한 대표적인 판례들로서 Alcatel USA, Inc. v. DGI Technologies, Inc., 166 F.3d 772 (5th Cir. 1999); Assessment Technologies of Wisconsin, L.L.C. v. WIREdata, Inc. 350 F.3d 640 (7th Cir. 2003) 등이 있다.

신청으로 별지 '강의 목록' 기재 각 강의의 복제, 전송 금지를 구하는 것은, 시장
지배적 사업자로서 부당하게 다른 사업자의 사업활동을 방해하는 것으로서 공정
거래법 제3조의2 제1항 제3호, 같은 법 시행령 제5조 제3항 제3호에 정해진 시장
지배적 지위의 남용행위에 해당할 여지가 많다"고 판시한 사례가 있다.[120]

2) 민법상 권리남용 항변

저작권의 부당한 행사에 대하여 공정한 경쟁 및 거래질서의 유지를 위해 독
점규제법(또는 공정거래법) 등을 적용하는 것은 관련 시장 전체에 미치는 경쟁제한
효과를 주목하는 것에 반해, 민법상 권리남용 항변을 고려하는 것은 구체적인 개
별 사안에서 당사자 간의 불공정성 여부를 놓고 검토한다는 점에서 차이가 있다.

우리나라 대법원에서는 민법상 권리남용항변이 인정되기 위하여서는 주관적
으로는 그 목적이 오로지 상대방에게 고통을 주고 손해를 입히려는 데 있고, 객관
적으로는 그 권리행사가 사회질서에 위반된 경우라야 한다는 태도를 취하고 있
다.[121] 민법상 권리남용 항변을 인정한 판례도 있는데, "개정된 징수규정이 승인
됨으로써 장래 사용계약이 체결되어 이 사건 청구가 기각될 수 있는 상황에서, 개
정된 징수규정에 따라 사용계약을 체결할 의무를 부담하는 원고가 위 의무를 이

---

120) 서울중앙지방법원 2011. 9. 14.자 2011카합709 결정. 법원은 '공정거래법 위반과 저작권 행사의
관계'에 관하여 "저작권에 의한 '정당한' 권리 행사에 해당하는지는 저작권 행사가 ① 새로운 창
작활동을 보호·장려하고 관련 저작물의 이용을 도모함으로써 문화 및 산업발전을 촉진하고자
한 저작권 제도의 본래 취지에 부합하는지 여부, ② 관련 시장의 경쟁상황과 공정한 거래질서에
미치는 영향을 중심으로 판단하되, 공정거래법 각 규정별 위법성 성립요건 해당여부를 별도로
검토하여야 한다. 나아가 저작권 행사가 공정거래 저해 효과와, 새로운 창작활동의 장려를 통한
효율성 증대 효과를 동시에 발생시키는 경우에는 양 효과의 비교형량을 통해 공정거래법 위반
여부를 심사함을 원칙으로 하고, 해당 행위로 인한 효율성 증대 효과가 공정거래 저해 효과를
상회하는 경우에는 위법하지 않은 행위로 판단할 수 있다(2010. 3. 31. 개정 공정거래위원회 예
규 제80호 '지식재산권의 부당한 행사에 대한 심사지침' 참조)"라고 판시하였다(반면 항고심인
서울고등법원 2012. 4. 4.자 2011라1456 결정(확정)은 신청인의 항고를 기각하기는 하였으나,
시장지배적지위남용, 불공정거래행위, 권리남용 항변은 모두 배척하면서 피보전권리는 인정하되
긴급한 보전의 필요성이 없다고 판시하였다). 이에 반해 저작권 남용 주장을 배척한 사례도 있
다(서울고등법원 2008. 9. 23. 선고 2007나70737 판결; 서울고등법원 2006. 12. 26. 선고 2006나
24157 판결; 서울지방법원 2003. 9. 30.자 2003카합2114 결정 등). 이와 관련하여, 박준석, '특허
권 등 지적재산권의 남용을 긍정한 우리 판례들의 논리분석', 민사판례연구[XXXIV], 민사판례연
구회, 박영사(2012), 998~1005면 등 참조.

121) 대법원 1987. 3. 10. 선고 86다카2472 판결; 대법원 1987. 10. 26. 선고 87다카1279 판결; 대법원
1994. 11. 22. 선고 94다5458 판결 등. 이와 같이 객관적 요건과 함께 주관적 요건을 권리남용의
요건으로 들고 있는 대법원 판례의 태도를 비판하는 입장으로서 곽윤직, 민법총칙, 신정판
(2001), 103면 참조.

행하지 않음으로써 새로운 사용계약의 체결이 지연됨에 따라 오히려 이 사건 청
구가 인용된다는 것은 정의관념에 비추어 볼 때 현저히 부당하므로, 원고의 권리
행사는 권리남용에 해당하여 허용될 수 없다고 보아야 할 것"이라고 판시하였
다.122) 반면 저작권 내지 저작인접권의 남용에 관한 항변을 배척한 하급심 판례들
은 민법상 권리남용의 요건을 그대로 원용하여 판단의 기준으로 삼고 있다.123)

그리고 저작권자가 저작권침해사실이 발생하였음을 알고도 장기간 권리행사
를 방치하고, 상대방은 권리자가 저작권을 행사하지 않는 것으로 오인하여 상당한
투자를 하게 되어 나중 시점에서 저작권침해를 주장하는 것이 상대방에게 손해를
입히게 되는 경우, 저작권자가 저작물상 보호되는 저작권 행사를 하지 않겠다는

---

122) 서울중앙지방법원 2013. 2. 5. 선고 2012가합508727 판결(확정). 참고로, 공정거래법상 저작권
   남용을 인정한 서울중앙지방법원 2011. 9. 14.자 2011카합709 결정은 민법상 권리남용도 인정하
   는 취지의 판시를 하였다(다만 항고심인 서울고등법원 2012. 4. 4.자 2011라1456 결정은 권리남
   용 항변을 배척하였으나 긴급한 보전의 필요성이 없다는 이유로 항고를 기각하였다).

123) 예컨대 수원지방법원 성남지원 2004. 7. 22.자 2004카합125 결정은 다수의 음악저작물에 관한
   저작권을 신탁받은 사단법인 한국음악저작권협회가 신청인이 되어, 클릭박스라는 인터넷 음악
   사이트를 통하여 스트리밍 또는 다운로드 방식으로 음악저작물파일을 서비스하는 주식회사 예
   당엔터테인먼트를 피신청인으로 하여 저작권침해금지가처분을 신청한 사건에 관한 것인데, 그
   소송과정에서 피신청인은 여러 가지 주장들 중의 하나로서 신청인이 피신청인의 편집앨범 제작
   과 관련한 소송이 계속 중이라는 이유로 이 사건 각 가요에 관하여 부당하게 그 사용을 거부하
   고 있어 저작권에 기한 신청인의 이 사건 신청은 권리남용에 해당한다고 주장하였으나, 법원은
   권리행사가 권리의 남용에 해당한다고 하려면 주관적으로 그 권리행사의 목적이 오직 상대방에
   게 고통을 주고 손해를 입히려는 데 있을 뿐 행사하는 사람에게 아무런 이익이 없는 경우이어야
   하고, 객관적으로는 그 권리행사가 사회질서에 위반된다고 볼 수 있어야 한다고 전제한 뒤, 피
   신청인이 주장하는 위와 같은 사정만으로는 신청인의 권리행사가 권리남용에 해당한다고 보기
   어려우므로, 피신청인의 위 주장을 배척하였다. 또한 서울지방법원 2003. 9. 30.자 2003카합
   2114 결정(서울지방법원 2003. 9. 30.자 2003카합2151 결정; 서울지방법원 2003. 9. 30.자 2003
   카합2660 결정도 모두 신청인을 달리하여 벅스 주식회사를 피신청인으로 한 음반복제등금지가
   처분사건에 관한 결정으로서 위 결정과 동일한 취지의 주장과 판단이 이루어졌다)은 저작인접
   권신탁관리업자인 사단법인 한국음원제작자협회가 신청인이 되어, 인터넷 음악사이트를 통하여
   신청인이 저작인접권을 가지는 음악저작물을 비롯한 다수의 음악저작물에 대하여 스트리밍서비
   스를 제공하는 벅스 주식회사를 피신청인으로 하여 음반복제등금지가처분을 신청한 사건인데,
   이 사건에서도 피신청인은 이 사건 신청이 인용될 경우 신청인이 실질적으로 얻는 이익은 적은
   데 비해 피신청인이 입는 불이익은 현저하게 크다는 점에서 복제권 침해를 이유로 한 신청인의
   방해배제청구가 권리남용에 해당한다고 주장하였으나, 법원은 권리행사가 권리의 남용에 해당
   한다고 할 수 있으려면, 주관적으로 그 권리행사의 목적이 오직 상대방에게 고통을 주고 손해를
   입히려는 데 있을 뿐 행사하는 사람에게 아무런 이익이 없는 경우이어야 하고, 객관적으로는 그
   권리행사가 사회질서에 위반된다고 볼 수 있어야 하는 것이며, 이와 같은 경우에 해당하지 않는
   한 비록 그 권리의 행사에 의하여 권리행사자가 얻는 이익보다 상대방이 잃을 손해가 현저히 크
   다 하여도 그러한 사정만으로는 이를 권리남용이라 할 수 없다 할 것인데, 기록상으로는 신청인
   의 청구가 그 목적이 오직 상대방에게 고통을 주고 손해를 입히려는 데 있고 그 권리행사가 사
   회질서에 위반된다고 볼만한 사정에 대한 소명이 부족하다고 하여 그 주장을 배척하였다.

의사를 표시하는 공공연한 행위를 하였음에도 이에 반하여 나중에 권리행사를 하는 경우 등에 인정되는 실효의 항변[124]도 넓은 의미의 저작권 남용의 항변에 포함시킬 수 있다.[125)126]

제3절 저작권침해소송 전체 구조에서 실질적 유사성의 의미

위에서 본 바와 같이 저작권침해소송은 원고가 자신이 당해 저작물에 대한 저작권의 귀속주체라는 점과 피고가 원고의 저작물에 의거하여 그와 동일하거나 실질적으로 유사한 작품을 만들었다는 점을 주장·입증하고, 이에 대하여 피고는 저작물의 이용허락 내지 법정허락, 출판권 설정, 저작재산권의 보호기간 경과, 저작물의 자유이용사유의 존재, 저작권의 남용 또는 포기, 온라인서비스제공자의 책임감면사유 중 하나 또는 여러 개를 항변·입증하는 구조로 이루어진다. 그런데 통상 원고의 공격방법 중 원고 작품의 저작물성이나 원고가 그 저작권의 귀속주체라는 점은 비교적 다툼이 많지 않은 편이고,[127] 피고의 방어방법에 해당하는 이용허락 여부, 자유이용사유 해당 여부나 저작권 남용 여부 등도 상대적으로 그 판단이 복잡하지 않은 편인 반면, 두 작품의 실질적 유사성 여부는 원고와 피고의

---

124) 박익환, "저작권침해소송에서의 기본 공격방어방법", 법학연구 제4집(2001), 인하대학교, 172면.
125) 상표권의 경우 부정경쟁방지 및 영업비밀보호에 관한 법률(이하 '부정경쟁방지법')과의 상호관계에서 권리남용이 되는 때가 있음을 인정한 대법원 판례가 다수 존재한다. 즉 부정경쟁방지법 제15조 제1항은 상표법 등 다른 법률에 부정경쟁방지법과 다른 규정이 있는 경우에는 부정경쟁방지법의 규정을 적용하지 아니하고 다른 법률의 규정을 적용하도록 규정하고 있으나, 상표권의 등록이 자기의 상품을 타인의 상품과 식별시킬 목적으로 한 것이 아니고 국내에서 널리 인식되어 사용되고 있는 타인의 상표와 동일 또는 유사한 상표를 사용하여 일반 수요자로 하여금 타인의 상품과 혼동을 일으키게 하여 이익을 얻을 목적으로 형식상 상표권을 취득하는 것이라면 그 상표의 등록출원 자체가 부정경쟁행위를 목적으로 하는 것으로서, 가사 권리행사의 외형을 갖추었다 하더라도 이는 상표법을 악용하거나 남용한 것이 되어 상표법에 의한 적법한 권리의 행사라고 인정할 수 없으므로 이러한 경우에는 부정경쟁방지법 제15조의 적용이 배제된다(대법원 1993. 1. 19. 선고 92도2054 판결; 대법원 1995. 11. 7. 선고 94도3287 판결; 대법원 2000. 5. 12. 선고 98다49142 판결; 대법원 2001. 4. 10. 선고 2000다4494 판결 등 참조).
126) 이외에도 저작권법 제6장(제102조 이하)은 온라인서비스제공자의 책임 제한에 관한 규정을 두고 있다. 다만 이 경우는 이용자의 저작권침해는 인정되나 일정 요건을 갖춘 경우 온라인서비스제공자의 책임을 면제 또는 감경해주는 것이라는 점에서 앞서 본 저작재산권 제한 규정과 차이가 있다.
127) 다만 사실성 또는 기능성이 강한 유형의 작품에 있어서는 창작성 인정 여부가 중요한 쟁점으로 부각되는 경우가 있음은 앞서 살펴본 바와 같다.

작품의 유형, 특성, 내용 등 판단에 고려할 변수들이 사안마다 달라 뚜렷한 기준을 세우기가 어려워 판단에 상당한 어려움을 겪게 된다. 따라서 실질적 유사성은 저작권침해소송에 있어서 치열한 쟁점으로 부각되는 경우가 많고, 이에 대한 법원의 판단도 쉽지 않다.

인터넷이 일상화하면서 저작물을 복제하거나 전송하는 등 그대로 이용하는 것이 매우 용이하게 되면서, 인터넷과 관련된 사건에 있어서는 저작권 보호범위에 관한 논의의 초점이 실질적 유사성보다는 자유이용의 범위 쪽으로 옮겨가는 현상도 발견되지만, 인터넷 안에서 타인의 저작물을 임의로 변경하여 사용하는 행위역시 늘어나면서 동일성유지권 등 저작인격권의 침해나 복제권이나 전송권 등 저작재산권의 침해성립 여부와 관련하여 실질적 유사성이 쟁점이 될 가능성도 증가하고 있다.

이처럼 실질적 유사성은 여전히 저작권침해소송에서 가장 중요한 쟁점 중의하나이다. 그런데 문제는 그 판정기준이 불명확하다는 데에 있다. 원고의 저작물과 피고의 작품이 완전히 동일한 경우[128]나 완전히 다른 경우는 저작권침해 여부를 판정하는 데에 아무런 어려움이 없다.

문제는 침해물이 저작물의 기반 위에서 작성되었으나 완전히 동일하지 않은 경우이다. 이 경우는 다시 ① 기존 저작물에 대한 사소하거나 형식적인 개변(改變), 수정(修整)만 가하여졌을 뿐 새로운 창작성이 가미되지 않은 경우, ② 기존 저작물에 새로운 창작성이 가미되었으나 전체적으로 볼 때에는 여전히 기존 저작물에 종속적인 관계에 있는 경우, ③ 기존 저작물을 기반으로 하되 창작적 요소가 많이 가미되어 독립된 새로운 저작물로 탄생한 경우로 나누어 볼 수 있다. ①, ②의 경우는 저작권침해가 인정되지만, ③의 경우는 저작권침해가 인정되지 않는다. ①은 저작재산권 중 복제권, 공연권, 공중송신권, 전시권, 배포권, 대여권을 침해하는 경우이고, ②는 저작재산권 중 2차적 저작물 작성권을 침해하는 경우이다.[129] 위에서 보는 바와 같이 ②와 ③의 경계선이 침해와 비침해의 경계선으로

---

128) 이를 이른바 "dead-copy" 또는 "zerox-copy"라고 한다.
129) 2차적 저작물은 원저작물을 기초로 하되 원저작물과 실질적 유사성을 유지하고 이것에 사회통념상 새로운 저작물이 될 수 있을 정도의 수정·증감을 가하여 새로운 창작성을 부가하여야 하는 것이다(대법원 2004. 7. 8. 선고 2004다18736 판결 등 다수). 2차적 저작물은 그 작성자가 기존의 저작물의 기반 위에서 스스로 새로운 창작성을 부가하여 만든 것이므로, 제3자에 대한 관계에서는 그 2차적 저작물에 대한 저작자로 보호받는다. 다만 원저작자의 동의가 없는 가운데 2차적 저작물이 작성되었다면, 이는 원저작자가 가지는 2차적 저작물 작성권을 침해하는 것이다.

서 기존 저작물과 새로운 표현물 사이에 종속성이 있는지 여부에 따라 저작권침해 여부가 달라지게 되는데, 위 종속성은 일반적으로 기존 저작물과의 실질적 유사성을 가지고 있느냐 여부에 따라 결정되기 때문에, 대부분 판례에서는 이를 "실질적 유사성"이라고 표현하는 것이다.130)

이와 같이 개념적으로는 타인의 저작물의 기반 위에 작성한 작품의 유형에 따라 언제 실질적 유사성이 인정되는가에 대한 체계화가 가능하지만, 실제 사건을 해결함에 있어서는 어떠한 때에 실질적 유사성이 존재하는가를 판명하는 것은 무척 어려운 일이다. 우선 실질적 유사성은 저작물의 "표현"과의 실질적 유사성을 의미하는 것이므로 원고의 저작물 중 어느 부분이 저작권법에 의하여 보호되는 표현이고 어느 부분이 저작권법에 의하여 보호되지 않는 아이디어인가를 판정하여야 하는데, 현실적으로는 아이디어와 표현의 구분이 결코 쉽지 않은 과제이다. 또한 표현과 아이디어를 구분하더라도 피고의 작품이 원고의 저작물상 표현과 "어느 정도"로 유사하여야 "실질적으로" 유사할 것인가 하는 점은 더욱 막막한 문제이다. Nimmer 교수의 표현에 의하면, 실질적 유사성의 판정은 선 긋기(line drawing)의 문제이다.131) 두 작품이 완전히 동일한 경우와 완전히 다른 경우의 두 극단 사이의 어느 곳에 실질적 유사성의 존재와 부존재의 경계선이 존재하는데, 그 경계선을 찾아 내는 것은 저작권법에 있어서 가장 어려운 문제 중의 하나이다.132) 이러한 어려움 때문인지 Learned Hand 판사는 이 선이 어디에 그어지든 간에 자의적으로 보일 것이고,133) 저작권침해의 테스트는 필연적으로 불명료할 수밖에 없다134)고 밝히기도 하였다.135) 이러한 불명료성은 구체적인 사건내용을

---

130) 오승종, "저작재산권침해에 있어서 실질적 유사성 요건과 그 판단 기준", 매산 송영식 선생 화갑기념 「지적재산권법의 제문제」, 세창출판사(2004), 561면.

131) Melville B. Nimmer & David Nimmer, *Nimmer on Copyright* (2002), §13.03, 13~28면.

132) Melville B. Nimmer & David Nimmer, *Nimmer on Copyright* (2002), §13.03, 13~28면. 한편 이러한 고민이 입법에 반영된 바 있는데, 영국의 1911년 저작권법(Copyright Act 1911(UK) 1&2 Geo 5, c 46)은 저작물의 전부 또는 상당 부분을 어떠한 형태로든 복제하거나 이용하는 것을 금지할 수 있는 권리를 가진다고 규정하였고, 프랑스 지적재산권법 제122조의4(Code de la Propriete Intellectuelle, Art. L. 122-4)는 부분적 복제도 저작권침해에 해당한다고 명시적으로 규정하고 있지만, 어느 입법에 의하더라도 저작물을 전부 복제하는 경우 이외에도 저작권침해가 인정될 수 있다는 원칙만 제시하고 있을 뿐 구체적인 판단 기준이 제시되었다고 하기는 어렵다. 정상조, "창작과 표절의 구별기준", 서울대 법학 제44권 제1호(2003), 114~115면.

133) Nichols v. Universal Pictures Co., 45 F.2d 119, 122 (2d Cir. 1930).

134) Peter Pan Fabrics, Inc. v. Martin Weiner Corp., 274 F.2d 487, 489 (2d Cir. 1960).

135) Melville B. Nimmer & David Nimmer, *Nimmer on Copyright* (2002), §13.03, 13~28면.

전제하지 않고서는 실질적 유사성의 실체적 기준을 구체적으로 제시한다는 것은 극히 어렵다는 점에서 기인한다. 즉 당해 저작물이 어느 정도까지 보호될 것인가 하는 문제는 그 저작물의 저작권이 침해되어 사건화되었을 때에 구체적 사건의 맥락에서 결정된다.

요컨대, 저작권침해소송에 있어서 핵심적인 지위를 차지하는 실질적 유사성 판단은 그 실체적 중요성에 비하여 판단 기준의 체계화나 기준화가 어렵다는 특성 때문에 늘 당사자와 법원을 힘들게 하는 주요 쟁점으로 부각될 수밖에 없다는 특징을 가지고 있다.

제3장

실질적 유사성 판단의 기본원리

제3장 실질적 유사성 판단의 기본원리

제1절 개관

저작권침해소송에 있어서 실질적 유사성 판단은 원고의 저작물[1]과 피고의 작품[2]이 유사한가 여부를 검토하는 작업이다. 그러나 어떠한 경우에 유사하고 어떠한 경우에 유사하지 않은 것인가? 또한 유사하다고 보일 때에도 어떠한 경우에 실질적으로 유사하고, 어떠한 경우에 비실질적으로 유사한 것인가?

이러한 물음에 대하여 막연하게나마 시사점을 제공하는 것은 상표의 유사 여부에 대한 판단 기준이다. 상표법 제108조에서는 타인의 등록상표 또는 지정상품과 동일 또는 유사한 상표 또는 상품에 사용하는 행위를 상표권침해로 보고 있다. 어떠한 경우에 양자가 유사한가의 여부에 관하여서는 아무런 기준을 제시하지 않고 있다. 그러나 우리나라 대법원은 출처의 혼동가능성을 그 판단 기준의 하나로 제시하고 있고,[3] 미국 연방상표법에서는 명문으로 위 혼동가능성을 상표권 침해의 기준으로 규정하고 있다.[4] 이러한 기준은 공허하고 형식적인 유사성 판단에

---

1) 앞서 저작권침해소송의 구조에서 설명한 바와 같이 실질적 유사성 판단은 일단 원고 작품의 저작물성이 인정되는 것을 전제로 하여 행하여지게 된다. 그러므로 논리적으로 실질적 유사성 판단이 문제되는 단계에 있어서는 원고의 작품은 '저작물'이라고 표현하는 데에 아무런 문제가 없다.

2) 여기에서 '작품'(work)이라는 표현은 '저작물'이라는 표현과 구분되는 개념이다. 피고가 생산한 문화적 산물은 저작물일 수도 있지만 저작물이 아닐 수도 있다. 예컨대 피고의 작품이 원고 저작물의 복제품에 불과하다면 이는 저작물이라고 할 수 없다. 그러나 피고의 작품이 원고의 저작물에 별도의 창작성이 부가하여 만들어졌다면 피고의 작품은 2차적 저작물에 해당한다. 다만 이 경우에도 원고 저작물을 무단이용한 범위 내에서는 원고의 2차적 저작물 작성권 침해가 성립한다. 나아가 피고의 작품이 원고 저작물과 완전히 구별되는 별도의 창작물이라면 피고의 작품은 저작물에 해당하고, 저작권침해는 성립하지 않는다.

3) 대법원 1991. 12. 27. 선고 91후1076 판결.

4) 15 USC §1114.

관점(perspective)을 불어 넣음으로써 색깔을 입히는 역할을 한다. 그런데 여기에서 주목하여야 할 것은 위와 같은 판단 기준이 상표법의 기본 목적에서 도출된다는 것이다. 즉 상표는 상품의 출처나 품질을 나타냄으로써 자타상품(自他商品)의 식별표지로서 기능하고, 상표법의 기본적인 목적은 이러한 상표에 대한 수요자들의 신용을 보호하기 위한 것이므로, 상표의 유사판단 기준 역시 수요자들이 상표에 대하여 가지는 신용이 훼손되는가 여부와 관련짓는 것이다.

이러한 법목적관련성은 저작권침해에 관한 실질적 유사성 판단에 있어서도 중요한 의미를 가진다. 실질적 유사성 판단을 행함에 있어서 첫 번째 걸음은 저작권법의 목적 및 저작권의 본질을 정확하게 인식하는 것이다. 하나의 법체계에 위치하는 모든 법리들은 궁극적으로는 그 법이 추구하고자 하는 목적에 도달하기 위한 도구들이다. 그러한 관점에서 실질적 유사성 판단 역시 저작권법이 추구하는 목적에 도달하기 위한 하나의 중요한 도구이다. 실질적 유사성 판단의 수단성을 인식할 때에 저작권법의 목적과의 상호관계에서 실질적 유사성 판단이 가지는 방향성을 도출해낼 수 있다.

이 장의 제2절에서는 먼저 실질적 유사성 판단의 출발점에 해당하는 저작권법의 목적 및 저작권의 본질에 대하여 논의한다. 이 절에서는 저작권법은 문화의 향상발전을 궁극적 목적으로 하는 규범체계이고, 저작권은 창작자들에게 인센티브를 부여함으로써 보다 많은 창작물을 생산하게 하여 사회에 문화적인 풍요로움을 달성하게 하는 정책적 도구로서의 본질을 가진다는 점을 설명한다.

다음으로 제3절에서는 저작권법의 목적 및 저작권의 본질로부터 도출되는 저작권 제도의 운영원리는 적정한 저작권 보호범위의 설정을 위하여 보상과 공유의 두 가지 가치를 조화시키는 데에 있음을 설명하고, 그 운영에 있어서 필수적인 도구 중의 하나가 바로 실질적 유사성 판단이라는 논리를 전개한다.

마지막으로 제4절에서는 이러한 거시적인 저작권 제도의 목적이나 운영원리와의 상관관계에 비추어 볼 때에 실질적 유사성의 판단은 창작자들에 대한 창작인센티브와의 상관관계에서 행하여져야 한다는 기본원리를 제시한다. 이러한 기본원리는 다음 장에서 살펴보게 될 실질적 유사성의 일반적 판단 기준의 이론적 배경이 될 것이다.

제2절 저작권법의 목적과 저작권의 본질

1. 저작권법의 목적 및 필요성

가. 저작권법이 추구하는 목적

지식과 문화의 축적과 발전은 인류를 다른 생물과 구별하는 중요한 징표 중의 하나이다. 19세기 및 20세기는 인간의 지적 능력의 놀라운 발현을 통하여 지식과 정보가 양산되는 시기였다. 특히 20세기는 인터넷이라는 획기적인 매체의 탄생과 발전이 이루어진 시대로 기억될 것이다. 현대 사회는 인터넷의 출현 및 확산과 함께 지식과 정보의 생산 및 유통이라는 측면에 있어서 혁신적인 변화를 경험하고 있다. 이와 같은 지식정보화 사회에 있어서 지적 활동을 어떻게 장려하여 더욱 풍부한 문화적 산물을 생성하게 할 것인지, 또한 그러한 창작의 열매를 어떻게 분배함으로써 사회 전체에 보다 큰 유익을 가져다 줄 것인지는 오늘날 매우 커다란 과제이다. 이와 같은 문화적 창작물의 생산과 이용에 관하여 다루고 있는 제도가 바로 저작권 제도이다. 1710년 영국의 앤 여왕법(Statute of Ann)으로부터 출발한 근대의 저작권법은 그 이후 끊임없는 외연(外延)의 확장을 통하여 그 적용 범위를 넓혀 왔다. 이제 저작권법은 현대 사회에서 없어서는 안 될 중요한 규범으로 자리잡게 되었다.

우리나라 저작권법 제1조에서는 저작권 제도가 한편으로는 저작자의 권리를, 다른 한편으로는 저작물의 공정한 이용을 도모함으로써 궁극적으로는 문화 및 관련 산업의 향상발전에 이바지함을 그 목적으로 한다는 점을 명백하게 선언하고 있다. 이처럼 문화 및 관련 산업의 향상발전이 저작권법의 궁극적인 목적이라면 그 목적에 도달하기 위한 중간단계로서 저작자의 권리를 보호하고 저작물의 공정한 이용을 도모하는 것은 보다 구체화·세분화된 저작권법의 목표라고 할 수 있다. 그런데 저작자의 권리보호는 보다 많은 저작물을 탄생시켜 일반 대중이 이를 이용할 수 있도록 하기 위한 수단이므로 저작자의 권리보호와 저작물의 공정한 이용도모라는 세부적인 목표 사이에서도 전자가 후자의 수단이라는 관계가 존재한다.[5]

---

5) Report of the Register of Copyrights on the General Revision of the U.S. Copyright Law 3~6(1961). Robert A. Gorman & Jane C. Ginsburg, *Copyright* (6h ed. 2003), 12면에서 재인용.

나. 저작권법이 그 목적 달성에 필요한 제도인지 여부

저작권 제도가 과연 문화의 향상발전이라는 궁극적 목적을 달성하기 위하여 필요한 최적의 제도인가 하는 점에 대하여서는 여러 가지 논란이 있다. 저작권은 근본적으로 독점권으로서의 성격을 가진다. 독점은 경쟁을 방해할 뿐만 아니라 일단 독점권을 획득한 주체에 대하여서도 더 이상 자기혁신의 동기를 부여하지 못한다. 이러한 저작권 제도의 본질은 저작권 제도를 반대하는 입장의 중요한 논거로 활용된다. 특히 정보의 공유를 화두로 삼는 인터넷에서 정보독점을 실현하는 저작권제도의 존재로 인하여 자유로운 정보의 흐름이 방해받는 것이 진정 사회에 바람직한가 하는 의문이 제기되고 있다.[6]

기존의 저작권 제도에 관한 반대입장은 크게 ① 저작권 제도를 포함하여 저작자에 대한 경제적 보상을 주는 일체의 제도 자체를 부정하는 근본적인 입장과, ② 저작권 제도 이외의 대안적 보상제도를 추구하는 변형적인 입장으로 나누어 볼 수 있다. 전자의 입장은 저작자에게 경제적 보상을 부여하는 인위적 제도가 필요없다는 것이다. 이 입장에서는 저작자들에게는 저작권 제도를 통한 경제적 보상이 없더라도 이미 창작에 관한 명예나 존경, 창작을 통한 자기만족 등 창작활동을 통한 비경제적 보상이 이미 존재할 뿐만 아니라, 잠재적 경쟁자들보다 먼저 시장에 진출하여 그 시점부터 경쟁자들이 모방을 통하여 진정한 경쟁력을 가지는 시점까지 향유할 수 있는 독점적인 경제적 이익도 존재하므로, 저작권 제도 등을 통한 별도의 경제적 보상이 없더라도 충분한 창작의 인센티브가 존재한다고 주장한다.[7] 인터넷 및 소프트웨어와 관련하여 등장한 이른바 카피레프트 운동도 경제적 보상메카니즘으로서의 저작권 제도의 존립 필요성을 부정한다는 점에서 이러한 입장에 속한다. 카피레프트 진영에서는 소프트웨어가 무상으로 자유롭게 유통되어야 하고, 수정, 증보된 소프트웨어의 새로운 버전(version) 역시 자유로이 유통되어야 한다고 주장한다.[8] 후자의 입장은 저작권 제도가 아닌 제3의 방법으로 경제적 보상을 부여하자는 것이다. 그 대표적인 예로서 저작권자에게 배타적 권리를 부여하여 이를 통해 경제적 이익을 향유하게 하는 저작권 제도 대신, 모든 사람들

---

6) 실제로 사이버 공간에서는 저작권침해에 대한 별다른 죄의식 없이 파일 공유가 공공연하게 이루어지고 있고, 이에 대하여 권리자들은 기존의 저작권 체제와는 별도로 기술적 보호조치나 클릭랩 라이센스(Clickwrap License) 등의 계약방식을 통하여 권리보호를 꾀하는 경향이 늘고 있다.

7) 이에 관해서는 Robert A. Gorman & Jane C. Ginsburg, *Copyright* (6h ed. 2003), 18면 참조.

8) 카피레프트 운동의 근본적인 취지에 관하여는 URL http://www.gnu.org 참조.

이 저작물을 무상으로 이용할 수 있도록 하되 정부가 세금 등으로 마련한 재원(財源)을 통하여 창작자들에게 적절한 재정적 보상을 하도록 하자는 입장9)을 들 수 있다.10)

어느 입장에 의하더라도 ① 사회적인 측면에서 풍부한 문화적 산물의 생산과 이용이 바람직하다는 점, ② 이를 위하여는 창작자에 대한 동기 부여가 필수적이라는 점에 있어서는 공감대가 존재한다. 다만 그 동기부여가 어떠한 방식으로 이루어지는 것이 타당한가에 관한 입장 차이가 있을 뿐이다. 비경제적 인센티브만으로 지금과 같은 정도의 동기부여가 충분히 이루어질 수 있을 것인지에 대하여는 의문의 여지가 있다. 위와 같은 비경제적 인센티브 이외에도 경제적 인센티브가 주어질 때 비로소 창작에 대한 충분한 동기부여가 이루어지게 될 것이다. 한편 경제적 인센티브를 제공하는 방법으로서, 저작권자에게 배타적 권리를 부여하고 그 저작물로 인한 재정적 이익의 정도는 시장을 통하여 정하게 하는 현행 저작권 제도의 입장과, 정부가 창작자에게 적정한 보상을 하여 주되 창작의 열매는 누구나 자유롭게 이용하게 하는 대안적 보상제도의 입장 중 어느 것이 더 탁월한지에 관하여는 쉽게 답을 내릴 수 없는 상황이다. 기존 저작권 제도에 여러 가지 문제점이 있는 것은 사실이지만, 대안적 보상제도에 의하더라도 그 재원(財源)을 어떠한 방법으로 마련할 것인지, 재원징수가 합리적이고 공평하게 이루어질 수 있을 것인지, 창작자가 사회에 기여한 정도를 어떻게 측정할 것인지, 재정적 이익을 누구에게 어떻게 분배할 것인지, 제도의 전환에 얼마나 많은 비용이 들어갈 것인지, 국제적인 조화달성은 가능한 것인지 등 해결하여야 할 어려운 문제들이 여전히 산

---

9) 예컨대 Steve P. Calandrillo, *An Economic Analysis of Property Rights in Information: Justifications and Problems of Exclusive Rights, Incentives to Generate Information, and the Alternative of a Government−run Reward System*, 9 Fordham Intell. Prop. Media & Ent. L. J. 301 (1998).

10) 그 이외에 기존의 저작권 제도를 대체하는 보상제도의 가능성을 제시하는 입장으로서, Steven Shavell & Tanguy Van Ypersele, *Rewards versus Intellectual Property Rights*, 44 J. L. & Econ. 525 (2001); Glynn S. Lunney Jr., *The Deathe of Copyright: Digital Technology, Private Copying and the Digital Millennium Copyright Act*, 87 Va L. Rev. 813 (2001); Raymond Ku, *The Creative Destruction of Copyright: Napster and the New Economics of Digital Technology*, 69 U. Chi. L. Rev. 263 (2002); S. J. Liebowitz, *Alternative Copyright Systems: The Problems with a Compulsory License*, at http://wwwpub.utdallas.edu/~liebowit (2005. 12. 12. 접속: 같은 제목의 자료로, https://www.researchgate.net/profile/Stan−Liebowitz/publication/238748514_Alternative_Copyright_Systems_The_Problems_with_a_Compulsory_License/links/56f02e8d08ae70bdd6c944c6/Alternative−Copyright−Systems−The−Problems−with−a−Compulsory−License.pdf: 2023. 2. 3. 접속) 등 참조.

적하여 있기 때문이다.11)

그렇다면 저작권 제도는 완벽한 최선의 제도는 아닐지라도 현재로서는 저작자에게 인센티브를 부여하여 문화의 향상발전을 꾀한다는 목적을 달성함에 있어서 오랜 역사를 통하여 검증된 비교적 효율적인 제도라고 할 것이다. 현행 저작권 제도에 많은 문제점들이 발견되고 있기는 하지만, 이는 끊임없는 제도의 개선을 통하여 상당히 해결될 수 있는 것들이다. 그러므로 저작권 제도는 비록 불완전하지만 여전히 필요한 규범이다.

2. 저작권의 본질

가. 자연권론

이 입장은 저작권이 자연적 또는 생래적(生來的)으로 부여되는 정신적인 소유권이라고 파악한다. 마치 목수가 자신의 비용과 노력으로 나무탁자를 만들면 당연히 그 나무탁자에 대한 소유권을 가지는 것처럼, 창작자가 스스로의 정신적 노동을 통하여 창작물을 만들어 내면 당연히 그 창작물에 대한 일종의 소유권을 가진다는 것이다. 소유권은 예외적인 경우를 제외하고는 자신의 소유물을 자신의 의지대로 사용, 수익, 처분할 수 있는 권능을 그 내용으로 한다. 따라서 저작자가 그 작품에 대하여 일종의 소유권을 가진다고 파악하게 되면, 저작자 역시 원칙적으로 자신의 저작물을 자신의 의지대로 사용, 수익, 처분할 수 있다는 논리로 연결된다.

이러한 입장은 주로 프랑스혁명의 영향으로 자연권론이 팽배하여 있던 유럽 국가에서 처음으로 저작권이나 특허권 등 무형적인 지적 자산에 대한 권리구성을 논의하면서 형성되었다.12) 영국의 철학자 존 로크(John Locke)는 개인이 그의 육

---

11) 미국 연방 대법관인 Stephen Breyer는 대법관이 되기 이전에 학자로서 쓴 논문 *The uneasy case for Copyright: A Study of Copyright in Books, Photocopies, and Computer Programs*, 84 Harv. L. Rev. 281 (1970)을 통하여 "저작권은 적정한 생산을 확보하는 데에 충분한 높은 수입과 광범위한 (저작물의) 분배에 장애가 되지 않을 만큼 낮은 가격 사이의 갈등을 해결하는 유일한 길은 아니다...(그러나) 저작권은 증명된 필요성 위에 기반한다기보다는, 만약 그 보호가 제거되었을 때에 무슨 일이 일어날 것인가에 관한 불확실성 때문에 존재하는 것이다"라고 하면서, 대안의 가능성이 있음을 제시하면서도 저작권 제도를 함부로 포기하는 것에 대한 위험성을 설명하였다.

12) 배대헌, "지적재산권 개념의 형성과 그 발전", 매산 송영식 선생 화갑기념 「지적재산권법의 제문제」, 세창출판사(2004), 7, 13면; Peter Jaszi, *Toward a Theory of Copyright : The Metamorphoses of "Authorship"*, 1991 Duke L. J. 455 (1991).

체에 대하여 생래적인 소유권을 가지는 것처럼, 그 노동의 결과로 얻어진 열매에 대하여서도 소유권을 가진다고 주장하였다.[13] 또한 독일의 철학자 헤겔(Hegel)은 정신적 창작물은 개성 또는 인격의 자기발현으로서 수단을 넘어선 자기목적으로서의 성격을 가진다고 주장하였다.[14] 이러한 로크와 헤겔의 입장들은 모두 지적 재산에 대한 자연권론을 형성하는 데에 중요한 기반을 형성하였다.

자연권론에 의하면 이처럼 저작자가 자신이 창작한 작품에 대하여 '당연히' 소유권과 유사한 절대적 권리를 가지게 되는 근거는 다음과 같이 설명할 수 있다.

저작자가 창작한 작품은 저작자의 정신적, 인격적 특성이 외부적으로 발현된 것이다. 일반적으로 저작자의 정신적, 인격적 측면은 저작자에게 고유한 요소로서 오로지 저작자 스스로가 통제할 수 있는 대상이므로, 그러한 정신적, 인격적 측면이 발현된 저작물에 대하여서도 당연히 저작자에게 독점적·배타적인 통제권이 주어져야 한다. 따라서 저작자는 저작물에 대하여 소유권과 유사한 절대적인 권리, 또는 정신적 소유권을 가지게 되는 것이다.

이러한 입장에 따르면 시대의 변화나 사회정책적 필요에 별 영향을 받지 않은 채 저작물은 논리필연적으로 저작권이라는 일종의 정신적 소유권에 의하여 '당연히' 보호받아야 할 대상이라고 할 수 있다. 소유권은 절대적 성격을 가지는 권리로서 비록 특정한 사람이 그의 소유물에 대한 권리를 행사하는 것이 사회전체적인 입장에서는 공공복리에 다소 손실을 가져 온다고 하더라도 그것이 권리남용으로서 위법한 정도에 이르지 않는 한 그 행사는 제약되지 않는다. 비슷한 맥락에서 정신적 소유권인 저작권 역시 그 권리행사가 사회정책적으로 볼 때 다소 부당하게 보인다고 하더라도 그러한 이유만으로 그 권리행사를 제약할 수는 없다는 것이다. 그러므로 자연권적 입장에서는 사회전체적인 권리적합성보다는 개인의 권리보호 쪽에 더 무게중심을 두게 된다.[15]

다만 부동산이나 동산과 같은 유형물에 있어서 다른 사람의 이용은 권리자의 이용을 배제하거나 방해하는 결과를 가져오지만, 저작물과 같은 무형물은 다른 사람이 이용한다고 하여 권리자의 이용이 배제되거나 방해되지 않는다. 또한 유형물

---

13) J. Locke, Second Treatise of Government, Chapter 5 (1690), Craig Joyce et al., *Copyright Law* (6th ed. 2003), 59면에서 재인용.

14) Craig Joyce et al., *Copyright Law* (6th ed. 2003), 61면.

15) Gillian K. Hadfield, *The Economics of Copyright : An Historical Perspective*, Copyright Law Symposium(No. 38), Columbia University Press (1992), 2면.

의 생성은 통상 무(無)에서 유(有)로 창조되는 경향이 강한 반면,16) 무형물인 저작물은 대부분 이미 존재하는 다른 저작물의 기반 위에서 창작활동이 이루어진다. 아울러 사유재(私有財)에 해당하는 유형물은 이에 대한 일반 공중의 접근 및 이용의 필요성이 낮은 반면, 저작물은 비록 사유재와 유사한 성격을 가지더라도 이에 대한 일반 공중의 접근 및 이용의 필요성이 더욱 크다.

이러한 차이점 때문에 비록 논리적으로는 저작물에 대한 권리가 소유권과 유사한 특성을 가지고 있다고 하더라도 사회정책상 유형물에 대한 소유권보다 훨씬 큰 공공의 제약을 받을 수밖에 없게 된다. 이러한 공공의 제약은 저작권법상 저작물의 자유이용조항이나 저작재산권의 보호기간에 관한 조항 등 각종 제한으로 나타나게 된다. 하지만 이와 같이 공공적 요청이 크다고 하더라도 무형적 창작물에 대한 저작권의 본질은 유형물에 대한 소유권과 일맥상통할 수밖에 없다는 것이 자연권론의 원칙적인 태도이다.

이러한 입장은 저작권이 왜 보호받아야 하는가를 설명하는 데에 유용하지만, 저작권이 어느 만큼 보호받아야 하는가를 설명하는 데에는 난점이 있다. 또한 개인적 차원에서 저작권을 파악하는 데에는 유용하지만, 국가 전체의 차원에서 저작권의 역할이나 경제적 기능을 설명하는 데에는 어려움이 있다.17)

나. 실정권론

저작권의 본질에 관한 실정권적 입장18)은 저작권의 정책적 성격, 특히 그 도구적 성격을 강조한다. 즉 저작권은 저작물의 생산과정에서 그 생산자인 저작자에게 논리필연적으로 당연히 생겨나는 일종의 자연권이 아니라, 문화발전의 증진이라는 공익을 달성하기 위한 도구로서 주어지는 실정권에 불과하다는 것이다. 이러한 권리를 부여할 때 비로소 저작자들은 저작물을 생산하고 이를 시장에 내놓을 동기를 부여받게 되고, 이를 통하여 저작물이 사회에 유통됨으로써 전체의 공익이 높아진다는 것이다. 이러한 논리를 끝까지 일관하게 되면 만약 저작권 제도가 사회의 문화발전이라는 제도 본래의 취지에 부합하지 않을 때에는 이를 폐지하는

---

16) 예컨대 건물을 신축하는 경우를 생각해 볼 수 있다.

17) 정상조, "저작물의 창작성과 저작권법의 역할", 계간 저작권 제5권 제1호(1992), 저작권심의조정위원회, 37면

18) 이영록, "저작권 보호기간의 헌법적 한계에 관한 연구", 계간 저작권 제17권 제4호(2004), 저작권심의조정위원회, 71면에서는 이를 유인론(encouragement theory)이라고 표현한다.

것이 타당하다는 결론에 이르게 된다.

이러한 입장은 미국 저작권법의 전면적인 개정을 위하여 미국 저작권청의 Kaminstein이 의회에 제출하였던 보고서19)에서 잘 표현되어 있다. 위 보고서에서는 "저작권법의 궁극적 목적은 공공복리를 위하여 학문과 문화의 발전을 증진하기 위한 것이고, 작가에게 제한된 기간 동안 배타적 권리를 부여하는 것은 그 목적을 달성하기 위한 수단에 불과하다"라고 기술하면서, "헌법의 규정에 따라 이루어지는 의회에 의한 저작권 법령의 시행은 작가가 그의 작품에 관하여 가지고 있는 어떠한 자연권에 기초한 것이 아니다. 왜냐하면 대법원은 작가가 가지는 그와 같은 권리는, 작가에게 제한된 기간 동안 그의 작품에 관하여 배타적 권리를 확보하여 줌으로써 공공의 복리에 봉사하고 과학과 유용한 예술의 발전이 증진된다는 근거 위에서 주어진 실정권에 불과하다고 판시하였기 때문이다"라고 하고 있다. 이와 같은 태도는 위 보고서에서 언급하였듯이 미국 판례들의 입장에서도 찾아볼 수 있다. 예를 들어 응용미술품의 저작물성이 문제되었던 Mazer v. Stein 판결20)에서는 "의회로 하여금 특허권과 저작권을 부여할 수 있도록 한 (헌법)조항의 배후에 있는 경제적 철학은 개인적 이익을 취득하기 위한 개개인의 노력을 장려하는 것이 작가와 발명가들의 재능을 통하여 공공 복리를 증진하게 하는 가장 훌륭한 길이라는 확신"이라고 판시하였고, 공정이용에 관한 유명한 판례인 Harper & Row Publishers, Inc. v. Nation Enterprises 판결21)에서는 "저작자의 표현을 이용할 수 있는 유통가능한 권리를 정립함으로써, 저작권은 사상을 창작하고 배포할 경제적 인센티브를 공급하여 준다"라고 판시한 바 있다.

이러한 실정권적 입장에 의하면 개인의 권리보호는 그 자체가 목적이 아니라 도구에 불과하므로 저작권의 사회적합성 쪽에 더 무게중심을 두게 된다.22) 또한 이 이론은 비용과 편익의 비교형량을 주된 내용으로 하는 법경제학적 분석방식과 연결된다. 그러나 이에 대하여는 저작권 제도의 필요성을 설명하는 유용한 도구일 수는 있어도, 저작권의 본질을 설명하는 데에는 부족하다는 비판이 가능하다. 특히 저작물의 인격적·정신적 요소가 충분히 고려되지 않았다는 지적이 있을 수 있다.

---

19) Report of the Register of Copyrights on the General Revision of the U.S. Copyright Law 3~6(1961). Robert A. Gorman & Jane C. Ginsburg, *Copyright* (6h ed. 2003), 12면에서 재인용.
20) 347 U.S. 201, 219 (1954).
21) 471 U.S. 539 (1985).
22) Gillian K. Hadfield, *The Economics of Copyright : An Historical Perspective*, Copyright Law Symposium(No.38), Columbia University Press (1992), 2면.

다. 저작권 제도의 본질론과 실질적 유사성 판단의 관계

저작권의 본질을 어떻게 파악하는가는 저작권침해판단에도 영향을 미친다. 저작권의 자연권적 성격을 강조하는 입장에 의하면, 타인의 저작권을 침해하였는가 여부를 판단함에 있어서 그 행위가 타인의 독점적·배타적 권리영역 안에 있는가에 더욱 중점을 두게 된다. 따라서 그 행위가 창작자의 인센티브를 감소시키는 등 사회전체적인 복리의 시각에서 어떠한 의미를 가지는가 하는 점은 상대적으로 덜 중요하게 여겨진다. 반면 저작권의 실정권적 성격을 강조하는 입장에 의하면 저작권은 어디까지나 창작자에게 인센티브를 부여하기 위한 도구에 불과하기 때문에 저작물의 이용이 창작자의 인센티브를 감소시킴으로써 사회 전체의 복리를 감소시키는 결과를 가져오는 경우에 저작권침해책임의 부과가 정당화된다. 결국 양 입장의 차이는 저작권침해여부를 판단함에 있어서 침해행위를 구성하는 저작물의 이용이 창작자의 인센티브에 미치는 영향을 어느 만큼 고려하는데 있는가 여부에 있다.

이러한 입장의 차이는 실질적 유사성의 판단에도 그대로 영향을 미치게 된다. 타인의 저작물에 아무런 변형도 가하지 않은 채 이를 그대로 이용하는 경우에는 양자가 실질적으로 유사한가 여부를 판단할 필요조차 없다. 그러므로 실질적 유사성 판단은 타인의 저작물에 어느 정도의 변형을 가하여 이용하는 경우에 하게 된다. 한편 실질적 유사성 판단에 있어서는 저작물의 어떠한 부분을 어느 만큼 변형시켜 이용하는 것이 저작권 침해에 해당하는가를 판단하게 된다. 이러한 작업에는 필연적으로 관점(perspective)의 문제가 개입하게 된다.

자연권적 입장에서는 저작물을 저작자의 정신적·인격적 발현이라고 파악하므로 저작권자의 독점적·배타적 통제범위 역시 저작자의 정신적·인격적 발현범위로 파악하게 될 것이다. 이러한 발현은 저작물의 특정한 표현 그 자체에만 미치는 것이 아니라 그 특정한 표현에 내재한 창작성이 포괄하는 종속적·잠재적 표현에까지 미치게 된다. 이러한 종속적·잠재적 표현범위는 저작물의 특성과 내용 및 창작성의 정도 등 여러 가지 변수에 따라 달라지게 될 것이다. 결국 자연권적 입장에서는 실질적 유사성의 판단을 저작물에 발현된 창작성 있는 표현의 종속적·잠재적 범위를 찾아내는 작업이라는 관점에서 행하게 되고, 이는 '저작자'와 '저작물' 자체로부터의 관점이다.

실정권적 입장에서는 저작권 보호를 저작자에 대한 인센티브 부여라는 도구적 관점에서 파악하므로 저작권자의 독점적·배타적 통제범위 역시 그러한 통제권이 주어짐으로 인하여 저작자가 창작의 인센티브를 가질 수 있는가 하는 관점에서 파악하게 될 것이다. 만약 특정한 표현 그 자체만 보호하고 그 표현에 사소한 변형, 수정을 가하기만 하여도 저작권침해가 성립되지 않는다고 판단하게 된다면 누구나 그 표현에 내재한 창작성을 이용하면서도 쉽게 저작권침해를 회피할 수 있게 되어 저작자의 창작 인센티브는 크게 줄어들게 될 것이다. 이는 저작권 제도의 목적에 반하는 것이다. 따라서 실정권적 입장에서는 저작권 제도의 본래 취지를 달성하기 위하여 창작 인센티브를 감소시킬 정도로 유사한 작품을 저작물과 실질적으로 유사하다고 판단하게 될 것이다. 결국 실정권적 입장에서는 실질적 유사성의 판단을 창작 인센티브에 해악(harm)을 미치는 행위를 찾아낸다는 관점에서 행하게 된다. 이는 '저작권의 목적' 또는 '사회'로부터의 관점이다.

라. 소결

저작권 제도는 인쇄술이 등장하면서 서적의 초기제작 및 출판비용에 비하여 이를 추가적으로 인쇄·복제하는 데에 들어가는 한계비용(marginal cost)이 대폭 감소됨으로써 불법복제의 유인(誘因)이 커지자, 이러한 불법복제의 폐해로부터 출판업자들을 보호하기 위한 정책적 목적에서 출발하였다. 이처럼 출판업자들에게 정책적 견지에서 특권 또는 독점권을 부여하기 위하여 출발한 저작권 제도는 차츰 일반적인 무체재산권으로서 그 개념을 확장하여 가기 시작하였다. 최초에는 보호받는 저작물의 유형이 한정되었으나 새로운 표현물이 등장할 때마다 그 표현물이 저작권 제도의 보호를 받는 것이 타당한 것인가 하는 점에 대한 정책적 논란을 거치면서 저작권은 그 범위를 확장하여 왔다. 이러한 저작권 제도의 탄생배경 및 발전의 역사를 보면, 저작권 또는 저작물의 개념은 처음부터 논리의 틀 안에서 고정되는 개념이 아니라 사회정책적인 요구에 따라 신축되는 개념임을 알 수 있다.

이와 같이 저작권 제도는 창작자들에게 인센티브를 부여함으로써 보다 많은 창작물을 생산하게 하여 사회에 문화적인 풍요로움을 달성하게 하는 정책적 도구로 출발하였다. 그렇다면 저작권에 의한 인센티브 부여가 어느 정도로 이루어져야 하는가, 바꾸어 말하여 저작권 보호범위가 어느 정도까지 확장되어야 하는가 하는 문제는 이러한 정책적인 목적과의 상관관계 하에서 해결되어야 한다. 따라서 원고의 저작물과 피고의 작품이 실질적으로 유사하여 저작권침해에 해당하는가를 확정하는 문제에 있어서도 그것을 저작권침해로 보아 저작권자를 보호하는 것과 저작권비침해로 보아 이용자를 보호하는 것 중 어느 것이 더 저작권 제도의 정책적 목적에 부합하는가 하는 관점에서 접근하여야 할 것이다. "실질적 유사성이라는 개념은 법정 안에서, 의회에 의하여 제정된 법 아래에서 작가들에게 부여된 보호와 그 보호된 영역 밖에서 자신들의 창작물을 만들 수 있는 다른 사람들의 자유 사이의 정교한 균형을 맞추는 데에 사용되는 개념이다"라는 미국 연방 제2항소법원의 판시내용 역시 이와 같은 맥락에서 이해될 수 있을 것이다.[23)

물론 저작물은 정신적 노동의 결과로서의 성격을 가진다. 이러한 점에서 저작권이 정신적 소유권으로서의 성격을 가지는 점을 부인할 수 없다. 그러나 노동이론이 아닌 유인이론을 취하는 이상 저작권 보호 여부 및 범위의 결정은 얼마나 많은 정신적 노동이 투입되었는가의 관점이 아니라 얼마나 문화발전에 기여하였는가의 관점에서 이루어진다. 따라서 실질적 유사성 여부의 판정에 있어서도 저작물을 단순히 정신적 노작(勞作)으로서 바라보는 것이 아니라, 문화발전에 기여하는 창작물로서 바라보는 시각이 필요한 것이다.

또한 유체물에 대한 소유권은 소유자가 어떠한 방법으로든 자유롭게 그 소유물을 사용·수익·처분할 수 있어 거의 무제한에 가까운 통제권이 부여되지만, 무체물에 대한 저작권은 위에서 논의한 것처럼 상당한 공공적 제약이 따른다. 그러므로 일반적인 소유권과 달리 저작권에 있어서는 그 보호범위 설정의 문제가 가장 커다란 과제이다. 그런데 단지 저작권이 자연적으로 주어지는 정신적 소유권이라는 명제만으로는 보호범위 설정에 아무런 도움을 주지 못한다.

이처럼 저작권 보호범위 설정이라는 과제를 수행함에 있어서는 그 배후에 흐르는 정책적 요소들을 고려하는 실정권적 입장이 더욱 유용하다.[24) 그러므로 이

23) Warner Bros. Inc. v. Am. Broad. Cos., Inc., 720 F.2d 231, 245 (2d Cir. 1983).
24) 대법원 2021. 7. 15. 선고 2018도144 판결은 "저작권법 제137조 제1항 제1호는 저작자 아닌 자를 저작자로 하여 실명·이명을 표시하여 저작물을 공표한 자를 형사처벌한다고 정하고 있다. 이 규정은 자신의 의사에 반하여 타인의 저작물에 저작자로 표시된 저작자 아닌 자의 인격적 권리나 자신의 의사에 반하여 자신의 저작물에 저작자 아닌 자가 저작자로 표시된 데 따른 실제 저작자의 인격적 권리뿐만 아니라 저작자 명의에 관한 사회 일반의 신뢰도 보호하려는 데 그 목적이 있다. 이러한 입법 취지 등을 고려하면, 저작자 아닌 자를 저작자로 표시하여 저작물을 공표한 이상 위 규정에 따른 범죄는 성립하고, 사회통념에 비추어 사회 일반의 신뢰가 손상되지 않는다고 인정되는 특별한 사정이 있는 경우가 아닌 한 그러한 공표에 저작자 아닌 자와 실제 저작자의 동의가 있었다고 하더라도 달리 볼 것은 아니다(대법원 2017. 10. 26. 선고 2016도16031 판결 참조)"라고 하면서 "실제 저작자가 저작자 아닌 자를 저작자로 표시하여 저작물을 공표하는 범행에 가담하였다면 저작권법 제137조 제1항 제1호 위반죄의 공범으로 처벌할 수 있

책에서는 원칙적으로 실정권적 입장의 기반 위에서 실질적 유사성에 관하여 서술하기로 한다.25)

제3절 저작권 제도의 운영원리 — 적정한 저작권 보호범위의 설정

1. 저작권 보호범위 설정의 중요성

위에서는 저작권법은 문화의 향상발전이라는 목적을 달성하는 데에 필요한 규범이고, 저작권은 그 본질에 있어서 창작자로 하여금 보다 많은 창작물들을 사회에 제공할 수 있도록 하는 유인적 도구로서의 성격을 가진다는 점을 살펴보았다. 이처럼 저작권은 문화의 향상발전이라는 궁극적 목적에 도달하기 위한 동력임에 틀림없지만 그 권리보호가 지나치면 저작물의 공정한 이용이 해쳐지게 되어 오히려 문화의 향상발전이라는 궁극적 목적에 도달하지 못하게 되는 결과를 낳을 수 있다. 이러한 의미에서 저작권법 제1조에서도 저작자의 권리보호와 저작물의 공정한 이용도모의 두 가지를 문화의 향상발전에 도달하기 위한 중간 목표로 제시하고 있다.

이에 따르면 저작자의 권리보호와 저작물의 공정한 이용 도모는 저작권 제도 운영의 두 가지 커다란 축이 된다. 그런데 이와 같은 창작자에 대한 보상과 일반 대중에 대한 접근 및 이용가능성의 보장이라는 두 가지 가치는 서로 충돌할 가능성이 있다. 창작자에 대한 보상으로서 주어지는 저작권은 그 자체가 목적이 아니라 사회 전체의 문화발전을 위한 수단에 해당하므로, 일반적인 재산권과 달리 저작권과 같은 지적재산권은 공공복리를 위하여 이를 제약하여야 할 필요성이 있다. 또한 물권으로서의 소유권과 준물권으로서의 지적재산권은 다르게 취급되어야 한다는 점도 고려할 수 있다. 사유재산제도가 확립되면서 유형물(有形物)은 개인의 소유대상이고, 소유자는 자신의 소유권에 기하여 그 유형물을 마음대로 사용, 수

다"고 판시하였다. 이에 의하면 저작인격권 중 "공표권"을 자연권으로 보기 어려운 입장이 아닐까 싶다. 이러한 판례의 입장을 고려해볼 때, 판례도 원칙적으로 실정권적 입장에 있지 않을까 생각된다.

25) 저작권법 제1조의 규정도 이러한 입장을 입법적으로 선언한 것으로 해석될 수 있다. 하지만 실정권적 입장에 있다고 하더라도 저작권의 자연권적 성격도 참작하지 않을 수 없다는 점에서 상호보완적 관계에 있다고 볼 수도 있다.

익, 처분할 수 있다는 생각이 자리잡고 있다. 그러나 이에 비하여 무형물(無形物)인 지적 재산을 개인의 독점·배타적인 소유의 대상으로 삼게 한다는 사상은 그 역사가 길지 않을 뿐만 아니라, 여전히 많은 사람들에게 불편한 생각을 불러일으키고 있다.[26] 이러한 생각의 한 자락은 International News Service v. Associated Press 판결[27] 중 Brandeis 대법관의 반대의견에서 찾아 볼 수 있다. Brandeis 대법관은 위 사건에서 "인간이 생산한 가장 고귀한 것들, 즉 지식, 획득된 진리, 개념 그리고 아이디어는 다른 사람에게 자발적으로 전달된 이후에는 공기와 같이 모든 사람들이 자유롭게 이용할 수 있다는 것은 법의 일반적인 원칙이다"라고 판시하고 있다.

이처럼 저작권 제도가 필요하다는 점을 인정하면서도 여전히 그 권리의 확장에 끊임없는 저항이 일어나는 것은 저작권 제도에 내재하는 가치충돌 때문이다. 저작권 제도는 앞서 본 바와 같이 창작자에 대한 보상과 일반 대중에 대한 접근 및 이용가능성의 보장이라는 두 가지 가치를 추구하여야 하는 사명을 띠고 있다. 이러한 두 가지 가치는 문화의 향상발전이라는 저작권 제도의 궁극적 목적을 실현하기 위한 수단이라는 점에서는 공통된다. 그러나 어느 한쪽에 대한 지나친 강조는 다른 한쪽에 대한 소홀함으로 이어질 수 있다는 점에서는 서로 갈등관계에 놓여 있다. 두 가지 가치의 끊임없는 갈등관계는 늘 저작권 보호범위의 설정이라는 의제를 생생한 논란의 대상으로 만들고 있다.

그러므로 어느 만큼 보호하고 어느 만큼 공유할 것인가, 달리 말하여 저작권의 적정한 보호범위를 어떻게 설정할 것인가 하는 점은 저작권법에서 가장 중요한 과제이다. 바꾸어 말하면 보상과 공유의 조화를 통한 적정한 저작권 보호범위의 설정은 저작권법을 관통하는 운영원리이다.

2. 저작권 보호범위 설정의 기본원리 — 보상과 공유의 조화

가. 보상의 원칙

저작권 보호범위론의 첫 번째 명제는 저작권보호가 창작자에게 창작활동에 충분한 동기부여가 될 정도의 보상이 되어야 한다는 것이다. 이를 편의상 '보상의 원칙'이라고 일컫기로 한다. 보상의 원칙을 일관한다면 저작권 보호범위는 넓으면

---

26) Craig Joyce et al., *Copyright Law* (6th ed. 2003), 54면.
27) 248 U.S. 215, 250 (1918).

넓을수록 바람직하다. 그러나 지나친 보상은 부작용을 가져온다.

우선 권리자에 대한 지나친 보상은 이용자를 해한다. 저작권은 독점·배타성을 특성으로 하는 준물권적인 성격을 가지는 강력한 권리이다. 이러한 권리부여는 저작권자에게는 커다란 혜택이라고 할 수 있다. 하지만 저작권은 그 이외의 이용자들이 저작물에 접근하여 이를 이용하는 데에 있어서 커다란 장애물이 될 수 있다. 저작물에 대한 일반 대중의 접근 및 이용이 저해된다면 사회 전체의 문화향유 수준은 향상되기 어렵다. 이는 저작권법의 기본 목적에 반한다. 더구나 저작물에 대한 접근 및 이용의 제약은 국민에게 보장된 표현의 자유를 구현하는 데에도 장애요소가 될 수 있다. 그러므로 권리자에 대한 지나친 보호는 헌법적 문제를 야기시킬 수도 있다.

지나친 보상은 이용자뿐만 아니라 창작자 집단에게도 반갑지만은 않다. 현실 세계에 있는 대부분의 창작은 무(無)에서 유(有)로의 창작이 아니라, 이미 존재하는 방대한 지적 소산의 토대 위에서 자신의 독자적인 표현을 더함으로써 이루어진다. 브로드웨이의 유명한 뮤지컬 '웨스트 사이드 스토리'도 만약 세익스피어의 '로미오와 줄리엣'에 대한 저작권이 존재하였더라면 저작권침해물이 될 여지가 있다.[28] 고전음악의 수호자로 추앙받는 브라암스가 작곡한 제1번 교향곡의 마지막 악장도 아마츄어 음악가의 입장에서는 그 이전에 작곡된 베토벤의 제9번 교향곡의 마지막 악장과 유사하게 들린다.[29] 우디 알렌의 영화 "Play it again, Sam"은 영화 카사블랑카의 유명한 장면을 차용하고 있다.[30] 이처럼 창작활동도 타인의 창작결과에 어느 정도 기반을 두고 이루어지기 때문에 창작주체의 입장에서 보더라도 기존 저작물에 대한 지나치게 높은 진입장벽은 결코 바람직한 일이 아니다.[31] 만약 저작권 보호범위가 넓어지게 되면, 창작자들이 다른 사람의 창작물에서 자유롭게 빌려 올 수 있는 범위는 줄어들게 된다. 이 경우 창작자들은 권리자에 대한 탐색, 권리자와의 교섭, 이용허락에 따른 제반 비용, 시간, 노력을 감수하

---

28) Melville B. Nimmer & David Nimmer, *Nimmer on Copyright* (2002), §13.03, 13~33, 34면.

29) William M. Landes & Richard A. Posner, *The Economic Structure of Intellectual Property Law* (2003), 68면.

30) William M. Landes & Richard A. Posner, *The Economic Structure of Intellectual Property Law* (2003), 68면.

31) 이러한 점에서 창작자와 소비자가 중복되는 영역 없이 두 개의 별개 그룹으로 나누어져 고정된다기보다는, 창작자가 소비자의 지위에 서기도 하고 소비자가 창작자의 지위에 서기도 하는 관계가 존재하는 것이다.

거나, 저작권침해책임의 위험을 감수하여야 한다. 위험회피적 성향을 가진 창작자라면 아마 이러한 위험을 감수하지 않으려고 창작활동 자체를 포기할지 모른다. 따라서 저작권 보호범위의 확장은 한편으로는 창작의 큰 인센티브로 작용할지 모르나, 다른 한편으로는 창작에 큰 굴레로 작용할 수 있어 오히려 창작활동을 위축시킬 수 있다. 그러므로 저작권의 보호가 지나치면 창작비용의 증가 및 접근과 이용에 대한 장벽의 증가로 인하여 저작권법이 추구하는 궁극적인 목적, 즉 풍요로운 문화발전을 저해할 수 있다.

나. 공유의 원칙

저작권 보호범위론의 두 번째 명제는 저작권보호가 일반 대중의 정당한 저작물 이용을 저해하여서는 안 된다는 것이다. 이를 편의상 '공유(公有)의 원칙'이라고 일컫기로 한다. 공유의 원칙을 일관한다면 저작권 보호범위는 좁으면 좁을수록 바람직하다. 그러나 지나친 공유는 부작용을 가져온다.

저작물에 대한 공유에 지나치게 치우친 나머지 권리자에 대한 충분한 창작 인센티브가 주어지지 않는다면 문화적 생산활동 자체가 위축되어 문화 및 관련 산업의 향상발전이라는 목적달성은 어려워진다. 물론 창작자들 가운데에는 창작활동 그 자체에서 보람과 기쁨을 느끼거나, 창작물을 발표하여 다른 사람들이 이를 이용하는 과정에서 명예심을 느끼는 사람들이 많다. 어떤 사람들에게 이러한 요소들은 창작의 충분한 동기가 되기도 한다. 그러나 전체적으로 보면 문화적 창작물의 생산 및 배포는 순수한 지적 활동의 성격뿐만 아니라 경제적 활동의 성격을 띠는 것이 현실이다. 특히 문화가 거대산업화하여 가는 현대사회의 특성상 그 비즈니스화 현상은 더욱 두드러진다. 창작자나 유통자들은 정도의 차이는 있겠지만 대체로 창작물로부터 오는 경제적 보상을 염두에 두고 문화활동을 한다. 이러한 상황에서 창작자들에 대한 보상을 도외시하는 것은 문화의 풍성한 발전에 결코 도움이 되지 못한다.[32)]

창작 인센티브의 감소로 인한 창작활동의 감소는 전체적인 창작물의 생산 감소로 이어지게 된다. 창작물의 생산감소는 일반 대중이 접근하여 이용할 수 있는

---

32) 이 책에서 사용하는 '창작자'의 개념 안에는 순수한 저작자 이외에도 음반제작사나 방송사와 같은 저작인접권자는 물론이고, 출판사나 영화배급회사 등 그러한 창작물 생산을 체계적으로 지원, 관리, 홍보, 배포하는 주체들도 포함된다. 이들은 오늘날 저작권 제도에 관하여 순수창작집단보다 더욱 첨예한 이해관계와 영향력을 가지는 집단들이다.

저작물의 풀(pool) 자체를 축소시킴으로써, 일반 대중의 접근 및 이용을 저해하게 될 것이다. 이처럼 문화산물의 감소로 인한 불이익은 결국 일반 대중들에게 돌아가는 것이다. 그렇다면 장기적 관점에서 보면 권리자에 대한 정당한 범위의 보상은 일반 대중에게도 중요한 문제이다.

다. 보상과 공유의 조화

1) 보상과 공유의 경계선 설정

창작자들에게 창작활동의 동기를 부여하는 데에 필요한 정도의 독점권을 부여하면서도, 그 권리범위 이외의 영역에서는 이용자들의 저작물에 대한 접근권 및 이용권을 보장하여 줌으로써 양자의 이익을 균형있게 보호하는 것이 저작권법의 기본적인 운영원리이다.[33] 보상과 공유 사이의 적절한 경계선이 어디인가 하는 점은 어떠한 곳에 경계선을 설정할 때 사회 전체의 복리가 최대화될 수 있는가 하는 점에 의하여 결정된다.

최적의 저작권 보호범위 설정을 위하여서는 저작권이 독점권이라는 사실을 인식하는 데에서 출발하여야 한다. 자유시장경제 아래에서 이러한 독점상태는 어디까지나 이를 감수함으로써 더 큰 공공복리의 창출이 가능한 경우에 한하여 용인된다. 1961년 미국 저작권법 개정에 관하여 작성된 Kaminstein의 보고서[34]에서는 저작권법의 시행에 있어서 의회는 "첫 번째 그 입법이 얼마나 창작자들에게 동기를 부여함으로써 일반 대중을 유익하게 할 것인지, 두 번째 그로 인한 독점이 얼마나 공공에 해로울 것인지"를 고려하여야 한다고 하면서, 저작권의 부여가 "현재의 독점으로 인한 악보다 공공에 주어지는 이익이 커야 함"을 강조하고 있다. 이와 같이 저작권 제도에 있어서도 저작권자에게 부여되는 독점권, 즉 "보상"의 열매로 인하여 사회에 생길 수 있는 폐해보다, 저작권의 부여로 인하여 사회에 환

---

33) 위 두 가지 가치는 저작권 제도 전반에 흐르는 핵심적인 가치이다. 저작권은 저작재산권과 저작인격권으로 나누어지는데, 보상의 원칙과 공유의 원칙은 양자 모두에게 적용된다. 다만 경제적 보상이 보상의 원칙에 있어서 주된 내용을 차지하고 있고, 저작물의 이용대가를 지급하지 않고 이를 이용하는 것이 공유의 원칙에 있어서 주된 내용을 차지하고 있는 이상, 위 두 가지 원칙은 저작인격권보다는 주로 저작재산권 분야에서 문제된다. 그러므로 이 책에서는 저작재산권을 중심으로 논의를 진행하되 편의상 이를 '저작권'이라고 표현하되, 저작재산권을 저작권이라고 포괄적으로 표현하는 경우 혼란이 생기는 특별한 사정이 있는 경우에만 이를 '저작재산권'이라고 특정하여 표현하기로 한다.

34) Report of the Register of Copyrights on the General Revision of the U.S. Copyright Law 3~6(1961).

원될 수 있는 이익, 즉 "공유"의 열매가 더욱 클 때에 비로소 저작권의 존재가 정당화된다. 다시 말해 저작권 보호범위는 저작권법의 궁극적인 목적인 문화의 향상 발전에 이바지할 수 있도록 설정되어야 한다.

2) 법경제학적 접근의 유용성 및 한계

이러한 이론은 이익/비용 분석(benefit/cost analysis)을 기본적인 도구로 하는 법경제학적 접근방법과 자연스럽게 연결되므로, 위에서 살펴본 저작권 보호범위 설정의 기본원리와 관련하여 이 접근방법에 관하여 좀더 살펴보기로 한다.

법경제학적 접근방법에 의하면, 저작권 제도는 저작물에 관한 사회적 자원의 배분을 최적화함으로써 사회 전체의 순이익을 증가시키는 도구로서 정당화된다. 따라서 사회 전체에 어느 정도의 이익과 비용을 발생시키는가 하는 관점에서 저작권의 문제를 고찰한다.[35] 이러한 관점에 의하면 저작권의 보호요건으로서 최소한의 창작성을 요구하는 이유는 창작성 있는 저작물이라야 사회에 이익을 창출하기 때문이라고 설명할 것이다. 반면 특허법과 달리 신규성의 요건을 요구하지 않는 이유에 관하여서는, 저작물의 경우 기존 저작물에 대한 검색비용이 너무 높은 관계로 저작자에게 권리보호의 전제로서 신규성을 요구하게 되면 사회 전체의 창작비용이 너무 높아져서 오히려 사회에 해가 되기 때문이라고 설명할 것이다.[36]

이러한 이익/비용 분석은 저작권 보호범위의 설정과 직접적인 연관성을 가진다. 일반적으로 저작권의 보호를 통하여 사회가 얻게 되는 이익은 창작자에게 충분한 인센티브를 부여함으로써 보다 많은 창작물을 생산하게 하여 이를 통해 사회 전체가 얻게 되는 이익을 의미한다. 또한 저작권의 보호를 통하여 사회가 부담하게 될 비용은 ① 당해 저작물에 대한 일반 대중의 접근 및 이용이 제한됨으로

---

35) Gillian K. Hadfield, *The Economics of Copyright : An Historical Perspective*, Copyright Law Symposium(No. 38), Columbia University Press (1992), 2면.

36) 특허법상 보호되는 기술적 사상의 창작(발명)에 비하여 저작권법상 보호되는 문학·학술 또는 예술의 범위에 속하는 창작물(저작물)의 범위는 훨씬 넓다. 따라서 저작물의 종류와 수는 발명의 종류와 수에 비하여 월등하게 많다. 또한 특허권은 특허청의 행정심사를 거쳐 특허등록될 때에 설정되어 기존의 발명 및 권리관계에 관한 검색이 용이한데 반하여, 저작권은 무방식주의를 취하는 결과 소정의 등록절차를 거치지 않고도 막바로 부여되므로 체계적인 검색이 불가능하다. 나아가 특허법상 발명은 의무적으로 공개되는 반면 저작물의 경우 공표되지 않아도 보호된다. 이러한 점들을 모두 감안하여 보면 특허법상 발명과 비교하여 볼 때, 저작권부여의 전제조건으로서 창작자가 기존의 저작물들을 모두 검색하여 이들과는 다른 신규성을 갖춘 저작물을 작성하도록 요구하는 것이 얼마나 높은 비용을 발생시키는지 예상할 수 있다.

써 발생하는 비용, ② 다른 창작자가 당해 저작물을 창작활동에 자유롭게 이용하지 못하게 됨으로써 그 창작활동에 발생하는 비용, ③ 저작권의 보호를 위한 법집행 비용 등이다. 저작권 보호범위의 경계선을 긋는 작업은 이와 같은 이익에서 비용을 공제한 순이익을 최대화하는 작업이다.[37) 다시 말해 사회의 비용은 최소화하면서 창작자에게는 최대한의 인센티브를 주는 분기점이 최적의 저작권 보호범위이다.

이러한 이론적 배경 하에서 저작권 보호범위를 설정하게 되면, 저작권 제도는 사회의 공공복리를 극대화하는 도구가 될 수 있다. 또한 이러한 실용적 접근방식은 추상적이고 사변적인 논리에 따른 분쟁해결이 아닌 현실적이고 합리적인 분쟁해결의 원리로 기능할 수 있다. 아울러 이는 저작권보호범위에 관한 기준을 개발함에 있어서 서로 다른 저작물의 유형에 따라 서로 다른 기준이 필요하다는 입장을 유력하게 뒷받침하는 하나의 근거로 작용할 수도 있다.[38)

반면 이익/비용 분석은 그 외견상의 명쾌함에 비하여 실제 사건에 구체적으로 적용하는 데에는 상당한 어려움이 있다. 특정 저작물의 보호로 인하여 일반 대중 내지 사회 전체가 얻게 되는 이익이나 비용은 무형적인 것으로서 수치화하기가 매우 어렵다. 더구나 그러한 이익이나 비용은 반드시 순식간에 실현되는 것이 아니라 먼 훗날에 실현될 수도 있다. 이러한 경우 그 이익이나 비용의 현재 가치를 어떻게 계산할 것인가 하는 어려운 문제도 수반된다. 따라서 현실적으로 저작권을 어느 정도의 범위까지 보호할 때 어떠한 이익이나 비용이 발생하는가를 산출한다는 것은 이론적으로만 가능할 뿐 현실적으로는 거의 불가능에 가깝다. 또한 설령 이익과 비용의 산출이 가능하다고 하더라도 구체적 사건마다 달라질 수 있는 이익과 비용의 산출에 따라 결론을 내린다면 저작권침해에 관한 일반적인 기준의 성립이 어려워지고 분쟁에 관한 예측가능성이 크게 떨어지게 될 수도 있다.

---

37) William M. Landes & Richard A. Posner, *An Economic Analysis of Copyright Law*, 18 J. Legal Stud. 325, 326 (1989) 참조. 또한 Sony Corp. of America v. Universal City Studios, 464 U.S. 417 (1984) 참조.

38) 어떠한 유형의 저작물을 어느 정도로 보호하는 것이 이익/비용 분석상 가장 바람직한가 하는 문제는 그 저작물의 본질과 특성, 저작물의 경제적 가치, 창작 및 이용의 환경, 저작물이 유통되는 시장의 상황, 그 저작물의 유형이 속하는 산업계의 특성 및 관행 등 여러 가지 요소를 고려함으로써 해결될 수 있다. 그러므로 예컨대 소설과 소프트웨어는 모두 저작권법에 의하여 보호되는 저작물들이지만, 위와 같은 요소들이 모두 다르기 때문에 저작권 보호범위의 설정에 따른 이익 및 비용의 발생태양이 현저하게 달라질 수 있다. 따라서 이익/비용 분석에 의하면 서로 다른 유형의 저작물에 대해서는 서로 다른 기준에 의한 저작권 보호범위가 적용되어야 한다.

그러므로 이익/비용 분석을 근간으로 하는 법경제학적 접근방법은 실제로 발생한 개별적인 저작권침해사건에서 직접적인 침해판단도구로 사용하는 것은 어렵다고 보여진다. 다만 이 방법은 ① 저작권 제도를 사회 전체의 공공이익이라는 거시적인 관점에서 파악한다는 점, ② 저작권 보호는 그 공공이익의 실현을 위한 수단에 불과하다는 점, ③ 저작권 보호범위의 설정에 있어서는 저작권 보호에 관한 사회적 이익과 비용을 고려하여야 한다는 점을 제시함으로써, 저작권 보호범위 설정에 필요한 이론적 틀을 제공하여 준다는 의미가 있다.

3. 저작권 보호범위 설정의 도구

가. 저작권 보호범위 설정을 위한 네 가지 도구

위와 같이 창작자들에게 충분한 인센티브를 부여하면서도 사회의 공공이익을 최대화할 수 있도록 보상과 공유의 균형점을 찾아 저작권 보호범위를 설정하는 작업을 위하여 저작권법에서는 여러 가지 제도적인 도구들을 제공한다.

1) 저작물성의 제한

과거에는 보상과 공유의 균형점을 찾는 하나의 방법으로서 저작물의 유형 자체를 제한하였다. 예컨대 근대적 의미에서 최초의 저작권법에 해당하는 영국의 1970년 앤 여왕법에서는 오로지 책만 저작물로 인정하였다. 또한 미국에서 처음 제정된 1790년 저작권법에서는 저작물의 유형을 책·지도·해도(海圖)의 세 가지로 국한하였다. 그러나 그 이후 계속적인 법의 개정을 통하여 저작물은 컴퓨터프로그램 등 전통적인 문예적 저작물의 개념을 넘어서는 기능적 저작물도 대폭 포함하는 등 거의 모든 문화적 표현물을 망라할 정도로 범위가 넓어졌다.[39] 따라서 저작물의 유형을 제한함으로써 보상과 공유의 원칙을 조화시키는 방법은 더 이상 큰 의미가 없다.

한편 저작물의 유형 자체를 제한하는 것이 아니라 저작물의 성립요건인 창작

---

[39] 우리나라 저작권법 제2조 제1호에서는 저작물을 '인간의 사상 또는 감정을 표현한 창작물'이라고 정의하고 있고, 제4조에서 '소설·시·논문·강연·연설·각본 또는 그 밖의 어문저작물'(제1호), '음악저작물'(제2호), '연극 및 무용·무언극 또는 그 밖의 연극저작물'(제3호), '회화·서예·조각·판화·공예·응용미술저작물 또는 그 밖의 미술저작물'(제4호), '건축물·건축을 위한 모형 및 설계도서 또는 그 밖의 건축저작물'(제5호), '사진저작물(이와 유사한 방법으로 제작된 것을 포함한다)'(제6호), '영상저작물'(제7호), '지도·도표·설계도·약도·모형 또는 그 밖의 도형저작물'(제8호), '컴퓨터프로그램저작물'(제9호)을 저작물의 유형으로 "예시"하고 있다.

성의 개념을 엄격하게 해석함으로써 저작물성을 제한할 수도 있다. 하지만 앞서 저작권침해소송의 전체 구조를 설명하면서 살펴보았듯이, 저작권법상 창작성이란 완전한 의미의 독창성을 말하는 것은 아니며 단지 어떠한 작품이 남의 것을 단순히 모방한 것이 아니고 작자 자신의 독자적인 사상 또는 감정의 표현을 담고 있음을 의미할 뿐이어서 이러한 요건을 충족하기 위하여 단지 저작물에 그 저작자 나름대로의 정신적 노력의 소산으로서의 특성이 부여되어 있고 다른 저작자의 기존의 작품과 구별할 수 있을 정도이면 충분하다.[40) 따라서 일반적으로 창작성을 인정받기는 그리 어렵지 않다. 그러한 의미에서는 창작성의 개념을 통하여 저작권 보호범위를 제한하는 데에도 한계가 있다.[41)

2) 저작권 침해범위 설정 — 실질적 유사성 법리

저작권의 침해범위를 어떻게 설정할 것인가 하는 점도 보상과 공유를 설정하는 중요한 도구 중의 하나이다. 여기에서 저작권의 침해범위라는 용어는 앞서 저작권침해소송의 구조에서 원고가 주장·입증하여야 할 사항 중의 하나로 살펴본 "저작권의 침해행위"의 연장선상에서 사용하는 것이다. 그러므로 이 논문에서 포괄적인 의미로 사용하고 있는 저작권의 보호범위보다는 훨씬 좁은 개념이라고 할 수 있다. 이미 자세히 살펴본 것처럼 저작물을 그대로 무단이용하는 경우 저작권 침해가 성립하는 것은 의문의 여지가 없으므로 저작권의 침해범위 설정은 주로 저작물을 유사한 형태로 이용하는 경우에 문제된다. 따라서 저작권 침해범위의 설정에서는 실질적 유사성 범위의 설정이 핵심적인 비중을 차지하게 될 것이다.

3) 저작재산권의 보호기간 제한

다음으로 생각하여 볼 수 있는 것은 저작재산권(이하 편의상 '저작권'이라고 표현한다)의 보호기간을 제한하는 방법이다.[42) 저작권은 독점·배타적 권리라는 점

---

40) 대법원 1995. 11. 14. 선고 94도2238 판결 등 참조.

41) 그러나 우리나라 판례는 기능적 저작물에 있어서 창작성 요건을 엄격하게 해석하는 경향을 보이고 있으므로, 우리나라에서는 기능적 저작물의 저작권 보호범위의 제한에 있어서는 창작성 개념이 중요한 역할을 할 수 있다.

42) 일정한 보호기간을 가지는 저작재산권과 달리 저작인격권은 저작자 일신에 전속하는 성격을 가지므로(저작권법 제14조 제1항) 타인에게 양도하거나 상속할 수 없고 저작자가 사망하면 그와 동시에 소멸하게 된다. 다만 저작권법 제14조 제2항에서는 예외적으로 저작자가 사망하더라도 일정한 경우 그 인격적 이익을 보호하고 있다.

에서 물권(物權)과 유사하다. 하지만, 저작권은 물권과 달리 정책적 요청에 따라 영구적이 아닌 일정한 기간에 한하여 보호된다는 차이가 있다.[43] 저작권 보호기간을 어느 정도로 정할 것인가 하는 문제는 보상과 공유의 균형을 달성하는 데에 여전히 어느 정도의 의미를 가지고 있다. 1998년 미국의 저작권보호기간연장법 (Copyright Term Extension Act)의 제정 및 시행에 즈음하여 벌어진 위헌논쟁 및 이에 따른 미국 연방대법원의 Eldred v. Ashcroft 판결[44]은 저작권의 보호기간이 가지는 민감성을 잘 나타낸다.

그 동안 저작권 보호기간의 변동은 결국 보호기간의 연장을 뜻하였던 점을 감안하면, 저작권 보호기간의 문제는 현실적으로 현재의 수준에서 저작권의 보호기간을 고정할 것인지, 그렇지 않으면 더욱 연장할 것인지의 문제가 될 가능성이 크다. 그러나 저작권의 보호기간은 이미 충분히 장기화되어 있고, 저작권 보호기간을 지금보다 늘린다고 하여 창작자들의 창작 인센티브가 의미있게 증가할지는 의문이다. 왜냐하면 창작자가 자신의 사망 이후 얼마나 오랫동안 저작권이 보호되는지 여부에 따라 그 창작동기의 정도가 얼마나 달라질 것인지도 의심스럽고, 오랜 기간 이후 실현될 재정적 이익을 창작시의 현재 가치로 할인하여 환산하면 그 액수가 극히 미미하며, 일반적으로 오래 된 저작물일수록 상업적 가치가 떨어지는 경향을 보이기 때문이다.[45] 이러한 점에 비추어 보면, 현재와 같은 장기간 보호체계에서 보호기간을 다소 늘리거나 줄인다고 하더라도 그것이 저작자나 이용자에게 미치는 효과는 적을 수 있다. 결론적으로 저작권의 보호기간을 조정하는 것만으로 보상과 공유의 균형에 영향을 미치는 것에는 한계가 있다.

4) 저작물의 자유이용의 범위 설정

저작물을 무단이용하면 저작권침해가 발생하는 것이 원칙이지만, 공유의 원칙이 적용되어야 할 강력한 정책적 근거가 있다면 일반 대중은 예외적으로 저작권자의 허락없이 저작물을 자유롭게 이용할 수 있다. 우리 저작권법은 이를 제2장 제4절 제2관 「저작재산권의 제한」(제23조 내지 제38조)에서 다루고 있다. 공표된

---

43) 우리나라 저작권법 제2장 제4절에서는 제39조부터 제44조까지 저작재산권의 보호기간에 관한 규정을 두고 있다.

44) 537 U.S. 186 (2003).

45) 앞서 언급한 미국 연방대법원의 Eldred v. Ashcroft 판결 중 Breyer 대법관의 반대의견에 인용된 미 연방의회의 보고서에 의하면, 55년으로부터 75년 사이의 보호기간 내에 있는 저작물 중 불과 2%만 상업적 가치를 지니고 있다고 한다.

저작물의 인용(제28조)이나, 영리를 목적으로 하지 아니하는 공연·방송(제29조), 사적 이용을 위한 복제(제30조), 저작물의 공정한 이용(제35조의5) 등이 그 대표적인 조항들이다. 저작물의 자유이용범위 내지 저작재산권의 제한범위의 설정은 저작권 침해범위의 설정과 함께 보상과 공유의 경계선에 가장 직접적이고 강력한 영향을 미치는 도구이다.

나. 저작권 보호범위 설정에 있어서 실질적 유사성 법리의 중요성

위의 논의를 요약하여 보면 저작권 제도운영의 핵심은 저작권 보호범위의 설정이고, 저작권 보호범위의 설정을 위하여서는 저작물성의 인정, 저작재산권의 보호기간 제한, 저작권 침해범위의 설정, 저작물의 자유이용범위의 설정이라는 네 가지 도구가 동원되는데, 그 중 상대적으로 전체적인 저작권 보호범위 수준에 큰 영향력을 미치는 것은 저작권 침해범위의 설정과 저작물의 자유이용범위의 설정이라는 두 가지 도구이다.

그런데 이 두 가지는 다음과 같은 점에서 의미있는 차이를 발견할 수 있다.

즉 저작권 침해범위 설정은 저작물의 자유이용 문제에 비하여 일률적인 기준을 설정하기가 훨씬 어렵다. 따라서 입법과정에 있어서도 저작권 침해범위 설정에 대한 어떠한 구체적인 기준을 제시하기는 곤란하지만, 저작물 자유이용의 문제는 보다 자세하고 구체적인 형태로 제시된다.

우선 저작권 침해범위의 설정에 대하여 보도록 한다. 우리나라 저작권법에서는 저작권의 내용을 열거하고 그 권리가 침해되었을 때의 구제수단을 규정하고 있을 뿐 침해와 비침해를 구별할 수 있는 어떠한 실체적인 기준도 제시하지 않고 있다. 저작권법 제123조에서는 침해금지청구권 및 그 부수적인 조치에 관하여 규정하고 있고, 제125조 제1항에서는 손해배상청구에 관하여 규정하고 있다. 그러나 더 나아가 어떠한 경우에 저작권침해가 성립하는가에 관하여는 침묵하고 있다. 타인의 저작물을 아무런 변형없이 그대로 무단이용하는 경우에 저작권침해가 성립한다는 것은 해석상 명백하므로 이를 굳이 명기할 필요가 없을 것이고, 저작물과 침해물 사이에 변형 내지 수정이 가하여진 경우 저작권침해가 성립할 것인지의 여부는 사안의 내용에 따라 판단하여야 할 것으로서 일반추상적인 법조항으로 규정하는 것이 사실상 불가능하기 때문이다. 그러므로 후자의 경우에 있어서는 저작권 침해범위의 설정이 온전히 법원의 재량에 달려 있게 된다.

반면 저작물의 자유이용의 범위는 그 특성을 달리한다. 이를 어떻게 설정할 것인가 하는 부분은 법원의 판례보다는 법령의 개정과정을 통하여 정책적으로 논의되고 해결되어 왔다. 우리나라의 경우 저작권법 제23조에서 제38조에 이르기까지 비교적 자세하게 그 사유를 제시하고 있다. 미국 저작권법처럼 일반적이고 포괄적인 공정이용의 규정[46]을 두고 있는 법체계에서는 사법부가 공정이용에 관한 법 규정을 어떻게 해석하는가에 따라 저작물 자유이용의 범위가 신축되기도 하고 확장되기도 하여 사법부의 법 해석이 상당한 영향력을 가진다. 그러나 우리나라 저작권법 제35조의5의 규정이 신설되기 전까지와 같이 포괄적인 공정이용의 규정 없이 개별적이고 구체적인 자유이용조항을 두고 있는 경우에는 저작권 보호범위를 판단함에 있어서 법원의 재량이 개입할 여지는 줄어들게 된다.

결국 저작권의 침해범위 설정은 사법부에 의하여, 저작물의 자유이용 문제는 입법부에 의하여 주로 좌우된다는 특성을 가진다. 이러한 차이점에다가 저작물 자유이용의 사유가 입법부에 의하여 비교적 명확하게 제시된다는 점까지 염두에 둔다면 저작물의 자유이용의 문제에 비하여 저작권 침해범위의 문제는 훨씬 더 안개에 가려져 있는 셈이다. 저작권 제도가 사회에서 현재 또한 향후 가지게 될 중요성에 비추어 보면, 저작권 침해범위에 대한 예측이 어렵다는 것은 그만큼 사회적 비용이 높아진다는 것을 의미한다. 저작권침해가능성을 두려워하여 창작활동이 위축될 것이고, 저작권침해분쟁이 생겼을 때 분쟁해결기준의 애매모호함으로 인하여 당사자간에 손쉽게 분쟁을 해결하기가 어려울 것이며, 법원이 각 저작권침해사건에 투자하여야 하는 시간과 비용이 늘어날 것이다. 이와 같은 법적 불안정성의 문제는 저작권 제도의 커다란 그림자가 될 가능성이 있다.

그렇다면 저작권법을 적용하고 해석하는 입장에 설 때에는, 저작권 침해범위를 어떻게 설정할 것인가 하는 것이 전반적인 저작권 보호범위 설정에 있어서 가장 핵심적이고 어려운 논제가 된다. 특히 앞서 검토한 바와 같이 저작권 침해범위의 설정에 있어서의 불확실성은 저작물에 변형을 가하여 이용하는 경우에 발생하는 것이고, 이때 저작권침해 여부는 저작물과 침해물이라고 주장되는 작품 사이에

---

46) 미국 저작권법 제107조에서는 비판, 논평, 시사보도, 교육, 학문 또는 연구의 목적으로 저작물을 공정하게 이용하는 행위는 저작권침해에 해당하지 않는다고 규정하면서, 공정이용 여부를 판단함에 있어서는 이용의 목적 및 성격, 저작물의 성격, 이용된 부분이 저작물 전체에서 차지하는 양과 중요성, 이용이 저작물의 잠재적 가치나 시장에 미치는 영향을 고려하여야 한다고 하고 있다.

실질적 유사성이 있는가 여부에 따라 결정되는 이상, 실질적 유사성의 문제는 저작권 보호범위를 적절하게 설정하는 것과 깊은 관련이 있다.

제4절   실질적 유사성 판단의 기본원리

1. 창작 인센티브와의 상관관계에서 실질적 유사성 판단

그 동안 저작권은 창작자에게 창작 인센티브를 부여하여 더 많은 창작의 열매를 생산하게 하고, 일반 공중은 이를 효율적으로 이용하게 함으로써 궁극적으로 사회의 문화발전에 기여하는 정책적 도구로서의 성격을 가진다는 점을 살펴보았다. 또한 그 정책적 기능을 수행함에 있어서는 보상의 원칙과 공유의 원칙이 잘 조화되는 적정한 저작권 보호범위를 설정하는 것이 중요하고, 그 설정에 이용되는 세부적인 도구들로서 ① 저작물성의 제한, ② 저작권 침해범위의 설정, ③ 저작재산권의 보호기간 제한, ④ 저작물의 자유이용이 제공된다는 점도 살펴보았다.

그렇다면 실질적 유사성 판단의 기본원리를 논의함에 있어서 그 출발점은 저작권 보호범위 설정의 도구로서의 실질적 유사성이 다른 도구들과 어떠한 유기적인 관계를 가지고 있는가 하는 점이 되어야 할 것이다. 위 네 가지 도구들은 모두 보상과 공유의 조화를 통한 적정한 저작권 보호범위의 설정을 위하여 동원될 수 있는 도구들이므로, 각각의 도구 안에서도 보상의 원칙과 공유의 원칙이 함께 작용한다. 예컨대 저작물성을 인정할 것인가 여부에 있어서도 저작권자와 일반 공중의 이해관계를 함께 고려하고, 마찬가지의 이유로 저작물의 자유이용 범위를 확정함에 있어서도 양자의 이해관계를 함께 고려한다.

그러나 보상의 원칙 및 공유의 원칙이 작용하는 모습이 위 네 가지 도구에 있어서 동일할 수는 없다. 무엇이 저작물로 보호되어야 하는가, 그 보호범위가 어디까지 미치는가 하는 점은 주로 저작권자를 어떻게 보호할 것인가 하는 측면에서 출발하는 반면,[47] 저작재산권의 보호기간이나 보호범위를 어떻게 제한할 것인가 하는 점은 주로 일반 공중의 이용의 폭을 어떻게 넓혀 줄 것인가 하는 측면에

---

47) 특허권이나 실용신안권과 관련하여서는 이를 '권리'범위라는 개념으로 파악하고 있는데, 이 역시 보호대상 및 보호범위의 문제가 '권리' 또는 '권리자'의 측면과 밀접한 관련성을 가지고 있음을 반증하고 있다.

서 출발하는 것이다. 따라서 저작물성의 문제나 저작권 침해범위의 설정은 보상의 원칙, 저작재산권의 보호기간 제한 및 저작물의 자유이용은 공유의 원칙과 더 깊은 관련이 있다.

이는 저작권침해소송의 구조에도 반영된다. 원고가 저작자이고 피고가 이용자인 전형적인 저작권침해소송에 있어서 원고는 자신에게 '보상받을' 권리가 있음을 주장·입증하고, 피고는 자신에게 '공유할' 권리가 있음을 주장·입증한다. 따라서 원고는 자신의 작품이 창작성 있는 저작물에 해당하고 피고의 행위는 그 저작물에 대한 권리를 침해하는 범위 내에 존재함을 주장·입증하고,[48] 피고는 저작재산권 보호기간이 경과하였다거나 자신의 행위가 저작권법에서 보장하는 저작물의 자유이용 범위 내에 존재함을 주장·입증한다.

이와 같이 저작권 침해범위의 설정이 보상의 원칙에서 출발하는 것이라면, 실질적 유사성 판단에 의한 적정한 저작권 침해범위의 설정은 어떠한 정도의 보상이 창작자로 하여금 창작으로 나아가게 하는 최적의 인센티브를 부여할 것인가 하는 관점에서 행하여야 한다. 따라서 피고 작품에 대한 법적 책임을 묻지 않더라도 창작자의 창작 인센티브에 의미있는 감소가 일어나지 않아 보상체계에 위협이 되지 않는 정도의 유사성이라면 실질적 유사성이 부정되는 것이고, 피고 작품에 대한 법적 책임을 묻지 않는다면 창작자의 창작 인센티브에 의미있는 감소가 일어나서 보상체계에 위협이 되는 정도의 유사성이라면 실질적 유사성이 인정되는 것이다. 이러한 관점에서 보면, 원고의 저작물과 피고의 작품 사이에 어느 정도의 유사성이 존재하여야 저작권침해의 정도에 이르는가 하는 점은 창작 인센티브에 대한 해악과의 상관관계에서 파악하여야 한다.[49]

이처럼 창작 인센티브와의 상관관계에서 실질적 유사성을 판단하는 것은, '법관이 유사하다고 느끼면 유사한 것이다'라는 형식적이고 공허한 입장에서 나아가 실질적 유사성 판단 기준에 어떠한 '실체적 원리'가 가미된다는 점에서 의미가 있다. 따라서 '어떻게' 유사성을 판단할 것인가 하는 점에 치우쳤던 기존의 논의에 '왜' 유사한 것인가, 또는 유사하지 않은 것인가에 관한 실체적인 답변을 줄 수 있

---

48) 이와 같이 저작권자인 원고가 실질적 유사성의 존재를 주장·입증한다는 것은 실질적 유사성이 보상의 원칙과 관련성이 있다는 점을 반증하는 것이지만, 역으로 생각하면 이러한 입증구조는 원고에게 실질적 유사성의 입증부담을 지움으로써 보상의 원칙에 대한 공유의 원칙의 절차법적 견제로서의 성격도 가진다고 할 수 있다.

49) Laura G. Lape, *The Metaphysics of the Law : Bringing Substantial Similarity Down to Earth*, 98 Dick. L. Rev. 181 (1994) 참조.

게 된다.

또한 저작권이 개인에게 자연적으로 부여되는 절대적인 권리가 아니라 사회에 기여하는 한도 내에서만 부여되는 상대적인 권리라는 실정권적 입장을 실질적 유사성 판단에 투영함으로써 저작권법이 추구하는 목적을 벗어나서 저작권을 과도하게 또는 과소하게 보호하는 것을 막을 수 있다는 의미도 있다.

2. 창작 인센티브의 내용

가. 경제적 인센티브

창작 인센티브를 구성하는 것으로서 가장 먼저 머리 속에 떠오르는 것은 경제적 인센티브이다. 저작재산권은 권리자가 저작물을 판매하거나 그 이용을 허락하는 등의 방법으로 창작의 대가를 회수할 수 있도록 하는 권리이다. 그런데 권리자의 저작물과 동일하거나 거의 유사하여 그 저작물의 수요를 대체할 수 있는 작품에 대하여 아무런 조치를 취할 수 없다면, 그 작품으로 인하여 권리자의 저작물의 판매 또는 이용허락계약 등의 수요는 감소할 수밖에 없을 것이다. 따라서 이러한 경우 권리자에 대한 인센티브 부여를 통한 문화발전이라는 정책적인 목적을 달성하기 위하여서는 위와 같은 사태를 법으로 금지함으로써 권리자에게 어느 정도의 독점권을 부여하여 줄 필요가 생기고, 이를 위해 위 상황에서 '저작권이 침해되었다'라고 선언하는 것이다. 이처럼 경제적인 해악이 발생할 것인가 여부는 실질적 유사성의 판단에 중요한 영향을 미친다.

실질적 유사성 판단의 주체에 관하여 미국에서 오랜 기간 동안 판례로 형성되어 온 보통 관찰자 이론(ordinary observer theory)은 원고의 저작물과 피고의 작품이 실질적으로 유사한가 여부를 일반적인 수요자의 입장에서 판단한다는 이론으로서 그 배후에는 실질적 유사성 판단을 저작물에 대한 수요와 연관시킨다는 논리가 숨어 있다. 미국 판례에서는 이러한 논리를 겉으로 드러내는 경우가 많지 않지만, Dawson v. Hinshaw Music, Inc. 판결[50]에서 연방 제4항소법원은 "보통 청중(lay listener)의 반응은 피고의 작품이 원고의 시장(market)에 미치는 영향을 측정한다는 점에서 의미 있다"라고 판시함으로써 보통 관찰자 이론과 경제적 창작 인센티브의 관계를 명시하고 있다.[51]

---

50) 905 F.2d 731 (4th Cir. 1990).

51) 그 이외에 보통 관찰자의 반응과 시장에 미치는 효과의 관계를 다룬 판례로서 Atari, Inc. v.

이러한 경제 인센티브는 저작권 가운데 저작재산권과 밀접한 관련성을 가지고 있다.

나. 비경제적 인센티브

창작자가 오로지 위와 같은 경제적 동기부여에 의하여서만 창작활동에 나선다고 보기는 어렵다. 현실적으로 창작자들이 아무런 재정적인 대가를 바라지 않고도 동기부여를 받아 창작활동에 매진하는 사례들을 얼마든지 발견할 수 있기 때문이다. 따라서 창작 인센티브가 오로지 경제적 인센티브로만 구성되었다고 할 수는 없다.

우선 타인에게 공개되기 원하지 않는 창작물에 대한 프라이버시가 보장된다는 것은 창작자가 마음놓고 창작에 나아가게 하는 원동력의 하나이다. 바꾸어 말하면 위와 같은 창작물의 무단이용을 허용한다면 창작 인센티브는 감소할 것이다. 그 대표적인 사례가 편지이다. 예를 들어 서울지방법원에서는 이른바 '소설 이휘소 사건'에서 단순한 문안 인사나 사실의 통지에 불과한 편지는 저작권의 보호대상이 아니지만, 학자·예술가가 학문상의 의견이나 예술적 견해를 쓴 편지뿐만 아니라 자신의 생활을 서술하면서 자신의 사상이나 감정을 표현한 편지도 저작권의 보호대상이 된다고 할 것이며, 편지 자체의 소유권은 수신인에게 있지만 편지의 저작권은 통상 편지를 쓴 발신인에게 남아 있게 된다고 할 것이라고 판시하여 편지의 저작물성을 인정하였다.[52] 그런데 편지에 대한 저작권 보호는 편지를 통하여 창출할 경제적 이익의 보호라기보다는 그 편지에 대한 프라이버시의 보호에 그 초점이 맞추어진다.[53]

저작물에 대한 자신의 이름과 공헌(貢獻)이 알려지는 것도 비경제적 인센티브의 하나이다. 많은 창작자들이 자신의 이름과 능력을 타인에게 알리기 위하여 경제적 대가를 불문하고 창작에 매진한다. 그러므로 이에 반하여 타인이 그 저작물의 작성 주체나 출처를 밝히지 아니한 채 저작물을 무단이용하는 것을 허락한다면 창작 인센티브가 감소한다.

또한 자신이 오랜 기간 동안 정신적 노고의 소산으로 만들어낸 저작물에 대

North American Phillips Consumer Electronics Corp., 672 F.2d 607 (7th Cir. 1982).

52) 서울지방법원 1995. 6. 23. 선고 94카합9230 판결.

53) 개인적인 편지에 대한 저작물성을 인정한 미국의 판례로서 Salinger v. Random House, Inc., 811 F.2d 90 (2d Cir. 1987) 참조.

한 예술적 통제권은 비경제적 인센티브의 하나이다. 비록 타인에게 저작물을 이용
하게 하여 경제적 이익을 창출하더라도, 다른 사람이 마음대로 자신의 저작물을
변경하는 것이 허용된다면 창작자로서는 창작에 대한 인센티브가 줄어들게 될 것
이다. 예컨대 실제 베스트셀러 작가의 소설을 영화화하려는 제안에 대하여 원작
소설가가 상당한 금액의 로열티에도 불구하고 이를 거절하는 경우가 있는데, 이는
자신의 저작물에 대한 예술적 통제권을 지키려는 사례 중 하나로 볼 수 있다. 즉
예술적 통제권의 상실은 창작 인센티브에 대한 해악이다.[54]

이러한 비경제적 인센티브들은 프라이버시 등 일반 인격권이나 공표권, 성명
표시권, 동일성유지권을 그 내용으로 하는 저작인격권과 밀접한 관련이 있음을 알
수 있다.

앞서 실질적 유사성은 저작재산권뿐만 아니라 저작인격권에서도 쟁점이 될
수 있다는 점을 밝혔다. 실제 저작권침해소송에서는 저작재산권침해와 함께 성명
표시권이나 동일성유지권 등 저작인격권침해 주장을 함께 하는 경우가 많다. 예컨
대 피고가 원고의 허락없이 원고의 저작물과 실질적으로 유사한 작품을 제작하여
원고의 성명표시 없이 배포하는 경우, 저작재산권적으로는 복제권과 배포권의 침
해가 성립하지만 이와 동시에 저작인격권적으로는 성명표시권 및 동일성유지권의
침해가 성립하고, 이 경우 저작재산권침해뿐만 아니라 저작인격권침해에 있어서
도 실질적 유사성의 존재 여부가 쟁점이 된다. 그러므로 실질적 유사성 판단에 있
어서 위와 같은 비경제적 창작 인센티브들을 고려하는 것에는 별다른 문제가 없
을 수 있다. 이러한 비경제적 창작 인센티브는 특히 일반 수요자들은 유사하지 않
다고 느끼지만 실제로는 피고가 원고의 작품의 핵심적인 부분을 기술적으로 도용
한 경우에 문제된다. 이때 현실적인 수요의 감소는 일어나지 않겠지만 원고로서는
창작 인센티브의 감소를 경험하게 된다. 그러므로 이때에도 실질적 유사성을 인정
하는 것이 타당하다.

다. 창작 인센티브에 대한 접근방법 — 사회적 접근 대 개별적 접근

어떠한 요소가 어느 만큼의 창작 인센티브로 작용할 것인가는 창작자의 성향
에 따라 달라진다. 예를 들어 아무런 인센티브 없이도 창작활동 자체에서 기쁨을
느끼는 창작자가 있을 수 있는 반면, 경제적 대가가 주어지지 않으면 창작활동에

---

54) Gilliam v. American Broadcasting Companies, Inc. 538 F.2d 14 (2d Cir. 1976) 참조.

나아가지 않으려고 하는 창작자가 있을 수도 있다. 그러므로 창작 인센티브를 개별적인 주체의 차원에서 파악하여 실질적 유사성을 판단하게 되면 창작자 개개인의 창작 인센티브와 창작활동의 상관관계가 가장 구체적이고 정확하게 반영될 수 있는 장점은 있지만, 어느 정도 예측가능하고 일관성 있는 침해판단 기준을 세우는 것은 매우 곤란하여진다. 또한 저작권 제도의 목적과 기능을 사회의 관점에서 파악하는 실정권적 입장에 의하면 창작 인센티브 역시 사회의 관점에서 파악하는 것이 타당하다.

따라서 실질적 유사성 판단의 출발점으로서 당해 유사성을 방치할 경우 창작 인센티브가 얼마나 감소하는가 여부는 그 사건에서 문제되는 개별적인 창작자의 사회적·주관적 관점에서 파악하는 것이 아니라, 그 개별적인 창작자가 속한 평균적인 창작자 집단의 사회적·객관적 관점에서 파악하는 것이 타당하다.

3. 창작 인센티브의 의미 있는 감소가 발생하는 경우

실질적 유사성을 판단함에 있어서는 피고가 원고의 저작물과 유사한 작품을 만들어 이용함으로써 원고의 창작 인센티브가 얼마나 감소하였는가를 고려하여야 할 것이다.[55] 그리고 이러한 창작 인센티브에는 경제적 인센티브와 비경제적 인센티브가 모두 포함되어야 하고, 창작 인센티브는 사회적 관점에서 파악하여야 함은 앞서 검토한 바와 같다.

다시 말하면 두 작품 사이에 실질적 유사성이 존재하는가 하는 질문은 피고의 행위로 인하여 원고의 창작 인센티브에 의미있는 해악이 발생하였는가의 질문으로 치환할 수 있다. 통상 유사성의 정도가 높을수록, 바꾸어 말하여 저작물에 대한 변형의 정도가 사소할수록, 창작 인센티브에 대한 해악의 정도는 높아지는 반면, 유사성의 정도가 낮을수록, 바꾸어 말하면 저작물에 대한 변형의 정도가 높을수록 창작 인센티브에 대한 해악의 정도는 낮아지게 될 것이다.

한편 저작권의 보호범위가 넓으면 넓을수록 창작 인센티브가 증가할 것이므로, 이러한 논리에 의하면 저작권의 보호범위, 즉 실질적 유사성의 인정범위가 지나치게 저작권자에게 유리한 방향으로 넓어지는 것이 아닌가 하는 의문이 들 수 있다. 하지만 창작 인센티브가 조금이라도 감소한다고 하여 무조건 실질적 유사성

---

55) Laura G. Lape, *The Metaphysics of the Law : Bringing Substantial Similarity Down to Earth*, 98 Dick. L. Rev. 181, 202 (1994).

이 인정된다기보다는 창작 인센티브에 "의미있는" 해악 또는 감소가 발생하는 때에 한하여 실질적 유사성이 인정된다고 할 것이다. 그렇다면 창작 인센티브가 어느 정도로 감소할 때 이를 의미있는 감소라고 할 것인가?

이에 관하여 창작자는 자신의 창작물의 공급자이자 타인의 창작물의 수요자라는 창작자의 이중적 지위를 생각할 필요가 있다. 누구나 창작과정에서 다른 사람의 창작물을 어느 정도 참고하지 않을 수 없기 때문이다. 한편 실질적 유사성의 인정범위가 넓어지면 공급자로서의 창작 인센티브는 올라가겠지만 수요자로서의 창작 인센티브는 내려가게 될 것이다. 따라서 공급자로서의 창작 인센티브와 수요자로서의 창작 인센티브의 총합(總合)이 최고에 이르는 정도의 저작권 보호가 가장 적합한 보호범위라고 할 수 있다. 예를 들어 컴퓨터프로그램저작물에 있어서 프로그램의 기본적인 구조가 유사한 경우에도 실질적 유사성을 인정하게 되면,[56] 공급자의 지위에 있는 프로그래머의 창작 인센티브는 올라가겠지만 수요자의 지위에 있는 프로그래머의 창작 인센티브는 감소하게 될 것이다. 반면 이 경우 실질적 유사성을 인정하지 않게 되면 반대의 현상이 발생하게 될 것이다. 두 가지 사례를 놓고 보았을 때에 모든 프로그래머들의 창작 인센티브의 총합이 높은 쪽으로 결론을 내는 것이 정당하다. 실제로 프로그램의 기본적인 구조까지 독점의 대상으로 삼는 경우 단기적으로는 특정 프로그래머의 창작 인센티브가 증가할지 모르겠지만, 장기적으로는 이러한 독점상태가 많은 프로그래머들의 새로운 프로그램 창작에 상당한 장애가 되어 전체 창작자들의 창작 인센티브는 오히려 줄어들 가능성이 크다. 그러므로 이러한 경우에는 프로그램의 기본적인 구조의 유사성에 관하여서는 실질적 유사성을 인정하지 않는 것이 타당하다. 창작 인센티브를 이와 같이 판단하는 것은 창작 인센티브를 보호하기 위한 실질적 유사성 판단에 있어서 보상의 원칙뿐만 아니라 공유의 원칙이 작동하고 있음을 나타내어 보여 주는 것이다.

지금까지 살펴본 바와 같이 실질적 유사성 판단에 있어서 창작 인센티브에 대한 해악을 고려한다고 하더라도 어느 경우에 실질적 유사성이 인정되는가에 대하여 명확하고 구체적인 기준이 자동적으로 정립되는 것은 아니다. 실질적 유사성

---

56) 나중에 컴퓨터프로그램저작물의 실질적 유사성 판단에 관하여 검토할 때에 자세히 논의하겠지만, 일반적으로 프로그램저작물의 기본적인 구조는 아이디어로 취급되어 그 구조가 유사하다고 하여 실질적 유사성이 인정되는 것은 아니다.

판단과 창작 인센티브의 상관관계는 수량화·객관화시키기가 대단히 어렵기 때문이다. 다만 '어느 정도로 유사하여야 실질적으로 유사한 것인가' 하는 막연한 질문에 대하여 '법관이 실질적으로 유사하다고 인정하는 것이 실질적으로 유사한 것이다'라는 공허한 답변을 넘어서서 실체적인 판단원리를 정립하고 나아가 논리전개의 출발점을 제공한다는 점에서 그 충분한 의의가 있다고 할 수 있다. 결국 위 논의는 바꾸어 말하면 저작권침해소송에 있어서 실질적 유사성 여부를 판단할 때에는 두 작품의 형식적·문면적 비교에 그칠 것이 아니라 침해판단 여부에 따라 창작자들의 창작 인센티브가 어떠한 영향을 받을 것인가를 충분히 고려하여 결론을 내리라는 의미를 가지는 것이다.

4. 저작물의 자유이용과의 상관관계

보상과 공유의 조화를 통한 적정한 저작권 보호범위 설정에 있어서 두 가지 큰 축을 형성하는 것은 실질적 유사성 법리를 핵심으로 하는 저작권 침해범위의 확정과 저작재산권의 제한을 그 내용으로 하는 저작물의 자유이용이다. 한편 실질적 유사성 판단에 있어서 중추가 되어야 할 개념이 창작 인센티브라는 점은 지금까지 논의한 바와 같다.

그런데 이러한 창작 인센티브에 대한 고려는 비단 실질적 유사성 판단뿐만 아니라 저작물의 자유이용 영역에서도 행하여진다. 미국 저작권법 제107조에서는 공정이용에 관한 일반조항이 존재하는데, 이 조항은 공정이용 여부를 판단함에 있어서 이용의 목적 및 성격, 저작물의 성격, 이용된 부분이 저작물 전체에서 차지하는 양과 중요성, 이용이 저작물의 잠재적 가치나 시장에 미치는 영향을 고려하여야 한다고 규정하고 있다. 그 중 특히 이용이 저작물의 잠재적 가치나 시장에 미치는 영향은 창작 인센티브와 밀접한 관련이 있다. 또한 우리나라 법원도 저작권법 제31조의 공표된 저작물의 인용에 해당하는가 여부를 판단함에 있어서 '원저작물의 이용 목적과 성격, 이용된 부분의 분량과 질, 이용된 방법과 형태, 소비자들의 일반적인 관념, 원저작물에 대한 시장수요 내지 가치에 미치는 영향 등'을 고려하고 있는데,[57] 이러한 사항들은 창작자들의 창작 인센티브와 연관성이 있다.

---

57) 유명가수 서태지의 노래를 패러디한 음악에 대하여 그것이 저작권법 제28조에서 정한 공표된 저작물의 정당한 인용에 해당하는가 여부에 관하여 판단한 서울지방법원 2001. 11. 1.자 2001카합1837 결정 참고. 또한 다른 영화의 부분을 인용한 영화의 저작권침해 여부에 관하여 다룬 서울중앙지방법원 2004. 3. 18.자 2004카합344 결정에서도 인용영화로 인하여 피인용영화의 현재 또

그렇다면 창작 인센티브는 중복하여 고려의 대상이 되는 것인가, 또한 실질적 유사성 판단과 저작물의 자유이용의 상호관계는 어떠한가 하는 의문이 생긴다.

실질적 유사성 판단이나 저작물의 자유이용은 모두 저작권 보호범위의 설정에 있어서 중요한 도구로 기능하고 있음은 이 책의 앞 부분에서 설명한 것과 같다. 한편 저작권 보호범위 설정에 있어서는 보상의 원칙과 공유의 원칙을 조화롭게 해석하는 것이 필요하므로, 양자를 판단함에 있어서도 보상과 공유의 두 가지 가치를 모두 고려하여야 한다. 그러나 구조적으로 보면 실질적 유사성은 저작권자의 권리가 침해되었는가를 판단하는 메커니즘이므로 두 가지 가치 중 보상의 원칙에서 출발하는 것인 반면, 저작물의 자유이용은 일반 공중의 이용을 보장하기 위한 메커니즘이므로 두 가지 가치 중 공유의 원칙에서 출발한다는 차이점이 있다. 이러한 점은 저작권자가 실질적 유사성을 주장·입증하는 반면 이용자가 자유이용사유를 주장·입증하는 저작권침해소송의 주장·입증체계에서도 그대로 반영된다. 그러므로 어떠한 행위가 창작 인센티브에 어떠한 영향을 미치는가 하는 문제는 보상의 원칙을 효과적으로 관철시키기 위한 실질적 유사성 판단단계에서 우선적이고 직접적으로 논해지는 것이고,[58] 실질적 유사성 단계를 통과하여 자유이용의 허용 여부를 판단함에 있어서는 창작 인센티브가 간접적이고 보조적인 고려요소의 하나로 기능한다고 보는 것이 타당하다.

참고로 미국의 Laura G. Lape 교수는 그의 논문에서 저작권침해판단에 있어서 공정이용제도가 지나치게 남용되어 있다는 점을 지적하면서 저작권침해가 부정되는 경우는 공정이용의 단계에 나아가기 전에 실질적 유사성 판단의 단계에서 상당 부분 걸러져야 한다는 주장을 하고 있는데, 이는 경청할 만한 가치가 있다고 생각한다.

는 잠재적 시장에서의 가치가 감소된다거나 인용영화가 피인용영화의 수요를 대체하는 효과를 갖는다고 보기 어렵고, 인용 부분은 피인용영화를 떠올리게 하는 정도의 효과를 가질 뿐으로 그 부분만으로는 피인용영화의 구체적인 내용을 알 수도 없어 그 부분 때문에 인용영화의 관객이나 비디오 등의 구매 고객이 늘어날 것이라고 보기도 어려운 점 등을 구 저작권법 제28조 소정의 공표된 저작물의 인용에 해당된다고 볼 여지가 있다는 판단의 근거로 삼고 있다.

58) 한편 실질적 유사성을 판단함에 있어서 보상의 원칙이 주된 기능을 한다고 하여 공유의 원칙이 전혀 고려되지 않는 것은 아니다. 오히려 실질적 유사성 판단에 있어서는 공유의 원칙도 보조적으로 기능한다. 이는 앞서 설명한 것처럼 창작 인센티브의 의미있는 감소가 발생하였는가를 판단함에 있어서 잠재적 창작자의 수요자로서의 창작 인센티브도 염두에 두어야 한다는 것에서 나타난다.

제4장

실질적 유사성의 일반적 판단 기준

제4장 실질적 유사성의 일반적 판단 기준

제1절 실질적 유사성 판단의 실체적 측면

1. 개관

이 절에서는 실질적 유사성 판단에 있어서 고려하여야 할 실체적 문제들에 관하여 다루기로 한다.

법원은 원고의 저작물과 피고의 작품 사이의 실질적 유사성을 판단함에 있어서 크게 두 가지 실체적 문제에 직면하게 된다.

첫 번째는 원고의 저작물 가운데 저작권에 의하여 보호되는 "표현"과 저작권에 의하여 보호되지 않는 "아이디어"를 구분하는 문제이다. 저작권침해소송에 있어서 실질적 유사성은 원고의 작품 중 저작권에 의하여 보호되는 표현이 피고의 작품과 어느 정도로 유사한가의 문제이다. 우리나라 대법원도 "저작권의 보호대상은 아이디어가 아닌 표현에 해당하고, 저작자의 독창성이 나타난 개인적인 부분에 한하므로 저작권의 침해 여부를 가리기 위하여 두 저작물 사이에 실질적인 유사성이 있는가의 여부를 판단함에 있어서도 표현에 해당하고 독창적인 부분만을 가지고 대비하여야 할 것이다"라고 함으로써 저작권 침해 여부를 판단함에 있어서는 아이디어가 아닌 표현이 그 대상임을 명확하게 하고 있다.[1] 따라서 두 작품 사이의 아이디어가 실질적으로 유사하다고 하더라도 표현이 실질적으로 유사하지 않다면 저작권침해가 성립하지 않는다. 그러므로 저작권침해소송에서 실질적 유사성의 판단이 이루어지기 위하여서는, 논리적으로 아이디어와 표현의 구분이 전

---

1) 대법원 1993. 6. 8. 선고 93다3073, 3080 판결 등 참조.

제되어야 한다.[2] 이는 다시 말하면 보호대상을 확정하는 작업이다.

두 번째는 원고의 저작물의 표현과 피고의 작품 사이에 "어느 정도" 유사성이 존재하여야 "실질적으로" 유사하다고 판단할 수 있는가 하는 문제이다. 이는 실질적으로 유사하여 저작권침해가 성립되는 영역과 실질적으로 유사하지 않아 저작권침해가 성립되지 않는 영역의 경계선을 찾는 문제이다. 만약 실질적 유사성을 너그럽게 인정한다면 쉽게 저작권침해를 인정할 수 있게 되어 당해 저작물의 보호범위는 넓어지고, 실질적 유사성을 엄격하게 인정한다면 쉽게 저작권침해를 인정할 수 없게 되어 당해 저작물의 보호범위는 좁아진다. 그러므로 이는 다시 말하면 보호범위를 확정하는 작업이다.

이와 같이 실질적 유사성 판단에 관하여 문제되는 두 가지 실체적 측면은 앞의 장에서 논의한 창작 인센티브와 밀접한 관련성을 가지고 있다.

우선 보호대상의 확정과 관련하여 살펴본다. 저작권은 창작자로 하여금 사회에 '가치있는 것'을 창작하는 것에 대하여 개인에게 대가(對價)로서의 독점권을 부여함으로써 창작으로 나아가게 하는 인센티브로서의 기능을 가진다. 그렇다면 어떠한 가치를 창출하도록 인센티브를 부여할 것인가? 이는 결국 어떠한 가치에 대한 인센티브의 부여가 사회의 문화발전에 기여할 것인지, 또는 장애가 될 것인지의 두 가지 차원에서 접근하여야 할 것이다. 일반적으로 사회의 문화발전에 기여하는 것은 새롭고 독자적이고 구체적이고 다양한 것이고, 사회의 문화발전에 장애가 되는 것은 모든 사람이 공유하여야 할 소재로서의 기능이 강하고 보호비용이 높은 것이다. 그렇다면 전자에 대하여서는 창작 인센티브를 제공하고, 후자에 대하여서는 제공하지 않는 것이 타당할 것이다. 이때 전자를 '표현', 후자를 '아이디어'라고 지칭하는 것이다.

다음으로 보호범위의 확정과 관련하여 살펴본다. 보호대상의 확정 문제가 어떠한 가치에 대하여 창작 인센티브를 제공하는 것이 타당한가의 문제였다면 보호범위의 확정 문제는 어느 만큼의 창작 인센티브를 제공하는 것이 적정한가의 문제이다. 즉 보호할 자격이 있는 창출가치를 어느 정도까지 보호할 것인가의 문제이다. 단순하게 표현하자면, 사회의 문화발전에 기여하는 바가 크면 더욱 강한 창작 인센티브를, 적으면 더욱 약한 창작 인센티브를 부여하는 것이다. 그렇다면 사회의 문화발전에 기여하는 정도는 어떠한 기준으로 측정할 것인가? 이는 아이디어

---

2) 정상조, "창작과 표절의 구별기준", 서울대 법학 제44권 제1호(2003), 118면.

와 표현을 구분하는 기준과 같은 맥락에서 파악할 수 있다. 통상 창작성이나 구체
성의 정도가 높고 다양한 표현가능성이 높은 것일수록 사회 전체에 미치는 긍정
적인 영향이 클 것이므로, 강한 보호를 통하여 더 큰 창작 인센티브를 부여할 필
요가 있다.

이 장(章)에서는 위에서 살펴본 실질적 유사성 판단에 있어서 두 가지 실체적
과제들, 즉 보호대상 확정(아이디어와 표현의 구분)과 보호범위 확정(실질적 유사성의
경계선 설정)의 문제에 관하여 차례대로 살펴보기로 한다.

2. 보호대상의 문제 — 아이디어/표현 이분법

가. 아이디어/표현 이분법의 의의

아이디어/표현 이분법(idea/expression dichotomy)은 아이디어는 저작물로 보
호되지 아니하고 표현만 보호된다는 이론이다.[3]

아이디어/표현 이분법은 어떠한 작품이 저작물인가를 판단할 때와 어떠한 작
품이 다른 저작물에 관한 저작권을 침해하였는가를 판단할 때의 두 가지 단계에
서 문제된다. 우선 저작권법은 창작성 있는 표현이 담긴 작품만을 저작물로 보호
하므로 저작물성을 판단할 때에는 과연 당해 작품이 보호받을 수 없는 아이디어
만으로 구성된 것인지, 그렇지 않으면 그 아이디어의 기반 위에 창작성 있는 표현
이 존재하는지를 검토하여야 하고, 이때에 아이디어와 표현의 구분이 필요하게 된
다. 다음으로 어떠한 작품이 저작물이라는 것을 전제로 한 저작권침해판단에 있어
서도 실질적 유사성 판단에 있어서 비교하여야 할 대상은 그 작품에 존재하는 아
이디어가 아니라 표현이므로 이때에도 아이디어와 표현의 구분이 필요하게 된다.

아이디어/표현 이분법이라는 명칭의 이론이 저작권법에 규정되어 있는 것은
아니다. 다만 그 동안 살펴본 저작권 보호범위에 관한 보상과 공유의 원칙에 의하
면 창작자에 대한 독점권 부여와 일반 공중에 대한 이용권 부여가 서로 균형을
이루어야 하는 것이므로 창작물 가운데에는 창작자에게 독점적으로 귀속되어야
할 부분과 일반 공중에게 널리 귀속되어야 할 부분이 있다. 창작물 가운데 창작자
의 정신적 노력의 소산이라고 할 수 있는 '창작성 있는 표현' 부분은 창작자에게

---

3) 따라서 아이디어는 창작적인 것이라고 하더라도 "저작권법"의 보호대상에 포함되지 않는다. 다
만 아이디어라고 하더라도 특허법이나 부정경쟁방지법에 의한 보호를 받거나 민법상 불법행위
나 부당이득이론에 의하여 보호받는 경우도 있다. 또한 데이터베이스의 경우 그 구성요소가 아
이디어인지 표현인지를 불문하고 저작권법 제91조 이하의 규정에 의하여 보호받을 수 있다.

독점적으로 귀속되지만, 그 표현의 배후에 있는 아이디어나 소재는 여전히 일반 공중이 접근하여 이용할 수 있는 부분으로 남아 있어야 한다. 이는 마치 어린이들이 똑같은 찰흙을 가지고도 여러 가지 개성적인 찰흙작품을 만들어 내는 것처럼 똑같은 아이디어에 기하여서도 얼마든지 다양한 창작물이 나올 수 있기 때문에 저작권법은 그 다양성의 근원이 되는 아이디어의 독점은 금지하되 아이디어에 기하여 개성적으로 발현된 창작성 있는 표현만 도모하는 것이다. 이와 같이 저작권 보호범위에 관한 일반 원리가 창작물에 투영된 것이 아이디어/표현 이분법이다.

종래 독일이나 일본 등 대륙법계 국가에서는 저작물의 구성요소를 '내용'과 '형식'으로 구분하여 '형식'에 해당하는 부분에 대하여서만 저작권의 보호를 부여하여 왔다. 또한 형식을 '외면적 형식'과 '내면적 형식'으로 구분하여 외면적 형식이란 저작자의 사상이 문자·언어·색·음 등 다른 사람에 의하여 지각(知覺)될 수 있는 매개물을 통하여 객관적인 존재로 나타난 것이고, 내면적 형식이란 외면적 형식에 대응하여 저작자의 내심의 일정한 질서를 가지고 형성된 사상의 체계라고 설명하면서,[4] 내면적 형식은 내용과 불가분의 관계에 있으나 개성적 정신의 표현이므로 저작물성이 인정된다고 설명한다.[5] 그러나 독일에서는 '내용과 형식의 구별' 원칙이 수정되어 '내용'에 개인적 특성이 존재하면 '내용'도 저작권법에 의하여 보호된다는 논의가 있었고,[6] 이는 판례에 반영되기도 하였다.[7]

내용/형식 이분법은 개념적이고 사변적인 기초 위에서 논리를 세운 뒤 이를 개별적 사안에 적용하는 경향을 보이는 반면, 아이디어/표현 이분법은 개별적인 사안에 관한 구체적 타당성 있는 결론을 도출해 나가면서 실증적인 체계를 세워 나가는 경향을 보이는 측면에서 차이가 있다. 그러나 이러한 방법론의 차이에도 불구하고 내용/형식 이분법과 아이디어/표현 이분법은 모두 저작권법의 목적을 달성하기 위하여 저작권법에 의하여 보호받지 못하는 부분과 보호받는 부분을 구분하는 도구에 불과하다는 점에서 양자 사이에 본질적인 차이가 있다고 보기는 어렵다.

---

4) 半田正夫, 著作權法槪說, 第7版, 一粉社(1994), 81면, 陸本英史, "著作權(複製權, 飜案權)侵害の判斷について(上)", 判例時報 1595호, 30면.

5) 박성호, "저작물의 보호범위 — 희랍어 분석방법 사건", 한국저작권판례평석집(1), 저작권심의조정위원회(1998), 17면.

6) E. Ulmer, Urheberrecht und Verlagsrecht, 3. Aufl., 1980, S. 122 f., H. Hubmann, Urherberrecht und Verlagsrecht, 6. Aufl., C.H.Beck, 1987, S. 38.

7) RGZ 121, 70f.

한편 우리나라 대법원 판례들과 통설은 나중에 보게 되는 바와 같이 영미법계와 마찬가지로 '아이디어'와 '표현'이라는 용어를 사용하고 있으므로, 이 책에서도 아이디어/표현 이분법이라는 용어를 사용하기로 한다.

나. 아이디어/표현 이분법의 기능

1) 보상과 공유의 균형유지

아이디어/표현 이분법의 주된 기능은 보상과 공유 사이에서 저작권 보호범위를 적절하게 제약함으로써 다양하고 풍부한 문화적 창작물의 생산과 이용이라는 저작권법 원래의 목적을 달성하는 것이다. 아이디어 부분에 대한 독점까지 허용한다면 창작물에 대한 일반 대중의 접근가능성을 크게 제약할 뿐만 아니라, 다른 창작자들의 입장에서도 기존 창작물들의 요소들을 차용할 수 없게 되어 창작비용을 크게 높이게 됨으로써 창작활동 역시 제약하게 된다. 따라서 창작활동과 이용이 모두 억제되는 현상이 발생하게 되어 결과적으로는 문화의 향상발전에 해악이 된다.

아이디어/표현 이분법은 일반 대중의 문화산물 향유를 크게 저해하지 않으면서 창작자의 창작의욕을 최대한 북돋우기 위하여 문화적 생산물을 구성하는 요소 가운데 권리자에 의하여 독점되는 부분(표현)과 일반 대중에 의하여 공유되는 부분(아이디어)의 경계선을 적정하게 설정하는 역할을 한다. 따라서 아이디어와 표현의 경계선을 탐구하는 작업은 보상과 공유의 적절한 균형점을 찾아가는 작업이다.

2) 표현의 자유의 보장

저작권 제도는 일정한 기간 동안 일정한 범위 내에서 저작물에 대한 저작자 기타 권리자의 독점배타적인 권리를 용인한다. 그런데 이러한 독점상태는 대중이 당해 저작물에 접근하여 이를 이용하는 것을 제약한다. 이는 정보유통의 동맥경화를 유발하여 표현의 자유 중 중요한 비중을 차지하는 국민들의 알 권리의 온전한 실현에 장애가 된다. 이처럼 저작권은 정보에 대한 통제의 대표적인 수단이고, 저작권의 강화는 정보사유권의 강화를 의미하게 되어 표현의 자유를 잠식할 가능성이 있다. 따라서 표현의 자유와 저작권 제도는 일정한 상황 하에서는 긴장과 갈등의 관계에 놓이게 된다.[8]

---

8) 그러나 저작권과 표현의 자유는 상호보완 관계에 있어서 표현의 자유가 충분히 보장되는 경우에만 저작권도 활기를 띠게 되고 또 저작권의 보호로 저작활동이 활발하게 됨으로써 언론의 자유

이러한 표현의 자유와 저작권 제도 사이의 불편한 관계는 아이디어/표현 이분법에 의하여 화해에 이르게 된다. 아이디어/표현 이분법에 의하면 타인의 저작물에 나타난 특정한 표현을 복제하는 것이 아니라면 그 저작물에 내재한 사상이나 아이디어 또는 저작물의 소재를 이용하여 표현활동을 하는 것은 저작권법에 의하더라도 문제가 되지 않는다. 그러한 의미에서 아이디어/표현 이분법은 아이디어와 사상의 자유로운 유통을 보장하여 줌으로써 국민의 알 권리를 충족시킴과 동시에 저작자의 개성이 나타난 표현은 독점적으로 보호하여 줌으로써 표현의 자유와 저작권 제도 사이의 균형을 유지하는 중요한 지렛대 역할을 한다.[9]

다. 아이디어와 표현의 구분
1) 아이디어와 표현 구분의 곤란성

아이디어는 보호되지 아니하고 표현은 보호된다는 명제는 외관상 명쾌하다. 하지만 현실적으로 아이디어/표현의 명확한 경계선을 긋는 것은 대단히 어려운 작업이다. 이와 같은 어려움 때문인지 Learned Hand 판사는 Nichols v. Universal Pictures Corp. 판결[10]에서 그 누구도 아이디어와 표현의 경계선을 고정하지 못하였고, 앞으로 누구도 그 일을 하지 못할 것이라고 판시하였고, Peter Pan Fabrics v. Martin Weiner 판결[11]에서는 표현과 아이디어의 경계선에 관하여서는 어떠한 확립된 기준도 있을 수 없고 오로지 사건의 내용에 따라 판단할 수밖에 없다고 선언하기도 하였다. 더구나 각 사건마다 문제되는 저작물의 유형과 특성이 다르고, 이러한 차이점은 아이디어와 표현의 경계선에도 그대로 반영되므로 모든 저작물에 적용될 수 있는 일률적인 구분기준은 존재하지 않는다.

이와 같이 아이디어/표현 이분법의 실제 적용은 대단히 어려운 작업이지만, 창작자와 이용자들에게 예측가능성을 부여하는 것은 대단히 중요한 일이므로 저작물에 있어서 아이디어와 표현의 경계선을 획정하기 위한 노력은 필요하다. 아래에서 그 구분에 적용할 기본원리를 검토하기로 한다.

나 알 권리도 그 혜택을 충분히 누릴 수 있다. 이형하, "언론 출판의 자유와 저작권의 상충과 조정—헌법상 언론 출판의 자유를 이유로 하여 저작권침해에 대한 면책특권을 인정할 것인가?", 헌법판례연구 I, 한국사법행정학회(1993), 254면 참조.

9) Harper & Row Publisher, Inc. v. Nation Enterprises, 471 U.S. 539 (1985).

10) 45 F.2d 119 (2d Cir. 1930).

11) 247 F.2d 487, 489 (2d Cir. 1960).

2) 아이디어와 표현의 구분에 관한 기본원리

우선 아이디어와 표현은 저작권 보호범위 확정에 있어서 보호되지 않는 부분과 보호되는 부분을 구분하기 위하여 사용되는 수단적 개념이라는 것을 염두에 둘 필요가 있다. 따라서 저작물의 보호범위론의 배후에 흐르는 정책적인 요소를 간과한 채 아이디어와 표현의 사전적(辭典的) 의미를 밝히고 그 문언적 해석을 통해 확정된 틀에 창작물의 구성요소들을 대입시켜 아이디어와 표현을 구분하려는 시도는 지나치게 형식적이고 도식적인 것으로서 지양되어야 한다. 오히려 아이디어와 표현이라는 용어는 '공유되어야 할 요소'와 '독점적으로 보호되어야 할 요소'를 가르는 경계선의 양쪽을 상징적으로 일컫는 것에 불과하다고 보아야 할 것이다. Nimmer 교수는 보호하여야 하는 표현과 보호할 수 없는 아이디어를 구별해 내는 기준은 매우 실용적인 것으로서, '아이디어'라고 하는 형이상학적인 관념에 기초하여 도출하는 것이 아니라 창작자의 노력을 보호할 필요성과 당해 창작물에 대한 자유로운 접근을 보장하여야 하는 필요성의 비교형량으로부터 도출되는 것이라고 논평하기도 하였다.[12]

그렇다면 저작권법에 있어서 아이디어는 '공유될 가치가 있는 요소'를, 표현은 '독점적으로 보호할 가치가 있는 요소'를 의미하는 것으로서 이를 확정함에 있어서는 저작자와 이용자의 균형 있는 보호와 사회 전체의 효율성 증가의 차원에서 정책적으로 유연한 접근방식을 취하는 것이 타당하다. 법경제학적으로 표현하자면 보호를 통하여 발생하는 비용보다 이익이 높아 사회 전체의 복지가 향상될 수 있는 요소들은 "표현"으로, 그 반대의 요소들은 "아이디어"로 평가하게 된다.

한편 저작물을 구성하는 특정 요소의 보호가치 여부는 저작물 자체의 속성뿐만 아니라 이를 둘러싼 여러 가지 변수들에 의하여 평가되는 것이다. 그러므로 동일한 저작물이라고 하더라도 그 보호의 범위는 사회의 변화에 따라 충분히 달라질 수 있는 것이다. 결국 아이디어/표현의 경계선도 고착적인 것이 아니라 유동적인 것이다. 이러한 유동성은 컴퓨터프로그램과 같이 그 변화의 속도가 빠른 영역에 있어서 더욱 두드러진다. 개념적으로는 창작성 있는 표현양식임에도 불구하고 사실상 표준화가 진행되면서 아이디어/표현 합체이론에 따라 저작권 보호범위가 부정되는 사용자 인터페이스(user interface)의 경우가 그 대표적인 예이다.

이와 같은 정책적 접근방식은 판례를 통하여 형성되어 온 아이디어/표현 이

---

12) Melville B. Nimmer & David Nimmer, *Nimmer on Copyright* (2002), §13.03, 13~125면.

분법의 역사와도 부합한다. 실제로 아이디어/표현 이분법은, 이에 관한 고정적인 이론적 틀이 존재하고 그 틀에 따라 개별적 사안을 해결하는 연역적 방식보다는, 정책적으로 바람직하다고 생각하는 결론을 내리고 이 결론에 부합하는 방향으로 아이디어와 표현을 구분하는 구체적인 사례들이 집적되면서 경험적으로 아이디어와 표현의 경계선이 형성되는 귀납적 방식에 의하여 발달하여 왔다.

위와 같은 입장을 취하게 되면 모든 저작물에 공통으로 적용될 수 있는 아이디어와 표현의 구분선이 존재한다기보다는 각 저작물의 유형별로 그 특성과 환경에 맞는 아이디어와 표현의 경계선을 긋는 작업이 개별적으로 진행되어야 한다.13) 따라서 소설에 있어서 아이디어와 표현을 구분하는 작업은 컴퓨터프로그램에 있어서 아이디어와 표현을 구분하는 작업과 다른 성격을 가진다. 이는 저작물의 유형별로 실질적 유사성 판단의 고려지침이 달라져야 한다는 이 책의 각론 부분의 취지와 일치한다.

3) 판례와 입법에 나타난 아이디어와 표현의 구분기준

가) 미국

이 이론은 원래 미국 판례를 통하여 발달되어 왔다. 그러므로 아이디어와 표현의 구분에 관한 미국의 주요 판례들을 살펴보기로 한다.

아이디어/표현 이분법의 단서를 제공한 최초의 판례는 Baker v. Selden 판결14)이다. 이 판결에서는 아이디어는 특허법에 의한 보호를 받아야 하고, 저작권법에 의한 보호는 받을 수 없다는 점을 명시하였다. 이 판결은 새로운 부기방식(簿記方式)에 기한 대차대조표 양식(樣式)이 저작권법의 보호를 받는 표현에 해당하는가가 문제된 사건에 관한 것이다. 원고인 Selden은 새로운 부기방식에 대한 책을 저술하였는데, 피고인 Baker는 또다른 부기관련저서를 저술하면서 원고의 대차대조표 양식을 허락없이 전재하였다. 이에 원고가 피고를 상대로 대차대조표 양식에 대한 저작권침해를 이유로 소송을 제기한 사건이었다. 이 사건에서 연방대법원은 Selden이 자신의 저서에 대한 저작권을 가지는 문제와 그 책에 설명된 기술(art)에 대한 독점권을 가지는 문제는 다르다고 전제하였다. 한편 Selden은 책에

---

13) Jon O. Newman, *New Lyrics for an Old Melody : The Idea/Expression Dichotomy in the Computer Age*, 17 Cardozo Arts & Ent. L. J. 691, 693 (1999).

14) 101 U.S. 99 (1879).

서 소개한 부기방식에 관하여 특허권을 부여받지 아니한 이상 이에 대한 독점권
을 가질 수 없고, 위 책에 나타난 양식은 위 부기방식을 표로 구현한 것에 불과하
므로 이 역시 독점적으로 보호할 수 없다고 하였다. 위와 같은 미국 연방대법원의
판시 내용을 살펴보면 아이디어/표현 이분법에 관한 명시적인 설명이 나타나 있
지 않고, 오히려 저작권법과 특허법의 관계에 초점을 맞추고 있지만, 아이디어에
대한 저작권의 보호는 불가능하다는 것을 명확하게 밝혔다는 점에서 아이디어/표
현 이분법에 관한 판례라고 할 수 있다.

이와 같이 양식이나 표에 대한 저작권보호를 부정하는 태도는 그 이후 수리
내용 및 비용내역을 기입할 수 있는 TV 수리명세서에 대한 저작물성을 부정한
Taylor Instruments Companies v. Fawley–Brost Co. 판결,[15] 의료검진표에 대한
저작물성을 부정한 Bibbero Systems Inc. v. Colwell Systems Inc. 판결[16] 등에서
계속 유지되었다.

아이디어/표현 이분법에 기하여 양자의 경계선을 획정하는 객관적 기준정립
을 최초로 시도한 판례는 Nichols v. Universal Pictures Corp. 판결[17]이었다. 이
사건에서는 피고가 만든 영화각본인 "The Cohens and the Kellys"가 원고의 희
곡인 "Abie's Irish Rose"의 저작권을 침해하였는지 여부가 문제되었다. 이 사건을
담당하였던 Learned Hand 판사는 저작권 보호범위와 관련하여 이른바 추상화 테
스트(abstraction test)를 도입하였다. 즉 희곡에서 스토리를 구성하는 구체적인 사
건들을 계속적으로 제거시켜 나가면 점차 패턴은 일반화되어 가고 결국에는 그
희곡의 주제에 관한 가장 일반적인 기술만이 남게 되는데, 이와 같은 추상화(ab-
straction)의 과정에서 어느 지점에 이르면 표현은 제거되고 아이디어만이 남아 더
이상 저작권의 보호를 줄 수 없는 상태에 도달하게 된다는 것이다.[18] 또한 희곡의
구성요소 중 등장인물(character)과 시퀀스(sequence)가 어떻게 개발되고 복합되어
있는가에 따라 저작권 보호범위가 정하여진다고 하였다. 따라서 등장인물에 대한
개발정도가 크지 않으면 이에 대한 보호가능성도 줄어든다고 하였다. 이 사건에서
는 등장인물이나 사건의 흐름이 독창적인 표현이라기보다는 보편적인 배경에 해

---

15) 139 F.2d 98 (7th Cir. 1943).
16) 731 F.Supp. 403, 404 (N.D. Cal. 1988).
17) 45 F.2d 119 (2d Cir. 1930).
18) Paul Goldstein, *Copyright*, (2d ed. 1996), 2:24면; 오승종·이해완, 저작권법, 개정판, 박영사
(2001), 44면.

당한다는 취지로 저작권침해를 부정하였다.

판례를 통하여 발달된 아이디어/표현 이분법은 1976년에 미국 저작권법 제 102조 (b)에서 성문화되었다. 위 조항에서는 『어떠한 경우에도 당해 저작물의 아이디어, 절차, 공정, 체계, 조작방법, 개념, 원칙 또는 발견에 대하여는, 그것이 어떠한 형식에 의하여 기술, 설명, 예시되거나 저작물에 포함되더라도, 저작권 보호가 미치지 아니한다』라고 규정하고 있다.[19]

Paul Goldstein 교수는 위 조항의 규정에 따라 아이디어를 개념(concept),[20] 문제의 해법(solution),[21] 창작의 도구(building blocks)[22]의 세 가지 유형으로 분류하고 있다. 한편 Goldstein 교수는 문제의 해법을 설명함에 있어서 특정한 단어들이나 도면을 이용하거나, 기본적인 창작의 도구들을 모으고 윤색하여 구체적인 성과물을 만드는 등 위 아이디어를 표현으로 승화시킬 수 있는데, 언제부터 아이디어가 표현으로 변환되는가 하는 점은 불가피하게 사안에 따라 개별적으로 결정할 수밖에 없는 것이지만, 일반적인 두 가지 지침으로서 법원은 ① 어느 정도까지 보호되는 표현으로 인정하여야 현재의 창작자에 대한 인센티브 부여와 미래의 창작자를 위한 아이디어의 보관 사이의 균형을 유지할 수 있는가를 고려하여야 하고, ② 아이디어와 표현 중 어느 것인지 불명확할 때에는 표현으로 보되 그 표현의

---

19) TRIPs 협정 제9조 제2항에서도 이와 유사하게 저작권의 보호는 표현에는 적용되나, 아이디어 · 절차 · 운용방법 또는 수학적 개념 자체에는 적용되지 않는다고 규정하고 있다.

20) 작품 창작의 원동력이 되는 개념(concept)은 비교적 수적으로 제한되어 있어 독점적으로 보호하기에는 사회적 비용이 과다하다. 특히 영업적인 개념(marketing concept), 예를 들면 소매점 할인쿠폰에 관한 아이디어, 각종 컨테스트(contest)나 게임 쇼에 관한 아이디어 등 소비자의 구매의욕을 자극하기 위한 개념들은 각 주(州)의 계약법이나 부정경쟁방지법, 상표법 등 다른 법의 보호대상은 될 수 있을지 몰라도 저작권법의 보호는 받을 수 없다.

21) 이 부분에 관한 선도적인 판례는 미국연방대법원의 Baker 판결이다. 그 이후 미국 법원은 카드게임규칙{Whist Club v. Foster, 42 F.2d 782 (2d Cir, 1929)}; 속기시스템{Brief English Sys. v. Owen, 48 F.2d 555 (2d Cir, 1931)}, 온도의 기계적인 측정을 위하여 고안된 차트{Taylor Instrument Cos. v. Fawley—Brost Co., 139 F.2d 98, 100 (7th Cir. 1943)} 등의 판례를 통하여 Baker 판결을 따르고 있다. Paul Goldstein, *Copyright*, (2d ed. 1996), 2:27~28면 참조.

22) 이는 저작물의 작성에 필요한 도구(building blocks)들이다. 무엇이 창작을 위한 도구에 해당하는지는 저작물의 유형에 따라서 각각 다르다. 어문저작물 중 소설 · 극본 · 각본 등의 경우에 있어서는 작품의 주제, 플롯(plot), 주인공의 표준적인 캐릭터(character), 세팅 등은 물론 그다지 길지 않은 몇 개의 단어로 이루어진 제목과 같은 것들이 이에 해당할 것이고, 미술저작물의 경우에는 개개의 색상이나 형상이, 음악저작물에 있어서는 개개의 리듬과 음조(音調), 화성 등이 이에 해당할 것이다. 이와 같은 창작의 도구들에 대하여 저작권에 의한 독점적 보호를 주게 되면, 다른 제3자의 창작을 방해함으로써 결과적으로 문화창달에 기여하고자 하는 저작권의 목적에 위배된다. Paul Goldstein, *Copyright*, (2d ed. 1996), 2:28~29면 참조.

보호범위의 조정을 통하여 위와 같은 균형을 모색해야 한다고 설명하고 있다.[23)]

나) 우리나라

아이디어/표현 이분법의 구분은 우리나라의 다수 판례에서도 그 자취를 찾아볼 수 있다. 예컨대 희랍어 문법 교재에 관한 저작권침해가 문제된 사건에서 대법원은 "저작권법에 의하여 보호되는 저작물은 학문과 예술에 관하여 사람의 정신적 노력에 의하여 얻어진 사상 또는 감정의 창작적 표현물이어야 하는 것이고, 따라서 저작권법이 보호하고 있는 것은 사상, 감정을 말, 문자, 음, 색 등에 의하여 구체적으로 외부에 표현된 창작적인 표현형식이고, 그 표현되어 있는 내용, 즉 아이디어나 이론 등의 사상 및 감정 그 자체는 설사 그것이 독창성, 신규성이 있다 하더라도 소설의 스토리 등의 경우를 제외하고는 원칙적으로 저작물은 될 수 없으며, 저작권법에서 정하고 있는 저작인격권, 저작재산권의 보호대상이 되지 아니한다. 특히 학술의 범위에 속하는 저작물의 경우 그 학술적인 내용은 만인에게 공통되는 것이고, 누구에 대하여도 그 자유로운 이용이 허용되어야 하는 것이므로 그 저작권의 보호는 창작적인 표현형식에 있지 학술적인 내용에 있는 것은 아니라 할 것이다. 결국 저작권의 보호대상은 아이디어가 아닌 표현에 해당하고, 저작자의 독창성이 나타난 개인적인 부분에 한하므로 저작권의 침해 여부를 가리기 위하여 두 저작물 사이에 실질적인 유사성이 있는가의 여부를 판단함에 있어서도 표현에 해당하고 독창적인 부분만을 가지고 대비하여야 할 것이다"라고 판시하였다.[24)] 그 이외에도 대법원과 하급법원에서 아이디어/표현 이분법에 입각한 다수의 판결들이 선고되었다.[25)]

---

23) Paul Goldstein, *Copyright*, (2d ed. 1996), 2:28~29면 참조.

24) 대법원 1993. 6. 8. 선고 93다3073, 3080 판결.

25) 대법원에서는 소설 등에 있어서 추상적인 인물의 유형 혹은 어떤 주제를 다루는 데 있어 전형적으로 수반되는 사건이나 배경(대법원 2014. 6. 12. 선고 2014다14375 판결; 대법원 2000. 10. 24. 선고 99다10813 판결), 한글교육교재의 순차적 교육방식(대법원 1996. 6. 14. 선고 96다6264 판결), 피아노교습에 관한 교육이론과 이에 기한 교습방법 또는 순서(대법원 1999. 10. 22. 선고 98도112 판결), 종래의 문화적 유산인 복식에 기초를 둔 한복디자인(대법원 1991. 8. 13. 선고 91다1642 판결) 등을 아이디어라고 판시하였다. 한편 하급심 판례들을 살펴보면, 풍속에 대한 해석내용(서울서부지방법원 2004. 6. 28.자 2004카합271 결정), 기존의 저승노자돈으로 사용되던 동전 등을 지폐 형태로 고안한다는 발상(서울중앙지방법원 2004. 4. 30. 선고 2003가합84823 판결), 게임시나리오의 기본적인 구성(서울중앙지방법원 2004. 11. 16. 선고 2002나40684 판결), 투자자의 이동통신 단말기에 주식가격변동폭을 자동적으로 통보하여 주는 서비스 방식(서울지방법원 2001. 3. 16. 선고 99가합93776 판결) 등이 아이디어에 해당한다고 판시되었다.

우리나라 저작권법에서는 아이디어/표현 이분법을 정면으로 규정하고 있지 않다. 다만 저작권법 제7조 제5호에서는 '사실의 전달에 불과한 시사보도'를 보호받지 못하는 저작물의 하나로 열거하고 있는데, 이는 표현의 소재는 아이디어로 보아 저작권에 의한 보호대상에서 제외하는 아이디어/표현 이분법의 반영이라고 할 수 있다. 또한 저작권법 제101조의2 제1호에서는 "프로그램 언어"를 '프로그램을 표현하는 수단으로서 문자·기호 및 그 체계', 제2호에서는 "규약"을 '특정한 프로그램에서의 프로그램 언어의 용법에 관한 특별한 약속', 제3호에서는 "해법"을 '프로그램에서의 지시·명령의 조합 방법'으로 정의하면서 위와 같은 프로그램 언어, 규약, 해법에는 위 법을 적용하지 않는다고 규정하고 있는데, 이 역시 컴퓨터프로그램저작물에 있어서 아이디어/표현 이분법의 성문화라고 평가된다.

4) 아이디어와 표현의 구분에 있어서 고려하여야 할 요소

단지 아이디어와 표현의 경계선은 정책적인 고려 하에 설정하여야 한다는 명제 자체만으로는 실제 저작권침해소송에서 아이디어와 표현을 구분하는 데에 별다른 도움을 주지 못한다. 또한 입법에 나타나 있는 아이디어와 표현의 구분기준은 지나치게 추상적이고, 판례에 나타나 있는 특정한 저작물에 대한 아이디어와 표현의 구분사례는 일반화에 어려움이 있다. 그러므로 아래에서는 아이디어와 표현의 구분에 있어서 일반적으로 고려하여야 할 다음의 요소들에 관하여 검토하기로 한다. 각 항목의 앞에 나와 있는 요소들이 강할수록 아이디어로서의 성격이 강하여지고, 뒤에 나와 있는 요소들이 강할수록 표현으로서의 성격이 강하여진다.

가) 추상성 / 구체성

창작물에 나타나 있는 요소가 추상적일수록 아이디어일 가능성이 크고 구체적일수록 표현일 가능성이 크다. 이는 앞서 언급하였던 Learned Hand 판사의 추상화 테스트(The abstraction test)에 잘 나타나 있다. 추상화 테스트에서는 희곡 스토리의 구체적인 사건들을 제거해 나가는 추상화의 과정에서 어느 한 지점에 아이디어와 표현의 경계선이 존재한다는 것을 밝히고 있다. 일반적으로 어문저작물 중 소설·극본·각본 등에서 주제나 배경, 분위기 등 추상적인 요소들은 아이디어에 해당하지만, 구체적인 사건의 전개와 상세한 줄거리, 등장인물의 성격과 상호관계 등 구체적인 요소들은 표현으로서 보호받게 된다. 제호나 프레이즈(phrase)

같이 간결한 문구가 저작권의 보호를 받지 못하는 것도 구체성을 결하였기 때문이라고 이해할 수 있다.[26] 컴퓨터프로그램에서도 아이디어와 표현의 경계선을 찾기 위하여 역분석(reverse engineering)과 비슷한 과정을 거치면서 구체적인 소스코드로부터 일련의 모듈로 이루어진 계층적 구조를 찾아 내어 마지막에는 프로그램의 목적 또는 기능이라는 가장 추상적인 아이디어에 이르는 추상화 과정을 거치게 되는데[27] 그 중 코드로서 구체적으로 표현된 것이 저작권의 보호를 받는다. 결국 그 요소가 일반적이고 추상적인 것인지, 개별적이고 구체적인 것인지는 아이디어와 표현의 구분에 매우 중요한 역할을 하게 되는 것이다. 이러한 의미에서 아이디어와 표현의 구분은 작품 속의 특정한 행이나 절 또는 기타 세부적인 부분이 복제됨으로써 양 저작물 사이에 문장 대 문장으로 대칭되는 유사성이 인정되는 경우인 이른바 '부분적·문자적 유사성'보다는 작품 속의 근본적인 본질 또는 구조를 복제함으로써 전체로서 포괄적인 유사성이 인정되는 경우인 '포괄적·비문자적 유사성'과 관련하여 더욱 문제된다.

나) 비독창성 / 독창성

독창성이 높을수록 보호의 대상인 표현이 될 가능성이 높아지는 반면, 평범하고 통상적인 것일수록 아이디어가 될 가능성이 높아진다.

독창성이 높다는 것은 그만큼 당해 작품으로 인하여 새로 창출되는 가치가 크다는 것을 반증한다. 따라서 일반적으로 독창성이 높은 것은 보호할 가치가 더 크다. 저작물의 성립요건 중의 하나인 창작성은 독창성보다는 낮은 수준의 개념이지만 근본적으로는 같은 연장선상에 있는 개념이다. 그러한 의미에서 저작물의 두 가지 개념요소인 '창작성'과 '표현'은 완전히 별개의 요소가 아니라 '창작성'의 정

---

26) 제호의 저작물성을 부정한 대법원 1977. 7. 12. 선고 77다90 판결; 대법원 1996. 8. 23. 선고 96다273 판결 참조. "Refrigerator Diet Reminder", "Companion to your Pet or Dog", "Store Entrance Greeter"과 같은 짧은 광고문구의 저작물성을 부정한 S.A.M. Elecs., Inc. v. Osaraprasop, 39 F.Supp.2d 1074, 1082 (N.D.Ill. 1999) 판결 참조. 다만 Matthews v. Freedman, 157 F.3d 25, 28 (1st Cir. 1998) 판결에서는 "someone who loves me went to Boston and got me this shirt"라는 셔츠 위의 문구가 저작물에 해당한다는 전제 위에서, "someone went to Boston and got me this shirt because they love me very much"라는 문구와 비교할 때 실질적 유사성이 없다고 판시하였는바, 이는 위와 같은 길이의 문장 정도라면 표현성이 인정된다고 보면서도 그 표현의 보편성에 비추어 보아 실질적 유사성의 범위를 매우 좁게 해석한 판례이다.

27) Computer Associates Int'l, Inc. v. Altai, Inc., 982 F.2d 693 (2d Cir. 1992).

도가 높다면 '표현'으로 인정될 가능성도 큰 상호관계에 있다고 할 수 있다.

　　이러한 이유 때문에 작가의 독창성이 발현될 여지가 큰 문예적 저작물에 있어서의 표현의 범위는 그렇지 않은 기능적 저작물에 비하여 더욱 넓다.

다) 유일성 / 다양성

　　당해 요소가 유일하게 표현될 수밖에 없는 요소인지, 다양하게 표현될 수 있는 요소인지도 아이디어와 표현을 구분하는 하나의 기준이 된다. 어느 요소가 창작의 유일한 도구에 해당한다면 이에 관하여 특정인에게 독점권을 부여하는 것은 다른 사람들의 창작의 기회를 봉쇄하는 결과를 가져온다. 반면 어느 요소가 다양한 창작의 도구 중의 하나에 불과하다면 그 도구에 관하여 저작권을 부여하더라도 여전히 다른 사람들은 또다른 모습으로 같은 목적의 창작물을 만들 수 있다. 따라서 유일하게 표현될 수밖에 없는 요소는 아이디어로서 저작권 보호의 대상이 되지 않을 가능성이 높은 반면, 다양하게 표현될 수 있는 요소는 표현으로서 저작권 보호의 대상이 될 가능성이 높다.

라) 소재성 / 비소재성

　　당해 요소가 창작의 소재로서의 성격을 가지면 아이디어가 될 가능성이 크다. 예컨대 어문저작물과 관련하여 단어나 수개의 단어로 구성된 어구는 문장을 만드는 소재에 불과하므로 아이디어에 해당한다. 또한 역사적 사실은 만인에게 공유되는 창작의 소재로서 어느 특정인이 독점권을 행사하는 것은 부당하기 때문에 아이디어로 분류될 가능성이 크다. 대법원 2000. 10. 24. 선고 99다10813 판결에서는 연해주 이민 한인들의 애환과 생활상을 그린 소설 '텐산산맥'과 드라마 '까레이스키' 사이의 실질적 유사성을 판단하면서 양 작품이 모두 일제 치하에 연해주로 이주한 한인들의 삶이라는 역사적 사실을 소재로 하고 있기 때문에, 주인공들의 일제 식민지로부터의 탈출, 연해주에의 정착, 1937년 스탈린에 의한 한인들의 중앙 아시아로의 강제이주, 제정 러시아의 붕괴, 볼세비키 혁명(1917년), 적백내전, 소련공산정권의 수립, 스탈린의 공포정치 등의 공통의 역사적 사실이 보호받지 못한다고 판시하였다. 또한 역사적 사실의 묘사에 필수적으로 수반되는 장면이나 사건도 보호받을 수 없다. 따라서 나치 치하의 독일을 다루는 장면으로서 'Heil Hitler"를 외치는 장면이나 특정한 독일 노래가 나오는 장면 역시 표현으로서 보호받을 수 없다.[28] 반면 비사실적인 요소는 창작의 소재라기보다는 창작의 결과에 해당하므로 표현으로 인정될 가능성이 크다. 또한 흔히 줄거리의 소재가 되는 일반적이고 전형적인 사건전개과정도 그 소재성으로 말미암아 아이디어로 취급될 가능성이 크다. 따라서 계속하여 동일한 날이 반복되는 상황에 갇힌 사람의 이야기[29]나 나이많은 백인이 흑인 하인과의 관계를 통하여 인종차별의식을 극복하는 이야기,[30] 부유한 외국의 왕자가 아내를 찾아 미국으로 건너와서 부모들의 반대에도 불구하고 사랑하는 여자와 결혼하여 고국으로 귀환하는 이야기[31] 등에 대하여서는 표현성이 부정된다.

음악저작물에 있어서 음표나 전형적인 리듬 및 화성[32]의 전개 등은 모두 창작의 소재에 해당하므로 아이디어에 해당하고, 미술저작물에 있어서 선이나 색상, 화풍 등도 마찬가지의 이유로 아이디어에 해당한다.

마) 고비용 / 저비용

이 책의 제3장에서는 저작권 보호범위의 설정에 있어서 저작권 제도가 사회 전체의 이익에서 비용을 공제한 순이익을 최대화시킬 것인가 하는 관점이 고려되어야 한다고 설명하였다. 그러므로 저작권 보호범위 설정의 도구에 해당하는 아이디어/표현 이분법에 있어서도 당해 요소를 보호함으로써 발생하는 사회적 비용이 얼마인가를 고려하여야 한다. 이러한 비용은 바꾸어 말하면 당해 요소에 독점권이 부여됨으로 인하여 그 요소를 우회하여 비슷한 목적을 달성하고자 하는 경우에 소요되는 비용이다. 이러한 비용이 과다할수록 그 요소를 보호하여야 할 정책적 필요성이 줄어들게 된다. 이러한 현상은 개념적으로는 창작성이 있는 표현방식이었으나 사실상 표준화됨으로 인하여 그 독점적 보호가 부정되거나 보호범위가 축소되는 경우에 잘 드러나게 된다.

이러한 논리는 앞서 제시한 "유일성/다양성의 기준" 및 "소재성/비소재성의 기준"과 밀접한 관련성이 있다. 다양한 표현의 길이 봉쇄되어 있거나 누구나 창작

---

28) Hoehling v. Universal City Studio Inc., 618 F.2d 972 (2d Cir. 1980).
29) Arden v. Columbia Pictures Indus., Inc., 908 F.Supp. 1248, 1260 (S.D.N.Y. 1995).
30) Denker v. Uhry, 820 F.Supp. 722 (S.D.N.Y. 1992).
31) Beal v. Paramount Pictures Corp., 20 F.3d 454 (11th Cir. 1994); Herzog v. Castle Rock Entm't, 193 F.3d 1241 (11th Cir. 1999).
32) "harmony"를 '화음'이라고 명칭하기도 하나, 판례는 '화성'이라는 표현을 사용하므로 이 책에서도 '화성'이라고 표기하고자 한다. 같은 취지로, 박성호, 저작권법, 제2판, 박영사(2017), 73면.

의 도구로 사용하여야 할 필요성이 있는 소재성이 높은 요소들은 일반적으로 그 보호에 들어가는 사회적 비용도 높다고 할 수 있다.

물론 보호비용이 높다는 이유만으로 막바로 저작권법에 의한 보호를 부정한다면 창작성 있고 구체성을 갖춘 표현에 대한 저작권법적 보호가 무산될 수 있다. 따라서 사회적 비용의 과다 여부는 어디까지나 이 책에서 제시한 다른 기준들과 함께 비교형량하여야 할 하나의 기준일 뿐이고 그 자체가 절대적인 기준이 될 수는 없다.

바) 기타 고려할 요소요소

(1) 공유의 영역에 속한 것인지 여부

원래 창작성 있는 표현이었다고 하더라도 저작재산권의 보호기간이 이미 만료하여 공유의 영역에 속하게 되었다면 이는 더 이상 표현이 아닌 아이디어의 영역에 속하는 것으로 보아야 할 것이다. 예를 들어 태진아의 '사랑은 아무나 하나'의 표절 여부가 문제되었던 사건에서, 대법원은 원고의 저작물인 '여자야'와 피고의 노래 '사랑은 아무나 하나'가 전체적으로는 유사하다고 인정하면서도, '여자야' 역시 대중의 공유에 속하는 구전가요 부분을 제외하고 나면 양자 사이에 실질적 유사성이 있다고 볼 수 없다는 결론을 내렸다.[33] 이는 공유의 영역에 속하는 구전가요를 아이디어와 마찬가지로 취급한 사례에 해당한다.

(2) 제3자로부터 차용한 표현인지 여부

형식적으로는 '표현'에 해당하더라도 그것이 원고가 창작한 것이 아니라 타인이 이미 창작한 것이라면 원고와 피고의 작품 사이의 실질적 유사성을 판단함에 있어서는 이와 같이 원고가 제3자로부터 차용한 표현은 아이디어와 마찬가지로 취급하여 실질적 유사성의 고려대상에서 제외하여야 한다. 다단계판매회사의 홍보용 소책자의 저작권침해여부가 문제되었던 저작권침해금지가처분사건에서 서울고등법원은 채권자가 저작한 홍보용 소책자의 저작물성을 인정하면서도 채무자의 소책자와 유사한 부분 중 일부는 채권자의 저작물 간행 이전에 발행된 다른 간행물들과 거의 동일하거나 매우 유사한 표현이 있어 채권자의 창작적인 표현이라고 볼 수 없다고 하여 실질적 유사성의 인정근거로 받아들이지 아니하였고, 나머지

---

33) 대법원 2004. 7. 8. 선고 2004다18736 판결.

유사한 부분은 양 저작물의 목차가 많이 다르고 그 구체적 표현에도 상당한 차이가 있는 이상, 서술의 순서나 용어의 선택 또는 표현방법 등 문장 표현상의 각 요소가 실질적으로 유사한 정도에 이르지 않는다고 보여지므로, 채권자의 저작권을 침해한 것으로 볼 수 없다고 판시하였다.[34]

(3) 저작권법에서 아이디어로 간주하는 표현인지 여부

표현성이 충분함에도 불구하고 공익적인 이유로 아이디어와 마찬가지로 취급되는 경우도 있다. 예컨대 저작권법 제7조에서는 "1. 헌법·법률·조약·명령·조례 및 규칙, 2. 국가 또는 지방자치단체의 고시·공고·훈령 또는 그 밖에 이와 유사한 것, 3. 법원의 판결·결정·명령 및 심판이나 행정심판절차 또는 그 밖에 이와 유사한 절차에 의한 의결·결정 등, 4. 국가 또는 지방자치단체가 작성한 것으로서 제1호부터 제3호까지 규정된 것의 편집물 또는 번역물, 5. 사실의 전달에 불과한 시사보도"는 저작권법의 보호를 받지 못한다고 규정하고 있다. 이 중 제5호를 제외한 나머지는 이론상으로는 표현성이 인정될 여지가 충분히 있는 것임에도 불구하고 국민의 알 권리와 표현의 자유 등의 공익적인 이유 때문에 아이디어와 마찬가지로 취급하여 저작권 보호대상에서 제외하고 있는 것이다.

5) 표현의 아이디어화
가) 아이디어/표현 합체이론

아이디어/표현 합체이론(merger of idea/expression theory)은 어떠한 아이디어에 대한 표현방법이 유일하거나 매우 제한되어 있어 아이디어와 표현이 불가분적으로 결합하게 되었다면, 표현의 보호는 곧 아이디어의 보호에까지 이어지게 되므로 위 표현은 저작권의 보호대상이 되지 않는다는 이론이다. 이 이론은 주로 기능적 저작물이나 사실적 저작물에 관한 미국 판례들이 축적되면서 발달되었다.

예를 들어 Morrissey v. Procter & Gamble 판결[35]에서는 '판매경진대회의 규

---

34) 서울고등법원 2003. 9. 17.자 2003라191 결정(확정). 또, 가수이자 연예기획사 대표인 피고가 작곡한 "썸데이(Someday)"가 기존에 원고인 작곡가가 작곡한 "내 남자에게"의 저작권을 침해하였는지 여부가 다투어진 사건에서, 대법원은 원고의 곡 해당 부분이 먼저 작곡된 미국가수의 곡(호산나)과 실질적으로 유사한 것으로 창작성이 없으므로 그 침해 주장 부분에 대한 원고의 저작권을 인정할 수 없다는 이유로 원심을 파기하였다(대법원 2015. 8. 13. 판결 2013다14828 판결).

35) 379 F.2d 675 (1st Cir. 1967).

칙'은 누가 표현하더라도 유사할 수밖에 없으므로 이러한 경우에까지 저작권보호
를 인정하면 아이디어에 대한 이용도 사실상 금지하는 결과를 초래한다고 판시하
였다. 또한 Herbert Rosenthal Jewelry Corp. v. Kalpakian 판결[36]에서는 보석들
로 장식된 벌(bee) 모양으로 된 핀(pin)의 저작권침해가 문제된 사안을 다루고 있
는데, 벌 모양의 핀을 표현하기 위하여서는 원고의 저작물과 같은 표현방법을 이
용할 수밖에 없으므로 이 경우 아이디어와 표현은 합체되어 표현의 보호는 곧 아
이디어의 보호로 이어진다고 판시하였다. 그 이외에 지도에 표시된 송유관 예정경
로,[37] 프로그램의 표계산(spreadsheet)에서 표시화면 및 명령체계 작동시 「/」키보
드를 사용하는 방식[38] 등에 대하여서도 이 이론이 적용되었다.[39] 따라서 '합체이
론'은 어떤 사상이 그 표현방법 외에는 달리 효과적으로 표현할 방법이 없는 경우
에 적용되는 것이고, 사상을 표현하는 방법이 한 가지 이상 있을 경우에는 비록
그 사상의 성질상 그것을 표현하는 방법이 상당히 제한되어 있다고 하더라도 위
원칙을 적용할 수 없다.[40]

컴퓨터프로그램과 관련하여 어떠한 기능을 수행하기 위한 프로그램 기술방법
이 여러 가지가 있을 경우에도 그 방법들 사이에 효율성에 차이가 있어 결국 효
율성이 높은 방법은 한 가지뿐이라고 하게 되면, 아이디어와 표현이 사실상 합체
되는 경우가 있는데, Computer Associate Int'l Inc. v. Altai Inc. 판결[41]은 특정한
프로그램이 실행되는 컴퓨터의 기계적인 요소, 어떤 프로그램이 다른 프로그램과
상호 결합하여 사용될 수 있도록 하는 호환성 요건, 컴퓨터 제조업자들의 디자인
표준, 그 프로그램이 사용되는 산업계에서의 요구, 컴퓨터 업계 내에서 널리 받아
들여지는 프로그래밍 관행 등에 의하여 표현이 제약되는 경우를 그 예로 들고 있
다. 표준화와 관련하여서는 처음에는 창작성 있는 표현이었는데 나중에 그것이 업
계의 표준이 되는 경우에 있어서, 처음에는 부여되었을 저작권보호가 시간이 지나
면서 소멸되는 것인가 하는 의문이 들 수 있는바, 이에 대하여서는 별도의 항으로

---

36) 446 F.2d 738 (9th Cir. 1971).
37) Kern River Gas Transmission Co. v. Coastal Corp. 899 F.2d 1458 (5th Cir. 1990).
38) Lotus Development Corp. v. Paperback Software International, 740 F.Supp. 37 (D. Mass. 1990).
39) 정상기, "Idea/Expression 이분법에 대한 소고(1)", 계간 저작권 제6권 제2호(1993), 저작권심의 조정위원회, 55면에서 인용.
40) 대법원 2005. 1. 27. 선고 2002도965 판결.
41) 982 F.2d 693 (2d Cir. 1992).

상술하기로 한다.

우리나라에서는 이른바 희랍어 분석방법 사건에 관하여 대법원이 "…희랍어의 문법에 관한 단어의 음절구분과 이를 도식화하여 그 명칭, 액센트의 종류와 규칙, 액센트의 일반원리 등 희랍어의 문법적 특성을 설명한 부분은 동일한 사실에 관하여 여러 가지 표현형식이 있을 수 있는 문예작품과 달리 그 성질상 표현형식에 있어서 개성이 있기 어려울 뿐 아니라 피고가 사용하기 이전부터 보편적으로 사용되어 온 것임을 알 수 있으므로 피고의 강의록 중 이 부분이 독창적으로 표현된 것이라고 인정할 수 없고, 이 부분에 관한 설명을 함에 있어서 사용된 용어도 종래부터 사용되어 온 문법용어로서 저작권의 보호대상인 저작물이라고 볼 수 없으므로…"라고 판시하고 있는데,[42] 이 역시 아이디어를 표현하는 방법이 제한되어 있는 경우 아이디어와 표현의 합체가 발생하여 그 부분은 저작권보호가 불가능하다는 취지라고 할 수 있다.

아이디어/표현 합체이론은 주로 기능적 저작물이나 사실적 저작물에 관한 저작권침해소송에서 피고가 특정한 아이디어를 표현하기 위하여서는 원고의 저작물에 담겨 있는 표현과 동일하거나 유사한 표현을 사용할 수밖에 없다고 주장하면서 원용하는 경우가 많다. 이에 대하여 원고는 동일한 아이디어에 대하여서도 여러 가지 모습으로 표현할 수 있는 길이 열려 있다는 점을 들면서 위 이론을 원용할 수 없다고 다투는 경우가 대부분이다.

우리나라 판례들을 보면 기능적 저작물이나 사실적 저작물과 관련하여 아이디어와 표현이 합체된 경우에 저작권침해의 성립을 부인하면서 그 근거로서 저작물성 자체가 인정되지 않는다는 점을 드는 경우가 있다.[43] 하지만 개념적으로 아이디어와 표현이 합체되었다고 하여 저작물로서 인정될 수 없다고 하기보다는, 개별적인 사건에서 실질적 유사성을 판단함에 있어서 이를 창작성 있는 표현으로 인정하지 않거나 표현으로 보더라도 그 보호범위를 매우 좁게 해석하는 것이 타당한 태도일 것이다.[44] 그러므로 피고가 아이디어/표현 합체이론에 기하여 저작권침해주장이 이유 없다고 주장하는 경우, 그 주장은 저작물성 자체에 대한 부인(否認)으로만 볼 것이 아니라 실질적 유사성의 부인(否認)[45]으로도 볼 수 있다.

---

42) 대법원 1993. 6. 8. 선고 93다3073, 3080 판결.
43) 대법원 2011. 2. 10. 선고 2009도291 판결; 대법원 2021. 6. 30. 선고 2019다268061 판결.
44) Melville B. Nimmer & David Nimmer, *Nimmer on Copyright* (2002), §13.03, 13~70면.
45) 앞서 밝힌 것처럼 실질적 유사성의 문제는 원고의 저작물에서 아이디어와 표현을 구분하는 문제

나) 표준적 삽화의 원칙(Scènes à faire doctrine)

아이디어/표현 합체이론과 유사한 이론으로서 표준적 삽화의 원칙(scènes à faire doctrine)이 있다. 표준적 삽화의 원칙은 어느 표현이 특정 아이디어를 나타내는 데에 표준적이거나 필수적인 경우에는 그 표현의 보호는 아이디어의 보호와 마찬가지의 결과를 가져오게 되므로 보호될 수 없다는 원칙이다.[46] 아이디어/표현 합체이론이 주로 기능적 저작물의 영역에서 적용되는 것이라면 표준적 삽화의 원칙은 주로 어문저작물을 중심으로 한 문예적 저작물의 영역에서 적용되는 것이다.

Scènes à faire라는 용어가 처음 사용된 것은 Cain v. Universal Pictures Co. 판결[47]에서였다. 이 판결에서는 두 사람이 큰 폭풍우 속에서 교회 안에 들어와 있는 상황에서 피아노를 연주하거나 기도하거나 배고픔을 느끼는 구체적인 표현들은 그 상황 자체에 내재하는 표현으로서 프랑스어로 Scènes à faire라고 불리는 것이라고 판시하였다. 그 이후 Schwartz v. Universal Pictures Co. 판결[48]에서 같은 취지의 판시가 이루어지면서,[49] 표준적 삽화의 원칙(Scènes à faire doctrine)이 본격적으로 자리잡게 되었다.

이와 같이 Scènes à faire는 어떤 아이디어를 표현함에 있어서 정형적으로 수반되는 사건, 인물이나 배경, 상황[50] 등을 일컫는 용어로서 원래 필수장면이라는 의미를 가지고 있는데, 예컨대 2차 세계대전 당시 독일군이 술을 마시는 맥주집 장면을 묘사함에 있어서 "Heil Hitler"라는 당시 독일의 인사말 또는 독일 국가와 같은 노래 등[51]이 여기에 해당한다.[52] 또한 20세기 초반의 서아프리카 지역에 등장하는 선교사들,[53] 부모를 잃은 어린이가 주인공인 작품에 있어서 그 주인공과 부모의 재회,[54] 뉴욕시의 빈민가를 묘사함에 있어서 등장하는 만취자와 창녀 및

와 원고의 표현과 피고의 작품 사이의 유사성을 판단하는 문제로 구성되어 있는데, 아이디어/표현 합체이론은 그 중 첫 번째 문제와 연관성이 있다.

46) 정상조, "창작과 표절의 구별기준", 서울대 법학 제44권 제1호(2003), 125면.
47) 47 F.Supp. 1013 (S.D.Cal. 1942).
48) 85 F.Supp. 270 (S.D.Cal. 1945).
49) 이상정, "저작물의 보호범위", 계간 저작권 제12권 제1호(1999), 저작권심의조정위원회, 18면 참조.
50) Schwartz v. Universal Pictures Co., 85 F.Supp. 270 (S.D.Cal. 1945)에서는 "이 세상의 모든 극본은 36개의 상황으로 분류될 수 있다"라고 선언하기도 하였다.
51) Hoehling v. Universal City Studios, Inc., 618 F.2d 272 (2d Cir. 1980).
52) 정상기, "Idea/Expression 이분법에 대한 소고(1)", 계간 저작권 제6권 제2호(1993), 저작권심의조정위원회, 56면.
53) Simonton v. Gordon, 297 F. 625 (D.C.N.Y. 1924).
54) Rehyer v. Children's Television Workshop, 533 F.2d 87 (2d Cir. 1976), *cert denied*, 429 U.S.

버려진 자동차,[55] 공룡이 있는 동물원에 관한 이야기에 있어서 전자펜스, 자동화된 여행, 공룡사육소, 유니폼을 입은 직원,[56] 강도에 관한 영화에 등장하는 감시카메라, 폭력, 직무를 수행하는 경찰관, 강도행각 도중 시간의 카운트다운(count-down)[57] 등도 모두 Scènes à faire에 해당한다.

아이디어/표현 합체이론은 아이디어를 효율적으로 표현하기 위한 방법이 논리적으로 유일하거나 제한되어 있는 경우에 관한 것인 반면, 표준적 삽화의 원칙은 논리적으로는 특정한 아이디어에 대한 표현방법이 다양하지만 현실적으로는 이미 사회에서 그 아이디어에 대한 표현방법이 일반화되어 효과적인 표현을 위하여서는 사실상 그 표현방법을 사용할 가능성이 매우 높은 경우에 관한 것이라는 차이점이 있다. 그러므로 아이디어/표현 합체이론은 표준적 삽화의 원칙보다 표현성의 인정에 있어서 더욱 엄격하다.[58]

앞서 아이디어/표현 합체이론의 경우와 마찬가지로 표준적 삽화의 원칙이 적용되는 경우라고 하더라도 저작물성 자체가 부인되는 것이 아니라 저작권침해의 범위가 축소된다는 점에 유의할 필요가 있다.[59] 따라서 표준적 삽화의 원칙 역시 실질적 유사성을 판단하는 단계에서 문제된다.[60]

다) 사실상 표준화의 문제

어떠한 창작적 표현이 나중에 업계의 표준으로 자리잡게 된 경우 그 표현은 저작권법적 보호를 받을 수 있는 것인가? 이러한 문제는 주로 기능적 저작물과 관

---

980 (1976).

55) Walker v. Time-Life Films, Inc., 784 F.2d 44 (2d Cir. 1986), *cert denied*, 476 U.S. 1159 (1986).

56) Williams v. Crichton, 84 F.3d 581, 587 (2d Cir. 1996).

57) Robinson v. New Line Cinema Corp., 42 F.Supp. 2d 578, 592 (D.Md. 1999).

58) 이러한 차이점을 들어 주로 픽션(Fiction)에 적용되는 표준적 삽화원칙과 주로 컴퓨터프로그램과 같은 기능적 저작물에 적용되는 아이디어/합체 이론이 무분별하게 혼용되는 현상에 대하여 우려하는 의견도 있다. Paul Goldstein, *Copyright*, (2d ed. 1996), 2:37면.

59) Nash v. Columbia Broadcasting Sys., Inc., 691 F.Supp. 140, 144 (N.D.Ill, 1988), 다만 Hoehling v. Universal City Studios, Inc., 618 F.2d 972 (2d Cir. 1980), *cert denied*, 449 U.S. 841 (1980)에서는 "특정한 재료나 표준적인 문학장치를 이용하지 않고서는 특정한 역사적 시기나 픽션 주제에 대하여 서술하는 것이 사실상 불가능하기 때문에, 우리는 법적 판단으로서 표준적 삽화는 저작물성이 인정되지 않는다고 판시하였다"라고 하여 저작물성의 문제로 다루고 있다. 이상 Melville B. Nimmer & David Nimmer, *Nimmer on Copyright* (2002), §13.03, 13~74.1면에서 재인용.

60) Melville B. Nimmer & David Nimmer, *Nimmer on Copyright* (2002), §13.03, 13~74면.

련하여 나타나게 된다. 예를 들어 QWERTY 순서로 배열된 컴퓨터 자판은 처음에는 자판의 기능을 효율적으로 구현하기 위한 여러 가지 방법 중 하나에 불과하였으나, 위와 같은 자판이 업계의 사실상 표준으로 자리잡으면서, 이론적으로 다른 배열의 자판이 가능하다고 하더라도 현실적으로는 이를 시장에 내놓는 것이 거의 불가능하게 되었다.

이처럼 특정한 표현형식이 시장선점이나 시장경쟁에서의 승리를 통하여 사실상 표준화되는 경우에는 이를 저작권으로 보호하여 제3자가 그 표현형식을 자유롭게 이용하는 것을 금지한다면 그 사회적 비용이 지나치게 커지게 될 것이고, 이러한 비용은 궁극적으로 일반 대중에게 전가될 것이다. 그러므로 앞서 본 아이디어/표현 합체이론이나 표준적 삽화의 원칙에 비추어 볼 때 사실상 표준화된 표현형식은 아이디어로 취급하여 일반 대중이 자유롭게 이용하게 하는 것이 타당하다.

이러한 논리에 대하여서는 처음에는 저작권보호대상이던 당해 표현형식이 시장환경의 변화에 따라 그 표현형식이 표준화되면서 저작권보호대상에서 배제된다는 것은 어색하고, 그와 같이 해석한다고 하더라도 과연 언제부터 표준화가 이루어졌다고 볼 것인가를 결정하는 것이 매우 곤란하여 법적 안정성을 해친다는 반박 논리가 가능하다. 이러한 관점에서 특정한 표현형식이 저작권보호를 받는지를 결정함에 있어서는 그 표현형식이 처음 창작되었을 때를 기준으로 하여야 한다는 취지의 미국 판례들도 있다.[61] 그러나 다른 한편 미 연방 제2항소법원을 중심으로 표준화와 관련하여 특정한 표현형식의 저작권보호 여부는 당해 표현형식이 처음 창작되었을 때가 아니라 피고에 의하여 이용되었을 때를 기준으로 판단하여야 한다는 판례들도 있다.[62]

이는 저작권을 어떠한 관점에서 바라보는가 하는 보다 근본적인 문제와 연관성이 있다. 저작권의 권리성을 강하게 보호하는 관점에서 본다면 최초에 부여되었던 저작권이 보호기간 만료 등 법에서 정한 특별한 사유없이 소멸한다는 것을 이해하기 어려울 것이다. 반면 저작권의 정책성을 강조하는 관점에서 본다면 저작권

---

61) Apple Computer, Inc. v. Franklin Computer Corp., 714 F.2d 1240, 1253, 219 U.S.P.Q. 113 (3d Cir. 1983), *cert dismissed*, 464 U.S. 1033 (1984); Lotus Dev. Corp. v. Borland Intl., Inc., 799 F.Supp. 203, 210 (D.Mass. 1992). Paul Goldstein, *Copyright*, (2d ed. 1996), 2:33~34면에서 인용.

62) Computer Assocs., Intl., Inc. v. Altai, Inc., 982 F.2d 693, 709~710, 23 U.S.P.Q.2d 1241 (2d Cir. 1992); Kregos v. Associated Press, 937 F.2d 700, 707, 19 U.S.P.Q. 2d 1161 (2d Cir. 1991). Paul Goldstein, *Copyright*, (2d ed. 1996), 2:34면에서 인용.

은 어디까지나 공공정책에 부합하는 한도 내에서만 부여되는 독점권이므로 정책적 환경의 변화에 따라 더 이상 독점적 보호가 적합하지 않게 되었다면 저작권보호의 대상에서 배제하는 것은 허용된다고 볼 수 있다.

생각건대, 표준화가 일어난 영역에 대하여 독점적인 보호를 부여하는 것은 공공의 이익에 반하므로 저작권에 의하여 보호받을 수 없다는 결론이 타당하다. 상표법에 있어서도 '초코파이'의 경우처럼 본래 식별력을 가진 상표로 적법하게 등록되었지만 그 이후 그 상표가 지정상품의 보통명사화 또는 관용상표화되어 식별력을 상실하게 된 경우에는 더 이상 상표로서 보호받을 이익이 없게 되므로 상표등록무효심판의 사유로 되는 것인바,[63] 저작권법에 있어서 표준화의 문제에 관하여서도 이 법리가 시사하는 바가 크다고 할 것이다.

다만 저작물을 창작하면서 저작자에게 부여된 저작권이 저작자 스스로 그 권리를 포기하거나 법에서 정한 권리상실사유가 발생하지도 않았는데도 사실상의 표준화로 인하여 소멸한다는 이론구성은 다소 무리한 것이라고 보여진다. 그러므로 이는 당해 표현형식이 저작권법에 의하여 보호되는 저작물인가의 문제로 파악하기보다는 당해 표현형식이 저작물임을 전제로 하되 그 보호범위를 얼마나 엄격하게 해석할 것인가의 문제로 파악하는 것이 타당하다. 예컨대 Windows가 제공하는 창(window)과 대화상자, 아이콘 등의 포괄적인 표현형식을 이용하는 경우에는 저작권침해가 되지 않지만, Windows라는 소프트웨어 자체를 그대로 복제하는 경우에는 저작권침해가 성립한다. 결국 표준화를 통하여 당해 저작물 중 아이디어로 취급되는 범위가 확대됨으로써 반대로 저작권 보호범위가 축소되는 것일 뿐 당해 창작물이 더 이상 저작물이 아니라거나 이미 부여된 저작권이 표준화로 인하여 소멸하는 것은 아니라는 것이다. 이렇게 새긴다면 법적 근거 없이 사유재산에 해당하는 저작권이 소멸한다는 논리는 피할 수 있다.

이 경우에도 언제부터 저작물 중 특정한 표현형식이 아이디어로 전환되는가, 즉 사실상의 표준화가 어느 시점부터 일어나는가 하는 문제는 남아 있게 되지만, 실제 저작권침해소송에서는 "침해행위시점에 표준화가 되어 있었는가"의 여부를 따지면 족한 것이므로 굳이 어느 시점부터 표준화가 일어났는가를 따질 실익은 크지 않다.

---

63) 상표법 제117조 제1항, 제33조 제1항 제1, 2호 참조.

3. 보호범위의 문제 — 유사성 판정

가. 유사성 판정의 두 가지 문제

위에서 살펴본 아이디어/표현 이분법은 저작권의 보호를 받는 대상에 관한 문제였다. 일단 저작권의 보호를 받는 대상이 확정된다고 하더라도 모든 문제가 해결되는 것이 아니다. 즉 저작권 보호대상인 저작물의 표현과 침해물로 주장되는 작품 사이에 유사한 부분이 있는가를 비교하여야 하고, 유사한 부분이 발견된다고 하더라도 어느 정도 유사성이 존재하여야 실질적으로 유사한 것인가 하는 문제에 답하여야 한다.

예를 들어 저작물을 복사기에서 그대로 복제하는 경우와 같이 저작물과 복제물이 완전히 동일한 경우가 한쪽 끝에 있다면, 두 작품 사이에 유사성을 전혀 찾아볼 수 없는 경우는 다른쪽 끝에 있다고 할 수 있다. 두 작품이 완전히 동일한 경우에는 실질적 유사성을 논할 실익이 없고, 양자 사이에 유사성이 전혀 존재하지 않는 경우에는 처음부터 저작권침해가 문제되지 않을 것이다. 그 두 극단의 사이에 두 작품이 '어느 정도 유사한' 경우가 연속적으로 존재하게 되는데, 그 중 어느 지점에서 '침해'와 '비침해'의 선을 긋는가 하는 것이 유사성 판정의 문제이다. 이에 대한 일률적인 기준을 제시하는 것은 불가능하다.

일본 판례들은 이에 관하여 저작물의 표현형식상 본질적인 특징을 직접 감득(感得)할 수 있는 경우[64] 또는 저작의 내용 및 형식을 알기에 족한 것으로 재제(再製)하는 경우[65] 복제권침해가 인정된다고 판시하고 있다.[66] 우리나라 일부 판례에서도 이러한 일본 판례들의 영향을 받아 저작물을 복제하였다고 하기 위하여서는 그 저작물의 재제(再製) 또는 동일성이 인식되거나 감지되는 정도에 이르러야 한다거나,[67] 그 저작물의 내용 및 형체를 충분히 추지할 수 있도록 재제되어 그와 동일한 것이라고 볼 수 있어야 한다[68]는 표현을 쓰기도 한다. 그러나 이러한 표현

---

64) 最高裁 1970(昭和 55). 3. 28. 선고 昭51(オ)923호 판결(判例時報 967호 45면); 東京地裁 1993 (平成 5). 8. 30. 선고 昭63(ワ)6004호 판결(判例時報 1571호 107면); 東京地裁 1996(平成 8). 9. 30. 선고 平3(ワ)5651호 판결(判例時報 1584호 39면) 등 참조.

65) 東京高裁 1995(平成 7). 1. 31. 선고 平6(ネ)1610호 판결(判例時報 1525호 150면), 東京高裁 1992(平成 4). 9. 24. 선고 平3(ネ)835호 판결(判例時報 1452호 113면) 등 참조.

66) 이 부분에 대한 자세한 설명은 作花文雄, 著作權法の基礎と應用, 發明協會(2003), 107면 이하 참조.

67) 대법원 1997. 9. 29.자 97마330 결정.

68) 서울지법 북부지원 1997. 11. 5.자 97카합2072 결정(확정).

역시 어느 정도에 이르러야 저작물의 재제 또는 동일성이 인식, 감지되거나 추지되는 것인지에 관하여 아무런 기준을 제시하지 않고 있다. Learned Hand 판사의 표현대로 실질적 유사성의 경계선은 어디에 그어지든간에 자의적으로 보일 것이므로,[69] 저작권침해의 테스트는 필연적으로 불명료할 수밖에 없다.[70]

실질적 유사성 판단에 있어서 유사성 판정은 크게 두 가지 단계로 나누어진다. 첫 번째는 원고의 저작물 중 어떠한 비중을 가지는 부분이 어느 만큼 차용되었는가를 판정하는 단계이다. 어떠한 비중을 가지는 부분이 차용되었는가는 질적 기준(qualitative test)과, 어느 만큼 차용되었는가는 양적 기준(quantitative test)과 각각 연관성이 있다. 두 번째는 차용된 부분과 실제 피고의 작품이 어느 정도로 유사한가, 즉 유사성의 정도를 판정하는 단계이다. 그대로 차용하는 경우에는 이 문제가 발생하지 않겠지만 원고의 저작물에서 차용한 부분에 다시 변형 내지 수정을 가하는 경우 또는 차용한 부분 자체에는 변형 내지 수정이 가하여지지 않더라도 다른 부분을 부가하여 전체적으로 유사성이 떨어지는 경우에는 양자 사이의 유사함의 정도가 여전히 문제된다.

가령 원고의 저작물이 "A−B−C−D"의 네 가지 부분으로 구성되어 있는데, 피고가 그 중 "A−B" 부분을 차용하기로 하고 여기에 나름대로의 변형을 가한 뒤 새로운 부분을 추가하여 "A`−B`−E"라는 작품을 만들었다거나, 위 부분은 그대로 차용하면서 다른 부분을 부가하여 "A−B−E−F−G"라는 작품을 만들었다고 하자. 일단 "A−B−C−D"가 모두 저작권법에 의하여 보호받는 표현이라고 가정하고 유사성의 정도에 관하여 심리하게 된다면, 우선 ① A−B 부분이 원고의 저작물에서 어떠한 비중을 가지는지(질적 기준)와 A−B 부분이 원고 저작물의 전체에서 차지하는 양적 비중이 얼마인지(양적 기준)를 살펴보고, ② A−B와 A`−B`−E 또는 A−B와 A−B−E−F−G가 어느 정도로 비슷한지를 살펴보아야 한다.

이와 같이 유사성 판정도 논리적으로 위와 같은 판정단계들로 다시 세분화될 수 있으므로, 아래에서도 우선 양적 기준과 질적 기준에 관하여 먼저 검토한 후에, 유사성의 정도에 관하여 논의하기로 한다.

---

69) Nichols v. Universal Pictures Co., 45 F.2d 119, 122 (2d Cir. 1930).

70) Peter Pan Fabrics, Inc. v. Martin Weiner Corp., 274 F.2d 487, 489 (2d Cir. 1960).

나. 양적 판단 기준과 질적 판단 기준

유사성 판정은 우선 기존 저작물로부터 차용된 부분의 양(量)과 질(質)의 두 가지 요소에 의하여 영향을 받는다.[71] 각각의 판단 기준을 양적 판단 기준과 질적 판단 기준이라고 지칭하기로 한다.

1) 양적 판단 기준

저작물에 나타난 표현의 100%를 차용하였다면 저작권침해가 되는 것이 분명하고, 저작물에 나타난 어느 표현도 차용하지 않았다면 저작권침해가 되지 않는 것이 분명하다. 그렇다면 어느 정도의 표현이 양적으로 차용되어야 저작권침해에 해당하는가? 이 점에 대하여서는 모든 사안에 적용될 수 있는 특정한 기준을 제시하는 것은 불가능하다. 특히 실질적 유사성 판단에 있어서는 아래에 보게 되는 바와 같이 질적 판단 기준이 더욱 중요하기 때문에, 단순히 원고의 저작물에서 차용된 양만으로 실질적 유사성 여부를 판단하는 것은 더욱 곤란하다. 따라서 미국 연방 제2항소법원에서 적절하게 표현한 것처럼 "단지 유사한 단어의 숫자를 세는 것만으로 저작권침해를 판정하는 것은 불가능하고, 두 작품의 양적인 분석은 항상 질적 특성의 그림자 아래에서 행하여져야 한다"고 할 수 있다.[72]

예컨대 음악저작물의 경우 일반적으로 전체 음악 저작물 중 하나의 음표를 복제하는 것만으로는 양적 판단 기준을 충족하지 못한다고 이야기할 수 있으나,[73] 많은 음악가들이 생각하는 것처럼 음악저작물의 세 마디를 복제하는 것만으로는 결코 저작권침해가 발생하지 않는다는 관념은 아무런 근거가 없는 것이다.[74] 따라서 2마디[75] 또는 6개 음표[76]를 베낀 경우에도 저작권침해가 발생할 수 있다. 어문저작물의 경우, 공통의 소재를 다룬 유사한 줄거리의 작품이라는 점에 비추어 볼 때 전체 문장이 2,000여 개가 넘는 소설과 전체 문장이 1,000여 개가 넘는 동화에서 네 문장 정도의 동일, 유사함만으로 실질적 유사성이 있다고 보기

---

71) Ringgold v. Black Entm't Television, Inc., 126 F.3d 70, 75 (2d Cir. 1997); Baxter v. MCA Inc., 812 F.2d 421, 425 (9th Cir. 1987); Norse v. Henry Holt & Co., 847 F.Supp. 142 (N.D.Cal. 1994).

72) Nihon Keizai Shimbun Inc., v. Comline Bus. Data, Inc., 166 F.3d 65, 70 (2d Cir. 1999).

73) McDonald v. Multimedia Enter. Inc., 20 U.S.P.Q.2d 1372 (S.D.N.Y. 1991).

74) Melville B. Nimmer & David Nimmer, *Nimmer on Copyright* (2002), §13.03, 13~49면.

75) Robertson v. Batten, Barton, Durstine & Osborn, Inc., 146 F.Supp. 795 (S.D.Cal. 1956).

76) Boosney v. Empire Music Co., 224 F.Supp. 646 (S.D.N.Y. 1915).

는 어렵다는 판례[77]가 있는가 하면, 긴 과학논문에서 세 문장을 복제한 것이나[78] 약 471 페이지에 이르는 책에서 약 3-4백 단어에 이르는 부분을 차용하거나,[79] 영화에서 두 문장을 복제하거나[80] 12초짜리 장면 및 2분 30초짜리 장면을 사용한 경우[81]에 저작권침해를 긍정한 미국 판례들이 있다.

우리나라 하급심 판례들 가운데에는 실질적 유사성을 인정하면서 "공정한 인용 내지 양적 소량의 범위를 넘어서서 실질적으로 유사하다"라는 표현을 쓰는 판례들[82]도 발견되는바, 그 중 '공정한 인용' 부분은 원고가 입증하여야 할 실질적 유사성의 문제가 아니라 피고가 입증하여야 할 저작재산권의 제한과 관련된 문제이므로 실질적 유사성에 관하여 사용하는 것이 적절하지 않은 측면이 있지만, 전체적으로 보면 양적 판단 기준을 충족하고 있다는 점을 표현하고 있는 것으로 이해된다.

일반적으로 저작물로부터 차용된 표현이 많으면 많을수록 실질적으로 유사하다고 인정될 가능성이 커지는 것은 당연하다. 또한 차용된 양이 많을수록 그 중에 원고의 저작물 중 질적으로 중요한 부분이 포함될 가능성이 높아져서 질적 판단 기준을 충족할 가능성도 높아진다.

2) 질적 판단 기준

차용된 부분이 질적으로 중요한 부분일수록, 다시 말해 기존 저작물에서 핵심적인 부분일수록 실질적으로 유사하다고 인정될 가능성이 커진다. 이러한 질적 판단 기준은 양적 판단 기준보다 더 큰 비중을 가진다. 저작물에 나타난 표현 중

---

77) 서울고등법원 2005. 7. 13. 선고 2004나86199 판결(대법원 2007. 3. 29. 선고 2005다44138 판결에 의해 상고기각 확정).

78) Henry Holt & Co. v. Liggett & Myers Tobacco Co., 23 F.Supp. 302 (E.D.Pa. 1938).

79) Waken v. White & Wyckoff Mfg. Co., 39 F.2d 922 (S.D.N.Y. 1991).

80) Universal City Studios, Inc. v. Kamar Indus., Inc., 217 U.S.P.Q.1162 (S.D.Tex. 1982)에서 법원은 원고가 제작한 영화 ET에서 "I love you, E.T."와 "E.T. Phone Home"이라는 두 문장을 이용하는 것에 관한 저작권침해금지가처분을 인용하였다.

81) Iowa State Univ. Research Found., Inc. v. American Broadcasting Cos., 463 F.Supp. 902 (S.D.N.Y. 1978), aff'd, 621 F.2d 57 (2d Cir. 1980).

82) 카레이서(car racer)의 경험을 기록한 책의 저작권침해에 관한 서울지방법원 1996. 9. 6. 선고 95가합72771 판결(서울고등법원 1997. 7. 22. 선고 96나41016 판결로 확정); 학술이론을 기술한 책의 저작권침해에 관한 서울지방법원 1999. 7. 23. 선고 98가합16239 판결; 건축설계도의 저작권침해에 관한 서울지방법원 2000. 6. 2. 선고 99가합12579 판결(서울고등법원 2000나33951 항소심 사건에서 2001. 2. 22. 조정성립) 참조.

에도 보다 핵심적이고 중요한 부분이 있는가 하면 그렇지 않은 부분이 있는데, 핵심적이고 중요한 부분, 즉 당해 저작물을 저작물답게 만드는 표현 부분의 도용은 비록 그 부분이 양적으로 크지 않다고 하더라도 저작물의 잠재적 경제가치의 박탈효과가 매우 크고, 창작 인센티브에 미치는 해악도 매우 크다. 그러므로 양적으로는 많은 부분을 가져왔으나 그 부분이 질적으로 의미없는 부분이라면 저작권침해가 부정될 수 있는 반면, 적은 부분을 가져 왔지만 그 부분이 기존 저작물의 핵심을 이룬다면 저작권침해가 인정될 수 있다.

Dawn Associates v. Links[83] 사건에서, 피고가 자신의 공포영화를 배포·선전하기 위한 선전물에서 원고의 광고문안 가운데 "지옥이 가득차게 되면 죽은 망령들이 지구를 떠돌아 다니게 된다(When there is no room in hell the dead will walk the earth)"라는 광고문구를 그대로 이용한 경우, 일리노이 연방지방법원은 피고가 이용한 부분이 한 문장에 불과하더라도 원고의 영화광고물의 핵심적인 부분이기 때문에 저작권침해에 해당된다고 판시하였다.[84] 또한 공정이용 해당 여부가 쟁점이 된 사건이긴 하지만 Harper & Row Publishers, Inc. v. Nation Enterprises[85] 사건에서는 기존 저작물에서 차용된 양과 질을 고려함에 있어서, 비록 잡지사인 피고는 출판사인 원고가 발간할 예정이었던 450페이지 가량의 Ford 대통령의 자서전에서 300여 단어를 그대로 인용하였을 뿐이고, 그 부분이 피고의 기사에서 차지하는 비중은 13% 정도에 불과하지만, 그 차용한 부분이 본질적으로 그 책의 핵심에 해당한다는 점을 공정이용의 성립을 부정하는 하나의 근거로 들었는데 이 역시 실질적 유사성의 판단에 참고할 만하다.

우리나라 판결 중에도 손해배상의 범위에 관한 판시이기는 하나, 질적 판단 기준에 참고가 될 만한 사례가 있다.

〈서울고등법원 1997. 7. 22. 선고 96나41016 판결(확정)〉
피고가 집필한 이 사건 만화 중 원고의 위 사하라일기와 실질적인 유사성이 있어 원고의 저작권을 침해하였다고 볼 수 있는 부분은 위 만화 약 1,800페이지 중 약 10페이지 정도인 사실을 인정할 수 있으나, 원고의 저작권을 침해한 파리-다카르 랠리 참가 부분이, 주인공인 이강토가 국산자동차를 개발한 다음 랠리에 참가시켜 완

83) 203 U.S.P.Q. 831 (N.D. Ill. 1978).
84) 정상조, "창작과 표절의 구별기준", 서울대 법학 제44권 제1호(2003), 116면에서 재인용.
85) 471 U.S. 539 (1985).

주함으로써 그 우수성을 입증하여 국내 자동차시장을 석권한다는 내용으로 구성된 이 사건 만화의 1권부터 3권까지에서 차지하는 비중에 비추어 보면, 위 피고의 위 만화에 의한 원고의 저작권의 침해 범위는 위 만화의 10% 정도라고 봄이 상당하다 (전체가 하나의 통일된 구성을 가진 이 사건 만화의 경우 저작권의 침해범위를 단순히 수량으로 계산함은 부당하고, 전체의 주제에 비추어 그 침해부분의 가치를 평가함이 옳을 것이므로, 이 점에 관한 피고의 주장은 받아들이지 아니한다).

3) 양적 판단 기준과 질적 판단 기준의 운용원리

양적 판단 기준과 질적 판단 기준은 결국 이용된 부분이 원고의 저작물에 있어서 어느 정도의 가치를 지니는가를 측정하기 위한 도구이다. 따라서 이러한 판단 기준들은 간단히 표현하자면 "이용된 부분이 원고의 저작물의 가치를 구성하는 의미있는 부분인가"의 질문으로 치환될 수 있다. 만약 당해 저작물이 소설이라면 이용된 부분이 그 소설을 소설답게 만드는 데에 기여하는 부분인가, 음악이라면 이용된 부분이 그 음악을 음악답게 만드는 데에 기여하는 부분인가를 검토하는 것이다.

한편 저작권의 보호목적과 연계하여 위 판단 기준들은 "만약 당해 부분이 자유롭게 이용되도록 놓아 둔다면 저작자의 창작 인센티브가 의미있는 정도로 감소하게 될 것인가"의 질문으로 치환될 수도 있다. 이는 앞의 질문과 밀접한 상관관계를 지니게 된다. 만약 그 부분이 저작물의 가치를 구성하는 의미있는 부분이라면 그 부분의 무단이용의 방치는 저작자의 창작 인센티브를 감소시킬 것이다. 반면 그렇지 않다면 저작자의 창작 인센티브는 거의 영향을 받지 않을 것이다.

4) 양적 판단 기준과 질적 판단 기준의 적용대상 — 원고의 저작물

위에서 설명한 양적 판단 기준과 질적 판단 기준의 적용대상은 피고의 작품이 아니라 원고의 저작물이다. 그러므로 저작권침해사건에서 실질적 유사성을 판단함에 있어서 질문하여야 할 사항은 ① '원고의 저작물' 중 어느 정도의 양이 이용되었는가, ② 이용된 부분은 '원고의 저작물'에서 어느 정도의 질적 비중을 차지하고 있는가이다. 반면 원고의 저작물에서 이용된 부분이 '피고의 작품' 중 어느 정도의 양적 비중 및 질적 비중을 차지하고 있는가 하는 점은, 나중에 자세하게 살펴보게 되는 바와 같이 원고의 저작물에서 이용된 부분이 피고의 작품에서 차지하는 비중이 매우 낮아 피고의 작품이 원고의 저작물과 독립된 별도의 저작물로 인정되는 정도에 이르는 경우에 있어서 의미를 가지게 된다.

　우리나라의 판례를 보면 양 작품의 유사한 요소들을 나열한 뒤 이를 이유로 양자 사이에 실질적 유사성이 인정된다는 체제로 판시하는 경우가 많고, 별도로 그 유사한 부분이 원고의 저작물 중 어느 정도의 양적 비중 및 질적 비중을 차지하는지를 명시적으로 설시하는 예는 찾아보기 쉽지 않다. 그러나 그 배후에는 위와 같은 유사한 부분이 원고 저작물과의 상호관계에서 양적 판단기준 및 질적 판단기준을 충족한다는 전제가 당연히 깔려 있다고 할 수 있다.86)

〈대법원 2012. 8. 30. 선고 2010다70520, 70537 판결〉

　원저작물이 전체적으로 볼 때는 저작권법 소정의 창작물에 해당한다 하더라도 그 내용 중 창작성이 없는 표현 부분에 대해서는 원저작물에 관한 복제권 등의 효력이 미치지 않는다. 따라서 어문저작물에 관한 저작권침해소송에서 원저작물 전체가 아니라 그 중 일부가 상대방 저작물에 복제되었다고 다투어지는 경우에는, 먼저 원저작물 중 복제 여부가 다투어지는 부분이 창작성 있는 표현에 해당하는지 여부, 상대방 저작물의 해당 부분이 원저작물의 해당 부분에 의거하여 작성된 것인지 여부 및 그와 실질적으로 유사한지 여부를 개별적으로 살펴야 하고, 나아가 복제된 창작성 있는 표현 부분이 원저작물 전체에서 차지하는 양적·질적 비중 등도 고려하여 복제권 등의 침해 여부를 판단하여야 한다. (중략) 그럼에도 원심은, 원고의 위 각 서적 중 복제권 등의 침해 여부가 다투어지는 본소 별지 1, 2 목록 기재 각 부분이 창작성이 있는지를 구체적으로 검토하지 아니한 채 만연히 원고의 위 각 서적이 전체적으로 창작성이 인정되고 피고의 위 각 서적 중 일부 내용이 원고의 위 각 서적 중

---

86) 반면 피고의 작품과의 상호관계에서 양적 판단 기준 및 질적 판단 기준을 적용한 듯한 하급심 판결도 발견된다. 서울지방법원 서부지원 2002. 3. 27. 선고 2001가합3917 판결(확정)에서는 유아의 질병에 관하여 항목을 나누어 알기 쉽게 설명하고 있는 서적의 저작권 중 복제권 침해가 문제되었다. 위 법원은 실질적 유사성 요건이 충족되었다고 인정하면서 그 판결이유에서는 복제가 인정되는 부분과 복제가 인정되지 않는 부분으로 나누어 설시하고 있고, 복제가 인정되지 않는 부분에 대한 근거로서 표현상 동일성이 인정되지 않는 부분이 피고의 작품 전체에서 차지하는 분량과 질이 상당하다는 점을 들고 있다. 그러나 위 판결은 ① 복제권 침해 여부는 전체적인 판단이므로 하나의 저작물에 관한 복제권 침해를 판단하면서 '복제가 인정되는 부분'과 '복제가 인정되지 않는 부분'으로 나누는 것은 부적절하고, ② 복제된 부분이 원고의 저작물에서 차지하는 양과 질을 따지지 않은 채 복제되지 않은 부분이 피고의 작품에서 차지하는 양과 질을 거론하고 있다는 점에서 오해의 여지가 있다고 보여진다. 앞서 설명한 틀에 의한다면 위 사안에서 실질적 유사성을 인정하는 논리 전개는, 양 작품에는 유사한 부분과 유사하지 않은 부분이 있지만, 전체적으로 볼 때 유사한 부분이 원고의 작품에서 차지하는 양적·질적 비중이 상당하므로 양자 사이에는 실질적 유사성이 인정되고 따라서 복제권 침해가 성립한다는 방식으로 이루어졌어야 할 것이다.

일부 내용과 유사하다는 이유로, 피고가 원고의 위 각 서적에 관한 복제권 등을 침해하였다고 인정하였다. 결국 원심판결 중 본소에 관한 피고 패소 부분은 저작물의 창작성에 관한 법리를 오해하여 필요한 심리를 다하지 아니함으로써 판결에 영향을 미친 위법이 있다.

다. 유사성의 정도

1) 일반 기준

원고의 저작물에서 차용된 부분과 실제 피고의 작품이 어느 정도로 유사한가, 즉 유사성 정도의 판정에 관한 기준을 일반화하는 것은 지극히 어렵다. 이는 저작물의 유형과 특성에 따라 달라질 뿐만 아니라 같은 유형의 저작물이라고 하더라도 그 저작물과 비교 대상 작품의 구체적인 내용에 따라서도 달라질 수 있기 때문이다. 따라서 실질적 유사성에 이르는 유사성의 정도에 관한 구체적인 기준을 제시하는 것은 곤란하다. 다만 아이디어와 표현의 구분에 관하여 제시하였던 다섯 가지 기준은 실질적 유사성에 이르는 유사성의 정도를 판정하는 데에 그대로 원용될 수 있을 것이다. 그 중에서도 다음과 같은 두 가지 기준은 비록 일반적이고 포괄적이긴 하지만 그 적용의 필요성이 크다고 할 수 있다.

가) 창작성의 정도가 높을수록 요구되는 유사성의 정도는 낮아짐

저작물로 보호받기 위하여서는 창작성 있는 표현이 존재하여야 한다. 한편 저작권법에서 요구하는 창작성의 정도는 그리 높지 않아, 단지 어떠한 작품이 남의 것을 단순히 모방한 것이 아니고 작자 자신의 독자적인 사상 또는 감정의 표현을 담고 있기만 하면 인정된다.[87] 이와 같이 창작성이 쉽게 인정되는 이상 같은 저작물이라고 하더라도 그 창작성의 정도는 상당한 차이를 보일 수밖에 없다.

그런데 저작권법의 기본적인 목적이 창작성의 발현을 통한 문화발전에 있는 것이라면, 창작 인센티브의 부여라는 관점에서 더욱 높은 창작성을 지닌 저작물에 대하여서는 더욱 강한 보호를 하여 주는 것이 바람직하다. 이러한 맥락에서 창작성의 정도가 높을수록 실질적 유사성의 범위가 넓어져야 한다.[88] 반면 창작성의

---

87) 대법원 1995. 11. 14. 선고 94도2238 판결; 대법원 1997. 11. 25. 선고 97도2227 판결; 대법원 1999. 11. 23. 선고 99다51371 판결; 대법원 1999. 11. 26. 선고 98다46259 판결; 대법원 2001. 5. 8. 선고 98다43366 판결 등 참조.

88) 陸本英史, 著作權(複製權, 飜案權)侵害の判斷について(下), 判例時報 1596호, 12면.

정도가 낮다면 실질적 유사성의 범위가 좁아져야 한다. 이는 바꾸어 말하면 똑같은 정도의 유사성이라고 하더라도 창작성이 높은 저작물이 문제가 되는 경우에는 실질적 유사성을 인정할 가능성이 크다는 것이다.

시나리오 '야망의 도시'와 텔레비전 드라마 '유산'의 각본 사이의 실질적 유사성이 문제가 된 사건에서 서울고등법원은 피복제 저작물로 주장되는 저작물의 창작성 정도가 현저히 낮은 경우에는 복제되었다고 주장하는 저작물이 그것과 아주 유사하더라도 저작권의 침해로 단정할 수 없다고 판시하였는데,[89] 이는 위와 같은 원리가 반영된 하나의 사례이다.

나) 다양한 표현 가능성의 정도가 높을수록 요구되는 유사성의 정도는 낮아짐

저작물의 유형과 특성에 따라서는 같은 아이디어를 다양하게 표현할 수 있는 가능성이 서로 틀리다. 일반적으로 문예적 저작물에 있어서는 표현방법이 다양한 반면, 기능적 저작물이나 사실적 저작물에 있어서는 표현방법이 제한된다. 표현방법이 다양하다는 것은 남의 창작적인 표현을 차용하지 않고도 동일한 아이디어를 표현할 길이 열려있다는 것을 의미하는 반면, 표현방법이 제한된다는 것은 동일한 아이디어를 표현하기 위하여서는 불가피하게 남의 창작적인 표현을 차용하게 될 수도 있다는 것을 의미한다. 따라서 문예적 저작물에 있어서는 실질적 유사성의 범위가 넓은 반면 기능적·사실적 저작물에 있어서는 실질적 유사성의 범위가 좁아진다. 즉 문예적 저작물에 있어서는 낮은 정도의 유사성도 실질적으로 유사하다고 판명될 수 있는 반면, 기능적·사실적 저작물에 있어서는 높은 정도의 유사성도 실질적으로 유사하지 않다고 판명될 수 있다. 이러한 점에서 문예적 저작물의 보호범위는 넓고 기능적 저작물이나 사실적 저작물의 보호범위는 좁다.

실질적 유사성의 범위가 넓은 문예적 저작물에서는 원고의 저작물과 피고의 작품 사이에 상당한 차이가 있는 경우에도 유사성이 인정될 수 있으므로, 어느 정도로 유사하여야 실질적으로 유사한 것인가 하는 문제가 매우 난해하고 핵심적인 쟁점으로 등장한다. 반면 실질적 유사성의 범위가 좁은 기능적 저작물이나 사실적 저작물에 있어서는 거의 동일하거나 매우 유사한 경우에 한하여 저작권침해가 인정되므로 유사성 판단이 비교적 용이하다. 오히려 기능적 저작물에서 주로 문제되는 것은 저작권에 의하여 보호되는 표현과 저작권에 의하여 보호되지 않는 아이

---

89) 서울고등법원 1995. 6. 22. 선고 94나8954 판결(확정).

디어를 구분하는 작업이고, 일단 이러한 작업이 끝나게 되면 유사성 판단은 비교적 쉽게 이루어지는 경향이 있다.

이러한 다양한 표현 가능성은 같은 유형의 저작물 내에서도 실질적 유사성 인정범위에 영향을 미친다. 예를 들어 같은 지도저작물에 관하여서도, 특정한 시, 군, 구의 가로(街路) 및 가옥을 주된 게재대상으로 하여 약도적 수법을 이용하여 가로에 따라 각종 건축물, 가옥의 위치관계를 표시하고 명칭, 거주자명, 지번 등을 기입하는 방식으로 제작되는 주택지도에 있어서 그 취사선택의 대상이 자동적으로 정하여지고, 이에 이용되는 지도의 제작기법이 대동소이하기 때문에 일반 지도와 비교할 때에 그 보호범위가 제한되어야 한다고 판시한 일본의 하급심 판례가 있는가 하면,[90] 춘천시의 전경을 입체적으로 표현한 관광지도의 경우 지도의 목적이나 특성상 다양한 표현의 길이 열려 있다는 점에 주목하여, 두 지도가 의도적인 왜곡 표현으로 춘천시의 다운타운 지역을 크게 나타낸 점, 다운타운 지역으로부터 원거리에 산재되어 있는 남이섬과 같은 관광명소들을 실제보다 가까운 거리에 배치한 점만으로 실질적 유사성을 인정한 국내의 하급심 판례[91]도 있다. 이러한 두 가지 사례의 비교를 통하여 다양한 표현 가능성의 여부가 실질적 유사성의 인정범위를 좌우하게 됨을 알 수 있다.

어느 저작물이 문예적 저작물에 속하는지 그렇지 않으면 기능적 저작물이나 사실적 저작물에 속하는지는 저작물이 추구하는 목적을 달성하기 위하여 다양한 표현방법이 존재하는가 여부에 따라 판단한다. 저작권법 제4조에 예시된 저작물의 유형을 기준으로 하여 본다면, 어문저작물·음악저작물·연극저작물·미술저작물·영상저작물은 문예적 저작물로 분류될 가능성이 크고, 건축저작물·도형저작물·컴퓨터프로그램저작물은 기능적 저작물로 분류될 가능성이 크다(사진저작물은 개별 사안에 따라 다를 것임). 그러나 어문저작물이라고 하더라도 역사적 사실을 기술하는 역사서는 사실적 저작물에 속하고, 건축저작물이나 사진저작물이라고 하더라도 실용성보다는 예술성을 강하게 추구하는 경우에는 문예적 저작물에 더 가까운 특성을 보인다. 따라서 저작물의 유형에 따라 기계적으로 문예적 저작물과 기능적 저작물로 나누는 것은 곤란하고, 개별 저작물의 특성과 내용에 따라 얼마

---

90) 富山地裁 1978(昭和 53). 9. 22. 선고 昭46(ワ)33호, 71호 판결; 吉田大輔, '事實に密着した著作物の著作權の侵害', 裁判實務大系 27, 知的財産關係訴訟法, 靑林書院(1997), 144면 참조.

91) 서울중앙지방법원 2005. 8. 11. 선고 2005가단12610 판결(확정).

나 다양한 표현방법이 확보되어 있는가의 차원에서 이를 검토하여야 한다.

2) 비유사적 요소가 실질적 유사성 판단에 미치는 영향
가) 원칙적으로 저작권침해 성립을 방해하지 않음

유사성의 정도를 판단함에 있어서 두 작품 사이에 존재하는 비유사성이 실질적 유사성 판단에 어느 정도로 영향을 미치는가의 문제에 대하여 검토하기로 한다.

만약 피고가 원고의 저작물의 전체 또는 상당한 부분을 복제하되 여기에 원고의 저작물에는 존재하지 않는 새로운 요소들을 부가함으로써 전체적으로 볼 때 원고의 저작물과 피고의 작품 사이에 유사하지 않은 부분도 많이 존재하게 된 때 실질적 유사성이 인정될 것인가? 실질적 유사성이 문제되는 대부분의 사안이 이러한 질문에서 자유롭지 못하다.

미국의 저명한 저작권법 학자인 Nimmer 교수는 그의 저서에서 원고의 저작물 중 상당한 부분이 피고의 작품과 유사하다는 점이 인정되는 이상, 전체적으로 원고의 저작물과 피고의 작품이 유사하지 않다는 점은 중요하지 않다고 설명한다.[92] 이러한 입장에 의하면 실질적 유사성은 어디까지나 "원고의 저작물"에 있는 부분이 얼마나 유사하게 차용되었는가를 기준으로 판단하는 것이다. 미국의 다수 판례들[93]도 "어떠한 표절자도 그가 표절하지 않은 부분이 얼마나 많은가를 보여줌으로써 책임을 회피할 수 없다"라는 입장을 밝히고 있고,[94] 실질적 유사성 판단의 시금석(touchstone)은 두 작품 사이의 전체적인 유사성 여부이지 세세한 차이점 여부가 아니라고 판시한 판례[95]도 있다. 따라서 피고는 단지 등장인물이나 사건을 추가하였다거나, 피고의 작품이 원고의 저작물보다 더 매력적이거나 판매가능성이 높다는 점을 들어 면책을 주장할 수 없다.[96] 다만 Nimmer 교수는 비유사성

---

92) 이하 Melville B. Nimmer & David Nimmer, *Nimmer on Copyright* (2002), §13.03, 13~53 내지 58면 참조.

93) Sheldon v. Metro-Goldwyn Pictures Corp., 81 F.2d 49 (2d Cir. 1936); Universal Athletic Sales Co. v. Salkeld, 511 F.2d 904 (3d Cir. 1975); Shaw v. Lindheim, 919 F.2d 1353, 1362 (9th Cir. 1990), *cert denied*, 423 U.S. 863 (1975); Steinberg v. Columbia Pictures Industries, 663 F.Supp. 706 (S.D.N.Y. 1987).

94) 그러나 비유사성이 실질적 유사성 판단에 중요한 역할을 한다는 취지의 판례들도 있다. Creations Unlimited, Inc. v. McCain, 112 F.3d 814, 816 (5th Cir. 1997); Kaplan v. Stock Mkt. Photo Agency, Inc., 133 F.Supp.2d, 317, 322 (S.D.N.Y. 2001).

95) Country Kids'N City Slicks, Inc. v. Sheen, 77 F.3d 1280 (10th Cir, 1996).

96) 피고가 팜플렛을 만들면서 원고의 책에서 세 문장을 복제하였고, 그 복제 부분이 피고의 팜플렛에서 차지하는 비중이 5%에 불과한 경우에도 저작권침해를 긍정한 Henry Holt & Co, Inc. v.

의 정도가 유사성의 정도를 넘어서는 것뿐만 아니라, 남아 있는 유사 부분이 원고의 저작물 안에서 양적으로나 질적으로 비중이 매우 낮은 경우에는 저작권침해가 발생하지 않는다고 한다.[97]

이러한 논리는 ① 일단 피고의 작품 중 원고의 저작물에서 차용한 부분이 원고의 저작물과 실질적으로 유사한 이상, 그 부분 이외에 피고가 스스로 원고의 저작물과 유사하지 않는 새로운 부분을 추가하는 것만으로는 실질적 유사성이 부인되지 않고, ② 다만 유사한 부분이 원고의 저작물 안에서 양적으로나 질적으로 비중이 매우 낮은 경우에는 실질적 유사성이 부인된다는 것으로 요약된다.

우선 ②의 점과 관련하여서는, 피고가 차용한 부분이 원고의 저작물 중에서 질적인 비중도 낮고 양적으로도 미미하다면, 피고가 유사하지 않은 부분을 추가하였는가의 여부에 상관없이 그 자체로 위에서 살펴본 양적 판단 기준 및 질적 판단 기준을 충족하지 못하여 처음부터 실질적 유사성이 인정되지 않는다. 그러므로 ②의 점은 비유사적 요소가 실질적 유사성의 판단에 미치는 영향과는 무관한 것으로서 체계상 부적절한 설명이다.

다음으로 ①의 점과 관련하여서는 피고가 원고의 저작물을 이용하면서도 그 위에 원고의 저작물과 유사하지 않는 부분을 추가한다는 사정만으로 저작권침해의 책임을 회피할 수 있다는 것은 부당한 결론이므로 타당한 해석이라고 하겠다.[98] 이는 원고 저작물의 기반 위에서 피고가 스스로 새로운 창작적인 요소를 부가하여 만드는 2차적 저작물의 경우에도 실질적 유사성이 존재하는 것이므로 2차적 저작물 작성권 침해라는 저작권침해책임이 부과되는 점에서 명백하게 알 수 있다. 따라서 피고가 원고의 저작물에는 존재하지 않는 새로운 요소를 부가하였는가 여부는 복제권 등의 침해인가, 그렇지 않으면 더 나아가 2차적 저작물 작성권까지 침해되었는가를 구분하는 요소가 될 수 있을지언정 전체적인 저작권침해책임 여부를 구분하는 요소가 될 수는 없다. 그러한 의미에서 피고의 작품에 새로운 창작성이 부가되었으므로 양자 사이에 실질적 유사성이 인정되지 않아 저작권침해도 부정된다는 논리는 2차적 저작물 작성권의 침해도 저작권침해에 해당한다는

Liggett & Myers Tobacco Co., 23 F.Supp 302 (E.D.Pa. 1938) 참조.

97) Melville B. Nimmer & David Nimmer, *Nimmer on Copyright* (2002), §13.03, 13~55면 참조.

98) 오히려 어설프고 사소한 비유사적 요소들은 피고가 원고의 작품을 교묘하게 베꼈다는 반증으로 평가될 수도 있다. Segrets, Inc. v. Gillman Knitwear Co., Inc., 207 F.3d 56 (1st Cir. 2000); Concord Fabrics, Inc. v. Marcus Bros. Textile Corp., 409 F.2d 1315 (2d Cir. 1969).

법원리를 제대로 포섭하지 못한 것이므로 정확하지 않다.[99]

나) 저작권침해 성립을 부정하는 원인이 될 수도 있음

피고가 원고의 저작물과 유사하지 않은 부분을 새로이 추가하는 것만으로 실질적 유사성이 부인되지 않는 것이 원칙임에도 불구하고, 피고가 새로운 요소를 부가하였다는 점을 실질적 유사성 판단의 고려대상에서 완전히 배제할 수는 없다. 피고의 작품에 부가된 새로운 창작적인 요소가 그 양이나 질의 면에서 원고 저작물에서 차용한 부분을 뛰어 넘어, 원고의 저작물과 종속성을 인정할 수 없는 완전히 새로운 창작물로 탄생한 경우에는 실질적 유사성을 인정할 수 없어 저작권침해책임을 부과하기 어렵다고 하여야 한다. 어느 정도에 이르러야 피고의 작품이 원고의 저작물과는 구별되는 별개의 독립저작물이 되는가에 관하여서는 일률적으로 이야기할 수 없다. 다만 그 과정에서 원고 저작물에서 차용된 창작적 표현의 범위와 정도 및 피고의 작품에 새로 부가된 창작적 표현의 범위와 정도를 상호 대비하여 비교형량하는 작업이 진행되어야 할 것이다. 이러한 관점에서 본다면 피고의 작품과 원고의 저작물 사이의 비유사성이 피고의 작품을 원고의 저작물과는 독립된 새로운 창작물로 보게 할 정도인가 하는 점은 저작권침해책임을 판단함에 있어서 고려되어야 할 요소이다.

비유사적 요소가 실질적 유사성 판단에 미치는 영향력의 정도는 저작물의 종류와 특성에 따라 달라질 수 있다. 우선 다양한 표현이 가능한 문예적 저작물에 있어서는 비유사적 요소가 실질적 유사성 판단에 미치는 영향은 상대적으로 적다. 반면 다양한 표현이 불가능하여 저작물에 대한 여러 가지 모습의 변경이 어려운 기능적·사실적 저작물에 있어서는 비유사적 요소가 실질적 유사성 판단에 미치는 영향이 상대적으로 크다. 다시 말해 똑같은 비중을 차지하는 비유사적 요소가 존재하더라도 문예적 저작물보다는 기능적·사실적 저작물에 있어서 실질적 유사성을 부정하는 근거로 작용할 가능성이 더욱 크다. 또한 같은 문예적 저작물이라

---

99) 따라서 연표(年表)의 저작권침해에 관하여 다룬 대법원 1993. 1. 21.자 92마1081 결정이유에서 "피신청인이 출판한 '20세기 미술의 시각'에 실려 있는 연표는 신청인이 출판한 위 책에 실려 있는 연표의 항목의 선택과 배열을 참고하면서도 소재를 추가하고 배열을 달리하여 전체적으로 볼 때 자신의 창작성을 가미한 것으로서, 신청인이 출판한 위 책에 실려있는 연표의 창작성이 있는 부분을 그대로 모방한 것이라고 보기는 어렵다"라고 판시하면서 저작권침해를 부정한 부분은 마치 피고가 자신의 창작성을 가미하기만 하면 저작권침해에서 벗어난다는 오해를 불러일으킬 수 있는 내용이라고 생각된다.

고 하더라도 소설과 같은 어문저작물보다는 도안이나 만화캐릭터와 같은 시각적 저작물에 있어서 비유사적 요소가 실질적 유사성을 부정하는 근거로 작용할 가능성이 더욱 크다. 예컨대 Warners Brothers, Inc. v. American Broadcasting Companies, Inc., 판결[100])에서 미 연방 제2항소법원은 "어떠한 표절자도 그가 표절하지 않은 부분이 얼마나 많은가를 보여줌으로써 책임을 회피할 수 없다"라는 원칙과 "피고는 의도적으로 충분한 변경을 가하여 원고의 저작물과 실질적 유사성을 소멸시킴으로써 정당하게 침해에서 벗어날 수 있다"라는 원칙[101]) 사이의 긴장관계는 전자의 원칙이 주로 어문저작물을 중심으로 형성된 반면 후자의 원칙이 주로 시각적 저작물을 중심으로 형성되었기 때문이라고 지적하고 있다. 즉 소설 등 어문저작물의 경우 사건의 연속적 전개가 저작물의 핵심 부분을 이루고 있으므로 그 핵심이 유사한 이상 사건전개과정에서 비유사한 요소를 첨가하더라도 그 유사성이 감소하는 정도가 크지 않지만, 시각적 또는 3차원적 저작물에 있어서는 그 작품 전체가 한꺼번에 인식되기 때문에 비유사한 요소가 그 전체적인 관념과 느낌에 줄 수 있는 영향은 크다는 것이다. 이 사건에서는 이러한 점을 들어 시각적 캐릭터로서의 슈퍼맨과 힝클리[102])는 서로 유사하지 않다는 결론을 내렸다.

다) 요약

지금까지의 논의를 요약하면 다음과 같다.

우선 원고의 저작물 중 양적 판단 기준과 질적 판단 기준에 의하여 검토하였을 때 가치 있는 부분이 무단으로 이용되었다면 설령 피고가 원고의 저작물에는 없는 부분을 부가하였다고 하더라도 실질적 유사성이 인정되는 것이 원칙이다. 피고가 부가한 부분이 창작성을 가진다고 하더라도 여전히 2차적 저작물 작성권 침해가 성립하고, 이 경우에도 양자 간에 실질적 유사성이 인정된다고 할 수 있다. 다만 피고가 창작성 있는 표현을 부가하고, 그 부가된 부분이 무단이용된 부분을 압도함으로써 피고의 작품이 원고의 저작물과는 본질적으로 다른 새로운 저작물을 구성하게 되었다면, 양자의 실질적 유사성은 부정된다.

---

100) 720 F.2d 231 (2d Cir. 1983).
101) Eden Toys, Inc. v. Marshall Field & Co., 675 F.2d 498 (2d Cir. 1982); Durham Industries, Inc. v. Tomy Corp. 630 F.2d 905 (2d Cir. 1980).
102) 미국의 유명한 텔레비전 시리즈였던 "The Greatest American Hero"에 나오는 초능력을 가진 주인공이다.

3) 극소성 항변(De Minimis Defense)의 문제

가) 극소성 항변의 의의

미국 판례법상 원고의 저작물 중 비중있는 부분이 상당한 정도로 차용되었다고 하더라도 그 차용 부분이 피고의 작품에서 차지하는 위치가 매우 미미한 경우에는 실질적 유사성이 인정되지 않는다고 항변할 수 있다. 이 항변을 극소성 항변(De Minimis Defense)이라고 한다. 원래 이 개념은 법은 사소한 것에 관여하지 않는다(de minimis non curat lex)는 고대의 법언에서 비롯된 것으로서 미국 법원은 이 개념에 기초한 극소성 항변을 인정하여 왔다.103) 이는 크게 보면 앞서 본 것처럼 비유사성이 유사성을 압도하여 원고의 저작물과 독립된 새로운 창작물로 볼 수 있는 경우 저작권침해책임이 성립하지 않는다는 논리의 연장선상에 서 있다. 한때 음악저작물의 샘플링(sampling)과 관련하여 극소성 항변이 논의되는 경우가 있었다.104)

극소성 항변에 관하여 자세하게 설명한 대표적인 판례로서 Ringgold v. Black Entertainment Television, Inc. 판결105)을 들 수 있다. 이 사건은 피고 방송사가 텔레비전 프로그램에서 원고의 저작물인 포스터(poster)를 세트장식으로 사용한 경우 저작권침해 성립 여부가 문제되었던 사건이다. 결론적으로 법원은 피고의 극소성 항변을 받아들이지 않아 저작권침해를 인정하였지만 판결이유에서 극소성 항변에 관하여 비교적 자세하게 설명하고 있다. 위 판결에 의하면 저작권법에서 극소성 항변은 "엄밀한 의미에서 권리침해를 구성하지만 그 정도가 매우 사소하여 법이 이에 대한 법적 책임을 부과하지 않는 경우"에 가능하다. 비록 피고가 원고의 저작물에 의거하여 자신의 작품을 만들었다고 하더라도 그 복제행위의 결과가 관찰하기에 충분할 정도에 이르지 못하여 질적으로 중요하지 않는 경우 극소성 항변이 성립된다. 한편 이와 같은 극소성 항변은 공정이용의 항변의 일종으로 행하여질 수도 있지만, 법원은 동일한 결론에 이르기 위하여 정교함을 요하는 공정이용의 항변을 심리하기보다는 복제의 위법한 침해행위성(actionable copying)을 부인하는 것이 더욱 적합하다고 하면서, 극소성 항변을 공정이용이 아닌 실질적

---

103) Robert C. Osterberg & Eric C. Osterberg, *Substantial Similarity in Copyright Law* (2003), §2:1, 2-2면.

104) David S. Blessing, *Who Speaks Latin Anymore? : Translating De Minimis Use For Application To Music Copyright Infringement And Sampling*, 45 Wm & Mary L. Rev. 2399 (2004).

105) 126 F.3d 70 (2d Cir. 1997).

유사성의 문제로 파악하고 있다.

극소성의 항변을 받아들인 대표적인 사례인 Sandoval v. New Line Cinema Corp 판결106)에서는 영화사가 영화 안에서 사진작가의 사진들을 배경으로 사용한 경우 저작권침해가 인정될 것인가가 쟁점이 되었다. 위 사건에서 법원은 그 사진 저작물들이 불충분한 조명 아래 먼 거리에서 촬영되어 영화 필름 안에서 초점의 대상이 되지 않을 뿐만 아니라 11개의 각각 다른 장면에서 짧은 시간 동안 연관 관계 없이 드러나는 등 쉽게 그 사진을 식별하기 어려우므로 평균적인 보통 관찰자 입장에서는 그 사진저작물이 영화세트에 기여하는 장식적 효과를 인지하기 어렵다고 인정하면서, 피고의 극소성 항변을 받아들였다. 법원은 판결이유에서 극소성 항변이 받아들여지지 않았던 Ringgold 사건과 당해 사건을 구별하면서, Ringgold 사건에서는 미술저작물이 피고의 작품 안에서 명백하게 드러나서 평균적인 보통 관찰자의 입장에서도 이를 미술저작물로 인식하고 세세한 부분을 충분히 관찰할 수 있었던 점을 지적하고 있다. 결국 위 판례는 관찰가능성(observability)을 하나의 기준으로 제시하고 있는 것이다.107)

나) 우리나라 저작권침해소송과 극소성 항변

위에서 살펴본 미국 판례법상 극소성 항변은 우리나라 저작권침해소송 체계에서도 적용될 여지가 있는가?

우선 미국 판례법에 의하더라도 극소성 항변은 공정이용의 문제가 아닌 실질적 유사성의 문제로 다루어짐을 알 수 있다. 그런데 실질적 유사성은 저작권침해를 주장하는 원고가 그 침해요건의 하나로서 주장·입증하여야 할 사항이다. 그러므로 극소성 항변은 소송법상 피고가 주장·입증하여야 할 항변사항이 아니라 원고의 주장·입증사항에 대한 부인에 불과하다고 하여야 할 것이다.

위 미국 판례들에 나타난 극소성 항변은 원고의 저작물의 피고의 작품에서 차지하는 위치나 비중과 관련된 것이다. 물론 극소성 항변은 원고의 저작물이 이용되었지만 시각적으로 관찰하기 어려운 특수한 상황의 맥락에서 인정되는 것이다. 그러나 이는 본질적으로, 원고의 저작물이 차용된 것은 맞지만 피고가 부가한

---

106) 147 F.3d 215 (2d Cir. 1998).

107) Brett I. Kaplicer, *Rap Music and De Minimis Copying Applying the Ringgold and Sandoval Approach to Digital Samples*, 18 Cardozo Arts & Ent. L.J. 227 (2000) 참조.

요소들이 질적으로나 양적으로 그 차용 부분을 압도하여 피고의 작품은 원고의 저작물과 구별되는 새로운 저작물이라는 주장에 해당한다. 그리고 이러한 주장은 위에서 본 것처럼 새로운 항변의 성격을 가진다기보다는 실질적 유사성의 부인에 해당한다. 따라서 우리나라 저작권침해소송에 있어서 극소성 항변을 별도의 방어방법으로 인정할 필요성은 없다고 할 것이다.

제2절 실질적 유사성 판단의 방법적 측면

1. 개관

그 동안 실질적 유사성 판단의 실체론과 관련하여 보호대상(아이디어와 표현의 구분)과 보호범위(표현과의 실질적 유사성의 판정)에 대하여 논의하였다. 이 장에서는 실질적 유사성 판단의 방법론에 관하여 논의하기로 한다. 실질적 유사성 판단의 방법론과 관련하여서는 다음과 같은 문제들이 있다.

첫 번째 문제는 누구의 관점에서 실질적 유사성을 판단할 것인가, 즉 판단관점에 관한 것이다. 이는 특히 법률전문가가 아닌 배심원이 사실관계를 확정하는 미국의 소송제도 아래에서 중요한 비중을 가진 쟁점이 된다. 예를 들어 두 음악작품 사이의 실질적 유사성이 문제되는 경우, 그 음악작품이 유사한지 여부는 음악전문가와 일반인(배심원)의 관점 중 누구의 관점에 의하여 판명되어야 하는가의 문제이다. 일반인의 관점에 의하여 판단하여야 한다고 하더라도, 음악전문가의 감정결과가 일반인의 실질적 유사성 판단에 얼마나 영향을 미칠 수 있는지의 문제가 남는다.

두 번째 문제는 어떠한 방식에 따라 실질적 유사성을 판단할 것인가, 즉 판단방식에 관한 점이다. 실질적 유사성 판단의 실체론에서 살펴본 두 가지 단계, 즉 보호대상의 확정(아이디어/표현 이분법)과 보호범위의 확정(표현과의 실질적 유사성 판정)은 실제 저작권침해판단과정에서 어려운 과제를 제시한다. 즉 아이디어/표현 이분법은 아이디어가 아닌 표현만 저작권의 보호대상이 된다는 이론이다. 따라서 실질적 유사성 판단도 원고의 창작물 중 보호받는 표현과 피고 작품 사이의 유사성 판단이다. 그렇다면 실질적 유사성을 판단할 때 원고의 작품 중 표현 부분

만을 추출한 뒤 그 표현 부분과 피고의 작품을 비교하는 것인가, 그렇지 않으면
원고 작품 전체와 피고 작품 전체를 비교하여야 하는 것인가, 전자의 방식을 취한
다면 원고의 작품에서 표현만 추출한 결과가 그것만으로 피고의 작품과 비교할
만한 실체가 있는 것인가(현실적으로 대부분의 창작물은 아이디어와 표현이 얽혀 있어
이를 관념적으로 분리하는 것은 가능할지 몰라도 실제 비교대상으로 삼을 수 있도록 가시
적으로 분리하는 것은 쉽지 않다), 후자의 방식을 취한다면 저작권법에 의하여 보호
받지 못하는 아이디어까지도 실질적 유사성 판단에 영향을 미치는 것이 아닌가
등의 의문이 뒤따르는바, 이러한 쟁점들이 판단방식에 관한 문제이다.

　판단관점과 판단방식의 두 가지 문제는 서로 얽혀 있다. 보통 일반인은 아이
디어와 표현을 구분하여 표현만 추출해 내는 작업을 하기에는 전문성이 모자라기
때문에, 일반인의 관점에서 실질적 유사성을 판단할 때에는 두 작품을 전체적으로
비교하여 그로부터 생성되는 주관적 느낌에 따라 실질적 유사성을 판단하게 될
가능성이 크다. 반면 전문가는 당해 분야에서 공유되어야 할 아이디어적 요소와
그 작품의 창작성을 구성하는 표현적 요소를 구분하는 능력을 가지고 있을 가능
성이 크고, 따라서 이들은 두 작품으로부터 받는 주관적 느낌이 아니라 두 작품을
체계적으로 분석한 결과에 의하여 실질적 유사성을 판단하게 될 가능성이 크다.
결국 이 두 가지 문제를 종합하면 일반인이 전체적·주관적으로 느끼는 바에 의하
여 판단할 것인지, 그렇지 않으면 전문가가 분석적·객관적으로 관찰한 바에 의하
여 판단할 것인지의 문제로 귀착된다. 그러나 개념적으로 판단관점의 문제와 판단
방식의 문제가 동일하다고는 할 수 없다. 이론적인 견지에서는 일반인도 분석적·
객관적 접근방식에 의하여 실질적 유사성 판단을 행할 수 있고, 반대로 전문가도
전체적·주관적 접근방식에 의하여 실질적 유사성 판단을 행할 수 있다. 그러므로
이 책에서는 판단방법과 관련하여 판단관점과 판단방식의 문제를 분리하여 살펴
보고자 하는 것이다.[108]

　이러한 판단방법론에 관하여서는 배심제도를 시행하고 있는 미국에서 주로
많이 논의되어 왔던 반면, 우리나라에서는 지금까지 주목할 만한 논의가 이루어지

---

108) Michael L. Sharb, *Getting a "Total Concept and Feel" of Copyright Infringement*, 64 U. Colo.
　L. Rev. 903 (1993)에서는 전체적인 관념과 느낌 테스트를 지지하면서 그 논리전개에 있어서 전
　체적인 관념과 느낌에 의하여 실질적 유사성을 판단하는 문제와 누구의 관점에서 실질적 유사
　성을 판단할 것인가의 문제를 분리하여 살펴보고 있는데, 이러한 입장 역시 판단방식과 판단관
　점의 개념적 분리를 전제로 한 것이라고 생각한다.

지 않았다. 그러나 위와 같은 판단관점과 판단방식의 문제는 우리나라에서도 여전히 논의될 필요가 있다. 그러므로 아래에서는 두 가지 문제에 관한 미국의 여러 가지 입장들을 개략적으로 소개한 뒤, 우리나라 저작권침해소송에 실제 원용되기에 적합한 실질적 유사성 판단방식을 제언하고자 한다.

2. 실질적 유사성의 판단관점

가. 보통 관찰자 관점론

보통 관찰자(ordinary observer 또는 lay observer) 관점론은 보통의 관찰자가 원고와 피고의 작품 사이에 유사성이 있다고 인식하는가 여부에 따라 실질적 유사성을 결정한다는 입장이다.[109] 여기에서 보통의 관찰자는 그 사회에서 평균적인 경험과 지식을 갖춘 가상의 관찰자이다. 따라서 실제 소송에서 판단을 행하는 주체가 평균인보다 훨씬 높은 전문성과 지식 및 경험을 가졌거나 반대로 평균인에 비하여 떨어지는 지각능력을 가졌다고 하더라도 판단은 어디까지나 평균인의 관점에서 이루어져야 한다. 다만 여기에서의 보통 관찰자는 항상 고정되어 있는 것은 아니고 저작물의 유형과 목적에 따라 달라질 수 있다.

보통 관찰자 관점론은 이후에 판단방식에서 등장하는 전체적 접근방식과 결합하여, 보통 관찰자가 즉각적으로 받는 인상에 따라 실질적 유사성을 판단하여야 한다는 논리로 발전하게 된다.

미국 연방대법원은 아직 보통 관찰자 관점론을 채택할 것인가에 관하여 명시적인 입장을 표시한 판결을 한 바가 없으나, 미국 항소심 판례들을 보면 보통 관찰자 관점론이 주류를 이루고 있다.[110] 일본 하급심 판례들도 명시적으로 보통 관찰자 관점론을 채택하고 있다. 예컨대 이른바 팩맨 비디오게임 사건에서 동경지방재판소는 원고의 저작물인 비디오게임의 영상을 아는 통상인이라면 피고의 영상이 본건의 비디오게임에 근소한 수정을 가한 것일 뿐이라고 느낄 수 있는 정도의 동일성이 있다고 인정된다면 복제권침해가 성립한다고 판시하였고,[111] 르포물을

---

109) 미국에서는 이를 Ordinary Observer Test 또는 Audience Test라고 표현하기도 한다. 다만 이는 실질적 유사성을 판정하기 위한 실체적인 테스트라기보다는 누구의 관점에서 실질적 유사성을 판정할 것인가 하는 관점론의 성격을 가지는 것이다.

110) King Features Syndicate v. Fleischer, 299 F. 533 (2d Cir. 1924); Educational Testing Serv. v. Katzman, 793 F.2d 533 (3d Cir. 1986); Funkhouser v. Loew's Inc., 208 F.2d 185 (8th Cir. 1954); Williams v. Kaag Mfrs., Inc., 338 F.2d 949 (9th Cir. 1964) 등 다수.

111) 東京地裁 1994(平成 6). 1. 31. 선고 平4(ワ)19495호 판결(判例時報 1496호 111면), 한편 지도저

텔레비전 드라마화한 것이 그 르포물에 대한 저작권을 침해한 것인가 여부가 문제
된 사건에서 동경고등재판소는 일반인이 텔레비전 드라마를 시청하였을 때 원고
저작물이 드라마화된 것이라고 용이하게 인식할 수 있을 정도로 특징적, 개성적인
내용표현이 재현되고 있는지 여부에 따라 실질적 유사성 판단을 행하였다.[112] 우
리나라 법원도 기본적으로 "일반인인 보통 관찰자의 관점"에서 원고의 저작물과
피고의 작품을 대비하는 방법으로 실질적 유사성 여부를 판단하고 있다.[113]

미국의 보통 관찰자 관점론에 의하면 "의거관계"에 대응하는 사실적 복제행
위(actual copying) 단계에서는 전문가들의 분석 및 증언이 이루어지지만, "실질적
유사성"에 대응하는 위법한 복제행위(actionable copying) 단계에서는 일반인들이
전문가들의 분석이나 증언의 도움을 받지 않은 채 전체적으로 두 작품을 비교하
여 유사하다는 관념이나 느낌을 받는가에 따라 실질적 유사성을 판단하게 된
다.[114] 여기에서의 관념과 느낌은 자발적이고 즉각적인 것이어야 한다.[115] 보통관
찰자 관점론에 의하여 심리하더라도 통상 일반인이 증인으로 나와 양 작품에 대
한 자신의 느낌을 증언하는 것은 불필요하고, 법관이나 배심원이 직접 그 실질적
유사성을 판단하는 것으로 족하다.[116] 보통관찰자 관점론을 채택하는 경우 일반

작권침해사건에 있어서 통상인의 관찰에 의하여 판단하여야 한다는 것으로서 富山地判 1978(昭
和 53). 9. 22. 선고 昭46(ワ)33호, 71호 판결{判例ジュリスト(著作權判例百選), 53면} 참조.

112) 東京高裁 1994(平成 8). 4. 16. 선고 平5(ネ)3610호, 平5(ネ)3704호 판결(判例時報 1571호, 98면
이하).

113) 이를 명시적으로 판시한 판결로는, 부산고등법원 2021. 6. 24. 선고 2017나339 판결(확정){"어문
저작물이나 음악저작물과 달리 시각적 저작물은 시각적으로 동시에 서로 비교가 되고, 단일하고
도 분명한 일회적인 시각적 이미지에 호소하는 특성이 있으므로, 실질적으로 동일한지 여부는
일응 일반인인 보통 관찰자의 관점에서 서로 대비할 때 전체적인 관념과 느낌이 표현적 요소에서
유사하다고 볼 수 있는지 여부에 따라 결정될 수 있을 것이다(이른바 외관이론, total concept
and feel test)"}, 서울고등법원 2017. 6. 22. 선고 2015나25893 판결('봄봄봄' 사건: "따라서 음
악저작물을 대비하여 실질적 유사성 여부를 판단함에 있어서는 위와 같은 음의 배합의 한계, 각
대비부분이 해당 음악저작물에서 차지하는 질적·양적인 비중, 수요자인 청중의 관점 등을 종합
적으로 함께 고려하여야 하고, 일부 유사한 부분이 있다고 하여 그러한 사정만으로 비교대상인
음악저작물과 실질적으로 유사하다고 단정할 수는 없다": 대법원 2017. 11. 23. 선고 2017다
25413 심리불속행기각 판결로 확정) 등 참조.

114) Arnstein v. Porter, 154 F.2d 464 (2d Cir. 1946). 이에 대하여, 미국 판례에서 말하는 청중 테스
트(audience test)는 유사성 판단이 아닌 '부당이용(improper appropriation)'의 판단을 위해 이
용되는 방법이라는 점을 유념하여야 한다'고 지적하는 견해가 있다. 이경호·정진근, "음악저작
물 표절판단에 있어서 관용구의 인정가능성", 정보법학 제18권 제1호(2014. 4), 한국정보법학회,
196~197면 참조.

115) Harold Lloyd Corp. v. Witwer, 65 F.2d 1, 18 (9th Cir. 1933).

116) 다만 미국에서는 일반인의 증언을 증거로 받아들인 사례들도 있다. 예를 들어 두 노래의 실질적
유사성에 관한 출연자의 증언을 받아들인 MCA, Inc. v. Winlson, 425 F.Supp. 443 (S.D.N.Y.

인들을 대상으로 두 작품이 유사하다고 느끼는지 여부에 관한 설문조사결과는 의미있는 증거가 될 수 있다. 그러나 설문조사결과는 설문대상자나 설문사항, 설문방식에 따라 달라질 수 있을 뿐만 아니라, 실질적 유사성의 개념에 대한 일반 대중의 이해가 충분하지 않다는 한계가 있으므로, 그러한 설문조사결과의 증거가치는 사실인정의 주체가 재량에 따라 판단할 문제이다.[117]

　　보통 관찰자 관점론의 채택은 저작재산권을 보호하는 주된 목적과 부합한다. 저작재산권은 저작물의 이용으로부터 생기는 경제적인 이익을 보호하기 위한 권리이다. 이러한 경제적인 이익은 궁극적으로 그 저작물의 수요자로부터 나온다. 영화는 그 영화를 보는 사람들로부터, 음악은 그 음악을 듣는 사람들로부터, 소설은 그 소설을 읽는 사람들로부터 경제적 이익을 획득한다. 만약 저작재산권이 존재하지 않는다면 누구나 그 저작물과 동일하거나 유사한 작품을 만들어 당해 저작물의 수요자에 대한 독점적 지위를 감소시킴으로써 경제적 이익을 감소시키게 될 것이다. 하지만 그 저작물과 유사하지 않은 작품을 만들었다면 이는 기존 저작물의 수요를 대체하는 효과가 거의 없어 잠재적 수요자를 박탈하지 않을 것이고, 경제적 이익도 별로 감소하지 않을 것이다. 이처럼 저작물로부터 경제적 이익을 수취할 수 있는 권리가 침해되었는지 여부는 필연적으로 그 행위로 인하여 당해 저작물에 대한 수요가 감소하게 되었는가와 밀접한 관련이 있다.[118] 이러한 논리를 따른다면, 저작재산권 침해 여부는 대체재(代替財)로 인한 저작물 수요감소 여부의 문제로 귀착되고, 그 판단은 저작물에 대한 일반 수요자의 입장에서 이루어져야 한다. 그러므로 보통 관찰자 관점론에 있어서 보통 관찰자는 일반 수요자의

　　　　1976), 게임의 실질적 유사성에 관한 소매상들과 판매점원들의 증언을 받아들인 Atari, Inc. v. North America Phillips Consumer Electronics Corp., 672 F.2d 607 (7th Cir., 1982) 참조.

117) Warner Brothers Inc., v. American Broadcasting Companies, Inc. 720 F.2d 231 (2d Cir. 1983) 판결에서는 널리 알려진 캐릭터인 슈퍼맨과 "The Greatest American Hero"라는 텔레비전 시리즈에 나오는 캐릭터인 힝클리 사이의 실질적 유사성이 문제되었다. 원고는 힝클리가 다른 캐릭터를 연상시킨다고 답변한 사람들 중 74%가 슈퍼맨이 연상된다고 답변하였다는 증거자료를 제출하였다. 그러나 법원은 결과적으로 양자의 실질적 유사성을 부정하였다. 그 판결이유에서 법원은 설문조사의 설문방식에 따라 그 결과의 의미가 달라질 수 있다는 점을 들어 대중에 대한 설문조사에 지나치게 의존하는 것에 따르는 위험성을 경고하고 있다.

118) 이와 같이 경제적 인센티브와의 상관관계에서 당해 저작물에 대한 수요감소 여부가 실질적 유사성 인정의 중요한 근거가 된다는 전제 위에서 일반 수요자의 관점에서 실질적 유사성을 판단하여야 한다는 논리를 주장하는 논문으로서, Sitzer, Michael Ferdinand, *Copyright Infringement Actions : The Proper Role for Audience Reactions in Determining Substantial Similarity*, 54 S. Cal. L. Rev. 385, 392 (1981); Susan A. Dunn, *Defining the Scope of Copyright Protection for Computer Software*, 38 Stan. L. Rev 497, 514 (1986) 참조.

의미를 띤다고 할 수 있다.

나. 전문가(Expert) 관점론

전문가(Expert) 관점론은 보통 관찰자 관점론과 달리 당해 저작물에 관하여 전문적인 지식과 경험을 가진 사람의 관점에서 실질적 유사성 여부를 판단하여야 한다는 입장이다. 가령 소설의 경우 문학평론가, 음악의 경우 음악전문가, 컴퓨터 프로그램의 경우 프로그래머의 관점에서 각각 실질적 유사성 여부를 결정한다는 것이다. 물론 실제 소송실무에서 위와 같은 각 분야의 전문가들이 당해 분야의 저작권침해소송에서 최종적인 판단주체가 될 수는 없다. 따라서 이 입장은 소송실무 상으로는 위와 같은 전문가의 입장이 담긴 감정결과를 대폭 반영하여 실질적 유사성 여부를 결정하여야 한다는 입장이라고 할 수 있다.

미국에서는 앞서 본 것처럼 보통 관찰자 관점론이 대세를 이루고 있고, 전면적으로 전문가 관점론을 내세우는 이론은 찾아보기 어렵다. 하지만 뒤에서 보게되는 것처럼 저작물의 특성과 내용에 따라서는 전문가의 관점에 의하여 실질적 유사성을 판단해야 한다는 판례들도 나오고 있다. 그러므로 여기에서의 전문가 관점론은 보통 관찰자 관점론과 대등한 관계에 있는 반대이론이라기보다는 보통관찰자 관점론에 대한 아래의 비판에 근거한 일종의 보완이론이라고 할 수 있다.

우선 보통 관찰자 관점론에서는 누가 보통 관찰자인가를 확정하는 것이 현실적으로 어렵다. 예를 들어 클래식 음악의 저작권침해사건에 있어서 어떠한 유형의 사람이 보통 관찰자인가? 직업적으로 클래식 음악을 듣고 평가하는 전문적인 평론가들로부터 클래식에 대하여는 완전히 무지한 사람들에 이르기까지 클래식 음악에 대한 경험이나 이해의 폭이 천차만별인데 그 중 누구를 보통 관찰자라고 할수 있는가? 만약 보통 관찰자가 일반 수요자와 같은 개념이라면 클래식음악의 일반 수요자는 전문평론가, 클래식 애호가, 레스토랑 주인, 평생 클래식 음반에 전혀 관심을 가지지 않는 사람들 중 누구인가? 결국 보통 관찰자 내지 일반 수요자의 관점에서 판단한다는 것은 어디까지나 결론을 정당화하기 위한 의제(擬制)에 불과할 뿐이고 실제로는 법관 또는 배심원[119])이 자신의 개인적인 경험과 지식에 상당한 영향을 받는 가운데 자신의 관점에서 판단할 가능성이 큰 것 아닌가 하는

---

119) 미국의 경우 사실을 확정하는 작업은 원칙적으로 배심원(Jurors)의 몫이기 때문에 판단주체는 배심원이 될 것이다.

의문이 든다.[120]

또한 보통 관찰자의 확정이 가능하더라도 저작재산권 침해 여부가 보통 관찰자의 주관적인 느낌에 의존하여 판단되는 경우 보통 관찰자에게는 다르다는 느낌을 주면서 실제로는 기술적이고 교묘한 표절행위를 통하여 저작물에 나타난 핵심적인 창작의 열매를 도용하는 행위는 어떻게 막을 것인가 하는 의문도 든다. 그 분야의 전문가들은 쉽게 그러한 행위를 포착할 수 있지만, 보통 관찰자들은 그러한 능력이 없기 때문에, 이러한 상황에서는 저작권침해를 방치하게 될 수도 있다.

보통 관찰자 관점론의 결정적인 맹점은 일반인들이 두 작품을 전체적으로 비교하여 받은 즉각적인 관념과 느낌에 의하여 실질적 유사성을 판단하는 경우 아이디어의 유사성으로 인하여 두 작품이 비슷하다는 느낌을 받은 경우에도 실질적 유사성이 인정된다고 판단할 가능성이 높아진다는 것이다.[121] 이는 아이디어/표현 이분법의 취지를 무색하게 만드는 것일 뿐만 아니라 보상과 공유의 조화를 이루는 도구로서의 실질적 유사성 판단이 지나치게 보상 쪽으로 치우치게 만드는 원인이 될 수 있다.

이러한 여러 가지 문제점 때문에 미국에서도 컴퓨터프로그램저작물과 같이 기술적으로 복잡한 저작물에 대하여서는 프로그램 전문가의 관점에서 실질적 유사성을 판단함으로써 보통 관찰자 관점론을 사실상 포기하는 듯한 경향을 보여주고 있다.[122] 또한 음악저작물 가운데에서도 그 의도된 수요자가 일반인이 아니

---

120) 음악저작물의 유사성 판단 방법에 관한 문제에 대하여, "법원은 수요자 또는 청중 중심의 판단 방법을 토대로 한다고 하면서도 결국 유사성 판단에는 분해하여 분석하는 전문가의 판단방법을 이용하고 있는데, 이러한 판단방법은 전제로 제시한 설명과는 다른 것이다"라고 지적하는 견해가 있다. 그리고 이 견해는 "'내 남자에게'와 "Someday"는 가락과 리듬이 핵심적인 부분에서 상당한 양으로 유사하다는 점에서 유사성이 인정되는 것으로 보아야 하며, 가락이 포함된 관용구의 인정은 매우 신중해야 한다는 점에서 또는 가락이 포함된 대중음악의 관용구는 존재하지 않는다는 음악전문가들의 의견을 고려하여 가급적 인정하지 않는 것이 바람직하다'고 주장한다. 이경호·정진근, "음악저작물 표절판단에 있어서 관용구의 인정가능성", 정보법학 제18권 제1호 (2014. 4), 한국정보법학회, 196~198면 참조.

121) 예컨대 Daly v. Palmer, 6 F.Cas 1132, 1138 (C.C.S.D.N.Y. 1968)에서는 주인공이 철길에 묶여 있다가 접근해 오는 기차로부터 가까스로 탈출하는 장면이 유사하다고 하여 두 연극각본의 실질적 유사성을 인정하였다. 이러한 장면은 청중에게 상당히 강한 인상을 안겨다 줄 수 있는 것임에 틀림없다. 또한 이러한 장면이 두 연극에 등장한다면 청중의 입장에서는 두 연극이 비슷하다는 관념이나 느낌을 받을 여지도 충분히 있다. 그러나 아이디어/표현 이분법을 적용하면 위와 같은 장면은 그 세부적인 묘사가 유사하지 않는 한 누구나 이용할 수 있는 소재인 아이디어에 불과하다고 판명될 가능성이 크다.

122) Whelan Assoc., Inc. v. Jaslow Dental Lab., Inc., 797 F.2d 1222, 1232 (3d Cir. 1986); Dynamic Microprocessor Assocs, v. EKD Computer Sales, 919 F.Supp. 101 (E.D.N.Y. 1996);

라 음악전문가라고 할 수 있는 합창단 지휘자인 저작물에 있어서는, 합창단 지휘자의 관점에서 음악저작물의 실질적 유사성을 판단할 수 있다고 하면서, 이 경우 음악전문가가 그 저작물과 다른 작품을 비교할 때 음반을 듣지 않고 인쇄된 악보를 읽는 방식을 택한다면, 심리과정에서 음반을 들어보지 않았다고 하여 위법은 아니라는 판례[123]도 있다.[124]

다. 검토

1) 미국과 우리나라의 차이

미국에서는 결론에 이르게 되는 과정에서 사실의 문제(matter of fact)와 법의 문제(matter of law)를 엄격하게 구분하여 전자는 배심원이, 후자는 법관이 판단한다. 한편 원고의 저작물과 피고의 작품 사이에 실질적 유사성이 존재하는가 여부는 사실의 문제로 파악하기 때문에, 결국 실질적 유사성의 판단주체도 원칙적으로 배심원이 된다. 배심원은 일반 시민의 건전하고 평균적인 가치관과 경험, 지식을 갖춘 것으로 간주되고, 배심제도의 본질은 전문가나 법관이 아닌 이러한 일반 시민의 시각에 따라 사실인정을 하려는 데에 있는 것이므로, 저작권침해소송에 있어서 실질적 유사성도 전문가의 감정이 증거로 제출되지 않는 가운데 일반인이 직접적인 관찰로 받은 관념과 느낌에 따라 결정한다는 것이다. 전문가의 감정은 어디까지나 의거관계, 즉 사실적 복제(actual copying) 요건을 판정함에 있어서 고려할 뿐이고, 이 단계에서 나타난 유사성의 증거는 배심원들이 다음 단계에서 실질적 유사성을 판단함에 있어서 증거로 쓰일 수 없다.[125]

Melville B. Nimmer & David Nimmer, *Nimmer on Copyright* (2002), §13.03, 13~101면; Clapes, Lynch & Steinberg, Silicon Epics and Binary Bards : *Determining the Proper Scope of Copyright Protection for Computer Programs*, 34 UCLA L. Rev. 1493, 1571 (1987); Jon O. Newman , *New Lyrics for an Old Melody : The Idea/Expression Dichotomy in the Computer Age*, 17 Cardozo Arts & Ent. L .J. 691 (1999) 참조.

123) Dawson v. Hinshaw Music, Inc., 905 F.2d 731 (4th Cir, 1990).

124) "보통 관찰자의 관점"과 "전문가의 관점" 외에 "특허법상 당업자(PHOSITA)의 관점"을 도입하자는 견해도 있다. 이에 의하면, 당업자는 실질적 유사성을 전문가처럼 명확하게 분석할 수는 없지만, 일반 청중보다는 더 나은 위치에서 분석과 비판적 비교가 가능할 것이라고 본다. 이에 대해서는, 김창화, "저작권법상 실질적 유사성 판단의 관점에 대한 연구", 계간 저작권 제27권 제2호(2014), 한국저작권위원회, 25~28면 참조.

125) Arnstein v. Broadcast Music, Inc., 46 F.Supp. 379 (S.D.N.Y. 1942)에서는 두 음악저작물을 분석한 결과 유사성이 발견되었다고 하더라도 두 작품이 일반인의 귀에 다르게 들린다면 실질적 유사성을 인정할 수 없다고 판시하였다.

이러한 논리는 비교적 간단한 글이나 음악, 미술 등 문예적 저작물의 저작권 침해판단에는 잘 적용될 수 있었다. 그러나 저작물의 범위가 넓어지면서 일반인들이 쉽게 이해하기 어려운 복잡하고 기술적인 유형의 저작물들도 많이 등장하게 되었다. 설계도면이나 컴퓨터프로그램 등이 그 전형적인 예이고, 복잡한 소설이나 음악 같은 문예적 저작물도 일반인들이 쉽게 비교하여 유사성 여부를 판단하기 어려운 경우가 많다. 따라서 이러한 경우까지 포섭하는 일관된 방법론을 찾기 어렵다는 점을 인식하면서 컴퓨터프로그램과 같이 전문성을 요구하는 복잡한 분야에서 전문가 증언을 배심원이 사용할 수 있는 증거로서 허용한 판례들이 나타나기 시작하였다.126) 또한 미국 연방 제4항소법원은 매우 전문화된 음악에 있어서 전문가의 증언을 배심원의 사실판단의 증거로 쓸 수 있게 하기도 하였다.127) 더 나아가 전문가의 입장을 배제하여야 할 아무런 합리적인 근거가 없다고 하면서 사안에 따라 자유롭게 이를 반영하여야 한다는 학자들의 견해들도 다수 존재한다.128)

배심제도가 일반적으로 실시되지 않고 있는 우리나라에서는 법률전문가인 법관이 제출된 모든 증거에 의하여 자유심증에 따라 사실인정을 하기 때문에 미국처럼 전문가 감정 또는 증언을 사실인정의 자료로 삼는가의 문제는 원칙적으로 발생하지 않는다.129) 그러나 여전히 법관이 누구의 관점에서 실질적 유사성을 판정하여야 하는가 하는 문제는 남는다. 실무상 법원은 일반인, 수요자, 또는 보통 관찰자의 관점에서 실질적 유사성 여부를 판단하고 있는 것으로 보인다.130) 대부

---

126) Whelan Assoc., Inc. v. Jaslow Dental Lab., Inc., 797 F.2d 1222, 1232 (3d Cir. 1986); Computer Assocs., Int'l, Inc. v. Altai, Inc., 982 F.2d 693, 713~14 (2d Cir. 1992); Dynamic Microprocessor Assocs, v. EKD Computer Sales, 919 F.Supp.101 (E.D.N.Y.1996); Melville B. Nimmer & David Nimmer, *Nimmer on Copyright* (2002), §13.03, 13~101면.

127) Dawson v. Hinshaw Music Inc., 905 F.2d 731, 736~38 (4th Cir. 1990).

128) Montgomery Frankel, *From Krofft to Shaw and Beyond, The Shifting Test for Copyright Infringement in the Ninth Circuit*, 40 Copyright Law Symposium 429 (1997); Michelle V. Francis, *Musical Copyright Infringement : The Replacement of Arnstein v. Porter — A More Comprehensive Use of Expert Testimony and the Implementation of an Actual Audience Test*, 17 Pepperdine L. Rev. 493 (1990); Amy B. Cohen, *Masking Copyright Decisionmaking : The Meaninglessness of Substantial Similarity*, 20 U.C. Davis L. Rev. 719 (1987).

129) 다만 "국민의 형사재판 참여에 관한 법률"의 대상사건(법 제5조 참조)에 해당할 경우에는 배심원이 참여하는 재판을 받을 수 있다.

130) 서울고등법원 2017. 6. 22. 선고 2015나25893 판결(대법원 2017. 11. 23. 선고 2017다25413 심리불속행기각으로 확정); 서울고등법원 2011. 4. 13. 선고 2010나77424 판결(대법원 2011. 9. 8. 선고 2011다46609 심리불속행기각으로 확정); 부산고등법원 2021. 6. 24. 선고 2017나339 판결

분의 일반적인 사건에 있어서 규범적 판단은 사회통념상 가장 평균적인 사람의 관점에서 행하여지는 것이 대원칙이라고 할 것이므로 그러한 의미에서 저작권침해사건에 있어서도 보통 관찰자 관점론을 취하는 것이 아닌가 하는 조심스러운 추측을 해 볼 수 있다. 다만 국민참여재판이 적용되지 않는 일반 사건의 경우에서는 전문가들의 감정이 증거방법의 하나로서 법관의 심증형성에 사실상 영향을 미칠 수 있을 것이다. 따라서 미국의 보통 관찰자 관점론 중 일반인들이 전문가들의 분석의 도움을 받지 않은 채 자발적이고 즉각적인 관념과 느낌에 따라 실질적 유사성 판단을 행하여야 한다는 부분은 우리나라에 그대로 적용되기 어려운 부분일 수 있다. 그렇다면 우리나라에서는 현실적으로 전문가들의 도움이 필요한 복잡한 저작권침해사건에 있어서는 전문가의 관점을 충분히 고려하면서 실질적 유사성을 판단하고, 전문가들의 도움이 필요하지 않은 단순한 저작권침해사건에 있어서는 법관이 일반인의 관점에서 실질적 유사성을 판단한다고 할 수 있다. 다만 전문가의 도움이 필요한 경우에도 법관은 원칙적으로 일반인 또는 보통 관찰자의 관점에서 실질적 유사성 여부를 판단하여야 할 것이다.

2) 창작 인센티브와의 상관관계

이 책은 저작권 제도에 관한 실정권적 입장을 기본으로 한다고 밝힌 바 있다. 실정권적 입장에 의하면 저작권 보호범위는 창작자들의 창작 인센티브에 어떠한 영향을 미치는가를 고려하여 결정하여야 한다고 설명하였다. 따라서 판단 관점의 문제를 획일적으로 정하기보다는, 저작물의 유형과 특성을 고려하여 창작 인센티브와의 상관관계 아래에서 유연한 입장을 채택하는 것이 바람직하다. 원칙적으로 일반인의 관점에서 실질적 유사성을 판단하여야 할 것이지만, 필요한 경우에는 전문가의 관점을 보충적으로 참고하거나 예외적인 경우에는 전문가의 관점에서 판단하여야 할 경우도 있을 것이다.

3) 일반 수요자의 관점에서 판단하는 경우

창작 인센티브 중 중요한 비중을 차지하는 것은 경제적 이익이다. 경제적 이익은 수요자들의 수요를 통하여 창출되기 때문에 두 작품이 실질적으로 유사한지

(확정); 서울고등법원 2015. 8. 21. 선고 2015나25893 판결(대법원 2017. 11. 23. 선고 2017다25413 판결로 확정) 등 참조.

여부는 그 저작물의 잠재적 수요가 줄어드는가 여부에 따라 결정한다.[131] 그렇다면 실질적 유사성 판단에 있어서는 일반 수요자에 해당하는 사람의 관점이 채택되는 것이 원칙이다.

여기에서의 일반 수요자는 보통 관찰자 또는 일반인과 같은 의미를 가지는 것이 대부분이다. 그러나 그 개념이 항상 일치하는 것은 아니다. 보통 관찰자는 특정한 저작물과의 연관성이 배제된 채 사회적으로 가장 평균적이고 합리적인 상식을 가진 사람을 의미하지만, 일반 수요자는 특정한 저작물의 내용이나 목적과 강한 연관성을 가지기 때문이다. 미국에서는 이와 같이 누가 일반 수요자 또는 보통 관찰자인가 하는 점이 저작물의 내용과 목적에 따라 연동하는 점에 주목하여 '의도된 청중 테스트'(intended audience test)라는 용어를 사용하기도 한다.[132] 따라서 그 저작물의 특성과 내용에 따라 일반 수요자의 의미가 달라질 수 있음에 유의하여야 한다.[133]

예를 들면 일반적인 저작물에 있어서 어린이들은 보통 관찰자 또는 일반 수요자의 지위에 있다고 할 수 없다. 그러나 어린이들을 판매대상으로 하는 장난감이나 게임에 있어서는 어린이들이 그 부모들과 함께 일반 수요자의 범주에 포함된다. 따라서 위와 같은 장난감이나 게임의 실질적 유사성이 문제되는 경우에는 부모들의 관점뿐만 아니라 일반 수요자라고 할 수 있는 어린이들의 관점이 함께 고려되어야 한다.[134] Lyons Partnership, L.P. v. Morris Costumes, Inc., 판결[135]에서는 공룡 모양의 캐릭터인 Barney와 유사한 모습을 가진 Duffy the Dragon 의상을 판매한 사건이 문제되었다. 어른들은 주로 아이들을 즐겁게 할 목적으로 Duffy 의상을 구입하여 아이들의 생일파티에 이를 입고 나타나곤 했다. 어른들은 양자의 차이점을 쉽게 인식할 수 있었지만 2살 내지 5살의 아이들의 입장[136]에서

---

131) 현실적으로 시장에서 판매되지 않고 있는 저작물의 경우 현실적인 수요자가 존재하지 않으나, 잠재적으로는 향후 저작물이 판매의 대상이 될 수 있으므로 잠재적 수요는 여전히 존재한다.

132) Paul M. Grinvalsky, *Idea−Expression in Musical Analysis and the Role of the Intended Audience in Music Copyright Infringement*, 28 Cal. W. L. Rev. 395 (1991).

133) Sitzer, Michael Ferdinand, *Copyright Infringement Actions : The Proper Role for Audience Reactions in Determining Substantial Similarity*, 54 S.Cal.L. Rev. 385, 387 (1981).

134) 어린이용 장난감 인형에 있어서 보통 관찰자(Ordinary observer)는 어린이에 해당하므로 법원이 이에 관한 실질적 유사성을 판단함에 있어서는 어린이가 이를 어떻게 볼 것인가를 고려하여야 한다는 판례로서 Aliotti v. R.Dakin & Co., 831 F.2d 898, 902 (9th Cir. 1987); Ideal Toy Corp. v. Fab−Lu, Ltd., 261 F.Supp. 238, 241 (S.D.N.Y. 1966).

135) 243 F.3d 789 (4th Cir. 2001).

136) 법원은 이 연령대의 아이들이 수요자라고 보았다

는 양자의 차이를 잘 인식하지 못하였다.[137] 법원은 비록 Duffy 의상을 구입하는 주체는 어른들이지만 그 의상이 의도하는 수요자는 2살 내지 5살의 아이들이므로 이들의 관점에서 실질적 유사성을 판단하여야 한다고 판시하였다.

4) 전문가의 관점에서 판단하거나 이를 고려하는 경우

가) 전문가가 저작물의 수요자인 경우

저작물의 수요자가 전문가라면 앞서 살펴본 수요자 관점의 원칙에 의하더라도 전문가의 관점에서 실질적 유사성을 판단하여야 함은 당연하다. 예를 들어 오로지 컴퓨터 프로그래머에게만 판매되는 프로그램이 있다면 그 일반 수요자는 컴퓨터에 관한 전문지식이 없는 일반인이 아니라 평균적인 컴퓨터 프로그래머이다. 이 경우 컴퓨터프로그래밍에만 사용되는 프로그램의 실질적 유사성은 컴퓨터 문외한이 아닌 컴퓨터 프로그래머의 관점에서 판단되어야 하는 것이다. 또한 음악전문가를 위하여 편곡된 음악저작물은 음악전문가의 관점에서 판단하는 것이 상당하다.[138]

나) 일반인이 저작물의 수요자이지만 저작물의 특성상 전문가의 판단을 고려하여야 하는 경우

일반인이 저작물의 수요자라고 하더라도, 당해 저작물이 매우 기술적이고 복잡하여 일반인이 그 실질적 유사성을 판단하기에 곤란한 경우에는, 전문가의 관점을 고려하는 것이 필요하다. 이는 특히 컴퓨터프로그램과 같은 기능적 저작물에 있어서 필요하다. 일반인의 관념이나 느낌을 중시하는 보통관찰자 관점론은 관념이나 느낌에 그 핵심적 가치가 주어지는 문예적 저작물에 있어서는 타당할 수 있으나, 기능에 그 핵심적 가치가 주어지는 기능적 저작물에까지 그대로 적용하는데에는 무리가 있기 때문이다.

물론 저작물의 유사성 판단에 전문적인 지식이 필요하다고 하여, 두 작품의 실질적 유사 여부를 반드시 저작, 창작에 종사하는 전문가의 감정에 의하여서만

---

137) 원고는 이를 입증하기 위하여 실제 500명의 어린이들 앞에 Duffy 의상을 입고 나타났을 때 아이들이 흥분하면서 'Barney'를 외치던 사례, 30여개의 신문기사에서 사실은 Duffy 의상을 입고 있던 사람을 Barney라고 표현한 사례 등에 관한 증언이나 서증을 제출하였다.

138) Dawson v. Hinshaw Music Inc., 905 F.2d 731, 736~38 (4th Cir. 1990).

판단해야 되는 것은 아니고,139) 감정이 행하여진 경우에도 법원에게 전문가의 감정결과를 그대로 채용하여야 할 구속력이 발생하는 것은 아니다.140) 그러므로 전문가의 관점대로 판단한다는 표현보다는 전문가의 관점을 고려하여 판단한다는 표현이 적절하다.

다) 일반인이 저작물의 수요자이지만 표절이 매우 기술적으로 이루어져 일반인이 쉽게 관찰할 수 없는 경우

창작 인센티브에는 경제적인 요소만 존재하는 것이 아니다. 예컨대 자신의 저작물에 대한 예술적 통제권, 명성, 프라이버시 등 비경제적 요소도 창작의 인센티브가 될 수 있기 때문에 피고 작품의 유사성이 이러한 인센티브에 대한 해악을 미칠 정도가 되면 실질적 유사성을 인정하여야 한다.

그런데 앞서 보통 관찰자 관점론에 관한 유력한 비판 중 하나가 실질적으로는 무단으로 원고의 저작물을 차용하였으면서도 기술적이고 교묘한 포장을 통하여 전문성이 없는 보통 관찰자에게는 마치 두 작품이 다른 것처럼 느끼게 할 수 있는데 이 경우 저작권침해를 인정할 수 없다는 것이었다. 이는 저작물의 잠재적 수요를 감소시키지 않아 재정적 이익을 직접 해하지 않을지는 몰라도, 자신의 정신적 소산으로서의 창작물에 대한 통제권의 상실 등 비경제적 인센티브에 대한 해악을 불러일으킴으로써 여전히 창작 인센티브를 감소시키는 결과를 가져온다. 이러한 결과는 저작권법의 기본정신에 반하는 것이므로 창작 인센티브를 감소시키는 기술적인 표절에 대하여서는 전문가의 관점을 고려한 실질적 유사성 판단이 필요한 것이 아닌가 생각된다.141)

---

139) 한복디자인의 실질적 유사성에 관한 대법원 1991. 8. 13. 선고 91다1642 판결 중 해당 이유 부분 참조.

140) 소설과 영화 사이에 실질적 유사성이 있다고 판단한 감정결과에 대하여, 그 감정결과는 소설의 창작적인 표현형식 외에 아이디어의 유사성까지 포함해서 양자를 비교한 데 기인한 것이라고 판단되므로 받아들일 수 없다고 판시한 서울고등법원 2005. 2. 15.자 2004라362 결정(확정) 참조.

141) Harold Lloyd Corp. v. Witwer, 65 F.2d 1 (9th Cir. 1933) 및 McConnor v. Kaufman, 49 F.Supp. 738, 745 (S.D.N.Y. 1943)에서는 일반인들이 기술적인 표절을 포착하지 못하는 맹점에 대하여 언급하고 있다. 자세한 내용은 Melville B. Nimmer & David Nimmer, *Nimmer on Copyright* (2002), §13.03, 13~88, 89면 참조.

3. 실질적 유사성의 판단방식

가. 전체적 접근방식(Comprehensive Approach)

전체적 접근방식에 의하면, 법원은 두 작품 "전체"를 비교하여 양자가 실질적으로 유사한지 판단한다. 주로 보통 관찰자[142) 또는 일반 수요자의 전체적인 관념과 느낌(total concept and feel)이 유사한가에 따라 실질적 유사성 여부를 결정한다.[143) 그러므로 저작물의 표현 부분만 따로 떼어 놓은 다음 비교작업을 하는 것이 아니라, 이러한 여과 내지 추출작업 없이 원고의 저작물과 피고의 작품 전체의 비교작업을 행한다. 이 방식의 특징은 두 작품 사이의 세세한 비유사성에 주목하기보다는 전체적인 유사성에 주목하는 것이다. 이는 판단관점론 중 보통 관찰자 관점론과 밀접한 관련이 있다.

이처럼 일반인의 전체적인 관념과 느낌을 판단 기준으로 내세우는 입장은 본래 Daly v. Palmer 판결[144)에서 비롯된 것이다.[145) 이 사건에서는 두 작품에 철로에 묶여 있는 사람이 달려 오는 기차가 덮치기 바로 전에 그 곳을 벗어나는 유사한 장면이 들어있을 경우 실질적 유사성이 인정되는가 하는 점이 쟁점이 되었다. 법원은 실질적 유사성의 판단 기준으로서 관객들에게 실질적으로 동일한 인상을 주고 마음 속에 동일한 감정을 불러일으키는가 여부를 들면서 두 작품의 실질적 유사성을 인정하였다.[146)

이 방식은 저작재산권을 보호하는 취지에 부합하는 측면이 있다. 저작재산권은 저작물을 통하여 재산적 이익을 얻을 수 있는 독점권이다. 그런데 그 수요자에게 비슷한 관념과 느낌을 주는 침해물이 등장하면 이는 저작물에 대한 일종의 대체재(代替財)이므로 그만큼 진정한 저작물에 대한 수요가 감소한다. 이는 저작물을

---

142) 이와 같이 전체적인 접근방식에서는 보통 관찰자(Ordinary Observer)의 관점에서 느끼는 유사성을 강조하기 때문에 보통 관찰자 테스트(Ordinary Observer Test)라고 부르기도 한다(A Practitioner's Guide, Practicing Law Institute, 2003, 11:6 참조). 그러나 이후에 보게 될 분석적 접근방식에서도 판단관점의 주체는 당해 분야의 전문가가 아닌 보통의 관찰자이기 때문에 이를 보통 관찰자 테스트라고 부르는 것은 혼란을 가져올 수 있다.

143) 전체적인 관념과 느낌에 의한 유사성은 부분적·문자적 유사성보다는 포괄적·비문자적 유사성과 더 깊은 관련성이 있다.

144) 6 F.Cas. 1132, No 3,552 (C.C. S.D.N.Y. 1968).

145) Melville B. Nimmer & David Nimmer, *Nimmer on Copyright* (2002), §13.03, 13~85면.

146) 다만 앞서 살펴본 것처럼 위와 같은 장면은 그 세부적인 묘사가 유사하지 않는 한 아이디어간의 유사성으로 보는 것이 타당하다고 생각되므로 위와 같은 결론의 타당성은 의문스럽다.

통하여 얻을 수 있는 재산적 이익의 감소를 의미한다. 그러므로 저작재산권침해 여부를 판단하는 실질적 유사성도 양 작품에 대한 일반 수요자의 전체적인 관념과 느낌이 유사한가 여부에 의하여 정해진다는 것이다.

미국에서는 주로 아동용 도서[147]와 같이 단순한 저작물이나 축하카드,[148] 인형,[149] 포스터,[150] TV 광고,[151] 가장무도회 복장,[152] 비디오 게임의 스크린 디스플레이[153] 등 대중의 느낌에 호소하는 시청각적 저작물의 실질적 유사성을 판단함에 있어서 '전체적인 관념과 느낌'에 의존하는 전체적 접근방식을 활용하고 있다.[154]

하지만 이 방식에 대하여서는 앞서 본 보통 관찰자 관점론에 대한 비판과 마찬가지의 비판이 가능하다. 즉 전체적인 관념이나 느낌의 유사성은 비단 저작권으로 보호받는 표현의 유사성뿐만 아니라 저작권에 의하여 보호받지 못하는 아이디어의 유사성으로 인하여 발생할 수도 있는데 이를 정확하게 구분하지 못하는 일반 수요자들이 그 유사성이 아이디어와 표현 중 어느 것으로 인한 것인지를 염두에 두지 아니한 채 만연히 실질적 유사성을 인정할 가능성이 있는 것이다. 이러한 결과는 저작권 보호범위를 아이디어에까지 확장하는 결과를 가져온다. 이는 아이디어/표현 이분법을 통하여 달성하고자 하는 보상과 공유의 균형을 깨뜨릴 수 있다.

물론 전체적 접근방식이라고 하여 아이디어와 표현을 구분하지 않은 채 전체적인 관념이나 느낌만으로 저작권침해를 판단하자는 입장은 아니다. 배심원들은 판사로부터 저작권법에 의하여 보호받는 표현만으로 실질적 유사성을 판단하도록 하는 설명(instruction)을 듣게 될 것이다. 그러나 비전문가들이 그들의 관념이나 느낌에 따라 실질적 유사성을 판단하는 현실적인 과정에서 과연 아이디어와 표현

---

147) Reyher v. Children's Television Workshop, 533 F.2d 87 (2d Cir. 1976).

148) Roth Greeting Cards v. United Card Co., 429 F.2d 1106 (9th Cir. 1970).

149) Recycled Paper Prods., Inc. v. Pat Fashions Indus., Inc., 731 F.Supp. 624 (S.D.N.Y. 1990); Little Souls, Inc. v. Les Petits., 789 F.Supp. 56 (D.Mass. 1992).

150) Mistretta v. Curole., 22 U.S.P.Q. 2d 1707 (E.D.La. 1992).

151) Soloflex Inc. v. Nordictrack Inc., 31 U.S.P.Q. 2d 1721 (D.Or. 1994).

152) National Theme Prods., Inc. v. Jerry B.Beck, Inc., 696 F.Supp. 1348 (S.D.Cal. 1988).

153) Atari, Inc. v. North Am. Philips Consumer Elec. Corp., 672. F.2d 607 (7th Cir. 1982); Broderbund Software v. Unison World, Inc., 648 F.Supp. 1127 (N.D.Cal. 1986).

154) 오승종·이해완, 저작권법, 개정판, 박영사(2001), 472면 참조. 이 책에서는 이를 '외관이론'이라고 표현하고 있다. 외관이론과 그에 대한 비판에 대하여는, 이해완, 저작권법, 제4판, 박영사(2019), 1149~1151면 참조.

의 구분을 충분히 고려한 실질적 유사성 판정이 이루어질 수 있는지에 관한 의문은 여전히 남는다.

이러한 의문점 이외에도 앞서 보통 관찰자 관점론에서 살펴본 것처럼 교묘하고 기술적인 저작권침해행위를 방치하게 될 가능성이 높다는 점 역시 지적할 수 있다. 또한 원저작물에 상당한 정도의 새로운 창작성이 부가된 2차적 저작물의 작성행위 역시 원저작자의 허락없이 이루어졌다면 저작권침해행위에 해당하는데, 이러한 경우 과연 원저작물과 2차적 저작물의 전체적인 관념과 느낌이 유사하다고 볼 수 있는 것인지, 부분적·문자적 유사성만 존재하는 경우나 꼴라쥬,155) 패러디와 같은 경우에도 실질적 유사성이 존재할 수 있는데 이때도 '전체적'인 관념과 느낌이 유사한 것인지도 의문이다. '관념'이나 '느낌'이라는 기준 자체가 매우 추상적이고 애매모호하여 실질적 유사성 판단에 관한 법적 안정성이 해쳐질 수 있다는 비판이나 '유사하다'라는 것과 '유사한 느낌이 든다'라는 것 사이에는 개념적 차이가 있다는 비판도 가능하다.

나. 분석적 접근방식(Dissection Approach)

분석적 접근방식에 의하면, 법원은 우선 원고의 저작물에서 보호받는 요소와 보호받지 못하는 요소를 분석하여 보호받지 못하는 요소를 제거한 뒤, 보호받는 요소와 피고의 작품 사이의 실질적 유사성을 판단하게 된다. 이는 특히 컴퓨터프로그램의 저작권침해사건에서 주로 사용되어 온 방식으로서,156) "추상화 – 여과 – 비교 테스트(abstraction – filtration – comparison test)"라고 불리기도 한다.

이 방식은 전체적 접근방식과 반대로 아이디어/표현 이분법에 충실한 방식이다. 실질적 유사성의 개념 자체가 "표현 사이의 실질적 유사성"이므로 논리적으로 이러한 개념에 부합하는 방식이기도 하다. 이 방식은 판단관점론 중 보통 관찰자 관점론 및 전문가 관점론과 모두 관련성이 있다. 앞서 본 전체적 접근방식과 달리

---

155) '꼴라쥬(Collage)'는 '풀칠', '바르기' 따위의 의미였으나, 전용되어 화면에 인쇄물, 천, 쇠붙이, 나무조각, 모래, 나뭇잎등 여러 가지를 붙여서 구성하는 회화 기법 또는 그러한 기법에 의해 제작되는 회화를 가리킨다. 저작권침해와 관련하여서 타인의 저작물을 오려붙여 새로운 작품을 만드는 행위의 위법성이 문제될 수 있다.

156) 예컨대 Apple Computer Inc. v. Microsoft Corp., 35 F.3d 1435, 1445 (9th Cir. 1994), cert denied 513 U.S. 1184 (1995); Computer Assoc.Intl. Inc. v. Altai Inc., 982 F.2d 693, 714 (2d Cir. 1992), cert denied, 523 U.S. 1106 (1998); Computer Mgmt. Assistance Co. v. Robert F. Decastro, Inc., 220 F.3d 396, 400 – 2 (5th Cir. 2000).

전문가의 관점을 배척하지 않는다.

그러나 현실적으로 저작물을 여러 가지 요소로 분해하는 것은 매우 어려운 작업이다. 과연 어느 기준에 의하여 어느 정도까지 분해할 것인가를 결정하기가 곤란하다. 예컨대 회화와 같은 미술작품에 있어서 극단적인 분해작업이 이루어지게 되면, 선·색깔·점·여백 등 모든 회화에 공통되는 요소들만 남게 되는데, 이는 모두 아이디어 내지 소재에 해당하여 아무런 표현요소도 남지 않게 된다.157)

또한 설사 기본요소로 분해한 뒤 이를 아이디어와 표현으로 구분할 수 있다고 하더라도, 표현만의 비교는 대단히 비현실적이고 작위적인 비교가 될 가능성이 크다. 저작물은 이를 구성하는 개별적 요소가 아니라 그 요소가 어떻게 결합되어 있는가에 따라 그 특징이 달라진다. 특히 시각적 관념에 호소하는 미술저작물이나 사진저작물, 건축저작물의 경우에는 개별적인 요소가 어떠한 시각적 느낌을 불러일으키는 것이 아니라 그 개별적 요소가 어떻게 선택·배열·구성되었는가에 따라 시각적 느낌이 구성된다. 즉 요소 자체가 아닌 요소의 '결합'이 중요한 것이다. 한편 이러한 요소의 '결합'으로서의 선택·배열·구성은 하나의 유기체로 보아 전체적으로 판단하는 것이 타당하고, 이를 분해하여 판단한다는 것은 현실적으로나 개념적으로 쉽지 않다. 그러므로 분석적 접근방식은 비교적 논리적·구조적 성격을 가지는 소설이나 음악, 컴퓨터프로그램의 경우에는 그 가치를 발휘할 수 있지만, 감성적·총합적 성격을 가지는 시각적 저작물의 경우에는 그 효용을 발휘하기가 힘들다.

다. 2단계 접근방식(Bifurcated Approach)

2단계 접근방식은 전체적 접근방식과 분석적 접근방식의 내용들을 혼합하여 채택한 접근방식이다. 이 접근방식은 아래에서 살펴보는 것처럼 미국 판례법상 가장 주요한 방식으로 채택되고 있다.

이 접근방식은 하나의 통일된 모습을 보이는 것이 아니라, 각 항소법원에 따

---

157) CBS Broad. Inc. v. ABC Inc., No. 02 Civ. 8813 (S.D.N.Y. Jan. 13, 2003) 참조. 이 판결에서 Preska 판사는 "만일 우리가 이러한 주장(분석적 접근방식을 지칭함. 필자 註)을 논리적으로 일관한다면, 우리는 창작적인 그림은 없다는 결론에 이르게 될 것이다. 왜냐하면 그림을 구성하는 모든 색깔은 과거 언젠가 한번씩 사용되었던 것들이기 때문이다."라고 지적함으로써 분석적 접근방식의 작위성을 비판하였다. 이 판결에 대한 평석으로서는 Thomas A. Smart et al. *Reality Check: When Will two TV shows in the same genre be considered substantially similar under copyright law?* 21 Ent. & Sports Law 1 (2003) 참조.

라 조금씩 다른 모습으로 적용되고 있다. 그 중 미국 연방 제2항소법원과 연방 제9항소법원의 방식은 대표적인 두 가지 방식으로서 다른 항소법원들에 의하여 적용되고 있다.[158] 두 입장은 모두 ① 전문가의 객관적인 분석이 허용되고 아이디어의 유사성까지도 고찰대상에 포함하는 부분과 ② 전문가의 객관적인 분석결과를 고려하지 않은 채 보통 관찰자가 두 작품을 전체적으로 관찰, 비교하여 그 느낌에 따라 유사성을 판단하는 부분으로 나누어진다는 공통점이 있다. 미국 연방 제2항소법원의 기본적인 입장은 Arnstein 판결[159]에서, 연방 제9항소법원의 기본적인 입장은 Krofft 판결[160] 및 Shaw 판결[161]에서 발견할 수 있는데, 아래에서는 이를 간략하게 소개하기로 한다.

1) Arnstein 판결의 기준(미국 연방 제2항소법원의 기준)

Arnstein 판결은 여러 개의 음악저작물들에 관한 저작권자인 원고가 그의 저작권이 피고에 의하여 침해되었다고 주장하면서 소송을 제기한 사건에 관한 것이다. 이 사건에서 미국 연방 제2항소법원은 저작권침해를 판단함에 있어서 최초로 두 단계의 판단 기준을 제시하였는데 이 기준은 연방 제2항소법원의 저작권침해 판단 기준의 원형으로 자리잡았고, 이후 다른 연방 항소법원의 판단 기준을 형성하는 데에도 커다란 영향을 미쳤다. Arnstein 판결에 의하면 실질적 유사성 판단은 두 단계로 나누어지는데, 그 중 첫 번째는 사실적 복제행위(actual copying)가 있었는지를 판단하는 단계이고, 두 번째는 부당한 차용행위(improper appropriation)가 있었는가를 판단하는 단계이다.

첫 번째 단계인 사실적 복제행위 요건은 아이디어와 표현을 불문하고 피고가 원고의 저작물을 실제로 베꼈는가 여부에 관한 것이다. 그 입증은 직접적 혹은 간접적으로 이루어질 수 있는데 통상 접근가능성이라는 정황의 입증을 통하여 간접적으로 이루어지게 된다. 접근가능성이 입증된 경우는 물론 입증되지 않은 경우라고 하더라도 두 작품 사이에 현저한 유사성이 존재한다면 사실적 복제행위가 있었다고 판단할 개연성이 높아진다. 이러한 유사성의 판단에 있어서는 아이디어와

---

158) Douglas Y'Barbo, *The Origin of the Contemporary Standard for Copyright Infringement*, 6 J. Intell. Prop. L. 285 (1999).

159) Arnstein v. Porter, 154 F.2d 264 (2d Cir. 1946).

160) Sid & Marty Kroft Television Products Inc. v. McDonald's Corp., 562 F.2d 1157 (9th Cir. 1977).

161) Shaw v. Lindheim, 908 F.3d 531 (9th Cir. 1990).

표현을 구분하지 않고 전체를 그 판단대상으로 삼는다. 또한 그 유사성 판단에 있어서는 단순히 일반인의 즉각적인 반응뿐만 아니라 전문가에 의한 유사성 분석도 허용된다.

두 번째 단계는 부당한 차용행위의 존재이다. 부당한 차용행위는 사실적 복제행위와 구별된다. 사실적 복제행위의 입증단계에서 유사성이 존재하는 것으로 판명되더라도 그 유사성이 저작권법에 의하여 보호받지 못하는 아이디어간의 유사성으로 인한 것이라면 그것이 곧 부당한 차용행위에 해당하는 것은 아니다. 또한 사실적 복제행위가 있었더라도 그 복제의 대상이 저작물의 매우 적은 부분에 불과하여, 두 작품 사이에 전체적으로 실질적 유사성이 결여되는 경우 역시 사실적 복제행위 요건은 충족하면서 부당한 차용행위 요건은 충족하지 않게 된다. 결국 사실적 복제행위 이외에도 저작권법에 의하여 보호되는 표현간의 실질적 유사성이 입증될 때에 비로소 그 복제행위가 "위법"하다는 규범적 평가를 받게 된다.[162] 이와 같은 실질적 유사성은 보통 관찰자가 두 작품을 전체적으로 관찰하여 느끼는 바에 따라 판단하게 된다. 이 단계에서 전문가의 증언이나 분석은 실질적 유사성의 판단에 쓰일 수 없다.

이러한 연방 제2항소법원의 두 단계는 우리나라 대법원 판례에 나타난 의거 관계와 실질적 유사성 단계에 각각 대응한다. 다만 전문가의 증언이나 분석의 허용 여부를 둘러싼 논의들은 미국에 특유한 것이다.

2) Krofft 판결 및 Shaw 판결의 기준(미국 연방 제9항소법원의 기준)

미국 연방 제9항소법원의 저작권침해판단 기준은 Krofft 판결에 의하여 형성되었다. Krofft 판결은 TV 쇼의 저작권침해에 관하여 다루었다. 연방 제9항소법원은 실질적 유사성을 판단함에 있어서 다음의 두 가지 테스트를 거친다. 첫 번째 테스트는 외부적 테스트(extrinsic test)이고, 두 번째 테스트는 내부적 테스트(intrinsic test)이다.

---

162) 만약 사실적 복제행위도 있고 두 작품의 표현 사이에 실질적 유사성도 존재하지만 그것이 자유이용의 범위에 포함되어 결론적으로 허용되는 복제행위라면 이때에도 "부당한" 차용행위가 있었다고 볼 것인가? 논리적으로는 위의 두 가지 요건, 즉 의거요건과 실질적 유사성 요건은 저작권자인 원고가 주장·입증하여야 할 사항이고, 그 복제행위가 자유이용의 범위에 포함되어 허용된다는 것은 상대방인 피고가 항변사항으로서 주장·입증하여야 할 것이다. 따라서 일단 의거요건과 실질적 유사성 요건이 충족되면 일단 저작권침해행위가 있는 것으로 추정되지만, 피고가 자유이용항변을 성공시킴으로써 그 추정을 뒤엎는 구조로 이해하면 될 것이다.

외부적 테스트는 두 작품의 일반적인 아이디어(general ideas) 사이에 어느 정도의 유사성이 존재하는가를 판단하는 테스트이다. 이 단계에서는 분석적 접근이 필요하고, 이를 위하여 경우에 따라 전문가의 개입이 요구되기도 한다. 내부적 테스트는 두 작품의 표현 사이에 유사성이 존재하는가를 판단하는 테스트이다. 이 단계에서는 전문가(expert)가 아닌 합리적인 통상인(ordinary reasonable person)의 기준에서 전체적인 관념과 느낌에 의하여 주관적으로 그 유사성을 판정한다.163)

미국 연방 제9항소법원의 Krofft 테스트는 연방 제2항소법원의 Arnstein 테스트 중 '사실적 복제행위' 테스트를 '외부적 테스트'로 대체하면서, 아이디어와 표현을 구분하지 않고 전체적인 유사성을 고려하는 Arstein 테스트와 달리 아이디어의 유사성만을 비교한다는 차이점이 있다. Arnstein 테스트의 '부당한 차용행위' 테스트와 Krofft 테스트의 '내부적 테스트'는 비슷한 내용을 담고 있다.

Krofft 판결 이후 선고된 Shaw 판결에서는 외부적 테스트와 내부적 테스트를 각각 객관적 테스트(objective test)와 주관적 테스트(subjective test)로 새로이 명명하였고, 객관적 테스트에서는 아이디어뿐만 아니라 표현까지 고려하여 전체로서의 유사성도 판정하여야 한다는 점, 주관적 테스트에서는 그 중 표현 부분에 대한 유사성을 판정하여야 한다는 점을 분명히 하였다.

3) 2단계 접근방식의 논리 및 이에 대한 평가

Arnstein 판결과 Krofft 판결로 대표되는 미국의 2단계 접근방식은 모두 객관적이고 분석적인 접근방식과 주관적이고 전체적인 접근방식을 혼용하고 있다는 점, 양자는 서로 분리된 테스트로서 서로 영향을 미치지 않고, 전자와 후자의 테스트를 차례대로 통과하는 경우에 한하여 실질적 유사성이 인정된다는 점에서 공통된다. 이는 표면적으로는 전문가와 일반인, 분석과 직관을 모두 아우른다는 점에서 일면 타당성이 있는 것처럼 보이기도 한다.

그러나 2단계 접근방식의 맹점은 위 두 가지 다른 접근방식이 서로 융화되지

---

163) Krofft 판결에서는 내부적 테스트의 내용으로서 원고의 저작물과 피고의 작품이 주는 전체적인 관념과 느낌이 유사한가 여부를 들고 있을 뿐이다. 이에 대하여 실질적 유사성은 원고의 저작물 전체가 아니라 원고의 저작물 중 보호받는 표현 부분에 관하여 존재하여야 하는 것인데 이를 명시하지 않은 것은 적절하지 않다. 실제로 그 뒤에 선고된 대부분의 연방 제9항소법원 판결들은 Krofft 판결에 나타난 내부적 테스트에 있어서의 유사성을 원고의 저작물 중 표현 부분과 피고의 작품 사이의 유사성으로 이해하여 적용하고 있다. Paul Goldstein, *Copyright*, (2d ed. 1996), 7:36면 참조.

못하고 있다는 데에 있다. Arnstein 판결의 경우에는 전문가의 분석은 어디까지나 의거단계에서만 작용될 뿐이고 막상 실질적 유사성 판단단계에서는 결국 일반인의 직관에 의존한다는 점에서 보통 관찰자 관점론 또는 전체적 접근방식에 가하여지는 비판을 피하지 못한다. Krofft 판결의 경우에는 전문가의 분석이 실질적 유사성 판단단계 중의 하나인 외부적 테스트 또는 객관적 테스트에 편입되어 있으나, 이 역시 실질적 유사성을 결정하는 최종 단계인 내부적 테스트 또는 주관적 테스트에 아무런 영향을 미치지 못한다는 면에 있어서는 Arnstein 판결과 본질적으로 다르지 않다. Shaw 판결은 Krofft 판결이 최종적으로 일반인의 전체적인 관념과 느낌에 실질적 유사성 여부의 결론을 의존함으로써 빠질 수 있었던 맹점을 가지고 있었던 것에 대하여, 일반인이 실질적 유사성 여부를 판단하여야 할 대상이 '전체'가 아닌 '표현' 부분임을 분명히 함으로써 이를 극복하고자 하였다. 그러나 과연 일반인에게 작품의 일부인 '표현' 부분만 비교대상으로 삼으면서 '전체적'인 관념과 느낌을 기준으로 실질적 유사성 여부를 궁극적으로 판단하게 하는 것이 타당한가에 대한 의문은 여전히 남는다.

요컨대 2단계 접근방식은 실질적 유사성 판단에 있어서 '전문가의 관점' 및 '분석적 접근'이 중요하게 작용하는 저작물들이 얼마든지 있을 수 있는데도, 위와 같은 관점 및 접근방식은 궁극적인 판단에는 제대로 역할을 하지 못한다는 것이 그 주된 문제점으로 지적될 수 있다.

라. 검토

1) 분석적 접근방식의 원칙적 타당성

미국의 실질적 유사성 판단방식이 복잡한 양상으로 논의되는 것은 배심제도와 깊은 관련성을 가지고 있다. 배심제도 하에서는 사실의 문제(matter of fact)는 배심원이, 법의 문제(matter of law)는 법원이 판단한다. 배심원은 그 분야의 전문가가 아니라 일반 국민들 사이에서 선정되며, 일반인의 시각과 관점에서 사실인정을 행한다. 따라서 저작권침해사건에서도 최종적으로 배심원이 문외한의 입장에서 전문가의 입장을 고려하거나 저작물에 대한 체계적이고 논리적인 분석행위 없이 그들이 받는 느낌에 따라 실질적 유사성 여부를 판단한다.[164] 그러나 저작권침

---

164) 이러한 명제가 꼭 타당한지는 의문이다. 앞서 판단관점론에서 설명하였듯이 전문가의 분석이 실질적 유사성 판단에 미치는 영향은 사안 및 그 사안에서 문제되는 저작물의 특성에 따라 달라지

해사건에서는 아이디어와 표현이 구분되어야 한다는 문제가 있고, 이를 위하여서는 전문가의 도움이 필요한 경우가 있다. 미국의 주류로 자리잡고 있는 2단계 판단방식도 저작물을 분석한다거나 전문가적 시각에서 유사성을 판단하는 등의 절차가 전체적인 실질적 유사성 판단과정에서 어디에 위치 지워져야 하는 것인지에 관한 응답이다. 아울러 이 책에서는 자세하게 언급하지 않았지만 2단계 판단방식에 관하여서는 그 각 단계가 사실의 문제와 법의 문제 중 어디에 해당하는지, 배심원의 사실인정 없이도 법원이 독자적으로 판단할 수 있는 영역은 어디까지인지, 특히 사실관계에 다툼이 없을 때 행하는 약식결정(summary judgment)의 허용범위는 어디까지인지 등 여러 가지 복잡한 논의도 계속되고 있다.[165]

　　반면 우리나라에서는 국민참여재판의 경우를 제외하고는 배심제도를 채택하지 않고 있어 법관이 사실문제와 법률문제에 대한 전권을 가지고 있다. 그러므로 이 두 문제의 판단주체가 분리되어 있는 미국과는 달리 위와 같은 복잡한 논의과정이 큰 의미를 가지지 않는다. 더구나 자유심증주의의 원칙상 법관이 심증을 형성하는 데에 전문가의 분석결과를 참고하지 못하게 할 근거가 없기 때문에 주로 그 허용 여부를 둘러싸고 벌어지는 미국의 논의는 우리나라에 그대로 적용할 수 없는 것이다. 따라서 미국의 2단계 접근방식이 우리나라의 실제 재판과정에 가지는 실제적인 의미는 그리 크지 않다고 생각된다. 다만 아이디어/표현 이분법과 관련하여 실질적 유사성을 어떠한 논리적인 순서에 따라 판단할 것인가에 관한 문제는 여전히 남아 있다.

　　우리나라 대법원 판례들을 살펴보면 창작성이 있는 표현의 부분만을 추출하여 비교의 대상을 확정한 뒤 피고의 작품과 유사성 여부를 검토하는 방식, 즉 위에서 본 분석적 접근방식을 취한 흔적들을 다수 발견할 수 있다. 즉 대법원은 한복디자인의 실질적 유사성에 관한 사례에서 "한복디자인이란 종래의 문화적 유산인 복식에 기초를 두고 이에 변형을 가해가는 것이므로 그 디자인 중 저작권에 의하여 보호되는 것은 저작자의 독창성이 나타난 개인적인 부분만에 한하고 옛부터 전해 내려오는 제작기법이나 표현형식은 누구나 자유롭게 이용할 수 있는 것이어서 저작권 보호의 대상이 되지 않는다고 할 것이므로, 저작권의 침해 여부를

　　　는 것이지 일률적으로 그 허용 여부를 정할 것은 아니다. 이러한 보통 관찰자 관점론의 한계에 대하여서는 미국 안에서도 상당한 공감대가 이루어지고 있음은 판단관점론에서 살펴보았다.

165) 자세한 내용은 Robert C. Osterberg & Eric C. Osterberg, *Substantial Similarity in Copyright Law* (2003), Chapter 3 'Tests for Substantial Similarity' 참조.

가리기 위해 두 저작물 사이에 실질적 유사성이 있는가의 여부를 판단함에 있어서도 위 독창적인 부분을 가지고 대비를 해야 한다"라고 판시하여,166) 비교의 대상이 저작물 전체가 아닌 창작성 있는 표현 부분임을 명백히 하고 있고, 이러한 취지는 그 뒤의 대법원 판결들에서 계속 반복되고 있다.167) 이러한 대법원의 태도는 ① 원고 저작물에서 아이디어와 표현의 구분 → ② 원고의 표현 부분과 피고 작품의 비교의 단계를 거치는 것으로서 위에서 본 분석적 접근방식 또는 컴퓨터 프로그램저작물과 관련하여 미국 판례상 도입된 추상화－여과－비교 테스트(abstraction－filtration－comparison test)168)와도 맥락을 같이 하는 것이다.169) 이와 같은 대법원 판례의 태도는 오로지 창작성 있는 표현만 보호함으로써 공유의 원칙과 보상의 원칙을 조화롭게 달성하려는 저작권법의 태도와 일치하는 것으로서 원칙적으로 타당하다고 생각한다.170)

　이러한 태도에 의하면 전체적인 관념과 느낌은 실질적 유사성을 판단함에 있어서 고려하는 수많은 요소들 중 하나에 불과한 것이기 때문에 그 관념과 느낌에 차이가 있다고 하더라도 실질적 유사성이 인정되는 경우가 있을 수 있다. 예를 들어 원고 저작물의 일부만을 이용하여 다른 요소를 부가한 경우, 원고 저작물과 피고 작품을 '전체' 대 '전체'로 비교하면 그 관념과 느낌이 다를 수 있지만, 그 이용된 일부가 양적 및 질적 판단 기준에 의할 때 원고 저작물 중 가치 있는 표현부분이고, 피고 작품에 부가된 부분이 피고 작품을 별개의 독립저작물로 취급할 만큼 충분하지 못한 경우에는 여전히 저작권침해가 성립할 수 있는 것이다.

　우리나라 하급심 판례 가운데에서도 국내 최초로 파리－다카르 랠리를 참가하여 완주한 교포 카레이서가 쓴 '사하라 일기'라는 서적과, 인기 만화작가가 그

---

166) 대법원 1991. 8. 13. 선고 91다1642 판결.

167) 대법원 1993. 6. 8. 선고 93다3073, 3080 판결; 대법원 1997. 9. 29. 97마330 결정; 대법원 2004. 7. 8. 선고 2004다18736 판결.

168) Computer Associate Int'l Inc. v. Altai Inc. 982 F.2d. 693 (2d Cir, 1992).

169) 원고의 표현 부분 가운데 피고에게 이용허락한 부분이 있다면 그 부분에 한하여서는 아무런 저작권침해가 발생하지 않는 것이므로 이를 실질적 유사성 판단의 비교대상에서 제외하여야 할 것이다. Apple Computer, Inc. v. Microsoft Corp., 35 F.3d 1435 (9th Cir. 1994) 판결에서도 원고와 피고 사이에 이용허락관계가 존재하는 사안에 관한 실질적 유사성이 문제되었는데, 법원은 원고가 저작권침해라고 주장한 부분 중 90%가 이미 적법하게 이용허락된 부분이라는 점을 들어 실질적 유사성을 부정하였다.

170) 전체적 관념과 느낌에 의존하는 전체적 접근방식보다 아이디어와 표현의 구분이 선행되는 분석적 접근방식의 타당성을 옹호하는 견해로서 Melville B. Nimmer & David Nimmer, *Nimmer on Copyright* (2002), §13.03, 13~79 내지 84면 참조.

카레이서와 유사한 주인공을 내세워 자동차 경주를 주제로 하여 제작한 '아스팔트 사나이'라는 만화 사이의 실질적 유사성을 판단하면서, 양 작품이 표현형식, 주제, 구성에 관한 전체적인 관념과 느낌에 있어서 상당한 차이가 있음이 인정되지만 일부 사건, 대화 및 사상의 표현에 있어서 동일성 내지 유사성이 인정되므로 실질적 유사성이 있다고 판단한 사례가 있다.171)

2) 3단계 접근방식의 제안

이와 같이 이론적으로는 아이디어/표현 이분법을 충실히 반영한 분석적 접근방식이 타당하나, 그 실제 적용에 있어서 '표현'을 '추출'한 뒤 이를 피고 작품과 '비교'한다는 것은 이론적으로는 명쾌해 보이지만 현실적으로는 대단히 애매모호한 작업이다. 실제로 법원이 실질적 유사성을 판단할 때에도 추상화(abstraction) 및 여과(filtration)와 비교(comparison)가 항상 그 순서대로 이루어지는 것은 아닐 수 있다. 과거에는 전체적 접근방식처럼 양 작품을 전체 대 전체로 비교하되 아이디어/표현 이분법을 염두에 두고 합목적적인 결론을 내리는 경우도 있었다.

예를 들어 음악저작물의 저작권침해사건에 있어서도 먼저 원고의 음악저작물을 들으면서 이를 추상화하여 개별 요소들을 추출하고, 그 중 아이디어 부분과 표현 부분을 분리함으로써 표현 부분을 여과해 내고, 그 다음 피고의 작품을 들으면서 이를 표현으로 여과된 결과를 비교하는 것은 상당히 비현실적이다. 오히려 이 경우에도 일단 두 음악 전체를 순차적으로 듣고 나서 그 느낌으로 대강의 결론을 내린 뒤 그 검증작업으로서 개별적인 요소 분석 및 비교가 시작된다고 하는 것이 솔직한 고백일 것이다. 그러한 점에서 전체적 접근방식의 장점을 무시할 수 없다. 따라서 실질적 유사성 판단은 ① 대비를 통한 유사성 요소의 확정, ② 표현적 요소의 확정, ③ 유사성의 정도를 고려한 표현적 요소의 보호 여부 판단이라는 3단계에 따라 행하는 것이 타당하다고 생각한다.172)

---

171) 서울지방법원 1996. 9. 6. 선고 95가합72771 판결(서울고등법원 1997. 7. 22. 선고 96나41016 판결로 확정).

172) 태진아의 인기가요 '사랑은 아무나 하나'가 기존 가요를 표절한 것인가가 문제되었던 사건에 관한 서울고등법원 2004. 3. 16. 선고 2002나61547 판결에서도 이와 유사한 논리적인 판단과정을 밟아 갔다는 점을 추론할 수 있다. 위 판결에서는 우선 ① 단계로서 문제가 된 두 가요에 있어서 유사성이 발견된다고 전제한 뒤, 리듬, 가락, 화성 사이에 전체적 혹은 부분적으로 존재하는 유사요소를 확정하였다. 나아가 ② 단계로서 구전가요 부분(원고의 가요 중 가사 부분의 기본적인 리듬, 가락, 화성이 이에 해당한다고 판시)은 보호받을 수 없는 요소라고 하여 이를 비교대상에서 제외한 뒤, ③ 단계로서 위와 같이 아이디어 부분을 제외하고 난 후 남게 되는 전주 부분

가) 제1단계 : 대비를 통한 유사성 요소의 확정

실질적 유사성의 판단은 원고의 저작물을 분해하는 것이 아니라 두 작품을 대비함으로써 출발하는 것이 현실적인 재판실무이고, 또한 그렇게 하는 것이 자연스럽다. 그러므로 실질적 유사성 판단의 첫 번째 단계는 대비를 통한 유사성 요소의 확정이다. 이 단계는 ① 두 작품을 대비하는 부분과 ② 그 대비를 통하여 유사성 요소를 확정하는 부분으로 나누어진다.

우선 두 작품을 대비하는 부분에 관하여 살펴본다. 두 작품을 대비할 때에는 전체 대 전체로 대비하는 것이 원칙이나, 부분적·문자적 유사성만 문제되는 경우에는 전체 대 전체의 대비작업은 현실적으로 필요가 없을 것이다.

이 단계에서 가장 먼저 문제되는 것은 누구의 관점에서 대비작업을 수행할 것인가 하는 점이다. 이는 앞서 판단관점론에서 충분히 논의하였다. 원칙적으로 그 저작물에 대한 일반적인 수요자의 관점에서 대비가 이루어진다. 그러나 일반적인 수요자의 관점에서는 두 작품의 실질적인 비교 자체가 곤란하거나, 그 비교가 가능하더라도 일반적인 수요자가 쉽게 포착할 수 없는 기술적인 표절의 의심이 있는 경우에는 전문가의 관점에서 비교를 행하여야 한다. 이 단계에서 다음으로 문제되는 것은 대비의 방법이다. 이는 저작물의 특성에 따라 달라지게 될 것이다. 어문저작물은 읽는 것으로, 음악저작물은 듣는 것으로, 시각적 저작물은 눈으로 관찰하는 것으로 대비작업을 행한다. 프로그램저작물의 경우 화면을 관찰하는 것만으로 그 코드를 확인할 수는 없으므로 별도로 소스코드가 제출되어야 할 것이고, 전문가에 의한 감정이 행하여지는 경우가 많을 것이다. 미술저작물, 사진저작물 또는 건축저작물처럼 동시 대비가 가능한 경우도 있을 수 있으나 기타 저작물은 이시(異時) 대비 즉 순차적인 대비가 오히려 통상적인 모습이다.

다음으로 대비를 통하여 유사성 요소를 확정하는 부분에 관하여 살펴본다. 이는 보통 두 작품의 대비 결과 유사성이 느껴지거나 발견되는지를 확인하고, 그렇다면 어떠한 요소들이 유사성을 유발하는지를 확정하는 것이다. 물론 판단관점론에서 언급하였듯이 전체적인 관념과 느낌이 유사하지 않더라도 실질적 유사성이 인정될 수 있는 기술적 표절과 같은 경우도 존재하므로, 이러한 부분이 쟁점이 되고 있다면 전문가에 의하여 비유사하게 위장된 유사성 요소의 존재 여부를 검

의 유사성만으로는 실질적 유사성이 있다고 하기 어렵다고 판단하여 결론적으로 실질적 유사성을 부정하였다(대법원 2004. 7. 8. 선고 2004다18736 판결로 확정).

토하게 할 수 있다. 여기에서 특정하는 유사성 유발요소가 아이디어인지 표현인지는 중요하지 않다. 이 단계에서 밝히고자 하는 것은 사실적인 의미의 유사성이 존재하는가 여부이기 때문이다.

이와 같이 제1단계로서의 대비 및 유사성 요소 확정단계는 두 작품을 전체 대 전체로 비교한다는 점에서는 전체적 접근방식과 유사하지만, 유사성 요소를 특정한다는 점에서는 분석적 접근방식과 유사하다. 그러나 전체적 관념과 느낌만을 내세우지 않고 전문가에 의한 대비도 허용한다는 점에서 전체적 접근방식과 차이가 있고, 요소의 분해 내지 분석이 선행되는 것이 아니라 전체적 대비에 의한 사실적 유사성 판단이 선행된다는 점에서 분석적 접근방식과 차이가 있다. 이 단계의 수행은 전체적 관념과 느낌 테스트로 인하여 아이디어/표현 이분론이 소홀해지거나 전문가의 관점이 간과됨으로써 보호의 사각지대에 놓일 수 있는 창작 인센티브를 보호해 낼 수 있다는 점, 원고 저작물의 모든 요소를 분해 또는 분석하는 것이 아니라 오로지 유사성을 유발하는 요소만 분석의 대상으로 확정한다는 점에서 전체적 접근방식 내지 분석적 접근방식의 단점을 보완한다.

나) 제2단계 : 표현적 요소의 확정

만약 전체적 비교를 통하여 양자 사이에 사실적인 유사성이 인정된다고 판단되고 그 유사성을 발생시키는 요소까지 확정되었다면, 그 다음 단계로서 그 유사성 요소들 가운데 저작권법의 보호를 받을 수 있는 표현적 요소가 무엇인지를 확정한다.

어떠한 요소가 아이디어와 표현 중 어디에 해당하는가 하는 점에 관하여서는 이 장의 제1절 '실질적 유사성 판단의 실체적 측면' 중 보호대상의 문제로 자세하게 살펴보았다. 그 논의에 따르면 당해 요소가 어느 정도의 구체성, 독창성, 다양한 표현가능성을 가지고 있는지, 또한 창작소재로서의 성격이 존재하는지, 정책적인 견지에서 당해 요소를 독점적으로 보호하는 데에 들어가는 사회적인 비용이 얼마나 높은지에 따라 그 아이디어 또는 표현으로서의 성격을 판단하게 된다.

이 작업이 보다 순조롭고 체계적으로 이루어지기 위하여서는 특정한 유형의 저작물을 구성하는 전형적인 요소들이 무엇인지, 그 중 표현성이 강한 요소들은 무엇인지가 미리 정리되어 있다면 좋을 것이다. 이 책의 제5장에서는 이러한 입장에 따라 각 저작물의 요소들을 아이디어성이 강한 요소와 표현성이 강한 요소로 구분하고 있다.

다) 제3단계 : 유사성의 정도를 고려한 표현적 요소의 보호 여부 판단

마지막으로 아이디어에 해당하는 유사성 요소들을 제외하고, 표현에 해당하는 유사성 요소들만을 가지고도 여전히 두 작품 사이에 저작권침해를 긍정하는 것이 저작권법의 목적상 타당한 것인지 검토한다. 이 단계도 궁극적으로는 표현적 요소만을 가지고 피고의 작품과 현실적으로 '비교'하는 것이 지나치게 작위적인 것이 아닌가 하는 비판을 받을 수 있다. 그러나 보다 정확하게 표현하자면 이 단계에서는 '비교'가 행하여진다기보다는 '정책적 판단'이 행하여지는 것이다.

이 단계에서 중요한 것은 다음의 세 가지이다. 첫 번째는 당해 표현적 요소가 창작자의 창작 인센티브에 얼마나 중요한 역할을 하는 것인가를 검토한다. 이는 다시 말해 표현적 요소가 당해 저작물에서 차지하는 본질적인 비중이 얼마나 큰가 하는 점이다. 이를 판단함에 있어서는 아이디어와 표현을 구분하는 다섯 가지 고려요소가 그대로 적용될 수 있으나, 특히 당해 요소가 어느 정도의 창작성을 가지고 있는지, 또한 어느 정도의 다양한 표현가능성이 있는지를 참고하여야 할 것이다. 두 번째는 당해 표현적 요소가 얼마나 유사하게 이용되었는가, 즉 유사성의 정도를 검토하는 것이다. 세 번째로 피고가 창작적인 요소를 부가하여 양 작품 사이에 유사하지 않은 요소들이 존재하는 경우에는, 그 유사하지 않은 요소들의 존재 및 비중이 위 표현적 요소를 압도하여 피고의 작품이 새로운 저작물로 보호받을 만한 가치를 가지게 되었는가를 검토한다.

그 요소의 창작적 비중이 크면 클수록, 또한 유사성의 정도가 높으면 높을수록 저작권침해가 인정될 가능성이 커지는 것이고, 궁극적으로는 판단주체의 판단 재량이 개입하게 된다. 이 단계에서 판단주체는 스스로에게 "만약 당해 부분이 이 정도로 유사하게 이용되도록 놓아둔다면 창작자의 창작 인센티브가 의미있게 감소할 것인가?"라는 질문을 던지게 된다.

이러한 판단은 창작 인센티브를 고려한 정책적 판단이라는 점에서 관념과 느낌에 의존한 전체적 접근방식과 구별되고, 이러한 정책적 원리에 대한 명시적인 언급이 없는 기존의 분석적 접근방식과 구별된다.

4. 대상에 따른 실질적 유사성의 판단방식

저작물과 침해물 간 유사 여부 및 유사 정도를 판단할 때, 이 중 어느 것을 기준으로 비교하여 판단하는지에 따라 그 결과가 달라질 수 있다.[173)

가. 원본 기준 판단방식

원본 기준 판단방식은 원본(저작물)의 얼마나 많은 부분이 복제되었는지를 기준으로 판단하는 방식이다. 이 방식은 비교본(침해물)에 원본과 유사하지 않은 부분이 독자적으로 추가되어 있다고 하더라도 (포괄적·비문자적 유사성의 범위 내에 포함하지 않는 한) 비유사 부분의 많고 적음에 따라 실질적 유사성 여부나 침해 정도가 달라지지 않는다.

나. 비교본 기준 판단방식

비교본 기준 판단방식은 비교본(침해물)의 얼마나 많은 부분이 원본(저작물)으로부터 차용 또는 복제된 것인지를 기준으로 판단하는 방식이다. 이 방식은 비교본(침해물)이 독자적으로 추가한 부분이 많아질수록 그 유사도가 낮아질 수 있다. 비교본을 기준으로 원본이 차지하는 비중 또는 기여가 얼마나 되는지 여부를 판단해야 할 경우 선택하는 판단방식이다.

저작권침해 손해배상 산정에 있어 침해자가 그 침해행위로 이익을 받은 때에는 그 이익을 손해액으로 추정하는데(저작권법 제125조 제1항), 침해물이 침해자의 이익에 기여한 정도를 참고하기 위해 고려될 여지가 있다.

다. 판단방식에 따른 차이

아래 그림과 같이 비교본(침해물: B)이 원본(저작물: A)을 무단 복제한 경우, 즉 S 부분이 비교본(B)이 원본(A)을 복제한 부분일 경우, 어느 판단방식을 선택하느냐에 따라 유사도 계산결과가 달라질 수 있다.

즉 아래 그림에서 원본 기준 판단방식에 따르면 유사도가 60%인 반면, 비교본 기준 판단방식에 따르면 유사도가 40%가 된다. 따라서 어떤 목적을 가지고 유

---

173) 한국소프트웨어감정평가학회, SW분야 감정 전문인력 교육교재 개발, 한국저작권위원회(2011), 53~54면 참조.

사도 감정을 하느냐에 따라 원본 기준 판단방식으로 할 것인지, 비교본 기준 판단
방식으로 할 것인지 달라지게 될 것이다.

〈비교본이 원본을 복제(침해)하였다고 가정할 경우〉

원본(A)		비교본(B)
원본의 60% 비중	**실질적으로 유사한 부분**(S)	비교본의 40% 비중
나머지 40%		나머지 60%

〈원본 기준·비교본 기준의 각 판단방식에 따른 유사도 예시〉

	원본 기준 비교		비교본 기준 비교	
	산정방법	유사도	산정방법	유사도
유사도	$(S/A) \times 100\%$	60%	$(S/B) \times 100\%$	40%

제5장

실질적 유사성의 유형별 판단 기준

제5장 실질적 유사성의 유형별 판단 기준

제1절 개관

1. 저작물의 유형에 따른 실질적 유사성 판단의 필요성

저작물은 수많은 종류의 창작물을 포섭하는 광범위한 개념이다. 이러한 창작물들에는 동일한 저작권법의 원리가 적용된다. 따라서 실질적 유사성 판단의 기본원리나 이에 기초한 실질적 유사성의 일반적 판단 기준은 모든 유형의 저작물에 공통적으로 적용되는 것이다.

하지만 좀더 구체적으로 살펴보면 각각의 창작물들은 그 유형에 따라 서로 다른 특성과 내용을 가지고 있다. 실질적 유사성 판단은 사안중심적으로 이루어지기 때문에 이와 같은 창작물들의 개별적인 특성과 내용에 큰 영향을 받는다. 예컨대 소설의 실질적 유사성 판단과 컴퓨터프로그램의 실질적 유사성 판단이 똑같은 모습으로 이루어질 수는 없다. 이는 실질적 유사성 판단이 궁극적으로는 바람직한 저작권 보호범위 설정이라는 정책적 목적을 달성하기 위한 수단이라는 점을 고려하면 더욱 쉽게 이해할 수 있다. 각 창작물들은 그 내재적 특성이 서로 틀릴 뿐만 아니라 생산자와 유통자 및 수요자를 둘러싼 외부적인 사회환경도 서로 틀리다. 그러므로 적정한 보호범위와 관련된 정책적 요구도 서로 틀릴 수밖에 없다. 그렇다면 그 창작물들의 실질적 유사성 판단에 있어서는 서로 다른 사회적 환경과 정책적 요구를 충분히 반영하지 않으면 안 된다.

이 책에서는 "실질적 유사성 판단에 관한 기본 원리는 저작물의 유형을 불문하고 동일하게 고려되어야 하지만, 구체적 사안에서 실제 적용되는 실질적 유사성 판단 기준은 저작물의 유형의 특성과 내용에 따라 달라질 수 있다"는 원칙 위에

서 저작물의 유형에 따라 실질적 유사성의 판단 기준을 유형별로 살펴보기로 한
다. 지금까지의 부분이 총론의 성격을 띠는 것이라면 이하 부분은 각론의 성격을
띤다고 할 수 있다.

2. 저작물의 유형화

저작물의 유형에 따른 실질적 유사성의 판단에 관하여 고찰하기 위하여서는,
저작물을 어떻게 유형화할 것인가에 관하여 검토하여야 한다. 논의의 목적을 효과
적으로 달성하기 위하여서는, 수많은 저작물들 가운데 실질적 유사성 판단에 있어
서 고려요소가 비슷한 저작물들을 각각 집단화하는 모습으로 유형화가 이루어져
야 할 것이다. 아래에서는 다음 두 가지 방식에 따른 유형화 작업을 행하고자 한다.

가. 저작물의 목적에 따른 분류 — 문예적 저작물과 기능적 저작물

지금까지의 총론적 논의에 비추어 보면 실질적 유사성의 판단은 저작권 보호
범위의 확정에 관한 문제이다. 한편 저작권 보호범위의 확정에 관하여는 특히 아
이디어/표현 이분법과 관련하여 문예적 저작물과 기능적 저작물의 분류가 중요함
은 총론 부분에서 살펴본 바와 같다.

저작물은 크게 '예술성'의 발현을 주된 목적으로 하는 문예적 저작물과 '기능
성'의 발현을 주된 목적으로 하는 기능적 저작물로 나눌 수 있다. '예술성'과 '기능
성'을 구분하는 가장 근본적인 기준은 같은 아이디어에 대하여 얼마나 다양한 표
현이 가능한가 여부이다.

문예적 저작물에서는 같은 아이디어에 대하여서도 다양한 표현이 가능하다.
따라서 다른 사람의 표현을 이용하지 않고도 같은 아이디어를 표현할 수 있는 다
양한 길이 열려 있다. 다른 측면에서 파악하자면 다른 사람의 표현에 사소한 변형
을 가하는 방법으로 실질적으로 다른 사람의 표현을 그대로 이용할 수 있는 길도
넓게 열려 있다. 이러한 이유 때문에 문예적 저작물에서는 실질적 유사성의 범위
를 넓게 인정하여야 저작권자의 효과적 보호가 가능하다. 또한 이렇게 새기더라도
다양한 표현의 가능성 때문에 다른 창작자나 일반 대중에게 미치는 부정적인 효
과도 크지 않다.

반면, 기능적 저작물은 같은 아이디어를 표현하는 방법이 매우 제한되어 있
다. 따라서 같은 아이디어를 표현하기 위하여 부득이하게 다른 사람의 표현과 같

거나 유사한 방식을 빌려야 하는 경우가 많다. 다른 측면에서 보자면 외형상 다른 사람의 표현과 유사한 표현을 이용하는 것 같아도 실제로는 그 표현의 배후에 있는 아이디어를 공유하는 것에 불과한 경우가 많다. 이러한 이유 때문에 기능적 저작물에서는 실질적 유사성의 범위를 좁게 인정하여야 아이디어/표현 이분법의 근본 정신이 구현된다. 또한 이렇게 새겨야 기능적 창작물의 창작이 보다 용이해지는 것이므로 창작자들에게 불리한 것도 아니다.

　문예적 저작물과 기능적 저작물 양자의 실질적 유사성 판단에 있어서 아이디어/표현 이분법은 매우 중요한 비중을 차지하지만, 특히 기능적 저작물에 있어서는 실질적 유사성 판단에 있어서 아이디어와 표현을 구분하는 작업이 차지하는 비중은 매우 높다. 기능적 저작물에 있어서는 저작권 보호범위가 좁은 관계로 일단 아이디어와 표현을 구분하는 작업이 끝나고 나면, 실무상 원고의 저작물과 거의 동일할 정도로 유사하게 복제하지 아니하는 한 저작권침해의 성립 여부를 판단하기가 쉽지 않을 수 있다.

나. 저작물의 내용에 따른 분류 — 저작권법 제4조의 각 저작물 유형 예시

　문예적 저작물과 기능적 저작물의 분류가 실질적 유사성 판단에 유용한 분류임에는 틀림없으나, 이러한 개괄적인 분류만으로는 각 저작물의 특성과 내용에 적합한 보다 구체적인 실질적 유사성 판단 기준의 정립이 어렵다. 그러므로 보다 세분화된 유형화 작업이 필요하다고 할 것인데, 저작권법 제4조는 저작물의 내용에 따라 9가지 종류의 저작물을 예시하고 있으므로, 이에 관하여 살펴보기로 한다.

　저작권법 제4조에서는 저작물의 표현형식에 따라 저작물의 종류로서 "1. 소설·시·논문·강연·연설·각본 또는 그 밖의 어문저작물, 2. 음악저작물, 3. 연극 및 무용·무언극 또는 그 밖의 연극저작물, 4. 회화·서예·조각·판화·공예·응용미술저작물 또는 그 밖의 미술저작물, 5. 건축물·건축을 위한 모형 및 설계도서 또는 그 밖의 건축저작물, 6. 사진저작물(이와 유사한 방법으로 제작된 것을 포함한다), 7. 영상저작물, 8. 지도·도표·설계도·약도·모형 또는 그 밖의 도형저작물, 9. 컴퓨터프로그램저작물"을 예시하고 있다.

　그러나 이는 어디까지나 예시에 불과하므로 어느 저작물이 반드시 위 9가지 유형 중 어느 한 가지에 해당하여야 하는 것은 아니다. 또한 문화의 융합현상이 발생하면서 동시에 여러 가지 유형의 저작물에 해당하는 복합적인 성격을 가지는

결합저작물이 늘어나고 있다. 예를 들어 뮤지컬은 시나리오 등 어문저작물과 음악
저작물, 연극저작물, 소품이나 무대장치[1] 등의 미술저작물 등이 모두 함께 어우러
진 결합저작물[2]이고, 컴퓨터게임 역시 게임시나리오라는 어문저작물적 요소, 화
면 및 음향, 동영상이라는 시청각 저작물적 요소에 프로그램저작물적 요소가 결합
된 것이다.

일반적으로 어문저작물, 음악저작물, 미술저작물, 연극저작물, 영상저작물, 사
진저작물 등은 문예적 저작물에 해당할 가능성이 큰 반면, 건축저작물, 도형저작
물, 컴퓨터프로그램저작물은 기능적 저작물에 해당할 가능성이 크다. 그러나 궁극
적으로 어느 유형의 저작물이 문예적 저작물과 기능적 저작물 중 어디에 속하는
것인가 하는 점에 관하여는 그 저작물의 개별적인 특성과 내용에 따라 결정하여
야 하는 것이고, 이를 섣불리 일반화할 수 있는 것은 아니다. 예컨대 일반적으로
문예적 저작물에 해당할 가능성이 큰 어문저작물 가운데에서도 사실보도를 내용
으로 하는 신문기사나 각종 매뉴얼, 판례집 등 사실성과 기능성이 더 큰 것들이
있는 반면, 일반적으로 기능적 저작물에 해당할 가능성이 큰 건축저작물 가운데에
서도 예술성이 극도로 강조되는 것들이 있을 수 있다.

3. 검토 대상 및 검토 방식

가. 검토 대상

이 책의 이하 부분에서는 원칙적으로 저작권법 제4조에서 예시한 저작물의
분류방식을 기준으로 하여 각 유형의 저작물에 관한 실질적 유사성 판단 기준을
검토하도록 하겠다. 하지만 저작권법 제4조에서 열거하는 저작물의 유형도 다양
할 뿐만 아니라 단일 유형의 저작물 안에서도 여러 가지 다른 성격을 가지는 저
작물들이 함께 존재하기 때문에, 이러한 모든 저작물들의 실질적 유사성 판단 기
준에 관하여 논의하는 것은 대단히 어렵다.

---

1) 한지영, "무대 디자인의 보호방안에 관한 연구", 법학연구 제55권 제1호(2014. 2), 부산대학교
   법학연구소, 303~328면 참조. 무대 디자인에 대한 저작권 분쟁 사건으로는, 서울중앙지방법원
   2009. 2. 6. 선고 2008가합1908(본소), 2008가합30029(반소) 판결(확정)(이승환과 컨츄리꼬꼬
   간 무대장치 무단 사용 여부에 관한 분쟁) 참조.
2) 결합저작물은 여러 개의 단독저작물이 결합된 것이다. 이와 구별하여야 할 개념으로 공동저작물
   이 있는데, 저작권법 제2조 제21호에서는 공동저작물을 '2인 이상이 공동으로 창작한 저작물로
   서 각자가 이바지한 부분을 분리하여 이용할 수 없는 것'이라고 정의하고 있다. 이에 비추어 보
   면 결합저작물과 공동저작물의 구별기준은 각자의 이바지한 부분을 분리하여 이용할 수 있는가
   여부에 달려 있다고 하겠다.

이 책에서는 저작권법 제4조에 규정된 저작물과 편집저작물, 2차적 저작물의 유형을 중심으로 하여 실질적 유사성 판단 기준을 논의하고자 한다. 또 표현매체가 달라지는 경우에 있어서 실질적 유사성 판단에 관하여서도 살펴보고자 한다.

편집저작물과 2차적 저작물은 저작물의 내용에 따른 유형이 아니므로 위에서 열거한 모든 저작물들이 편집저작물과 2차적 저작물의 모습을 띨 수 있으나, 일반적인 저작물의 실질적 유사성 판단과는 구별되는 특징적인 요소가 있기 때문에 이를 논의의 대상에 추가하는 것이다. 특히 대부분의 저작물은 기존의 소재를 선택, 배열하여 창작한다는 데에서 편집저작물적 요소를 가지고 있으므로, 편집저작물의 실질적 유사성 판단은 다른 저작물에도 중요한 시사점을 던져줄 수 있다.[3]

한편, 저작물과 침해물이 서로 다른 매체로 표현된 경우 또는 서로 다른 장르인 경우에 실질적 유사성 판단을 함에 있어 매체 또는 장르 사이의 이질성을 얼마나 고려하여야 하는가 문제될 수 있는데, 이러한 경우 실질적 유사성 판단의 기준에 대하여도 논의해보고자 한다.

나. 검토 방식

이 책의 앞 부분에서는 실질적 유사성 판단의 기본원리에 대하여 논의한 후 이에 기초한 실질적 유사성의 일반적 판단 기준을 살펴보았다. 저작물의 유형별 실질적 유사성 판단 기준을 논의함에 있어서도 이러한 일반적 판단 기준이 출발점이 될 것이다.

각 절에서는 우선 검토의 범위를 확정하기 위하여 해당 저작물의 개념 정의로부터 출발하였다. 그 이외에 실질적 유사성 판단에 선행되어 이해되어야 할 관련 사항이 있는 경우에는 이 역시 간단하게 다루었다. 그 다음으로 각 저작물의 특성에 관하여 검토하였다. 실질적 유사성의 유형별 판단 기준은 각 저작물의 특성과 밀접한 관련성이 있기 때문이다. 예를 들어 당해 저작물이 문예적 저작물로서의 성격이 강한지, 기능적 저작물로서의 성격이 강한지에 따라 실질적 유사성 판단의 엄격성이 달라질 수 있다. 또한 당해 저작물이 어떠한 수요자에게 어떠한 목적으로 제공되고 어떠한 감각에 호소하는 것인가에 따라 실질적 유사성 판단관점이나 방법이 달라질 수 있다.

---

3) 권영준, "게임저작물과 실질적 유사성 —한국의 포레스트 매니아 판결과 미국의 테트리스 판결을 중심으로—", 지식재산연구 제17권 제3호(2022), 한국지식재산연구원, 173~174면 참조.

　　각 유형에 따른 실질적 유사성 판단 기준에 관하여서는 제4장 제2절 '실질적 유사성 판단의 방법적 측면' 중 '판단방식'과 관련하여 제안하였던 수정된 분석적 접근방식의 단계에 따라서 설명하였다. 즉 법관이 실제로 당해 저작물의 실질적 유사성 판단을 할 때 밟아가는 순차적인 단계별로 판단지침을 제시하고자 한 것이다. 그러므로 ① 대비를 통한 유사성 요소의 확정, ② 표현적 요소의 확정, ③ 유사성의 정도를 고려한 표현적 요소의 보호 여부 판단의 순서로 서술하였다. ① 에서는 누구의 관점에서 비교할 것인지, 실제 대비는 어떠한 방식으로 이루어져야 하는지를 다루고, 유사성을 유발하는 요소를 특정하는 문제에 관하여 논의하였다. ②에서는 유사성을 유발하는 것으로 확정된 요소들 가운데에 저작권법에 의하여 보호되는 표현적인 요소를 구분해 내는 작업에 대하여 논의하였다. 여기에서는 제4장 제1절 '실질적 유사성 판단의 실체적 측면' 중 '보호대상의 문제'로 논의하였던 아이디어/표현 이분법이 각 유형별로 어떻게 적용되는지 설명하였다. ③에서는 최종적으로 살아 남은 표현적 요소에 관하여, 유사성의 정도를 고려할 때 실질적 유사성을 인정하는 것이 타당한지에 관한 정책적 판단작업에 관하여 다루었다. 서론에서 언급하였듯이 이 최종 단계에서는 어느 정도의 판단재량이 개입하는 것이 불가피하다. 다만 그 재량권의 행사가 적정한 창작 인센티브의 보호라는 기본원리의 통제 하에서 가급적 투명해질 수 있도록, 필요한 세부지침들을 제공하고자 하였다.

　　이러한 논의에서 필요한 것은 가능한 범위 내에서 각 저작물을 구성하는 전형적인 요소들을 분류하는 것이다. 예컨대 소설이나 각본과 같은 어문저작물은 궁극적으로 표현하고자 하는 주제가 존재하고, 그 주제를 구체화하기 위한 플롯 및 사건의 전개과정, 등장인물, 대사가 존재하며, 이러한 요소들이 묘사되는 과정에서 분위기나 세팅 및 속도가 가미되어 특정한 창작물로 탄생하게 된다. 또한 대중가요와 같은 음악저작물은 가락, 리듬, 화성이라는 세 가지 요소를 기본으로 하여 이들을 적절하게 조합, 배열함으로써 특징적인 느낌을 주는 음악으로 탄생하게 된다. 이처럼 저작물의 전형적인 요소들을 체계화한 뒤 그 각 요소들이 저작물에서 차지하는 비중과 성격을 살펴본다면, 막연하게만 느껴지던 아이디어와 표현의 구분이 더욱 선명해질 것이다. 아울러 유사성 판정단계에서 두 작품을 비교함에 있어서도 막연하게 두 작품을 비교하기보다는 요소별로 비교를 함으로써 보다 정교하고 체계적인 유사성 판정이 행해질 수 있게 된다. 물론 요소별 비교로 실질적 유사성 판단이 종료되는 것은 아니다. 요소별 비교는 어디까지나 종합적인 실질적 유사성 판단을 용이하게 하기 위한 수단으로서, 궁극적으로는 각 요소의 비중 및 유사성의 정도를 고려하여 종합적인 관점에서 볼 때 실질적으로 유사한지를 판단하는 과정이 남아 있다.

또한 축적된 판례의 충분한 활용도 중요한 점이라고 할 수 있다. 비록 판례 하나 하나가 어떠한 결정적인 기준을 제시하는 것은 아니다. 하지만 국내외의 많은 판례들을 유형별 판단 기준의 컨텐츠로 제공하면서, 침해 여부를 판단하는 감각을 얻을 수 있다.

한 가지 첨언할 것은, 실질적 유사성의 유형별 판단 기준은 주로 실질적 유사성의 실체적 측면, 그 중에서도 특히 아이디어와 표현의 구분과 관련하여 차별성을 보인다는 것이다. 실질적 유사성의 일반적 판단 기준 중 방법론에 해당하는 판단관점 및 판단방법의 문제는 컴퓨터프로그램 등 특수한 유형의 저작물을 제외하고는 저작물의 유형과 관계없이 대동소이하고, 일반적 판단 기준에서 살펴본 것 이상으로 구체화하기도 곤란한 성격을 가지고 있다. 또한 실질적 유사성의 일반적 판단 기준 중 실체론에 해당하는 유사성의 판정문제도 각 작품의 구체적인 내용과 이용의 정도, 분량, 모습 등 사안에 특유한 변수들과 깊은 관련을 가지고 있어 일반적 판단 기준에서 제시한 것에서 크게 나아간 세부적인 기준을 제시하기가 매우 어렵다. 그러므로 실질적 유사성의 유형별 판단 기준과 관련하여서는 실체적 측면 중 아이디어와 표현의 구분이 가장 비중있게 다루어질 것이고, 실체적 측면 중 유사성의 판정과 관련하여서는 판단에 고려할 만한 지침들을 제시하되 실제 사안에서 어떻게 유사성 판정이 이루어졌는지를 논의하는 데에 비중을 둘 것이며, 방법적 측면과 관련하여서는 비교적 간결하게 서술하고자 한다.

제2절 어문저작물

1. 어문저작물의 의의

어문저작물은 문자 그대로 말(語)이나 글(文)로 이루어진 저작물이다. 저작권법 제4조 제1항 제1호에서는 소설·시·논문·강연·연설·각본 등을 어문저작물의 예로 들고 있다. 그러나 이는 어디까지나 예시에 불과하므로 어문저작물의 종류가 위에서 열거된 형태에 국한되는 것은 아니다. 어문저작물의 종류는 매우 다양하고, 판례에서도 교재,[4] 편지,[5] 대학입학 시험문제,[6] 옥편,[7] 홍보용 팜플렛,[8] 강의록,[9] 게임규칙집[10] 등의 어문저작물의 저작권분쟁이 문제된 바 있다.

어문저작물 가운데에는 소설이나 각본 등과 마찬가지로 문예적 저작물로서의 성격을 가지는 것과 매뉴얼이나 역사서, 판례집 등과 마찬가지로 사실적 저작물의 성격을 가지는 것이 있다. 이러한 두 가지 유형의 저작물은 동일한 어문저작물이면서도 실질적 유사성 판단에 있어서는 다른 원리에 의하여 규율된다. 사실적 저작물에 해당하는 어문저작물의 경우 컴퓨터프로그램저작물, 건축저작물, 도형저작물 등의 기능적 저작물과 비슷한 성격을 가지고 있을 뿐만 아니라 편집저작물로서의 성격도 겸하고 있는 경우가 많아, 나중에 설명하게 될 이러한 저작물에 대한 실질적 유사성 판단 기준이 상당 부분 적용될 수 있을 것이다. 그러므로 이 절에서는 소설이나 각본처럼 문예적 저작물로서의 성격이 강한 어문저작물을 중심으로 검토하고자 한다.

소설·각본 등 어문저작물의 실질적 유사성을 다루고 있는 판례들은 다른 영역의 판례들에 비하여 상대적으로 그 숫자가 많다. 이러한 현상은 여러 가지로 분석될 수 있다. 우선 어문저작물은 가장 보편적 표현형식 중 하나이고 널리 퍼져 있는 저작물의 형태이기 때문에 분쟁이 발생할 가능성도 크다. 또한 기능적 저작물이나 다른 문예적 저작물과 비교하여 보더라도 소설 등은 실무상 저작물성 단계를 통과하는 경우가 많기 때문에 실질적 유사성 판단 단계에서 승패가 엇갈리게 될 가능성이 크다. 마지막으로 이 영역에 있어서는 소설, 드라마나 영화각본이 관련된 분쟁이 다수 있었는데, 드라마나 영화의 경우 이를 둘러싼 이해관계인이 많고 경제적 이해관계도 복잡하게 얽혀 있기 때문에[11] 저작권 분쟁이 소송으로

---

4) 대법원 1996. 6. 14. 선고 96다6264 판결.
5) 서울지방법원 1995. 6. 23. 선고 94카합9230 판결; Salinger v. Random House, Inc., 811 F.2d 90 (2d Cir. 1987) 참조.
6) 대법원 1997. 11. 25. 선고 97도2227 판결.
7) 서울고등법원 1962. 5. 18. 선고 61나1243 판결(대법원 1962. 10. 18. 선고 62다449 판결로 확정).
8) 대법원 1991. 9. 10. 선고 91도1597 판결.
9) 대법원 1993. 6. 8. 선고 93다3073, 3080 판결.
10) Morrissey v. Procter & Gamble Co., 379 F.2d 675 (1st Cir. 1967).
11) 예컨대 드라마 작가의 교체나 추가로 인해 당사자들 간에 저작권 분쟁이 생기는 경우가 있다.

이어질 가능성이 높아서 이 분야의 판례는 앞으로도 상당히 축적될 가능성이 높다. 그러므로 이 절에서는 어문저작물 중 소설이나 각본 등을 중심으로 먼저 검토하고, 다른 종류의 어문저작물에 관하여는 그 특성에 따른 실질적 유사성 판단 기준을 보충하여 살펴보기로 한다.

2. 소설 · 각본

가. 소설 · 각본의 특성

어문저작물 중 소설 · 각본 등은 줄거리를 중심으로 한다는 특성을 가지고 있다. 그 출발점은 주제이다. 주제를 줄거리의 형태로 표현하기 위하여서는 등장인물이 엮어 나가는 각종 사건들의 연속적인 전개가 필요하다. 많은 경우 등장인물들은 대사를 통하여 사건의 전개과정을 표현한다. 줄거리의 배경에 해당하는 세팅과 분위기, 줄거리의 속도 등도 주제의 표현에 효율적인 도구들이다.

미국 연방 제9 항소법원에서는 이와 같은 소설 · 각본 등의 특성에 착안하여 일련의 판례들[12]을 통하여 소설 · 각본 등의 구성요소를 크게 주제, 플롯 내지 사건의 전개과정, 등장인물, 대사, 세팅, 분위기, 속도로 분류하고 있다.[13] 이러한 분류방식은 소설 · 각본 등의 특성과 부합하는 것일 뿐만 아니라 실질적 유사성 판단에 요긴한 도구적 틀로서 제공될 수 있으므로, 이 책에서도 이러한 분류방식을 따르기로 한다.

대법원 2016. 7. 29. 선고 2014도16517 판결(드라마 김수로 사건: 드라마 작가가 중간에 교체되어 다른 작가에 의해 완성된 경우 양자간에 공동창작의 의사가 인정되지 않는다는 이유로 해당 드라마 완성물은 선행 작가와 후행 작가의 공동저작물로 볼 수 없다는 사례); 대법원 2014. 12. 11. 선고 2012도16066 판결(공동창작의 의사가 인정된다는 이유로 초벌대본 작가와 완성대본 작가의 공동저작물로 볼 수 있다는 사례) 등 참조.

12) Litchfield v. Spielberg, 736 F.2d 1352 (9th Cir, 1984); Berkic v. Crichton, 761 F.2d 1289 (9th Cir, 1985); Narell v. Freeman, 872 F.2d 907 (9th Cir, 1989); Shaw v. Lindheim, 919 F.2d 1353 (9th Cir. 1990) 등 다수.

13) 실질적 유사성 판단의 방법론과 관련하여 이미 검토한 대로, 미국 연방 제9항소법원에서는 저작권침해 여부를 판단함에 있어서 저작물의 구성요소에 대한 분석과 비교가 행하여지는 외부적 테스트(extrinsic test)와 두 작품 간의 실질적 유사성 여부를 판단하는 내부적 테스트(intrinsic test)의 두 가지 단계를 거치는데, 전자는 법의 문제(matter of law)로서 법관이 판단하되 후자는 사실의 문제(matter of fact)로서 배심원이 판단하게 된다. 그런데 위에서 본 구성요소별 분석과 비교는 외부적 테스트(extrinsic test)의 단계에서 행하여지고, 이를 통하여 실질적 유사성이 1차적으로 인정되면 다음으로 일반인인 배심원들의 관점에서도 실질적 유사성이 인정되는지 여부를 판정하게 된다. 우리나라는 민사재판에서 배심원 제도가 없고, 법관이 사실관계의 확정과 법률의 적용을 모두 행하므로 위와 같은 구분은 큰 의미가 없을 수 있다.

이처럼 소설·각본 등이 주제를 출발점으로 하여 창작자의 상상력에 의하여 문자로서 표현되는 과정은 통상 복합적인 과정이고, 이로 인하여 소설·각본 등의 내용도 다른 저작물에 비하여 복잡하고 주로 독자들의 지각(知覺)에 호소한다.[14] 예컨대 미술의 경우 짧은 시간에 시각을 통하여 그 표현이 추구하고자 하는 느낌을 받을 수 있고, 음악의 경우에도 음악이 연주되는 시간 동안 청각을 통하여 그 표현에 의한 감흥을 느낄 수 있다. 그러나 소설·각본 등의 경우 통상 그 저작물을 감상하는 데에 상당한 시간이 걸릴 뿐만 아니라 복잡하게 얽혀 있는 등장인물과 줄거리 등을 파악하고 느끼는 과정에서 인간의 사유과정이 개입되지 않으면 안 된다. 따라서 미술저작물이나 음악저작물과 비교할 때 소설 등은 그 유사성 판단에 있어서도 감성적 방식에 의한 즉흥적 판단보다는 이성적 방식에 의한 단계적 판단 쪽에 더 초점이 맞추어질 수 있다. 이러한 의미에서 소설·각본 등의 실질적 유사성 판단에 있어서는, 저작물을 여러 가지 구성요소로 구분하여 그 구성요소 중 표현에 해당하는 부분의 실질적 유사성을 평가한 뒤 이를 토대로 하여 전체적으로 두 작품의 표현 사이에 실질적인 유사성이 있는가를 판단하는 방식이 더욱 효과적으로 활용된다고 할 것이다. 실무상 이러한 평가작업에서는 요소별로 두 작품의 유사한 부분을 대응시킨 도표를 작성하는 경우가 많다.[15]

나. 소설·각본의 실질적 유사성 판단

1) 대비를 통한 유사성 요소의 확정

실질적 유사성 판단의 첫 번째 단계는 문제되는 두 작품을 대비하여 전체적으로 유사한지를 살피고, 유사하다면 그 유사성 요소를 확정하는 것이다. 여기에 있어서의 유사성 요소는 아이디어와 표현을 불문하고 유사하다고 판단되는 모든 요소를 의미하는 것이다. 이 단계에서 확정된 유사성 요소는 두 번째 단계에서 저작권법에 의하여 보호받는 표현과 그렇지 않은 아이디어로 분류된다.

---

14) 그 위에 연출과 연기, 영상, 무용, 음악 등이 추가되어 인간의 지각 외에도 시각(視覺), 청각(聽覺) 등 다른 감각에도 호소하는 뮤지컬이나 영화 등의 저작물 역시 그 기초는 어문저작물에 있다.
15) 예컨대 서울고등법원 1997. 7. 9. 선고 96나18627 판결(대법원 1998. 7. 10. 선고 97다34839 판결로 확정); 서울남부지방법원 2004. 3. 18. 선고 2002가합4017 판결(서울고등법원 2005. 9. 13. 선고 2004나27480 판결로 항소기각 확정) 등 참조.

가) 대비관점

소설·각본 등의 대비를 통한 유사성 요소의 확정은 "보통 관찰자의 관점"에서 행하여지는 것이 원칙이다. 대부분의 경우 소설 등의 수요자는 전문가가 아니라 일반인이기 때문이다. 그러므로 사회의 평균적인 성인의 관점에서 소설·각본 등의 유사성을 판단하는 것이 타당하다. 하지만 획일적인 관점이나 기준에 따라 판단하여야 하는 것은 아닐 수도 있다. 예컨대, 그 이야기 전개가 매우 단순하고 감성에 호소하는 경향이 큰 어린이용 작품의 경우에는 어린이의 관점이 고려되어야 하는 경우가 있을 수 있다. 예를 들어 Sid & Marty Krofft Television Prods, Inc. v. McDonald's Corp., 판결[16]에서는 원고가 제작한 "H.R. Pufnstuf"라는 어린이용 텔레비전 프로그램의 저작권이 피고가 제작한 "McDonaldland"라는 텔레비전 광고로 인하여 침해되었는가 여부가 문제되었다. 그 판단관점에 관하여 판시하면서 미국 연방 제9 항소법원은 원고와 피고의 작품이 모두 어린이를 대상으로 하고 있다는 점을 지적하였다. 그리고 어린이용 장난감에 관하여서는 어린이의 관점에서 실질적 유사성 판단을 행하여야 한다는 Ideal Toy Corp. v. Fab-Lu Ltd. 판결[17]을 인용하면서 두 작품이 어린 사람의 마음과 상상력에 미치는 영향이 쟁점이라고 판시하였다. 이 판결은 소설이나 각본이 아니라 텔레비전 쇼에 관한 것이지만, 텔레비전 쇼에서도 주제와 그 주제를 표현하기 위한 등장인물, 줄거리 등이 있다는 점에서 소설·각본 등과 유사한 면이 있으므로, 위 판결은 소설·각본 등의 실질적 유사성 판단에도 참고할 수 있다.

다만 어린이용 소설이나 각본의 경우에도 ① 오히려 그 구매 여부의 최종적인 판단주체는 어른이 되는 경우가 대부분이고,[18] ② 엄밀히 말하자면 어린이들이 두 작품을 유사하다고 느끼게 하는 요소들은 소설 등의 핵심적인 창작요소라고 할 수 있는 사건의 전개과정이라기보다는 오히려 캐릭터 그 자체나 단편적인 장면에 불과한 경우가 많다. 그러므로, 어린이를 대상으로 만들어진 소설 등에 있어서 어린이의 관점은 종합적인 실질적 유사성 판단에 있어서 고려되어야 할 하나의 중요한 요소에 해당하는 것은 사실이지만, 오로지 어린이의 관점에서만 실질

---

16) 562 F.2d 1157 (9th Cir. 1977).

17) 261 F.Supp. 238 (S.D.N.Y. 1966), *aff'd*, 360 F.2d 1021 (2d Cir. 1966).

18) 물론 이 경우에도 어린이들이 어떻게 느끼는가가 어른의 구매결정에 중요한 고려요소로 작용할 수는 있다. 그러나 이는 문자 그대로 하나의 고려요소일 뿐이고 어린이들의 관념이나 느낌이 전적으로 어른의 구매의사결정을 좌우한다고 보기는 어렵다.

적 유사성을 판단하는 것은 타당하지 않다고 생각한다. 위에서 설명한 Krofft 판결이 그 판시의 근거로 인용한 Ideal Toy 판결에서도 보통 관찰자 테스트를 적용함에 있어서 어린이들이 고려대상에서 제외되어서는 안 된다는 취지로 판시하고 있을 뿐이어서[19] 위 판결이 어린이용 제품에 관하여서는 오로지 어린이들의 관점에만 판단하여야 한다는 취지로까지 해석할 것은 아니다.

나) 대비방법

소설·각본 등은 어문저작물이므로 이를 읽음으로써 양자를 대비한다. 부분적·문자적 유사성만 문제되는 경우에는 유사성 요소가 자동적으로 확정되므로, 유사성 요소를 찾기 위하여 전체를 대비할 필요는 없다. 그러나 포괄적·비문자적 유사성이 문제되는 경우에는 전체를 대비하여야 할 것이다.

양자를 대비함에 있어서는 상당한 정도의 이성적이고 논리적인 접근이 필요한 경우가 많다. 소설·각본은 다른 문예적 저작물에 비하여 복잡하게 구성되어 있다. 그런데 소설·각본의 핵심적인 부분인 사건의 전개과정 및 등장인물의 복합적인 상호관계는 단순한 감상에 의존한 비교와 친하지 않다. 특히 소설·각본 등의 실질적 유사성 판단에 있어서는 부분적·문자적 유사성보다는 포괄적·비문자적 유사성이 문제되는 경우가 많고, 이러한 의미의 실질적 유사성 판단은 단순한 느낌에 따라 할 수 있는 성격의 것이 아니다.[20] 이러한 의미에서 소설·각본 등에 관하여서는 전체적인 관념과 느낌에 의존하여 실질적 유사성을 판단하는 방식은 적합하지 않다.

이를 수행함에 있어서 필요한 경우에는 전문가들의 의견이 고려되어야 한다. 소설·각본 등의 실질적 유사성 판단에 관하여 법원의 촉탁에 의하여 감정이 이루어지는 경우가 있고, 실제 저작권 전문가들의 감정이 행하여져서 판결에 반영되기도 한다.[21]

---

19) 판결 원문에서는 "In applying the test of the average lay observer, children are not to be excluded⋯"라고 표현하고 있다.

20) 김병일, "저작권법상 실질적 유사성에 관한 고찰 —어문저작물(소설 및 드라마 저작물)을 중심으로—", 정보법학 제17권 제3호(2013. 12), 한국정보법학회, 43~71면 참조.

21) 서울남부지방법원 2004. 3. 18. 선고 2002가합4017 판결(서울고등법원 2005. 9. 13. 선고 2004나 27480 판결로 확정).

2) 표현적 요소의 확정

대비를 통하여 열거되는 유사성 요소들이 모두 저작권법에 의하여 보호받는 표현적 요소에 해당하는 것은 아니다. 다음 단계로서 그 중 표현적 요소가 무엇인지를 걸러내는 작업이 필요하다. 다른 저작물과 마찬가지로 소설 등에 있어서도 아이디어와 표현의 구분이 실질적 유사성 판단의 핵심적인 비중을 차지하게 된다.

부분적·문자적 유사성이 존재하는 경우에는 많은 경우 그 유사 부분에 아이디어뿐만 아니라 표현이 포함되어 있어 당해 부분이 표현에 해당하는지 여부를 살펴보아야 하는 단계가 생략될 수 있다.[22] 반면, 포괄적·비문자적 유사성이 존재하는 경우에는 그 유사한 요소가 아이디어와 표현 중 어디에 해당하는가 하는 어려운 쟁점부터 해결한 뒤 다시 유사성의 정도에 관하여 검토하여야 하므로 더욱 어려운 문제를 야기한다. 그러므로 아이디어와 표현의 구분은 주로 포괄적·비

---

[22] 소설·각본 등의 부분적·문자적 유사성과 관련하여 패스티쉬(pastiche)를 저작권법적으로 어떻게 평가할 것인가 하는 문제가 있다. 기존 작품을 비꼬거나 흉내내기 위한 유희적 성격이 강한 패러디(parody)와는 달리 패스티쉬는 기존 작품에 대한 가치중립적이고 순수한 모방행위이다. 이는 문학적인 짜깁기의 형태로 기존의 작품을 문맥과 상황에 맞게 재구성함으로써 새로운 의미를 창출하는 포스트모더니즘 양식의 한 표현기법으로 인정받고 있다. 패스티쉬인가 표절인가 하는 것은 종종 문단의 논란거리가 되기도 한다. 예를 들어 소설가 공지영의 소설 「더 이상 아름다운 방황은 없다」 중에 나오는 "온 몸이 감각이 무디어지고 이대로 영원히 촛물처럼 녹아 땅 속으로 스며 들어갈 것만 같다. 어서 이 밤이 갔으면, 어서 이 가을이 갔으면, 어서 어서 해가 지고 달이 뜨고 아주 늙어버렸으면……, 이 젊음이 내게는 너무 힘겨워"라는 부분은 소설가 이인화의 소설 「내가 누구인지 말할 수 있는 자는 누구인가」에서 "온 몸의 감각이 무디어지고 이대로 촛물처럼 녹아 땅 속으로 사라졌으면……어서 이 밤이 갔으면……, 어서 이 겨울이 갔으면……, 어서 어서 꽃이 지고 찬바람이 불고 아주아주 늙어버렸으면……. 잠 못드는 이 긴 세월이 힘겹다. 이 젊음이 내겐 힘겹다"라는 형태로 거의 그대로 옮겨졌는데, 이를 두고 패스티쉬인지 표절인지에 대한 논란이 있기도 하였다. 이상 정영길, "현대소설의 해체현상에 대한 고찰, —문학텍스트의 표절시비를 중심으로—", 현대문학이론연구 3권, 1993년 및 이성욱, "심약한 지식인에 어울리는 파멸; 이인화의「내가 누구인지 말할 수 있는 자는 누구인가」표절시비에 대해", 한길문학, 1992년 여름호 참조.

결국 패스티쉬는 형식적으로는 남의 저작물 중 일부를 그대로 가져오면서, 미학적으로는 새로운 작품 속에 새로운 의미를 가지게 하는 설정으로서의 의미를 가지는 것이다. 생각건대 패스티쉬의 문학적 의미는 별론으로 하고, 아직까지 패스티쉬라고 하여 특별한 취급을 받아야 한다는 사회적 공감대가 형성되었다고 보기에는 이르고 저작권법의 해석상으로도 이를 달리 취급할 이유는 발견되지 않는다. 그러므로 여러 작품의 해당 부분을 선택·배열한 것에 창작성이 인정되는 소위 창조적인 짜깁기의 수준에 이른다면 편집저작물로서 인정받을 수 있을 것이나, 그렇지 않다면 저작권침해의 혐의를 벗기는 힘들 것이다.

이와 별개로, 포스트모더니즘과 저작권침해 여부에 관한 더 자세한 논의는, 조채영, "공정이용과 동일성유지권의 충돌에 관한 연구 —현대예술에서 독창성의 의미와 차용예술을 중심으로—", 연세대학교 대학원 법학박사학위논문(2016); 우원상, "저작물에 대한 창작성 요건의 검토", 계간 저작권 제28권 제4호(2015), 한국저작권위원회, 116~118면 등 참조.

문자적 유사성과 관련하여 문제된다.

앞서 실질적 유사성의 일반적 판단 기준 중 실체적 측면을 논함에 있어서, 아이디어와 표현의 구분에 있어서는 창작 인센티브가 부여되어야 할 사회적·정책적 가치가 있는 것이 무엇인가 하는 각도에서 당해 요소의 구체성, 독창성, 다양한 표현가능성, 소재성, 보호비용 등을 고려하여야 한다고 제시한 바 있다. 물론 소설 등을 구성하는 요소들 가운데 어느 것이 아이디어이고 어느 것이 표현인가를 일률적으로 단정할 수는 없다. 그러나 위에서 제시한 일반 기준에 의하여 소설 등의 구성요소를 대강이나마 구분한다면, 그 중 비교적 추상적이고 소재성이 강하며 보호비용이 과다한 주제, 분위기, 세팅, 속도는 아이디어성이 강한 반면, 비교적 구체적이고 독창성이 드러나며 다양하게 표현할 수 있어 보호비용이 낮은 플롯 내지 사건의 전개과정, 등장인물, 대사는 표현성이 강하다고 할 수 있다.

가) 아이디어성이 강한 요소

(1) 주제

소설 등의 주제는 그 작품에 나타난 기본적이고 일반적인 사상이나 아이디어이다. 컨셉이나 기본적인 상황설정 등도 여기에서의 주제 개념에 포함시킬 수 있다. 주제는 추상적으로 표현하면 그 작품이 무엇에 관한 것인가에 관하여 한 구절로 표현된 아이디어에 불과할 수도 있고, 구체적으로 표현하면 그 작품의 내용의 요지가 일부 포함된 다소 구체화된 모습으로 나타날 수도 있다. 예컨대 크리스토퍼 리가 주연한 1978년작 슈퍼맨의 영화각본의 주제는 '지구를 위기로부터 구하는 초능력자의 이야기'이지만, '먼 행성에서 출생하여 지구에 불시착하여 평소에는 평범한 기자로 살아가면서 다른 사람들이 위기에 처할 때에는 슈퍼맨으로 변신하여 악당들을 물리치고 사람들을 구하는 초능력자의 이야기'로 보다 구체화되어 표현할 수도 있다.

주제는 작품의 가장 일반·추상적인 골격 내지 형태에 해당하는 것으로서 구체성이 결여되어 있을 뿐만 아니라 만인이 공유하여야 할 소재로서의 성격을 가지고 있어 이를 보호할 경우 사회적 비용이 너무 커지기 때문에, 일반적으로 저작권법에 의하여 보호되는 표현의 영역 안에 포함시키기는 어렵다. 따라서 두 작품 사이에 주제가 비슷하다고 하더라도 그 사유만으로 두 작품 사이에 실질적 유사성이 인정되는 것은 아니고, 더 나아가 사건의 전개과정 등을 통하여 유사한 표현

으로 나아갈 때 비로소 실질적 유사성이 인정된다.[23]

주제의 표현성에 관한 우리나라 판례들로서는 일제 시대에 연해주로 이주한 한인들의 삶이라는 주제 자체는 저작권에 의하여 보호받지 못한다는 판례,[24] 금권만능주의의 허상을 폭로하고 정서의 파탄현상 및 젊은이들의 갈등과 파행욕을 고발한다는 주제는 아이디어에 해당한다는 판례,[25] 안중근 의사가 1909. 10. 26. 하얼빈역에서 이토 히로부미를 암살한 역사적 사실에 대하여 그 결말이 역사적 사실과 달리 암살이 미수에 그쳤다고 가정하면서 그 후에 이토 히로부미의 생존으로 일본이 세계적인 강대국으로 성장하면서 한반도가 아직 일본의 식민지 상태라는 가공의 배경 하에서, 조선의 역사와 문화에 대하여 알지 못하던 주인공이 차츰 조선인으로서의 정체성을 찾아간다는 주제상의 유사점만으로는 실질적 유사성이 인정되지 않는다는 판례[26] 등이 있다.[27]

이에 관한 미국의 판례들을 살펴보면, 장기를 필요로 하는 부유한 사람들에게 이를 팔기 위하여 젊고 건강한 사람들을 살해하는 범죄조직을 파헤치는 젊고 용감한 전문직 종사자의 이야기라는 공통점은 기본적인 아이디어나 일반적인 플롯에 불과하여 실질적 유사성을 인정할 수 없다는 판례,[28] 유럽에서 샌프란시스코로 이주하여 온 부유한 유대인들의 상호관계와 삶을 그린 작품이라는 공통점이 있다는 점 역시 실질적 유사성을 인정하기에 부족하다는 판례[29]가 있다. 또한 추상화 이론이 처음 주창된 Nichols 사건에서도 종교적, 인종적 배경이 다른 두 가

---

23) 저작권침해를 주장하였다가 패소한 사건 중 상당수는 원고 측이 주제의 유사성을 주장·입증하는 것에 그치는 경우, 또는 사건의 전개과정 등 구체적 표현의 유사성을 주장·입증하는 것에 실패한 경우이다.

24) 대법원 2000. 10. 24. 선고 99다10813 판결("소설 등에 있어서 추상적인 인물의 유형 혹은 어떤 주제를 다루는 데 있어 전형적으로 수반되는 사건이나 배경 등은 아이디어의 영역에 속하는 것들로서 저작권법에 의한 보호를 받을 수 없다").

25) 서울고등법원 1995. 6. 22. 선고 94나8954 판결(확정).

26) 서울고등법원 2003. 12. 16. 선고 2003나6530 판결(확정).

27) 서울중앙지방법원 2007. 7. 13. 선고 2006나16757 판결(확정). 법원은 '만화 "바람의 나라"와 드라마 "태왕사신기"의 시놉시스는 고구려라는 역사적 배경, 사신, 부도, 신시라는 신화적 소재, 영토 확장이나 국가적 이상의 추구라는 주제 등 아이디어의 영역에 속하는 요소를 공통으로 할 뿐, 그 등장인물이나 주변인물과의 관계 설정, 사건 전개 등 저작권에 의하여 보호받는 창작적인 표현형식에 있어서는 만화와 드라마 시놉시스 사이에 내재하는 예술의 존재양식 및 표현기법의 차이를 감안하더라도 실질적으로 유사하지 아니하므로, 위 시놉시스에 의해 위 만화 저작자의 저작권이 침해되었다고 볼 수 없다'고 판시하였다.

28) Berkic v. Crichton, 761 F.2d 1289 (9th Cir, 1985).

29) Narell v. Freeman, 872 F.2d 907 (9th Cir. 1989).

정의 자녀들 사이의 결혼 및 이로 인한 두 가정의 반목과 화해라는 주제는 로미오와 줄리엣의 주제와 크게 다르지 않아 저작권법에 의하여 보호받는 표현에 포함되지 않는다고 하면서, 같은 주제를 공유하는 두 작품 사이의 실질적 유사성을 부정하였다.[30] 그 이외에 엄마의 얼굴이 객관적으로는 아름답지 않아도 아이들에게는 가장 아름다운 것이라는 주제에 관한 텔레비전 스킷(skit, 촌극) "세상에서 가장 아름다운 여자(The Most Beautiful Woman in the World)"가 같은 주제에 관한 아이들의 동화책인 "내 엄마는 세상에서 가장 아름다운 여자에요(My Mother Is the Most Beautiful Woman in the World)"의 저작권을 침해하지 않았다는 판례[31]를 비롯하여, 과거에 있었던 사건이 현재에 미치는 영향,[32] 남편의 재정적 능력이 없는 가운데 아내가 생계를 책임지는 상황이 정상적인 결혼관계에 미치는 스트레스,[33] 베트남 전쟁의 상황 아래에서 3명의 연인들 사이에 존재하는 삼각관계의 사랑,[34] 제2차 세계대전 도중에 행방불명된 잠수함이 30년 후에 불가사의한 방법으로 떠오르는 사건[35]에 관한 주제는 저작권법에 의하여 보호받지 못한다는 판례들이 있다.

일본에서도 오아와케부시(일본 민요의 일종)가 우랄 산맥 주변의 지역에서 발생하여 일본으로 전해지게 되었다는 것을 주제로 한 소설의 저작권 침해가 문제된 사건에서, 위와 같은 주제 자체는 저작권법에 의한 보호를 받지 못한다고 판시한 판례[36]가 있다.

(2) 세팅

세팅은 작품의 배경을 의미한다. 이 배경에는 장소적, 사회적, 시대적 배경이 모두 포함된다. 세팅 역시 표현소재로서의 성격이 강할 뿐만 아니라, 특정 주제를 다룸에 있어서 불가피하게 등장하는 배경도 많아 다양한 표현가능성이 제약된다. 이러한 이유 때문에 세팅은 아이디어성이 강한 요소이다.

세팅 역시 실존하는 경우와 인위적으로 창조한 경우가 있다. 우선 실제로 존재하는 장소적, 시대적 배경을 내용으로 하는 세팅은 모두가 표현의 소재로 공유

---

30) Nichols v. Universal Pictures, 45 F.2d 119 (2d Cir. 1930).
31) Reyher v. Children's Television Workshop, 533 F.2d 87 (2d Cir. 1976).
32) Herzog v. Castle Rock Entm't, 193 F.3d 1241 (11th Cir. 1999).
33) Shipman v. R.K.O. Radio Pictures, Inc., 100 F.2d 533, 537 (2d Cir. 1938).
34) Davis v. United Artists, Inc., 547 F.Supp. 722 (S.D.N.Y. 1982).
35) O'Neill v. Dell Publishing Co., 630 F.2d 685 (1st Cir. 1980).
36) 東京地裁 1996(平成 8). 9. 30. 선고 平3(ワ)5651호 판결(判例時報 1584호 39면) 이하.

하여야 할 대상이기 때문에 저작권법에 의하여 보호를 받지 않는 아이디어의 영역에 속하고, 따라서 그러한 요소에 있어서의 공통점이 있다고 하여 실질적 유사성이 인정되지 않는다. 반면 인위적으로 설정된 세팅은 이론적으로는 창작적 표현에 포함될 가능성이 있지만, 현실적으로는 대부분의 경우 지나치게 포괄적이고 추상적인 표현방식에 지나지 않아 대부분 아이디어의 영역에 속하게 될 것이다.

따라서 경찰과 갱단의 총격전이 벌어지는 뉴욕시와 같은 배경37)이나 일제 시대의 연해주라는 배경38)은 아이디어에 해당할 뿐이다. 또한 민주화 및 반정부 시위가 격심하고 기업이 정치권력에 유착하여 편법으로 치부하는 등 기업윤리가 타락하고 정치권력이 부패하였을 당시의 서울을 시대적·장소적 배경으로 삼았다는 점이 공통된다고 하더라도 이는 아이디어의 유사성에 불과하다.39)

아래 판례는 '대체역사 기법' 자체는 아이디어의 영역이라고 판시한 바 있다.

〈서울고등법원 2003. 12. 16. 선고 2003나6530 판결(확정)〉

(1) 상황설정과 소재 등

위 인정사실에 의하면, 이 사건 소설과 영화는 모두 안중근 의사가 1909. 10. 26. 하얼빈역에서 이토우 히로부미를 암살한 역사적 사실에 대하여 그 결말이 역사적 사실과 달리 암살이 미수에 그쳤다고 가정하면서 그 후의 역사 전개과정을 재구성하여 그것을 작품의 배경으로 삼는 대체역사 기법을 사용하고 있다는 점, 위와 같이 역사가 갈라지게 되는 분기점을 안중근 의사의 이토우 히로부미 암살사건으로 정하고, 안중근 의사의 암살기도가 실패로 끝나 이토우 히로부미가 16년간 더 생존하면서 다이쇼우(大正) 시대의 일본과 동북아 정세에 영향을 미치고, 일본이 제2차 세계대전의 패전국을 면하고 세계적인 강대국으로 성장하면서 전 세계 역사의 전개과정에 영향을 미치는 한반도가 아직도 일본의 식민지 상태라는 가공의 배경을 설정하고 있는 점, 조선의 역사와 문화에 대해서 알지 못하고 스스로 일본인으로 인식하는 주인공이 차츰 조선의 역사와 조선인으로서의 정체성을 찾아가는 과정을 그리고 있다는 점에서 역사적 배경이나 주제, 소재에 있어서 다소 유사점을 찾을 수 있으나, 이러한 요소들이 창작적인 노력에 의하여 외부로 표현되어 구체화되었을 때 실질적 유사성 등을 판단할 수 있다고 할 것이므로, 위와 같은 상황설정이나 배경 등의 유사만으로는 양자가 실질적 유사성이나 종속관계에 있다고 할 수 없고, 달리 이를 인정할 증거가 없다.

---

37) Sinicola v. Warner Bros. Inc., 948 F.Supp. 1176, 1189 (E.D.N.Y. 1996).
38) 대법원 2000. 10. 24. 선고 99다10813 판결.
39) 서울고등법원 1995. 6. 22. 선고 94나8954 판결(확정).

(2) 대체역사 기법

소설에 있어서의 대체역사 기법은 이 사건 소설의 '전제'부분(갑 제1호증, 상권 제 9, 10쪽)에서 밝힌 것처럼 이 사건 소설만의 독특한 기법이 아니라 외국에서 1950년 대부터 사용되어 온 것이고, 이 사건 영화가 대체역사의 분기점이 되는 상황과 시대 적, 역사적 배경을 이 사건 소설과 동일하게 설정하고 이러한 가정 하에 역사가 전 개됨을 전제로 하였다고 하더라도 이는 아이디어의 영역에 속하는 부분으로서 이러 한 아이디어가 외부에 창작적인 표현형식으로 나타나 구체화되지 않는 한 이러한 소 설의 기법을 차용하였다는 것만으로는 실직적인 유사성이나 종속관계를 인정할 수 없다고 할 것이다.

(3) 분위기 및 속도

분위기는 당해 작품의 전체적인 느낌, 톤(tone)과 색깔을 의미하고, 속도는 작 품에 나타난 줄거리의 완급(緩急)을 의미한다. 분위기나 속도 역시 추상적인 정도 로밖에 표현될 수 없어서 아이디어성이 강한 요소들이다. 또한 소설 등의 전체 구 조에서 차지하는 비중이 그리 크지 않기 때문에 핵심적인 가치를 중심으로 형성 되는 창작 인센티브와도 큰 연관성이 없다. 그러므로 특수한 경우를 제외하고는 두 작품의 분위기나 속도가 유사하다고 하여 그 자체만으로 두 작품 사이의 실질 적 유사성이 인정되는 것이 아니다.

예를 들어 Shaw 사건에서는 원고가 작성한 텔레비전 시리즈 극본과 피고 방 송사(NBC)의 텔레비전 시리즈 사이의 실질적 유사성이 문제되었는데, 법원은 그 실질적 유사성 여부를 검토함에 있어서 양자의 분위기가 모두 불길하고 냉소적이 다가 주인공의 승리로 밝아진다는 공통점을 가지고 있으나 이는 대부분의 액션 시리즈에 공통된 것이라고 판시하였다.[40] 또한 흑인 여성의 강도행각을 주제로 하는 영화각본 사이의 저작권침해가 문제된 Robinson 사건에 있어서, 법원은 두 작품이 모두 강도가 쫓기는 장면을 묘사하고 있고, 그 중 피고의 영화각본은 상당 한 시간 동안 속도감 있는 추격신을 묘사하고 있는 반면, 원고의 영화각본은 이와 같은 속도감 있는 묘사 부분이 없다는 차이점이 있다고 인정하면서도, 설사 두 작 품의 속도가 틀리다고 하더라도 속도의 유사성만으로는 두 작품 사이의 전체적인 실질적 유사성을 인정할 수 없다고 판시하였다.[41]

---

40) Shaw v. Lindheim, 919 F.2d 1353, 1363 (9th Cir. 1990).
41) Robinson v. New Line Cinema Corp., 42 F.Supp. 2d 578, 596 (D.Md.1999), 같은 취지로

나) 표현성이 강한 요소

(1) 플롯이나 사건의 전개과정

(가) 개념

플롯은 소설, 희곡, 각본 등의 스토리를 형성하는 줄거리 또는 줄거리에 나오는 여러 가지 사건을 하나로 짜는 작업과 그 수법이다.[42]

사건의 전개과정은 흔히 '줄거리'라고도 표현되는 것으로서, 이야기 안에 등장하는 일련의 사건들의 시간적 전개과정 및 그 사건들을 통하여 나타나는 등장인물들의 설정, 그 상호관계 및 그 변화를 주된 내용으로 한다. 즉 사건의 전개과정에 있어서 중요한 요소들은 ① 개개의 사건들과 등장인물들의 설정, ② 사건들의 시간적 배열, ③ 등장인물 사이의 상호관계와 그 변화라고 할 수 있다.

플롯과 사건의 전개과정은 모두 사건의 서술을 그 내용으로 하는 개념이라는 측면에서 공통되지만, 플롯은 사건의 전개과정과 비교할 때 논리적인 인과관계에 의한 사건의 구성적 발전(Structural Development)이라는 측면에 더욱 중점을 두고 있다는 차이점이 있다. 따라서 플롯은 사건의 논리적·인과적·구조적 서술, 사건의 전개과정은 사건의 시간적 서술에 각각 초점을 맞춘 개념으로서 엄밀히 말하자면 두 개념은 서로 구별되어야 한다. 우리나라의 하급심 판결 중에도 "양 저작물 사이의 실질적 유사성을 인정하기 위해서는 단순히 사상(idea), 주제(theme)가 같다는 것만으로는 부족하고, 사건의 구성(plot) 및 전개과정과 등장인물의 교차 등에 공통점이 있어야 한다"라고 하여 플롯과 사건의 전개과정의 개념을 구분한 판결[43]이 있다.

다만 이와 같은 차이에도 불구하고 실질적 유사성을 판단함에 있어서 플롯과 사건의 전개과정을 구별하여 별도로 고찰하여야 하는지는 의문이다. 사건의 전개과정은 사건의 시간적 서술에 초점을 맞추지만, 그 서술에는 필연적으로 그 사건 배열의 근간이 되는 논리나 인과관계가 내재되어 있는 것으로서, 사건의 전개과정을 고려함에 있어서는 그와 같은 논리적·구조적인 측면을 고려하지 않을 수 없는 것이다. 또한 사건의 전개과정이라는 개념은 플롯에 비하여 일반인들이 보다 평이하게 이해할 수 있는 개념이라고 생각된다. 이와 같이 사건의 전개과정이라는 하

Williams v. Crichton, 84 F.3d 581 (2d Cir. 1996) 참조.

42) 동아세계대백과사전 29권, 동아출판사(1988), 244면.

43) 서울민사지방법원 1990. 9. 20. 선고 89가합62247 판결('행복은 성적순이 아니잖아요' 사건: 확정).

나의 개념만 사용하더라도 저작권침해소송의 맥락에 있어서는 큰 무리가 없을 것
으로 생각되므로, 편의상 아래에서는 특별한 사정이 없는 한 이를 일괄하여 '사건
의 전개과정'이라는 용어로 통칭44)하기로 한다.45)

(나) 사건의 전개과정의 표현성

사건의 전개과정은 그 창작성과 구체성의 정도에 따라 표현의 영역에 속할
수도 있고 아이디어의 영역에 속할 수도 있다. 이러한 점에서 Learned Hand 판
사는 Nichols v. Universal Pictures Corp. 판결46)에서 스토리를 구성하는 구체적
인 사건들로부터 추상적이고 일반적인 주제에 이르기까지 계속되는 추상화(ab-
straction)의 과정 어느 지점에 아이디어와 표현의 경계선이 존재한다고 판시한 바
있다. 이러한 판시내용에 의하면 구체적으로 나타난 사건의 전개과정은 표현에 해
당하지만 그 추상화의 과정에서 아이디어의 영역으로 넘어갈 수도 있다는 것이다.
다만 이러한 이론은 구체적일수록 표현성이 강하여지고 추상적일수록 아이디어성
이 강하여진다는 일반적인 원칙을 확인하여 주고 있을 뿐, 그 이상의 기준은 제시
하지 못하고 있다. Zechariah Chafee 교수의 '유형테스트'(pattern test)에서도 소설
등에 있어서 아이디어와 표현 사이의 경계선 설정에 있어서 하나의 중요한 지침
을 제공하고 있다.47) Chafee 교수에 의하면 작품의 유형에도 저작권의 보호가 미
친다. 한편 작품의 유형은 사건의 전개와 등장인물의 상호관계의 발전을 의미한
다. 따라서 위 테스트에 의하면 사건의 전개과정은 표현에 해당한다는 것이다.48)
하지만 사건의 전개과정이라고 하여 무조건 표현성이 인정되는 것은 아니므로,

---

44) 대법원 2000. 10. 24. 선고 99다10813 판결에서는 '플롯'에 대한 언급없이 '사건의 전개방식'이라
   는 용어를 사용하고 있다.

45) 이러한 이유에서 미국의 Shaw v. Lindhem, 908 F.3d 531 (9th Cir. 1990) 판결도 플롯과 사건의
   전개과정을 별도의 요소로 구분하여 각각 다른 분석을 행하기보다는 이를 일괄하여 분석의 대
   상으로 삼았고, Robert C. Osterberg & Eric C. Osterberg, *Substantial Similarity in Copyright
   Law* (2003), §4:2에서도 같은 방식을 취하고 있다.

46) 45 F.2d 119 (2d Cir. 1930).

47) Zechariah Chafee, *Reflections on the Law of Copyright*, 45 Colum. L. Rev. 503, 513 (1945),
   Melville B. Nimmer & David Nimmer, *Nimmer on Copyright* (2002), §13.03, 13~32면에서 재
   인용.

48) 유형이론은 아이디어/표현 이분법의 일반 이론과 함께 소개되는 경우가 대부분이다. 그러나 유
   형이론은 주로 소설 등 어문저작물에 적용될 수 있는 것일 뿐 다른 유형의 저작물에 당연히 확
   장, 적용될 수 있는 기준은 아니다. 또한 어문저작물의 표현을 구성하는 요소가 플롯이나 사건
   의 전개과정에 국한되는 것은 아니다. 따라서 유형이론이 모든 저작물 또는 어문저작물의 실질
   적 유사성을 판단하는 데에 완결된 기준을 제시하여 주는 이론이라고는 할 수 없다.

Chafee 교수의 진의(眞意)는 "구체적으로 표현된" 사건의 전개과정에 표현성을 부여하고자 하는 것이었을 것이다.

우리나라 법원도 "사건의 전개과정이 아이디어와 표현 중 어느 것에 해당하는가 하는 것은 그 전개과정이 얼마나 구체적으로 표현되어 있는가에 따라 결정된다"고 보고 있다.[49][50]

사건의 전개과정이 지극히 포괄적이고 추상적으로 나타나면 앞서 살펴본 주제 또는 사상과 맞닿게 되어 저작권에 의한 보호를 받지 못할 가능성이 크다. 또한 사건의 전개과정이 구체적으로 나타나 있다고 하더라도 그것이 일반적이고 전형적인 것에 불과하다면 이 역시 저작권의 보호를 받지 못할 것이다. 예컨대, ① 계속하여 동일한 날이 반복되는 상황에 갇힌 사람의 이야기,[51] ② 나이 많은 백인이 흑인 하인과의 관계를 통하여 인종차별의식을 극복하는 이야기,[52] ③ 외계

---

49) 서울중앙지방법원 2007. 7. 13. 선고 2006나16757 판결(확정). 법원은 "드라마 시놉시스가 단순한 아이디어 차원을 넘어 각 등장인물들의 성격과 그들 상호간의 상관관계, 대략적인 줄거리, 에피소드 등을 포함하고 있어 그 자체로 독자적인 완성된 저작물"이라고 인정하면서도, "양 작품은 주인공이 낯선 장소에서 우연한 기회에 자신에게 거부감이나 적개심을 가진 자를 만나는데, 그가 곧 주인공의 심복이 되고, 심복은 전장에서 주인공을 구출하는 등으로 주인공보다 먼저 죽음에 이르게 되는 점은 유사하나, 이는 '주7)'과 같은 영웅담이나 전쟁을 소재로 하는 작품들의 보편적인 사건 전개에 불과하므로 아이디어에 해당하고, 이를 기반으로 한 구체적이고 세부적인 줄거리가 표현에 해당한다고 할 것인바, 그러한 표현에 있어서는 마로는 끝까지 해명을 잊지 못하나 모두루는 담덕의 진정한 심복이 되는 점, 마로는 무휼에게 해명의 부대를 제공하나, 모두루는 담덕과 함께 철기부대를 만드는 점, 마로와 달리 모두루는 담덕을 직접 구하려는 과정에서 전사하는 점에 있어서 차이점을 보이고 있으므로, 단지 아이디어만의 공통성이 존재할 뿐 표현에 있어서의 실질적 유사성이 존재하지 않는다." 등의 이유로 실질적 유사성을 인정하지 않았다.
이에 대한 비판적 견해로, 한지영, "어문저작물의 포괄적 유사성 판단에 관한 소고", 계간 저작권 제23권 제4호(2010), 한국저작권위원회, 74~87면 참조. 이 견해는 "피고의 작품 속에 원고의 저작물과 유사한 요소들이 이렇게 다수 존재한다는 사실은 우연이라고 보기에는 무언가 미흡한 점이 없지 않다"고 하면서 '포괄적·비문언적 유사성이란 양 저작물 간의 근본적인 본질과 구조가 유사한 경우에 인정되는 개념인데 이러한 분해, 분리적 검토방식으로는 저작물이 가지고 있는 구조를 전체로서 파악하기 어려울 수 있다'고 지적한다.
50) 대법원 1993. 6. 8. 선고 93다3073, 3080 판결; 대법원 1996. 6. 14. 선고 96다6264 판결. 대법원은 "아이디어나 이론 등의 사상 및 감정 그 자체는 설사 그것이 독창성, 신규성이 있다 하더라도 소설의 스토리 등의 경우를 제외하고는 원칙적으로 저작물이 될 수 없으며"라고 하여 마치 소설의 스토리는 원칙적으로 아이디어에 속하지만 예외적으로 저작권의 보호대상이 되는 것으로 오해할 여지가 있는 취지의 판시를 하기도 하였으나, 이는 소설의 스토리도 그 창작성과 구체성의 정도에 따라 얼마든지 표현성이 인정된다는 점으로 이해하여야 할 것이다. 그 이후 판례들에는 이러한 판시가 포함되어 있지 않은 것으로 보인다.
51) Arden v. Columbia Pictures Indus. Inc., 908 F.Supp. 1248, 1260 (S.D.N.Y. 1995).
52) Denker v. Uhry, 820 F.Supp. 722 (S.D.N.Y. 1992).

인이 지구에 와서 인간 가족과 친하게 지내면서 인간의 습관을 배우고, 악인들에게 대항하다가 다시 외계로 돌아가는 이야기,53) ④ 사람들에게 매우 작은 크기로 변신하게 하는 과학적인 물질을 사용하는 주인공들의 이야기,54) ⑤ 부유한 외국의 왕자가 아내를 찾아 미국으로 건너와서 부모들의 반대에도 불구하고 사랑하는 여자와 결혼하여 고국으로 귀환하는 이야기,55) ⑥ 정글에서 보물을 탈취하는 것에 관한 작품에 있어서, 뱀들이 사는 동굴에 보물이 숨겨져 있고, 그 뱀들을 좇아내기 위하여 불을 사용하며, 새가 정글의 침입자를 놀라게 하고, 지친 여행자가 선술집에서 위안을 찾는 이야기56) 등은 일반적이고 전형적인 플롯 내지 사건전개과정에 불과하여 표현성이 부정되었다.57)

　우리나라 하급심 판례 중에는 원고가 자신이 작성한 시나리오 '야망의 도시'의 저작권이 MBC 텔레비전 드라마 '유산'에 의하여 침해되었다고 주장하는 사건에 있어서, 두 작품 모두 사건의 전개과정의 기본적인 골격에 있어서 ① 대기업의 총수가 갑자기 죽고, 후계자인 맏아들이 미국에서 급히 귀국하며, 부친의 죽음에 대하여 의문이 제기되면서 추리극의 형태로 발전하는 점, ② 귀국한 자식은 부친의 자리를 승계받고자 하나 미리 계획된 음모에 의하여 방해를 받게 되고, 기업을 빼앗으려고 계획한 조직적 범죄의 주범은 측근 인물임이 밝혀지는 점, ③ 이 음모를 감추기 위한 연쇄적 범죄 및 살인이 행하여지고 결정적 증거로 테이프('야망의 도시'에서는 비디오 테이프, '유산'에서는 녹음 테이프)가 제시되는 점, ④ 이에 국면이 전환되어 공범들은 자중지란을 일으키고 배신당한 하수인이 주범을 권총으로 쏘아 죽임으로써 결말에 이르는 점 등 유사성이 인정된다고 하면서도, 구체적인 표현에 있어서의 비유사성58)을 들어 실질적 유사성을 부인한 사례가 있다.59)

---

53) Litchfield v. Spielberg, 736 F.2d 1352 (9th Cir. 1984).
54) Kouf v. Walt Disney Pictures & Television, 16 F.3d 1042 (9th Cir. 1994).
55) Beal v. Paramount Pictures Corp., 20 F.3d 454 (11th Cir. 1994); Herzog v. Castle Rock Entm't, 193 F.3d 1241 (11th Cir, 1999).
56) Zambito v. Paramount Pictures Corp., 613 F.Supp. 1107 (E.D.N.Y.), aff'd, 788 F.2d 2 (2d Cir. 1985).
57) Robert C. Osterberg & Eric C. Osterberg, *Substantial Similarity in Copyright Law* (2003), § 4:2.
58) 판결에서는 양 작품은 분량면에서 큰 차이가 있고, 별개의 작의(作意)와 작풍(作風)을 지니고 있을 뿐만 아니라 전체 내용과 등장인물의 수, 성격의 다양성, 사건의 복잡성, 구성의 치밀성, 심리묘사의 심층성, 극 전개의 능숙성, 극 분위기 및 기법의 격차 등으로 인하여 각자의 독창성을 구비하고 있는 점 등을 비유사성의 내용으로 들고 있다.
59) 서울고등법원 1995. 6. 22. 선고 94나8954 판결(확정).

또한 역사적인 사실에 기반한 사건의 전개과정은 그 속성상 누가 표현하더라도 비슷할 수밖에 없으므로, 구체적인 표현양식 자체만 저작권법의 보호를 받게 된다. 예를 들어 일제 치하에 식민지를 탈출하여 연해주에 정착하였다가 1937년 스탈린에 의하여 중앙아시아로 강제이주되는 일련의 전개과정[60]이나, 핵물리학자 이휘소의 개인적인 경력과 활동, 핵무기 개발을 향하여 박정희가 은밀하고도 집요한 노력을 하면서 위 이휘소의 도움을 받았던 점, 박정희 사망 후 국내에서는 핵무기 개발을 저지하려는 미국이 배후에서 이를 교사하였을 것이라는 소문이 나돌았던 점 등으로 이어지는 전개과정[61] 자체는 저작권법의 보호를 받지 못하였다. 또 다른 예로, "고구려라는 역사적 배경, 사신, 부도, 신시라는 신화적 소재, 영토 확장이나 국가적 이상의 추구라는 주제 등 아이디어의 영역에 속하는 요소를 공통으로 할 뿐"이고, "부여와 고구려, 백제와 고구려 등 외세가 아닌 민족 내부의 전쟁은 우리나라의 역사적 사실로서 누구나 소재로 쓸 수 있는 공유의 영역에 속하는 것이고, 주인공이 사랑하는 여자와 관련된 나라와 싸워야 한다는 상황에서 딜레마에 빠진다는 이야기는 삼국사기의 '낙랑공주와 호동왕자' 이야기, 오페라 '아이다', 영화 '쉬리' 등 남녀 간의 애절한 사랑을 주제로 하는 많은 작품의 모티브로서 공공의 지적 자산이므로, 피고가 이를 사용하였다고 하여 원고의 저작권을 침해하는 것이라고 볼 수 없다"라고 판시한 사례도 있다.[62] 다만 역사적 사실에 기초하였더라도 역사적 사실과 전혀 다른 허구의 사건을 추가하여 창작하였다면 그 허구 사건 부분은 창작적 표현으로서 저작권법의 보호를 받을 수 있다.[63]

한편, 일반적이고 전형적인 정도를 벗어나 구체적이고 특징적으로 표현된 사건의 전개과정은 표현의 영역에 속하여 저작권법의 보호를 받게 된다. 예를 들어 식인상어에 관한 공포를 다룬 두 영화인 원고의 "Jaws"와 피고의 "Great White" 사이의 실질적 유사성 여부가 문제된 Universal Studio, Inc. v. Film Ventures Intern., Inc. 판결[64]에서, 법원은 양 작품의 기본적인 이야기 줄거리에 있어서 ① 지방자치단체의 정치인이 그 지방의 관광산업에 미치는 악영향을 고려해서 상어에 관한 소식을 경시하고 억제한 점, ② 양 작품 모두 영국식 억양을 가진 사람이

---

60) 대법원 2000. 10. 24. 선고 99다10813 판결.
61) 대법원 1998. 7. 10. 선고 97다34839 판결.
62) 서울중앙지방법원 2007. 7. 13. 선고 2006나16757 판결(확정).
63) 정상조, "상이한 문예 장르 간의 표절: 서울남부지법 2010가합1884 판결에 대한 비판적 검토", LAW & TECHNOLOGY 제8권 제4호(2012. 7), 서울대학교 기술과법센터, 3~24면 참조.
64) 543 F.Supp. 1134 (D.C.Cal., 1982).

상어에 의해서 잡혀먹는다는 점, ③ "Great White"에서는 상어전문가가 문제의
식인상어로 하여금 다이너마이트를 삼키게 해서 상어를 죽이는데, "Jaws"에서는
그 지역 경찰책임자가 문제의 식인상어로 하여금 압축공기통을 삼키게 하여 그
폭발과 더불어 상어가 죽게 한다는 점에서 실질적으로 유사하고, 양 작품의 사건
전개에 있어서도 청소년들이 해변에서 노는 모습과 긴장감이 도는 음향으로부터
시작해서 실종사건의 발생, 식인상어의 공격, 상어전문가에 의한 조사와 위험성의
경고, 흥미를 자아내기 위한 가짜 경고들, 정치인의 정치적 목적의 반응, 식인상
어를 폭발시켜 죽게 만드는 것으로 마감하는 상세한 사건전개가 실질적으로 유사
하다고 판단하여 저작권침해를 인정하였다.[65]

(다) 사건의 전개과정의 표현성 여부에 관한 가상의 사례

사건의 전개과정이 어느 정도의 구체성을 가지고 묘사되어야 표현성이 인정
되는가에 대한 이해를 돕기 위하여 미국의 두 문헌에 나오는 가상의 사례들을 소
개하기로 한다.

(ⅰ) '로미오와 줄리엣'과 'West Side Story'의 사례

Nimmer 교수의 주석서에서는 세익스피어의 '로미오와 줄리엣'과 뮤지컬
'West Side Story'의 두 가지 사건의 전개과정을 서로 비교하면서 다음과 같은 공
통적인 요소들이 있다고 설명하면서 이러한 정도의 유사성이 있다면 표현에 실질
적 유사성이 있는 것으로 판단할 수 있다고 하고 있다.[66]

① 소년과 소녀는 각각 서로 적대적인 그룹에 속해 있다.
② 그들은 무도회에서 만난다.
③ 그들은 밤에 발코니(비상계단)에서 서로의 사랑을 확인한다.
④ 소녀는 다른 사람과 약혼한다.
⑤ 소년과 소녀는 결혼의 맹세를 한다.

---

65) 위 판결에서는 그 이외에도 양 작품의 등장인물에 있어서 광적인 공격습성을 가진 상어, 영국
억양을 가진 상어잡이 선장, 식인상어의 등장을 정치적으로 이용하는 정치인, 식인상어의 위험
성을 절실하게 호소하는 상어전문가 등의 등장인물에 관한 상세한 묘사가 실질적으로 유사하다
고 판시하였다.
66) Melville B. Nimmer & David Nimmer, *Nimmer on Copyright* (2002), §13.03, 13~33면.

⑥ 적대적인 두 그룹의 사람들이 만나게 되고, 소녀의 사촌오빠(오빠)가 소년의 가장 친한 친구를 살해한다.

⑦ 이는 소년이 가장 친한 친구의 손을 잡아 폭력을 방지하려는 과정에서 벌어진다.

⑧ 보복하기 위하여 소년은 소녀의 사촌오빠(오빠)를 살해한다.

⑨ 결국 소년은 망명한다(은신한다).

⑩ 소녀가 소년을 만나고자 하는 계획이 담긴 메시지가 소년의 은신처에 보내진다.

⑪ 위 메시지는 소년에게 전달되지 않는다.

⑫ 소년은 소녀가 죽었다는 잘못된 정보를 받게 된다.

⑬ 슬픔에 겨워 소년은 스스로 목숨을 끊는다(자신이 살해되도록 한다).

(ii) 'Shane'과 'Pale Rider'의 사례

반면 또다른 예로서 Robert C. Osterberg와 Eric C. Osterberg는 조지 스티븐스 감독의 1953년작 서부영화인 "Shane"과 클린트 이스트우드 감독의 1985년작 서부영화인 "Pale Rider"의 사건의 전개과정을 비교하면서, 아래와 같이 일반적인 전개과정에서 유사성을 보이지만, 이러한 전개과정의 구체성이 표현의 정도에 이르지 못하였고, 오히려 그 세부적인 내용에서 다른 표현이 사용됨으로써 실질적 유사성이 인정되지 않는다고 하고 있다.[67]

【Shane의 사건전개】

① 지역의 농부들이 그 지역에 강한 이해관계를 가진 사람(cattle baron)과 대립한다.

② Cattle baron은 농부들을 몰아 내기 위하여 비열한 수법을 사용한다.

③ 주인공이 말을 타고 마을로 들어 와서 한 농부의 가족들과 함께 머무르면서, Cattle baron에 맞서 싸울 것을 권유한다.

④ 그 가족의 소년은 주인공을 영웅으로 생각한다.

⑤ Cattle baron은 악한 총잡이에게 의뢰하여 농부들을 몰아내 줄 것을 의뢰

---

67) Robert C. Osterberg & Eric C. Osterberg, *Substantial Similarity in Copyright Law* (2003), §4:2.

한다.

⑥ 주인공과 악당 사이에 권총 결투가 벌어진다.

⑦ 마침내 주인공이 승리한 뒤 말을 타고 마을을 떠나는데, 농부들은 감사하
게 생각하고 소년은 슬퍼한다.

【Pale Rider의 사건전개】

① 지역에서 금을 채광하는 광부들이 그 지역에 강한 이해관계를 가진 채광
회사와 대립한다.

② 채광회사들은 광부들을 몰아 내기 위하여 비열한 수법을 사용한다.

③ 주인공이 말을 타고 마을로 들어 와서 한 광부의 가족들과 함께 머무르면
서, 채광회사와 맞서 싸울 것을 권유한다.

④ 그 가족의 소녀는 주인공을 영웅으로 생각한다.

⑤ 채광회사는 악한 총잡이에게 의뢰하여 광부들을 몰아내 줄 것을 의뢰한
다.

⑥ 주인공과 악당 사이에 권총 결투가 벌어진다.

⑦ 마침내 주인공이 승리한 뒤 말을 타고 마을을 떠나는데, 광부들은 감사하
게 생각하고 소녀는 슬퍼한다.

(iii) 두 가지 사례의 비교

결국 사건의 전개과정이 아이디어와 표현 중 어느 곳에 해당하는가 하는 것
은 그 전개과정이 얼마나 구체적으로 표현되어 있는가에 따라 결정된다.

먼저 제시한 '로미오와 줄리엣'과 'West Side Story'의 사례에 있어서 서로 적
대적인 가문의 두 남녀가 만나서 사랑하다가 함께 비극적인 최후를 맞는다는 구
성은 비극적인 남녀의 러브스토리에서 흔히 예상되는 일반적인 전개과정이라고
할 수 있다. 그러나 이들이 처음 만나서 사랑에 빠지게 된 경위(무도회에서 만나 발
코니에서 사랑을 확인)나 비극적인 일련의 사건들의 내용(소녀측의 오빠 또는 사촌오
빠가 살해되는 과정), 두 남녀가 최후를 맞이하는 이유(소녀가 죽었다는 잘못된 정보
때문에 소년이 죽음에 이르게 됨) 등 구체적인 줄거리는 비극적인 남녀의 러브스토
리에서 등장할 수 있는 여러 가지 다양한 줄거리들 중에서 의도적으로 선택된 것
으로서 저작자의 창작성이 드러나게 되는 부분이므로 이러한 세부적인 줄거리까

지 유사하다면 창작성 있는 표현이 유사하다고 보게 되는 것이다.

그러나 두 번째로 제시한 'Shane'과 'Pale Rider'의 사례에 있어서는 외부에서 말을 타고 온 영웅이 약하고 선한 사람들을 괴롭히고 있는 악당을 물리치고 사람들을 구한 뒤 다시 홀연히 말을 타고 떠난다는 서부영화의 보편적인 사건전개에 있어서만 공통점을 보이고 있을 뿐이고, 이를 기반으로 한 세부적인 줄거리에서는 차이점을 보이고 있으므로 단지 아이디어만의 공통성이 존재할 뿐 실질적 유사성이 존재하지 않는다고 보는 것이다.

(2) 등장인물

등장인물도 소설 등의 중요한 구성요소로서 표현에 해당할 가능성이 크다. 일찍이 Zechariah Chafee 교수도 저작권의 보호가 미치는 작품의 유형으로서 사건의 전개과정과 함께 등장인물의 상호관계의 발전을 든 바 있다.[68] 등장인물은 사건의 전개과정과 독립된 요소라기보다는 사건의 전개과정과 밀접한 관련성을 가지면서 함께 얽혀 있는 요소이다. 또한 실질적 유사성 판단요소로서의 등장인물은 그 자체의 성격과 묘사뿐 아니라 다른 등장인물과의 상호관계가 중요하다.

일반적으로 단순하고 평면적이고 일상적인 등장인물보다는 복잡하고 구체적이고 독창적으로 개발된 등장인물이 표현으로 보호받을 가능성이 크다.[69] 따라서 일상적이고 전형적인 등장인물의 유사성은 실질적 유사성 판단에 중요한 영향을 미치기 어렵다.[70] 예를 들어 Rice v. Fox Broad Co. 판결[71]에서는 마술사가 등장하는 가정용 비디오의 저작권자가 역시 마술사가 등장하는 텔레비전 프로그램이 저작권침해물임을 주장하였는데, 법원은 원고 저작물에 묘사된 마술사는 그 자체가 저작물로서 보호받는 것이 아닐 뿐만 아니라, 가면을 쓴 마술사가 각종 마술을 선보이면서 신비스러운 품행을 보이는 것은 모든 마술사들에게 일반적이고 공통적인 것이기 때문에 그와 같은 유사함만으로는 실질적 유사성을 구성할 수 없다고 판시하였다. 또한 Herzog v. Castle Rock Entm't 판결[72]에서는 원고의 영화각본 "Lone Star"과 피고의 영화각본 "Concealed"의 실질적 유사성이 문제되었는데,

---

68) Zechariah Chafee, *Reflections on the Law of Copyright*, 45 Colum. L. Rev. 503 (1945).

69) Nichols v. Universal Pictures Co., 45 F.2d 119, 121 (2d Cir. 1930).

70) 추상적인 인물유형은 보호받을 수 없다는 국내 판례로서 대법원 2000. 10. 24. 선고 99다10813 판결.

71) 330 F.3d 1170 (9th Cir. 2003).

72) 193 F.3d 1241 (11th Cir. 1999).

법원은 여러 가지 요소들을 대비하는 가운데 등장인물에 관하여서도 포괄적인 유사성만으로는 실질적 유사성을 인정할 수 없다고 판시하였다. 즉 "Lone Star"에 등장하는 주인공인 Marty와 "Concealed"에 등장하는 주인공인 Sam은 모두 치안관(Sheriff) 출신의 부친을 두고 있는 경찰관들이라는 공통점을 공유하고 있으나, 이러한 공통점은 저작권법에 의하여 보호받지 못하는 아이디어에 불과할 뿐이고 오히려 주인공들의 배경, 성격, 그리고 영화각본에 드러나는 주인공들의 목적 (Marty는 New York시의 경찰관으로 일하다가 아동납치사건에서 무기를 사용하는 것을 주저하는 바람에 그 아동이 사망하는 사고가 발생한 이후 Waukeena라는 소도시로 와서 자신이 여전히 경찰관으로서 업무를 잘 수행할 수 있다는 것을 스스로 증명해 보이고자 더 열심히 그 지역의 살인사건을 파헤치는 반면, Sam은 옛날에 자신의 부친이 애인과 자신 사이를 갈라 놓은 것에 일종의 적개심을 품고 자신의 부친이 살인자라는 의심이 드는 40년된 살인미제사건을 파헤친다) 등에서 서로 차이점을 보이고 있다는 점을 들고 있다.

우리나라 판결 중에도 "소설 등 문학작품에 있어서의 등장인물은 그 자체로는 저작권에 의하여 보호되는 표현에 해당한다고 볼 수 없으나, 구체성, 독창성, 복잡성을 가진 등장인물이거나, 다른 등장인물과의 상호과정을 통해 사건의 전개과정과 밀접한 관련을 가지면서 보호되는 표현에 해당할 수 있고, 그 등장인물이 작품에서 차지하는 비중이 클수록 이를 차용하는 경우 실질적 유사성이 인정될 가능성이 높아진다. 따라서 아래에서는 원고가 주장하는 등장인물 간의 유사성에 대하여 우선, 유사성이 인정되는지(이하 '1단계 유사성'이라고 한다), 다음 그 등장인물의 특징이 구체성, 독창성, 복잡성이 인정되거나, 다른 등장인물들 간의 상호과정을 통해 사건의 전개과정과 밀접한 관련을 가지면서 표현으로 보호되는 것에 관한 유사성인지, 마지막으로 그 표현 사이에 실질적 유사성이 인정되는지에 관하여 차례로 검토하여야" 한다고 판시한 사례가 있다.[73]

한편 추상적 인물유형뿐만 아니라 그 등장인물의 외모, 성격, 배경, 특성, 다른 등장인물들과의 상호관계 등이 모두 비슷하다면 그 등장인물은 표현에 해당하게 되어 그 유사성은 저작권침해요건으로서의 실질적 유사성을 인정하는 유력한 근거가 될 수 있다. 예를 들어 Sheldon v. Metro-Goldwyn Pictures Corp. 판결[74]에

---

73) 서울중앙지방법원 2007. 7. 13. 선고 2006나16757 판결(확정).
74) 81 F.2d 4 (2d Cir. 1936).

서 법원은 원고의 연극각본 "Dishonored Lady"와 피고의 연극각본 "Letty Lynton"에 나오는 두 주인공의 공통점을 세세하게 열거한 뒤 이를 실질적 유사성을 인정하는 유력한 사정으로 판시하였다. 법원은 피고의 작품에 나오는 주인공 Letty는 원고의 저작물에 나오는 주인공 Madeleine Cary처럼 태생적으로 변덕스럽고, 스캔들에 연루된 모험적인 부모가 있는데 그 중 한 명은 살해되고 다른 한 명은 사회에서 소외받는 처지가 되었으며, 차원높은 사랑에 의하여 새로운 삶을 찾게 되는 등 등장인물 사이에 상당한 유사성이 발견된다고 판시하였다. 또한 식인상어에 관한 공포를 다룬 두 영화 사이의 실질적 유사성 여부가 문제된 Universal Studio, Inc. v. Film Ventures Intern., Inc. 판결[75])에서는 양 작품의 등장인물에 있어서 광적인 공격습성을 가진 상어, 영국 억양을 가진 상어잡이 선장, 식인상어의 등장을 정치적으로 이용하는 정치인, 식인상어의 위험성을 절실하게 호소하는 상어전문가 등의 등장인물에 관한 상세한 묘사가 실질적으로 유사하다는 점을 저작권침해의 한 근거로 판시하였다.

소설·각본 등에 나타나는 등장인물 또는 캐릭터가 그 자체로서 저작물성을 인정받을 수 있는가 하는 점도 논의의 대상이 되지만, 그 등장인물의 비중이 너무나 커서 등장인물 자체가 이야기를 구성할 정도에 이르는 경우(character constitutes the story being told)에 한하여 자체적인 저작물로 보호받을 수 있다는 미국 판례도 있다.[76])

(3) 대사

대사(dialogue)[77]) 역시 표현성이 강한 요소 중의 하나이다.[78]) 대사 또는 그 대사에 수반되는 어투는 소설 등을 구성하는 요소들 가운데에서 가장 직접적으로 작가의 사상을 표현하는 수단 중의 하나이다. 일반적으로 대사의 유사성은 부분적·문자적 유사성에 해당한다. 대사의 표현성은 그 독창성 및 구체성에 따라 많이 좌우된다. 미적 표현으로서의 성격이 두드러지거나, 비교적 긴 대화는 표현에

---

75) 543 F.Supp. 1134 (D.C.Cal., 1982).

76) Warner Bros. Pictures v. Columbia Broad. Sys., 216 F.2d 945 (9th Cir. 1954).

77) Dialogue는 '대화'로 표현하는 것이 더 적절하나, 대화는 두 사람 이상의 존재를 전제로 하는 것인데 어문저작물에 있어서는 언어적 표현이 항상 두 사람 사이에 이루어지는 것이 아니라 독백과 같은 일방적 표현도 있을 수 있으므로, 아래에서는 보다 포괄적인 의미를 가지는 '대사'라는 용어를 사용하기로 한다.

78) Nichols v. Universal Pictures Corp., 45 F.2d 119 (2d Cir. 1930) 참조.

해당할 가능성이 크다.[79]

그러나 모든 대사가 당연히 표현에 해당하는 것은 아니다. 일상 생활 속에서 흔히 반복되는 대사는 소재성이 강하고 다양한 표현가능성이 낮아 보호로 인한 비용이 높다. 그러므로 이러한 유형의 대사는 아이디어로서 공유되는 것이 타당하다. 또한 단순한 구(句)나 절(節) 또는 한 문장으로 이루어진 통상적인 표현은 구체성이 결여되어 있어 표현성이 낮아진다.[80]

우리나라 판결 중에 '그 구성요소 중 일부 사건 및 대화와 어투에 있어서 공정한 인용 내지 양적 소량의 범위를 넘어서서 원고의 이 사건 소설과 동일성이 인정되어 부분적·문자적 유사성이 인정된다'고 판시한 사례가 있는 반면,[81] "나 여기 있고 너 거기 있어"라는 대사에 대하여 '일상생활에서 흔히 쓰이는 표현으로서 창작성 있는 표현이라고 볼 수 없다'고 판시한 사례(이 판결은 대사의 창작성 여부와 별개로 실질적 유사성 여부도 함께 판단하였다)가 있다.[82]

---

79) Paramount Pictures Corp. v. Carol Publ'g Group, 11 F.Supp.2d 329, 333 (S.D.N.Y. 1998), *aff'd*, 181 F.3d 83 (2d Cir. 1999).

80) 짧은 문장이 표현에 해당하는가 하는 점은 일률적으로 말하기 어렵다. 미국 판례들을 살펴보면, "You've got the right one, uh−huh"는 저작권 보호를 받을 수 없다고 한 사례{Takeall v. Pepsico, Inc., 14 F.3d 596 (4th Cir. 1993)}이 있는가 하면, "Euclid alone has looked on Beauty bare"과 "Twas brillig and the slithy toves"{Heim v. Universal Pictures Co., 154 F.2d 480 (2d Cir. 1946)}, "I love you E.T."와 "E.T. Phone Home"{Universal City Studios, Inc. v. Kamar Indus., Inc., 217 U.S.P.Q.1162 (S.D.Tex. 1982)}는 저작권 보호를 받을 수 있다고 한 사례도 있다. Paul Goldstein, *Copyright*, (2d ed. 1996), 2:100면 참조.

81) 서울고등법원 1995. 10. 19. 선고 95나18736 판결('하얀나라 까만나라' 사건). 젊은 법조인이 검사 및 변호사로서 활동하며 겪게 되는 고민과 갈등을 법조계 내부관계 및 사건 의뢰인들과의 관계를 중심으로 엮은 소설 "하얀나라 까만나라"의 저작권침해가 문제된 사건에서, 서울고등법원은 어문저작물의 구성요소 중 하나로서 '대화와 어투'(dialogue and language)를 들면서 대화와 어투에 있어서의 유사성을 실질적 유사성을 인정하는 하나의 근거로 들고 있다(대법원 1996. 6. 11. 선고 95다49639 판결로 확정). 원심은 '이 사건 소설에서 나오는 "77고합1024호 강도치사"의 사건번호를 위 피고의 대본에서 그대로 이용하였다'는 사실도 인정하였다. 하지만 어투는 대화 또는 대사에 포함될 수 있는 요소이므로 어투를 별도의 구성요소로 들 필요성까지는 느끼지 못한다.

82) 서울고등법원 2006. 11. 14.자 2006라503 결정(영화 '왕의 남자' 사건: 확정): "[3] 실질적 유사성 여부 — 앞서 본 바와 같이 신청인의 어문저작물인 희곡 '키스' 제1부에서는 이 사건 대사 및 이 사건 대사의 변주된 표현들을 치밀하게 배치하여 이러한 일련의 표현들의 결합을 통하여 인간 사이의 '소통의 부재'라는 주제를 표현하고 있는 반면, 영화 '왕의 남자'에서 사용된 이 사건 대사는 영화대본 중의 극히 일부분(영화대본은 전체 83장으로 되어 있는데, 그중 2개의 장의 일부에 인용되고 있다)에 불과할 뿐만 아니라, 이 사건 대사는 장생과 공길이 하는 '맹인들의 소극(笑劇)'에 이용되어 관객으로 하여금 웃음을 자아내게 하거나(8장), 영화가 끝난 뒤 엔드 크레딧과 함께 '맹인들의 소극' 장면을 보여줌으로써 관객으로 하여금 영화 '왕의 남자'가 광대들의 눈을 통하여 조선시대 제10대 왕인 연산군을 둘러싼 갈등과 이로 인한 죽음을 표현하고자 하였던

한편, 미국 판례 중에는 일련의 가족관계를 "동요하는 네트워크(staggering network)"로, 진흙투성이의 거리를 "우로(牛路, cow path)"로, 보물을 찾아다니는 사람들을 "금을 찾는 사람들의 무리(hordes of gold seekers)"로 표현한 부분을 복제하였다고 하더라도 이는 저작권침해에 해당하지 않는다고 판시한 사례가 있다.[83] 공통적인 주제로부터 자연스럽게 도출되는 대화 내용 역시 보호받지 못한다.[84]

3) 유사성의 정도를 고려한 표현적 요소의 보호 여부 판단

표현적 요소를 분리해 내는 두 번째 단계가 끝나면, 마지막 단계로서 표현적 요소에 관한 유사성의 정도가 실질적 유사성에 이를 정도인지를 판정한다. 이 책의 제5장 제2절에서는 원고 저작물로부터 이용된 부분에 나타난 창작성과 다양한 표현가능성의 정도가 높을수록 실질적 유사성의 인정범위가 넓어진다는 점, 또한 유사성 판정은 원고의 저작물로부터 이용된 부분의 양(量)과 질(質) 두 가지 요소에 의하여 영향을 받는데 그 중 질적 판단 기준은 양적 판단 기준보다 더 큰 비중을 가진다는 점을 언급하였다.

결국 유사성 판정에 있어서는 원고 저작물 중 창작 인센티브와 밀접한 관련을 가지는 핵심 부분이 무엇인지를 고려하여 그 비중에 따라 유사성을 판단하여야 하는 것이다. 그런데 소설 등은 '줄거리'를 중심으로 하는 저작물이므로 유사성 판정에 있어서도 줄거리를 이루는 사건의 전개과정이나 등장인물, 대사가 비중있게 고려되어야 하는 반면, 분위기나 세팅, 속도, 주제 등의 요소는 비록 표현성이 인정된다고 하더라도 그 고려비중이 낮을 수 있다.

가) 사건의 전개과정에 관한 유사성 판정 — 표현의 구체적 고려

사건의 전개과정은 유사성 판정에 있어서도 가장 중요한 비중을 차지하는 요소이다. 사건의 전개과정이 유사하다고 하기 위하여서는 이야기 속에 등장하는 사건들의 내용이 유사하여야 하고, 그 사건들이 유사한 방법으로 배열, 조합되어야

다소 무거운 이야기에서 벗어나 다시 일상으로 돌아가 웃을 수 있게 만드는 것이어서, 이 사건 대사가 '소통의 부재'라는 주제를 나타내기 위한 표현으로 사용되었다고 볼 수 없으므로, 양 저작물은 실질적인 유사성이 없다고 할 것이다." 부분 참조.

83) Narell v. Freeman, 872 F.2d 907, 911, 10 U.S.P.Q.2d(BNA) 1596, 1599 (9th Cir. 1989).
84) 위 판례 참조.

한다. 일반적으로 동일한 역사적 사실과 배경을 다루는 어문저작물의 경우에는 이미 확정된 역사적 사실을 그 소재로 하고 있는 관계로 누가 이를 기반으로 소설이나 희곡을 창작하더라도 그 사건전개과정은 비슷하여질 수밖에 없으므로, 역사물(歷史物)의 실질적 유사성을 판단함에 있어서는 이러한 특성을 충분히 고려하여야 한다.85) 표현성이 인정되는 사건의 전개과정 사이에서도 그 표현의 구체성은 천차만별인데, 구체성이 높은 전개과정의 유사성은 결정적으로 고려되어야 할 요소이지만 구체성이 낮은 전개과정의 유사성만으로 막바로 실질적 유사성이 인정되는 것은 아니다. 따라서 사건의 전개과정에서 나타나는 구체성과 다양성에 있어서 차이가 큰 경우에는 비록 포괄적으로 보면 사건의 전개과정에 있어서 유사한 점이 발견된다고 하더라도 실질적 유사성을 인정하기 어렵다.86)

대체적인 국내외 판례의 경향은 실질적 유사성에 이를 정도로 사건의 전개과정이 유사하다고 하기 위하여서는 원고의 저작물에 나타난 사건의 전개과정이 상당히 구체적이어야 하고, 그러한 전개과정의 구체적이고 세부적인 특징들이 피고의 작품에도 나타나 있어야 할 것을 요구하고 있다.87) 이러한 점 때문에 소설·각

---

85) 이른바 '까레이스키 사건'에 관하여 대법원은 일제치하에 연해주로 이주한 한인들의 삶이라는 공통된 배경과 사실을 소재로 한 두 작품 사이의 유사성은 공통의 역사적 사실을 소재로 하고 있는 데서 오는 결과일 뿐이라고 하면서 실질적 유사성을 부정한 바 있다(대법원 2000. 10. 24. 선고 99다10813 판결). 반면 정유재란 당시 남원성 싸움에서 조선군민이 일치되어 왜군에 항쟁하다가 옥쇄하였다는 역사적 사실을 그 배경으로 하는 두 희곡의 실질적 유사성에 관하여, 역사적 사실, 인물 또는 배경은 저작권법에 의한 보호를 받는 부분이 아니라 할 것이나, 두 희곡 전체의 구도와 진행방식, 인물설정과 줄거리, 장면설정 및 대사의 흐름이 유사할 뿐만 아니라 역사적 사실을 오인하여 전개한 부분까지 유사한 점을 들어 실질적 유사성을 인정한 하급심 판례[(전주지방법원 남원지원 2004. 12. 22. 선고 2002가단3038 판결(확정))도 있다.

86) 서울남부지방법원 2005. 2. 16.자 2004카합2256 결정. 법원은 이 사건에서 문제되는 만화와 드라마는 모두 샴푸 또는 알약을 이용한 미녀로의 변신과 변신 이후에 일어나는 연예인과의 사귐 등 일련의 사건들을 공통의 소재 및 공통된 사건전개방식으로 취하고 있다는 점에서 유사하다고 보면서도, 신청인의 만화는 못생긴 외모 때문에 따돌림을 받던 여고생 신동선이 우연히 변신약을 손에 넣게 되어 미녀 새라로 변신, 친구들도 만들게 되고 연예인 연빈과도 사귀게 되지만, 이후 연빈에게 변신약의 비밀을 들키게 되어 그 비밀을 지키기 위해 연빈이 시키는 대로 온갖 고생을 하게 된다는 내용으로서 이야기의 구성이 단조롭고 등장인물의 성격 등도 비교적 단순한데 반하여, 피신청인의 드라마는 등장인물의 성격이 보다 다양하고 사건의 전개방식도 복잡하며, 이야기의 구성이나 인물의 심리묘사 등도 치밀하고, 극 전체의 완성도, 분위기 및 기법 등에 격차가 있어 전체적인 느낌으로 볼 때 이 사건 만화와는 그 예술성과 창작성을 달리 하는 별개의 작품이라 봄이 상당하다고 판시하였다(항고심 서울고등법원 2005. 7. 27.자 2005라194 결정, 상고심 대법원 2005. 10. 28. 선고 2005마760 심리불속행기각으로 확정).
    그 이외에도 이야기의 구성이나 등장인물의 다양성, 복잡성, 치밀성의 차이에 주목한 대법원 2000. 10. 24. 선고 99다10813 판결 참조.

87) 남자주인공과 여자주인공의 사랑과 결혼을 둘러싼 두 집안의 이야기를 그린 드라마 대본에 관하

본 등에 관한 실질적 유사성이 문제되는 경우에도 구체적인 부분에 있어서는 유사하지 않다는 점들을 이유로 원고의 청구가 기각되는 경우가 있다.[88]

나) 등장인물에 관한 유사성 판정 — 등장인물의 독창성 및 개발정도, 상호관계 고려

등장인물의 유사성은 그 다음으로 비중 있게 고려되어야 할 요소들이다. 등장인물이 유사하다고 하기 위하여서는 등장인물의 외모, 성격, 배경, 특성, 어투 등 등장인물 자체가 유사하여야 하고, 그 등장인물과 다른 등장인물들과의 상호관계가 유사하여야 한다.

이용된 등장인물의 모습, 성격, 신체적 특징, 행동양식, 직업, 성별, 이름, 인종, 습관, 말투 등이 더 구체적으로 개발된 것일수록 실질적 유사성의 인정범위가 넓어지는 것이므로, 그 유사성이 실질적 유사성으로 이어질 가능성이 크다.[89] 반면 등장인물의 추상적 유사성은 실질적 유사성의 근거가 되지 않는다. 아울러 그 등장인물이 소설 등에서 차지하는 비중이 크면 클수록 실질적 유사성은 넓은 범위로 인정되어야 한다.

또한 등장인물들의 설정 및 상호관계 간 유사성도 유사성 판정에 중요한 영향을 미친다. 예컨대 미첼 마가렛의 "바람과 함께 사라지다"의 저작권 침해 여부

여 서울남부지방법원 2004. 3. 18. 선고 2002가합4017 판결(확정)은 양 작품은 남녀주인공 집안의 가풍, 남녀주인공이 결혼에 이르게 되는 과정, 남녀주인공의 어머니들 사이의 관계, 결혼에 대한 양 집안의 입장, 주인공 어머니들 사이의 반목, 혼수과정에서의 갈등, 결혼식을 전후한 여자주인공 모녀 사이의 갈등, 결혼 후 시아버지가 며느리의 의견을 존중하고 변화를 허락하는 장면, 양가 어머니들이 결혼 이후에 화해에 이르게 되는 장면, 남자주인공이 결혼 과정에서 여자주인공에게 길들여지는 과정, 주인공 부부가 처갓집에 실망하여 나와버리는 장면 등에서 공통된다고 하여 실질적 유사성을 인정하였다.

88) 우리나라의 경우 소설·각본 등의 저작권침해사건에서 실질적 유사성이 인정된 판례로서는 이른바 '여우와 솜사탕' 드라마에 관한 서울남부지방법원 2004. 3. 18. 선고 2002가합4017 판결(확정), 정유재란 당시 남원성 싸움을 소재로 한 희곡에 관한 전주지방법원 남원지원 2004. 12. 22. 선고 2002가단3038 판결(확정)("역사적 사실을 오인하여 전개한 부분도 동일하게 전개되어 있다"), 소설 '하얀나라 까만나라'에 관한 서울고등법원 1995. 10. 19. 선고 95나18736 판결(대법원 1996. 6. 11. 선고 95다49639 판결로 확정)이 있다. 반면 이른바 드라마 '까레이스키'에 관한 대법원 2000. 10. 24. 선고 99다10813 판결; 소설 '무궁화 꽃이 피었습니다'에 관한 대법원 1998. 7. 10. 선고 97다34839 판결; 영화 '귀신이 산다'에 관한 서울고등법원 2005. 2. 15.자 2004라362 결정(확정), 영화 '애마부인'에 관한 서울고등법원 1991. 9. 5.자 91라79 결정(확정), 무용극 '행복은 성적순이 아니잖아요'에 관한 서울민사지방법원 1990. 9. 20. 선고 89가합62247 판결(확정)에서는 모두 실질적 유사성을 부정하였다.

89) Nichols v. Universal Pictures Corp., 45 F.2d 119 (2d Cir. 1930), *cert denied*, 282 U.S. 902 (1931).

가 문제되었던 사건에서 미국 연방 제11 항소법원은 피고측 작품인 "The Wind Done Gone"은 위 저작물에서 15명의 캐릭터들(Scarlett O'Hara, Rhett Butler, Bonnie Butler, Melanie Wilkes, Ashley Wilkes, Gerald O'Hara, Ellen O'Hara, Mammy, Pork, Dilcey, Prissy, Belle Watling, Carreen O'Hara, Stuart and Brenton Tarleton, Jeems, Phillippe, Aunt Pittypat)과 그 상호관계를 차용하여 왔다는 점을 실질적 유사성 인정의 한 중요한 근거로서 제시하였다.[90] 이른바 '여우와 솜사탕' 사건에 관한 서울남부지방법원 2004. 3. 18. 선고 2002가합4017 판결[91])에서도 주요 등장인물 상호간의 갈등구조나 그 조합이 양자 사이에 상당할 정도로 동일하거나 유사하고 그 갈등의 내용이 구체적인 줄거리나 사건의 전개과정을 통하여 볼 때 양자가 상당 부분 대응된다는 점을 실질적 유사성 인정의 근거로 들고 있다.[92]

다) 대사에 관한 유사성 판정 — 대사의 비중 및 흐름의 조절양식 고려

대사의 유사성은 부분적·문자적 유사성의 문제이기 때문에 다른 요소에 비하여 판단하기가 쉽다. 대사의 유사성은 별지의 형식으로 정리되어 소장이나 판결에 첨부되는 경우가 많다. 대사의 표현 자체는 평범하다고 하더라도 그 대사가 전

---

90) Suntrust Bank v. Houghton Mifflin Co., 268 F.3d 1257, 1267.
91) 서울고등법원 2005. 9. 13. 선고 2004나27480 항소기각판결로 확정.
92) 양자 모두 ① 남자주인공의 아버지는 제왕적 가부장이자 구두쇠로서 부인과 딸에게 엄격하고 구속적이지만 아들에게는 자유방임적이며, 며느리를 위하는 마음이 각별하여 각본의 후반부에는 며느리 영향으로 부인에게 친절해지며, 중소기업의 사장으로서 겉보기보다 내실이 튼튼한 알부자라는 점, ② 남자주인공의 어머니는 부잣집 고명딸로 태어나 고등학교 때도 집안이 부유하고 학력이 좋은 편이었으나 가난한 남자에게 시집간 이후로 현재의 신세를 한탄하고 심애(구자)에 대해 질투심을 느끼고, 아들에게 집착하는 편이며, 남편의 권위에 순종하는 편이지만 동시에 남편에게 조아리며 사는 신세에 대한 불만이 있고, 약간의 사치에 대한 열망이 있으면서 주책없고 빈정거리기 좋아하는 경향을 가지는 점, ③ 여자주인공의 아버지는 가정적이고 현대적인 가장으로서 구박받는 남자주인공 사위를 감싸주고 좋아하고, 부인을 위하는 마음이 지극한 공처가 스타일인 점, ④ 여자주인공의 어머니는 고등학교 때는 평범하다가 현재는 상당한 부를 가지고 있고, 주인공인 딸에 대한 기대가 크고 페미니스트적인 사고방식을 가지고 있으며, 주인공 외 다른 딸에 대해서는 보수적이고 조건 좋은 남편 만나 시집가는 것을 매우 중요하게 생각하고, 조건이 좋은 사위와 그렇지 않은 사위에 대한 차별이 심한 점, ⑤ 남자주인공은 어머니의 사랑을 많이 받고, 자유인으로 살아가는 인생에 대한 동경이 있으며, 욱하는 성질과 허풍이 심하고 능글맞으며, 외모가 준수해서 여자들로부터 인기가 좋아 결혼 전 여러 여자를 사귀고, 여자주인공과 결혼할 생각이 없었으나 결국 결혼하게 되었는데, 아내에게 겉으로는 엄격하지만 실은 공처가로서 부드러운 면이 있어 부인이 계속 공부하는 것을 인정해 주고 도와준다는 점, ⑥ 여자주인공은 어려서부터 수재로서 명문대학을 졸업한 엘리트 여성으로 어머니의 공부에 관한 전폭적인 지원을 받고 커다란 기대를 받아왔으며, 자기의견이 확실하지만 고지식한 면이 있고 당차고, 자기 일이 자기 뜻대로 되지 않으면 잘 울고 남편(혼전 남자주인공)을 때리기도 하며, 시집에서 잘 적응하고 시아버지와의 관계가 돈독하며 의외로 애교를 잘 부린다는 점에서 각각 공통된다.

체의 흐름 속에서 차지하는 비중이 큰 의미있는 것이라면, 이러한 맥락의 대사를
가져오는 것은 전체적으로 실질적 유사성을 판단할 때에 비중있게 고려되어야 한
다.[93] 따라서 일에 중독된 아버지가 크리스마스 이브에 아들이 좋아하는 가장 인
기있는 장난감을 사기 위하여 장난감 가게에 급하게 들어서서 그 장난감을 골랐다
가 갑자기 멈추어 스스로에게 "내가 무엇을 하고 있는 것이지?(What am I doing?)"
라고 자문하고 장난감을 반납하는 장면에 있어서 "내가 무엇을 하고 있는 것이
지?"라는 대사는 지극히 일반적인 것이지만 만약 그 대사가 이야기의 핵심과 맞닿
아 있는 중요한 대사라면 비슷한 맥락과 장면에서 위와 동일한 대사를 사용하는
것은 실질적 유사성을 인정하는 하나의 요소가 될 수 있다.[94]

　만화에 있어서는 대사의 유사성 자체뿐만 아니라 대사의 흐름을 어떻게 조절
하였는가가 중요한 고려요소가 될 수 있다. 만화는 이야기를 전개해 나감에 있어
서 지면을 다양한 크기와 모양의 칸으로 분할하여 그 분할된 해당 칸에 구상한
장면 및 대사를 담아내는데, 이때 말풍선 내의 대사의 흐름, 대사를 끊어주는 시
점, 컷 나누기, 개개 컷의 구성 등이 유사한지 여부가 고려된다.[95]

라) 기타 요소요소들의 고려 — 주제, 세팅, 분위기, 속도는 주로 소극적 요소로 고려

　주제나 세팅, 분위기, 속도만으로는 표현성이 부정될 가능성이 클 뿐만 아니
라 표현성이 인정된다고 하더라도 그 유사성은 실질적 유사성을 인정하는 데에
중요한 비중을 차지하지 않을 가능성이 높다. 한편 이러한 요소들은 다른 경우에
실질적 유사성을 부정하는 근거로서 활용될 가능성이 있다.

　예컨대, 주제가 다른 경우 실질적 유사성이 부정될 가능성이 상대적으로 큰
편이다.[96] 예컨대 인공적으로 만들어진 공룡이 서식하는 인조공원을 배경으로 한

---

93) Universal City Studios, Inc. v. Kamar Indus., Inc., 217 U.S.P.Q.1162 (S.D.Tex. 1982)에서 법
　　원은 원고가 제작한 영화 ET에서 "I love you, E.T."와 "E.T. Phone Home"이라는 중요한 대사
　　내용을 이용한 것을 저작권침해라고 판단하였다.

94) Melody Jackson, *Jingling All the Way to the Bank, A Real-Life Screenwriter's $ 19,000,000
　　Story*, Creative Screenwriting, March/April 2002 at 12, Nick Gladden, *When California
　　Dreamin' Becomes a Hollywood Nightmare; Copyright Infringement and the Motion Picture
　　Screenplay : Toward an Improved Framework*, 10 J. Intell. Prop. L. 359, 382에서 재인용.

95) 이른바 만화 삼국지에 관한 대법원 2005. 9. 9. 선고 2003다47782 판결.

96) 다만 현실적으로는 다른 표현적 요소들은 실질적으로 유사한데 주제만 다른 상황을 상정하기는
　　쉽지 않으므로 단지 주제가 다르다는 사유 하나만으로 실질적 유사성을 부인하는 경우는 거의
　　없을 것이고, 오히려 주제가 다르다면 그 주제를 구현하기 위한 분위기(Mood)나 등장인물의 설
　　정, 사건전개의 내용 등 구체적 표현양식 역시 달라질 가능성이 커지게 될 것이므로, 이러한 점

소설("Dinosaur World", "Lost in Dinosaur World", "Explorers in Dinosaur World", "Saber Tooth: A Dinosaur World Adventure")과 "Jurassic Park" 소설 및 영화 간의 저작권침해 여부가 문제된 사건에서, 미국 법원은 실질적 유사성을 부인하는 근거 중 하나로서, "Jurassic Park"는 유전공학, 이기심, 욕심, 자연이 통제의 대상이 된다고 믿는 인간의 오만불손함 등을 그 주된 주제로 하는 반면, 원고의 공룡 관련 아동용 도서에서는 그러한 주제들을 발견할 수 없다는 점을 들고 있다.[97]

〈대법원 2014. 6. 12. 선고 2014다14375 판결〉

... 이 사건 서적 중 김대성 설화에 나오는 곰을 백제 유민으로 해석하고, 김대성이 반란을 일으킨 백제 유민을 죽인 후 죄책감에 시달리면서 곰이 나오는 꿈을 꾸게 되고 백제 유민을 죽인 것을 참회하면서 그 원혼을 달래기 위하여 석굴암을 창건하였으며, 깨진 천개석은 대립하는 삼국의 모습을 의미한다는 서술, 토함산 근처에 축성공사에 동원된 백제 유민의 거류지가 있을지 모른다는 서술, 퇴임한 김대성이 왕실 및 조정과 일정한 거리를 두고 토함산에 은둔하다시피 사찰 건립에만 매진하였다는 서술, 김대성이 서역을 다녀온 자로부터 돔형 지붕에 관한 지식을 얻어 돔형 지붕을 설계하게 된다는 서술 등은 <u>역사적 사실과 설화에 대한 새로운 해석으로서 아이디어의 영역</u>에 속하는 것이고, 이 사건 서적 중 위 서술 부분의 표현과 이 사건 소설 중 그에 대응하는 부분의 표현은 주어와 술어의 선택, 문장의 완결성 및 구체적인 내용이 서로 달라 실질적 유사성이 있다고 보기 어려운 점, 이 사건 서적 중 석굴암이 건립되던 8세기 중엽의 신라의 정치 상황에 대한 서술은 역사적인 사실을 나열한 것이고, 동틀돌에 관한 표현은 동틀돌의 모습을 통해 추론되는 설계 및 기능을 설명한 것이며, 화쟁에 관한 표현은 화쟁사상을 설명한 것에 불과하여 창작성을 인정하기 어렵고, <u>조각상에 관한 표현은 조각상의 특성, 외관을 단순히 사실적으로 묘사한 것이거나 일반적이고 통상적인 표현의 범주를 벗어날 정도의 묘사라고 보기 어려워 창작성을 인정하기 어려운 점</u>, <u>이 사건 서적은 석굴암 건축의 역사적 배경 및 이념을 고찰하고 그와 연결하여 석굴암의 미학을 설명하기 위한 학술적, 예술적 저작물로서 그 주제는 석굴암의 이념과 아름다움이고 석굴암의 창건 동기 등에 관한 서술은 보조적 주제에 불과하지만, 이 사건 소설의 주제는 김대성이 삼국 통일 과정</u>

들을 종합하여 실질적 유사성이 부정된다고 보는 것이 더욱 정확할 것이다.

97) Williams v. Crichton, 84 F.3d 581, 589 (2d Cir. 1996). "The Jurassic Park works involve genetic engineering, ego, greed, and the consequences of man's hubris in believing that nature can be controlled. No similar themes are evident in any of the Dinosaur World books."

에서 야기된 혼란과 반목을 종교의 힘으로 극복한다는 것이어서 그 장르와 주체, 전체적인 구성이 같거나 유사하다고 할 수 없는 점, 이 사건 서적과 이 사건 소설은 삼국시대라는 역사적 배경과 김대성 설화 및 석굴암이라는 소재가 공통적으로 사용되고 있으므로, 그에 관계되는 단어나 구성에 공통되는 부분이 생기는 것은 부득이한 점 등 그 판시와 같은 사정들을 고려하여 볼 때, 이 사건 소설이 이 사건 서적에 대한 복제권, 2차적 저작물 작성권 등 원고의 저작권을 침해하였다고 인정되지 않는다 ...

분위기가 다른 경우도 마찬가지이다. 따라서 비슷한 내용의 줄거리라고 하더라도 이를 담백하고 명랑한 분위기에 담아낸 작품과 뒤틀리고 냉소적인 분위기에 담아낸 작품은 일반인들에게 서로 다른 느낌을 주기 때문에 실질적 유사성이 인정되지 않을 가능성이 크다. 예컨대 고향으로 돌아온 여성 형사가 남성 중심의 경찰관 사회에서 자신에게 닥치는 생명의 위험을 무릅쓰고 수상한 살인사건들을 파헤치는 것을 내용으로 하면서 긴박하게 진행되면서 진지하고 긴장된 분위기를 풍기는 원고의 영화각본 "Concealed"와, 살인사건을 조사한다는 공통된 내용을 대상으로 하면서도 주인공에 대한 위협이나 폭력은 존재하지 않고 주인공들 사이의 로맨스에도 초점이 맞추어져서 느릿한 속도로 진행되면서 긴박감없이 관객으로 하여금 심사숙고하게 만드는 피고의 영화각본 "Lone Star" 사이에는 분위기와 속도가 다르고, 이는 실질적 유사성을 부인하는 하나의 근거로 사용될 수 있다는 판례,[98] 매일 반복되는 날의 함정 속에 갇혀 버린 사람을 주제로 한 소설과 영화 사이의 실질적 유사성을 판단함에 있어서, 원고의 소설 "One Fine Day"는 어둡고 내성적이고 불가사의한 분위기의 작품으로서 주인공인 Rob이 매일 반복되는 날로부터 탈출하지 못하는 것으로부터 느끼는 절망과 좌절이 소설 전반에 퍼져 있는 반면, 피고의 영화 "Groundhog Day"는 주인공인 Phil이 같은 상황 속에서 감수성이 예민한 사람으로 변화하면서 Rita라는 여자와 사랑에 빠지게 되는 것을 그리면서 전반적으로 유머와 로맨스가 깔려 있다는 분위기상의 차이점을 제시하면서 이러한 분위기의 차이로 인하여 두 작품의 전체적인 관념과 느낌이 달라졌다는 점을 판시한 판례[99] 등이 그 사례들이다. 우리나라 하급심 판례로서, 시나리오 '야망의 도시'와 드라마 '유산'의 실질적 유사성이 문제된 사건에서, '야망의 도시'

98) Herzog v. Castle Rock Entm't 193 F.3d 1241, 1259 (11th Cir. 1999).
99) Arden v. Columbia Pictures Indus., Inc., 908 F.Supp. 1248, 1260 (S.D.N.Y. 1995).

는 단순하고 짧은 줄거리의 실험성 짙고 흔한 외화풍의 폭력 추리물인 반면, '유
산'은 복잡하고 늘어진 전형적 한국풍의 심리극적 장편 홈 드라마인 점에서 작풍
(作風)이 다르다는 것을 실질적 유사성을 부정하는 근거의 하나로 들고 있는 판
례,100) 불교의 윤회사상을 바탕으로 남녀 간의 애절한 사랑을 서정적인 묘사한 전
형적이고 전통적인 문학작품과 코믹 공포영화로서 전체적으로 해학적이고 가벼운
인상을 주는 현대적인 형태의 귀신영화 사이의 분위기 차이를 실질적 유사성 부
정근거로 들고 있는 판례101)가 있다.

〈서울고등법원 2005. 2. 15.자 2004라362 결정(확정)〉
〈두 작품의 비교〉
1) 작품의 성격과 유형
　이 사건 소설은 불교의 윤회사상을 바탕으로 하고 남녀 간의 애절한 사랑을 서정
적으로 묘사한 전형적인 문학작품으로서, 다른 사람의 방해로 사랑을 이루지 못한
한을 품은 귀신을 소재로 한 전통적인 귀신이야기의 범주에 속하는 데 반하여, 이
사건 영화는 코믹 공포영화의 장르(genre)에 속하는 작품으로서, 귀신 연화의 공격
장면이나 슬픈 사연 등에서 관객들에게 공포감 혹은 진지함을 안겨주기도 하나, 코
믹한 모습으로 그려지는 남자 주인공 필기와 귀신이라고 보기에는 너무 귀여운 귀신
연화를 중심으로 손과 발이 뒤바뀌거나 수많은 닭들이 와이어 액션을 하는 등 오락
적인 요소를 강조함으로써 전체적으로 해학적이고 가벼운 인상을 주는 현대적인 형
태의 귀신영화라는 점에서 현저한 차이가 있다.

　마) 형식적 · 기계적 비교결과는 단순한 참고에 불과함
　어문저작물에 있어서 기계적이고 획일적인 기준에 따른 비교결과는 하나의
참고자료가 될 수 있지만, 궁극적으로는 인간의 규범적 판단이 개입되어야 할 부
분이므로, 이러한 기계적 · 프로그램적 판정결과에 구속될 필요는 없다.102)
　음악저작물의 경우이기는 하나, 일본 최고재판소 판결103)은 형식적, 기계적

---

100) 서울고등법원 1995. 6. 22. 선고 94나8954 판결(확정).
101) 서울고등법원 2005. 2. 15.자 2004라362 결정(확정).
102) 텍스트파일(hwp, doc, xls, ppt, pdf 등)이 있는 경우 "카피킬러(copykiller.com)" 등과 같은 표
　　 절검사 프로그램(서비스)이 개발 · 이용되고 있다. 하지만 동음이의어, 동의이음어, 조사 · 어미의
　　 다양한 변화, 띄어쓰기, 공표된 저작물의 인용 등의 사정으로 인해 일정한 한계와 오류 가능성
　　 이 있을 수 있다. 그리고 포괄적 · 비문자적 유사성에 대해서는 판단하기 어려울 수 있다.
103) 最高裁 2003(平成 15). 3. 11. 선고 平14(オ)1763호, 平14(受)1793호 판결; 本橋光一郎, 本橋美光

방법에 의한 수량적 비교결과는 실질적 유사성의 참고자료가 될 수 있을지언정, 그 자체만으로 저작권 침해를 인정할 수 없다는 점을 밝히고 있다.

3. 시(詩)[104]

가. 시의 특성

시(詩, poem)는 '자연이나 삶에 대하여 일어나는 느낌이나 생각을 함축적이고 운율적인 언어로 표현하는 글',[105] '자신의 정신생활이나 자연, 사회의 여러 현상에서 느낀 감동 및 생각을 운율을 지닌 간결한 언어로 나타낸 문학 형태'[106] 등으로 정의되는 어문저작물 중 하나이다.

나. 시의 실질적 유사성 판단

시는 생략되거나 함축된 표현 또는 은유나 비유적 표현을 사용한다는 점에서 다른 어문저작물과 구별되며, 그와 같은 문예적 표현은 창작성이 높다고 인정될 경우가 많을 것이다. 또 시에서 느껴지는 말의 가락, 즉 "운율"은 표현성이 강한 요소로서 소설·각본 등과 구별되도록 한다. "행"과 "연"은 그 선택과 배열에 따라 창작성이 인정될 수 있다. 반면 시의 주제, 소재, 제재, 심상 등은 아이디어성이 강한 요소라고 할 것이다.

행을 나누어 쓰는 시와 대조되는 것으로 산문의 형식을 취하는 "산문시"도 있으나, 산문시에도 그 속에 시적 함축이나 운율이 포함되는 경우가 많으므로 소설·각본 등의 일반 문학작품과 구별된다.

시의 실질적 유사성 여부에 관한 사례는 흔하지 않으나,[107] 위에서 본 대비

智子 共著, 要約 著作權判例 212, 學陽書房(2005), 101면 참조. 이에 대한 1심 판결은 東京地裁 2000(平成 12). 2. 18. 선고 平10(ワ)17119호, 平10(ワ)21184호, 平10(ワ)21285호 판결(判例タイムズ 1024호 295면), 2심 판결은 東京高裁 2002(平成 14). 9. 6. 선고 平12(ネ)1516호 판결(判例タイムズ 1110호 211면).

104) 위 "소설·각본"에 관한 설명 중 중복되는 것은 생략하고자 한다(이하 같음).

105) 초등국어 개념사전. https://terms.naver.com/entry.nhn?docId=959969&cid=47303&categoryId=47303.

106) 두산백과. https://terms.naver.com/entry.nhn?docId=1117780&cid=40942&categoryId=32861

107) "마음을 올리는 단문의 시대...詩, SNS 저작권은 어쩌죠?", 한국일보, 2016. 3. 2.자 참조. 여기에서 시를 일부만 인용하거나 무단게재하는 것과 관련하여, 신형철 문학평론가는 "영상과 달리 시는 타이핑을 하기 때문에 원본 훼손의 여지가 있다"며 "시는 글자 하나, 문장 부호 하나까지 다 계산된 것이기 때문에 한 군데만 달라져도 그 파급이 다른 장르보다 크다"고 우려했다(위 언급은 실질적 유사성에 관한 것이라고 보기보다는 동일성유지권침해에 관한 우려에 더 가깝다고

를 통한 유사성 요소의 확정, 표현적 요소의 확정, 유사성의 정도를 고려한 표현적 요소의 보호 여부 판단 등의 과정을 통해 실질적 유사성 여부에 대한 판단을 할 수 있을 것이다.

4. 논문 등 학술적 저작물과 수험서 등 실용적 저작물

가. 학술적 또는 실용적 저작물의 특성

사건의 전개과정, 줄거리, 플롯 등이 주요 요소인 소설·극본 등과 달리, 또 함축적이거나 은유적 표현 또는 운율 등이 주요 요소인 시와 달리, 논문·설명문 등 학술적 어문저작물은 저작자의 생각, 사상, 관념 등을 논리적으로 정리하여 전달함으로써 독자나 청중을 설득하기 위한 표현을 주로 사용한다는 특징이 있다. 수험서 등 실용적 저작물도 '사실, 정보 등'을 논리적으로 정리하여 독자에게 전달한다는 점에서 논문 등 학술적 저작물과 유사한 점이 있다. 따라서 논문 등은 자신의 주장을 설득력 있게 하기 위해 객관적 사실 또는 증거를 제시하는 형식을 취하기도 한다. 그리고 논문 등에는 플롯 또는 사건의 전개과정, 가상의 등장인물 또는 그들 사이의 갈등, 대사 등이 거의 없고 그 내용도 논리적 설명을 위한 가정이나 전제의 설정을 제외하고는 사실적인 것이 많은 편이다.[108]

나. 학술적 또는 실용적 저작물의 실질적 유사성 판단

판례는 "국가고시나 전문자격시험의 수험서와 같은 실용적 저작물의 경우, 그 내용 자체는 기존의 서적, 논문 등과 공통되거나 공지의 사실을 기초로 한 것이어서 독창적이지는 않더라도, 저작자가 이용자들이 쉽게 이해할 수 있도록 해당 분야 학계에서 논의되는 이론, 학설과 그와 관련된 문제들을 잘 정리하여 저작자 나름대로의 표현방법에 따라 이론, 학설, 관련 용어, 문제에 대한 접근방법 및 풀이방법 등을 설명하는 방식으로 서적을 저술하였다면, 이는 저작자의 창조적 개성이 발현되어 있는 것이므로 저작권법에 의해 보호되는 창작물에 해당한다"고 하면서, "복제 여부가 다투어지는 부분이 기존의 다른 저작물의 표현과 동일·유사

본다).

108) 예를 들어 미국 저작권청과 법원은 레시피(recipes) 자체에 대하여 아이디어로 보고 원칙적으로 저작권법적 보호를 하지 않는다. 다만 레시피나 포뮬러(formulas)가 설명이나 지시를 동반하는 경우 그 텍스트 설명은 저작권 보호 대상이 될 수 있다고 한다. 이에 관한 자세한 설명은, 차상육, "레시피 보호에 관한 저작권법상 쟁점에 관한 소고", 계간 저작권 제28권 제4호(2015), 한국저작권위원회, 167~168면 참조.

한 경우는 물론 기존 이론이나 개념을 그 분야에서 일반적으로 사용하는 용어에 의하여 설명하거나 정리한 경우 또는 논리구성상 달리 표현하기 어렵거나 다르게 표현하는 것이 적합하지 아니한 경우 등 누가 하더라도 같거나 비슷할 수밖에 없는 표현, 즉 저작물 작성자의 창조적 개성이 발현될 여지가 없는 경우에는 저작물의 창작성이 인정되기 어렵다 할 것이므로 복제권 등의 침해도 인정될 수 없다"고 판시하고 있다.[109)]

> 〈대법원 2021. 6. 30. 선고 2019다268061 판결〉
> 원심판결 이유를 위 법리와 기록에 비추어 살펴본다. 원심판결에 기재된 원고 저작물(이하 '원고 저작물'이라 한다)은 위선지의 원문에 교감(校勘), 표점(標點) 작업을 한 부분과 이를 번역한 부분으로 이루어져 있다. '교감(校勘)'은 문헌에 관한 여러 판본을 서로 비교·대조하여 문자나 어구의 진위를 고증하고 정확한 원문을 복원하는 작업이다. '표점(標點)'은 구두점이 없거나 띄어쓰기가 되어 있지 않은 한문 원문의 올바른 의미를 파악할 수 있도록 적절한 표점부호를 표기하는 작업이다. 원고 저작물에서 교감 작업을 통해 원문을 확정하는 것과 표점 작업을 통해 의미에 맞도록 적절한 표점부호를 선택하는 것은 모두 학술적 사상 그 자체에 해당한다. 그러한 학술적 사상을 문자나 표점부호 등으로 나타낸 원고 저작물의 교감·표점 부분에 관해서는 원고와 동일한 학술적 사상을 가진 사람이라면 논리구성상 그와 달리 표현하기 어렵거나 다르게 표현하는 것이 적합하지 않으므로, 이 부분은 결국 누가 하더라도 같거나 비슷한 방식으로 표현될 수밖에 없다고 보아야 한다. 따라서 특별한 사정이 없는 한 원고 저작물 중 교감한 문자와 표점부호 등으로 나타난 표현에 원고의 창조적 개성이 드러나 있다고 보기 어렵다.

논문 등 학술적 저작물의 경우에 학술적 내용 자체는 누구라도 자유롭게 이용할 수 있어야 하는 이른바 아이디어의 영역에 속하고, 저작권의 보호대상은 그러한 내용을 담은 창작성 있는 표현에 한정되므로, 학술적 저작물에 담겨 있는 학술적 내용을 이용하더라도 창작성이 드러나 있는 구체적인 표현까지 베끼지 않는

---

109) 대법원 2012. 8. 30. 선고 2010다70520, 70537 판결. 판시 중에는 "본소 별지 1, 2 목록 중 상당 부분은 기존 학술이론 등에서 제시된 개념을 그 분야에서 일반적으로 사용하는 용어나 표현형식을 이용하여 설명한 데 지나지 않는 것이며, 그 밖에 논리 및 표현방법의 특성상 저작자의 창조적 개성이 발현된 것이라고 하여 그에 대한 저작권을 용인하기에는 적합하지 않은 부분도 존재하는 것으로 보인다"고 한 것도 있다.

한 복제권 등을 침해한 것으로 볼 수 없다.[110]

〈대법원 1993. 6. 8. 선고 93다3073, 3080 판결〉[111]

특히 학술의 범위에 속하는 저작물의 경우 그 학술적인 내용은 만인에게 공통되는 것이고, 누구에 대하여도 그 자유로운 이용이 허용되어야 하는 것이므로 그 저작권의 보호는 창작적인 표현형식에 있지 학술적인 내용에 있는 것은 아니라 할 것이다. (중략)

다음으로 위 별지 4.의 제7-13항의 각 기술부분은 희랍어의 문법에 관한 단어의 음절구분과 이를 가로로 그은 선에 수직선을 넣어 도식화하여 그 명칭, 액센트의 종류와 규칙, 액센트의 일반원리등 희랍어의 문법적 특성에 관한 설명으로서, <u>위와 같은 문법적 특성은 동일한 사실에 관하여 여러가지 표현형식이 있을 수 있는 문예작품과 달리 그 성질상 표현형식에 있어서 개성이 있기 어려울 뿐 아니라, 피고가 사용하기 이전부터 보편적으로 사용되어 온 것</u>임을 알 수 있으므로 피고의 강의록 중 위 부분이 독창적으로 표현된 것이라고 인정할 수 없고, 또 위 부분에 관한 설명을 함에 있어서 사용된 용어도 종래부터 사용되어 온 문법용어로서 저작권의 보호대상인 저작물이라고 볼 수 없으므로 원고가 그의 저서에서 피고의 강의록과 유사한 내용을 인용하고 있다 하더라도 저작권의 침해가 된다고 할 수 없다.

마지막으로 위 별지 4.의 제6항의 기술부분에 있어서 피고가 몇 개의 철자{키-레터스(key-letters)}로써 희랍어를 분석해가는, 종래에 사용된 바 없는 방법론을 사용하면서, 예를 들어 ...(중략)... 등으로 설명을 하고 있는바, 위 희랍어의 어미변화를 설명함에 있어 사용한 용어인 키-레터스(key-letters)의 선택이나 분석내용의 기술방법에 독창성이 있는 것으로 보이고, 원고가 그의 저작물에서 희랍어의 분석방법론으로 사용한 키레터스 또한 피고의 그것과 거의 동일한 내용인 점도 인정된다 ...(중략)...

그러나 피고가 사용하고 있는 키-레터스를 이용한 희랍어의 분석방법은 비록 그것이 독창적이라 하더라도 <u>어문법적인 원리나 법칙</u>에 해당하므로 저작권의 보호대상인 표현의 영역에 속하는 것이 아니라 보호대상이 아닌 아이디어의 영역에 속하므로 그 이론을 이용하더라도 구체적인 표현까지 베끼지 않는 한 저작권의 침해로 되지는 아니할 것인바, 원고의 저서와 피고의 강의록의 내용으로 보아 원고가 피고의 표현형식을 그대로 베꼈다고는 인정되지 아니하므로 이 부분도 저작권의 침해가 된다고 할 수 없다.

---

110) 대법원 2012. 8. 30. 선고 2010다70520, 70537 판결; 대법원 2010. 12. 23. 선고 2008다44542 판결; 대법원 1993. 6. 8. 선고 93다3073, 3080 판결 등.
111) 희랍어 문법 교재에 관한 저작권침해 여부가 문제된 사건이었다.

〈수원지방법원 2011. 4. 27. 선고 2010노3551 판결〉[112]

특히 이 사건 논문의 최종적인 주제에 해당하는 임상시험의 결과에 관한 기술(記述)은 저작자의 아이디어나 사상 자체이거나 적어도 아이디어와 표현이 불가분한 것이므로, 만약 이러한 표현이나 기술에 대하여도 저작권을 인정하면 실질적으로 저작자의 표현형식이 아닌 아이디어나 사상 자체를 보호하는 것이 되어 저작권 제도의 취지에 반하게 된다 할 것이므로, 피고인이 원심 판시 별지 범죄일람표 순번 제2 내지 10 기재부분을 신문이나 홈페이지 등에서 각 인용하였다 하더라도 이로써 이 사건 논문의 저작권자들의 저작권을 침해한 것으로 평가할 수는 없다 할 것이다.

실용적 저작물의 경우에도 전형적 표현이나 일반적으로 통용되는 방식으로 일반 정보를 열거 또는 나열하는 수준으로 표현된 것에 대해서는 저작물로서 보호되기 어려울 수 있다. 예컨대, '기업설명자료(Investor Relations)' 또는 'IR자료'는 기업이 투자관계자들에게 경영성과나 재무상태 등과 관련된 정보를 제공하기 위해 작성된 자료로서, 경영활동에 관한 객관적인 지표나 데이터를 바탕으로 회사소개, 시장현황, 사업계획, 사업성과, 발전계획, 재무계획 등의 내용으로 구성되는 것이 일반적인데, 여기에 기재된 표현들은 창작성을 인정하기 어려운 경우가 있다.

〈서울중앙지방법원 2019. 7. 26. 선고 2018노3426 판결〉[113]

나. 구체적인 판단

이 사건 공소사실은 피고인들이 피해자의 저작물인 E IR자료 중 별지 범죄일람표 'E IR자료'란의 기재 부분과 동일하거나 유사한 표현을 사용하여 'B IR자료'를 작성하였다는 것이다. 따라서 별지 범죄일람표 각 순번에 기재된 'E IR 자료' 부분을 저작권법의 보호대상이 될 정도의 창작성 있는 표현으로 볼 수 있는지 본다.

1) 어문저작물 측면

가) 범죄일람표 순번 1번

범죄일람표 순번 1번의 'E IR자료' 부분은 지난 5년간 대한민국에서 영어학습에 대한 수요가 증가하였다는 사실과 그 원인이 되는 사회적 변화(해외여행 보편화, 글로벌서비스/비즈니스 증가, 영어가 세계 공용어에 해당, 해외 드라마 등 영상 콘텐츠

---

112) 대법원 2013. 2. 15. 선고 2011도5835 판결로 확정.
113) 영어회화 교육기업인 '야나두'가 경쟁사 기업설명회(IR) 자료의 저작권을 침해하였다는 이유로 기소되었으나, 무죄 판결을 받은 사건이었다(대법원 2019. 10. 31. 선고 2019도11970 판결로 확정).

를 통해 영어를 접하는 기회의 증가, 스마트폰이나 태블릿 등 모바일기기 사용량 증가 등)를 주된 내용으로 하고 있다. 그런데 이러한 내용들은 영어학습의 수요가 증가하게 된 배경사실이나 사회 환경의 변화를 <u>전형적이고 통상적인 문구로 기술한 것에 불과하고, 동일한 주제를 두고 누구나 비슷하게 연상하거나 표현할 수 있는 것</u>이므로 저작자의 창조적 개성이 발현되었다고 볼 수 없다. 따라서 저작권법의 보호대상이 될 정도의 창작성을 인정하기 어렵다.

나) 범죄일람표 순번 2번

범죄일람표 순번 2번의 'E IR자료' 부분은 영어와 관련한 F 포털사이트의 키워드 검색어 현황에 관한 것으로서, F를 통해 제공받을 수 있는 객관적 사실과 정보를 별다른 특색 없이 일반적 표현형식에 따라 있는 그대로 기술한 것에 불과하므로 표현에 창작성이 없다.

다) 범죄일람표 순번 3번

범죄일람표 순번 3번의 'E IR자료' 부분은 온라인 영어학습을 주 사용내용으로 하는 E의 역량과 경쟁력을 내용으로 한다. 그런데 인프라의 구축, 경험 및 노하우의 축적, 기술력 구비, 우수인력 보유 등은 일반적으로 해당 분야에서 회사의 역량이나 경쟁력을 설명하기 위해 통상적으로 활용되는 요소들이고, 위 IR자료에서도 그러한 요소를 일반적인 표현방식으로 설명하고 있을 뿐이다. 일부 문구에서 E만의 특성이 고려된 표현 등이 존재하기는 하나, 이는 B IR자료에 나타난 내용과 다르고 그 비중도 미미하다. 따라서 이 부분에도 저작권법의 보호대상이 될 정도의 창작성을 인정하기 어렵다.

라) 범죄일람표 순번 4번

범죄일람표 순번 4번의 'E IR자료' 부분은 E의 시장접근 방식을 주제로 하여 E가 사업 초기 온라인 영어학습 시장에 접근하기 위하여 고안한 전략이나 방식을 주요 내용으로 한다. 여기에서는 E만의 성인 영어학습 교육사업의 성공가능성에 대한 판단, 경쟁사들과 차별되는 교육방식, 콘텐츠의 기술적 구현 방식을 나누어 설명하고 있으므로 창조적 개성을 담고 있다고 볼 여지는 있다. 그러나 해당 부분이 E IR자료의 전체에서 차지하는 양적·질적 비중과 B IR자료 전체에서 이와 유사한 표현을 담고 있는 부분이 차지하는 <u>양적·질적 비중은 미미</u>하여 B IR자료에서 그 창작적 특성이 감지된다고 보기 어렵고, 순번 4의 'B IR자료' 부분에는 피고인 회사만의 독자적인 표현도 포함되어 있으므로, 두 IR자료 간의 실질적 유사성을 인정하기 어렵다.

마) 범죄일람표 순번 5번

범죄일람표 순번 5번의 'E IR자료' 부분("TV 및 각종매체 광고 마케팅 활동을 위해 필요한 예산입니다")은 예산의 필요성 및 사용처에 관한 것인데, 온라인 어학학습 시장에서 미디어 등 각종 매체를 통한 광고 효과가 크다는 것은 잘 알려져 있으므로 일반적이고 통상적으로 활용되는 문구에 불과하다. 따라서 표현에 창작성을 인정할 수 없다.

2) 편집저작물 측면

가) 이 사건 공소사실에서는 E IR자료와 B IR자료에서 동일하거나 유사하게 나타나는 '어문의 표현'을 비교·적시하고 있을 뿐이고, 편집저작물의 요건인 '소재의 선택·배열 또는 구성'과 관련하여 E IR자료의 창작적 표현이 무엇인지, 그리고 B IR자료가 차용한 '소재의 선택·배열 또는 구성'이 어떤 것인지 구체적으로 특정되어 있지 않다.

나) 별지 범죄일람표 각 순번에 나타난 소재의 선택이나 내용의 구성 등을 기초로 창작적 표현에 해당하는지 보면, 'Last 5 years in Korea Security of core competency, Market approaches, Investment Budget'이라는 각각의 소재 선택에 특별한 창작성이 발견되지 않을 뿐만 아니라, 그 세부내용이 배열 및 구성에서도 해당 주제에 관하여 동종업계에서 유사하게 구성할 수 있는 통상적인 문장을 나열해 놓은 것에 불과하므로 창조적 개성을 담고 있다고 보기 어렵다. 나아가 별지 범죄일람표에 기재되어 있는 부분은 IR자료의 전체 분량에서 약 10%정도(총 50쪽 중에서 5쪽 가량)에 불과하여 양적으로나 질적으로도 비중이 미미하므로 실질적 유사성을 인정하기도 어렵다.

〈범죄일람표〉

순번 (기록 정수)	E IR자료	B IR자료
1(기록 51 쪽/123쪽 /167쪽)	Last 5 years in Korea E는 지난 수년간 한국 영어 학습 시장을 비롯한 사회 전반의 트렌드 변화를 면밀하게 감지하고 고찰해 왔습니다. 영어학습에 대한 수요는 꾸준히 높은 수준 해외여행문화가 보편화되고 글로벌 서비스/비즈니스가 증가함 국경 개념이 희박해지는 환경에서 영어는 여전히 만국 공용어로서의 가치 발휘 영상 콘텐츠 또는 실제 상황에서 영어를 접하는 경험 증가	Last 5 years in Korea 생상은 **지난 수년간 한국** 온라인 어학 **학습 시장**의 마케팅 최전방에서 교육 시장 및 **사회 전반의 트렌드 변화를 면밀히** 분석해 왔습니다. 온라인 학습과 **영어학습에 대한 수요는 꾸준히** 증가하고 **높은 수준** **글로벌 서비스/비즈니스의 증가**와 **해외 여행문화의 보편화**, 글로벌 콘텐츠의 증가 등으로 **영어는 여전히** 글로벌 **공용어로서의 가치를 발휘**하고 있음 **영상 콘텐츠 또는 영어를 접하는 실상황이 증가** **최신 인기 해외 드라마(일명 미드)를**

	최신 인기 해외드라마(일명 미드)를 온라인/케이블 TV로 더빙없이 소비하는 경향, 해외 여행 경험, 내한 외국인 수가 늘면서 네이티브와의 대화 상황도 증가함 스마트폰, 태블릿 등 스마트기기 사용량 급증 콘텐츠 소비의 주요 수단이 TV, PC에서 벗어나 모바일로 급격히 이동중 소비 시간과 장소의 제약이 줄고 터치 인터페이스로의 인터랙티비티는 증가함	**온라인/케이블 TV로 더빙없이 소비하는 경향**, 유투브 등 해외 영상 콘텐츠를 직접 소비하는 경향, **해외 여행 경험, 내한 외국인 수가 늘면서 네이티브와의 대화 상황도 증가함** **스마트폰, 태블릿 등 스마트기기 사용량 급증** **콘텐츠 소비의 주요 수단이 TV, PC에서 벗어나 모바일로 급격히 이동중** **소비 시간과 장소의 제약이 줄고 터치 인터페이스로의 인터랙티비티는 증가함**
2(기록 52쪽/124쪽/171쪽)	F의 검색어 트렌드를 보면 영어회화, 중국어, 여행 등 영어와 관련된 키워드는 꾸준히 상승하고 있습니다.	**F의 검색어 트렌드를 보면 영어회화, 중국어, 여행 등 영어와 관련된 키워드는 꾸준히 상승하고 있습니다.**
3(기록 55쪽/133쪽/182쪽)	Security of core competency E는 경쟁사의 진입을 강력하게 저지하고 더 넓은 시장으로 도약할 수 있는 핵심 역량을 보유하고 있습니다. 탄탄한 해외촬영 인프라와 축적된 노하우 헐리우드 소재 100여명의 원어민 배우 네트워크 보유, 다수의 해외촬영 프로젝트 수립 및 진행경험 기반으로 최적화된 과제 수행가능 저비용 고효율의 자체 콘텐츠 제작 역량 원어민 배우 활용, 영상 및 교재 자체 제작 방식으로 강사수수료 및 인세 비용 절감 가능 우수한 인쇄업체와의 파트너십 구축으로 교재 제작 원가 절감(판매가의 10%수준) 업계 최고 수준의 기술력과 고급 개발 인력 자사 콘텐츠 사용 시스템에 관한 특허를 보유하고 있으며, 음성인식 및 기타 시스템에 대한 자체 개발로 로열티 지급 관련 비용이 없음. 유명 IT 기업 출신의 우수한 개발 인력 보유	Security of core competency **B는 경쟁사의 진입을 강력하게 저지하고 더 넓은 시장으로 도약할 수 있는 핵심역량을 보유하고 있습니다.** **탄탄한** 국내외**촬영 인프라와 축적된 노하우** 국내 3개 스튜디오를 보유하고 있으며, B 전속강사 이외에도 40여명의 전문강사 인적 네트워크 보유하고 있으며, 해외촬영을 위한 여행박사와의 전략적 제휴 및 **해외촬영 프로젝트 수립 및 진행경험 기반으로 최적화된 과제 수행가능** **업계 최고 수준의 기술력과 고급 개발 인력** 온라인 학습 시스템에 관한 **특허를 보유하고 있으며**, 자체 LMS 개발, 영어 단어 학습관련 앱 개발 등 시스템에 관한 **로열티 지급 관련 비용이 없음,** 우수한 IT개발 인력 보유
4(기록 58쪽/126쪽/172쪽)	Market approaches E는 트렌드의 변화에 발맞추어 획기적인 호응을 이끌어 내기 위한 자사만의 시장 접근 방식을 고민했습니다.	Market approaches **B는 트렌드의 변화에 발맞추어 획기적인 호응을 이끌어 내기 위한 자사만의 시장 접근 방식을 고민했습니다.**

4(기록 58 쪽/126쪽 /172쪽)	성인 영어 학습시장부터 시작 커리큘럼 난이도가 높고 다양한 학습 목적에 대응해야 하지만 객단가가 높은 시장 초기 시장 안착이 어렵지만 일단 노하우가 쌓일 경우 확장이 용이하다고 판단 원어민의 일상 속 영어 사용 상황을 담은 동영상 및 교재 직접 제작 스타 강사, 한국 거주 외국인 활용 컨텐츠 대비 차별적이며 영어권 콘텐츠 소비 트렌드에 부합 특정 강사 의존에 따른 리스크, 수익 배분 및 인세 비용에서 자유로운 사업 환경 구현 가능 PC뿐 아니라 모바일 환경까지 쉽고 편하게, 남보다 먼저 대응 CD나 액티브X 등 고객 유입 및 자사 상품 사용에 허들이 될 수 있는 기술적 요소 제거 스마트폰, 태블릿의 터치 인터페이스를 고려한 UX 설계로 모바일 환경까지 소화	성인 영어 학습시장 공략 커리큘럼 난이도가 높고 다양한 학습 목적에 대응해야 하지만 객단가가 높고 소비 능력이 있는 계층으로 초기 시장 안착이 어렵지만 안착 후 확장이 용이하다고 판단 특정 강사 의존에서 벗어나 B라는 브랜드 안에서 각 코스별 특징에 맞는 강사로 구성하였고, 강좌의 특성에 따라 현지 로케 촬영, 원어민 활용 등을 통해 영어권 콘텐츠 소비 트렌드에 부합하여 차별화된 콘텐츠를 개발 자사 LMS 시스템 구축을 통해 라이선스 비용을 최소화하고 스마트폰 태블릿의 터치 인터페이스를 고려한 UX 설계로 모바일 환경까지 소화하였고 영단어 관련 앱 개발을 통해 소비자 접촉점을 높임
5(기록 62 쪽/149쪽 /199쪽)	Investment Budget 신규 브랜드 런칭 관련 R&D 투자와 올 하반기부터 전개할 TV 및 각종 매체광고 마케팅 활동을 위해 필요한 예산입니다. 총 투자비용 80억원 중 50억원을 외부 투자로 충당할 계획입니다.	Investment Budget 신규 콘텐츠 개발 및 B 브랜드의 TV 및 각종 매체광고 마케팅 활동을 위해 필요한 예산입니다. 총 투자비용 40억원 중 마케팅 30억, 개발비 5억, 컨텐츠 5억으로 구성할 계획입니다.

한편, 역사적 저작물은 역사적 사실을 사료에 기초하여 객관적으로 서술하게 되므로 소설, 시 등 순수한 문예적 저작물에 비하여 창작성을 발휘할 여지가 적으나, 역사적 사실에 관한 저작자의 주관적인 평가로서 저작자의 사상이나 감정이 직접적으로 반영된 부분에 대하여는 창작성이 인정될 수 있다. 그리고 역사적 사실의 서술방법과 문체가 어떠한지, 상황에 따라 적절한 예시나 비유 등을 사용하였는지, 역사적 사실들을 어떠한 순서와 주제로 구성하고 재배열하였는지 등 역사적 사실을 설명하고 구성하는 방법에도 저작자의 창조적 개성이 발휘될 경우 창

작성이 인정될 수 있다. 또 특정한 범위의 독자층(예컨대, 아동)을 대상으로 할 경우 역사적 사실을 풀어서 설명하는 방식, 해당 독자의 수준에 맞는 독창적 문체 등과 같이 창작적 표현에 대해서도 저작물성을 인정할 수 있다.

〈서울고등법원 2018. 3. 15. 선고 2015나2075696 판결〉[114]

(2) 역사적 저작물의 창작성

원고저술 서적과 같은 역사적 저작물의 경우, 역사적인 사실을 사료에 기초하여 객관적으로 서술하게 되므로 소설, 시 등 순수한 문예적 저작물에 비하여 창작성을 발휘할 여지가 적다.

역사적 저작물은 크게 ① 저작자가 역사적 사실에 대한 독창적인 해석과 평가를 하고 독자적인 역사관을 제시하는 부분과, ② 자료를 번역, 인용, 요약하여 역사적 사실을 설명하는 부분으로 나눌 수 있다. ① 부분은 역사적 사실에 관한 저작자의 주관적인 평가로서 저작자의 사상이나 감정이 직접적으로 반영된 부분이므로 문예적 저작물에 준하는 창작성이 인정된다. 한편 ② 부분 중 역사적 사실 자체는 사상과 감정의 표현이라 할 수 없으므로 창작성이 없으나, 역사적 사실의 서술방법과 문체가 어떠한지, 상황에 따라 적절한 예시나 비유 등을 사용하였는지, 역사적 사실들을 어떠한 순서와 주제로 구성하고 재배열하였는지 등 역사적 사실을 설명하고 구성하는 방법에는 저작자의 창조적 개성이 발휘될 수 있으므로 그 부분에 대한 창작성이 인정될 수 있다. 또한 원고저술 서적과 같이 아동을 대상으로 하는 역사적 저작물의 경우 아동의 역사적 사실에 대한 이해를 돕기 위해 저작자가 사용한 예시나 역사적 사실을 풀어서 설명하는 방식, 아동의 눈높이에 맞춘 구어체의 독창적 문체 등은 사상과 감정을 창작적으로 표현한 부분으로 볼 수 있다.

그러나 역사적 저작물 중 ① 단순히 역사적 사실을 기술하거나 사료(史料)를 인용한 경우, ② 일반적, 관용적으로 사용되는 표현인 경우, ③ 선행 서적에도 유사한 표현을 사용하고 있는 경우, ④ 문장 자체가 너무 짧거나 표현 방법의 제약이 있어 표현이 비슷할 수밖에 없는 경우에는 저작자의 개성이 표현되었다고 할 수 없으므로 창작적인 표현이라고 할 수 없다.

---

114) 대법원 2018. 7. 20. 선고 2018다227209 판결로 확정. 이 판결은 아동 역사서 "한국사 편지" 저자가 후에 출판된 "용선생의 시끌벅적 한국사"의 출판사를 상대로 저작권침해 소송을 제기하였다가 일부 승소한 사건에 관한 것이다. 이에 관한 기사로는 '아동역사서 표절소송 "한국사 편지", "용선생..."에 일부 승소', 연합뉴스 2018. 8. 9.자 기사 참조.

5. 강연·연설

가. 강연·연설의 특성

강연이나 연설도 강연자나 연설자가 자신의 생각, 사상, 느낌 등을 특유의 화법으로 주장, 설명하는 등 창조적 개성이 드러나는 표현을 담고 있다면 저작물로 보호받을 것이다.

〈대법원 2014. 2. 27. 선고 2012다28745 판결〉

원심 판시 이 사건 동영상은 원고가 워크숍에서 의사들에게 주름개선 시술기법을 약 1시간 30분 동안 강연한 내용이 재생시간 18분 정도 분량으로 편집된 것인데, 위 강연은 원고의 주름개선 시술기법을 배우고자 하는 의사들에게 원고 자신이 실제로 위 기법을 시술하면서 얻은 경험과 노하우를 보여주고 설명하기 위한 것으로서, 강연과정에 원고가 직접 피시술자를 상대로 위 기법을 시술하면서 시술단계별 유의사항이나 독자적인 노하우 등을 원고 특유의 화법으로 설명하고 있는 것이므로, 원고의 창조적 개성이 드러나는 표현을 담고 있는 저작물이라고 봄이 상당하다.

다만 저작권법 제24조는 "공개적으로 행한 정치적 연설 및 법정·국회 또는 지방의회에서 공개적으로 행한 진술은 어떠한 방법으로도 이용할 수 있다. 다만, 동일한 저작자의 연설이나 진술을 편집하여 이용하는 경우에는 그러하지 아니하다"고 규정하고 있다.

나. 강연·연설의 실질적 유사성 판단

강연·연설의 내용이 주로 학술적 또는 실용적인 경우 그 내용은 주로 아이디어의 영역에 속하여 실질적 유사성 판단 범위에 포함되지 않을 수 있는 반면, 강연·연설에 청중을 설득하기 위해 다양한 감정적·사상적 표현이 포함되어 있거나 강연자 특유의 화법으로 표현된 부분이 있다면 그러한 표현 부분을 중심으로 실질적 유사성 여부를 판단할 수 있을 것이다.

예컨대, 강연자가 자신의 인생 이야기를 중심으로 강연을 할 경우에는 마치 소설과 같은 기준과 방법에 따라 실질적 유사성 여부를 판단할 수 있는 반면, 강연자가 학자로서 자신의 연구결과를 설명할 경우에는 마치 논문 등 학술적 저작

물과 같은 기준과 방법에 따라 실질적 유사성 여부를 판단할 수 있을 것이다.[115]

6. 그 밖의 어문저작물

가. 뉴스·기사 등

저작권법 제7조 제5호는 저작권법에 의해 보호받지 못하는 경우로 "사실의 전달에 불과한 시사보도"를 규정하고 있다. 판례는 "상당수의 기사 및 사진은 정치계나 경제계의 동향, 연예·스포츠 소식을 비롯하여 각종 사건이나 사고, 수사나 재판 상황, 판결 내용, 기상 정보 등 여러 가지 사실이나 정보들을 언론매체의 정형적이고 간결한 문체와 표현 형식을 통하여 있는 그대로 전달하는 정도에 그

---

[115] 2016년 7월경 미국 대통령선거 과정에서 도널드 트럼프 후보의 아내인 멜라니아 트럼프가 한 연설이 2008년 버락 오바마 대통령의 아내인 미셸 오바마의 연설을 표절한 것이 아니냐는 논란이 있었다. "In context: Comparing the Melania Trump, Michelle Obama convention speeches," Angie Drobnic Holan, Politifact 2016. 7. 16자 (https://www.politifact.com/article/2016/jul/19/comparing−melania−trump−michelle−obama−convention−/); "Michelle Obama and Melania Trump: Compare The Speeches", Josh Lowe, Newsweek 2016. 7. 19.자 기사(newsweek.com/melania−trump−michelle−obama−plagarism−compare−speeches−full−text−481779); "Melania Trump's speech appears to have cribbed from Michelle Obama's in 2008," Phillip Bump, The Washington Post, 2016. 7. 19.자 기사(://www.washingthttpsonpost.com/news/the−fix/wp/2016/07/19/melania−trumps−speech−appears−to−have−cribbed−from−michelle−obamas−in−2008/) 등 참조 (2021. 5. 12. 기준).

〈미셸 오바마 연설과 멜라니아 트럼프 연설 중 표절 논란이 된 부분(발췌)〉

미셸 오바마 연설(2008)	멜라니아 트럼프 연설(2016)
And Barak and I were raised with so many of the same values: that you work hard for what you want in life: that your word is your bond and you do what you say you're going to do; that you treat people with dignity and respect, even if you don't know them, and even if you don't agree with them.	From a young age, my parents impressed on me the values that you work hard for what you want in life, that your word is your bond and you do what you say and keep your promise, that you treat people with respect. They taught and showed me values and morals in their daily lives. That is a lesson that I continue to pass along to our son.
And Barak and I set out to build lives guided by these vaules, and pass them on to the next generation.	And we need to pass those lessons on to the many generations to follow.
Because we want our children - and all children in this nation - to know that the only limit to the height of your achievements is the reach of your dreams and your willingness to work for them.	Because we want our children in this nation to know that the only limit to your achievements is the strength of your dreams and your willingness to work for them.

치는 것임을 알 수 있어, 설사 피고인이 이러한 기사 및 사진을 그대로 복제하여 (신문명 생략) 게재하였다고 하더라도 이를 저작재산권자의 복제권을 침해하는 행위로서 저작권법 위반죄를 구성한다고 볼 수는 없다"고 판시하고 있다.[116]

이를 반대해석하면 '단순한 사실의 전달에 불과한 시사보도의 정도를 넘어서기만 하면 저작물로서 보호를 받을 수 있다'는 것을 의미한다. 따라서 뉴스 기사라도 창작성 있는 부분과 실질적으로 유사한 부분이 있다면 저작권침해가 될 수 있다.[117]

〈대법원 2009. 5. 28. 선고 2007다354 판결〉

위 법리와 기록에 비추어 살펴보면, 피고의 원심 판시 이 사건 침해기사들은 일부 문장의 배열 순서 및 그 구체적인 표현 등에 있어 다소의 수정 · 증감이나 변경이 가하여진 것이라 하더라도, 그에 대응하는 원고의 기사 중 핵심적인 표현부분을 그대로 전재하고 있을 뿐만 아니라, 전체적인 기사의 구성과 논조 등에 있어서 원고 기사의 창작적 특성이 감지되므로, 양 기사 사이에 실질적인 유사성이 있다 할 것이다.

나. 시험문제 · 문제집 등

시험문제를 출제하면서 기존의 교과서, 참고서, 기출문제 등의 일부를 발췌 · 인용하더라도 그 출제한 문제에 있어서 질문의 표현이나 제시된 답안의 표현에 최소한도의 창작성이 있음이 인정되면 저작물로 보호를 받을 수 있다.[118]

〈서울고등법원 2007. 12. 12. 선고 2006나110270 판결〉[119]

이 사건 시험문제가 고등학교 교육과정에서 요구되는 역사적인 사실이나 문화작품 등의 인문사회학적 지식과 이해의 정도, 자연과학적인 원리나 컴퓨터 등에 대한 지식과 이해의 정도, 외국어의 해독능력 등을 묻는 것인 사실, 교사인 원고들이 남의 것을 그대로 베끼지 아니하고 이 사건 시험문제를 출제한 사실을 인정할 수 있는바, 비록 이 사건 시험문제의 일부는 교과서, 참고서, 타 학교 기출시험문제 등의 일정한 부분을 발췌하거나 변형하여 구성된 점이 인정되고, 이 사건 시험문제가 현행 교과과정에 따른 교육내용을 전달하기 위하여 그 교육과정에서 요구되는 정형화된 내용

---

116) 대법원 2006. 9. 14. 선고 2004도5350 판결; 대법원 2009. 5. 28. 선고 2007다354 판결 등.
117) 신문과 저작권(우리가 알아야 할 저작권 상식 6), 저작권심의조정위원회(1999) 참조.
118) 대법원 2012. 8. 30. 선고 2010다70520, 70537 판결.
119) 대법원 2008. 4. 10. 선고 2008다5004 심리불속행기각 판결로 확정.

들과 불가분의 관계에 있다 하더라도, 교사인 원고들이 자신들의 교육이념에 따라서 소속 학교 학생들의 학업수행 정도의 측정 및 내신성적을 산출하기 위하여 정신적인 노력을 기울여 남의 것을 그대로 베끼지 아니하고 이 사건 시험문제를 출제하였고, 그 출제한 문제에 있어서 질문의 표현이나 제시된 답안의 표현에 최소한도의 창작성이 있음이 인정되므로, 이 사건 시험문제는 저작권법에 의하여 보호되는 저작물에 해당한다고 봄이 상당하다.

〈서울중앙지방법원 2011. 9. 14.자 2011카합683 결정〉[120]

이 사건 각 문제집의 문제와 설명은 ○○중학교 교과과정에 관한 것이기는 하나, 해당 교과서에서 그대로 인용한 부분을 제외하면, 그 구성 및 학습성취도를 평가하기 위한 질문이나 답항 등의 표현에 창작성이 있으므로 저작권법에 의하여 보호되는 저작물로 인정할 수 있고...

다. 단문·표어·슬로건 등

비교적 단어 수가 많지 않은 단문, 표어, 슬로건, 문자메시지 등의 경우 표현의 길이가 짧다는 이유만으로 무조건 창작성이 부인되는 것은 아니다. 다만 표현 자체가 매우 제한적이고 단어나 어절의 수가 몇 개 되지 아니하므로 100% 복제를 하는 경우를 제외하고는 두 개의 글을 비교하여 실질적 유사성을 인정하는 것이 사실상 매우 어려운 일일 수 있다.

〈서울남부지방법원 2013. 5. 9. 선고 2012고정4449 판결〉[121]

일반적으로 트윗글은 140자 이내라는 제한이 있고 신변잡기적인 일상적 표현도 많으며, 문제된 이 사건 트윗글 중에도 문구가 짧고 의미가 단순한 것이 있기는 하다. 그러나, E의 그러한 트윗글조차도 짧은 글귀 속에서 삶의 본질을 꿰뚫는 촌철살인의 표현이나 시대와 현실을 풍자하고 약자들의 아픔을 해학으로 풀어내는 독

---

120) 서울고등법원 2012. 1. 10.자 2011라1498 항고기각결정으로 확정.
121) 서울남부지방법원 2013. 8. 30. 선고 2013노822 항소기각 판결(상고기간 경과로 확정). 이에 대해, 한국저작권위원회 저작권판례 "작가 이외수의 트윗글을 엮어 전자책으로 출간한 경우 저작권법 위반죄"(2014. 3. 13.)의 '항소심 판결' 설명 참조. 참고 URL은, https://www.copyright.or.kr/information-materials/trend/precedents/view.do?brdctsno=11931&list.do?pageIndex=1&brdclasscode=&nationcode=&searchText=&servicecode=06&searchTarget=ALL&brdctsstatecode=(2023. 2. 20. 확인).

창적인 표현형식이 포함되어 있는 것이 대부분이고, 각 글귀마다 E 특유의 함축적이면서도 역설적인 문체가 사용되어 그의 개성을 드러내기에 충분한 사실을 인정할 수 있다. 따라서, 이 사건 E의 트윗글은 전체적으로 E의 사상 또는 감정이 표현된 글로서 저작물이라 보는 것이 옳으므로 변호인의 이 부분 주장은 받아들이지 아니한다.

〈서울중앙지방법원 2018. 9. 4. 선고 2017가소7712215 판결(확정)〉

어문저작물의 경우 문장이 비교적 짧고 표현방식에 창작, 궁리를 할 여지가 없는 경우나 아이디어와 일체로 된 표현이나 표현형식이 제약되어 있는 표현 및 단순히 사실을 소개한 것으로 다른 표현을 상정할 수 없는 경우 또는 구체적인 표현이 평범하고 매우 흔한 경우에는 저작자의 개성이 반영되어 있다고 보기 어렵다. 따라서 저작자의 개성이 창작행위에 나타나 있는지를 판단함에 있어서는 용어의 선택, 전체 구성의 궁리, 특징적인 표현이 들어 있는가 하는 그 작품의 표현형식과 그 작품이 표현하려고 하는 내용, 목적 및 그에 따르는 표현상의 제약 유무와 정도, 그 표현방법이 같은 내용과 목적을 기술하기 위해 일반적, 일상적으로 사용되는 표현을 사용한 것인지 여부 등을 종합적으로 검토해서 결정함이 상당하다.

위와 같은 기준에 입각하여 원고의 이 사건 어문저작물인 "B"의 창작성을 살펴보면, 이 사건 저작물은 원고가 발매한 음반의 겉면에 스티커로 부착된 것으로서 "우리 조금 불안하더라도 인생에서 다시 없을 청년 시절을 충분히 만끽하고 즐기자"라는 사상이 표현되었다 할 것이고, 용어의 선택, 리듬감, 음절의 길이, 문장의 형태 등에 비추어 독창적인 표현 형식 포함되었다고 할 것이므로, 창작성이 인정된다고 할 것이다.[122)]

앞선 사례에서 본 바와 같이, 피고가 원고의 영화와 상이하지만 유사한 공포 영화를 배포, 선전하기 위한 광고물에서 원고의 광고문안 가운데 "When there is no room in hell, the dead will walk the earth"라는 문구를 그대로 이용한 사안에서, 미국 법원은 피고가 이용한 문구가 비록 한 문장에 불과하지만, 원고의 영

---

122) "한 줄 문구에도 독창적 표현 있다면 저작권 인정", 법률신문 2018. 9. 6.자 참고. 현대백화점 신촌점은 2017년 4월말부터 같은 해 6월 1일까지 지하 2층 연결통로에 있는 상품 판매 공간에 "난 우리가 좀 더 청춘에 집중했으면 좋겠어"라는 문구를 네온사인으로 제작해 내걸었다. 그런데 이 문구는 원고가 2009년에 발매한 앨범 "1984 청춘집중 — 난 우리가 좀 더 청춘에 집중했으면 좋겠어"와 같은 문구였다.

화광고물의 핵심적인 부분이기 때문에 저작권침해에 해당한다고 판시한 사례가 있다.[123]

제3절 음악저작물

1. 음악저작물의 의의

우리나라 저작권법 제4조 제1항 제2호는 음악저작물을 저작물의 예시 중 하나로 들고 있으나, 제2조(정의)에서는 음악저작물에 대한 별도의 개념 조항을 두고 있지 않다. 일반적으로 음악저작물은 "소리의 높이, 길이, 세기를 조화시켜서 일정한 느낌이나 감정을 창작적으로 표현한 것",[124] 또는 "음(音)에 의하여 표현된 저작물"[125]로 정의된다. 대법원은 "음악저작물은 일반적으로 가락(melody), 리듬(rhythm), 화성(harmony)의 3가지 요소로 구성되고, 이 3가지 요소들이 일정한 질서에 따라 선택·배열됨으로써 음악적 구조를 이루게 된다"고 판시하고 있는바, 음악저작물의 정의에 가장 가까운 판시라고 생각된다.[126] 어떠한 정의에 의하더라도 음악저작물은 음(音) 또는 소리를 그 핵심요소로 한다.

음악은 악기를 수단으로 하는 기악과 사람의 소리를 수단으로 하는 성악으로 나누어지는데, 그 중 성악에는 가사가 수반되는 경우가 대부분이다. 소리가 아닌 글이나 말로 이루어진 가사는 원래 어문저작물의 성격을 띠는 것이나, 소리와 결합할 때 넓은 의미의 음악저작물의 일부를 이루게 된다.[127] 이와 같이 음악저작물은 소리를 필수적인 수단으로 하되, 경우에 따라 가사를 보조적 수단으로 하는 창작물이므로, 음악저작물은 소리를 바탕으로 하여 사상이나 감정을 표현한 창작물

---

123) Dawn Associates v. Links, 203 U.S.P.Q. 831(N.D. Ill., 1978). 정상조, "창작과 표절의 구별기준", 서울대 법학 제44권 제1호(2003. 3.), 115~116면에서 재인용.

124) 정상조 편저, 지적재산권법강의, 홍문사(1997), 238면.

125) 송영식·이상정, 저작권법개설, 전정판, 세창출판사(2000), 58면; 허희성, 신저작권법 축조개설 (上), 저작권아카데미(2000), 106면; 오승종·이해완, 저작권법, 개정판, 박영사(2001), 59면.

126) 대법원 2015. 8. 13. 선고 2013다14828 판결('썸데이'사건).

127) 미국 저작권법에서는 악곡에 수반되는 가사가 음악저작물의 일부임을 명시하고 있다. 17 U.S.C. §102(a). 또 문학·예술적 저작물의 보호를 위한 베른협약(Berne Convention for the Protection of Literary and Artistic Works) 제2조 (1)에서는 "문학·예술적 저작물"이란 표현을 정의하며 "가사가 있거나 또는 없는 작곡(musical compositions with or without word)"을 포함하여 가사가 있는 음악저작물을 하나의 저작물로 정의하고 있다.

이라고 정의할 수 있다.[128] 판례는 '악곡과 가사로 구성된 노래는 "저작물 창작에 복수의 사람이 관여하였으나 각 사람의 창작활동 성과를 분리하여 이용할 수 있는 경우"로서 공동저작물이 아니라 결합저작물'로 보는 입장인 것 같다.[129] 해당 사안에 대한 판례의 결론은 지지하지만, 하나의 저작물의 작성에 복수의 저작자가 관여한 경우 각 저작자의 기여분의 분리이용 가능성은 해당 저작물마다 구체적으로 결정되어야 할 문제이지, 저작물의 종류나 유형에 따라 획일적으로 정할 문제는 아니라고 본다.[130]

〈서울고등법원 2021. 10. 21. 선고 2019나2016985 판결(확정)〉

이에 대해 원고들은, 이 사건 음악저작물의 작곡가, 작사가인 원고들이 하나의 음악저작물을 이끌어내기 위해 예술적인 사상과 감성을 악곡과 가사의 형태로 완성적으로 표현하였기에, 이 사건 음악저작물들은 악곡과 가사라는 두 가지 구성요소를 모두 갖추었을 때 비로소 창작자들이 의도한 인격적 가치를 내포하게 됨으로써 공동저작물적 성격을 지니므로, 음악저작물을 별개의 저작물이 결합한 것으로 해석한다고 하더라도 음악저작물에 대한 저작재산권의 침해 판단기준과 저작인격권의 침해 판단기준을 구분하여, 저작인격권의 침해를 판단함에 있어서는 악곡과 가사를 함께 판단하여, 악곡 또는 가사 중 일부를 임의로 변경하여 그 동일성을 훼손하는 것은 음악저작물의 작곡가 및 작사가 전원의 동일성유지권을 침해하는 것이라고 주장한다.

살피건대, 이 사건 변론 과정에서 드러난 다음의 사정들, 즉 ① 저작권법 제2조

---

128) 분리하여 이용할 수 있다는 점에서 가사와 악곡의 관계를 공동저작물에 해당하는 것이 아니라 결합저작물에 해당하는 것으로 보게 된다는 설명도 있다{박성호, 저작권법, 제2판, 박영사(2017), 74면; 이해완, 저작권법, 제3판, 박영사(2015), 71면}. 이에 의하면 분리하여 이용될 경우의 가사는 음악저작물이라고 할 수 없고, 어문저작물로서의 성격만 나타내고 있다고 본다. 한편, 악곡과 가사로 이루어진 대중가요는 가사와 악곡이 분리이용 가능하다는 점에서 법리적으로 결합저작물로 보아야 하나, 창작 당시부터 악곡과 가사가 하나로 이용될 것을 전제로 창작된다는 점, 우리나라 음악저작물, 특히 거의 모든 대중음악을 신탁관리하고 있는 한국음악저작권협회(KOMCA)도 일본 음악저작권 신탁관리단체(JASRAC)의 경우와 마찬가지로 악곡과 가사로 이루어진 대중가요를 사실상 공동저작물로 취급하여 업무처리를 하고 있다는 점(그 예로, '악곡이나 가사만을 이용한다고 하더라도 음악 1곡 전체를 이용하는 것으로 보아 1곡의 사용료 전부를 받는다는 점'을 든다)을 고려하면 대중가요는 공동저작물로 보는 것이 현실에 더 부합한다는 견해가 있다{오승종, "악곡과 가사로 이루어진 대중가요의 성격 —결합저작물인가 공동저작물인가—", 법률신문 연구논단(2019. 6. 10.), 12면; 오승종, 저작권법, 제5판, 박영사(2020), 114~117면 등 참조}.

129) 대법원 2015. 6. 24. 선고 2013다58460, 58477 판결.

130) 같은 취지로는, 오승종, "악곡과 가사로 이루어진 대중가요의 성격 —결합저작물인가 공동저작물인가—", 법률신문 연구논단(2019. 6. 10.), 12면 참조.

제21호는 '공동저작물'을 '2인 이상이 공동으로 창작한 저작물로서 각자의 이바지한 부분을 분리하여 이용할 수 없는 것'으로 규정하고 있어 공동저작물의 요건으로 '분리이용 불가능성'을 명시하고 있는데, 악곡과 가사로 이루어진 음악저작물의 경우 악곡만을 공연하거나 가사만을 출판하는 등 분리하여 이용할 수 있으므로, 저작권법상 공동저작물에 포함되기 어려운 점, ② 원고는 베른협약 및 미국, 프랑스 등 타 국가의 저작권 관련 법률체계를 제시하며 대중음악저작물의 공동저작물적 성격이 인정되어야 한다고 주장하나, 이 사건은 외국법이 적용되는 사건이 아니고, 베른협약과 미국, 프랑스 저작권법의 경우 대한민국 저작권법과 비교하여 보면, 음악저작물이나 공동저작물을 정의하는 방식이 다르고, 이에 따라 법률체계가 상이하여 이를 근거로 이 사건 음악저작물의 공동저작물적 성격을 인정하기는 어려운 점, ③ 원고가 이 사건 음악저작물의 공동저작물적 성격을 주장하며 그 근거로 제시하고 있는 판례는 이 사건 사안과 구체적 사실관계가 달라 그대로 적용할 수 없는 점 등을 종합하면 원고의 위 주장을 받아들이기 어렵다.

그러므로 이 사건 음악저작물의 악곡과 가사를 구분하여 개별적으로 작곡가와 작사가의 동일성유지권, 2차적 저작물작성권, 성명표시권이 침해되었는지를 판단하여야 한다.

음악저작물을 구성하는 소리는 악보의 형태로 표현될 수도 있고, 음반의 형태로 고정될 수도 있다. 그러나 악보나 음반 자체가 독립하여 음악저작물이 되는 것은 아니다. 그러므로 악보나 음반을 복제하는 것은 이에 내재되어 있는 음악저작물을 복제하는 것이 되어 음악저작권의 침해를 형성하는 것이다.131) 한편 저작권법상 음반제작자는 음악저작물의 창작자와 별도로 음반에 대한 저작인접권132)을 부여받고 있다.133)

---

131) 2006. 12. 28. 법률 제8101호 전부 개정 전의 저작권법 제2조 제14호는 "복제"의 정의에서 '악보'를 저작물의 하나로 예시하고 있는 듯한 표현을 사용하였으나(14. 복제: (중략) 각본·**악보** 그 밖의 이와 유사한 저작물의 경우에는 그 저작물의 공연·실연 또는 방송을 녹음하거나 녹화하는 것을 포함한다), 악보는 음악을 고정하기 위한 매체나 수단일 뿐 그 자체가 음악이 될 수 없다. 저작권법이 2006년 전부 개정될 때 이 부분은 삭제되었다. 이와 관련된 논의에 관해서, 이해완, 저작권법, 제3판, 박영사(2015), 71면; 채명기, "악보를 저작물로 지칭, 문제있다." 저작권문화 제122호, 저작권심의조정위원회, 2004년 10월호, 19면 등 참조.

132) 우리나라 저작권법에서는 음반제작자에게 복제·배포권(제78조, 제79조), 대여권(제80조), 전송권(제81조), 방송사업자의 음반제작자에 대한 보상청구권(제82조), 디지털동시송신사업자의 음반제작자에 대한 보상(제83조), 상업용 음반을 사용하여 공연하는 자의 음반제작자에 대한 보상(제83조의2)을 인정하고 있다.

133) 대법원 2021. 6. 3. 선고 2020다244672 판결은 "저작권법 제2조 제5호는 음반제작자의 저작인접

음악저작권 침해 사건의 상당 부분은 고전음악(classical music)이 아닌 대중음악(popular music)의 영역에서 발생한다.[134] 이는 대중음악의 수요자가 훨씬 광범위하여 그 경제적인 가치가 훨씬 크기 때문이다. 음반제작이나 인터넷 파일공유와 관련된 분쟁도 대중음악에 관하여 발생하는 경우가 많다.

2. 음악저작물의 특성

가. 소리가 전달하는 느낌이나 관념에 그 가치가 있음

음악저작물은 소리를 그 핵심요소로 하고 있기 때문에 인간의 청각(聽覺)을 통하여 감정에 직접 호소하는 표현물이다. 소리가 인간의 귀에 전달되면 어떠한 감정과 느낌을 불러일으키게 된다. 그리고 소리의 발생과 전달, 감흥의 발생이라는 일련의 과정에서 논리적인 인식작용이 개입될 여지가 적다. 그러한 의미에서 음악저작물은 감성적인 저작물이다. 이는 컴퓨터프로그램이나 지도와 같은 기능적 저작물과 비교할 때에도 그러할 뿐만 아니라, 시각(視覺) 이외에도 지각(知覺) 작용을 요구하는 어문저작물과 비교할 때에도 그러하다.

이와 같은 음악저작물의 감성적 특성은 그 저작권침해여부를 판단함에 있어서도 충분히 고려되어야 한다. 따라서 음악저작물의 실질적 유사성을 판단함에 있어서는 실제 음악을 듣는 사람이 가지는 느낌이나 관념이 중요한 요소로 고려되

권의 대상이 되는 '음반'을 '음(음성 또는 음향)이 유형물에 고정된 것'으로, 같은 조 제6호는 '음반제작자'를 '음반을 최초로 제작하는 데 있어 전체적으로 기획하고 책임을 지는 자'로 규정하고 있다. 음반제작자의 저작인접권은 최초의 제작행위를 통하여 생성된 음반에 관하여 그 음을 맨 처음 음반에 고정한 때부터 발생하는 것으로서 작사자나 작곡자 등 저작자의 저작물에 관한 저작재산권과는 별개의 독립된 권리이다(대법원 2007. 2. 22. 선고 2005다74894 판결 등 참조). 따라서 저작인접권인 음반에 수록된 저작물의 저작재산권자라 하더라도 저작인접권자인 음반제작자의 허락 없이 그의 음반을 복제하는 것은 음반제작자의 복제권을 침해하는 행위에 해당하고, 이로 인하여 음반제작자에게 손해가 발생하였다면 그 손해를 배상할 책임을 부담한다"고 판시하였다.

134) 그동안 국내 가요계에서는 끊임없이 표절논란이 있어 왔다. 과거에는 주로 국내 가수들이 외국 노래를 표절한 것과 관련한 논란이 있었다. 표절의 원곡으로 회자되고 있는 외국 노래들을 모은 편집음반이 정식음반으로 발매되기도 하였다(예컨대 '디 오리지널'(The Original)이라는 이름의 이 음반에는 여성 3인조 그룹 S.E.S의 히트곡 '드림스 컴 트루'와 흡사한 2인조 댄스그룹 '나일론 비트'의 '라이크 어 폴', '롤라'의 '날개 잃은 천사'와 자주 비교된 래퍼 '새기'의 '오 캐롤라이나', 남성 댄스그룹 '신화'의 '네버 캔 리와인드'가 표절했다는 시비가 있는 '백스트리트 보이스'의 '더 콜', 여성 3인조 'O−24'의 '블라인드 페이스'와 비슷한 미국 10대 여자가수 브리트니 스피어스의 '웁스 아이 디드 이트 어게인' 등 16곡이 수록되었다. 2001. 8. 20.자 문화일보 참조). 반면 이른바 한류열풍이 불면서 우리나라 가수들이 부른 노래들이 아시아권의 다른 나라에서 표절되었다는 의혹도 제기된 사례도 있다. 헤럴드경제 2005. 3. 10.자 기사에 의하면 대만의 인기 여가수 왕심릉의 신곡 '허니'가 이정현의 '섬머댄스'를 표절하였다는 의혹이 제기되었다.

어야 한다.

나. 이용가능한 소재에 한계가 있음

음악저작물이 저작물로서의 가치를 가지기 위하여서는 사람들이 선호하는 감정과 느낌을 불러일으킬 수 있어야 한다.[135] 창작자들은 소리의 고저와 장단, 강약을 적절하게 사용하여 이와 같은 목적을 달성하고자 한다. 이론적으로는 소리배합의 경우의 수는 대단히 많지만 그 중 사람들의 귀에 긍정적으로 호소할 수 있는 소리의 배합은 제한되어 있다.[136][137]

예컨대 가락의 경우 서양음악에서는 도(C), 레(D), 미(E), 파(F), 솔(G), 라(A), 시(B)의 7음으로 이루어진 7음 음계(heptatonic)를 그 기본으로 사용하고, 우리나라 음악의 경우 흔히 5성(五聲)이라고 알려진 궁(宮;C) · 상(商;D) · 각(角;E) · 치(徵;G) · 우(羽;A)의 5음으로 이루어진 5음 음계(pentatonic)를 사용하는 등, 현실세계에 존재하는 수많은 소리 가운데에서도 실제 음악저작물의 소재로 쓰여지는 음은 제한되어 있다. 또한 음악을 연주하는 수단의 한계를 고려하여야 하므로, 위와 같이 제한되어 있는 음들 가운데에서도 일정한 음역(音域) 이내에 존재하는 음들만 사용될 수 있다. 특히 성악곡의 경우 사람의 목소리가 낼 수 있는 음역이 넓지 않아 그 제한이 더욱 크다.

화성과 관련하여서 보더라도 화성에는 어울림음(協和音)과 안어울림음(不協和音)이 있는데, 안어울림음만으로 이루어진 음악은 사람들이 선호하는 감정과 느낌을 불러일으키기 어렵다.

소리의 장단이나 강약을 그 구성요소로 하는 리듬 역시 시대에 따라 표준화되어 있는 리듬들이 존재할 뿐만 아니라 악보에 표기되어야 한다는 제약 때문에

---

135) 사람들이 선호하는 감정과 느낌이 반드시 밝고 행복한 것을 의미하는 것은 아니다. 때로 사람들을 슬프게 하는 어두운 음악이나, 사람들의 호기심을 자극하는 복잡하고 기괴한 음악도 사람들의 선호대상에 포함될 수 있다.

136) Darrell v. Joe Morris Music Co., 133 F.2d 80 (2d. Cir. 1940) 판결에서는 "음표의 배열가능성은 매우 많지만 그 중 일부의 배열만이 듣기 좋은 느낌을 주고, 그보다도 더 적은 숫자의 배열만이 대중의 유아적인(infantile) 취향에 부합하므로, 동일한 음의 배열이 반복된다고 하여 곧 표절이 되는 것은 아니다"라고 판시하고 있다.

137) 서울고등법원 2012. 10. 18. 선고 2011나103375 판결(사랑해요LG송 사건)은 "음악저작물의 경우 인간의 청각을 통하여 감정에 직접 호소하는 표현물로서, 12개의 음을 이용하여 이론적으로는 무수히 많은 배합을 구성할 수 있으나 사람의 가청범위나 가성범위 내에서 사람들이 선호하는 감정과 느낌을 불러일으킬 수 있는 음의 배합에는 일정한 한계를 가질 수밖에 없다는 점도 음악저작물의 실질적 유사성을 판단함에 있어 참작하여야 한다"고 판시하고 있다.

다양성을 추구하는 데에도 한계가 존재한다.

이러한 음악저작물의 소재상 한계는 특히 아이디어와 표현을 구분하는 데에 있어서 충분히 참작되어야 한다.

3. 음악저작물의 실질적 유사성 판단

가. 대비를 통한 유사성 요소 확정

1) 대비관점

어문저작물에서 설명하였던 것처럼 음악저작물에도 일반 수요자 이론이 그대로 적용된다. 여기에서 음악저작물의 수요자는 그 음악이 의도하는 청중을 의미한다.[138] 그러므로 일반인인 보통 관찰자의 관점에서 서로 대비할 때 전체적인 관념과 느낌이 표현적 요소에서 유사하다고 볼 수 있는지 여부에 따라 판단하되, 주로 10대를 위한 대중음악이라면 보통 10대 청소년의 관점에서, 클래식 음악이라면 클래식을 즐기는 대중 일반의 관점을 참작하여 그 유사성 여부를 판단하여야 한다. 같은 맥락에서 음악 전문가가 음악저작물의 수요자라면 그 관점에서 실질적 유사성 여부를 판단하여야 한다. Dawson v. Hinshaw Music, Inc. 판결[139]은 이러한 사안을 다루고 있다. 이 사건에서는 흑인영가를 편곡하였던 Dawson이, 같은 곡을 유사하게 편곡한 Martin 및 그 편곡 악보를 출판한 출판사인 Hinshaw사를 상대로 저작권침해를 주장하였다. 1심 법원에서는 음악전문가의 분석에 의하면 Dawson의 편곡은 그 패턴이나 주제 및 구성에 있어서 다른 흑인영가와 구별되는 참신함이 있고, 이러한 참신한 패턴은 Martin의 편곡에서도 유사하게 나타난다고 인정하면서도, 보통 관찰자 테스트에 의하여 일반인에게 두 악보를 제시하였을 때에는 일반인이 양자가 실질적으로 유사하다고 판단할 것인지 여부는 알 수 없다고 하여 원고의 청구를 기각하였다.[140] 그러나 항소심 법원인 연방 제4항소법원에서는 '의도된 청중 테스트'(intended audience test)의 당위성을 역설하면서 일반 대중가요와는 달리 흑인영가의 편곡물은 주로 합창단 지휘자들에 의하여 구

---

138) Paul M. Grinvalsky, *Idea-Expression in Musical Analysis and the Role of the Intended Audience in Music Copyright Infringement*, 28 Cal.W.L. Rev. 395 (1991). 또한 Dawson v. Hinshaw Music, Inc., 905 F.2d 731, 737 (4th Cir. 1990) 참조.

139) 905 F.2d 731 (4th Cir. 1990).

140) 이 사건은 배심원에 의하지 않고 판사가 사실인정을 한 소위 Bench Trial 사건이었다. 한편 원고인 Dawson은 증거로서 양 편곡의 악보들만 제시하였을 뿐 녹음물은 제시하지 않았으므로 법원은 악보들에 의하여서만 실질적 유사성 여부를 판단하였다.

매될 가능성이 높다는 이유로 전문성을 가진 음악인의 관점에서 실질적 유사성 여부를 판단하는 것이 타당하다고 판시하여 원심 판결을 파기하였다.

이와 관련하여 우리나라 법원은 '해당 음악저작물을 향유하는 수요자를 판단의 기준으로 삼아야 한다'는 입장을 취하면서도 실무 재판에서는 음악 전문가의 감정 내지 의견을 적극 참고하기도 한다.141)142)

2) 대비방법

음악저작물은 그 표현에 일정한 시간을 요구할 뿐만 아니라, 그 시간 동안은 다른 음악저작물을 중복하여 감상하기 어렵다는 특성이 있다.143) 물론 두 작품의 악보를 놓고 이를 동시에 비교·분석하는 것은 가능하다. 하지만 악보 자체는 음악저작물이 고정되어 있는 매체에 불과할 뿐 독립적인 음악저작물에 해당하지 않을 뿐만 아니라, 악보를 통한 동시비교·분석은 음악저작물의 일반적인 수요자들이 아닌 음악전문가들에 의하여서만 행하여질 수 있는 방법에 불과하다. 따라서 음악전문가가 아닌 법관이나 배심원들이 음악저작물의 실질적 유사성을 판단함에 있어서는 두 개의 음악작품을 순차적으로 감상하는 것이 필수적이다. 악보를 동시에 비교·분석할 수 있는 능력을 가진 음악전문가라고 하더라도 이 방법에 전적으로 의지하는 것이 아니라 통상 먼저 두 작품을 순차적으로 들어본 뒤에(audition) 악보를 비교하는(transcription) 순서에 따라 검토한다.144)

---

141) 감정을 통한 저작권 침해판단에 관한 연구, 한국저작권위원회(2011. 12), 11~12면 참조.
142) '실제 판례를 통해 본 법원의 판결은 보통의 관찰자인 청중을 기준으로 해야 한다는 데에도 불구하고, 음악 구성요소의 분해/분석을 통한 논리에 중점을 두는 경향을 보인다'고 하면서 법원과 대중음악업계 간에 음악의 창작성 및 실질적 유사성에 관한 판단 기준에 상당한 의견차이가 있다는 취지의 지적을 하는 견해가 있다. 허진경, "대중음악의 표절 판단에 대한 고찰 —창작성 및 실질적 유사성과 관련하여—", LAW & TECHNOLOGY 제14권 제6호(2018. 11), 서울대학교 기술과 법 센터, 70~71면 참조.
한편, '대부분의 대중음악은 동기(motif)를 발전시켜 멜로디를 형성하고 있으므로 이를 파악하고 분석할 수 있는 전문능력을 가진 자에 의해 판단되어야 침해판단의 정확성을 담보할 수 있으므로 대중음악의 침해판단은 보통관찰자의 관점이 아니라 전문가 관점에서 판단되어야 한다'는 견해가 있다. 이 견해는 대중음악의 경우 일반관찰자는 아이디어 요소(예컨대 느낌, 악기구성, 장르, 조성 등)의 유사성을 구별하지 않고 잘못된 판단을 하기 쉽다고 주장한다. 더 자세한 내용은, 김민기·김경숙, "대중음악의 실질적 유사성 판단을 위한 시론 — 대중음악 침해판단에서 전문가 관점에 의한 멜로디분석", 계간 저작권 제28권 제2호(2015), 한국저작권위원회 참조.
143) 이에 반하여 시각적 저작물은 관찰 즉시 감흥을 불러일으키므로 동시비교가 가능하고, 어문저작물 역시 엄밀한 의미의 동시비교가 가능하지는 않지만 이 역시 시각을 통하여 인지되는 저작물이므로 부분적·문자적 유사성과 관련하여서는 동시비교가 가능하다.
144) Mark Avsec, *Nonconventional Musical Analysis and Disguised Infringement : Clever Musical*

이러한 대비과정에서 유사한 감흥이 일어나는지를 검토하고, 어떠한 요소로 인하여 유사성이 유발되었는지를 확정한다. 경우에 따라서는 유사한 요소가 존재함에도 불구하고 그 요소로 인하여 생성되는 느낌은 다를 수 있다. 예컨대 가락의 핵심적인 부분을 차용하더라도 프레이즈 끝 부분에 다른 음을 부가하는 등의 기술적인 변형을 가하거나, 장조에서 단조로 변경하는 등 전반적인 분위기를 바꾸거나, 리듬과 화성 또는 연주악기를 변경하는 등의 방법으로 전체적인 느낌을 다르게 하는 것이 가능하다. 이러한 경우에는 음악전문가의 관점에서 유사한 요소가 존재하는지를 확정할 필요가 있고, 경우에 따라서는 음악전문가의 감정이 필요할 수도 있다.

나. 표현적 요소의 확정

대비를 통하여 유사성 요소가 확정되면 그 중 저작권에 의하여 보호되는 표현적 요소가 무엇인지를 가려낸다. 음악저작물은 일반적으로 ① 가락, ② 리듬, ③ 화성으로 구성된다. 이러한 세 가지 요소들이 일정한 질서에 따라 선택, 배열된 것을 음악적 구조라고 한다.[145]

실질적 유사성의 일반적 판단 기준 중 실체적 측면을 논함에 있어서, 아이디어와 표현의 구분에 있어서는 당해 요소의 구체성, 독창성, 다양한 표현가능성, 소재성, 보호비용 등을 고려하여야 한다고 제시한 바 있다. 음악저작물에 있어서 가장 구체적이고 독창적이며 다양한 형태로 표현되는 것은 가락이다. 일반적으로 창작자는 가락의 생성과 표현에 가장 많은 정신적 노력을 투여하고, 음악을 소비하는 주체 역시 가락에 의하여 그 이용 여부를 결정한다. 그러므로 음악저작물 중 창작 인센티브와 밀접한 연관성을 가지는 요소로서 표현성이 가장 강한 것은 가락이다. 반면 리듬과 화성은 일종의 소재로서 기능하는 경우가 많고 관행에 구속되는 경우가 많아 다양한 표현가능성이 제약되며 이를 보호하는 데에 들어가는 사회적 비용이 크다. 이러한 면에서 리듬과 화성은 상대적으로 아이디어성이 강하다고 할 수 있다.

Tricks to Divide the Wealth of Tin Pan Alley, 52 Clev. St. L. Rev. 339, 354 (2004).

145) 그 이외에도 어문저작물의 성격을 가지는 가사가 음악저작물의 일부를 이룰 수 있다는 것도 위에서 본 바와 같다. 다만 가사에 있어서 아이디어와 표현의 구분은 어문저작물에 있어서와 유사하므로 여기에서는 순수한 음악적 요소에 대하여서만 살펴보도록 한다.

1) 아이디어성이 강한 요소

가) 리듬

리듬은 음의 장단과 강약이 시간적으로 조합된 것이다.[146] 가락이 음악저작물의 내용물에 해당한다면 리듬은 그 내용물을 담아내는 골격에 해당한다. 미국의 음악학자인 Christine Ammer는 리듬이 유형(pattern), 박자(beat), 속도(speed)의 세 가지 요소로 나누어진다고 하였다.[147] 이와 같이 속도가 리듬의 한 요소에 불과한 이상 속도를 나타내는 템포(tempo)는 리듬과 같은 차원의 개념이 아니라 리듬의 하위개념으로 파악하는 것이 타당하다. 가장 보편적인 리듬의 예로서 4분의 3 박자의 경우 "강-약-약", 4분의 4 박자의 경우 "강-약-중간-약"의 리듬을 들 수 있다.

리듬은 추상적인 형태로 표현된다. 또한 시간과 강조점을 조절함으로써 리듬에 어느 정도까지 변화를 줄 수 있지만 음악의 관행상 리듬의 다양성은 제한되어 있다. 따라서 일반적으로 리듬이 창작성 있는 표현에 해당한다고 하기는 어렵다.[148] 따라서 리듬은 음악의 세 가지 요소 가운데 아이디어성이 가장 강한 요소라고 할 수 있다.

다만 그 리듬의 독특한 정도가 매우 높아서 그 리듬을 들으면 막바로 어떠한 곡이 생각날 정도에 이른다면, 그러한 리듬은 창작성 있는 표현에 해당하므로 이를 차용하는 경우 표현에 관한 실질적 유사성이 인정될 가능성이 크다. 또한 특정한 경우에는 가락이 일정한 형태로 계속하여 반복됨으로써 마치 리듬과 같은 기능을 수행하는 경우도 있다. 이러한 경우 그러한 의미의 리듬은 관행적인 표현이 아니라 그 곡에 독창적인 표현일 가능성이 크다. 예컨대 Fred Fisher v. Dillingham 판결[149]에서는 두 작품의 가락이 유사하지 않음에도 불구하고 유사한 오스티나토(ostinato)를 사용하는 경우에 저작권침해를 인정하였다. 오스티나토는 어떤 일정한 음형(音型)을 같은 성부(聲部)에서 같은 음높이로 계속 되풀이하는 수법으로서 리듬 그 자체는 아니지만 리듬과 매우 유사한 기능을 수행한다.

---

146) 이성호, "저작권침해 여부의 판단 기준과 각종 저작물의 유형별 특성에 따른 실제적 적용", 동천 김인섭 변호사 화갑기념논문집, 법실천의 제문제(1996), 730면.

147) Christine Ammer, The Harper Dictionary of Music (2d ed. 1987), 357면.

148) 이성호, "저작권침해 여부의 판단 기준과 각종 저작물의 유형별 특성에 따른 실제적 적용", 동천 김인섭 변호사 화갑기념논문집, 법실천의 제문제(1996), 730면; Northern Music Corp. v. King Record Distrib. Co., 105 F.Supp. 393 (S.D.N.Y. 1952).

149) 298 F. 145 (S.D.N.Y. 1924).

나) 화성

화성은 높이가 다른 2개 이상의 음이 동시에 울려서 생기는 합성음이다.[150] 화성은 그 자체가 곡을 주도한다기보다는 가락을 보조하면서 전체적으로 곡의 분위기를 깊고 풍성하게 나타내는 역할을 수행한다.

모든 화성은 구성음들 사이에 어울리는 정도에 따라 어울림음(協和音)과 안어울림음(不協和音)으로 구분된다. 안어울림음만으로 음악이 이루어지는 경우 음악의 수요가 많지 않을 것이므로, 통상 어울림음을 위주로 전개하되 음악적 표현을 위하여 필요한 경우에는 안어울림음을 삽입한다. 어울림음을 위주로 한 악곡 구성에 있어서는 1도(Ⅰ) 화성(으뜸화성), 4도(Ⅳ) 화성(버금딸림화성), 5도(Ⅴ) 화성(딸림화성)의 주요 3화성과 같이 주로 많이 사용되는 표준적인 화성들이 있다. 이러한 화성들은 음악적 창작과정에 있어서 일종의 소재로서 기능하는 것이므로 아이디어로서의 성격이 강하다.

다만 화성 자체가 아닌 화성의 전개(chord progressions)는 경우에 따라 표현으로서의 성격을 가지게 될 수도 있다. 보편적인 화성의 전개는 아이디어의 영역에 속하므로 이것이 유사하다고 하여 실질적 유사성이 인정될 수는 없으나,[151] 독특한 화성의 연속적인 전개는 저작권법에 의하여 보호받는 표현에 해당한다. 그러므로 이와 실질적으로 유사한 화성의 전개가 피고의 작품에 나타나 있다면 실질적 유사성을 인정할 가능성이 높아진다.[152] 예컨대 Gaste v. Kaiserman 판결[153]에서 미국 연방 제2항소법원은 원고의 저작물에 나타나 있는 '독특한 음악적 지문'(unique musical fingerprint)에 주목하였다. 판결 이유에 의하면 대부분의 음악에 있어서 속 7도 화성(dominant seventh chord)[154]은 그보다 네 음이 높은 장조 또는 단조의 화성으로 전개되는 것으로서 예컨대 B 속7도 화성의 경우 E 속7도 장조

---

150) 동아세계대백과사전 30권, 동아출판사(1988), 30면.

151) McRae v. Smith, 968 F.Supp. 559, 562, 44 U.S.P.Q. 2d(BNA) 1131 (D.Colo. 1997) 판결에서는 Ⅰ-Ⅳ-Ⅴ 진행으로 알려져 있는 두 노래의 화성(chord) 진행은 서양음악에 있어서 가장 흔한 화성진행으로서 현저한 유사성을 인정하는 근거가 될 수 없다고 판시하였다.

152) John R. Autry, *Toward a Definition of Striking Similarity in Infringement Actions for Copyrighted Musical Works*, 37 J. Intell. Prop. L. 113, 134 (2002).

153) 863 F.2d 1061, 9 U.S.P.Q.2d(BNA) 1300 (2d Cir. 1988).

154) 7도 화성은 가장 낮은 음에서 가장 높은 음까지의 거리가 7도에 해당하는 경우로서 '도'가 출발음이라면 '시'가 7도 화성이다. 그러므로 일반적으로 7도 화성은 '도-미-솔-시'로 구성된다. 한편 속 7도 화성은 기본음(root)-장3도(3rd)-단3도(5th)-단3도(7th)로 구성된 화성이다. http://cafe.naver.com/musicsense/626(2005.11.15.접속) 참조.

또는 단조의 화성으로 전개되는 것이 통상적인 예인데, 이 사건에서 문제된 두 음악저작물은 모두 이러한 화성전개방식을 따르지 않고 매우 독특한 조옮김을 통하여 창의적인 방법으로 화성이 전개되면서 그 전개방식이 동일하였다. 원고 측 전문가는 "어떠한 곡에서도 이와 같이 독특한 방법에 의한 변형을 보지 못하였다"라고 증언하였으며, 법원 역시 이러한 경우에는 위 화성전개에 표현성이 인정될 수 있다고 판시하였다.

또한 우리나라 하급심 판례로서는 가요 "칵테일 사랑"은 주멜로디를 그대로 둔 채 코러스를 부가한 이른바 "코러스 편곡"으로 코러스가 상당한 비중을 차지하고 있고, 코러스 부분이 단순히 주멜로디를 토대로 단순히 화성을 넣은 수준을 뛰어넘어 편곡자의 노력과 음악적 재능을 투입하여 만들어져 독창성이 있으므로, 저작권법상 2차적 저작권으로서 보호받을 만한 창작성이 있다고 한 사례155)가 있는데, 이는 가락화한 화성의 표현성을 인정한 예이다.

2) 표현성이 강한 요소

리듬이나 화성과 달리 가락은 표현성이 강한 요소이다. 가락은 고저(高低)와 장단(長短)이 있는 음의 연속이다.156) 여기에서의 "음"은 특별한 사정이 없는 한 기존 음계에 기반을 둔 정돈된 음 또는 고른 음을 의미하고, "연속"은 음악적 표현의도를 지닌 계속성을 의미한다.157)

한편 가락은 음의 고저(pitch)뿐만 아니라 음의 장단(duration)이 복합된 것이다. 예를 들어 다(C)장조로 편곡된 동요 산토끼에서 처음 부분인 "산토끼 토끼야"는 음의 고저라는 측면에서는 "솔미미 솔미도"로 표현되고, 음의 장단이라는 측면에서는 "2분음표(♩)(솔) — 이하 4분음표(♩)(미미 솔미도)"로 표현된다. 이 두 가지

---

155) 서울민사지방법원 1995. 1. 18.자 94카합9052 결정.

156) 이해완, 저작권법, 제4판, 박영사(2019), 88면; 오승종, 저작권법, 제5판, 박영사(2020), 117면; 박성호, 저작권법, 제2판, 박영사(2017), 73면 등 참조.

157) 본 책의 설명과 달리, 대중음악의 경우 대중음악에서 보호받는 표현의 범위를 어디까지 인정할 것인지에 집중하되, (1) 작곡가의 개성적 표현이 들어간 창작적 요소와 (2) 음악에 필수적으로 사용되어 누구나 사용할 수 있는 비창작적 요소를 구분하여 침해판단을 하는 것이 바람직하다는 견해가 있다. 이 견해는 창작적 요소에는 멜로디, 리듬, 화성, 가사가 포함되는 반면, 비창작적 요소에는 악기구성(instruments), 느낌(feel), 음악형식(song structure), 조성(key), 장르(music style), 음색(tone) 등이 포함되는데 이는 저작권으로 보호되지 않는 아이디어에 해당한다고 본다. 더 자세한 내용은, 김민기·김경숙, "대중음악의 실질적 유사성 판단을 위한 시론 — 대중음악 침해판단에서 전문가 관점에 의한 멜로디분석", 계간 저작권 제28권 제2호(2015), 한국저작권위원회, 112~115면 참조.

가 합쳐졌을 때 우리가 산토끼의 처음 부분으로 알고 있는 음악이 표현되는 것이다. 이처럼 음의 고저와 장단이 어우러져 다채로운 내용의 가락을 만들어내는데, 음의 장단은 리듬의 구성요소이기도 하므로, 가락과 리듬은 완전히 분리된 요소가 아니라 서로 교차하는 부분을 공유하는 관계를 가지는 관련 요소이다.

가락은 창작자의 창작성이 고스란히 발현되는 표현적 요소로서 음악저작물에 있어서 가장 핵심적인 비중을 차지한다. 두 작품 사이의 실질적 유사성에 대한 느낌은 하나의 음악저작물을 먼저 감상한 뒤 머리 속에 청각적인 잔상(殘像)을 가지고 있다가, 다른 음악저작물을 감상하면서 그 잔상과 비교하는 과정에서 발생하게 된다. 그런데 사람들의 기억 속에 남겨지는 음악의 잔상은 가락일 가능성이 크다. 그러므로 음악저작물의 실질적 유사성 판단에 있어서 가락이 차지하는 비중은 매우 크다고 할 것이다.[158)]

그러나 가락이라고 하여 무조건 표현에 해당하는 것은 아니다. 창작자들은 개별적인 음을 연속적으로 배열함으로써 가락을 표현한다. 그런데 음의 연속적 배열인 가락은 사람들의 귀에 거슬리지 않는 것이라야 하고 연주가능한 것이어야 하며(특히 사람의 목소리를 사용하는 성악의 경우), 음악적 관행에서 크게 벗어나지 않는 것이어야 한다는 외부적인 제약을 받는다.[159)] 특히 대중음악에 있어서는 대부분의 노래들의 길이가 상대적으로 짧을 뿐만 아니라, 작곡가가 사용할 수 있는 음표와 코드(chord)의 수가 사실상 제한되어 있으며, 많이 사용되는 공통적인 음악적 주제가 여러 대중음악에 반복하여 나타나는 경향이 있다는 것을 염두에 두어야 한다.[160)] 이러한 이유로 대중음악의 저작권침해사건에 있어서는 원고가 창작성 있는 표현이라고 주장하는 부분이 공유의 영역에 해당하는 것이 아닌지가 다투어지는 경우가 많다.[161)] 만약 공유에 해당한다면 이는 아이디어로 취급되어

---

158) 이에 대해 "최근 대중음악업계는 실질적 유사성 여부에 대한 판결 내용과 관련하여 현대 대중음악의 표절 판단은 멜로디나 코드의 유사성만으로는 판단할 수 없다는 것을 인식하고 있다"고 지적하는 견해도 있다. 허진경, "대중음악의 표절 판단에 대한 고찰 —창작성 및 실질적 유사성과 관련하여—", LAW & TECHNOLOGY 제14권 제6호(2018. 11), 서울대학교 기술과 법 센터, 70~71면 참조.

159) McRae v. Smith, 968 F.Supp. 559, 562, 44 U.S.P.Q. 2d(BNA) 1131 (D.Colo. 1997).

160) McRae v. Smith, 968 F.Supp. 559 (D.Colorado. 1997); Gaste v. Kaiserman, 863 F.2d 1061 (2d Cir. 1988), 음악저작권침해가 문제되었던 일본의 最高裁 1978(昭和 53). 9. 7. 선고 昭50 (才)324호 판결(判例時報 906호 38면)에서도 두 작품의 선율 사이의 유사성을 인정하면서도 이는 유행가에서 흔히 쓰이는 음형에 해당하여 우연히 유사성이 나타날 가능성이 있다고 하여 의거관계를 부정하였다.

161) 이미 공유에 속하는 구전가요의 가락에 기초한 부분에 대한 저작권 보호를 부인한 판례로서 대

야 한다. 대법원은 '사랑은 아무나 하나' 사건에서, 공유에 속하는 구전가요 2개의 리듬, 가락, 화성에 약간의 변형을 가하여 이를 적절하게 배치하고, 디스코풍의 경쾌한 템포를 적용하면서 전주와 간주 부분을 부가한 원고의 가요 중 구전가요의 가락 부분은 실질적 유사성의 인정근거가 될 수 없다고 판시하였다.162)

그렇다면 가락에 있어서 아이디어와 표현의 경계선은 어떠한가? 가락의 소재가 되는 개별적인 음이나 그 음이 기반을 두고 있는 음계가 공유의 대상인 아이디어에 속하는 것은 명백하다. 또한 가락이 기반을 두는 특정한 조(調)163) 및 그 조가 연출하는 분위기164)도 아이디어적 요소가 강하다.165) 따라서 다른 사람의 가락에 조만 바꾸는 것은 새로운 저작물의 창작이 아니라 저작권침해행위가 될 수 있다.166) 그 가락이 어떠한 음악적 수단에 의하여 연주되도록 의도되었는가 하는 점도 그 의도가 매우 독특하고 참신한 것이 아니라면 아이디어에 속한다. 그러므로 두 작품 사이에 "남성 성악가가 현악합주에 맞추어 부르는 D 단조 상의 슬픈 가락"이라는 공통점이 존재한다고 하더라도 이는 아이디어의 공통점에 불과하다.167) 또한 음악의 조(調)와 화성의 제약으로 인하여 비슷하여질 수밖에 없는 가

법원 2004. 7. 8. 선고 2004다18736 판결. 또한 바하의 음악에서 발견되는 세 음표의 구절로 이루어진 부분에 관하여 저작권 보호를 부인한 판례로서 Ferguson v. National Broadcasting Co., 584 F.2d 111 (5th Cir. 1978). 그리고 두 저작물의 화성 진행방식(harmonic progression)은 동일했으나 그 진행방식은 팝이나 재즈에서 불안정한 느낌(sense of instability)을 불러일으키기 위해 이미 수천 곡에서 흔히 사용된 것이라는 이유로 저작권 보호를 부인한 판례로서 Johnson v. Gordon, 409 F.3d 12 (1st Cir. 2005) 등 참조.

162) 대법원 2004. 7. 8. 선고 2004다18736 판결. 이에 관한 하급심 판결로서는 서울지방법원 2000. 8. 18. 선고 99가합19143 판결 참조.

163) 조(調)에는 장조(長調)와 단조(短調)가 있고, 장조와 단조 내에서도 어떠한 음이 기본음으로 취급되는가에 따라서 A, B, C 순으로 나누어진다. 예를 들어 A(라)가 기본음이 되는 단조는 A 단조이다.

164) 일반적으로 장조는 밝은 분위기를, 단조는 어두운 분위기를 연출한다. 다만 리듬과 화성의 배열에 따라 그 반대의 분위기를 조성할 수 있는 가능성도 있다.

165) 서울고등법원 2012. 10. 18. 선고 2011나103375 판결은 "위와 같은 기준에 따라 이 사건 음악저작물과 '사랑해요 LG송'의 실질적 유사 여부를 판단함에 있어, 원고는 '사랑해요 LG송'의 여러 버전 중 가야금 버전이 가장 유사하다고 주장하므로, 이를 기준으로 하여 판단하되, 음악저작물에 있어서 저작권법에 의해 보호받은 표현에 해당하지 않는 조(調), 기교적으로 가미될 수 있는 리듬(예를 들어, 8분음표 '♪' 두 개의 음을 점8분음표 '♪.'와 16분 음표 '♬'로 변경한 리듬) 및 강약을 제거하고 c장조로 변경한 별지 2 기재 악보를 기준으로 대비한다"고 판시하였다.

166) 이처럼 조(調)는 누구나 공유할 수 있는 아이디어이지 저작권법에 의하여 보호받는 표현이 아니므로, 다른 사람의 가락에 조만 바꾸는 것은 새로운 저작물의 창작이 아니라 저작권침해행위이다. Nom Music, Inc. v. Kaslin, 227 F.Supp. 922 (S.D.N.Y. 1964) 참조.

167) Mark Avsec, *Nonconventional Musical Analysis and Disguised Infringement : Clever Musical Tricks to Divide the Wealth of Tin Pan Alley*, 52 Clev. St. L. Rev. 339, 353 (2004).

락의 전개 정도만으로도 구체적 표현에 해당한다고 하기 어렵다. 따라서 다(C) 장조의 으뜸화성(도·미·솔로 구성)을 가락으로 전개해 나감에 있어서는 필연적으로 으뜸화성의 구성요소를 이루는 도·미·솔을 핵심적인 가락요소로 사용할 수밖에 없는데, 이와 같은 한계에서 오는 가락의 유사성만으로는 저작권침해를 인정할 수 없다.

하지만 기본적인 음계 및 음에 기초한 관습적인 음의 연속적 배열[168]에서 벗어나서 음을 창작성 있게 배열하는 경우에는 저작권법에 의하여 보호받는 표현이 된다. 특히 현대 음악에 있어서는 가락이 일정한 원칙에 따라 움직이던 과거의 경향이 점차 파괴되어 가고 있는데, 이때 가락의 표현성의 범위는 더욱 넓어지게 된다. 또한 이미 존재하는 음악을 편곡하였다면 그 편곡의 범위 내에서는 창작성이 인정되어 그 부분은 표현적 요소로 취급된다.[169][170]

---

168) "관습적인 음의 연속적 배열"과 관련해서, 법원은 "음악저작물은 크게 가락(melody), 화음(harmony), 리듬(rhythm)으로 구성되는데, 창작성이라는 측면에서 위 요소들간 비중의 순위를 정하면 위와 같은 순서로 나열할 수 있다. 또한 음악저작물의 가치는 소리의 전달에 의한 느낌과 관념을 기준으로 전체적으로 판단되어야 한다. 나아가 음악저작물은 그 이용가능한 소재에 한계가 있어 매우 보편적인 음이나 화음의 연속, 리듬의 설정 등은 공유되어야 할 것이므로, 만일 음악저작물 중 일부가 대중들에 의해 일반적으로 공유되어 온 관용구에 불과하다고 인정될 경우 그 부분은 저작권법에 의해 보호되지 않는다"고 판시하고 있다(서울중앙지방법원 2012. 2. 10. 선고 2011가합70768 판결; 서울남부지방법원 2016. 10. 20. 선고 2015가합1018 판결 등). 이에 대하여, 음악과 교수의 감정의견을 소개하면서, '관용구의 의미와 그 범위가 공식적이고 구체적으로 정의되어 있지 않은 상태'라는 점을 전제하고, 관용구의 범위를 "① 대중음악이 조성음악에 기반을 두고 있는 경우, 블루스 음악들의 형식과 화성이 유사한 경우, 예를 들어 스윙, 보사노바, 록, 펑크 등 특정 리듬의 사용을 공유하는 경우, ② 공통관습적으로 사용되는 음악어법, ③ 음악이 갖는 일반적인(공통적인) 속성"에 한정하는 견해가 있다. 이에 의하면 "① 특정한 선율, 특정한 화성, 특정한 리듬, 특정한 형식 등"은 관용구로 인정받을 수 없고, "동일한 코드인 경우일지라도 사용할 수 있는 음정이 한정되어 결과적으로 유사한 선율을 가질 수밖에 없다는 주장은 비전문적인 주장"이라고 한다. 그리고 이 견해는 가락이 포함된 관용구의 인정은 매우 신중해야 한다는 입장이다. 음악저작물에 있어 '관용구'에 관한 더 자세한 설명은, 이경호·정진근, "음악저작물 표절판단에 있어서 관용구의 인정가능성", 정보법학 제18권 제1호(2014. 4), 한국정보법학회, 193~198면.

169) 쇼팽(Chopin)이 작곡한 "강아지 왈츠" 및 헨리 반 게일(Henry Van Gael)이 작곡한 "내 마음의 노래"를 어린이나 초보자들도 쉽고 재미있게 연주할 수 있도록 조옮김을 하고 운지법이나 꾸밈음을 간략하게 고치는 등 어렵거나 부적절한 부분을 수정을 가한 부분에 관한 창작성을 인정한 대법원 1997. 5. 28. 선고 96다2460 판결; 대중가요를 컴퓨터용 음악으로 편곡한 곡들에 대한 2차적 저작물성을 인정한 대법원 2002. 1. 25. 선고 99도863 판결 참조.

170) 가수이자 연예기획사 대표(피고)가 작곡한 "썸데이(Someday)"가 기존에 작곡가(원고)가 작곡한 "내 남자에게"의 저작권을 침해하였는지 여부가 다투어진 사건에서, 원고는 피고의 "썸데이" 후렴구 8마디와 "내 남자에게" 후렴구 8마디는 각 음악의 핵심적인 부분으로서 그 가락, 화성, 리듬이 매우 유사하고, 그 비중도 상당하여 실질적 유사하다는 취지로 주장하였고 1심과 항소심은 피고의 저작권침해 책임을 인정하였다. 그러나 대법원은 원고의 곡 해당 부분이 먼저 작곡된 미

다. 유사성의 정도를 고려한 표현적 요소의 보호 여부 판단

실질적 유사성 판단의 마지막 단계로서, 존재하는 유사성의 정도를 고려할 때 창작 인센티브를 보호하기 위하여 당해 표현적 요소를 보호할 필요가 있는지 여부를 판단한다.

유사성 판정의 기본 원리는 원고의 음악저작물로부터 이용된 부분에 나타난 창작성과 다양한 표현가능성의 정도가 높을수록 실질적 유사성의 인정범위가 넓어진다는 점, 또한 유사성 판정은 원고의 저작물로부터 이용된 부분의 양(量)과 질(質) 두 가지 요소에 의하여 영향을 받는데 그 중 질적 판단 기준은 양적 판단 기준보다 더 큰 비중을 가진다는 점이다. 이러한 일반 법리에 비추어 보면 음악저작물의 유사성 판정에 있어서 가장 중요한 비중을 차지하는 것은 창작성의 정도가 높고 다양한 표현이 가능하여 창작 인센티브와 밀접한 관련성을 가지는 "가락"이다. 리듬이나 화성에 표현성이 인정되는 경우는 많지 않으므로 그 유사성의 판정 역시 음악저작물의 실질적 유사성 판단에서 차지하는 비중은 크지 않을 수 있다. 가락, 리듬, 화성의 세 가지 요소들은 유기적인 관계를 가지면서 서로 복합적으로 배열되어 있는 것이므로, 위 요소들을 고려함에 있어서는 그 각각의 요소들의 상호영향이나 결합관계에도 주의를 기울여야 한다.171)172)

국가수 Kirk Franklin의 "호산나"라는 곡과 실질적으로 유사한 것으로 창작성이 없으므로 그 침해 주장 부분에 대한 원고의 저작권을 인정할 수 없다는 이유로 원심을 파기하였다(대법원 2015. 8. 13. 판결 2013다14828 판결). 이에 대한 평석으로는 최승수, "음악저작권 침해의 판단 기준", 정보법 판례백선(Ⅱ), 한국정보법학회, 박영사(2016), 290~296면 참조(이 평석은 "원심은 원고의 저작물의 다른 선행저작물에 의거하였다는 사정이나, 선행저작물 대비부분이 공유의 영역이 된 사정이 인정되지 않는 한 단지 유사하다는 이유만으로 창작적 표현이 아니라는 판단을 내릴 수 없다는 다소 넓은 기준을 제시하였다. 이에 대하여 대법원은 기존 기준을 적용하여 창작적 표현 기준을 원심보다 좁게 해석하였다는 데 본 판결의 의의가 있다"고 평한다).

171) Aaron Kyet, *An Improved Framework for Music Plagiarism Litigation*, 76 Cal.L. Rev. 421 (1988); Seth Swirsky v. Mariah Carey, 376 F.3d 841 (9th Cir. 2004) 등 참조.

172) 대법원의 판단 기준에 대하여, '최근 대중음악은 가락이 단순해지는 대신 리듬을 복잡하게 구성하고, 코드 변형 비중이 높은 재즈 코드를 이용하는 등의 경향이 있으므로 가락 중심의 판단방식은 개선될 필요가 있다'는 견해가 있다. 허진경, "대중음악의 표절 판단에 대한 고찰 —창작성 및 실질적 유사성과 관련하여—", LAW & TECHNOLOGY 제14권 제6호(2018. 11), 서울대학교 기술과 법 센터, 75면 참조.

〈대법원 2015. 8. 13. 선고 2013다14828 판결〉

따라서 음악저작물의 창작성 여부를 판단함에 있어서는 음악저작물의 표현에 있어서 가장 구체적이고 독창적인 형태로 표현되는 가락을 중심으로 하여 리듬, 화성 등의 요소를 종합적으로 고려하여 판단하여야 한다.

(중략)

(1) 원심판결 이유와 기록에 의하면 다음과 같은 사정들을 알 수 있다.

① 원심이 인용한 제1심 판시 비교대상1저작물은 원고 음악저작물보다 앞서 2002년 미국에서 공표되었는데, 이를 부른 가수인 소외인은 그래미상을 수상하는 등 가스펠(gospel) 음악사상 영향력 있는 가수로 손꼽힐 정도로 널리 알려졌고, 한편 원고는 미국에서 ○○대학을 수료한 이후 계속하여 음악활동을 해 오고 있는 작곡가이다.

② 그런데 원고 대비 부분을 원심이 인용한 제1심 판시 비교대상1부분과 대비해 보면, 원고 대비 부분의 시작음이 '솔'인 데 비해 비교대상1부분의 시작음이 '도'인 정도의 차이가 있을 뿐이어서 두 부분의 가락은 현저히 유사하고, 리듬도 유사하다.[173]

③ 또한 원고 대비 부분의 화성은 원고 음악저작물보다 앞서 공표된 다수의 선행 음악저작물들의 화성과 유사한 것으로서 음악저작물에서 일반적으로 사용되는 정도의 것이다.

(2) 위와 같은 비교대상1저작물에 대한 원고의 접근가능성과 원고 대비 부분 및 비교대상1부분 사이의 유사성을 종합하면 원고 대비 부분은 비교대상1부분에 의거하여 작곡된 것으로 추정되고, 또한 원고 대비 부분과 비교대상1부분은 가락을 중심으로 하여 리듬과 화성을 종합적으로 고려할 때 실질적으로 유사하다고 할 것이며, 원고 대비 부분에 가해진 수정·증감이나 변경은 새로운 창작성을 더한 정도에는 이르지 아니한 것으로 보인다.

그렇다면 원고 대비 부분은 창작성이 있는 표현에 해당한다고 볼 수 없어, 이 부분에 대해서까지 원고의 복제권 등의 효력이 미치는 것은 아니라고 할 것이다.

---

173) 해당 사건의 1심 판결인 서울중앙지방법원 2012. 2. 10. 선고 2011가합70768 판결은 아래와 같이 두 곡(원고 곡과 선행 곡)을 비교하였다.

	1마디	2마디	3마디	4마디
원고 대비 부분	솔미파솔파	−미레−도도미	−솔미파솔파	−미레−도도도
비교대상1 부분	도미파솔솔	파미레−도미	도미파솔솔	파미레−도도

유사성 판단에서 가장 중요한 비중을 차지하는 가락의 보호정도가 어떠한가에 관하여서는 궁극적으로는 개별적인 사안의 내용에 따라 판단하는 수밖에 없겠으나, 다음과 같은 정도의 지침은 제시할 수 있다.

1) 개별적 음표가 아니라 음표의 연속성이 중요하게 고려됨

가락의 유사성 판정에 있어서는 개별적인 음표의 유사성보다는 그 음표가 어떻게 결합되어 연속되는가가 중요한 것이다. 따라서 유사성 판정에 있어서는 전체적으로 얼마나 많은 개별적인 음표가 유사하게 사용되었는가는 큰 의미를 가지지 않고, 연속된 음표가 얼마나 많은지, 또한 그 연속성의 정도가 어떠한지가 중요한 의미를 가지게 된다. 즉 유사성이 존재하는 가락의 연속성이 높을수록 실질적 유사성을 인정할 가능성이 커진다. McRae v. Smith 판결[174]에서는 두 노래 사이에 동일하게 연속된 세 음표가 존재하지 않는다는 점을 유사성 부정의 근거로 들고 있다. 이러한 논리는 화성의 전개에 있어서도 마찬가지로 적용된다.

2) 핵심적인 부분과 비핵심적인 부분의 구별이 필요함

가락 가운데에서도 핵심적인 부분과 비핵심적인 부분이 존재하는데, 그 중 핵심적인 부분의 표절은 실질적 유사성의 인정가능성을 높여준다. 따라서 핵심적인 부분이 표절된 경우 그 부분이 비록 양적으로 많지 않다고 하더라도 저작권침해가 인정될 수 있다. 많은 음악가들이 생각하는 것처럼 음악저작물의 세 마디를 복제하는 것만으로는 결코 저작권침해가 발생하지 않는다는 관념은 아무런 근거가 없는 것이므로,[175] 2마디[176] 또는 6개 음표[177]를 베낀 경우에도 저작권침해가 발생할 수 있다.

핵심적으로 취급되는 가락에 있어서 리듬이나 화성도 다른 부분의 리듬이나 화성과 비교하여 볼 때 상대적으로 더 중요한 비중을 가지고 고려된다.[178] 전주나 간주는 일반적으로 본 가락과 비교할 때 그 비중이 떨어지므로, 전주나 간주만을 이용한 경우에 있어서 실질적 유사성의 인정범위는 핵심적 가락을 이용한 경우와

---

174) 968 F.Supp. 559, 562, 44 U.S.P.Q. 2d(BNA) 1131 (D.Colo. 1997).
175) Melville B. Nimmer & David Nimmer, *Nimmer on Copyright* (2002), §13.03, 13~49면.
176) Robertson v. Batten, Barton, Durstine & Osborn, Inc., 146 F.Supp. 795 (S.D.Cal. 1956).
177) Boosney v. Empire Music Co., 224 F.Supp. 646 (S.D.N.Y. 1915).
178) 위 McRae 판결.

비교할 때 상대적으로 좁아진다.

《수원지방법원 2006. 10. 20. 선고 2006가합8583 판결(확정)》

음악저작물은 일반적으로 가락(melody), 리듬(rhythm), 화성(chord)의 3가지 요소로 구성되고, 이 세 가지 요소들이 일정한 질서에 따라 선택·배열됨으로써 음악적 구조를 이루게 되는데, 음악저작물의 경우 인간의 청각을 통하여 감정에 직접 호소하는 표현물로 논리적인 인식작용이 개입될 여지가 적다는 점에서 기능적 저작물과 구분되고, 시각작용과 함께 별도의 지각(知覺)작용을 요구하는 어문저작물과도 차이가 있으며, 또한 음악저작물이 인간의 감정에 호소할 수 있도록 하기 위해서는 사람들이 선호하는 감정과 느낌을 불러일으킬 수 있는 음의 배합을 이루어야 하는데, 음의 배열 가능성은 이론상으로 무한대이나 그 중 듣기 좋은 느낌을 주는 경우는 한정되고 나아가 대중의 취향에 부합하는 경우는 더욱 한정되며, 사람의 목소리가 포함되는 가창곡의 경우 더욱 제한된다.

한편 각 곡을 대비하여 유사성 여부를 판단함에 있어서는, 해당 음악저작물을 향유하는 수요자를 판단의 기준으로 삼아 음악저작물의 표현에 있어서 가장 구체적이고 독창적인 형태로 표현되는 가락을 중심으로 하여 대비 부분의 리듬, 화성, 박자, 템포 등의 요소도 함께 종합적으로 고려하여야 하고, 각 대비 부분이 해당 음악저작물에서 차지하는 질적·양적 정도를 감안하여 실질적 유사성 여부를 판단하여야 한다.

(중략)

(3) 나아가 위 각 대비부분은 총 8소절로 각 곡 중 일부분에 불과하지만, 각 곡의 후렴구로서 여러 차례 반복되고 있어 각 곡의 전체 연주시간에서 상당한 비율을 차지하고 있고, 각 대비 부분이 각 곡의 다른 부분들에 비하여 핵심적인 부분에 해당할 뿐만 아니라, 또한 여러 차례 반복됨으로써 각 곡의 수요자들이 전체 곡을 감상할 때 그 곡으로부터 받는 전체적인 느낌에서도 중요한 역할을 담당하는 것으로 보인다.

(4) 따라서 피고의 '너에게 쓰는 편지'는 원고의 곡 'it's you'와 실질적으로 유사하다.

---

3) 형식적·기계적 비교결과는 단순한 참고에 불과함

다른 저작물과 마찬가지로 음악저작물에 있어서도 기계적이고 획일적인 기준에 따른 비교결과는 하나의 참고자료가 될 수는 있다. 예를 들어 일본 최고재판소 판결179)에서는 문제가 된 甲(갑)과 乙(을)의 두 곡의 음고(音高)가 수량적으로 얼마나 일치하는가에 관하여 형식적 · 기계적 비교를 행한 뒤, 제1 프레이즈(phrase)는 16음 중 11음이, 제2 프레이즈는 16음 중 12음이, 제3 프레이즈는 16음 중 14음이, 제4 프레이즈 중 프레이즈 d는 16음 중 6음이, 프레이즈 h는 16음 중 12음이 일치하여 乙곡의 전체 128음 중 92음(약 72%)이 이에 대응하는 甲곡의 가락과 동일한 음고를 사용하고 있다고 판시하였고, 결론적으로 위 두 곡의 실질적 유사성을 긍정하였다. 그러나 일본 최고재판소는 이러한 형식적, 기계적 방법에 의한 수량적 비교 자체만으로 막바로 저작권 침해를 인정할 수는 없다는 점을 분명히 하고 있고, 궁극적으로는 가락의 상당 부분이 실질적으로 동일하고, 나아가 가락 전체의 조립에 있어서의 구성에 있어서도 유사하다는 점을 저작권 침해의 직접적인 근거로 제시하고 있다. 이와 같이 형식적 · 기계적 비교에 따른 결과는 단순한 참고자료일 뿐 실질적 유사성 판정에 결정적인 영향을 미치지 못한다.180)

디지털 기술이 발달하면서 양 작품을 디지털 파일(예컨대 wav 파일) 형태의 시계열 데이터로 변환하여 그 중 연주 부분만을 추출한 뒤 이를 각각 스펙트로그램(spectrogram)181)으로 표시하여 일정한 함수에 따라 상관관계를 구하는 방법으

---

179) 最高裁 2003(平成 15). 3. 11. 선고 平14(オ)1763호, 平14(受)1793호 판결; 本橋光一郎, 本橋美光智子 共著, 要約 著作權判例 212, 學陽書房(2005), 101면 참조. 이에 대한 1심 판결은 東京地裁 2000(平成 12). 2. 18. 선고 平10(ワ)17119호, 平10(ワ)21184호, 平10(ワ)21285호 판결(判例タイムズ 1024호 295면), 2심 판결은 東京高裁 2002(平成 14). 9. 6. 선고 平12(ネ)1516호 판결(判例タイムズ 1110호 211면).

180) 다른 저작물과 마찬가지로 음악저작물에 있어서도 획일적인 기준을 정립하는 것은 사실상 불가능하다. 과거 우리나라의 공연윤리위원회는 1979. 3. 8. 제18차 가요 · 음반전문심의회에서 음반 사전심의에 사용할 다음과 같은 창작곡의 표절 결정기준을 세운 바 있다.
  1. 주요 동기가 동일 내지 흡사한 경우 표절로 인정함.
  2. 가. 주요 동기라 함은 4/4, 4/2, 6/8, 5/4 박자는 첫 2소절, 2/4, 2/2, 3/8, 3/4 박자는 첫 4소절
     나. 흡사하다 함은, 박자 분할이 동일하고 한 두 음의 음정만 다른 경우를 말함.
  3. 주요 동기 이외는 1항의 소절 수의 배수를 표절로 인정함.
     4/4, 4/2, 6/8, 5/4 박자는 첫 4소절, 2/4, 2/2, 3/8, 3/4 박자는 첫 8소절
  4. 음형은 동일 내지 흡사하고 박자의 분할 배분만 변경된 것은 표절로 간주함.
  그러나 다양한 모습을 가진 음악저작물들 사이의 실질적 유사성 문제에 관하여 위와 같은 기준이 획일적이고 기계적인 모습으로 적용될 수는 없다. 위 기준도 음반사전심의제도가 폐지되고, 한국공연예술진흥협의회의 설립과 더불어 한국공연윤리위원회가 해체되면서 더 이상 사용되지 않고 있다.

181) 음향의 공명 특성을 분석하기 위해서 주파수를 띠 영역으로 세밀하게 구분하여 그 속의 에너지의 시간 변화를 나타낸 그림을 스펙트로그램(spectrogram)이라고 한다. http://blog.daum.net/bjjang00/3800936에서 인용.

로 음악저작물의 표절 여부를 판정하는 기법도 발달하기 시작하였다.[182] 이러한 방법 역시 음악저작물의 실질적 유사성을 판단하는 데에 참고자료가 될 수 있음은 물론이나, 궁극적으로는 인간의 규범적 판단이 개입되어야 할 부분이므로, 컴퓨터프로그램에 의한 판정결과에 구속될 필요는 없다.[183]

4) 샘플링(Sampling) 기법에 대하여

샘플링은 이미 녹음된 소리(음원)에서 샘플을 채취하여 새로운 음악 또는 다른 용도로 사용하는 것이라고 정의할 수 있다.[184] 샘플링이 2차적 저작물에 해당하는지 여부[185]도 문제되지만, 샘플링이 원저작물의 일부를 포함하고 있는 이상 샘플링 대상 음원의 원저작자 이용허락[186] 없이 차용한다면 원저작물의 저작권침해 여부가 문제될 수 있다. 미국의 Bridgeport Music, Inc. v. Dimension Films 사건[187]에서 제6 연방항소법원은 원저작물의 저작권 보호를 위해 원자적자의 허락 없이 샘플링 기법을 이용하는 것은 저작권침해임을 판시하였다. 하지만 이후 VMG Salsoul, LLC v. Ciccone 사건[188]에서 제9 연방항소법원은 평균적인 음악

---

182) 디지털컨텐츠감정에 관한 연구(Ⅰ), 한국소프트웨어감정연구회(연구책임자 : 이규대), 프로그램심의조정위원회(2002), 129면 이하 참조. 또한 박정일·김상욱, "멀티미디어 데이터베이스 : 음악 데이터베이스를 이용한 음악 표절 감지 시스템 개발", 멀티미디어학회논문지 Vol. 8, No. 1(2005) 참조. 최근에는 인공지능과 빅데이터 기술 등을 이용한 음악 표절검사 기술도 개발되고 있다. 예컨대, '스포티파이, 표절 잡아내는 AI 기술 발명...특허 출원', Ai타임스 2020. 12. 4.자 기사(http://www.aitimes.com/news/articleView.html?idxno=134588) 등.

183) 이에 대해, 사람의 감성에 의존하였던 음원의 표절 분석을 시스템적으로 분석할 필요가 있다는 견해도 있다. 김영철·이혜승·신미해·조진완, "음악 표절 분석을 위한 음원 연구", 한국컴퓨터정보학회 하계학술대회 논문집 제21권 제2호(2013. 7), 145~148면 참조.

184) 일반적으로 샘플 사용을 기반으로 하는 특별한 음악 장르는 특히 사운드 콜라주, 샘플 메들리, 리믹스, 커버 버전 및 매시업 등이 있다고 한다. BVerfG Urteil vom 31.5.2016 1 BvR 1585/13 판시 부분 인용.

185) 대법원 2006. 2. 10. 선고 2003다41555 판결은 "아날로그 방식으로 녹음된 음반을 디지털 샘플링의 기법을 이용하여 디지털화한 것이 2차적 저작물로 인정되기 위해서는 단지 아날로그 방식의 음반을 부호화하면서 잡음을 제거하는 등으로 실제 연주에 가깝게 하였다는 정도로는 부족하고 이를 재구성하거나 새로운 내용을 첨삭하는 등의 방법으로 독자적인 표현을 부가하여야만 한다"고 판시한 바 있다.

186) 미국에서는 '샘플 클리어런스(Sample Clearance)' 절차를 통해 사전 이용허락을 받고 있다. 여기서 '샘플 클리어런스'는 샘플링을 위해 원저작자, 또는 신탁단체로부터 원곡의 사용을 승인 받는 행위에 대한 미 업계의 관용적 표현이라고 볼 수 있다. 이태원, "힙합 음악 창작에서의 샘플링 기법에 대한 저작권법적 논의", LAW & TECHNOLOGY 제14권 제6호(2018. 11), 서울대학교 기술과법센터, 47면 참조.

187) Bridgeport Music Inc. v. Dimension Films, 410 F. 3d 792 (6th Cir. 2005).

188) VMG Salsoul, LLC v. Ciccone, 824 F. 3d 871 (9th Cir. 2016).

감상자라면 원고 저작물을 차용했다는 점을 인식하지 못하였을 것이라는 이유로 최소한 복제 항변(*de minimis*), 즉 너무 미미하여 평균적 감상자가 인지할 수 없고 컴퓨터 프로그램과 같은 기술적 조치에 의해서 감지할 수 있을 정도의 유사성 정도만으로는 저작권침해를 인정하기 어렵다고 판시하였다.[189] 한편 독일 연방헌법재판소는 2016. 5. 31. 예술가의 창작 활동의 자유를 위해 '현저한 경제적 손해가 없고 음반제작자의 권리의 침해가 경미한 경우 샘플링은 예술가의 창작 활동의 자유로서 허용되어야 한다'는 취지로 판시하였다.[190][191] 이와 같이 샘플링이 저작권침해인지 여부에 관해서는 획일적으로 정리되었다고 보기 어려울 수 있고, 앞으로도 더 깊은 논의가 필요하다고 본다.

---

189) 연방항소법원은 'Love Break'라는 곡 자체의 샘플링과 관련하여 'Love Break'로부터 'Vogue'에 복제된 부분이 1초 이하로 매우 짧고, 'Vogue'에서는 흐른 소리가 5–6차례만 들리는 점, 많은 악기들 중 하나의 악기 부분에 관해서만 샘플링이 이루어졌다는 점 등에 비추어 평균적인 음악 감상자라면 'Love Break'라는 곡을 차용했다는 점을 인식하지 못하였을 것이라는 이유로 최소 복제 항변을 인정하였다. 또 법원은 'Love Break'의 녹음물의 샘플링과 관련하여 페티본이 'Love Break'의 흐른 부분을 그대로 복제하지 않은 점, 페티본이 동시에 연주되는 다른 악기들을 걸러 냄으로써 흐른 소리를 분리하여 흐른 부분을 다른 키(key)로 변경하였고 길이를 줄인 점, 화음 자체에 효과음과 다른 음을 추가하였다는 점 등을 감안하였다. 그리고 법원은 문제의 흐른 부분이 그대로 복제되지 않고 보다 짧게 줄여서 보다 효과적으로 만들기 위하여 순서를 바꾸고 선율을 정리하고 다른 효과음을 덮어 씌움으로써 코드가 변형되었다는 점을 강조하였다. 박경신, "음악 샘플링과 저작권 —미국과 독일의 최근 사례를 중심으로—", 저작권 동향 2016년 제24호(2016. 12. 8.), 한국저작권위원회, 3~5면에서 재인용. 이에 대하여, 이태원, "힙합 음악 창작에서의 샘플링 기법에 대한 저작권법적 논의", LAW & TECHNOLOGY 제14권 제6호(2018. 11), 서울대학교 기술과법센터, 37~42면 참조.

190) BVerfG Urteil vom 31.5.2016 1 BvR 1585/13. 이 독일연방헌법재판소 판결원문(독일어 및 영어)은 http://bit.ly/1V943TR 참조. 독일 연방헌법재판소의 판단 대상은 독일연방대법원 판결(BGH, Urteil vom 13.12.2012-1 ZR 182/11)이었는데, 독일연방대법원은 "타인의 음반에 수반된 리듬을 이용하여 새로 제작된 저작물이 원래의 것과 차이를 두어 독자적인 음반으로 간주될 수 있는 경우 권리자의 동의 없이 저작물의 자유이용이 가능하나, 해당 사안과 같이 타인의 음반에서 복제한 리듬을 스스로 연주하여 음반을 제작할 수 있음에도 음반제작자의 동의 없이 음반을 복제·이용할 권리는 예술의 자유로부터 도출될 수 없다"고 판시하였다. 이와 관련하여 독일의 샘플링 소송 경과에 대해서는, 박희영, "[독일] 연방헌법재판소, 랩의 샘플링은 저작권 침해를 정당화할 수 있다", 저작권 동향 2016년 제11호(2016. 6. 22.), 한국저작권위원회, 1~5면; 박경신, "음악 샘플링과 저작권 —미국과 독일의 최근 사례를 중심으로—", 저작권 동향 2016년 제24호(2016. 12. 8.), 한국저작권위원회, 7~10면 등 참조.

191) 이하 샘플링 기법의 저작권 침해 여부와 관련된 자세한 논의는, 이태원, "힙합 음악 창작에서의 샘플링 기법에 대한 저작권법적 논의", LAW & TECHNOLOGY 제14권 제6호(2018. 11), 서울대학교 기술과법센터, 26~52면; 이정훈·박성수, "대중음악 샘플링의 저작권 침해 판단과 공정한 이용", 계간 저작권 제30권 제4호(2017), 한국저작권위원회, 123~155면; 박경신, "음악 샘플링과 저작권 —미국과 독일의 최근 사례를 중심으로—", 저작권 동향 2016년 제24호(2016. 12. 8.), 한국저작권위원회; 박희영, "끝나지 않은 음악샘플링 재판의 분석과 전망 — 독일 함부르크 고등법원 재파기환송심 판결", 이슈리포트 2022–25, 한국저작권위원회 등 참조.

제4절 연극저작물

1. 연극저작물의 의의

연극저작물은 주로 사람의 신체적 동작과 몸짓, 표정 등에 의해 표현되는 저작물로서, 대사가 없는 무용[192](한국무용, 발레[193] 등 포함), 무언극 또는 넌버벌 퍼포먼스(non-verbal performance) 등과 대사를 포함하는 연극, 오페라, 뮤지컬 등이 있다(저작권법 제4조 제1항 제3호 참조).[194] 여기서 대사는 어문저작물에 해당하고 실제 연기 그 자체는 실연(實演)에 해당한다. 동작을 직접 몸으로 표현하거나 기보(記譜) 형태로 서술하거나 무보(舞譜)[195]로 기록할 수도 있지만, 이에 의하여 고정될 것까지 요하는 것은 아니다.

동작을 창작적으로 표현하는 자(예컨대 안무가 등)는 연극저작물의 저작권자가

---

192) 이를 "무용저작물"로 따로 분류하기도 한다. 정영미, "무용저작물의 저작권법상 쟁점과 창작 현장의 관습", 정보법학 제18권 제1호(2014. 4), 한국정보법학회, 2면 참조.

193) "발레는 무용저작물로서 일반적으로 무용수의 역동적인 움직임과 무용에 사용된 음악, 의상, 조명, 무대장치 등이 결합되어 있는 종합예술의 장르에 속하고, 복수의 저작자에 의하여 외관상 하나의 저작물이 작성된 경우이기는 하나, 그 창작에 관여한 복수의 저작자들 각자의 이바지한 부분이 분리되어 이용될 수도 있다는 점에서 공동저작물이 아닌 단독저작물의 결합에 불과한 이른바 '결합저작물'에 해당한다고 봄이 타당하므로, 발레를 구성하는 저작물의 각 저작자는 각자 분담부분에 대하여 개별적인 저작자로 취급된다. 그리고 발레 자체는 연극저작물의 일종으로서 영상저작물과는 그 성격을 근본적으로 달리하기 때문에 영상물제작자에 관한 저작권법상의 특례규정이 발레 제작자에게 적용될 여지가 없으므로 발레의 제작 전체를 기획하고 책임지는 제작자라도 그가 발레의 완성에 창작적으로 기여한 바가 없는 이상 독자적인 저작권자라고 볼 수 없고, 다만 발레를 구성하는 개별 저작물이 모두 그의 기획 하에 그 업무에 종사하는 자가 업무상 작성하는 저작물로서 저작권법 제9조 소정의 업무상저작물에 해당하거나, 개별 저작권자들로부터 별도로 그 각각의 저작권을 양도받는 경우에 한하여 발레에 대한 저작권을 행사할 수 있을 따름이다. 또한 발레의 연출자는 해당 발레에 관여한 실연자로서 그의 실연 자체에 대한 복제권 및 방송권 등 저작인접권을 가질 뿐이다"{서울고등법원 2016. 12. 1. 선고 2016나2020914 판결(확정)}.

194) 음악공연 등의 경우에도 무대 위의 출연자들의 동작을 구성하는 면에서 창작성이 있는 연출을 하였다면 그 연출은 단순한 실연이 아니라 연극저작물의 저작으로 인정될 가능성이 있다고 보면서 '난타' 공연에 대하여 연극저작물성을 인정한 판결을 소개한 견해가 있다{이해완, 저작권법, 제4판, 박영사(2015), 108면 참조. 서울고등법원 2012. 11. 21. 선고 2011나104699 판결(확정)}.

195) "무보법(Labanotation)"은 무용 이론가인 루돌프 라반이 창안하고 그 제자들이 발전시킨 것으로서 움직임을 상징 기호 체계로 기록하는 무용 기록법이다. 이는 음악의 악보나 연극의 대본처럼 무용언어인 움직임을 기록할 뿐만 아니라 무용을 관찰하고 분석하는 데 필요한 기초자료를 제공한다. 정영미, "무용저작물의 저작권법상 쟁점과 창작 현장의 관습", 정보법학 제18권 제1호(2014. 4), 한국정보법학회, 12면에서 재인용.

되고, 이를 직접 동작으로 표현(실연)하는 자는 실연자가 되어 저작권법상 보호를 받게 된다.[196] 연극저작물에서 전형적인 동작은 창작성이 인정되기 어려우나,[197] 전형적인 동작이라도 창조적으로 조합·배열한 경우에는 저작물로서 보호를 받을 수 있다.

〈서울고등법원 2012. 10. 24. 선고 2011나104668 판결(확정)〉

이 사건 안무에서 사용된 각종 동작의 요소를 개별적으로 분석하면 피고들이 2012. 8. 6.자 검증설명서에서 지적하고 있는 바와 같이 각종 댄스 장르의 전형적인 춤동작, 그리고 이미 공개된 여러 춤에서 발견되는 특징들과 유사한 측면이 있지만 이 사건 안무는 '샤이보이'라는 노래의 전체적인 흐름, 분위기, 가사 진행에 맞게 종합적으로 재구성된 것이고, 4인조 여성그룹 '시크릿' 구성원의 각자 역할(랩, 노래, 춤 등)에 맞게 춤의 방식과 동선을 유기적으로 구성하였으며, 기존에 알려진 다양한 춤 동작도 소녀들로 구성된 "시크릿"과 "샤이보이"라는 악곡의 느낌에 맞게 상당한 창조적 변형이 이루어졌고, 각 춤 동작들이 곡의 흐름에 맞게 완결되어 이 사건 안무 역시 전체적으로 하나의 작품으로 인식되는 점 등을 종합하면, 이 사건 안무는 전문 안무가인 원고가 '샤이보이' 노래에 맞게 소녀들에게 적합한 일련의 신체적 동작과 몸짓을 창조적으로 조합·배열한 것으로서 원고의 사상 또는 감정을 표현한 창작물에 해당한다.[198]

---

196) "공연예술의 경우는 창작자와 실연자의 구분이 모호하며, 창작과 실연의 발생 선·후를 선긋기 어렵다고 하면서, 안무가는 무용저작물 자체를 구성해내는 역할을 하지만 때로는 음악선정, 무대세트 구상, 무대의상 고안, 조명 구상 등 실로 무용공연 전체의 미학적 결정을 하는 사람이다"라고 하는 의견도 있다. 정영미, "무용저작물의 저작권법상 쟁점과 창작 현장의 관습", 정보법학 제18권 제1호(2014. 4), 한국정보법학회, 2면 참조.

197) 게임에 관한 것이기는 하나, 가라테 게임의 화면에서 보여지는 가라테의 동작이 유사하다고 하더라도 이는 가라테에 내재한 것으로서 유사하게 표현될 수밖에 없으므로 이를 실질적 유사성의 근거로 삼을 수 없다고 한 Data East USA. Inc., v. Epyx, Inc., 862 F.2d 204 (9th Cir. 1988) 판결 참조.

198) K팝이 국내외에서 인기를 얻으며 가수의 안무(댄스)를 따라하거나 복제하여 사용하는 것과 관련하여, 안무가의 실연자로서의 권리 외에 안무의 저작권 보호에 대한 관심도 높아지고 있다. 예를 들어 댄스를 소재로 하는 TV 예능 프로그램(예컨대, '스트릿 우먼 파이터', '스트리트 맨 파이터' 등)과 출연 안무가들이 대중의 인기를 얻거나, BTS와 같은 아이돌의 안무를 전세계 팬들이 챌린지 영상을 SNS에 공유하고 있다. 2013년 가수 싸이(PSY)가 노래 "젠틀맨"의 안무에 사용한 브라운아이드걸스의 일명 '시건방춤'에 대해 저작권료를 안무가 배윤정에게 지급했다는 사실이 기사를 통해 알려지면서 주목을 받기는 하였으나(배윤정, "싸이에 '시건방춤' 안무비 2배 받았다...국내 첫 저작권료", 머니투데이 2021. 2. 3.자 기사 등), 대부분 안무가들은 안무 저작물에 대한 정당한 저작권료를 받지 못하고 있다고 한다. 실무에서 안무에 대한 저작권 보호가 어려운 이유로 '해당 장르에서 보편적으로 많이 사용되는 춤 동작이 포함되어 있을 수 있고, 이전에 제작되었던 제3자의 안무와 실질적 유사성이 있다는 등의 사정을 지적한다('K팝 퍼포먼스 일

〈서울중앙지방법원 2021. 5. 7. 선고 2019가합570905 판결〉

을 11호증의 영상에 의하면, 'E' 노래의 후렴구가 시작되면, 피고가 'E'을 뜻하는 O 모양을 손가락으로 형상화한 채(아래 그림) 양 손을 머리 관자쪽으로 올려 손목을 앞뒤로 돌리면서 무릎을 굽혀 골반을 왼쪽과 오른쪽으로 한번씩 흔든 뒤에 털어주는 동작(원고 주장의 '핵심안무 1')을 취하는 사실, 'E'에서 'P'라는 가사가 나오면(총 11번) 그 부분에서 손가락을 입에 가져다대며 '쉿'하는 동작(원고 주장의 '핵심안무 2')을 취하는 사실을 인정할 수 있다.

그러나 핵심안무 1에서 골반을 흔들거나 손가락 일부를 접어 올리는 동작은 댄스 안무에서 전형적으로 보이는 춤 동작과 유사하고, 핵심안무 2는 '쉿'이라는 소리의 의미(소리를 내지 말라는 뜻을 나타내는 의성어)를 동작으로 표현하는 통상적인 동작에 불과하다. 핵심안무 1, 2가 'E' 곡의 전체적인 흐름, 분위기, 가사 진행에 맞게 종합적으로 재구성되었다거나, 각 춤 동작들이 곡의 흐름에 맞게 완결되어 전체적으로 하나의 작품으로 인식된다고 보기도 어려우므로, 이 사건 안무가의 사상 또는 감정을 표현한 창작물에 해당한다고 볼 수 없다.

미국에서는 공연예술 중 "마술"에 대한 저작권법적 보호 문제도 제기된 바있었다.[199] 마술은 통상 영업비밀에 의해 보호될 것으로 생각되나, 개별적 사안에 따라서는 공연의 하나로 보아 저작권법에 의한 보호도 가능할 것으로 보인다.[200]

등공신' 안무에도 저작권이 있나요?, 한국연예스포츠신문 2021. 11. 29.자 기사 등). 안무의 저작권 보호에 대한 더 자세한 논의는, 최기성, "안무의 저작권 보호에 관한 소고 —각국의 판례를 중심으로—", 법학논고 제64집(2019. 1), 경북대학교 법학연구원, 203~234면; 최우령, "안무의 저작권에 대한 고찰", 창작과 권리 제82호(2016), 세창출판사, 73~94면; 조상혁, "안무가의 안무 참여방식에 따른 저작권의 인정과 그 효과", 무용역사기록학 제35호(2014), 무용역사기록학회 등 참조.

199) Rice v. FOX Broadcasting Co., 330 F.3d (9th Cir. 2003) 등.

200) Teller v. Dogge, 8 F.Supp.3d (D.Ner. 2014). 미국 마술사 Teller가 자신의 마술("Shadows Her Shadow")을 연극저작물로 등록하였는데, 제라드 도지가 자신의 마술과 거의 동일한 마술을 유튜브를 통해 선보였다는 이유로 저작권침해를 주장하였다. 법원은 일반 관객의 입장에서 실질적 유사성을 인정하였다. 이에 대한 자세한 설명은, 백경태, "마술에 대한 지적재산권법적 보호", 계간 저작권 제28권 제3호(2015), 한국저작권위원회, 105~130면 참조.

2. 연극저작물의 특성

가. 사람의 동작에 의해 표현됨

연극저작물은 사람의 동작에 의해 표현되므로 사람의 신체구조상 표현하기 불가능하거나 심히 어려운 동작이 있을 수 있다.

같은 내용의 작품이라도 누가 어떻게 실연을 하느냐에 따라 다른 표현방식으로 보일 수 있는바, 이러한 특성은 실제 양자 간 실질적 유사성을 판단함에 있어 실무상 어려움을 주기도 한다.

나. 무대라는 공간적 제약과 시간적 제약으로 인해 표현이 제한될 수밖에 없는 한계가 있음

연극저작물은 무대라는 공간적 제약으로 인하여 세팅과 이를 배경으로 한 사건의 묘사가 제한될 수밖에 없다. 또 무대라는 공간적 제약은 통상 시간적 제약도 수반한다. 이 두 가지 제약은 영상저작물과 구별되는 가장 큰 특징 중의 하나이다. 또 이 때문에 여러 개의 연극저작물을 동시에 비교하여 실질적 유사성 여부를 판단하는 것도 쉽지 않은 일이 될 수 있다.

다. 편집저작물 또는 결합저작물로서의 특성

연극저작물의 경우 극본·각본·시놉시스 등은 어문저작물에, 세팅·무대장치 등 중 미술적 특성을 가진 것은 미술저작물에, 노래·배경음악 등은 음악저작물에 각 해당하는 것으로 볼 수 있는데, 각각을 구별하여 창작성 여부를 판단할 뿐만 아니라, 이들의 선택·조합·배열에 대하여도 창작성 여부를 판단할 수 있다. 이와 같은 구성을 볼 때에 연극저작물은 편집저작물과 유사한 특성을 가질 수 있다.

한편 대법원은 뮤지컬에 대하여는 "뮤지컬은 음악과 춤이 극의 구성·전개에 긴밀하게 짜 맞추어진 연극으로서, 각본, 악곡, 가사, 안무, 무대미술 등이 결합된 종합예술의 분야에 속하고 복수의 저작자에 의하여 외관상 하나의 저작물이 작성된 경우이기는 하나, 그 창작에 관여한 복수의 저작자들 각자의 이바지한 부분이 분리되어 이용될 수도 있다는 점에서, 공동저작물이 아닌 단독 저작물의 결합에 불과한 이른바 '결합저작물'이라고 봄이 상당하고, 한편 뮤지컬 자체는 연극저작물의 일종으로서 영상저작물과는 그 성격을 근본적으로 달리하기 때문에 영상물제작자에 관한 저작권법상의 특례규정이 뮤지컬 제작자에게 적용될 여지가 없으므로 뮤지컬의 제작 전체를 기획하고 책임지는 뮤지컬 제작자라도 그가 뮤지컬의 완성에 창작적으로 기여한 바가 없는 이상 독자적인 저작권자라고 볼 수 없으며, 뮤지컬의 연기자, 연출자 등은 해당 뮤지컬에 관여한 실연자로서 그의 실연 자체에 대한 복제권 및 방송권 등 저작인접권을 가질 뿐"이라고 판시한 원심을 그대로 유지하였다.[201][202]

또 음악, 무용, 연극적 요소가 혼합된 무언극 또는 넌버벌 퍼포먼스에 대해서도 '다수의 공동저작물이 결합한 결합저작물'의 성격을 가진다고 판시한 사례도 있다.

〈서울고등법원 2012. 11. 21. 선고 2011나104699 판결(확정)〉
창작 대상의 측면에서, 앞서 본 바와 같이 난타는 소리, 리듬, 동작이 공연의 구성·전개에 긴밀하게 짜 맞추어진 공연예술로서 다양한 예술적 표현양식, 즉 배경음악, 무대미술, 연기·안무·동작 등이 결합된 종합공연예술의 한 분야에 속한다. 그런데 앞서 본 바와 같이 난타의 제작·공연에 참여한 복수의 저작자들 각자가 이바지한 부분이 분리되어 이용될 수 있다는 점에서 난타를 결합저작물로 관념한다 하더라도, 이는 음악과 미술 및 안무 등과 같이 독립성을 갖는 예술적 표현양식들 사이에서 그렇다는 것이지 난타를 구성하는 개별 저작물이 공동저작물로 성립할 수 없다는 것은 아니라고 할 것인바, 초연 준비 과정에서의 참여자들의 난타 창작에 대한 기여 방식 및 형태는 각자 맡은 고유의 역할은 물론이고 표현양식의 경계까지 넘나드는 전반적인 것이었다는 점을 고려할 때, 난타는 다수의 공동저작물이 결합한 결합저작물로서의 성격을 갖는다고 볼 수 있다. 특히 앞서 본 초연 당시의 팸플릿에 기재된 난타의 창작 과정에 대한 원고의 설명내용을 고려할 때, 음악, 동작·안무,

201) 대법원 2005. 10. 4.자 2004마639 결정. "난타"와 같은 비언어극을 결합저작물로 본 판결도 있다(서울고등법원 2012. 11. 21. 선고 2011나104699 판결).
202) 이에 대해, 창작 뮤지컬 등에서 연출자는 극본에 따라 배우에게 지시하는 것을 넘어, 음악과 가사, 안무, 무대디자인 및 조명 등이 종합적으로 유기적인 연결고리를 가지도록 결합함으로써 하나의 작품을 완성시킨다는 점 등을 들어 연출자의 역할에 주목하고 연출자의 창작적 기여에 대하여 연출자를 극작가, 작곡가, 작사가와 더불어 뮤지컬의 공동저작권자로 인정하여야 한다는 견해가 있다. 장혜인, "창작 뮤지컬에서 연출가의 저작권법상 보호 가능성", LAW & TECHNOLOGY 제14권 제6호(2018. 11), 서울대학교 기술과법센터, 54~62면; 정영미, "공연예술에서 연출자의 저작권 보호와 그 구체적 범위에 관한 연구", 계간 저작권 제21권 제4호(2008), 한국저작권위원회, 102~125면; 홍승기, "무용저작물 보호와 그 한계", 강원법학 제57권(2019. 6), 강원대학교 비교법학연구소, 1~33면 등 참조.

미술 등 난타를 구성하는 다른 표현양식들과 이를 매개로 한 참여자들 사이에서, 그리고 각각의 표현양식들과 참여자들이 서로 영향을 주고받고 중첩적으로 얽히는 과정에서, 초연 준비와 연습 과정을 통하여 난타의 구체적인 줄거리와 사건의 구성 및 전개과정, 그리고 등장인물 사이의 관계·교차 등이 구체적이고 독자적이며 창작적으로 표현됨으로써 연극저작물로서의 난타가 성립, 창작되었다고 봄이 상당하다.

3. 연극저작물의 실질적 유사성 판단

가. 대비를 통한 유사성 요소 확정

1) 대비관점

어문저작물, 음악저작물, 미술저작물 등과 유사하게, 연극저작물에도 일반 수요자 이론이 적용된다. 여기에서 연극저작물의 수요자는 그 연극 등이 의도하는 청중을 의미한다고 할 수 있다.

2) 대비방법

연극저작물은 음악저작물과 유사하게 그 표현에 일정한 공연시간을 요구할 뿐만 아니라, 그 시간 동안은 다른 연극저작물을 중복하여 감상하기 어렵다는 특성이 있다. 두 개의 연극저작물을 녹화하여 두 개의 모니터나 하나의 스크린을 분할하여 각각 재생한 다음 이를 동시에 비교하더라도 사람이 동시에 두 개의 영상을 똑같은 집중력을 가지고 보면서 실질적 유사성 여부를 정확히 판단하는 것은 사실상 매우 어려운 일이 될 것이다. 따라서 법관이나 배심원들이 연극저작물의 실질적 유사성을 판단함에 있어서는 두 개의 연극저작물을 순차적으로 감상하고 양자를 비교하는 방법에 의하는 것이 일반적일 것이다. 기술의 발전에 따라 연극저작물을 녹화한 영상을 영상인식·비교프로그램 등을 실행하여 비교하는 방법 등도 이용될 수 있을 것인바, 그 비교 결과는 실질적 유사성의 참고자료가 될 수 있다.

동작 외에 연극저작물의 다른 구성요소, 즉 어문저작물, 음악저작물, 미술저작물 등의 요소 때문에 저작권 분쟁이 생기는 경우도 발생하는데, 이는 앞서 본 각 저작물의 유형에 따른 실질적 유사성 판단 기준에 의할 것이다.

나. 표현적 요소의 확정

대비를 통하여 유사성 요소가 확정되면 그 중 저작권에 의하여 보호되는 표현적 요소가 무엇인지를 가려낸다. 연극저작물은 극본·각본·시놉시스 등은 어문저작물에, 세팅·무대장치 등 중 미술적 특성을 가진 것은 미술저작물에(사진저작물도 포함되는 경우가 있을 수 있다), 노래·배경음악 등은 음악저작물에 각 해당하는 요소를 제외하면, 주로 "동작", "몸짓", 또는 "표정"으로 구성된다고 볼 수 있다.

실질적 유사성의 일반적 판단 기준 중 실체적 측면을 논함에 있어서, 아이디어와 표현의 구분에 있어서는 당해 요소의 구체성, 독창성, 다양한 표현가능성, 소재성, 보호비용 등을 고려하여야 한다고 제시한 바 있다.

1) 아이디어성이 강한 요소

신체적 동작, 몸짓, 표정 등은 그 자체로 표현으로 볼 수 있으나, 연극, 무용 등의 풍(風), 경향, 분위기, 설정 등은 아이디어성이 강한 요소라고 할 수 있다. 예컨대, '탱고' 춤이라고 하면 동작의 연속, 배합 등은 표현적 요소라고 할 수 있는 반면, 이 춤에 관하여 일반인이 연상되는 이미지나 분위기, 설정 등은 아이디어적 요소에 가깝다고 할 수 있다. 또 다른 예로서 "남미 풍"의 열정적인 춤이라고 보는 것은 표현형식이라기보다는 아이디어에 해당하는 설명이 될 수 있겠다.

2) 표현성이 강한 요소

앞서 보았듯이 신체적 동작, 몸짓, 표정 등은 그 자체가 표현의 한 형식이므로 표현성이 강한 요소이다. 하지만 사람의 신체적 구조상 누구나 하는 동작, 몸짓, 표정 등은 너무 전형적이거나 진부한 것이어서 창작성이 있다고 할 수 없다. 예컨대, 고개나 허리를 숙이는 동작, 팔을 좌우 또는 상하로 돌리거나 펼치는 동작, 다리를 벌려 뛰어오르는 동작 등 하나하나는 개별적으로 창작성이 있는 동작이라고 보기 어려울 것이다.

반면 개별 동작이라도 동작, 몸짓, 표정 등에서 예술적 특징이 표현될수록, 동작 등의 연결, 조합 등에 창의성이 있을수록, 한 사람보다 여러 사람이 각자의 역할을 맡아 개성적으로 하나의 예술작품처럼 인식될수록 창작성이 인정될 가능성이 높다.

다. 유사성의 정도를 고려한 표현적 요소의 보호 여부 판단

실질적 유사성 판단의 마지막 단계로서, 존재하는 유사성의 정도를 고려할 때 창작 인센티브를 보호하기 위하여 당해 표현적 요소를 보호할 필요가 있는지 여부를 판단한다.

1) 개별적 신체적 동작, 몸짓, 표정이 아니라 이들의 연결, 조합, 배열, 연속성이 중요하게 고려됨

연극저작물은 하나의 동작, 몸짓, 표정만으로 구성되지 않고 여러 개의 동작 등이 연속·배열·조합하는 방식으로 표현되는 경우가 많다. 따라서 일부 동작, 몸짓, 표정이 유사하더라도 전체적으로 보아 그 연결, 조합 등에 실질적 유사성이 없다면 저작권침해로 볼 수 없을 것이다.

2) 핵심적인 부분과 비핵심적인 부분의 구별이 필요함

판례는 일련의 신체적 동작과 몸짓을 창조적으로 조합·배열한 것이 창작물이라고 보았는데,[203] 이 중에서도 핵심적인 부분과 비핵심적인 부분의 구별이 필요할 때가 있다. 특히 사람의 신체적 구조상 자연스럽게 할 수밖에 없는 동작, 몸짓, 표정 등은 비핵심적 부분에 해당할 수 있는데, 연극저작물 전체에서 이러한 비핵심적 부분이 얼마나 비중을 차지하느냐에 따라 실질적 유사성 판단 여부도 달라질 수 있다.

3) 형식적·기계적 비교결과는 단순한 참고에 불과함

다른 저작물과 마찬가지로 연극저작물에 있어서도 기계적이고 획일적인 기준에 따른 비교결과는 하나의 참고자료가 될 수 있다. 특히 연극저작물은 동작, 몸짓, 표정 등의 연속적인 배열과 조합으로 구성되어 있다고 볼 수 있는데, 전체 부분에서 극히 일부에 해당하는 순간적 모습 또는 전형적인 동작에 대해서만 형식적·기계적 비교하는 것만으로는 실질적 유사성을 입증하였다고 볼 수 없다. 반면 이러한 형식적·기계적 비교결과가 창의적이고 핵심적인 부분에서 나온 것이라면 실질적 유사성의 유효한 증거가 될 수 있을 것이다.

---

203) 서울고등법원 2012. 10. 24. 선고 2011나104668 판결(확정).

제5절 미술저작물

1. 미술저작물의 의의

가. 시각적 저작물

저작권법 제4조에 예시된 저작물의 유형 가운데에는 시각적인 표현을 중심으로 하는 것들이 존재한다. 미술저작물(제4호), 건축저작물(제5호), 사진저작물(제6호)이 그 대표적인 유형들이다. 우리나라 저작권법은 미술저작물, 건축저작물과 사진저작물을 각각 다른 종류의 저작물로 예시하면서도, 세 가지 저작물에 공통적으로 전시권을 부여하는 한편, 저작인격권과 저작권제한 등에 관하여 공통적인 예외를 마련하고 있다.[204] 이 세 가지 저작물이 모두 시각적 표현을 통하여 감흥을 일으키는 저작물이라는 공통점을 반영한 결과이다.

이러한 공통적인 특징 때문에 이 세 가지 저작물의 실질적 유사성 판단 역시 비슷한 모습으로 이루어질 때도 있다. 다만 건축저작물은 상대적으로 그 기능성과 실용성이 훨씬 높다는 점에서 미술저작물이나 사진저작물과 구별된다.

나. 미술저작물의 개념

통상 미술저작물은 '회화, 서예, 조각, 공예, 응용미술저작물 등과 같이 이차원 또는 삼차원적인 아름다움을 시각적으로 표현한 저작물'[205] 또는 '형상 또는 색채에 의하여 미적으로 표현되어 있는 저작물'[206]로 정의된다.

우리나라 저작권법에서는 미술저작물에 대한 개념정의조항을 두지 않고, 다만 제4조 제1항 제4호에서는 회화, 서예, 조각, 공예, 응용미술저작물 등을 미술저작물의 종류로 예시하고 있다. 이 중 회화, 서예 등은 평면적인 외형으로 감상하는 미술작품이고, 조각, 공예 등은 입체적인 외형으로 감상하는 미술작품이다.[207]

응용미술저작물은 물품에 동일한 형상으로 복제될 수 있는 미술저작물로서 그 이용된 물품과 구분되어 독자성을 인정할 수 있는 것을 말하며,[208] 디자인 등

---

204) 저작권법 제11조 제3항, 제19조, 제35조.
205) 정상조 편저, 지적재산권법강의, 홍문사(1997). 239면.
206) 송영식·이상정, 저작권법개설, 전정판, 세창출판사(2000), 59면; 오승종·이해완, 저작권법, 개정판, 박영사(2001), 64면; 허희성, 신저작권법 축조개설(上), 저작권아카데미(2000), 108면.
207) 허희성, 신저작권법 축조개설(上), 저작권아카데미(2000), 108면.
208) 저작권법 제2조 제15호 참조.

을 포함한다.[209] 이러한 응용미술저작물은 감상을 주된 목적으로 하는 순수미술과 대비되는 개념으로서 실용성과 산업성이 가미된 미술저작물이다.[210] 다만 그 이용된 물품과 구분되어 독자성을 인정할 정도의 미술적 가치가 있어야 하므로 독자적인 미술작품으로서의 가치가 없는 산업디자인은 응용미술저작물로 보호받을 수 없다.[211]

한편 서체도안(Font, 폰트)은 거기에 미적인 요소가 가미되어 있다고 하더라도 그 자체가 실용적인 기능과 별도로 하나의 독립적인 예술적 특성이나 가치를 가지고 있어서 예술의 범위에 속하는 창작물에 해당하는 경우에만 저작물로 보호된다.[212]

> 〈대법원 1996. 8. 23. 선고 94누5632 판결〉
>
> 위와 같은 인쇄용 서체도안에 대하여는 일부 외국의 입법례에서 특별입법을 통하거나 저작권법에 명문의 규정을 둠으로써 법률상의 보호 대상임을 명시하는 한편 보호의 내용에 관하여도 일반 저작물보다는 제한된 권리를 부여하고 있는 경우가 있기는 하나, 우리 저작권법은 서체도안의 저작물성이나 보호의 내용에 관하여 명시적인

---

209) 서울고등법원 2017. 7. 25. 선고 2011나70802 판결은 "또한 이 사건 도안(🐾, 🐾🐾, 🐾)은 스포츠 의류 등 물품에 동일한 형상으로 복제될 수 있는 응용미술저작물로서 스포츠 의류 등 제품 이외의 다른 물품의 디자인으로도 얼마든지 이용될 수 있고, 원고가 제작·판매하는 스포츠 의류 등 물품이 가지는 실용적 기능과 이 사건 도안에서 느껴지는 미적인 요소는 관찰자로서 물리적으로나 관념적으로나 모두 분리하여 인식될 수 있다. 원고가 이 사건 도안을 대한민국을 제외한 다른 나라에서 자신의 상표로서 관리하고 있고 피고들이 이 사건 도안을 이 사건 상표의 표장으로 사용하고 있어서 상품 표지로서의 상표 기능과 중복되는 측면이 있다고 하더라도, 저작권법은 '그 이용된 물품과 구분되어 독자성을 인정할 수 있는 것'이라고 규정하여 물품과의 물리적 또는 관념적 분리가능성을 요건으로 할 뿐 별도의 상품 표지 기능과의 분리가능성을 요건으로 하지 않고 있으므로 위와 같은 사정이 이 사건 도안을 응용미술저작물로 인정함에 방해되지 않는다"고 판시하였다(대법원 2014. 12. 11. 선고 2012다76829 판결로 확정).
210) 응용미술저작물은 디자인보호법(구 의장법)에 의하여 보호되는 디자인과 중복될 수도 있다. 참고로 디자인보호법 제2조 제1호에서는 '디자인'이 물품(물품의 부분, 글자체 및 화상(畵像)을 포함한다. 이하 같다)의 형상, 모양, 색채 또는 이들을 결합한 것으로서 시각을 통하여 미감(美感)을 일으키게 하는 것이라고 정의하고 있다.
211) 생활한복의 디자인이 독립적인 예술적 특성이나 가치를 가지고 있지 않아 저작물로 보호되지 않는다고 판시한 대법원 2000. 3. 28. 선고 2000도79 판결; 철제 울타리 디자인이 울타리의 기능과 물리적 혹은 관념적으로 구분되어 독자성을 가지는 정도의 미적 가치를 가지지 않아 저작물로 보호되지 않는다고 판시한 서울고등법원 2005. 1. 25. 선고 2004나48890(기타 다수 병합사건, 그 사건번호는 생략) 판결 등 참조.
212) 반면, '서체파일' 또는 '글자체 파일'은 저작권법상 명시적 규정은 없지만 서체를 컴퓨터를 통해 이용할 수 있도록 만든 프로그램은 프로그램저작물로서 보호될 수 있다. 대법원 2001. 6. 29. 선고 99다23246 판결 참조.

규정을 두고 있지 아니하며 이 사건 서체도안과 같이 실용적인 기능을 주된 목적으로 하여 창작된 응용미술작품은 거기에 미적인 요소가 가미되어 있다고 하더라도 그 자체가 실용적인 기능과 별도로 하나의 독립적인 예술적 특성이나 가치를 가지고 있어서 예술의 범위에 속하는 창작물에 해당하는 경우에만 저작물로서 보호된다고 해석되는 점(당원 1996.2.23. 선고 94도3266 판결 참조) 등에 비추어 볼 때 우리 저작권법의 해석상으로는 이 사건 서체도안은 신청서 및 제출된 물품 자체에 의한 심사만으로도 저작권법에 의한 보호 대상인 저작물에는 해당하지 아니함이 명백하다고 할 것이다.

2. 미술저작물의 특성

가. 다양한 성격의 저작물이 존재함

어떠한 유형의 저작물이건 그 유형 안에서도 여러 가지 다양한 종류의 세부적인 저작물들이 존재하기 마련이다. 그러나 일반적으로 어문저작물이나 음악저작물은 문예적 성격이 강하고, 컴퓨터프로그램저작물이나 건축저작물, 도형저작물은 기능적 성격이 강하다는 일반적인 경향을 보이는 반면, 미술저작물, 사진저작물은 본래 문예적 특성을 가지고 있으면서도 특히 산업에 응용되는 빈도가 높아 그 안에서도 문예적 저작물과 기능적 저작물의 뚜렷한 양극화 현상을 보이는 경우가 있다. 이는 순수미술과 응용미술이 존재하는 미술저작물과 예술사진과 실용사진이 존재하는 사진저작물에 공히 적용된다. 이러한 특성으로 말미암아 미술저작물등 시각적 저작물에 있어서 저작권으로 보호되는 범위와 실질적 유사성을 판단하는 방법은 일률적으로 정하기가 어렵고, 문예적 또는 기능적 특성에 맞는 접근방법을 채택할 필요가 있다.

나. 즉흥적이고 시각적인 느낌에 그 가치가 있음

미술저작물과 사진저작물은 모두 보는 사람의 시각에 호소한다는 특성을 가지고 있다. 소설 등과 같이 지각에 호소하는 어문저작물은 그 저작물에 대한 관념이나 느낌을 가지기 위하여서는 그 저작물의 내용을 인지하고 사유하는 과정을 필요로 한다. 가요와 같이 청각에 호소하는 음악저작물은 그 저작물에 대한 관념이나 느낌을 가지기 위하여서는 일정한 길이를 가지는 음악저작물을 일정한 시간에 걸쳐서 듣는 과정을 필요로 한다. 하지만 미술저작물 등 시각적 저작물은 일반적으로 어문저작물에서 요구하는 정도의 인지 및 사유과정을 필요로 하지 않고, 음악저작물에서 요구하는 정도의 시간을 필요로 하지 않는다. 즉 미술등 시각적저작물은 감상자의 시각에 직접 호소하고 그 반응도 즉각적이다. 이러한 미술등 시각적저작물의 특성은 실질적 유사성 판단의 방법적인 측면에도 영향을 미칠 수 있다.

3. 미술저작물의 실질적 유사성 판단

가. 대비를 통한 유사성 요소의 확정

1) 대비관점

미술저작물은 그것이 문예적이건 실용적이건 일반인들을 그 대상으로 하는 경우가 많고 사진저작물과 건축저작물도 대부분 그러할 것이다. 그러므로 미술저작물은 일반적 판단 기준에서 살펴본 바와 같이 일반 수요자에 해당하는 보통 관찰자의 관점에서 두 작품의 대비작업을 수행한다.213) 이는 어문저작물이나 음악저작물에 있어서 설명한 바와 마찬가지일 것이다.

2) 대비방법

두 개의 작품은 전체 대 전체로 대비하여 그 전체적인 관념과 느낌이 유사한지를 파악한다. 미술저작물은 수요자들을 단계적이고 이성적으로 설득하는 것이 아니라 즉흥적이고 감성적인 느낌에 호소하는 특성을 가지고 있다. 또한 어문저작물이나 음악저작물 등 다른 문예적 저작물과 달리 동시비교가 가능하므로 그 감흥을 즉시 비교하는 것도 용이하다. 따라서 미술저작물의 실질적 유사성 판단에 있어서는 보통 사람들이 가지는 전체적인 관념과 느낌이 대단히 중요한 비중을 차지한다.214) 이러한 이유 때문에 미국 판례법상 '전체적 관념과 느낌의 테스트'는 미술저작물 등 시각적 저작물을 중심으로 태동하여 발전되어 왔다.215) 다만 전체

---

213) 일본에서도 시각적 저작물과 관련하여 일반인이 피고의 작품을 보았을 때 원고의 저작물을 감지하거나 인식할 수 있는가 여부에 따라 그 실질적 유사성 여부를 판단하고 있다. 이른바 사자에 양 사건에 관한 東京地裁 1976(昭和 51). 5. 26. 선고 昭46(ワ)151호 판결 및 라이더맨 사건에 관한 東京地裁 1977(昭和 52). 11. 14. 선고 昭49(ワ)5415호 판결 참조.

214) 보통 관찰자의 전체적인 관념과 느낌에 의하여 실질적 유사성을 인정한 판결로서 Roth Greeting Cards v. United Card Co., 429 F.2d 1106 (9th Cir. 1970); Loomskill, Inc. v. Stein & Fishman Fabrics, Inc., 332 F.Supp. 1288 (S.D.N.Y. 1971) 등 참조.

215) Roth Greeting Cards v. United Card Co., 429 F.2d 1106 (9th Cir. 1970); Recycled Paper Prods., Inc. v. Pat Fashions Indus., Inc., 731 F.Supp. 624 (S.D.N.Y. 1990); Little Souls, Inc.

적 관념과 느낌은 대단히 광범위한 개념으로서 어느 만큼 엄격하게 파악하는가에 따라 사람마다 그 유사성에 대한 판단이 틀릴 수 있다. 예를 들어 Kerr v. New Yorker Magazine 판결216)에 나타난 다음 두 가지 그림을 보도록 하자. 이 판결에서는 뉴욕의 스카이라인을 닮은 모호크(mohawk) 머리스타일217)을 한 사람들을 그린 두 삽화의 실질적 유사성이 문제되었다. 두 삽화의 전체적 관념과 느낌이 비슷한가?

【그림 1-1】 원고의 삽화   【그림 1-2】 피고의 삽화

　　두 삽화는 모호크 스타일의 머리에 뉴욕의 스카이라인의 머리 스타일을 한 남자라는 매우 독창적인 주제를 공유하고 있다. 이러한 점에 주목한다면 전체적 관념과 느낌은 비슷하다고 할 수도 있다. 그러나 실제 판결에서는 두 삽화에 나타난 색깔, 눈의 방향, 남자의 복장, 머리카락으로 묘사된 건물의 모양, 삽화의 배경 등이 다르게 표현되어 있다는 점에 주목하여 두 삽화의 전체적인 관념과 느낌이

v. Les Petits., 789 F.Supp. 56 (D.Mass. 1992); Mistretta v. Curole., 22 U.S.P.Q. 2d 1707 (E.D.La 1992); Atari, Inc. v. North Am. Philips Consumer Elec. Corp., 672. F.2d 607 (7th Cir. 1982); Broderbund Software v. Unison World, Inc., 648 F.Supp. 1127 (N.D.Cal. 1986) 등 참조.
216) 63 F.Supp. 2d. 320 (S.D.N.Y. 1999).
217) Mohawk는 북미 인디언의 한 종족으로서 Mohawk hairstyle은 머리 중간 부분에만 머리카락을 남겨 놓고 양쪽으로 모두 밀어 버리는 스타일을 의미한다.

완전히 다르다(entirely different)고 판시한 뒤 실질적 유사성을 부정하였다. 이는 일반인의 관점에서 본 전체적인 관념과 느낌은 어느 정도의 엄격성을 요구하는가에 따라 주관적이고 자의적일 수 있다는 것을 시사한다.

따라서 전체적 관념과 느낌이 어떠한가 하는 점 못지 않게 중요한 것은 어떠한 요소로 인하여 그러한 전체적 관념과 느낌이 생성되었는가 하는 점이다. 그러므로 단지 전체적 관념과 느낌이 유사한지 여부를 판단하는 데에서 그칠 것이 아니라, 무슨 요소로 인하여 그러한 유사감이 발생하였는지를 확정하여야 한다.[218] 이러한 유사성 요소의 확정은 그 다음 단계인 표현 요소의 확정을 위한 준비작업으로서의 의미를 가진다. 위 삽화의 경우에는 '헤어스타일로서 묘사된 뉴욕의 스카이라인'이 유사성 요소의 핵심이므로 전체적 관념과 느낌이 어떠한가의 단계에서 실질적 유사성 판단을 종료할 것이 아니라 유사성 유발요소가 무엇이고, 이는 아이디어와 표현 중 어디에 해당하는지, 표현이라면 어느 정도로 보호되어야 하는 것인지를 판단하는 작업으로 나아가야 하는 것이다.[219]

한편 "캐릭터"도 문학·학술 또는 예술의 범위에 속하는 창작물이라고 볼 수 있는 한 그 내용에 따라 어문저작물, 미술저작물 또는 영상저작물에 해당하여 저작권법의 보호대상이 된다. 여기서 "캐릭터"란 대중매체를 통하여 등장하는 인물이나 동물, 물건 등의 특징, 명칭, 성격, 도안, 동작 등을 포함하며, 상품이나 서비스, 영업에 수반하여 고객흡인력 또는 광고효과라는 경제적 가치를 지니는 것을 의미한다. 다만 간단한 선, 점, 면, 색상을 조합하여 해당 캐릭터를 형상화하는 방법이 정형화될 수밖에 없는 경우, 기술적 또는 개념적인 제약이 있어 그 표현방법

---

218) 예컨대 Paul Goldstein 교수는 Novelty Textile Mills, Inc. v. Joan Fabrics Corp., 558 F.2d 1090 (2d Cir. 1977) 판결을 비롯하여 지나치게 인상(impression)에 의존하여 실질적 유사성을 판단한 나머지 아이디어와 표현의 구분을 간과한 판례들의 태도는 부적절하다고 비판하고 있다. Paul Goldstein, *Copyright*, (2d ed. 1996), 8:25면.

219) 위 판결에서는 이 요소가 '아이디어'라고 판시하였다. 그러나 원고의 그림에 나타난 구체적인 표현형식으로서의 뉴욕 스카이라인은 '표현'이라고 보는 것이 타당하다. 물론 이러한 요소를 어느 정도로까지 보호할 것인가 하는 점은 그 표현이 전체 그림에서 차지하는 비중이 얼마나 독창적인 것인지, 얼마나 유사하게 이용되었는지, 비유사적 요소의 부가로 인하여 두 삽화의 미감이 얼마나 달라졌는지 등의 요소를 고려하여 판단하여야 할 것이다. 위 판결이유에서 확정한 사실관계에 의하면 "헤어스타일로 표현된 뉴욕 스카이라인으로서 일련의 마천루 건물이 묘사된 것"이라는 요소를 넘어서는 세부적인 표현양식에 있어서는 양자가 차이를 보이고 있다는 것이다. 이는 결국 위 요소에 대하여 독점권을 부여하는 것이 저작권법의 목적상 타당한 것인가 하는 문제로 귀착된다. 필자는 위와 같은 요소의 독창성, 구체성에 비추어 볼 때 이는 저작권법에 의하여 보호되는 것이 타당하다고 생각한다.

에 한계가 있는 경우, 캐릭터의 모습이나 행동이 표현형식이 아닌 아이디어에 해당할 뿐인 경우, 또는 시각적 캐릭터의 설정에 있어 전형적으로 수반될 수밖에 없는 표현에 해당할 경우 등에는 저작권법에 의한 보호를 받기 어려울 것이다.

〈수원지방법원성남지원 2008. 10. 8. 선고 2007가단26560 판결(확정)〉

살피건대, 원고의 캐릭터와 대상 캐릭터는 자연 상태의 인간의 신체를 사실적으로 묘사한 것이 아니라 머리가 몸통에 비해서 상대적으로 크고 3등신에 가까우며, 얼굴이 눈과 입으로만 이루어져 있고 얼굴형태가 유사하며, 팔과 다리가 가느다랗고 짧으며, 컵 모양의 전화기를 들고 있거나(갑 제2호증의 1), 토끼와 손을 잡고 있거나(갑 제2호증의 2), 커다란 곰에 안겨 있거나(갑 제2호증의 3), 소년과 소녀가 하트를 사이에 두고 서로 입을 맞추고 있거나(갑 제2호증의 4), 소녀가 하트모양의 풍선을 들고 소년과 손을 잡고 있다는 점 등(갑 제2호증의 5)에 있어서 유사점이 있다.

그러나 이러한 유사점은 싸이월드 미니홈피의 스킨에 등장시킬 귀엽고 사랑스러운 모습의 소년, 소녀의 캐릭터를 창작해 내는 데 있어 스킨 혹은 도안의 크기를 고려하여 캐릭터를 최대한 단순하게 만들고, 이를 적절히 표현하기 위하여 머리의 크기를 과장하고, 다른 신체부위인 손과 발을 단순하고 짧게 표현한 데서 기인한 것으로 보이는바, 간단한 선, 점, 면, 색상을 조합하여 귀여운 모습의 소년, 소녀의 캐릭터를 형상화하는 방법은 정형화될 수밖에 없다는 점에서 기술적 또는 개념적인 제약이 있어 그 표현방법에 한계가 있다 할 것이고, 또한 컵 모양의 전화기를 들고 있거나 토끼, 곰이 함께 등장하는 등의 캐릭터 역시 표현형식이 아닌 아이디어에 해당하거나 가사 표현형식에 해당하는 것이 있다고 하더라도 시각적 캐릭터의 설정에 있어 전형적으로 수반되는 표현에 해당한다 할 것이므로 저작권법에 의한 보호대상이 될 수 없다.

또한, 원고의 캐릭터에서 가장 특징적이라고 할 수 있는 머리카락 모양 및 몸 전체에서 차지하는 비율(원고의 캐릭터는 머리카락이 산발적으로 부풀려 있고 몸 전체적으로 볼 때 상당한 비율을 차지하는 반면, 대상 캐릭터는 머리카락이 전체적으로 웨이브를 이루며 단정하고 몸 전체에서 차지하는 비율도 상대적으로 작아 원고의 캐릭터에 비해 강조되지 아니하고 있다)과 그 외에도 자세, 동작, 의상 등 구체적인 캐릭터의 묘사에서 차이가 있으므로, 앞서 본 바와 같은 유사점만으로는 각 캐릭터의 창작적 표현이 실질적으로 유사하다고 보기 어렵다.

또한 우리나라에서 로봇 캐릭터들 간에 실질적 동일성이 있는지 여부가 문제
된 사안이 있었는데, 법원은 피고의 '원고 저작물은 일본의 기존 로봇 저작물을
모방한 것이어서 창작물이라고 할 수 없다'고 한 주장에 대하여 '원고 저작물이
기존 일본 로봇 캐릭터의 영향을 받기는 했지만 해당 일본 로봇과 외관상 뚜렷한
차이가 있다'고 판단하였다.[220]

대비과정에 있어서 미술저작물은 문자 그대로 시각적 '관찰'이 이루어져야 하
는 것이므로 그 관찰의 방법 역시 검토하여야 한다. 미술저작물의 대비는 보통의
사람들이 저작물을 바라보는 보통의 거리에서 통상적인 방법으로 관찰하였을 때
를 기준으로 행한다.[221] '보통의 거리'가 어느 정도인가 하는 점은 당해 미술저작
물의 용도와 내용에 따라 결정한다.[222] 이러한 견지에서 Soptra Fabrics Corp. v.
Stafford Knitting Mills, Inc. 판결[223]에서는 당해 디자인이 옷에 사용되는 것이므
로 비록 가까이서 상세하게 관찰하였을 때에는 식별할 수 있는 구체적인 차이점
들도 몇 피트 떨어져서 보게 되면 식별할 수 없게 된다는 사정을 고려하여야 한
다고 판시하면서, 위와 같은 차이점들을 이유로 실질적 유사성을 부정한 1심 판결
을 파기하고 실질적 유사성을 인정하였다. 그러므로 법정에서 자세히 관찰하면 약
간의 차이가 발견되는 경우라도 몇 발자국 떨어져서 관찰하면 그러한 차이점이
사라지는 경우이거나,[224] 통상의 관찰자가 특별히 다른 점을 찾아내려고 의식하
지 않는 한 차이점을 간과하고 두 디자인이 미학적으로 호소하는 바가 서로 동일
한 것으로 인식하는 경우[225]에는 저작권침해를 인정하게 된다.[226]

220) 서울중앙지방법원 2018. 7. 27. 선고 2017가단5200699 판결(이 판결은 서울중앙지방법원 2019.
5. 17. 선고 2018나52633 판결로 확정)은 "태권브이는 대한민국의 국기(國技)인 태권도를 바탕
으로 하고 있어 일본 문화에 기초하여 만들어진 마징가Z 또는 그레이트마징가와는 캐릭터 저작
물로서의 특징이나 개성에 있어서도 차이가 있다고 할 것이다"라고 판시하였다. 이에 관한 기사
로는 '법원, "태권브이는 마징가와 구별되는 독립적 저작물", 연합뉴스 2018. 7. 31.자 참조.
221) 이성호, "저작권침해 여부의 판단 기준과 각종 저작물의 유형별 특성에 따른 실제적 적용", 동천
김인섭 변호사 화갑기념논문집, 법실천의 제문제(1996), 740면.
222) Peter Pan Fabrics, Inc. v. Martin Weiner Corp., 274 F.2d 487, 488 (2d Cir. 1960).
223) 490 F.2d 1092 (2d Cir. 1974).
224) Soptra Fabrics Corp. v. Stafford Knitting Mills, Inc., 490 F.2d 1092 (2d Cir. 1974).
225) Peter Pan Fabrics, Inc. v. Martin Weiner Corp., 274 F.2d 487 (2d Cir. 1960).
226) 이성호, "저작권침해 여부의 판단 기준과 각종 저작물의 유형별 특성에 따른 실제적 적용", 동천
김인섭 변호사 화갑기념논문집, 법실천의 제문제(1996), 741면.

나. 표현적 요소의 확정

전체적인 대비를 통하여 전체적인 관념과 느낌이 유사한지, 그렇다면 어떠한 요소로 인하여 유사성이 발생하였는지를 확정하였다면, 다음 단계로서 그 유사성 요소 중 표현 요소가 무엇인지를 확정하는 작업이 필요하다. 한편 문예적 특성이 강한 미술저작물(이하 '문예적 미술저작물'이라고 한다)의 경우와 기능적 특성이 강한 미술저작물(이하 '기능적 미술저작물'이라고 한다)의 경우가 각각 다르게 표현될 수 있으므로 아이디어와 표현의 구분 역시 다른 모습으로 이루어지게 된다.

1) 문예적 미술저작물에 있어서 아이디어와 표현의 구분

미술저작물은 누구나 이용할 수 있는 소재를 창조적으로 선택하고 배열하여 새로운 가치를 창출해 낸다는 점에서 편집저작물과 유사한 성격을 가진다. 아이디어와 표현의 구분기준으로 제시한 다섯 가지 요소 가운데 '소재성'은 미술저작물의 아이디어와 표현을 구분하는 데에 가장 중요한 기능을 발휘한다. 따라서 미적 가치의 창출에 동원되는 소재성이 강한 요소는 아이디어, 그 결과물은 표현에 해당한다.

문예적 미술저작물은 기능적 미술저작물과 달리 거의 대부분의 저작물에 있어서 표현적인 요소가 발견된다. 비록 소재가 동일하다고 하더라도 이를 동원하여 저작물을 작성하는 과정에서 개인의 개성과 관점이 발현되지 않을 수 없기 때문이다. 이러한 점에서 표현적인 요소의 존재 자체가 중요한 쟁점이 되는 기능적 미술저작물과 차이를 보인다.

문예적 미술저작물에 있어서는 색, 선, 형체, 재료, 재료의 특성에서 필수불가결하게 도출되는 표현상 특징, 관행화된 화풍이나 스타일 등 표현방법, 객관적으로 실재하는 묘사의 대상, 묘사의 대상이 통상적으로 취하는 자세 등은 모두 소재성이 강하여 아이디어에 해당한다. 어느 대상을 시각적으로 묘사할 때 당연히 수반될 수밖에 없는 표현들도 아이디어로 취급되어 저작권법에 의한 보호가 부정된다.[227] 그 시대를 지배하는 공통된 양식에 바탕을 둔 유사한 표현형식과 내용 역시 같은 맥락에서 이해할 수 있다.[228] 화가가 그의 미술저작물에 표시한 서명(署

---

227) Kerr v. New Yorker Magazine, Inc., 63 F.Supp. 2d 320, 325 (S.D.N.Y. 1999).

228) 예를 들면 20세기 초반의 큐비즘(cubism)이라는 공통적 양식에 바탕을 둔 피카소(P. Picasso)와 브락(G. Braque)의 작업에서 이러한 경향을 잘 엿볼 수 있다. 윤민희, "현대 시각 디자인에서 표절시비에 대한 재고", 서울디자인포럼학회, 디자인학연구집 Vol. 6, No. 1(2000), 151면.

名) 역시 그 저작물이 자신의 작품임을 표시하는 수단에 불과하여 특별한 사정이 없는 한 그 자체가 예술적 감정이나 사상의 표현을 위한 것이라고는 할 수 없다.229)

반면 위와 같은 요소들을 저작자가 독자적으로 조합하고 배열한 것이 보호받는 표현에 해당한다.230) 예컨대 그림에 있어서 기본적인 요소인 색상, 원근법, 기하학적 형태, 묘사대상231) 등의 창작적 구성, 배열 및 조합은 보호받는 표현에 해당한다.232) 조각에 있어서는 대상, 재료,233) 세팅, 포즈와 자세, 비율, 얼굴의 표현, 스타일, 조각을 구성하는 요소들의 상호배열, 구체성의 정도 등이 저작권에 의하여 보호받는 표현 요소이다.234) 시각적 요소에 청각적 요소가 결합된 저작물에 있어서는 청각적 요소도 표현 요소의 하나로 취급되어 실질적 유사성 판단에 중요한 비중을 차지할 수 있다. Worlds of Wonder, Inc. v. Vector Intercontinental, Inc. 판결235)에서 법원은, 카세트 플레이어가 설치되어 눈, 코, 입을 움직이면서 동화를 읽어 주는 기능이 설치된 곰 인형의 실질적 유사성을 판단하면서 곰 인형이 동화를 읽어 줄 때에 보여 주는 눈, 코, 입의 움직임과 함께 두 인형의 테이프에서 나오는 목소리와 음색, 높이, 속도의 유사성을 비교한 뒤 두 인형이 풍기는 전체적인 관념과 느낌이 비슷하다고 판단하였다.

---

229) 대법원 2000. 4. 21. 선고 97후860, 877, 884 판결.

230) 이성호, "저작권침해 여부의 판단 기준과 각종 저작물의 유형별 특성에 따른 실제적 적용", 동천 김인섭 변호사 화갑기념논문집, 법실천의 제문제(1996), 738면.

231) 미술저작물에 있어서 동일한 대상을 묘사하는 경우라도 그 묘사관점과 묘사의 구체적인 방법을 달리하면 별도의 저작물이다. 똑같이 두 마리의 홍관조(紅冠鳥)를 묘사한 두 장의 사실화(事實畵)가 구체적 표현에 있어서는 의미있는 차이점을 보인다고 하여 저작권침해를 부정한 판례로서 Franklin Mint Corp. v. Nat'l Wildlife Art Exchange, 575 F.2d 62 (3d Cir), *cert denied*, 439 U.S. 880 (1978).

232) 이성호, "저작권침해 여부의 판단 기준과 각종 저작물의 유형별 특성에 따른 실제적 적용", 동천 김인섭 변호사 화갑기념논문집, 법실천의 제문제(1996), 738면.

233) 조각에 사용되는 재료는 공유되어야 하는 것이므로 재료가 같다는 사정은 실질적 유사성을 인정하는 근거가 될 수 없다. L. Batlin & Son, Inc. v. Snyder, 536 F.2d 486, 489 (2d Cir.), *cert denied*, 429 U.S. 857 (1976); Rundstadler Studios, Inc. v. MCM Ltd. P'ship, 768 F.Supp. 1292 (N.D.Ill. 1991) 참조.

234) Robert C. Osterberg & Eric C. Osterberg, *Substantial Similarity in Copyright Law* (2003), §10:3, 10−9면; Rogers v. Koons, 960 F.2d 301, 308 (2d Cir. 1991); Concrete Mach. Co., Inc. v. Classic Lawn Ornaments, Inc., 843 F.2d 600, 607 (1st Cir. 1988); Sandberg & Sikorski Corp. v. Andin Int'l Inc., 50 U.S.P.Q. 2d 1699 (S.D.N.Y. 1999) 참조.

235) 653 F.Supp. 135 (N.D.Ohio. 1986).

어문저작물에서는 사건의 전개과정이나 등장인물, 대사를 표현성이 강한 요소로 제시하였고, 음악저작물에서는 가락을 표현성이 강한 요소로 제시하였으나, 미술저작물의 경우는 특정한 요소가 표현성이 강하다고 하기보다는 여러 가지 소재들을 조합하고 배열한 결과물로서의 형상이 표현성이 강하다고 표현할 수밖에 없다. 한편 그 조합과 배열의 모습은 대단히 다양하고 광범위하기 때문에 표현성이 강한 요소가 무엇인지를 더 이상 구체화하기는 곤란한 면이 있다.

〈부산고등법원 2021. 6. 24. 선고 2017나339 판결(확정)〉

... 실내 공간에 수백 개의 고무줄의 양 끝을 다양한 모양과 규칙으로 연결하는 작업을 통해 벽체와 천장, 기둥을 고무줄로 메워 한 면을 만들거나 각각의 고무줄 사이의 틈을 이용하여 빛과 그림자의 물리적인 착시효과를 나타내는 미술작품을 제작·전시하여 왔다.

(중략)

2) 판단

가) ... 종합하면, 국내외의 기존 설치미술작가들이 이미 이 사건 원고 작품들의 제작 이전에, 또는 그 제작 시기를 전후하여 이 사건 원고 작품들과 같이 고무줄이나 그와 유사한 탄성이 있는 다수의 선재를 규칙적으로 배열하여 전시공간의 벽체나 기둥 등을 연결하고, 전시장의 특정 공간에 심리적 면을 구성하여 전시공간을 구획하는 형식 등을 사용한 작품들을 제작·전시하여 온 사실은 인정된다.

나) 그러나 ... 다음과 같은 사정들에 비추어 보면, 이 사건 원고 작품들에는 원고의 정신적 노력의 소산으로 볼 수 있는 특성이 부여되어 있고, 다른 저작자의 기존 선재 작품과는 구별할 요소를 갖추어 원고 자신의 독자적인 사상 또는 감정의 표현을 담고 있다고 볼 수 있다. 따라서 이 사건 원고 작품들은 특정한 전시공간에서 입체적인 외형으로 감상하는 미술작품, 즉 미술저작물로서 저작권법에 의하여 보호되는 저작물에 해당한다.

① (생략)

② 선재(고무줄, 실, 철사, 노끈, 리본 등)를 이용하여 입체적으로 구성된 미술작품은 그 소재의 특징으로 인하여 발현되는 전형적인 표현 형식이 있다고 하더라도, 특정한 전시공간의 물리적 조건 및 특성에 대한 이해와 해석에 따라 그 전시공간 내부에서의 구체적인 선재의 배열과 그에 따른 다양한 형태의 면의 실제 구성, 공간의 구획에 관한 표현은 얼마든지 달라질 수 있고, 그 구체적인 배열과 조합을 통한 구성 형식에는 작자 나름대로의 독자적인 사상 또는 감정의 표현이 담길 수 있다고 보

아야 한다. 따라서 피고 주장과 같이 원고 작품의 기본적인 요소인 작품 소재나 선재를 연결하는 제작 방식 등이 이미 선행작가의 작품들에서 사용되어 공유에 속하는 것이라고 하더라도, 그 기본요소들의 창작적 구성이나 구체적인 배열, 조합은 보호받는 표현에 해당하는데, 이 사건 원고 작품들에서 나타나는 구체적인 형상과 표현은 특정 전시공간에 대한 원고 자신의 해석에 따라 작품의 소재와 색, 선, 기하학적 형태 등의 기본요소들을 조합·배열한 것이라고 볼 수 있다.

③ 감정인도 같은 취지에서, 뒤에서 보는 바와 같이 비록 원고가 사용한 주재료나 그 규칙적 배열 등에 의한 심리적 면의 구성, 각종 도형의 형성, 뒤틀림 효과, 공간 전체의 활용 등과 같은 기법, 특정 공구를 사용한 고무줄의 설치방식 자체는 기존 작가들의 선행 작품에서 유사하게 나타나는 공통적 특성이거나 물질 고유의 특성에 기인하여 아이디어에 속하는 것이라는 등의 이유로 창작성이 있다고 보기 어렵다고 판단하면서도, 이 사건 원고 작품들은 모두 해당 전시실이라는 특정한 공간의 조건과 성격에 따라 원고가 이를 독자적으로 해석하여 탄성 있는 재료를 각기 다른 형태와 방식으로 배열·구성한 것으로서, 해당 공간을 구성한 전체적인 형태 및 구체적인 모습 등 특정 공간을 해석하면서 나타나는 전반적인 조형적 특성에는 창작성이 있고, 그 조형적 요소의 구성에 원고의 창조적 개성이 인정되는 내용의 감정의견을 밝혔다.

2) 기능적 미술저작물에 있어서 아이디어와 표현의 구분

미술저작물 가운데 기능적 저작물에 해당하는 것은 응용미술저작물이다. 응용미술저작물은 개념상 물품에 동일한 형상으로 복제될 수 있는 미술저작물로서 그 이용된 물품과 구분되어 독자성을 인정할 수 있는 것을 말한다.[236] 따라서 문예적인 미술저작물과는 달리 물품과 구분되는 독자성을 인정받을 때에 비로소 저작물성이 인정된다. 과연 여기에서의 독자성이 창작성과 같은 개념인지에 대하여서는 논란이 있을 수 있으나, 분리가능성으로서의 독자성은 개념적으로 창작성과는 별도의 요건이라고 보아야 할 것이다. 따라서 응용미술저작물에 있어서는 과연 당해 작품이 창작성 및 독자성이 있는 표현을 갖추고 있는 저작물에 해당하는가가 중요하게 문제된다. 이는 아이디어에 해당하는 실용적 내지 산업적 요소와 표

---

[236] 응용미술저작물의 요건 중 "물품에 동일한 형상으로 복제될 수 있는 것"이어야 한다는 점에 관하여, 이를 '대량생산성'의 요건이라고 하면서 대량생산을 하지 않는 일품제작의 공예품 등과 같은 경우에는 별도로 '독자성' 요건을 필요로 하지 않고도 창작성만 인정되면 보호되도록 하였다고 설명하기도 한다. 이해완, 저작권법, 제4판, 박영사(2019), 121~122면, 138~139면 참조.

현에 해당하는 독자적 내지 창작적 요소를 구분하는 작업이 저작물성의 판단 단계에서 집중적으로 이루어진다는 것을 의미한다.

판례는 응용미술저작물에 관하여 "독립적인 예술적 특성이나 가치"를 창작적 표현요소로 파악함으로써 "독립성"과 "예술성"을 강조한다.[237]

〈대법원 1996. 2. 23. 선고 94도3266 판결〉[238]

응용미술작품에 대하여는 원칙적으로 의장법에 의한 보호로써 충분하고 예외적으로 저작권법에 의한 보호가 중첩적으로 주어진다고 보는 것이 의장법 및 저작권법의 입법취지라 할 것이므로 산업상의 대량생산에의 이용을 목적으로 하여 창작되는 모든 응용미술작품이 곧바로 저작권법상의 저작물로 보호된다고 할 수는 없고, 그 중에서도 그 자체가 하나의 독립적인 예술적 특성이나 가치를 가지고 있어 위에서 말하는 예술의 범위에 속하는 창작물에 해당하여야만 저작물로서 보호된다고 할 것이다.

참고로, 미국 저작권법 제101조 및 제102조에서는 응용미술에 해당하는 실용품(useful article)의 디자인이 그 제품의 실용적인 면으로부터 분리하여 인식할 수 있을 정도의 그림, 그래픽 또는 조각 등의 형상을 포함할 때 저작물로 보호된다고 함으로써 분리가능성(separability)을 강조한다.[239] 그 용어의 사용이 서로 다르긴 하지만, 분리가능한 것은 독립성을 갖춘 것이고, 미술저작물에서 가지는 가장 핵심적인 가치가 미적 가치이므로, 요약하자면 응용미술저작물의 표현은 실용적·기능적 측면으로부터 독립된 미적 가치라고 할 수 있다.[240] 따라서 응용미술저작물의 실질적 유사성 판단은 실용성과 기능성의 지배를 받는 디자인의 요소가 아니

---

237) 대법원 1996. 2. 23. 선고 94도3266 판결; 대법원 1996. 8. 23. 선고 94누5632 판결; 대법원 2000. 3. 28. 선고 2000도79 판결.

238) 대법원은 응용미술저작물의 저작권침해가 문제된 사건에서 저작물성의 문제를 가장 비중 있게 다루고 있다. 당해 사건에서 문제된 염직도안은 응용미술품의 일종이긴 하나 저작권법의 보호대상이 되는 저작물에 해당하지 않는다고 판시함으로써, 직물디자인의 저작물성 자체를 부정하고 더 나아가 실질적 유사성의 판단에는 이르지 않았다.

239) 미국 저작권법 제101조의 "useful article" 부분: the design of a useful article, as defined in this section, shall be considered a pictorial, graphic, or sculptural work only if, and only to the extent that, such design incorporates pictorial, graphic, or sculptural features that can be identified separately from, and are capable of existing independently of, the utilitarian aspects of the article.

240) 대법원 2013. 4. 24. 선고 2012다41410 판결은 "응용미술저작물로서 저작권법의 보호를 받기 위해서는, 산업적 목적으로의 이용을 위한 '복제가능성'과 당해 물품의 실용적·기능적 요소로부터의 '분리가능성'이라는 요건이 충족되어야 한다"고 판시하였다.

라 실용적인 면으로부터 구분되는 미적인 디자인 요소를 기준으로 행하여야 한다.[241]

예컨대 직물디자인과 관련하여서는 그 디자인을 구성하는 개별적이고 구체적인 형상,[242] 레이아웃(layout),[243] 색상[244] 및 그 전체적인 선택·조정·배열을 표현적 요소로 보아 이를 기준으로 실질적 유사성을 판단한다.[245] 또한 인형도 응용미술저작물에 해당하는바, 사람 모습의 인형과 관련하여서는 얼굴의 모습, 얼굴의 표정, 크기, 본체와 사지의 유형, 자세, 머리카락, 의상과 악세사리, 나이, 시선 등을 표현요소들로 파악하여 이부터 도출되는 전체적인 느낌을 고려하고,[246] 동물 모습의 인형과 관련하여서는 털의 색깔과 결, 머리·얼굴·몸·꼬리의 형상, 재질, 앞발, 시선 등을 표현요소들로 보아 이로부터 도출되는 전체적인 느낌을 고려한다.[247] 우리나라 하급심 판례 가운데에는 상업용 도안의 동일성유지권 침해 여부

---

241) "독자성"을 그 응용미술저작물의 미적 표현이 그것이 복제된 물품의 실용적 기능으로부터 분리하여 인식될 수 있다고 하는 의미에서의 분리가능성을 의미하는 것으로 보아야 한다는 견해도 있다. 이해완, 저작권법, 제4판, 박영사(2019), 138~147면.

242) 직물디자인에 있어서 그 디자인을 구성하는 핵심적인 형상은 실질적 유사성을 판정함에 있어서 가장 중요한 요소이다. 하지만 통상적인 꽃이나 기하학적 형상 등을 공통적으로 사용하였다는 사유만으로는 두 형상이 거의 동일할 정도에 이르지 않는 이상 실질적 유사성을 인정하기 어렵다. Folio Impressions Inc. v. Byer Cal., 937 F.2d 759 (2d Cir. 1991); Dan Rivers, Inc. v. Sanders Sale Enters., Inc., 97 F.Supp.2d 426 (S.D.N.Y. 2000); Covington Indus. v. Culp, Inc., 50 U.S.P.Q.2d 1543 (S.D.N.Y. 1999) 참조.

243) 레이아웃은 개별적인 형상들이 연속적으로 배열된 형태를 의미하고, 이 역시 개별적 형상과 마찬가지로 직물디자인의 실질적 유사성을 판단하는 데에 중요한 비중을 차지하는 요소이다. Concord Fabrics, Inc. v. Marcus Brothers Textile Corp., 409 F.2d 1315 (2d Cir. 1969)에서는 사각형 안에 원이 들어 있는 유사한 패턴을 유사한 치수와 색상과 함께 사용한 경우 실질적 유사성을 인정하였다.

244) 색상은 그 자체로 저작권의 보호를 받지는 않지만 다른 요소들과 결합하여 실질적 유사성을 판단하는 하나의 요소로서 기능한다. 따라서 특정한 직물디자인에 있어서 어떤 색상체계나 배열이 중요한 비중을 차지하고, 이것이 피고의 직물디자인에 반영되어 있다면, 이는 실질적 유사성을 고려하는 요소가 될 수 있다{Knitwaves, Inc. v. Lollytogs Ltd., Inc., 71 F.3d 996, 1004~1005 (2d Cir. 1995)}. 하지만 동일한 디자인에 있어서 색상만 다른 경우에 그러한 사정은 실질적 유사성을 부인하는 근거가 될 수 없다{Segrets, Inc. v. Gillman Knitwear Co., Inc., 207 F.3d 56, 62 (1st Cir), *cert denied*, 531 U.S.827 (2000)}; Robert C. Osterberg & Eric C. Osterberg, *Substantial Similarity in Copyright Law* (2003), §10:5.4, 10~17면.

245) Robert C. Osterberg & Eric C. Osterberg, *Substantial Similarity in Copyright Law* (2003), §10:5, 10~13 내지 20면 참조.

246) Robert C. Osterberg & Eric C. Osterberg, *Substantial Similarity in Copyright Law* (2003), §10:6, 10~21면; Fisher−Price, Inc. v. Well−Made Toy Mfg. Corp., 28 U.S.P.Q. 2d 1623 (W.D.N.Y. 1993).

247) Gund Inc. v. SKM Enters., Inc., 691 F.Supp 643 (S.D.N.Y. 2001); Quaker Oats Co. v. Mel Appel Enters., 703 F.Supp. 1054 (S.D.N.Y. 1989).

가 문제된 사건에서,[248] 동물(너구리)을 의인화한 두 도안의 유사성 여부를 판단하기 위하여는 그 도안 자체만이 갖는 고유한 개성과 인격을 창조하였느냐 하는 점, 즉 동물의 선택, 성격 설정, 의상의 종류, 체형의 비례, 동작의 특성, 얼굴의 특징적 모양과 표정, 어떤 소도구를 선택, 사용하고 있으며 어떤 모습으로 어떤 내용의 의사를 전달하는가, 동물의 특징과 이미지를 어느 부분에서 어떻게 표현했는가 하는 점 등을 기준으로 하여 후에 만들어진 피신청인의 도안이 신청인의 도안과 유사한 이미지로 만들어진 것이 있는가, 전체적으로 동일한 모양으로 디자인되었는가, 동일한 동물을 유사한 느낌으로 동일한 의상을 입혀 비슷한 동작으로 비슷한 뜻을 전달하는 그림을 유사한 표현기법으로 디자인했는가 하는 점 등에 관하여 살펴보아야 할 것이라고 판시하고 있는바, 이 역시 상업용 도안에 있어서 표현적 요소가 무엇인가를 밝히는 데에 참고가 될 만하다.[249]

〈대법원 2004. 7. 22. 선고 2003도7572 판결〉

기록에 의하면 판시 '히딩크 넥타이' 도안은 고소인이 저작권법이 시행된 2000. 7. 1. 이후에 2002 월드컵 축구대회의 승리를 기원하는 의미에서 창작한 것인 사실, 고소인은 위 도안을 직물에다가 선염 또는 나염의 방법으로 복제한 넥타이를 제작하여 판매하였고, 피고인 1 역시 같은 방법으로 복제한 넥타이를 제작하여 판매한 사실을 각 인정할 수 있고, 원심의 인정과 같이 위 도안이 우리 민족 전래의 태극문양 및 팔괘문양을 상하 좌우 연속 반복한 넥타이 도안으로서 응용미술작품의 일종이라면 위 도안은 '물품에 동일한 형상으로 복제될 수 있는 미술저작물'에 해당한다고 할 것이며, 또한 그 이용된 물품(이 사건의 경우에는 넥타이)과 구분되어 독자성을 인정할 수 있는 것이라면 저작권법 제2조 제11의2호에서 정하는 응용미술저작물에 해당한다고 할 것이다.

다. 유사성의 정도를 고려한 표현적 요소의 보호 여부 판단

1) 창작성 및 다양한 표현가능성의 정도 고려

일반적 판단 기준과 관련하여 살펴보았듯이 유사성 판단의 대원칙은 창작성의 정도 및 다양한 표현가능성의 정도에 따라 실질적 유사성의 인정범위가 달라진다는 것이다.

---

248) 서울고등법원 1990. 6. 25.자 89라55 결정(확정).
249) 미국과 일본의 "응용미술저작물의 창작성"에 관한 판례에 대한 설명은, 이해완, 저작권법, 제4판, 박영사(2019), 122~138면 참조.

첫 번째로 창작성의 정도가 클수록 실질적 유사성의 인정범위는 넓어진다. 예를 들어 인형 가운데에도 이미 존재하는 형상을 인형으로 창작하는 경우250)와 창작자가 상상을 통하여 이끌어낸 형상이거나 이미 존재하는 것을 창조적으로 변형시킨 형상을 인형으로 창작하는 경우251)가 있다. 전자와 달리 후자의 경우 그 형상의 전부 또는 일부 자체도 창작성있는 표현으로서 저작권의 보호대상이 되므로 실질적 유사성의 범위가 더욱 넓어진다. 인형의 경우 응용미술저작물의 성격을 가지지만, 그 목적과 기능을 고려하면 시각뿐만 아니라 촉각도 그 저작물의 가치를 결정하는 경우가 많다. 따라서 독특한 성격의 재료를 사용하여 새로운 촉각을 선사하는 특징을 가진 인형에 있어서 그러한 촉각적 요소 역시 저작권 보호의 대상이 되는 것이 타당하다. 예컨대 어느 방향으로나 구부리거나 접을 수 있고 탄력성이 뛰어나서 강하게 잡을 경우 매우 작은 부피로 줄어들 수 있는 Smooshee 계열의 인형을 처음 창작한 저작자에 대하여, 이러한 인형은 기존의 표준적인 인형의 모습으로부터 창작된 것이 아니기 때문에 매우 넓은 범위의 저작권 보호를 받을 수 있다고 판시한 미국 판례252)가 있다.

한편, 우리나라 하급심 판례 중에 "구름", "물방울" 등과 같이 자연물을 대상으로 한 이미지에 대하여도 미술저작물성 및 실질적 유사성을 인정한 사례가 있다.253)

---

250) 일반적인 곰인형의 형태를 가지면서 재질 및 제작기법에 있어서 곰인형의 겉에 빤짝이 원단을 입힘으로써 털을 없애고 표면을 빤짝이도록 한 점에 특색이 있는 소위 빤짝이 곰에 관하여, 상품과 분리된 독립적인 예술적 특성이나 가치를 지니고 있어 예술의 범위에 속하는 창작물에 해당한다고 보기 어렵다고 하여 저작물성을 부인한 서울지방법원 남부지원 2001. 5. 25. 선고 2000가합7289 판결 참조(서울고등법원 2001나33774 판결 및 대법원 2002다21462 판결로 각각 항소기각 및 상고기각).

251) 기존 토끼를 창조적으로 변형시켜 이른바 엽기토끼로 널리 알려진 마시마로의 저작물성이 문제되었던 사건에서, 서울고등법원 2004. 2. 11. 선고 2003나28448 판결(대법원 2004. 6. 14. 2004다15096 심리불속행기각 판결로 확정)에서는 "피고가 창작한 마시마로는 별지 목록 2 기재와 같이 머리를 몸통보다 크게 강조하고 눈, 코, 입이 아래쪽으로 몰려있으며, 귀는 가늘고 작은 유선형으로, 눈은 양옆으로 처진 직선의 형태로 표현되어 전체적으로 나약하고 귀여운 기존의 토끼 이미지와는 달리 반항적인 모습으로 표현되어 있는바, 앞서 본 바와 같이 7회까지 연재된 플래쉬 애니메이션에서 전개되는 독창적이고 엽기적인 내용과, 마시마로라는 등장인물의 반항적인 성격이 몸통보다 큰 머리, 가늘고 작은 귀, 일직선으로 닫힌 눈 등의 특징적인 표현으로 나타난 것으로서, 피고 나름대로의 정신적 노력의 소산으로서의 특성이 부여되어 있고, 다른 저작자의 기존의 작품과 구별할 수 있을 정도에 이르렀다고 봄이 상당하다 할 것이므로 저작권법에서 요구하는 창작성의 요건을 일응 충족하였다고 할 것이다"라고 판시하여 그 저작물성을 긍정하였다.

252) Quaker Oats Co. v. Mel Appel Enters., 703 F.Supp. 1054 (S.D.N.Y. 1989).

253) 서울중앙지방법원 2012. 9. 25. 선고 2012가합503548 판결(항소심: 서울고등법원 2013. 4. 11.

〈서울중앙지방법원 2014. 7. 1. 선고 2013가합505657(본소),
2013가합541073(반소) 판결〉[254]

원고가 포토샵 등 프로그램과 태블릿 도구를 이용하여 레이어 방식으로 제작한 원고 물방울 이미지 및 각 구름 이미지는 물방울 또는 구름의 윤곽선이나 형태, 색채, 명암, 물방울에서 빛이 반사되는 모습이나 구름에 햇빛이 비치는 모습 등이 저작자인 원고 나름의 표현방법으로 세밀하게 표현되어 일반인들이 실제 물방울 또는 구름의 모습이라고 착각할 정도로 정교하게 표현된 물방울 또는 구름 이미지인 점을 인정할 수 있는바, 자연에 이미 존재하는 형상의 하나인 물방울 또는 구름 모양이라 하더라도 그 구체적인 윤곽선이나 형태, 색체, 명암, 빛의 반사 및 그 조합 방식에 따라 얼마든지 상이한 모습으로 창작될 수 있는데, 원고 물방울 이미지 및 각 구름 이미지의 구체적 윤곽선이나 형태, 색채, 명암 등을 고려할 때 원고 물방울 이미지 및 각 구름 이미지는 누가 하더라도 같거나 비슷하게 표현할 수밖에 없는 형상의 물방울 또는 구름 모양이라고 볼 수 없고, 원고 나름의 정신적 노력의 소산으로서의 특성이 부여되어 있는 저작권 보호대상인 미술저작물에 해당한다고 봄이 상당하다.

(중략)

원고 물방울 이미지와 피고 물방울 이미지를 대비하여 보건대, 위 물방울들은 모두 이미지 제작 방식(layer), 물방울의 형태 및 윤곽선(완전한 원형이 아닌 좌측 상단과 우측 하단이 살짝 눌린 타원형), 물방울에 빛이 반사되는 모습(좌측 대각선 상단 방향에 위치한 광원에서 빛이 들어와 물방울과 만나는 부분이 원형의 흰색 점으로 밝게 빛나고, 우측 상단에도 작은 흰색 점이 밝게 빛나는 모습), 음영 처리 방식(상단 부분이 어둡고 중앙에서 하부로 갈수록 밝아지며, 좌·우측 끝부분을 어둡게 처리), 물방울 우측 하단 부분에 나타나는 반사광과 그림자의 표현 방식 등의 면에서 서로 동일 내지 유사한바, 원고의 물방울 이미지와 피고 물방울 이미지는 실질적으로 유사하다고 할 것이다.

(중략)

원고 제1구름 이미지(그 중 좌측 약 1/2 부분)와 피고 제1 구름 이미지를 대비하여 보건대, 위 구름들은 모두 이미지 제작 방식(layer)이 동일하고, 구름 좌측 부분에 표현된 꼬리의 모양을 비롯한 구름의 전체적인 형태와 윤곽선 및 음영 처리 방식(우측 상단을 햇빛을 받는 부분으로 밝게 표현하고, 거기에서부터 멀어질수록 점점 어둡게 처리) 등이 동일·유사하며, 다만 해상도의 차이에 따라 원고 제1 구름이미지

선고 2012나86941 판결). 대법원에 상고되었으나 2014. 12. 10. 상고취하로 확정.
254) 피고가 항소하였으나 2014. 10. 31. 화해권고결정으로 확정됨.

는 선명하고 구름 윤곽선이 보다 세밀한 부분에 이르기까지 명확하게 표현되어 있는
반면, 피고 제1 구름 이미지는 해상도가 낮게 표현되어 있어 구름의 세부 윤곽선이
다소 뭉개지고 흐릿한 형상으로 표현되어 있는 차이가 있기는 하나, 위와 같은 차이
는 단지 해상도의 차이에 기인하는바, 원고 제1 구름 이미지와 피고 제1 구름 이미
지는 실질적으로 유사하다.

두 번째로 다양한 표현가능성이 높을수록 실질적 유사성의 인정범위는 넓어
진다. 예컨대 그림 가운데에서도 예능적 묘사가 이루어지는 그림과 사실적 묘사가
이루어지는 그림 사이에 실질적 유사성 판단의 엄격성에 차이가 있다. Franklin
Mint Corp. v. Nat'l Wildlife Art Exch., Inc. 판결[255])에서 미국 제3 연방항소법원
은 "미술의 세계에서 저작권이 어떻게 경계 지워질 것인가는 화가의 스타일에 달
려 있다. 모네와 같이 Rouen 성당의 정면에 비치는 빛에 의하여 생성되는 인상을
심사숙고하는 화가는 쉽게 저작권침해의 시도를 할 수 없는 작품을 만들어낸
다.[256] 반면 사진과 같은 명확함과 정확함을 가지는 묘사품을 만들어내는 화가는
동일한 대상에 동일한 기술로 묘사한 다른 사람의 저작권침해행위를 증명하는 데
에 상당한 어려움을 겪을 것이다[257]"라고 밝힌 바 있다. 또한 동일한 대상에 대하
여서도 여러 가지 표현이 가능한 조각의 경우에는 실질적 유사성의 폭은 넓어지
고, 사소한 표현상의 차이점만으로 실질적 유사성을 부인할 수 없다. 예컨대
Concrete Machinery v. Classic Lawn Ornaments 판결[258])에서는 동물의 형상을
갖춘 조각의 실질적 유사성 판단이 문제되었는데, 그 조각의 크기가 다르다거나
약간 다른 방법으로 자세를 취하고 있다는 정도의 사소한 차이점만으로는 실질적
유사성을 부정할 수 없다고 판시하였다.

2) 비유사 요소의 고려
아이디어가 아닌 표현에 해당하는 요소들의 비교에 있어서도 통상 유사한 부
분과 비유사한 부분이 함께 존재하는 경우가 대부분이다. 이때 실질적 유사성을
인정할 것인가는 피고의 작품에만 존재하는 창작적인 요소가 그 양이나 질의 면

---

255) 575 F.2d 62, 65 (3d Cir, 1978).
256) 이는 결국 당해 저작물의 보호범위가 넓다는 것을 의미한다.
257) 이는 결국 당해 저작물의 보호범위가 좁다는 것을 의미한다.
258) 843 F.2d 609 (1st Cir. 1988).

에서 원고 저작물에서 차용한 부분을 압도하여, 원고의 저작물과 종속성을 인정할 수 없는 새로운 창작물로 인정할 것인가의 여부에 따라 각 사안별로 해결할 수밖에 없는 것이다.

비유사적 요소가 최종적인 유사성 판정에 어떠한 영향을 미치는지에 관하여는 다음 세 가지 지침을 제시할 수 있다.

가) 다른 저작물에 비해 비유사적 요소에 상대적으로 더 큰 영향을 받음

첫 번째로 다른 유형의 저작물에 비하여 미술저작물의 실질적 유사성 판단은 비유사적인 요소에 상대적으로 더 큰 영향을 받는다. 미술저작물은 각종 요소들을 배열하고 결합하여 최종적으로 생성된 미적 형상에 그 가치가 있는 것이다. 그리고 이러한 미적 형상은 그 수요자들에게 단계적으로나 이성적인 방법이 아닌 즉 흥적이고 감상적인 방법으로 호소한다. 한편 비유사적인 요소의 부가는 단지 저작물을 구성하는 다른 요소가 부가되었다는 차원을 넘어서서 모든 요소들이 결합하여 창출되는 형상 자체에 큰 영향을 미칠 수 있다. 다시 말하여 일정한 정도를 넘어서는 비유사적 요소의 부가는 양적 변형이 아닌 질적 변형을 가져오는 경향이 크다는 것이다. 이는 다른 사람의 소설에 나타난 구체적인 등장인물과 사건의 전개과정을 이용하였다면 여기에 비유사적인 요소를 부가한다고 하더라도 그 기존의 이용 부분이 질적으로 변형될 가능성이 크지 않는 것과 구분된다. 따라서 피고가 의도적으로 충분한 변경을 가하여 원고의 저작물과 실질적 유사성을 소멸시킴으로써 정당하게 침해에서 벗어날 수 있다는 원칙은 미술저작물에 관하여 형성되어 온 것이다.[259]

이와 관련하여 대법원 2010. 11. 11. 선고 2009다16742 판결을 살펴보도록 한다.[260]

---

259) Eden Toys, Inc. v. Marshall Field & Co., 675 F.2d 498 (2d Cir. 1982); Durham Industries, Inc. v. Tomy Corp. 630 F.2d 905 (2d Cir. 1980); Warners Brothers, Inc. v. American Broadcasting Companies, Inc., 720 F.2d 231 (2d Cir. 1983).
260) 유사한 취지의 사례로는, 서울고등법원 2004. 12. 15.자 2004라552 결정 참조. 이 사건에서는 민속무속미술가가 자신의 그림에다가 동양의 음양오행사상을 기초로 중앙과 동서남북의 방위를 의미하는 황(黃)·청(靑)·백(白)·적(赤)·흑(黑)의 5가지 색, 이른바 '오방색(五方色)'으로 구성된 색띠로 화면의 사각형 테두리를 두르고 그 안의 중심부에 또 다른 그림을 배치하는 표현기법을 사용하여 작성한 도안의 표절이 문제되었다. 이 사건과 대비되었던 도안은 가운데에는 승무를 하는 여승의 얼굴과 자신의 사진을 좌우에 배치하고 주위의 사격형 테두리에 색동무늬의 띠를 두름과 아울러, 네 귀퉁이에 건곤감리(乾坤坎離)의 4괘 문양을 그려 놓은 광고선전물 도안이

원고 도안 "▤▤"과 피고 도안 "⬤ (5,000원 권), ▦ (10,000원 권)"은 4괘 형상이 왼쪽 위로부터 시계방향으로

'건(건, ☰), 감(감, ☵), 곤(곤, ☷), 리(리, ☲)'

의 순서에 따라 사각형 형태로 모아서 가로와 세로로 엇갈리게 배치되어 있는 점에서 유사점이 있기는 하다. 그러나 4괘의 개별적인 형상 자체는 예전부터 전해져 오던 것이고, ① 원고 도안은 '건, 곤' 괘가 세로로, '감, 리' 괘가 가로로 배치되어 있는 반면, 피고 도안은 '건, 곤' 괘가 가로로, '감, 리' 괘가 세로로 배치되어 있는 점, ② 원고 도안은 중심의 십자(十) 축을 중심으로 4괘가 정렬되어 있는 반면, 피고 도안은 그렇지 않은 점, ③ 원고 도안은 각 괘의 길이가 틀에 갇히지 않은 채 벗어나 있어 바람개비 모양을 연상시키는 반면, 피고 도안은 외곽 틀 내로 각 괘의 길이가 제한되어 있는 점, ④ 원고 도안은 '건, 감' 괘는 빨간색으로, '곤, 리' 괘는 파란색으로 채색되어 있는 반면, 피고 도안은 채색이 되어 있지 않은 점 등에서 차이가 있으므로, 양 도안은 그 표현에 있어서 실질적으로 유사하다고 할 수 없다.

또한, 판례는 '미술저작물의 실질적 유사성 여부는 일반인, 즉 보통 관찰자의 관점에서 서로 대비할 때 전체적인 관념과 느낌이 표현적 요소에서 유사하다고 볼 수 있는지 여부에 따라 결정되지만, 이는 어디까지나 창작성이 있는 표현 부분, 즉 독창적인 부분만을 가지고 대비하여야 한다'는 입장이다.

었다. 두 도안은 오방색을 주조로 한 동양적 분위기의 색띠를 서양화의 테두리에 배치하여 액자처럼 표현하였다는 점에서 유사하였으나, 법원은 사각형 테두리 안의 개개의 색상, 색채배열 및 구체적인 형태에서 그 문양이 틀리다는 점, 색띠가 연속되지 못한 채 적색 바탕에 검은 색으로 건곤감리의 4괘를 그려 놓은 네 귀퉁이의 정사각형 도형과 연결된 점 등 여러 가지 차이점을 들어 실질적 유사성을 부정하였다. 이 사건 결정문에서는 피신청인의 도안 안에 있는 여승의 얼굴과 피신청인 스스로의 사진 및 그 주위의 테두리는 모두 피신청인의 작품에서 유래한 것이라는 점을 설시하면서 그 도안은 피신청인 자신의 음양조형주의 표현기법에 의하여 제작한 작품이라고 봄이 상당하다고 하고 있는데, 이러한 설시내용이 신청인의 도안에 창작성이 없다거나 의거관계를 부정한다는 취지로 제시된 것인지, 그렇지 않으면 실질적 유사성을 부정하는 하나의 근거로 제시하는 것인지는 분명하지 않다.

〈부산고등법원 2021. 6. 24. 선고 2017나339 판결(확정)〉[261]

나) ... 이 사건 원고 작품들에서 외관상 나타나는 표현 형식, 즉 다수의 고무줄을 사용하여 그 양 끝을 마주 보거나 맞닿은 벽 또는 하나의 벽면에 고정하여 연결하는 작업을 계속적으로 반복하는 방법으로 일정한 간격을 두고 고정시켜 면을 구성하고, 고무줄 사이의 간격을 같은 규격으로 확장 내지 축소시키는 등 일정한 규칙에 따라 공간 속에 고무줄을 배열하여 전시장을 메우는 배치 형식 및 그에 따른 공간 창출, 조명의 이용에 의한 그림자 효과 등의 표현 형식이 이 사건 피고 작품에서도 그대로 드러나고 있어 일반인에게 주는 전체적인 관념과 느낌이 매우 유사한 것으로 보이기는 한다.

(중략)

다) 그러나 ... 다음과 같은 사정들에 비추어 보면, 이 사건 원고 작품들의 표현형식 중 저작권법으로 보호되지 않는 아이디어나 공유에 속하는 요소들을 제외한 창작성 있는 표현만을 가지고 이 사건 피고 작품과 대비하여 볼 때 앞서 본 사정들만으로는 양자가 실질적으로 유사하다고 단정하기에 부족하고 달리 이를 인정할 만한 증거가 없다.

① (생략)

② 그런데 이 사건 원고 작품들의 전시 이전에 작품 활동을 하여 온 해외 작가들인 S, T를 비롯하여 U, V 등 다수의 국내외 작가들이 이미 이 사건 원고 작품들에 선행하여 고무줄 또는 그와 유사한 탄성이 있는 선재를 규칙성 있게 배열하여 전시장 등 특정 공간의 벽과 벽, 벽과 천장, 천장과 바닥을 연결하는 방식으로 제작된 설치작품을 제작하여 왔다. ... 위와 같은 감정의견에 더하여 고무줄과 같이 누구나 접근이 가능한 재료는 공유되어야 하는 것이므로 재료가 동일하다는 사정은 실질적 유사성을 인정하는 근거가 될 수 없는 점...

③ ~ ⑥ (생략)

⑦ ... 이 사건 원고 작품들과 이 사건 피고 작품을 창작성이 있는 표현에 해당하는 것만을 가지고 대비하여 보면, 양자에서 외관상 느껴지는 유사성은 대부분 보호받지 못하는 아이디어나 공유에 속하는 요소, 즉 다수의 고무줄 또는 그와 유사한 탄성이 있는 선재를 주어진 공간의 벽면 또는 천장에 연결하여 규칙적으로 배열·설

---

261) 1심인 부산지방법원 2017. 2. 8. 선고 2014가합9635 판결은 '이 사건 피고 작품에 창작적이라 할 수 있는 비유사적 요소가 존재하더라도 그러한 비유사적인 요소가 이 사건 원고 작품에서 차용한 부분을 압도하여 원고의 저작물과 종속성을 인정할 수 없을 정도로 새로운 창작물로 인정될 수 있는지에 관하여도 살펴보아야 한다'고 하면서 원고 일부승소 판결을 하였으나, 항소심인 위 판결에서는 실질적 유사성이 없다는 이유로 원고 패소 판결을 선고하였다.

치하였다는 공통점에서 비롯된 것일 뿐이고, 양자 모두 작자가 각기 다른 크기와 형상을 가진 공간을 선정하여 그 특정한 공간의 물리적 구조와 그에 따라 예상되는 관람객의 동선 등을 나름대로 독창적으로 해석한 다음 각자의 해석을 다수의 선재에 의한 조형적 표현을 통하여 형상화한 것으로서, 공간의 물리적 특성 및 그에 대한 해석과 조형적 표현이 결합된 각 작품의 구체적인 표현형식, 즉 전체적인 구도, 형성된 면의 모습과 그에 따라 분할된 공간의 모습, 뒤틀림 및 기울기의 정도, 운동감, 관람객의 동선 등 전체적인 형상과 구체적 · 세부적인 표현, 그로부터 받게 되는 심미감에서는 차이가 있다고 판단된다. 그렇다면 비록 양자의 작품에 있어서 사용된 기본적인 요소는 보호받는 표현에 해당하지 아니한다고 하더라도, 그 요소들의 구체적인 구성, 배열 및 조합은 보호받는 표현으로서 양자 모두 창작성이 인정된다고 볼 수 있다.262)

나) 핵심적인 부분이 이용되었다면 비유사적 요소의 영향력은 줄어듬

두 번째로 창작성이나 다양한 표현가능성의 정도가 높아 저작물의 핵심적인 비중을 차지하는 부분이 이용되었을수록 비유사적인 요소가 미치는 영향력은 적어진다. 이에 관하여서는 Steinberg v. Columbia Pictures, Inc. 판결263)을 사례로 들어 살펴보기로 한다. 이 판결에서는 뉴욕을 중심으로 세계를 바라 보는 것을 주제로 한 삽화와 포스터 사이의 실질적 유사성이 문제되었다.

---

262) 이 판결에 대하여 "본 사건의 2심 재판부가 모두 본건 설치미술 분야의 실질적 유사성 판단에 있어서 전체적인 관념과 느낌이라는 판단 기준을 채택하면서 정작 실제 판단에 있어서는 개별 요소들을 모두 분해하는 방법을 채택하고 있는 것은 다소 모순된 측면이 있다"고 지적하면서 "전체적 대비를 위해서는 우선 두 저작물 전체를 각 요소가 결합된 그대로 관찰하여 그 인상이나 느낌을 대비하여야 하며, 특별한 사정이 없다면 각 요소를 동등한 비중으로 관찰하는 것이 바람직하다(서울고등법원 2014. 12. 4. 선고 2014나2011480 판결)"는 견해가 있다. 최승수, "선재미술 작품의 저작권 침해 문제 — 2021. 6. 24. 선고 부산고등법원 2017나339 판결)", 저작권문화 2022년 5월호(통권 333호), 한국저작권위원회, 16~19면 참조.

263) 663 F.Supp. 706 (S.D.N.Y. 1987).

【그림 2-1】 원고의 삽화 　　　　【그림 2-2】 피고의 포스터

[그림 2-1]은 원고의 삽화이고, [그림 2-2]는 피고의 포스터이다. 법원은 두 작품이 모두 뉴욕의 관점에서 세계를 조감한다는 주제를 다루고 있을 뿐만 아니라 구체적인 표현에 있어서도 ① 맨해튼에서 강 건너에 있는 세계를 조감하는 것을 단순하고 변덕스러운 스타일로 묘사한 점, ② 맨해튼 내부의 네 블록은 상세하게 묘사하면서 맨해튼을 벗어나면서는 극도로 단순화하여 묘사한 점, ③ 하늘을 표현하기 위하여 그림 상단에 푸른색으로 칠해진 엷은 띠를 그리고 있는 점 ④ 그 이외에도 급수탑(water tower), 자동차, 주차장 위의 붉은 표지판, 그 이외의 건물들의 모양, 창문, 배치 등이 유사한 점 등을 지적하면서, 그 중에서도 특히 뉴욕시 내부를 묘사하기 위한 다양한 표현수단이 있는데도 두 그림 모두 맨해튼 내부의 네 블록을 상세하게 묘사한 것에 주목하였다.

원고의 삽화에 나타난 요소들 가운데에 뉴욕을 묘사한 점, 높은 곳에서 바라보는 관점으로 묘사한 점, 뉴욕의 건물과 차량들을 묘사한 점, 뉴욕의 허드슨 강을 묘사한 점은 추상적인데다가 독창적이지 못하고, 뉴욕을 묘사함에 있어서 수반되는 것으로서 그 다양한 표현가능성이 제약되는 것으로서 아이디어에 해당한다고 볼 수 있다. 그러나 원고의 삽화 중 핵심적인 가치는 '뉴욕 중심'에서 '세계를 바라보는' 사고의 표현방식이다. 이러한 표현은 여러 가지의 독창적이고 다양한 모습으로 나타낼 수 있는데, 원고는 그 중 ① 뉴욕은 전면부에 위치시키되 나머지 세계는 후면부에 위치시키고, ② 뉴욕은 자세하게 묘사하되 나머지 세계는 단순하게 묘사하며, ③ 뉴욕과 세계 사이를 물로 차단함으로써 두 영역의 차별성을 부각시키고, ④ 뉴욕의 중심부에 세계로 나아가는 대로를 묘사하는 방법을 선택하였고, 이러한 선택과 표현은 독창성, 구체성이 높은 것이었다.

그런데 이러한 요소가 피고의 포스터에 이용되었고, 더 나아가 건물들의 모양이나 창문, 배치, 차량이나 사람들의 분포, 진행방향 등 세부적인 표현부분까지 이용되었다면 원고의 삽화 중 창작 인센티브가 가장 높게 부여되어야 하는 부분이 이용되었다고 할 수 있다. 따라서 법원은 세부적인 차이점들이 다수 존재함에도 불구하고 실질적 유사성이 인정되어야 한다는 결론에 이르렀고 이 결론은 타당한 것으로 생각한다.

다) 표현매체의 변경으로 인한 불가피한 비유사성은 고려대상에서 제외함

세 번째로 매체의 변경으로 인하여 불가피하게 발생하는 비유사적인 요소는 유사성 판정에 큰 영향을 미치지 않는다. 미술저작물은 2차원과 3차원을 넘나든다. 예를 들어 원고의 그림을 피고가 조각으로 만들어 그림의 저작권을 침해하였다고 주장하는 사례와 같이 2차원적 저작물인 그림과 3차원적 저작물인 조각의 실질적 유사성을 판정하여야 하는 경우이다.[264] 이 경우에도 매체의 차이로 부득이하게 발생하는 차이점에 집착하여 실질적 유사성을 판단하는 것은 타당하지 않다. 따라서 그림이 대상의 전면(前面)을 묘사하였고, 조각이 그 전면뿐만 아니라 측면(側面)과 후면(後面)을 추가하여 묘사하였다고 하더라도 실질적 유사성 판단은 양자에 모두 존재하는 전면의 비교를 통하여 행한다.

제6절 건축저작물

1. 건축저작물의 의의

가. 건축저작물의 개념

저작권법에서는 건축저작물의 개념을 별도로 정의하지 않은 채 다만 제4조

---

264) 2차원적인 만화의 등장인물을 3차원적인 인형과 장난감으로 만든 경우에 실질적 유사성을 인정하여 저작권침해를 긍정한 Fleischer Studios, Inc. v. Ralph A. Freundlich, Inc., 73 F.2d 276 (2d Cir. 1934) 참조.

제1항 제5호에서 "건축물·건축을 위한 모형 및 설계도서 또는 그 밖의 건축저작물"만 규정하고 있다. 따라서 이 조항을 문언대로 해석하면 건축저작물은 건축물, 건축을 위한 모형 및 설계도서 이외의 모습으로도 존재할 수 있다. 예컨대 설계도서의 개념을 좁게 파악할 경우 건축물에 관한 초기 디자인이 나타난 스케치는 건축물, 건축을 위한 모형 및 설계도서 중 어느 유형에도 속하지 않으나 건축저작물로서 보호되는 유형이다.[265] 하지만 건축물, 건축을 위한 모형 및 설계도서의 개념을 넓게 파악한다면, 위와 같은 스케치는 설계도서에 포함될 수 있고, 다른 건축 관련 저작물 역시 위 세 가지 유형 중 하나에 포함시킬 수 있다. 이와 같은 입장에서 건축저작물의 개념을 정의하자면, 건축저작물은 사상과 감정이 표현된 창작물로서의 건축물[266] 및 그 건축을 위한 모형이나 설계도서 또는 그 밖의 건축저작물이다.

　　우선 건축물은 건축하여 이룬 구조물로서 주거가 가능한 것은 물론이고, 주거를 목적으로 하지 않는 구조물들, 예컨대 교회나 정자, 전시장, 가설건축물 등도 포함한다.[267] 건축법에서는 건축물에 대한 정의 규정[268]을 두고 있으나, 위 법

---

265) 건축구상이 담겨 있는 스케치를 건축저작물로 인정한 東京地裁 2000(平成 12). 8. 30. 선고 平11(ワ)29127호, 平12(ワ)5331호 판결(判例タイムズ 1042호, 269면) 참조.

266) 우리나라에서는 1957. 1. 28.에 제정된 최초의 저작권법 제2조에서 저작물의 예시 중 "건축", "도형", "모형"을 포함시킴으로써 처음부터 건축물 자체에 대한 저작권을 부여하였고, 1986. 12. 31. 법률 제3916호로 저작권법을 개정하면서 현행 저작권법과 같이 건축저작물에 건축물, 건축을 위한 모형 및 설계도서가 포함된다는 점을 명시하여 이를 재차 확인하였다. 반면 미국에서는 원래 설계도서나 모형은 어문저작물이나 회화·그래픽·조각저작물의 일종으로 보호하고 건축물은 실용품(useful article)의 일종으로 보아 건축물의 미적 부분이 그 실용적 기능으로부터 물리적으로나 관념적으로 분리가능할 때(physically or conceptually separable)에만 예외적으로 조각저작물의 일종으로 저작권에 의한 보호를 부여하여 왔다. 예컨대 Demetriades v. Kaufmann, 680 F.Supp. 658 (S.D.N.Y. 1988) 판결에서는 이웃에 있는 주택의 설계도면을 베낀 설계도면에 기하여 거의 동일한 주택을 건축한 피고의 행위에 대하여, 설계도면의 작성은 저작권침해에 해당하지만 주택의 건축은 저작권침해에 해당하지 않는다고 판시하였다. 그러나 그 후 미국이 1989. 3. 1. 문학적·예술적 저작물의 보호를 위한 베른협약에 가입하면서 건축물을 저작권으로 보호하는 위 협약에 자국의 저작권법을 일치시키기 위하여 1990. 12. 1.부터 건축저작물보호법(The Architectural Works Protection Act of 1990)을 시행하였다. 이로써 미국은 설계도서나 모형에 이어 건축물의 디자인에 대하여서도 저작권의 보호를 부여하고 있다. 미국에서의 건축저작물 보호에 관하여, 손흥수, "미국에서의 건축저작권", 저스티스 제108호(2008. 12) 참조.

267) 이해완, 저작권법, 제4판, 박영사(2019), 163면. 건축물의 구성부분을 이루는 철제울타리에 대하여 건축물과 분리하여 별도의 독립된 건축저작물로 볼 수 없다고 한 하급심 판례로서 서울고등법원 2005. 1. 25. 선고 2004나48890 판결(확정) 참조.

268) 건축법 제2조 제1항 제2호에서는 건축물을 「토지에 정착하는 공작물 중 지붕과 기둥 또는 벽이 있는 것과 이에 딸린 시설물, 지하나 고가(高架)의 공작물에 설치하는 사무소·공연장·점포·차고·창고, 그 밖에 대통령령이 정하는 것」이라고 정의한다.

은 행정규제에 관한 법이므로 그 건축물의 개념이 반드시 건축저작물에 포함되는 건축물의 개념과 일치하는 것은 아니다. 예컨대 예술성에 초점이 맞추어진 건축물 중에는 지붕과 기둥 또는 벽이 존재하지 않는 것도 있을 수 있는데, 이는 건축법상 규제를 받는 건축물에는 해당하지 않지만 건축저작물의 개념에는 포함될 수 있다.

건축물에 부속된 조각의 경우 그것이 건축물의 일부인지 그렇지 않으면 독자적인 조각물인지 여부는 그 권리범위와 관련하여 매우 중요한 의미를 가질 수 있다. 저작권법 제35조 제2항에서는 개방된 장소에 항시 전시되어 있는 미술저작물·건축저작물·사진저작물은 어떠한 방법으로든지 이를 복제할 수 있다고 규정하면서도 '건축물을 건축물로 복제하는 경우(제1호)'와 '조각 또는 회화를 조각 또는 회화로 복제하는 경우(제2호)'에는 그 허용범위에서 제외하고 있다. 만약 개방된 장소에 있는 부속된 조각을 건축물의 일부로 본다면 이를 조각 또는 회화로 재현하는 것이 허용될 수 있으나, 이를 건축물과 구분되는 별도의 조각으로 본다면 이를 조각 또는 회화로 재현하는 것이 허용되지 않는다.[269]

설계도서는 건축물을 만들기 전에 그 건축물의 구조나 디자인, 건축물에 소요되는 재료와 공사비, 공법 등에 관한 계획을 구체적으로 명시한 도면[270] 또는 서류를 의미한다. 건축법이나 그 시행규칙에서도 설계도서에 관한 정의규정[271]을 두고 있으나, 건축저작물의 일종으로서의 설계도서가 건축법상 설계도서의 개념보다 더 포괄적이라는 점은 앞서 건축물에서 설명한 것과 마찬가지이다. 설계도서는 저작권법 제4조 제1항 제8호에 의하여 도형저작물로서도 보호받을 수 있다.[272]

---

269) Leicester v. Warner Bros., 232 F.3d 1212 (9th Cir. 2000) 판결에서는 건축물 중 예술적으로 표현된 건물벽과 탑 부분이 건축물의 일부인지 조각저작물인지가 문제되었는데, 이에 대하여 연방 제9항소법원에서는 이러한 부분은 건축물의 표현양식 중 필수적인 점이라고 판시하면서 이 부분에 대한 사진 기타 회화적인 복제물을 만드는 것이 허용된다고 판시하였다.

270) 모형도, 투시도, 배치도, 평면도, 정면도, 배면도, 측면도, 내부상세도 등이 그 예이다. 서울지방법원 1995. 8. 18. 선고 95가합52463 판결(확정)에서는 호텔의 모형도 및 투시도에 대한 저작재산권침해를 다루고 있는바, 이 판례는 국내에서 건축저작물의 실질적 유사성을 다룬 최초의 것이다. 다만 실질적 유사성을 인정하면서 그 근거는 명확하게 설시하지 않고 있다.

271) 건축법 제2조 제14호{"설계도서"란 건축물의 건축등에 관한 공사용 도면, 구조계산서, 시방서(示方書), 그 밖에 국토교통부령으로 정하는 공사에 필요한 서류를 말한다} 및 같은 법 시행규칙 제1조의 2.

272) 우리나라 저작권법은 제4조 제1항 제8호에서 도형저작물로서 지도·도표·설계도·약도·모형 그 밖의 도형저작물을 예시하면서, 이와는 따로 제5호에서 건축을 위한 모형 및 설계도서를 건축저작물에 포함시키고 있다. 참고로 일본 저작권법 제10조 저작물의 예시규정에 따르면, 같은 조 제5호의 건축저작물에는 건축물만이 해당되고, 설계도면 등은 같은 조 제6호에서 건축저작물과 독립하여 규정하고 있다. 반면 미국 저작권법은 제101조에서 건축설계도면은 건축저작물과

〈서울중앙지방법원 2007. 11. 29. 선고 2007가합77724 판결〉[273]

원고의 등대도안은 건축구상을 위한 일종의 스케치로서 건축구상을 표현하고 있지만, 그 구상의 밀도에 있어서 대략적인 구상단계에 불과하고, 그 표현에 있어도 건축설계도면이 가지는 기술성, 기능성보다는 형상, 색채, 구도 등의 미적 표현에 중점을 두고 있고, 원고의 등대도안만으로는 실제로 등대를 건축할 수 없는 사실을 인정할 수 있다.

그런데 건축저작물이라고 함은 건축물에 의해 사상이나 감정을 표현한 것으로서 창작성 있는 표현이라고 하는 저작물성의 요건을 갖춘 것만을 말하고, 모든 건축물이 건축저작물에 해당하는 것은 아니다. 건축저작물은 관념적인 존재로서의 건축저작물을 매체에 구현하고 있는 현실로 존재하는 건축물 자체와 건축을 위한 모형 또는 설계도면 중에 내재하고 이미지로서 존재하는 건축저작물이 있다(저작권법 제4조 제5호). 따라서 <u>건축을 위한 모형과 설계도서의 경우에는 저작권법 제4조 제8호의 도형저작물인 동시에 건축저작물에 해당하고, 그 건축을 위한 모형 또는 설계도서에 따라 건축물을 시공하는 것은 건축저작물의 복제에 해당한다</u>(저작권법 제2조 제22호). 다만 건축을 위한 도면에 저작물성이 인정된다고 하더라도 곧바로 그 도면에 따라 시공한 건축물의 저작물성과 직결되지 않으므로 저작권법 제4조 제5호에 정해진 건축을 위한 모형 또는 설계도서에 해당하기 위해서는 거기에 표현되어 있는 건축물의 저작물성이 인정되는 경우에 한정되고, 그렇지 않은 경우에는 건축저작물이 아니라 도형저작물이나 미술저작물에 해당하는데 불과하다고 보아야 한다. 이와 같이 해석하지 않으면, 창작성 있는 표현이라고 하는 저작물성의 요건을 갖춘 건축물만이 건축저작물에 해당하는 반면에 건축을 위한 모형과 설계도서의 경우에는 그에 따라 시공한 건축물이 저작물성이 없는 때에도 건축저작물로 인정되는 결과가 되어 부당하다. 한편 건축법은 설계도서는 건축물의 건축 등에 관한 공사용의 도면과 구조계산서 및 시방서, 건축설비계산 관계서류, 토질 및 지질 관계서류, 기타 공사에 필요한 서류라고 규정하여(건축법 제2조 제1항 제14호, 건축법 시행규칙 제1조의 2) 설계도서를 공사에 직접적으로 필요한 도면이나 서류로 정하고 있다.

위 인정사실과 건축법의 규정내용에 비추어 보면, 원고의 등대도안은 저작권법 제

미술저작물 양쪽에 해당하는 것으로 정의하고 있다. 이렇게 본다면 우리나라 저작권법의 규정은 미국과 유사하며, 건축설계도면은 도형저작물과 건축저작물의 양면성을 가지고 있는 것으로 파악할 수 있다. 이상 오승종, "건축저작물과 저작권", 저스티스 제33권 제4호(2000. 12), 한국법학원, 261면 참조.

273) 이에 대한 항소심도 같은 결론으로 확정되었다. 서울고등법원 2008. 10. 29. 선고 2008나4461 판결.

4조 제5호에 정해진 설계도서에 해당한다고 보기는 어렵고, 도형저작물이나 미술저작물에 해당한다고 봄이 상당하다.

건축을 위한 모형은 2차원의 설계도서에 따라 건축하였을 때에 3차원적으로 나타나게 될 건축물의 형상과 구조를 미리 알 수 있도록 제작된 모형을 의미한다. 예를 들어 아파트 모델하우스에 설치된 아파트 단지의 모형도 미적 부분에 있어서의 창작성이 나타나 있다면 건축저작물로서 보호받는다.

나. 건축저작물에 있어서 복제의 개념

건축저작물의 저작권침해에 있어서 실질적 유사성 판단이 문제되는 것은 통상 복제권 침해 및 복제의 방법에 의한 2차적 저작물 작성권 침해[274]의 경우이다.[275] 앞서 본 것처럼 건축저작물에는 설계도서와 모형 및 건축물의 세 가지 유형이 있는데, 같은 유형 안에서의 복제행위가 복제권침해에 해당하는 것은 당연하다. 그러므로 타인의 설계도서를 베낀 설계도서나 타인의 건축물을 보고 베낀 건축물의 신축행위는 모두 복제권침해에 해당한다. 한편 한 유형에서 다른 유형으로 복제하는 행위가 복제권침해에 해당하는가에 관하여서는 아래에서 그 경우를 나누어 살펴보기로 한다.

1) 타인의 모형이나 설계도서에 따라 건축물을 시공하는 행위의 복제성

저작권법 제2조 제22호는 "복제"를 "인쇄·사진·복사·녹음·녹화 또는 그 밖의 방법으로 일시적 또는 영구적으로 유형물에 고정하거나 다시 제작하는 것"

---

274) 대개 건축설계과정은 그 단계에 따라 기본설계와 실시설계로 나누어지는데, 건축주가 입찰과정에서 자신에게 제출된 여러 가지 기본설계안 중 마음에 드는 설계안을 제출한 사람을 실시설계자로 결정하지 않은 채, 이를 자신이 선정한 다른 실시설계자에게 넘겨서 그 기본설계에 기하여 실시설계를 하게 하는 경우가 발생하는바, 이러한 경우가 2차적 저작물 작성권 침해의 대표적인 예이다. 고영회, "건축설계도서의 저작권 보호", 계간 저작권 제15권 제3호(2002), 저작권심의조정위원회, 21~22면 참조.

275) 다른 저작물과 마찬가지로 건축저작물의 저작권침해는 저작재산권침해와 저작인격권침해가 동시에 이루어지는 것이 대부분이다. 예컨대 타인의 건축저작물을 무단으로 복제하거나 이에 기하여 2차적 저작물을 작성하는 행위는 저작재산권으로서의 복제권 및 2차적 저작물작성권의 침해이지만, 이와 동시에 저작권자의 성명을 표시하지 않은 채 저작물을 이용하였다는 면에서는 저작재산권으로서의 성명표시권의 침해이기도 하다. 그 이외에도 타인의 건축저작물을 변형하여 복제한 경우에는 동일성유지권, 아직 공표되지 않은 타인의 건축저작물을 복제하여 공표한 경우에는 공표권의 침해가 문제된다. 따라서 실제 소송에 있어서는 저작재산권침해뿐만 아니라 저작인격권침해가 함께 문제되는 경우가 많다는 것을 참고할 필요가 있다.

이라고 정의하면서, 건축물의 경우에는 "그 건축을 위한 모형 또는 설계도서에 따라 시공하는 것"을 포함한다고 덧붙이고 있다.[276] 따라서 타인의 모형 또는 설계도서에 따라 건축물을 시공하는 행위는 복제에 해당한다.[277]

원래 1957년에 제정된 저작권법 제23조에서는 "실시권(實施權)"이라는 표제 하에 "저작자는 그 저작물을 건조(建造) 기타의 방법으로 실시할 권리가 있다"라고 규정함으로써 실시권의 개념을 두고 있었고, 타인의 설계도서에 따라 시공하는 것은 그 설계도서의 실시권 침해에 해당하였다. 그런데 1986. 12. 31. 저작권법 전문개정시 각국의 저작권법이나 국제협약에는 실시 또는 실시권이란 용어가 없고 이를 복제에 포함시키고 있으므로,[278] 현행법과 같이 이를 복제의 개념에 포섭시키게 된 것이다.[279]

2) 타인의 건축물에 따라 설계도서나 모형을 작성하는 행위의 복제성

타인이 이미 건축한 건축물을 보고 이를 반영한 설계도서나 모형을 제작하는 것도 건축저작물의 복제에 해당하는가? 이는 일종의 역분석(reverse engineering)에 해당하는 행위이다.

설계도서나 모형과 건축물은 궁극적으로 동일한 아이디어에 기초하여 표현된 것이지만, 그 표현양식이 현저하게 틀리다. 따라서 이러한 점에 주목하여 원칙적

---

276) 오승종·이해완, 저작권법, 개정판, 박영사(2001), 71면에서는 이 조항에 대하여 아래와 같이 설명하고 있다. "문제는 甲이 설계도만 작성하고 아직 그에 따른 건축을 하지 아니하였는데, 乙이 그 설계도를 암기하거나 또는 다른 경로로 입수하여(따라서 설계도 자체의 복제는 하지 아니하였다), 그에 따라 甲보다 앞서서 건물 X를 건축한 경우이다. 이때에는 설계도 자체의 복제행위도 없고 그렇다고 아직 존재하지도 않는 건축물에 대한 복제가 있었다고 말할 수도 없는데, 이를 침해로 인정하지 못한다면 정의관념에 반하게 된다. 따라서 이와 같은 경우에도 침해가 성립할 수 있도록 한 것이 바로 저작권법 제2조 제14호(전부개정 저작권법 제2조 제24호에 해당)의 규정인 것이다."

한편 이영애, "건축저작권과 건축설계계약", 민사판례연구 23권, 2000, 605면에서는 이 조항에 대하여 아래와 같이 설명하고 있다. "이 규정은 결국 설계도면에는 이미 관념적인 건축물이 표현되어 있다고 보는 것이다. 그러므로 설계도면에 따라 건축을 하는 것은 설사 아직 현실적인 건축물이 존재하지 않는다 하더라도 그 설계도면에 따라 관념적으로 표현되어 있는 건축물을 복제하는 것이 되어 복제권의 침해가 성립한다. 일반적으로 저작권의 보호는 기존에 존재하는 저작물에 대하여 발생하는 것이 원칙이나, 이에 대한 특수한 예외로서 설계도면에 표현된 관념적인 건축저작물의 복제를 현실의 건축저작물의 복제와 동일하게 보는 것이다."

277) 대법원 2019. 5. 10. 선고 2016도15974 판결.

278) 당시 기준 영국 저작권법 제17조; 프랑스 저작권법 제122조의 3; 일본 저작권법 제2조 제1항 제15호 등.

279) 허희성, 신저작권법 축조개설(上), 저작권아카데미(2000), 77면.

으로 설계도서나 모형과 건축물 사이에는 저작권법상 복제 행위가 성립할 수 없다고 새길 수도 있다. 이 입장에 의하면 설계도서에 기한 건축물의 시공도 복제에 해당한다는 점을 따로 명시한 것은 주의적 의미가 아니라 형성적 의미를 가진다고 보게 된다.

그러나 동일한 사상이나 감정이 표현된 때에는 비록 그 표현양식이 틀리더라도 복제가 인정되는 경우는 많다. 조각을 회화나 사진으로 복제하는 것이 그 대표적인 사례이다. 그러므로 타인의 건축물을 검토한 후 그 미적 특징을 설계도서나 모형에 반영하였다면 복제행위가 성립하지 않는다고 볼 이유가 없다. 따라서 건축저작물 내의 유형간 복제행위는 가능하다. 이 입장에 의하면 설계도서에 기한 건축물의 시공이 복제에 해당한다는 규정은 확인적·주의적인 의미를 가진다고 보게 된다.[280]

2. 건축저작물의 특성

가. 건축저작물의 기능성

건축저작물은 문예적 저작물에 해당하는 어문저작물이나 음악저작물, 미술저작물 등과 비교할 때 실용성과 기능성이 매우 큰 비중을 차지하는 저작물이라는 특성을 가지고 있다. 이러한 기능적 저작물로서의 특성은 실질적 유사성의 판단에도 큰 영향을 미치게 된다.

일반적으로 건축물에는 지붕과 기둥이나 벽이 존재하여야 하고,[281] 집이나 사무실과 같이 사람의 존거공간(存居空間)으로 사용되는 건축물은 그 용도에 적합하게 방, 창문, 현관문, 복도 등을 갖추어야 하기 때문에 이와 같이 건축물 본래의 목적과 기능에 부합하기 위한 범위 내에서 대부분의 건축물들은 유사한 모습을 가지게 된다. 이처럼 실용성과 기능성의 지배를 받는 영역에 있어서 저작권적 보호를 부여하게 되면 먼저 저작권을 취득한 사람의 저작권을 침해하지 않고서는 건축물 본래의 목적과 용도를 달성하지 못한다는 결과가 발생하게 된다. 따라서 건축저작물에 있어서의 저작권의 보호는 실용성과 기능성의 제한을 강하게 받

---

280) 판례도 같은 입장인 것으로 보인다. 대법원 2019. 5. 10. 선고 2016도15974 판결은 '위 조항의 후문은 "건축물의 경우에는 그 건축을 위한 모형 또는 설계도서에 따라 이를 시공하는 것을 포함한다."라고 규정하고 있으나, 이는 저작물인 '건축물을 위한 모형 또는 설계도서'에 따라 건축물을 시공하더라도 복제에 해당한다는 점을 명확히 하려는 확인적 성격의 규정에 불과하다'고 판시하였다.

281) 이러한 요건을 갖추지 않은 예술적 건축물도 존재할 수 있음은 앞서 살펴본 바와 같다.

는다.

건축저작물에 구현하고자 하는 창작성은 앞서 본 실용성과 기능성 이외에도 다른 외부적인 제약을 받기 쉽다. 통상 건축은 건축가뿐만 아니라 건축주, 기술자, 하수급인 등 여러 분야의 주체들이 참여하고 이들의 요구와 필요사항을 절충하는 과정에서 건축가의 창작성이 희생될 수 있다. 또한 건축물이 위치한 대지의 현황이나 위치, 면적, 주위의 환경 등 물리적 환경과 각종 공·사법적 제약 등 규범적 환경, 인근 주민들이나 환경단체의 이해관계 등 사회적 환경, 건축물의 건축에 소요되는 비용과 이익을 둘러싼 재정적 환경 등도 건축가의 창작성에 대한 한계를 설정하게 된다. 이처럼 건축저작물은 창작자의 창작활동에 대한 여러 가지 외부적인 제약요인들이 존재한다는 특성을 가지고 있다.[282]

〈대법원 2009. 1. 30. 선고 2008도29 판결〉

설계도서와 같은 건축저작물이나 도형저작물은 예술성의 표현보다는 기능이나 실용적인 사상의 표현을 주된 목적으로 하는 이른바 기능적 저작물로서, 기능적 저작물은 그 표현하고자 하는 기능 또는 실용적인 사상이 속하는 분야에서의 일반적인 표현방법, 규격 또는 그 용도나 기능 자체, 저작물 이용자의 이해의 편의성 등에 의하여 그 표현이 제한되는 경우가 많으므로 작성자의 창조적 개성이 드러나지 않을 가능성이 크다(대법원 2005. 1. 27. 선고 2002도965 판결 참조). 그리고 어떤 아파트의 평면도나 아파트 단지의 배치도와 같은 기능적 저작물에 있어서 구 저작권법은 그 기능적 저작물이 담고 있는 기술사상을 보호하는 것이 아니라, 그 기능적 저작물

---

282) 참고로 건축물은 저작자와 소유자가 분리되는 경우가 많기 때문에 양자의 이해관계 조정이 필요하다. 우선 건축저작물에 있어서 저작자는 그 저작물의 내용·형식 및 제호의 동일성을 유지할 권리, 즉 동일성유지권을 가지나 무조건 동일성유지권을 관철한다면 건축저작물에 해당하는 건축물의 소유자는 그 저작권자의 허락없이는 건축물을 증축·개축하는 등 이를 변경하는 행위를 할 수 없는 결과에 이른다. 그러나 이는 건축저작물의 저작권 보호라는 명분 하에 건축주의 소유권 및 건축물이 원래 가지고 있는 실용성과 기능성을 심히 해치는 부당한 결과이다. 따라서 저작권법 제13조 제2항 제2호에서는 건축저작물의 저작자라고 하더라도 "건축물의 증축·개축 그 밖의 변형"에 대하여는 이의를 할 수 없다는 예외조항을 두고 있다. 또한 건축물은 그 목적과 용도 때문에 일반 공중에게 개방된 장소에 세워지는 경우가 많다. 이러한 개방성에 주목하여 저작자와 일반 공중의 이해관계를 조정하는 조항이 마련되어 있다. 저작권법 제35조 제2항에 의하면 원칙적으로 건축저작물을 포함한 미술저작물 등(미술저작물·건축저작물 또는 사진저작물)은 가로·공원·건축물의 외벽 그 밖의 일반공중에게 개방된 장소에 항상 전시하는 경우에는 이를 복제할 수 있다. 그러므로 일반 공중에게 개방된 장소에 있는 건축물을 사진으로 촬영하거나 비디오로 녹화하는 경우, 건축물을 그림으로 재생하는 것은 복제에 해당하지만 저작권침해에 해당하지 않는다. 다만, 저작권법 제35조 제2항 제1호에 의하면 건축물을 건축물로 복제하는 것은 허용되지 않는다.

의 창작성 있는 표현을 보호하는 것이므로, 설령 동일한 아파트나 아파트 단지의 평면도나 배치도가 작성자에 따라 정확하게 동일하지 아니하고 다소간의 차이가 있을 수 있다고 하더라도, 그러한 사정만으로 그러한 기능적 저작물의 창작성을 인정할 수는 없고 작성자의 창조적 개성이 드러나 있는지 여부를 별도로 판단하여야 할 것이다(대법원 2007. 8. 24. 선고 2007도4848 판결 참조).

나. 건축저작물의 창작성

건축저작물의 실용성과 기능성이나 위와 같은 기타 제약요소들의 존재에도 불구하고, 건축저작물의 핵심이라고 할 수 있는 건축디자인의 영역에서는 여전히 건축가들의 창작성 내지 예술성이 발현될 여지가 있다.[283] 또한 이러한 건축저작물의 창작성은 실용성이나 기능성과도 양립할 수 있다. 그 중 건축저작물의 실용성은 저작권에 의하여 보호받을 수 없지만, 건축저작물의 창작성은 다른 여느 저작물에 나타난 창작성 있는 표현과 마찬가지로 보호받을 가치가 있다.

건축저작물에 있어서 창작성은 어느 정도로 요구되는가 하는 문제가 있다. 건축저작물은 궁전이나 개선문 등 역사적 건축물로서 대표되는 바와 같이 지적 활동에 의하여 창작된 건축예술이라고 평가되는 건축물에 한하고 일반 건축물은 건축저작물에 포함되지 않는다고 하여, 건축저작물의 창작성을 상당히 높은 정도로 요구하는 견해[284]가 있다. 반면 예술성이나 미술성 등 다분히 주관적인 요소에 따라서 건축저작물의 저작물성을 판단하는 것에 대하여 의문을 제기하면서, 건축저작물도 저작물의 한 종류로서 예시되어 있는 이상 건축물 자체의 창작성 유무에 따라서 그 저작물성을 판단하되, 그 판단과정에서 건축저작물 특유의 주거성, 실용성, 기능성을 고려하여야 한다는 견해[285]도 있다. 한편 저작권으로 보호되는 건축물이 예술성이 높은 사원이나 궁전, 박물관, 올림픽기념탑 등에 한정된다고 볼 것은 아니고, 빌딩이나 일반주택 등이라고 하더라도 아주 흔한 것이 아니고 사회통념상 미술범위에 속한다고 인정되는 경우에는 이에 속한다는 견해[286]는 절충적인 입장이라고 할 수 있다.

일반적으로 창작성이란 완전한 의미의 독창성을 말하는 것이 아니고, 단지

---

283) Bradford Perkins, "Building Design", Architect's Handbook §2.5.
284) 허희성, 신저작권법 축조해설, 범우사(1988), 49면.
285) 오승종, "건축저작물과 저작권", 저스티스 제33권 제4호(2000. 12), 한국법학원, 262면.
286) 송영식·이상정·황종환 공저, 지적소유권법, 제7전정판, 육법사(2001), 480면.

어떠한 작품이 남의 것을 단순히 모방한 것이 아니고 작자 자신의 독자적인 사상 또는 감정의 표현을 담고 있음을 의미할 뿐이어서 이러한 요건을 충족하기 위하여는 단지 저작물에 그 저작자 나름대로의 정신적 노력의 소산으로서의 특성이 부여되어 있고, 다른 저작자의 기존의 작품과 구별할 수 있을 정도이면 충분하다.287) 건축저작물이라고 하여 그 창작성 판단에 이러한 일반론의 예외를 인정할 근거는 없다. 특히 건축저작물은 조각 등 미술저작물과 구별되는 것으로서 개념적으로도 반드시 예술성에 준하는 정도의 창작성을 요구할 이유가 없다. 따라서 위와 같은 일반론에 따라 건축저작물에 있어서의 창작성 역시 작자가 남의 것을 모방하여 건축저작물을 제작한 것이 아니고 작자 자신의 독자적 표현이 나타나기만 하면 인정된다고 할 것이다.

건축저작물의 창작성 개념을 일반적인 저작물의 창작성 개념과 달리 설정하려는 시도들은, 건축저작물의 창작성이 너무 쉽게 인정되는 경우 그 저작권 보호범위가 지나치게 확대됨으로써 건축저작물의 기능성과 충돌하게 된다는 우려에 기인한 것이다. 하지만 앞서 본 일반적인 창작성 개념에 의하더라도 건축저작물의 창작성이 인정되기 위하여서는 작자 자신의 독자적인 사상 또는 감정의 표현이 개입되어야 하는 것인데, 오래된 건축관습 또는 건축물 자체가 추구하는 기능성과 실용성 때문에 누구나 유사하게 사용하는 건축디자인의 경우 작자 자신의 독자적인 사상 또는 감정의 표현이 개입된 결과라고 보기 어려워 창작성이 인정되지 않을 것이다. 이처럼 결과적으로 창작성의 인정범위가 좁아지는 것은 창작성의 개념자체가 틀려지는 것과 구별하여야 한다. 그러므로 기존 창작성의 개념을 그대로 가져오더라도 부당한 결과가 생기지 않는다.

또한 창작성이 인정되는 건축저작물에 관하여서도, 건축저작물에 부여되는 저작권은 이른바 약한 저작권(thin copyright)으로서 어문저작물 등 문예적 저작물에 비하여 저작권침해판단에 있어서 실질적 유사성의 범위를 엄격하게 해석하기 때문에, 그 저작권 보호범위가 지나치게 확대될 우려는 거의 없다.

그러므로 건축저작물의 창작성에 예술성이라는 이질적인 개념요소를 끌어들여 일반 저작물과 달리 해석할 이유는 없고,288) 다만 창작성 여부의 판단 및 실질

---

287) 대법원 1995. 11. 14. 선고 94도2238 판결.

288) 같은 취지의 견해로 고영회, "건축설계도서의 저작권 보호", 계간 저작권 제15권 제3호(2002), 저작권심의조정위원회, 29면.

적 유사성 여부의 판단에서 기능적 저작물로서의 건축저작물의 특성을 충실히 반영하는 것으로 족하다고 할 것이다.[289]

〈대법원 2020. 4. 29. 선고 2019도9601 판결〉[290]

건축물과 같은 건축저작물은 이른바 기능적 저작물로서, 건축분야의 일반적인 표현방법, 용도나 기능 자체, 저작물 이용자의 편의성 등에 따라 표현이 제한되는 경우가 많다. 따라서 건축물이 그와 같은 일반적인 표현방법 등에 따라 기능 또는 실용적인 사상을 나타내고 있을 뿐이라면 창작성을 인정하기 어렵지만, 사상이나 감정에 대한 창작자 자신의 독자적인 표현을 담고 있어 창작자의 창조적 개성이 나타나 있는 경우라면 창작성을 인정할 수 있으므로 저작물로서 보호를 받을 수 있다.

〈대법원 2018. 5. 15. 선고 2016다227625 판결〉

실제 존재하는 건축물을 축소한 모형도 실제의 건축물을 축소하여 모형의 형태로 구현하는 과정에서 건축물의 형상, 모양, 비율, 색채 등에 관한 변형이 가능하고, 그 변형의 정도에 따라 실제의 건축물과 구별되는 특징이나 개성이 나타날 수 있다. 따라서 실제 존재하는 건축물을 축소한 모형이 실제의 건축물을 충실히 모방하면서 이를 단순히 축소한 것에 불과하거나 사소한 변형만을 가한 경우에는 창작성을 인정하기 어렵지만, 그러한 정도를 넘어서는 변형을 가하여 실제의 건축물과 구별되는 특징이나 개성이 나타난 경우라면, 창작성을 인정할 수 있어 저작물로서 보호를 받을

---

289) 건축설계도면의 경우에는 창작성을 판단하는 기준이 건축물의 경우와 다른 측면이 있다고 하면서, 건축설계도면은 건축저작물로서의 성격과 도형저작물로서의 성격을 겸유하는 양면성을 가지고 있다고 볼 것이므로, 그 가운데 건축저작물로서의 성격과 관련하여서는 위에서 본 바와 같은 기준을 적용할 수 있지만, 도형저작물의 성격과 관련하여서는 제도(製圖) 작업과 관련한 정신적 노력에 대하여 제한적이나마 별도의 창작성을 인정할 수 있다고 보는 견해가 있다. 이해완, 저작권법, 제4판, 박영사(2019), 168~169면 참조.

290) 건축사인 피고인이 甲으로부터 건축을 의뢰받고, 乙이 설계·시공한 카페 건축물(이하 '乙의 건축물'이라 한다)의 디자인을 모방하여 甲의 카페 건축물을 설계·시공함으로써 乙의 저작권을 침해하였다는 내용으로 기소된 사안에서, 乙의 건축물은 외벽과 지붕슬래브가 이어져 1층, 2층 사이의 슬래브에 이르기까지 하나의 선으로 연결된 형상, 슬래브의 돌출 정도와 마감 각도, 양쪽 외벽의 기울어진 형태와 정도 등 여러 특징이 함께 어우러져 창작자 자신의 독자적인 표현을 담고 있어, 일반적인 표현방법에 따른 기능 또는 실용적인 사상만이 아니라 창작자의 창조적 개성을 나타내고 있으므로 저작권법으로 보호되는 저작물에 해당한다는 이유로, 같은 취지에서 乙의 건축물의 창작성이 인정되고, 피고인이 설계·시공한 카페 건축물과 乙의 건축물 사이에 실질적 유사성이 인정된다고 본 원심판단을 수긍한 사례(카페 '테라로사' 사건). 이에 대한 평석으로는, 최우령, "건축저작물의 저작물성 판단기준에 대한 소고 ─대법원 2020. 4. 29. 선고 2019도9601 판결─", 안암법학 61권(2020. 11), 안암법학회, 409~440면 참조.

수 있다.

원심은, 원심 판시 원고의 광화문(2면 및 4면) 모형은 실제의 광화문을 축소하여 모형의 형태로 구현하는 과정에서 실제의 광화문을 그대로 축소한 것이 아니라, 지붕의 성벽에 대한 비율, 높이에 대한 강조, 지붕의 이단 구조, 처마의 경사도, 지붕의 색깔, 2층 누각 창문 및 처마 밑의 구조물의 단순화, 문지기의 크기, 중문의 모양 등 여러 부분에 걸쳐 사소한 정도를 넘어서는 수준의 변형을 가한 것이라고 판단하였다. 이어 이것은 저작자의 정신적 노력의 소산으로서의 특징이나 개성이 드러나는 표현을 사용한 것으로 볼 수 있으므로, 창작성을 인정할 수 있다는 취지로 판단하였다.

앞서 본 법리와 원심이 적법하게 채택한 증거들에 비추어 살펴보면, 원심의 위와 같은 판단은 정당하고, 거기에 상고이유 주장과 같이 창작성에 관한 법리를 오해하는 등의 위법이 없다.

〈서울고등법원 2016. 12. 1. 선고 2015나2016239 판결〉[291]

가) 이 사건 각 골프장의 골프코스가 인간의 사상 또는 감정을 표현한 것인지 여부

… 이 사건 각 골프장의 골프코스의 구성요소의 배치 등은 자연적으로 이루어진 것이 아니라 골프장을 설계한 설계자의 사상에 따라 골프장 부지에 대한 공사등을 통해 이루어진 사실을 인정할 수 있으므로, 이 사건 각 골프장의 골프코스에는 인간의 사상이 반영되어 표현되어 있다…

나) 이 사건 각 골프장의 골프코스가 저작권법 제4조 제1항 제5호에서 규정한 건축저작물에 해당하는지 여부

… 이 사건에 관하여 보건대, 앞서 본 전제사실에 변론 전체의 취지를 종합하면, 이 사건 각 골프장의 골프코스는 비록 집이나 사무실 건물과 같이 주거가 가능한 구조물은 아니라고 할 것이나, 통상 골프코스를 포함한 골프장은 클럽하우스 등이 포함되어 그 이용객들의 통상적인 출입이 예정되어 있는 시설이고, 건축법 제2조 제2항, 같은 법 시행령 제3조의5[별표 1]에 의하면, 골프장은 건축법령상 건축물 중 운동시설로 분류되어 있는 점 등에 비추어 볼때, 이 사건 각 골프장의 골프코스는 일응 저작권법 제4조 제1항 제5호에 규정된 '건축저작물'에 해당한다…

다) 이 사건 각 골프장의 골프코스에 창작성이 존재하는지 여부

… 이 사건 각 골프장의 골프코스는 일반적으로 사용되는 표현이나 누가 하더라도 같거나 비슷할 수밖에 없는 표현만을 사용한 것이 아니라, 골프코스를 창작한 저작

자 나름대로의 정신적 노력의 소산으로서의 특성이 부여되어 있는 표현을 사용함으로써 저작자의 창조적 개성이 표현되어 있으므로 단순히 일반 공중의 자유로운 이용의 영역(public domain)에 속한다고 볼 수 없고, 저작권법에 의해 보호되는 저작물에 해당한다...

② 이 사건 각 골프장의 골프코스와 같은 골프코스는 예술성의 표현보다는 기능이나 실용적인 사상의 표현을 주된 목적으로 하는 이른바 기능적 저작물에 해당한다고 할 것이나, 기능적 요소 이외의 요소로서 골프코스를 이루는 개개의 구성요소가 아니라 골프코스가 파지하는 공간 내에서 개개의 구성요소의 배치와 조합을 포함한 미적 형상으로서의 골프코스의 전체적인 디자인에 다른 골프코스와 구분될 정도로 설계자의 창조적 개성이 드러나 있을 경우 그 한도 내에서 그 저작물로서의 창작성이 인정될 수 있다고 보아야 한다.

④ ... 그 구체적인 배치에 있어서는 각 홀마다 페어웨이의 모양이나 길이, 폭, 꺾어진 방향과 각도, 벙커나 워터 해저드의 위치, 모양 및 크기 등이 모두 달라 전체 각 홀마다 독특한 특색을 가지고 있어 전체로서는 다른 골프장의 골프코스와 구별되는 차이점이 있다.

3. 건축저작물의 실질적 유사성 판단

가. 대비를 통한 유사성 요소의 확정

1) 대비관점

건축저작물은 보통 건축전문가에 의하여 작성된다. 그러나 건축저작물의 핵심은 설계도면이나 건축물이 가지는 기능에 있지 않고 그 전체적인 외관 내지 디자인에 있다. 그러므로 그 본질에 있어서 건축저작물은 기능성이 강하여 아이디어와 표현의 구분이 더욱 엄격하게 이루어져야 한다는 점만 제외하면 일반적인 시각적 저작물과 다를 것이 없다. 따라서 일반적인 시각적 저작물과 마찬가지로 건축저작물 역시 보통 관찰자의 관점에서 대비하는 것으로 족하다.292)

건축물로 시공되지 않은 상태의 복잡한 설계도면과 같이 일반인이 쉽게 이해할 수 없는 전문적인 저작물의 경우에는 전문가의 도움이 필요할 수 있다. 그러나이 경우에도 설계도면을 통하여 가상적으로 표현할 수 있는 건축물의 실질적 유사

---

292) 일반인이 두 건물을 볼 때 유사성이 느껴지는가의 관점에서 실질적 유사성을 판단한 판례로서 서울지방법원 의정부지원 2000. 7. 11. 선고 99고단4209 판결 참조.

성은 그 건축물이 실제로 존재하는 경우와 마찬가지로 일반인의 관점에서 행한다.

2) 대비방법

1차적으로는 건축저작물을 전체 대 전체로 대비하여 유사한 느낌이 드는지를 판단하고, 2차적으로는 그 유사함이 어떠한 개별적 요소에서 기인하는 것인지를 확정한다. 건축저작물의 실질적 유사성은 전체적인 외관 내지 디자인에 있어서의 유사성이므로 전체 대 전체의 대비만으로 족하다고 생각할 수도 있다. 그러나 전체로서의 유사성은 아이디어적 요소로 인하여 발생하는 것일 수도 있는 관계로, 어떠한 개별적인 요소로 인하여 전체로서의 유사성이 느껴지는지를 판단하기 위하여서는 유사성을 유발하는 개별적인 요소도 파악할 필요가 있다.293)

나. 표현적 요소의 확정

앞서 건축저작물은 기능성과 창작성을 함께 가지고 있다고 설명하였다. 건축저작물에 있어서 아이디어와 표현의 구분은 기능성의 지배를 받는 요소와 창작성의 지배를 받는 요소로 나누는 작업이다. 따라서 건축저작물에 있어서 표준적이고 기능적인 요소들은 아이디어에 해당하지만, 그러한 요소들을 포함하여 각종 소재의 선택·배열·구성의 창작성으로 인하여 표출되는 미적인 형상은 표현에 해당한다.

1) 아이디어성이 강한 요소

건축저작물은 건축물의 편의성, 실용성 및 효율성 등의 기능적 가치에 중점을 두어 제작, 건축될 수밖에 없고, 그 기능을 구현하는 표현방법에 있어 다양성이 제한되어 있는 관계로 현실적으로 저작권적 보호가 인정되는 부분은 극히 제한될 수밖에 없다.294) 이는 "Scènes à faire"의 법리 또는 합체의 원칙(merger

---

293) 미국의 경우 법원이 건축저작물의 실질적 유사성 판단에 있어 고려하는 구체적인 요소는 다음과 같은데, 어떤 특정요소 하나 자체의 유사성을 떼어서 판단하기보다는 문제된 저작물에 있어서 이들 요소의 다양한 조합이 가지는 의미를 더 많이 고려한다고 한다: ① 크기(size), ② 문과 출입구(doors and entries), ③ 창문(windows), ④ 욕실 등(bathrooms and closets), ⑤ 방(rooms), ⑥ 주차장과 차고지(parking and garages), ⑦ 계단(staircases), ⑧ 재료(materials), ⑨ 지붕(roofs), ⑩ 지지구조물(supports), ⑪ 벽의 각도(wall angles), ⑫ 특이한 형태(unusual features) 등: Wickham v. Knoxvill Int'l Energy Exposition, Inc., 555 F.Supp. 154, 221 U.S.P.Q. 697, 1983 Copr.L.Dec. P 25,524 (D.C. Tenn. 1983). 이에 대한 자세한 설명은, 손흥수, "미국에서의 건축저작권", 저스티스 제108호(2008. 12), 한국법학원, 18~21면 참조.

294) 서울고등법원 2004. 10. 6.자 2004라21 결정(확정). 이 결정이유에서는 설계도서와 같이 표현형

doctrine)이 적용된 결과라고도 볼 수 있다.295)

　　일반적으로 건축물의 미적인 형상은 저작권의 보호를 받을 수 있으나, 그 형상 가운데에도 표준적이고 기능적인 요소들, 예컨대 창문이나 문과 같은 구성요소들로 인한 형상은 저작권의 보호를 받을 수 없다. 미국 저작권법에서도 건축저작물은 전체적인 형상, 그리고 공간과 디자인적 요소의 배열과 결합을 포함하지만 개별적인 표준사양들은 포함하지 않는다고 규정하고 있다.296) 따라서 건물의 용도실현, 공간의 활용, 조망 및 채광의 확보, 관련 법령의 준수, 대지의 조건 및 현황 등 외부적·기능적 요인에 영향을 받아 설계·건축된 요소들은 아이디어에 해당한다.

　　특히 일반 주택이나 아파트, 근린생활시설과 같이 건축물의 편의성, 실용성 및 효율성 등의 기능적 가치에 중점이 주어지는 경우에는 저작권의 보호를 받을 수 없거나 그 보호범위가 매우 좁아질 수밖에 없다. 예컨대 공동주택의 설계도서에 나타난 각 동의 구조 및 배치계획, 단위세대 평면계획, 입면계획, 단면계획 등이나297) 34평형 아파트의 설계도면에 나타난 공간 및 요소들의 배치 및 구성298)은 아이디어에 해당하고, 근린생활시설인 건축물 오른쪽에 주차타워가 있고 왼쪽에 건물이 배치되어 있고, 주차타워와 건물 사이에 지상주차장을 배치시켜 놓았으며, 자동차가 다니는 동선과 사람이 다닐 수 있는 동선을 완전히 구분시켜 놓았고, 지하 1층 주차장에 대지 고저차로 인해 생기는 공간을 활용하기 위해 중층을

　　　태가 극히 제한된 기능적 저작물에 저작권 침해가 인정되기 위하여는 그 설계도서에 나타난 표현의 세세한 부분까지 거의 동일하게 모방한 경우라야 한다고 판시하고 있다.

295) 이와 같은 건축저작물의 기능성 이외에도 건축에 있어서 타인의 건축물을 모방하는 것은 상당한 역사적인 뿌리가 있고 불가피한 측면도 있기 때문에, 과거부터 현재에 이르기까지 관행적으로 이루어져 왔고 너그럽게 받아 들여왔다는 점에 주목하는 견해도 있다. Adam T. Mow, *Building with Style : Testing the Boundaries of the Architectural Works Copyright Protection Act*, 2004 Utah L. Rev. 853.

296) 17 U.S.C. §101.

297) 서울고등법원 2004. 10. 6.자 2004라21 결정(확정).

298) 서울고등법원 2004. 9. 22.자 2004라312 결정(확정). 이 사건에서 법원은 34-35평형 아파트 설계도면에 있어서 욕실을 현관 측부에 배치하지 않고 안쪽에 배치함으로써 양쪽에 신발장을 두어 충분한 수납 공간을 확보한 점, 주방에 냉장고를 배치할 수 있도록 부부욕실 배치와 더불어 계획한 점, 안방에 후면 발코니와 파우더룸, 수납 공간을 같이 배치하여 발코니 확장시 수납 공간을 강화할 수 있는 점 등의 설계상 특징들은 수납 공간을 확보한다는 등 아파트 내부 공간 활용의 편의성을 도모하기 위한 공간 및 요소들의 배치 및 구성에 관련된 것으로 기능적 요소라 할 것이므로, 그 자체로는 아이디어에 해당하여 저작권적인 보호 대상이 될 수 없다고 판시하였다.

신설하여 선컷299)을 두어 지하 1층을 지상 1층처럼 자연채광이 되도록 설계하였다는 등의 특징들도 아이디어에 해당하거나 극히 제한된 표현형태의 하나에 불과하다.300) 특정한 기능을 구현하는 설비를 통상적인 방법으로 표현한 설계도면도 저작권법의 보호를 받을 수 없다.301)

2) 표현성이 강한 요소

건축저작물의 창작성 있는 표현은 건축물에 의하여 표현된 미적 형상으로서의 전체적인 디자인이다.302) 건축저작물은 소재의 선택·배열 또는 구성에 창작성이 있는 편집저작물에 가까운 특성을 가진다. 따라서 건축물을 구성하는 문, 창문, 방, 계단, 복도 등의 개별적인 요소들은 그 자체로서는 건축저작권의 보호대상에 포함되지 않으나, 그 요소들을 선택하고 배열한 전체로서의 디자인에 창작성이 있을 때에는 건축저작물로 인정받는다. 1990년 건축저작물보호법을 제정하는 과정에서 작성된 미국 의회 보고서에서 건축저작물의 저작권침해판단과 관련하여 제안한 소위 2단계 테스트(Two-part Test)303)는 건축저작물 중 보호되는 표현 부분을 확정하는 데 있어 참고할 만하다. 이 보고서에 의하면 건축저작물의 저작권침해판단의 첫 번째 단계에서는 건축물의 전체적인 형상과 인테리어 디자인에서 창작적인 요소들이 있는지를 검토한다. 만약 창작적인 요소들이 있다면, 두 번째 단계로 나아가 그 요소들이 기능적으로 요구되는 것인지를 검토한다. 오로지 기능

---

299) 자연채광과 환기를 위한 천정 개방형 시공.

300) 대구지방법원 2004. 11. 2. 선고 2003가합10005 판결(확정).

301) 지하철 통신설비 중 화상전송설비에 대한 설계도면의 저작물성을 부정한 대법원 2005. 1. 27. 선고 2002도965 판결. 이와 달리 일본 하급심 판례 중에는 금속가공용기계의 설계도면에 관하여 기계공학상의 기술적 사상이 표현된 것으로 창작성을 인정한 판례가 있다. 大阪地裁 1992(平成 4). 4. 30. 선고 昭61(ワ)4752호 판결(判例時報 1436호 104면), 이에 대한 해설로서 서달주, "공작기계 설계도의 저작물성 여부", 저작권문화 131호(2005) 참조. 위 해설에 의하면 위 설계도면에 나타난 기술적 사상은 달리 표현할 가능성이 거의 없어 창작성을 인정하는 것은 법리적으로 무리한 구성이지만, 원래 저작권법에서 도형저작물을 인정한 취지는 그 작성에 들어가는 고도의 기술과 경비에 비추어 볼 때 극히 경미한 창작성이라고 하더라도 너그럽게 인정하여 주는 것이므로 이러한 관점에서 창작성이 희박하더라도 이를 너그럽게 해석하고 보호의 대상으로 삼는 방향이 타당하다는 것이다.

302) 대림산업에서는 2005년 9월에 업계 최초로 아파트 'e-편한세상' 외관에 대한 저작권 32건을 등록한 바 있다. 등록된 디자인은 지붕 구조물의 경우 구조물 중간 중간에 서 있는 가벽에 컬러로 포인트를 주어 지루하지 않고 생동감있게 연출했으며 옥탑은 개방공간을 넓게 해 시원한 느낌을 주고 알루미늄 바를 이용해 세련된 이미지도 강조한 것이라고 한다. 2005. 9. 15.자 한겨레신문 참조.

303) H.R. Rep. No 101-735, 101st Cong., 2d Session, at 6(1990).

적으로 요구되는 것이 아닌 창작적 요소들만 물리적 혹은 관념적 분리가능성 여부와 관계없이 저작권에 의한 보호를 받는다.304)

건축저작물의 디자인에는 기능적인 요청으로부터 자유로운 미적 요소가 존재하여야 한다. 예를 들어 우리나라에서는 둥근 형태의 기둥에 버섯 모양으로 건축한 건축물에 관한 저작권침해를 긍정한 사례가 있는데,305) 이 사건 건축물은 일반적인 건축물과 달리 상당한 정도의 독특함과 예술성이 가미된 건축물로서 그러한 미적 부분을 창작성 있는 표현으로 인정하는 데에 무리가 없었을 것으로 보인다.

또한 기능적인 요청에 의한 것이라고 하더라도 여러 가지 다양한 표현이 가능하고, 그 중 하나의 표현이 구체화된 경우에는 표현성이 인정된다. 예를 들어택지개발지역에 대한 설계도에서, 시가지 중심부에 수평과 수직의 +자의 교차로를 마련하여 수평축 위쪽은 격자형으로 도로 배치하고 수평축 하부쪽은 반원의모양이 되도록 굴곡된 도로를 동심형상으로 중복하여 배치한 뒤 +자 중앙에서방사상으로 도로가 뻗어나가고 건물도 방사상으로 배치함을 특징으로 하고 있다면, 비록 그러한 특징들이 어느 정도 기능적 요청에 의한 것이라고 하더라도 설계자의 경험, 사상에 의하여 선택된 구체적 표현으로서 저작권에 의하여 보호된다.306)307)

---

304) 미국의 저작권 법리에 의하면 회화·그래픽 또는 조각저작물 중 실용품(useful article)은 그 미적 특징이 기능적 특징으로부터 물리적 또는 관념적으로 분리가능할 때 비로소 저작권에 의한보호를 받게 된다(Esquire Inc., v. Ringer, 591 F.2d 796, 807 (D.C. Cir. 1978); Kieselstein-Cord v. Accessories by Pearl, 632 F.2d 989 (2d Cir. 1980) 등 참조}. 2단계 테스트의 두 번째단계에서 물리적 또는 관념적 분리가능성 여부를 따지지 않는다는 것은 건축저작물이 회화·그래픽 또는 조각저작물과는 별도 유형의 저작물임을 전제로 한 것이다.

305) 서울지방법원 의정부지원 2000. 7. 11. 선고 99고단4209 판결(서울지방법원 2000. 11. 8. 선고 2000노6604 판결로 항소기각, 대법원 2001. 1. 19. 2000도5295 판결로 상고기각).

306) 서울지방법원 2000. 6. 2. 선고 99가합12579 판결(확정). 이 사건에서 법원은 피고 건축설계회사가 위 저작물에 의거하여 설계도서를 작성하였고, 양자를 비교하여 보면 표현방식, 주제, 구성에있어서는 전체적인 개념과 느낌에 상당한 차이가 있음을 인정할 수 있지만, 위에서 열거한 원고의 설계도에 나타난 특징들을 그대로 가지고 있는 점에 비추어 볼 때 원고의 위 저작물의 공정한 인용 내지 양적 소량의 범위를 넘어서 원고의 위 저작물과 본질적인 부분에 있어서 실질적인유사성이 있다고 인정하였다. 다만 건축저작물은 시각적인 미감과 밀접한 관련이 있는 저작물로서 전체적인 개념과 느낌이 실질적 유사성 판단에서 차지하는 비중이 크다고 할 것인데, 양자가전체적인 개념과 느낌에 있어서 상당한 차이가 있다고 인정하면서 실질적 유사성이 있다는 결론에 이르기 위하여서는 이에 대하여 납득할 수 있는 충분한 설명이 있었어야 하는 것이 아닌가하는 아쉬움이 든다. 차라리 원고 설계도에서 인용된 표현요소가 원고 설계도 안에서 양적으로나 질적으로 핵심적인 부분이라는 점, 그 표현요소가 피고 설계도 안에서 실질적으로 유사한 모습으로 재현되고 있는 점, 피고 설계도에서는 원고 설계도와 차이가 있는 부분도 있으나 이러한사정만으로는 실질적 유사성을 부정하기 어렵다는 점을 차례대로 판시하는 것이 적절하였을 것

다. 유사성의 정도를 고려한 표현적 요소의 보호 여부 판단

표현 요소가 확정되면 마지막으로 표현 요소의 보호가치와 유사성의 정도를 형량하여 실질적 유사성 여부에 대한 결론을 내린다. 제3장의 일반론에서 설명하였듯이 창작 인센티브와 가장 밀접한 관련성을 가지는 핵심적인 부분일수록 보호 범위가 넓어질 것이고, 건축저작물에 있어서는 전체로서의 건축디자인이 얼마나 구체적이고 독창적으로 표현되었는지, 다양한 표현가능성이 존재하였는지에 따라 결정될 것이다.

전체로서의 디자인이 유사성 판정의 대상이므로 법원은 건축물을 구성하는 개별적인 요소들 사이의 공통점과 차이점의 명단을 작성하여 비교하는 것만으로 실질적 유사성 판단을 행하여서는 안 되고, 그 개별적인 요소들이 배치, 조합되어 이루는 전체로서의 건축디자인을 고려하여 실질적 유사성 판단을 행하여야 한다. 따라서 건축저작물의 개별적인 요소에 해당하는 문, 창문, 방, 계단, 화장실, 차고 등에 관한 평면적 비교만 행할 것이 아니라, 그러한 요소들이 전체적으로 어떻게 선택·배열·구성되었는지에 관한 입체적 비교까지 행하여 두 건축저작물의 전체

이다. 또한 실질적 유사성을 인정하면서 판시한 "공정한 인용…의 범위를 넘어서"라는 부분 역시 저작권침해소송의 입증체계와 부합하지 않는 판시이다. 공정한 인용이라는 표현은 저작권법 제28조의 "…정당한 범위 안에서 공정한 관행에 합치되게 이를 인용할 수 있다"라는 부분에서 유래한 듯한데, 이는 원고의 실질적 유사성 입증이 성공한 이후에 문제되는 피고의 항변사항이기 때문이다.

307) 서울고등법원 2001. 8. 14. 선고 2000나38178 판결(확정)은 폐비행기를 구입하여 이를 절단 해체한 후 그 폐비행기 동체 부분을 6개의 기둥으로 지지된 철골 프레임 상에 조립하여 비행기 동체를 원형 그대로 공중에 설치하고, 지상으로부터 출입문에 이르기까지 비행기 트랩과 같은 모양의 계단을 설치하며, 비행기의 측면에 별도의 건물을 축조하여 이를 비행기 내부와 연결하여 건물의 일부로 활용하고, 비행기 출입문들 중 일부를 떼어내고 투명창을 설치하는 등의 방식으로 레스토랑을 건축한 사안에서 '이러한 특징들은 폐비행기를 지상에 고정하여 건물을 건축하고 식당영업을 하기 위한 기능적 요소이고, 원고의 레스토랑 건물이 기능적 요소를 넘어서 그 전체적인 외관에 있어서 창작적인 디자인 요소를 갖추었다고 볼 수 없어서 건축저작물에 해당하지 아니한다'고 판시하였다. 그러나 폐비행기를 활용하여 디자인한 건축물은 그 외관에 있어서 평범하지 않은 미적 형상을 나타내게 되고 이러한 형상에는 창작성이 있다고 볼 여지가 있다는 점에서 다소 의문의 여지가 있다. 즉 폐비행기를 지상에 고정하여 건물을 건축하고 식당영업을 하기 위한 목적"을 달성하기 위하여 반드시 원고의 건축물과 같은 외관을 갖추어야 하는 것은 아니므로, 위와 같은 원고의 건축디자인은 창작성 있는 표현으로 보아야 할 것으로 생각된다. 물론 이러한 표현요소가 "실질적으로 유사하게 이용되었는지 여부"는 별개의 문제이다.
　이에 대해, "일반 카페와는 현저히 다른 특색이 있지만, 폐비행기 동체부분을 사용하였기 때문에 원고의 창작물이라고 할 수 없다. 원고가 주장한 나머지 특징들은 비행기를 공중에 설치하고 카페로 운영한다는 아이디어의 실행을 위한 수단으로서 표현할 수 있는 선택의 폭이 좁거나 일반적으로 사용되는 표현방식에 불과하다"는 견해가 있다{저작권 등록 심사 편람, 한국저작권위원회(2020), 273면 참조}.

적인 디자인이 창작 인센티브를 의미있게 감소시킬 정도의 유사성에 도달하였는지를 검토하여야 한다. 전체적인 외관과 관념이 비슷하다면 사소한 차이점은 실질적 유사성을 인정하는 데에 큰 장애가 되지 않는다.[308]

이와 같이 개별적인 구성요소들의 비교에 그치는 것이 아니라 그 총합(總合)으로서의 외관을 비교한다는 면에서 부분적·문자적 유사성보다는 포괄적·비문자적 유사성이 더욱 중요하다.

〈대법원 2018. 5. 15. 선고 2016다227625 판결〉

저작권의 침해 여부를 가리기 위하여 두 저작물 사이에 실질적인 유사성이 있는지를 판단할 때에는, 창작적인 표현형식에 해당하는 것만을 가지고 대비해 보아야 한다. 따라서 건축물을 축소한 모형 저작물과 대비 대상이 되는 저작물 사이에 실질적인 유사성이 있는지를 판단할 때에도, 원건축물의 창작적인 표현이 아니라 원건축물을 모형의 형태로 구현하는 과정에서 새롭게 부가된 창작적인 표현에 해당하는 부분만을 가지고 대비하여야 한다(대법원 2007. 3. 29. 선고 2005다44138 판결, 대법원 2013. 8. 22. 선고 2011도3599 판결 등 참조).

〈대법원 2021. 6. 24. 선고 2017다261981 판결〉[309]

원심은 판시와 같은 이유로 원고 설계도서 중 적어도 지붕 형태, 1층 출입문 및 회랑 형태의 구조는 원고 자신의 독자적인 사상 또는 감정의 표현을 담고 있어 위 설계도서는 원고의 창조적 개성이 드러나는 저작물에 해당한다고 보고, 나아가 원고 설계도서의 원본 캐드(CAD) 파일에 사소한 변형만을 가하여 작성한 피고 설계도서

---

308) Atari, Inc. v. Am. Philips Consumer Elec. Corp., 672 F.2d 607, 618 (7th Cir. 1982) 참조.
309) 위 판결의 사실과 판단 요지로는, "甲 주식회사가 신축하는 다가구주택에 관하여 설계도서를 제작·교부한 건축사 乙이, 위 주택 신축 후 甲 회사가 건축사 丙이 제작·교부한 설계도서로 다른 건물을 신축하자, 甲 회사와 丙을 상대로 그들이 乙의 동의를 받지 아니한 채 乙의 설계도서를 일부 수정하여 위 건물의 설계도서를 제작하였다며 저작권 침해로 인한 손해배상을 구한 사안에서, 乙의 설계도서 중 적어도 지붕 형태, 1층 출입문 및 회랑 형태의 구조는 乙 자신의 독자적인 사상 또는 감정의 표현을 담고 있어 위 설계도서는 乙의 창조적 개성이 드러나는 저작물에 해당하고, 丙의 설계도서는 乙의 설계도서의 원본캐드(CAD) 파일에 사소한 변형만을 가하여 작성한 것으로 乙의 설계도서와 실질적으로 유사하므로, 甲 회사와 丙은 저작권 침해로 인한 손해배상책임을 진다고 본 원심판단에 법리오해 등 잘못이 없다고 한 사례"로서, 이 사안의 건축 설계도서를 건축저작물 또는 도형저작물로 보았다. 원고와 피고들 각 설계도의 비교는 외관 인테리어 전과 후로 나누어 정면도, 우측면도, 좌측면도, 배면도를 각각 비교하였다(원심인 서울고등법원 2017. 8. 24. 선고 2016나2073109 판결의 "별지 1, 2" 참조).

는 원고 설계도서와 실질적으로 유사하다고 보아 피고들의 저작권 침해로 인한 손해
배상책임을 인정하고 저작권법 제126조에 따라 그 손해액을 산정하였다. (중략) 그
러므로 상고를 모두 기각하고 (이하 생략)

〈원심인 서울고등법원 2017. 8. 24. 선고 2016나2073109 판결의 "별지 1, 2" 비교〉

<별지 1>

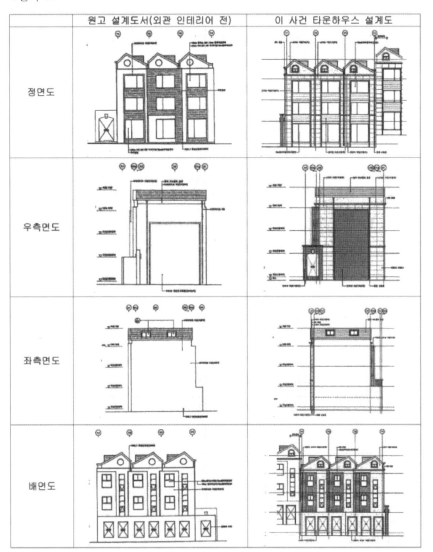

<별지 2>

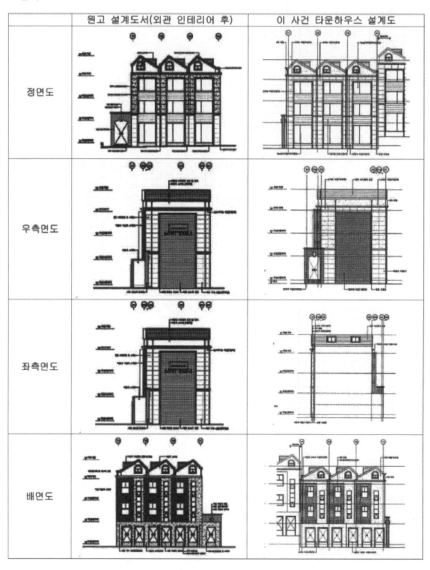

〈서울중앙지방법원 2013. 9. 6. 선고 2013가합23179 판결〉[310]

건축저작물은 기능적 저작물이므로, 주거성, 실용성 등을 높이기 위한 기능적 요소에 대하여는 설사 그 요소에 창작성이 있다고 하더라도 저작권의 보호를 제한하고, 기능적 요소 이외의 요소를 갖춤으로써 건축물을 이루는 개개의 요소가 아닌 전체적인 외관에 창작성이 있는 경우에만 저작물로서 인정할 수 있다.

(중략)

이에 의하면 이 사건 원고 건축물은 삼각형 또는 삼각텐트를 기본으로 창작자인 원고 고유의 개성적인 표현이 나타나 있고, 피고가 유사한 건축물이라고 주장하는 한옥, 사원, 궁궐 등의 전통건축물이나 야외용 텐트, '드'자형식의 건축물 등과는 그 외형이 확연히 다르므로, 창작성이 있는 건축저작물이라고 봄이 상당하다.

(중략)

일반적으로 펜션은 단순히 주거성, 실용성 등에 초점을 둔 건축물이 아니라 고객들의 관심을 끌 수 있는 미적인 외형을 갖추는 데 더 초점을 둔 건축물이라는 점을 고려하면, 기능적 저작물이라는 이유만으로 이 사건 원고건축물의 창작성이 부정된다고 보기는 어렵다.

2) 저작권 침해 여부

(중략) 이 사건 피고 건축물은 앞서 본 이 사건 원고 건축물의 특징적 외형을 모두 갖추고 있어 그 외관에 있어 극히 유사한 사실을 인정할 수 있고, 이 사건 피고 건축물의 출입문 상단에 추가적으로 테라스 형태의 시설물이 있다거나 건축물의 재질이 다른 부분이 있다는 것만으로는 이러한 판단을 달리하기 어렵다.

[별지1]

---

310) 이 사건은 항소심에서 조정 성립되었다고 한다. 한국저작권위원회, 저작권 판례, "건축물의 저작물성 판단 기준"(2014. 5. 13. 사이트 게시) 참조.

[별지2]

참고로, Sturdza v. United Arab Emirates 판결311)은 개별적인 구성요소 사이에는 차이가 있으나 그 구성요소들이 결합하여 형성하는 전체적인 외관이 비슷한 경우에는 실질적 유사성이 인정된다는 점을 시사해 주는 판결이다. 이 사건에서는 아랍에미리트연합국(UAE)의 미국 대사관 건축디자인 입찰에 응찰한 두 설계도서에 나타난 아랍풍 디자인 건축물의 실질적 유사성 여부가 쟁점이 되고 있다. 이 사건의 1심은 개별적인 요소들을 비교하면서 그 구체적인 표현이 다르다고 하여 실질적 유사성을 부정하였다. 그러나 항소심은 개별적인 디자인 요소에 있어서 양 디자인의 차이점이 발견되기도 하지만, 두 디자인의 "전체적인 외관과 느낌"이 유사하다는 점에 주목하였다. 다음에는 두 건축물의 디자인 그림이 실려 있다.

---

311) Sturdza v. United Aram Emirates, 281 F.3d. 1287 (D.C.Cir. 2002).

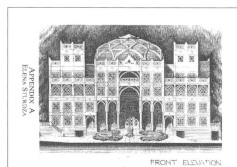

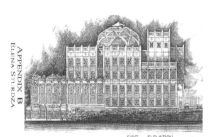

【그림 3-1】 원고의 건축물(정면)   【그림 3-2】 원고의 건축물(측면)

【그림 3-3】 피고의 건축물(정면)   【그림 3-4】 피고의 건축물(측면)

【그림 3-5】 피고의 건축물(전경)

두 건축물은 모두 ① 아랍풍의 디자인을 가지고 있고, ② 둥근 돔(dome)의 위치는 틀리지만 외관상 중앙에서 솟아 올라 건물 전면을 향하는 외관을 가지고 있으며, ③ 그 좌우로 탑과 흉벽으로 이루어진 건물 부분이 존재하고, ④ 돔의 높이나 건물 중앙부의 비례한 폭이 유사하며, ⑤ 건물 중앙부가 약간 앞으로 돌출되어 있고,312) ⑥ 디자인의 돔은 다른 장식패턴에도 불구하고 유사한 효과를 창출하고 있으며, ⑦ 건물 전면의 아치 내부의 장식패턴이나 창(window)의 격자무늬가 유사하다는 공통점을 가지고 있었다. 반면 개별적인 요소들을 하나씩 대비하면 세세한 차이점들도 많이 발견되었는데, 예를 들어 원고의 돔은 건물의 중앙부에 위치하고 유리로 만들어져 햇볕이 투과되게 디자인된 반면, 피고의 돔은 건물의 전면부에 위치하면서 불투명한 재료를 사용하도록 디자인되는 등의 차이점이 있었다.

항소심에서는 개별요소들에 대하여서도 세세한 차이점은 있으나 전체적으로는 비슷한 효과를 창출하고 있다는 점을 들면서, 1심이 세세한 차이점에 집착한 나머지 두 디자인의 전체적인 외관과 느낌이 유사하다는 점을 간과하였다고 판시하였다. 결론적으로 항소심은 피고는 UAE에서 요구하는 이슬람풍을 창출하기 위하여 두 건물의 규모, 모양, 전면에서 바라본 탑과 흉벽 및 돔의 위치, 전면의 입구 근처에 피라미드같이 모여있는 뾰족한 아치 등 여러 가지 요소들을 원고와 유사한 방법으로 배열, 조합함으로써 비슷한 외관을 창출하였으므로 원고의 디자인과 실질적으로 유사하다고 결론을 내렸다. 이 판례는 건축저작물을 일종의 편집저작물과 비슷한 성격을 가지는 저작물로 파악하면서, 개별적인 요소들이 가지는 차이점에 집착할 것이 아니라 그 개별적인 요소들이 유사하게 배열되어 전체적으로 비슷한 외관과 느낌을 주는가 여부에 초점을 맞출 것을 판시하고 있다.

다만 전체적인 디자인의 유사 여부를 검토함에 있어서 개별적인 구성요소들의 비교 자체가 금지되는 것은 아니고, 오히려 전체적 디자인의 유사 여부를 판단함에 있어서 중요한 참고자료가 될 수 있다.313) 예컨대 크기,314) 창의 숫자와 배

---

312) 원고의 건축물에 대한 전경(全景)도면이 존재하지 않아 그림으로 확인되지는 않는다.

313) 건축설계도의 저작권침해사건에서 평면도에 나타난 각종 치수, 계단이나 파이프, 계량기 박스의 위치, 출입구 등 개별적 구성요소들의 유사성을 인정한 뒤 복제권침해를 인정한 일본 판례로서 東京地裁 1985(昭和 60). 4. 26. 선고 昭(ワ)2143호 판결(判例タイムズ 566호, 267면) 참조.

314) 예컨대 두 주택의 전체적 디자인을 비교함에 있어서 그 주거공간의 크기가 각각 193제곱피트와 403제곱피트로 다르다는 것을 의미 있는 차이점이라고 판시한 Kootenia Homes Inc. v. Reliable Homes, Inc, No 00~1117, 2002 U.S.Dist. Lexis 235; 또한 방의 크기를 고려한 John Alden Homes, Inc v. Kangas, 142 F.Supp.2d 1338, 1345 (M.D.Fla. 2001) 참조. 관련 내용으로 손흥수, "미국에서의 건축저작권", 저스티스 제108호(2008. 12), 한국법학원, 18~21면 참조.

치,315) 건물의 돌출형태,316) 차고의 방향,317) 입구가 개설된 지점,318) 계단의 위치,319) 재료,320) 지붕의 종류,321) 벽의 각도,322) 기타 건물에 존재하는 이례적인 특색들323)은 전체로서의 외관을 구성하는 데에 중요한 역할을 하는 요소들이므로 유사성 판정에 있어서 이에 대한 비교는 의미있는 것이다.324)

한편, 건축물의 소유자가 그 건축물의 저작자, 특히 원 설계도서를 작성한 건축사의 허락을 받지 아니하고 증축 또는 개축하는 경우에 저작권침해가 성립하는지 여부에 대하여, 저작권법 제35조의5 공정이용 법리, 대법원판례가 인정하는 건축물이용권의 유보 법리325) 등을 고려하여 건축물의 증·개축이 원저작자의 동의 없이 이루어진 경우에도 저작권침해가 성립하지 않는 것으로 보아야 한다는 견해가 있다.326)

315) 위 Kootenia Homes Inc. 판결 및 Arthur Rutenberg Corp. v. Parrino, 664 F.Supp. 479, 481 (M.D.Fla. 1987).
316) 위 Kootenia Homes Inc. 판결.
317) 위 Kootenia Homes Inc. 판결.
318) Ronald Mayotte & Assoc., 885 F.Supp. 148 (E.D.Mich. 1994).
319) 위 Kootenia Homes Inc. 판결 및 Ronald Mayotte & Assoc. 판결.
320) CSM Investors, Inc. v. Everest Dev., Ltd., 840 F.Supp. 1304, 1311 (D. Minn. 1994); Arthur Rutenberg Corp. v. Parrino, 664 F.Supp. 479, 481 (M.D.Fal. 1987).
321) Nelson-Salabes, Inc. v. Morningside Holdings of Satyr Hill, L.L.C., 2001 WL419002 at 5 (D. Md. Feb 16. 2001).
322) 위 Arthur Rutenberg Corp. 판결.
323) 만약 두 건축저작물이 톱니 모양의 하역문(sawtooth loading doors)이나 난간으로 된 벽(parapet wall)과 같이 통상 찾아보기 어려운 특색들을 똑같이 가지고 있다면 이러한 유사점은 중요하다. 위 CSM Investors, Inc. 판결 참조.
324) 이상 판결들은 Robert C. Osterberg & Eric C. Osterberg, *Substantial Similarity in Copyright Law* (2003), §11:2.에서 재인용.
325) 대법원 2000. 6. 13.자 99마7466 결정은 "가분적인 내용들로 이루어진 건축설계계약에 있어서 설계도서 등이 완성되어 건축주에게 교부되고 그에 따라 설계비 중 상당 부분이 지급되었으며 그 설계도서 등에 따른 건축공사가 상당한 정도로 진척되어 이를 중단할 경우 중대한 사회적·경제적 손실을 초래하게 되고 완성된 부분이 건축주에게 이익이 되는 경우에는 건축사와 건축주와의 사이에 건축설계계약관계가 해소되더라도 일단 건축주에게 허여된 설계도서 등에 관한 이용권은 의연 건축주에게 유보된다"고 판시하였다.
326) 곽재우, "건축저작물 증·개축시 저작권침해에 관한 소고", LAW & TECHNOLOGY 제9권 제2호 (2013. 3), 서울대학교 기술과법센터, 49~60면.

제7절 사진저작물

1. 사진저작물의 의의

저작권법 제4조 제1항 제6호는 저작물의 예시 중 하나로서 "사진저작물(이와 유사한 방법으로 제작된 것을 포함한다)"이라고 규정하고 있을 뿐, 사진에 관한 정의는 따로 하고 있지 않다. 여기서 사진저작물은 '사상 또는 감정을 일정한 영상에 의하여 표현한 저작물'[327] 정도로 정의될 수 있다. 카메라 등의 기계 및 장치를 이용한다는 점에서 미술저작물과 구별되고, 일정한 영상에 의하여 표현된다는 점에서 연속적인 영상이 수록된 영상저작물과 구별된다.

2. 사진저작물의 특성

사진은 순수한 미술작품과는 달리 그 창작과정에 기계적·화학적 방법이 개입한다는 데에서 커다란 차이점이 있다. 본래 사진은 이미 존재하는 피사체를 대상으로 사진기로 촬영하면 생성되는 것으로서, 그 생성과정에서 동원되는 피사체와 사진기 모두 촬영자가 만든 것이 아니라 이미 주어진 것이다. 이러한 점 때문에 과연 이처럼 기계적·화학적 과정이 개입되어 만들어진 사진도 이를 촬영한 사람의 저작물로 인정할 수 있는가가 논란이 될 수 있다.

그러나 유명한 사진작가인 Edward Weston은, 사진작가는 카메라의 위치, 앵글, 렌즈의 초점거리, 피사체에 가하여지는 빛의 양, 컬러 필터의 사용, 노출시간, 감광유제나 현상방법을 조정함으로써 동일한 대상에 대하여서도 무한하게 다양한 작품을 만들어낼 수 있다고 밝힌 바 있다.[328] 즉 사진은 기계적 조작과정을 거쳐 탄생하지만, 그 기계적 조작은 인간의 창의적인 조작 의지에 의하여 이루어지는 것이다.[329] 이와 같이 사진에도 사람의 창작성이 개입될 여지가 충분히 있기 때문에 오늘날 사진은 저작물의 한 유형으로 널리 인정되고 있다.

이에 관하여 미국 연방대법원은 1884년 Burrow-Guiles Lithograpic Co. v. Sarony 판결[330]을 선고하면서, 오스카 와일드를 촬영한 사진의 저작물성에 관하

---

327) 송영식·이상정·황종환 공저, 지적소유권법, 제7전정판, 육법사(2001), 480면, 오승종·이해완, 저작권법, 개정판, 박영사(2001), 74면.
328) Ets-Hokin v. Skyy Spirits, Inc., 225 F.3d 1068, 1076 (9th Cir. 2000)에서 인용.
329) 전규완, "사진의 창작성", 저작권 문화 106호(2003), 저작권심의조정위원회, 12면.
330) 111 U.S. 53 (1884).

여 촬영자가 사진촬영대상인 오스카 와일드로 하여금 포즈를 취하게 하고, 의상·휘장 기타 악세사리들을 선택·배열하며, 사진촬영대상이 우아한 윤곽을 나타내도록 빛과 그림자를 조정함으로써 희망하는 바대로의 표현을 제안, 유발하였다면 창작자는 사진에 대하여 저작권에 의한 보호를 부여받는다고 판시하였다.

베른조약 제2조에서도 사진저작물을 저작권 보호대상으로 정하고 있다. 원래 베른조약을 체결하기 위한 1885년 외교회의에서는 사진의 저작물성에 대하여 궁극적인 합의가 이루어지지 않았고, 그 다음해에 정식으로 성립된 베른조약에서도 특정 회원국이 사진을 예술저작물의 하나로 보호하거나 특별법에 의하여 보호하는 경우에는 당해 회원국은 그러한 사진저작물에 대하여 내국민대우의 원칙에 따른 보호를 해야 하지만, 저작권법적 보호 또는 특별법적 보호의 존속기간은 상호주의의 원칙에 의한다고 규정하였다가, 1948년의 브뤼셀 개정에 이르러서야 사진저작물이 정식으로 문예적 저작물의 하나로 규정된 것이다.[331]

우리나라 대법원도 사진저작물의 창작성에 관하여, "저작권법에 의하여 보호되는 저작물이기 위하여는 문학·학술 또는 예술의 범위에 속하는 창작물이어야 하므로 그 요건으로서 창작성이 요구되는바, 사진저작물은 피사체의 선정, 구도의 설정, 빛의 방향과 양의 조절, 카메라 각도의 설정, 셔터의 속도, 셔터찬스의 포착, 기타 촬영방법, 현상 및 인화 등의 과정에서 촬영자의 개성과 창조성이 인정되어야 저작권법에 의하여 보호되는 저작물에 해당된다"라고 판시하고 있다.[332] 따라서 단지 피사체를 충실하게 표현한 것에 지나지 않는 사진에 대하여서는 저작물성이 부인되지만,[333] 광고의 효과를 극대화할 목적으로 특정한 이미지를 부각시키기 위하여 피사체를 조화롭게 배치하여 촬영한 사진에는 저작물성이 인정된다.[334] 결국 사진저작물은 피사체에 대한 사진촬영이라는 기계적인 과정을 넘

---

331) 정상조 편저, 지적재산권법강의, 홍문사(1997), 251면.
332) 대법원 2001. 5. 8. 선고 98다43366 판결.
333) 대전지방법원 2003. 7. 24. 선고 2003가합725 판결(항소심에서 화해권고결정으로 확정), 서울중앙지방법원 2004. 7. 9. 선고 2003가합30062 판결(확정). 한편 東京地裁 1998(平成 10). 11. 30. 판결은 원화(原畵)를 촬영한 사진의 저작물성을 부정하였는데, 그 판시 내용을 보면 "촬영대상이 평면적인 경우에는 정면으로부터 촬영하는 외에 촬영위치를 선택할 여지가 없는 이상, 위 인정과 같은 기술적인 배려도 원화를 가능한 한 충실하게 재현하기 위하여 이루어진 것이고 독자적으로 무엇인가를 부가한 것이 아니므로, 그와 같은 사진은 사상 또는 감정을 창작적으로 표현한 것…이라고 할 수 없다"고 판시하였다. 권택수, "사진저작물이 저작권법에 의하여 보호되는 저작물에 해당하기 위한 요건(대법원 2001. 5. 8. 선고 98다43366 판결)", 대법원판례해설 37호(2001), 법원도서관, 340면에서 재인용.
334) 서울중앙지방법원 2003. 5. 16. 선고 2001가합78237 판결(확정).

어 촬영과정에 있어서 촬영자의 창작성이 반영되어야 저작물로 인정된다고 할 수
있다.[335]

3. 사진저작물의 실질적 유사성 판단

가. 대비를 통한 유사성 요소 확정

1) 대비관점

사진저작물은 미술저작물의 경우 및 일반적 판단 기준에서 본 바와 같이 원
칙적으로 보통 관찰자 관점 또는 일반 수요자 이론이 적용된다.

2) 대비방법

사진저작물은 미술저작물과 유사하게 시각적으로 표현되고 감상할 수 있는
것으로서 두 개의 작품을 전체 대 전체로 대비하여 그 전체적인 관념과 느낌이
유사한지를 파악할 수 있다. 이와 같은 대비방법은 미술저작물에 대한 실질적 유
사성 판단과 크게 다르지 않다.

나. 표현적 요소의 확정

대비를 통하여 유사성 요소가 확정되면 그 중 저작권에 의하여 보호되는 표
현적 요소가 무엇인지를 가려낸다. 즉 카메라라는 기계를 통해 피사체의 충실한
사실적 재현만을 목적으로 하여 촬영한 사진에 대하여는 특별한 사정이 없는 한
창작성을 인정하기 어려울 것이다.

1) 저작물성이 인정되지 않는 경우

가) 정물사진·제품사진 등

햄(ham) 제품에 대한 광고용 카탈로그 사진의 저작물성을 다룬 우리나라 대

---

335) 권택수, "사진저작물이 저작권법에 의하여 보호되는 저작물에 해당하기 위한 요건(대법원 2001.
5. 8. 선고 98다43366 판결)", 대법원판례해설 37호(2001), 법원도서관, 340면에서는 저작물성이
없는 사진의 예로서 ① 사진이나 기타 인쇄물의 단순한 복제에 지나지 않는 것, 예컨대 서화집
이나 사진첩 등을 그대로 평면적으로 복제한 경우, ② 실용만을 목적으로 제작된 사진, 예컨대
주민등록증, 운전면허증, 여권 등 각종 증명사진, 속도단속용 자동사진, ③ 기계의 부품 등의 카
탈로그 사진 등을 들고 있다. 유사한 취지로, "인공위성을 통해 찍은 사진, 감시카메라에 찍힌
사전 등에 대해서는 저작물성을 인정할 수 없다"는 의견도 있다. 이상정, "사진의 저작물성에 관
한 일고", 계간 저작권 제27권 제1호(2014), 한국저작권위원회, 98면 참조.

법원 판례336)에서는, 햄 제품에 대한 광고용 카탈로그 사진을 햄제품 자체를 촬영하는 사진(제품사진)과, 이러한 햄제품을 다른 장식물이나 과일, 술병 등과 조화롭게 배치하여 촬영함으로써 제품의 이미지를 부각시켜 광고의 효과를 극대화하기 위한 사진(이미지사진)으로 대별한 뒤 그 중 제품사진은 비록 광고사진작가인 원고의 기술에 의하여 촬영되었다고 하더라도, 그 목적은 그 피사체인 햄제품 자체만을 충실하게 표현하여 광고라는 실용적인 목적을 달성하기 위한 것이고, 다만 이때 그와 같은 목적에 부응하기 위하여 그 분야의 고도의 기술을 가지고 있는 원고의 사진기술을 이용한 것에 불과하며 거기에 저작권법에 의하여 보호할 만한 원고의 어떤 창작적 노력 내지 개성을 인정하기 어렵다 할 것으로서 위 제품사진이 저작권법에 의한 사진저작물에 해당하지 않는다고 판단하였다.337)

나) 풍경사진·자연사진 등

풍경사진과 같이 자연을 대상으로 하는 사진에 대하여 저작물성을 인정할 것인지에 관하여 근래 가장 논란이 많았던 '솔섬 사진 사건'에 관한 서울고등법원 판결의 주요 판시를 참고로 살펴보기로 한다.338)

---

336) 대법원 2001. 5. 8. 선고 98다43366 판결. 유사한 취지의 판결로는, 대법원 2006. 12. 8. 선고 2005도3130 판결 참조.

337) 이에 반해, 미국의 판례들은 사진의 저작물성을 넓게 인정하는 경향으로 보인다. Ets–Hokin v. Skyy Spirits, Inc., 225 F.3d 1068, 1076 (9th Cir. 2000) (보드카병 사진); Keith Lupton, *Photographs and the Concept of Originality in Copyright Law*, 10 E.I.P.R. 257 (1988) 참조. 한편, 위 판결에 대하여 '광고라는 실용적인 목적을 달성하기 위한 사진이라고 하더라도 광고에 적합한 심미적 기준을 충족하기 위해 촬영각도의 선택, 광선의 상태나 조명의 조정 등 여러 가지 측면을 신중하게 고려하여 촬영하게 될 것이므로 창조적 개성이 인정될 가능성이 충분히 있다는 점에서 사실재현적인 목적을 너무 쉽게 인정하여서는 안 된다'는 비판적 견해가 있다. 이해완, 저작권법, 제4판, 박영사(2019), 192~194면 참조.

338) 서울고등법원 2014. 12. 4. 선고 2014나2011480 판결(1심은 서울중앙지방법원 2014. 3. 27. 선고 2013가합527718 판결). 1심 판결에 대한 평석은 박준우, "모방풍경사진의 저작권 침해에 관한 연구 —'솔섬 사진 사건'을 중심으로—", 계간 저작권 제27권 제2호(2014), 한국저작권위원회, 31~53면 참조.

[원고의 저작물]　　　　　　　　　　　[피고의 사진]

〈서울고등법원 2014. 12. 4. 선고 2014나2011480 판결(확정)〉
3) 이 사건 사진저작물 중 창작적 표현 형식 해당 부분
가) 피사체의 선정
이 사건 사진저작물의 피사체는 '솔섬'(이하 인용부호는 생략한다)이라는 이미 존
재하고 있는 자연물과 이를 중심으로 한 풍경으로서 이처럼 누구나 접근 가능한 자
연물이나 풍경을 대상으로 선택하고 촬영하는 행위 자체로 인한 창작성을 인정할 수
는 없다.

나) 구도의 설정
이미 존재하는 자연물에 대한 구도의 설정은 사진을 촬영한 장소에 따라 큰 영향
을 받게 된다. 해당 자연물을 촬영할 수 있는 장소는 일반적으로 공개되고 알려져
있거나 반대로 주변 환경에 따라 매우 제한되어 있어 그 장소의 선택에는 창작성을
인정할 수 없는 경우가 대부분일 것이다. 다만 일반적으로 알려지지 않은 새로운 장
소나 구도를 선택하여 그 자연물을 촬영한 경우에는 그에 따른 창작성을 인정할 여
지가 있다.
(중략)
그러나 위 사실만으로는 C가 이 사건 사진저작물을 촬영한 지점이 그 동안 전혀
알려지지 아니하였던 새로운 곳으로서 그의 독창적인 노력에 의해 발견된 독특한 장
소라고 인정하기 부족하고, 달리 그 사실을 인정하기에 충분한 증거는 없다.
반면, 을 제 3호증의 기재에 변론 전체의 취지를 종합하면, 다음 표에서 보는 바와 같이 2006년 제2회 삼척관광 전국사진공모전에서 솔섬을 주제로 한 '호산의 여명'이라는 작품이 입선작으로 선정되었는데, 이 사건 사진저작물보다 먼저 촬영된 위 작품은 이 사건 사진 저작물의 촬영구도와 완전히 같지는 아니하지만 상당히 유사한 구도로 촬영된 사실을 알 수 있다. 그 결과 이 사건 사진저작물과 마찬가지로 위 '호산의 여명' 작품에서도 사진의 중앙 부근에 솔섬이 위치하고 있고, 하늘과 나무의 반영(反影)이 물에 나타나는 표현을 볼 수 있다.(이처럼 섬을 비롯한 수상 물체를 수평선 중심으로 촬영하여 하늘과 물을 대칭 구도로 표현하는 것은 일반적으로 알려져 있는 촬영 기법이라고 보인다).

따라서 이 사건 사진저작물의 구도 설정은 그 창작성이 인정되기 어렵거나, 그 창작성이 미약한 정도에 불과하다고 보아야 한다.

다) 빛의 방향과 양의 조절 및 셔터찬스의 포착

이러한 요소는 주로 촬영한 계절·일시와 빛에 대한 노출 정도 등에 영향을 받는 창작성이 큰 표현 부분에 해당한다. C는 2007년 2월경 낮으로 추정되는 시간(갑 제35호증의 기재에 의하면, 4박 5일의 촬영 마지막 날 K과 L에 있는 해수욕장을 거쳐 M의 작은 해수욕장에서 촬영을 마친 후 돌아 나오는 길에 솔섬을 발견하였다고 되어 있다)에 이 사건 사진저작물을 촬영하였고 조리개를 적게 연 상태에서 장시간 노출하는 기법을 사용한 것으로 보인다. 이 사건 사진저작물에서 태양 빛은 솔섬의 왼쪽 방향에서 비추고 있다. (다만 촬영 대상이 고정된 자연물이므로 셔터찬스의 포착은 별다른 의미를 갖기 어렵다).

호산의 여명(2006)   이 사건 사진저작물(2007)

라) 카메라 각도의 설정

카메라 각도가 통상적인 것이 아니라 다른 사람이 생각하기 어려운 독창적인 각도라면 창작적인 표현에 해당할 수 있을 것이나, 앞서 본 것처럼 이미 존재하는 자연물인 솔섬에 대한 구도의 설정이 제한되는 경우라면 그 카메라 각도의 범위 역시 상당히 제한될 것이므로, 창작성이 없거나 미약하다. 앞서 나)항에서 살핀 '호산의 여명' 작품과 이 사건 사진저작물을 비교하여 보면, 약간의 차이가 있을 뿐 양자 모두 수평에 가까운 카메라 각도를 채택하고 있으므로 이 사건 사진저작물의 카메라 각도 설정은 앞서 본 구도의 설정과 마찬가지로 그 창작성이 없거나 미약한 정도에 그친다고 보인다.

마) 셔터의 속도, 기타 촬영방법

이 사건 사진저작물은 흑백으로 촬영되었고(셔터의 속도는 공개되지 아니하였다), 하늘의 그름을 제거한 후 수면을 매끄럽게 처리하여 나무가 거울처럼 반사되도록 함으로써 동양의 수묵화와 같은 정적인 느낌, 감성적이고 몽환적인 느낌을 들게 한다. 이러한 표현은 일반적인 C 사진의 독창성을 보여주는 것으로 그 창작성이 매우 큰 부분이다.

바) 현상 및 인화 등의 과정

이 사건 저작물 사진은 통상 8x10인치(201x252mm)의 크기(정사각형에 가까운 형태)로 인화되며, 이러한 부분에도 어느 정도의 창작성을 인정할 여지는 있다.

다) 치료 목적 병원 사진 등

병원에서 치료 목적으로 환자의 수술부위나 상처부위를 촬영하는 경우에 대법원은 "대상을 중앙 부분에 위치시킨 채 근접한 상태에서 촬영한 것이고, 이는 모두 고주파 수술기를 이용한 수술 장면 및 환자의 환부 모습과 치료 경과 등을 충실하게 표현하여 정확하고 명확한 정보를 전달한다는 실용적 목적을 위하여 촬영된 것임을 알 수 있으므로, 이러한 사진들이 구 저작권법상의 사진저작물로서 보호될 정도로 촬영자의 개성과 창조성이 인정되는 저작물에 해당한다고 보기는 어렵다"고 판시하였다.[339)]

---

339) 대법원 2010. 12. 23. 선고 2008다44542 판결. 원심인 서울고등법원 2008. 5. 14. 선고 2006나 21479 판결은 '이 사건 사진은 그 목적이 피사체 자체를 충실하게 표현하여 이를 정확하게 인식할 수 있도록 하는 것으로서, 피사체의 선정, 구도의 설정, 빛의 방향과 양의 조절, 카메라 각도의 설정, 셔터의 속도, 셔터찬스의 포착, 기타 촬영방법, 현상 및 인화 등의 과정에서 저작권법으로 보호할 만한 촬영자의 개성과 창조성을 인정하기 어렵다'고 판시하였다.

라) 시사보도를 위한 사진 등

시사보도를 위한 사진도 사진저작물에 관한 창작성 및 실질적 유사성 여부를 판단 기준이 적용된다. 표현의 자유나 언론의 자유 등을 이유로 시사보도를 위한 사진의 창작성 여부 판단 기준을 더 엄격하게 보아야 하지 않을까라는 견해가 있을 수 있지만,340) 이러한 공익적 목적 때문에 저작권법의 본질을 훼손할 필요는 없다. 시사보도를 위한 사진 등은 다른 저작물과 같이 저작권법 제7조 제5호의 사실전달에 불과한 시사보도, 제26조의 시사보도를 위한 이용, 제28조의 공표된 저작물의 인용, 제35조의5의 저작물의 공정한 이용 등 '저작재산권의 제한' 규정에 의해 그 권리행사가 제약을 받을 수 있도록 하면 충분할 것으로 보인다.

마) 미술저작물등의 복제사진

회화 등 미술저작물의 복제사진은 피사체의 충실한 기계적·사실적 재현에 해당하므로 특별한 사정이 없는 한 그 미술저작물의 복제물에 불과할 뿐, 사진저작물은 아니라고 볼 것이다.341)

바) 광고·홍보용 사진 등

광고나 홍보를 위해 촬영한 사진들은 단순한 사실재현만을 목적으로 보는 경우는 적을 것이고, 소비자의 관심을 이끌어 내기 위해 심미적 차원이나 독특한 개성이 느껴지는 방식으로 표현할 경우가 많을 것이다. 하지만 광고용 책자에 게재된 사진이라도 "누가 찍어도 비슷한 결과가 나올 수밖에 없는 사진"은 창작성이 없다고 판단될 것이다.342)

---

340) 서울중앙지방법원 2013. 12. 6. 선고 2013나36605 판결(확정)은 "이 사건 각 사진은 드라마의 제작발표 기자회견이나 화장품, 커피 등 제품의 공개홍보 현장에서 그 출연 배우 또는 광고 모델로 행사에 참가한 연예인들을 촬영한 것으로서, 촬영 목적 자체가 연예인의 활동 모습을 있는 그대로 독자들에게 전달하려는 것이고 촬영자의 고려 역시 피사체의 충실한 재현을 위한 기술적인 측면에서만 이루어졌다 할 것인바, 이는 특별한 사정이 없는 한 누가 촬영하더라도 같거나 비슷한 결과가 나올 수밖에 없는 사실의 전달에 불과한 보도사진이라 할 것이어서 저작권법에 의하여 보호될 정도로 촬영자의 개성과 창조성이 인정되는 저작물에 해당하지 않는다"고 판시하였다.

341) 이해완, 저작권법, 제4판, 박영사(2019), 192면 참조.

342) 대법원 2006. 12. 8. 선고 2005도3130 판결. 대법원은 ① 일식 음식점의 내부 공간을 촬영한 사진은 누가 찍어도 비슷한 결과가 나올 수밖에 없는 사진으로 창작성이 없어 사진저작물에 해당한다고 보기 어렵다고 한 반면, ② 찜질방 내부 전경 사진은 "목욕을 즐기면서 해운대의 바깥 풍경을 바라볼 수 있다는 업소만의 장점을 부각하기 위하여 피해자 소속 촬영담당자가 유리창

〈서울고등법원 2013. 7. 31.자 2013라346 결정〉

이 사건에 있어서 이 사건 ①, ② 사진 등은 모두 성형모델들이 성형수술의 전후 모습을 대비함으로써 성형수술의 효과를 나타내고자 하는 실용적 목적에서 앞서 본 바와 같이 수술 전·후의 수술 부위를 각 촬영한 사진을 대비하고 시간순으로 변화 하는 모습을 촬영한 것으로, 성형수술의 장면, 성형모델의 변화 등을 충실하게 표현 하여 정확하고 명확한 정보를 전달하기 위한 전형적인 촬영 방법, 현상 및 인화의 방법을 선택하여 사용한 것으로 보이는 점, 특히 촬영 후 이미지 조작이나 기술적 뒤처리에 의하여 완성된 부분이, 촬영자의 창작성이라는 관점에서 볼 때, 특별히 차 별성이 있다고 보기 어려운 점 등 기록에 나타나 여러 사정에 비추어 보면, 설령 신 청인의 주장과 같이 성형모델들이 3개월이 넘는 기간을 설정하여 의상, 머리, 화장 각 분야 전문가들의 협조를 받아 전문 스튜디오에 의뢰하여 촬영하였다고 하더라도, 이 사건 ①, ② 사진 등에 촬영자의 개성이나 창조성이 있다고는 보기 어렵고, 달리 이를 소명할 뚜렷한 자료가 없다.

사) 증명사진 등

각종 증명사진(예컨대, 여권·주민등록증·운전면허증 등에 첨부하는 규격사진), 초 상사진, 단속을 목적으로 하는 사진(예컨대, 속도단속용 자동사진 등)과 같이 기능 적·실용적 목적으로 제작된 사진은 창작성 있는 표현으로 인정할 수 있는 경우가 제한될 것이다.[343]

아) 기념 앨범 사진 등

하급심 판결 중에 유아사진촬영 및 앨범제작과 관련된 사건에서 "아이디어와 표현"을 구별하여 '아이디어'에 해당하는 것이 무엇인지에 관하여 구체적으로 판 시한 사례가 있다.

을 통하여 저녁 해와 바다가 동시에 보이는 시간대와 각도를 선택하여 촬영하고 그 옆에 편한 자세로 찜질방에 눕거나 앉아 있는 손님의 모습을 촬영한 사진을 배치함으로써 해운대 바닷가 를 조망하면서 휴식을 취할 수 있는 최상의 공간이라는 이미지를 창출시키기 위한 촬영자의 창 작적인 고려가 나타나 있다"고 판시하였다.

[343] "오로지 인물의 동일성 확인을 목적으로 하는 증명사진의 경우에도 그 저작물성을 인정하기 힘 들 것이다. 그것은 정면으로, 정확히 촬영해서가 아니라 당해 결과물에 촬영자의 사상과 감정을 표현 의도가 없었기 때문이다"라는 의견이 있다. 이상정, '사진의 저작물성에 관한 일고', 계간 저작권 제27권 제1호(2014), 한국저작권위원회, 98면 참조.

〈서울고등법원 2010. 3. 18. 선고 2009나74658 판결(확정)〉

원고는, 원고의 사진과 피고의 사진은 ① 벽을 배경으로 모자를 쓴 아기를 가운데 앉힌 후 아기의 좌우로 아기보다 약간 작은 곰인형들을 나란히 배열한 점, ② 카메라와 아기 사이의 거리가 유사하고, 카메라의 앵글이 아기의 정면 눈높이에 맞추어져 있으며, 사진에 음영이 거의 나타나 있지 않은 점 등에 있어서 동일하거나 유사하므로 두 사진은 실질적으로 유사하다고 주장한다.

그러나, 위 ①과 같은 표현은 아이디어의 영역에 포함될 여지가 있고, 가사 표현 형식에 해당한다 하더라도, 원고의 사진에 앞서 '모자를 쓴 아기' 또는 '아동을 한개 또는 다수의 곰인형과 함께 배치한 사진', '다양한 곰인형들이 아기 또는 아동을 촬영하는 데 소품으로 사용된 사진', '가로 방향으로 나란히 나열된 다수의 곰인형 사이에 한명의 앉아 있는 남자 아동을 배치한 사진' 등이 인터넷에 게시되어 있었던 사실은 위에서 본 바와 같으므로 위 ①의 표현은 저작권자의 창작 이전에 알려져 있는 것이거나 기존에 알려진 표현을 쉽게 변경하여 적용할 수 있는 표현에 불과한 것으로 보이고, 위 ②와 같은 표현은 스튜디오 내에서 아기의 기념촬영을 하는 경우 흔히 적용되는 기술 내용으로서 그 표현에 별다른 창작성을 인정하기 어렵다 할 것이므로 위 ①, ②의 표현은 저작권으로 보호받지 못하거나 독창성이 인정되지 않는 것으로서 실질적 유사성을 판단함에 있어 대비할 요소라 할 수 없다.

2) 저작물성이 인정되는 경우

판례는 사진에 피사체의 선정, 구도의 설정, 빛의 방향과 양의 조절, 카메라 각도의 설정, 셔터의 속도, 셔터찬스의 포착, 기타 촬영방법, 현상 및 인화 등의 과정에서 촬영자의 개성과 창조성이 인정되면 저작권법에 의하여 보호되는 저작물에 해당된다"라고 판시하고 있다.[344] 앞서 언급한 바와 같이 사진저작물이라고 해서 창작성의 요건을 더 좁게 보아야 할 당위성은 없고 사진저작물의 특성을 실질적 유사성의 판단에서 고려하면 될 것이다.

다. 유사성의 정도를 고려한 표현적 요소의 보호 여부 판단

실질적 유사성 판단의 마지막 단계로서, 존재하는 유사성의 정도를 고려할 때 창작 인센티브를 보호하기 위하여 당해 표현적 요소를 보호할 필요가 있는지 여부를 판단한다.

---

344) 대법원 2001. 5. 8. 선고 98다43366 판결.

1) 창작적 표현형식에 해당하는 부분을 분리하여 해당부분을 각각 대비하는 것과 함께 전체적인 고찰도 필요함

사진저작물 중 창작적인 표현형식에 해당하는 부분을 먼저 파악한 후 이를 개별적으로 대비하는 방법으로 실질적 유사성을 판단하는 것이 원칙이기는 하지만, 즉각적이고 감각적인 느낌에 호소하는 사진저작물의 특성에 비추어 일반인은 '저작물 전체'가 주는 인상이나 느낌을 통해서도 그 저작물이 유사한 것으로 판단할 수 있고, 저작물 중에 창작적 표현형식에 해당하는 부분을 분리하여 해당 부분만을 각각 대비할 경우 이러한 전체적인 느낌에 의한 실질적 유사성을 간과할 위험이 있다. 즉 개별 표현 요소 부분은 창작성을 인정할 수 없거나 그 창작성이 미약하다고 하더라도, 이를 전체로 결합한 경우 새로운 창작성이 발현될 가능성도 있다. 이러한 점을 고려한다면 전체 대비 방법에 의해서도 실질적 유사성 여부를 살펴볼 필요가 있을 것이다. 앞서 본 '솔섬 사진 사건'에서 서울고등법원은 다음과 같은 과정을 거쳐 실질적 유사성의 판단을 하였는바, 좋은 참고가 될 것으로 보아 아래와 같이 소개하고자 한다.

〈서울고등법원 2014. 12. 4. 선고 2014나2011480 판결(확정)〉

4) 실질적 유사성의 판단

가) 표현 요소별 분석적 대비

앞서 본 개별 표현 요소 중심으로 이 사건 사진저작물과 이 사건 공모전 사진을 대비해 보면 다음 대비 표의 기재와 같다.

대비 요소	창작성 유무	대비 결과
피사체의 선정	없음	대비 불필요(동일함)
구도의 설정	없거나 미약함	**유사함.** 다만 이 사건 사진저작물은 정사각형의 중앙에서 약간 좌측에, 이 사건 공모전 사진은 직사각형의 중앙에서 약간 우측에 솔섬이 위치한 구도임
빛의 방향과 양의 조절 및 셔터찬스의 포착	있음	**차이가 있음** - 이 사건 사진저작물은 겨울인 2007년 2월경 낮(오후)에 촬영된 것으로 보이는데 반해, 이 사건 공모전 사진의 촬영일시는 여름 새벽인 2010. 8. 7. 04:38:17이고, 이에 따라 태양 빛의 방향이 좌측과 우측으로 반대로 나타남 - 마이클 케○는 언론 인터뷰에서 이 사건 저작물은 장 노

		출 기법을 사용했으나, 이 사건 공모전 사진의 노출시간은 그보다 짧다는 견해를 밝힘
카메라 각도의 설정	없거나 미약함	**유사함**
셔터의 속도, 기타 촬영방법	있음	**차이가 있음.** – 이 사건 사진저작물은 흑백사진으로서 짙은 회색조로 사진의 위와 아래에 있는 하늘과 물을 묘사하고 있으나, 이 사건 공모전 사진은 컬러사진으로서 짙푸른 색으로 하늘과 물을 표현하고 솔섬 뒤로부터 오른쪽 끝 부분까지 황금색 및 붉은 색의 띠(여명을 표현한 것으로 보임)가 있음 – 이 사건 사진저작물에서 하늘은 구름을 구별할 수 없을 정도로 무겁고 흐리게 표현되어 있고, 빛을 상세히 표현하는 대신 농도의 차이로 나타내고 있으나, 이 사건 공모전 사진에서는 짙푸른 색 하늘에 흰색, 진회색, 황금색 등 다채로운 색의 구름이 화려하고 사실적으로 표현됨. 역동적인 형태로 수평선을 따라 이동하는 것처럼 구름의 잔영이 표현되고 물에는 하늘에 있는 구름 역시 분명하게 반사됨(이 사건 공모전 사진의 셔터 속도 142.8s) – 그 결과 이 사건 사진저작물이 주는 시간이 정지한 듯한 정적인 느낌과 이 사건 공모전 사진이 주는 일출시의 역동적인 느낌은 명백한 차이가 있음
현상 및 인화 등 과정	있음	**차이가 있음.** – 이 사건 사진저작물은 8 X 10인치(201 X 252㎜)로 인화됨에 반해, 이 사건 공모전 사진은 약 36.03 X 23.98㎝로 인화되어 크기가 명백히 다르고, 인화된 사진의 형태도 정사각형과 가로가 긴 직사각형으로 다름.

위 대비 표에서 본 것처럼, 이 사건 사진저작물과 이 사건 공모전 사진은 창작성이 없거나 미약한 부분에서만 동일·유사할 뿐, 창작적인 표현형식에 해당하여 반드시 대비 대상으로 삼아야 하는 부분에서는 오히려 분명한 차이를 나타내고 있다.

나) 전체적 대비
(1) 원고의 주장
(생략)

(2) 판단
이 사건 사진저작물과 이 사건 공모전 사진이 '솔섬과 그 반영(反影)의 형태, 색상, 윤곽선의 선명도와 번짐의 결합에 의한 조형미'가 유사하여 '전체적인 관념과 느낌'이 유사하다는 취지의 원고 주장('프레임으로부터 피사체가 절연된 점과 그 반영'

에 이 사건 사진저작물의 핵심이 있고, 이 사건 공모전 사진의 구도와 앵글이 그와 같은 이상 실질적으로 유사하다는 이 법원 감정증인 ○○○의 증언 역시 같은 맥락이다)은 두 저작물에서 유사한 부분만을 먼저 떼어 내어 이를 '전체적인 관념과 느낌'이라고 주장하는 것이나 다름없다고 보여 부당하다(특히 이 사건에서 두 저작물의 전체적인 '관념'을 비교하게 되면 '솔섬의 사진'이라는 사진의 주제 또는 내용을 비교하게 되어 저작권의 보호대상이 아닌 아이디어까지 비교대상에 포함될 가능성이 커지므로, 이러한 접근 방식의 채택에는 신중을 요한다).

이 사건에서 두 저작물이 보는 사람으로 하여금 첫 인상이 비슷하다는 느낌을 갖게 하는 주된 이유는 무엇보다 동일한 자연물을 대상으로 촬영하였기 때문이다. 이처럼 유사한 부분만을 중심으로 보아 '전체적 대비'를 행하는 것은 이미 유사하다는 판단을 전제로 한 자의적 판단 기준이라는 비판을 면하기 어렵다. 앞서 본 대로 개별 요소의 결합에 의한 저작물 전체로서의 새로운 창작성 발현 여부를 판단하기 위한 수단일 뿐이지 그 중에서 유사한 핵심적 요소를 발견하기 위한 수단은 아니라고 보아야 하므로, 원고의 주장처럼 비 유사 요소를 걸러낸 다음 이를 대비대상에서 완전히 제외할 수는 없다.

(중략)

따라서 전체적인 대비를 위해서는 우선 두 저작물 전체를 각 요소가 결합된 그대로 관찰하여 그 인상이나 느낌을 대비하여야 하며, 특별한 사정이 없다면 각 요소를 동등한 비중으로 관찰하는 것이 바람직하다. 이러한 방법에 의할 때, 두 저작물은 그 촬영 대상이 동일함에도, 전체적으로 보아 이 사건 사진저작물이 가지는 수묵화와 같은 정적인 인상 또는 느낌과 이 사건 공모전 사진이 가지는 일출시의 역동적인 인상 또는 느낌에 명백한 차이가 드러나므로, 유사하지 않은 것으로 판단된다.

그 이외에도 비즈니스맨이 높은 건물에서 밑에 있는 도시의 거리로 발걸음을 옮기기 위하여 고민하는 모습을 담은 두 사진의 실질적 유사성에 관하여 다룬 Kaplan v. Stock Mkt. Photo Agency, Inc. 판결[345]도 참고할 만하다. 이 판결에서 뉴욕주 연방지방법원은 두 사진 사이에 비즈니스맨이 한 도시의 높은 건물 가장자리에서 지상에 있는 거리로 발걸음을 옮기려고 하는 모습을 담은 두 사진의 실질적 유사성을 부정하였다. 두 사진에 나타난 남자는 모두 세로 줄무늬 양복을 입고 있고, 끝에 날개가 달린 구두를 신고 있어 유사한 복장을 하고 있었고, 두 사진 모두 비즈니스맨이 건물에서 아래 쪽의 거리를 바라보는 앵글과 관점에서 촬

---

345) 133 F.Supp.2d 317 (S.D.N.Y. 2001).

영된 유사점이 있으나, 두 사진의 배경과 관점의 표현,[346) 건물 밑의 거리와 그 위에서 벌어지고 있는 활동내용이나 비즈니스맨 주위의 환경,[347) 조명과 그림자 처리와 색상[348) 등이 서로 다른 느낌이나 분위기를 형성하고 있어 실질적으로 유사하지 않다고 보았다.

2) 형식적 · 기계적 비교결과는 단순한 참고에 불과함

다른 저작물과 마찬가지로 건축저작물에 있어서도 기계적이고 획일적인 기준에 따른 비교결과는 하나의 참고자료가 될 수 있을 뿐이며, 그것에 의해 유사성 여부가 결정되는 것은 아니다.

4. 관련 문제: 사진촬영이나 녹화 등의 과정에서 원저작물이 그대로 복제된 경우

저작권법 제35조의3은 '사진촬영, 녹음 또는 녹화(이하 이 조에서 "촬영등"이라 한다)를 하는 과정에서 보이거나 들리는 저작물이 촬영등의 주된 대상에 부수적으로 포함되는 경우에는 이를 복제 · 배포 · 공연 · 전시 또는 공중송신할 수 있다. 다만, 그 이용된 저작물의 종류 및 용도, 이용의 목적 및 성격 등에 비추어 저작재산권자의 이익을 부당하게 해치는 경우에는 그러하지 아니하다'고 규정하고 있다.[349)

사진촬영이나 녹화 등의 과정에서 원저작물이 그대로 복제된 경우, 새로운 저작물의 성질, 내용, 전체적인 구도 등에 비추어 볼 때, 원저작물이 새로운 저작물 속에서 주된 표현력을 발휘하는 대상물의 사진촬영이나 녹화 등에 종속적으로

---

346) 원고의 사진은 건물 밑에 넓게 펼쳐져 있는 거리와 자동차들을 강조하는 등 넓이(breadth)를 느끼게 하는 반면, 피고의 사진은 깊이(depth)를 강조하는 보다 좁고 수직적인 사진으로서 거리 건너편에서 날카로운 수평, 수직선으로 구성된 높은 건물들을 강조하고 있다

347) 원고의 사진은 두 개의 거리가 하나로 합쳐지고 거리 위에는 대부분 노란색의 택시들이 왼쪽에서 오른쪽으로 여러 차선을 따라 일방통행하고 있으며, 비즈니스맨은 혼자서 닳고 철로 만들어진 돌출부 위에 서 있는 내용을 담고 있는 반면, 피고의 사진은 좁은 거리의 양 차선에서 자동차 등이 쌍방통행하고, 비즈니스맨은 왼쪽에 비둘기와 가방이 보이며 부드럽고 콘크리트로 만들어진 돌출부 위에 서 있는 내용을 담고 있다

348) 원고의 사진은 사진 전체를 대각선으로 가로지르는 분명한 그림자를 담고 있고 그 그림자는 비즈니스맨의 신발과 건물 옥상을 향하고 있는데, 이는 철로 만들어진 돌출부와 함께 어우러져 음침하고 생각에 잠기게 하는 분위기를 형성하는 반면, 피고의 사진에는 아무런 그림자도 없고 거리 건너편의 빌딩이 밝은 햇살로 가득차 있어 감상자의 주의를 건물의 기하학적 형상으로 이끄는 효과를 보여 주고 있고, 이러한 빛의 존재와 색깔은 심사숙고하거나 침체되어 있는 분위기가 아니라 모험적이고 호기심을 자극하는 가벼운 분위기를 형성함으로써 원고의 사진과는 달리 감상자로 하여금 비즈니스맨의 불안정하고 위험한 현실을 잊어버리게 하고 있다

349) 2019. 11. 26. 신설규정.

수반되거나 우연히 배경으로 포함되는 경우 등과 같이 부수적으로 이용되어 그 양적·질적 비중이나 중요성이 경미한 정도에 그치는 것[350]이 아니라 새로운 저작물에서 원저작물의 창작적인 표현형식이 그대로 느껴진다면 이들 사이에 실질적 유사성이 있다고 보아야 한다. 예를 들어, 원심은 인터넷상에서 사진의 양도·이용허락을 중개하는 이른바 포토라이브러리(photo library)업을 영위하는 피고인들이 2002년 한·일월드컵 당시 널리 사용된 "Be The Reds!"라는 응원문구를 도안화한 원심 판시 저작물 *Reds!* (이하, '이 사건 저작물'이라 한다)이 그려진 티셔츠 등을 착용한 모델을 촬영한 원심 판시 사진들(이하 '이 사건 사진들'이라 한다)을 그 홈페이지에 게시한 행위가 저작권침해에 해당하지 아니한다고 판단하였으나, 대법원은 "이 사건 저작물은 "BeTheReds!"라는 2002년 한·일월드컵 당시 널리 알려진 응원문구를 소재로 한 것으로서, 그 창조적 개성은 전통적인 붓글씨체를 사용하여 역동적이고 생동감 있는 응원의 느낌을 표현하고 있는 도안 자체에 있다. 그런데 이 사건 사진들 중 일부사진들(이하 '이 사건 침해사진들'이라 한다)에는 이 사건 저작물의 원래 모습이 온전히 또는 대부분 인식이 가능한 크기와 형태로 사진의 중심부에 위치하여 그 창조적 개성이 그대로 옮겨져 있다. 또한 이 사건 저작물의 위와 같은 창작적 요소에 담겨 있는 월드컵 응원문화에 대한 상징성과 이 사건 침해사진들의 성질, 내용, 전체적인 구도 등에 비추어 볼 때, 이 사건 저작물은 월드컵 분위기를 형상화하고자 하는 위 사진들 속에서 주된 표현력을 발휘하는 중심적인 촬영의 대상 중 하나로 보인다. 즉, 이 사건 저작물에 표현되어 있는 역동적이고 생동감 있는 응원의 느낌이 이 사건 침해사진들 속에서도 그대로 재현되어 전체적으로 느껴지는 사진의 개성과 창조성에 상당한 영향을 주고 있다. 이와 같이 이 사건침해사진들에서 이 사건 저작물의 창작적인 표현형식이 그대로 느껴지는 이상 위 사진들과 이 사건 저작물 사이에 실질적 유사성이 있다고 보아야 한다"는 이유로 원심판결을 파기환송하였다.[351]

---

350) '정확한 사진 복사는 정확한 복제를 위해 아무리 많은 기술, 경험과 노력이 요구된다고 하더라도 저작권법으로 보호되지 못한다'는 취지의 미국 판결로는, BRIDGEMAN ART LIBRARY, LTD. v. COREL CORP., 36 F.Supp. 2d 191 (S.D.N.Y. 1999) 참조.
351) 대법원 2014. 8. 26. 선고 2012도10786 판결.

제8절 영상저작물

1. 영상저작물의 의의

영상저작물은 '연속적인 영상(음의 수반 여부는 가리지 아니한다)이 수록된 창작물로서 그 영상을 기계 또는 전자장치에 의하여 재생하여 볼 수 있거나 보고 들을 수 있는 것'을 말한다(저작권법 제2조 제14호).[352] 이 규정을 근거로 영상저작물은 정의규정에서 녹화테이프나 파일 등에 수록된 것을 전제로 한다는 점에서 영상저작물이 되려면 '고정'이 요건인 것으로 보아야 한다는 견해가 있으나,[353] 우리나라 저작권법은 미국 저작권법과 달리 '고정'을 저작물의 성립요건으로 규정하지 않고 있다.

2. 영상저작물의 특성

가. 연속적인 영상으로 표현됨

영상저작물은 연속적인 영상으로 수록된 창작물이므로 사진과 같이 연속적인 영상으로 구성되지 않은 것은 영상저작물이 아니다. 연극저작물과 영상저작물은 신체적 동작, 몸짓, 표정의 연결과 조합 등으로 표현된다는 점에서 유사한 측면이 있을 수 있으나, 전자는 무대라는 공간과 그에 따른 시간적 제약 아래에서 표현되는 것인 반면, 후자는 영상과 화면으로 표현된다는 점에서 차이가 있다.

나. 영상기기를 통해 일정한 매체에 수록되어야 함

영상저작물은 녹화테이프나 파일 등과 같은 일정한 매체에 수록되어야 한다는 점에서 다른 저작물들과 차이가 있다. 한편, 동영상을 녹화할 수 있는 카메라 등의 기기로 사람의 연기나 동물·곤충·자연현상 등을 촬영하여 생성하는 동영상인 경우에는 사진저작물과 유사하게 피사체의 선정, 구도의 설정, 빛의 방향과 양의 조절, 카메라 각도의 설정, 기타 촬영방법 등에 따라 창작성 여부가 정해질 수

---

352) 참고로, 영상진흥기본법 제2조 제1호는 "영상물"을 연속적인 영상이 필름·테이프·디스크, 그 밖의 유형물(有形物)에 고정되어 그 영상을 기계나 전자장치로 재생하여 보고 들을 수 있거나 송수신할 수 있는 물체(컴퓨터프로그램에 의한 것은 제외한다)라고 하고, 같은 조 제2호는 "영상산업"을 영상물의 제작·활용·유통·보급·수출·수입 등에 관련된 산업과 그 기술이라고 각각 정의한다.

353) 이해완, 저작권법, 제4판, 박영사(2019), 205면.

있는 반면, 애니메이션과 같이 직접 촬영이 없는 경우에는 위 기준에 따라 창작성
여부가 정해지지 않는다.

다. 영상에 수록되면 족하므로 표현에 공간적 · 시간적 제약이 없음

연극저작물은 무대라는 공간적 제약으로 인하여 세팅과 이를 배경으로 한 사
건의 묘사가 제한될 수밖에 없고 그에 따라 시간적 제약도 수반되는 반면, 영상저
작물은 공간적 · 시간적 제약이 거의 없다. 또 영상저작물은 특수효과를 통해 물리
적 제약 없이 상상력이 미치는 만큼 표현할 수 있다는 특성이 있다.

라. 감상을 위해 재생하여 보고 들을 수 있는 기계 또는 전자장치가 필요함

영상저작물은 그 영상을 기계 또는 전자장치에 의하여 재생하여 볼 수 있거
나 보고 들을 수 있는 것이므로 연재만화와 같이 기계 또는 전자장치에 의하여
재생될 수 없는 것은 영상저작물의 범위에 포함되지 않는다.[354] 반복 재생하여 감
상을 할 수 있다는 점에서 정확하게 동일한 장면을 반복할 수 없는 연극저작물과
차이가 있다.

마. 편집저작물 내지 결합저작물로서의 특성

영상저작물의 경우 극본 · 각본 · 시놉시스 등은 어문저작물에, 분장 · 의상 · 세
트장치 등 중 미술적 특성을 가진 것은 미술저작물에, 음향 · 배경음악 등은 음악
저작물에 각 해당하는 것으로 볼 수 있는데, 각각을 구별하여 창작성 여부를 판단
할 뿐만 아니라, 이들을 종합하여 하나의 작품을 이루는 영상물에 대하여도 창작
성 여부를 판단할 수 있다. 이와 같은 구성을 볼 때에 영상저작물은 편집저작물
내지 결합저작물과 유사한 특성을 가질 수 있다.

3. 영상저작물의 실질적 유사성 판단

가. 대비를 통한 유사성 요소 확정

1) 대비관점

어문저작물, 음악저작물, 미술저작물, 사진저작물, 연극저작물 등 앞에서 이
미 설명하였던 것처럼 영상저작물에도 일반 수요자 이론이 적용된다. 여기에서 영

---

354) 이해완, 저작권법, 제4판, 박영사(2019), 205~206면.

상저작물의 수요자는 그 영상저작물이 의도하는 청중을 의미한다고 할 것이다.

2) 대비방법

영상저작물은 연극저작물이나 음악저작물과 유사하게 그 표현에 일정한 시간을 요구할 뿐만 아니라, 그 시간 동안은 다른 영상저작물을 중복하여 감상하는 것이 쉽지 않다. 즉 파일에 수록된 두 개의 영상저작물을 두 개의 모니터 또는 하나의 스크린을 분할하여 재생한 다음 이를 동시에 비교하더라도 사람이 동시에 두 개의 영상을 똑같은 집중력을 가지고 보면서 실질적 유사성 여부를 정확히 판단하는 것은 사실상 매우 어려운 일이 될 것이다. 따라서 법관이나 배심원들이 영상저작물의 실질적 유사성을 판단함에 있어서는 두 개의 영상저작물을 순차적으로 감상하고 양자를 비교하는 방법에 의하는 것이 일반적일 것이다.

영상저작물 중 어문저작물, 미술저작물, 음악저작물, 사진저작물, 건축저작물 등에 해당하는 부분이 있고 각각에 대한 저작권 분쟁이 생기는 경우도 발생할 수 있는데(예컨대, 시나리오, 주제음악 등), 이는 앞서 본 각 저작물의 유형에 따른 실질적 유사성 판단 기준에 의하면 될 것이다.

나. 표현적 요소의 확정

대비를 통하여 유사성 요소가 확정되면 그 중 저작권에 의하여 보호되는 표현적 요소가 무엇인지를 가려낸다. 실질적 유사성의 일반적 판단 기준 중 실체적 측면을 논함에 있어서, 아이디어와 표현의 구분에 있어서는 당해 요소의 구체성, 독창성, 다양한 표현가능성, 소재성, 보호비용 등을 고려하여야 한다고 제시한 바 있다.

1) 아이디어성이 강한 요소

TV프로그램 등과 같은 영상물의 주제, 편성 및 진행방식에 대한 기본적인 구상, 전체적인 컨셉트(concept)나 방향, 설정 등은 아이디어성이 강한 요소라고 할 것이다.

2) 표현성이 강한 요소

시청각적으로 연속되는 영상은 그 자체로 표현성이 강한 특성을 가지고 있다고 볼 것이다. 그러나 표현성이 있더라도 거기에 창작성이 있는지 여부는 따로 살펴보아야 한다. 예컨대 치안이나 보안 등 행정 목적을 위해 길 한복판에서 고정된 위치에 카메라(CCTV 등)를 설치해 놓고 지나가는 행인이나 차량을 기계적으로 촬영하여 만든 영상물은 그 자체로서 창작성이 있는 표현형식이라고 보기 어려울 때가 많을 것이다.

다. 유사성의 정도를 고려한 표현적 요소의 보호 여부 판단

실질적 유사성 판단의 마지막 단계로서, 존재하는 유사성의 정도를 고려할 때 창작 인센티브를 보호하기 위하여 당해 표현적 요소를 보호할 필요가 있는지 여부를 판단한다.

1) 연속되는 영상의 소재 선택 및 배열, 카메라 구도의 선택, 필름 편집, 그 밖의 제작 기술로 표현되는 영상물의 전체적인 모습이 중요하게 고려됨

영화나 다큐멘터리와 같은 영상저작물은 카메라에 의해 촬영되는 동영상으로 이루어졌다는 점에서 동영상의 소재 선택 및 배열, 카메라 구도의 선택, 필름 편집, 그 밖의 제작기술로 표현되는 영상물의 전체적인 모습이 중요하게 고려될 수밖에 없다. 예컨대 뉴스보도라고 하더라도 보도표현에 있어 독창적이고 개성 있는 표현 수준에 이른 것이면, 즉 그 보도된 표현과 별도로 소재의 선택과 배열, 카메라 구도의 선택, 필름편집, 그 밖의 제작기술로 표현되는 창작성이 존재하면 저작물로 인정될 수 있다.

〈서울고등법원 2012. 6. 13. 선고 2011나52200 판결(확정)〉
이 사건 뉴스의 보도문에서 '모기와의 전쟁', '첨단 기술', '기발한 아이디어' 등 모기 관련 각종 언론의 기사들에서 통상적으로 사용되는 표현들이 사용되었으나, 여러 개의 맨홀 구멍을 통하여 소독약을 동시에 뿌릴 수 있는 문어발 방역기가 사용되고, 모기가 좋아하는 색깔과 냄새로 모기를 유인하여 죽이는 장치가 사용되며, IT 기술을 접목하여 모기 개체 수를 자동으로 집계하여 방역반에 전송해주는 장치 사용을 부각하는 등 다른 보도 기사들과 구별되는 표현들이 사용되었고, 해마다 심해지는 고온 현상으로 모기의 수가 증가하여 친환경 방법으로는 감당할 수 없어 최첨단 기술과 아이디어들이 동원되고 있다는 전체적인 평가가 실렸으며, 위 보도문이 담긴 이 사건 뉴스에서 해당 장치들이 사용되는 다양한 장면을 여러 각도에서 촬영함과 동시에 아파트 주민, 구로보건소장의 인터뷰를 함께 전달하고, 위와 같이 촬영된 영상이 'E'에서 방송될 분량과 형식에 맞게 편집되고, 원고 A의 기획으로 원고 B 및 F 기자 등 그 사원들이 업무로 제작하여 A 텔레비전 방송국을 통하여 방송되어 이 사건 뉴스와 같은 동영상으로 공표된 사실을 인정할 수 있다.

위 인정 사실에 의하면, 이 사건 뉴스는 단순히 사실의 전달에 불과한 시사보도에 불과한 것이 아니라 고유한 표현으로 재구성된 사실과 기자의 평가가 담긴 보도문을 효과적으로 전달하기 위하여 전문적인 기술로써 연속적인 영상으로 촬영하고 재구성하여 편집한 영상저작물이고 (이하 생략)

2) 핵심적인 부분과 비핵심적인 부분의 구별이 필요함

영상저작물은 연속되는 영상으로 이루어졌는바, 이 중에서도 핵심적인 부분과 비핵심적인 부분의 구별이 필요할 때가 있다. 영상저작물 전체에서 핵심적 부분이 얼마나 비중을 차지하느냐에 따라 실질적 유사성 판단 여부도 달라질 수 있다.

연극, 공연, 무용 등 연극저작물을 카메라로 녹화한 경우 그 영상물은 단순히 연극저작물 또는 극본과 그에 따른 실연행위 등을 복제하는 것에 불과하여 영상저작물로서의 창작성이 인정되지 않을 수 있다. 다만 카메라의 촬영기법, 촬영방식, 편집 또는 영상에 관한 특별한 기법 등으로 창작성을 부가한다면 연극저작물을 녹화한 영상물이라도 저작권법의 보호대상이 될 수 있다.[355]

스포츠경기를 녹화한 영상저작물도 일정한 위치에 고정하여 기계적으로 촬영한 것이라면 저작물로 인정하기 어려울 수 있는 반면, 여러 대의 카메라로 다양한 각도에서 촬영하고 극적인 순간을 포착하여 방송하는 등 각 영상을 선택, 편집, 배열하는 것에 창작성이 있다면 저작물로 보호할 수 있을 것이다. 더 나아가 경기 진행 중 또는 진행 후에 하이라이트가 될 만한 중요한 순간의 장면을 슬로우비디오로 재생 또는 반복하거나, 동일한 순간의 장면을 다양한 앵글과 각도로 촬영한 것을 보여주거나, 공을 몰고 가면서 슛을 하는 장면 등을 아주 가깝게 볼 수 있도록 줌업(zoom up)을 하는 등의 영상물은 저작물로서 보호될 가능성이 높다.[356]

3) 형식적·기계적 비교결과는 단순한 참고에 불과함

다른 저작물과 마찬가지로 영상저작물에 있어서도 기계적이고 획일적인 기준

---

355) 이해완, 저작권법, 제4판, 박영사(2019), 206면.
356) 이해완, 저작권법, 제4판, 박영사(2019), 206면 참조.

에 따른 비교결과는 하나의 참고자료가 될 수 있다.

라. 이른바 "방송 프로그램의 포맷(format)"의 보호 여부

1) 방송 프로그램의 "포맷"의 개념

방송시장이 커지고 한류와 함께 '포맷(format)'의 국제거래가 활발해지면서 그에 따른 분쟁도 늘어나고 '포맷'의 법적 보호, 특히 저작권법상 보호에 관한 논의 및 연구가 활발해졌다. 특히 리얼리티, 서바이벌, 콘테스트, 데이팅, 몰래카메라 등의 예능 또는 비드라마 유형이 해외수출을 통해 외국 현지에서 성공을 하면서 이에 대한 라이선스 또는 분쟁에 관한 법적 관심도 높아졌다.

'포맷(format)'은 법률상 정의된 개념이 아니고 방송업계에서 제각각 사용되는 용어인바, 개별사안마다 다르게 이해될 때도 있어 이를 명확히 확정하기가 어렵다. 또 다양한 유형의 방송프로그램, 예컨대 드라마와 비드라마 사이의 포맷 개념에는 차이가 있을 수 있다. 본 책에서는 최근 많은 논의가 되고 있는 비드라마 부문 중 '리얼리티 쇼 프로그램'을 중심으로 살펴보고자 한다.

방송계에서는 '일련의 계속되는 시리즈물 프로그램에서 각각의 에피소드를 구성하는 요소 중에서 변화하지 않고 꾸준히 유지되는 요소들의 집합', '프로그램에 대한 약식기획(informal plan)으로 프로그램의 시작부터 종료까지 연출자가 보고 지시할 내용을 이야기 하듯 서술한 것' 등으로 설명하고 있다.[357]

2) '리얼리티 방송 프로그램'의 저작권 보호 여부

국내 학계와 실무계가 방송 프로그램 '포맷'의 저작권법 보호 여부에 관하여 많은 논의와 연구가 이루어지고 있었는데,[358] 최근 대법원 판결에 의해 저작권법

---

357) KOCCA 연구보고서 12–40, "방송포맷의 권리보호 방안 연구"(2012. 11. 30.), 9~10면. 홍승기, "TV 방송 프로그램 포맷 보호방안 —저작권법적 보호를 중심으로—", 정보법학 제20권 제2호 (2016), 한국정보법학회, 2~4면에서 재인용.

358) 해외의 '포맷 보호의 확대 경향'에 관한 자세한 설명은 홍승기, "방송 프로그램 포맷의 저작물성 —대법원 2014다49180 판결을 중심으로—", 정보법학 제22권 제2호(2018), 한국정보법학회, 39~49면 참조. 그 외에도 육소영, "방송 프로그램 포맷의 저작권법에 의한 보호의 한계와 그 대안 —대법원 2017. 11. 9. 선고 2014다49180 판결을 중심으로—", 법학연구 제61권(2019. 12), 전북대학교 법학연구소; 민경재, "방송 프로그램 포맷에 대한 법률적 보호방안에 관한 연구", 법학논총 제39권 3호(2019. 8), 전남대학교 법학연구소; 황선영, "중국에서의 방송포맷 보호에 관한 법률적 검토", 법학연구 제59권 제1호(2018. 2), 부산대학교 법학연구소; 신계하, "방송 프로그램 포맷에 대한 저작권 보호", 문화·미디어·엔터테인먼트 법, 중앙대학교 법학연구원 문화미디어엔터테인먼트법연구소(2017. 6); 왕상한·박준우, "방송포맷의 국제적 보호방안에 관한 연구

보호 가능성이 열리게 되었다.[359] 다만 대법원은 '포맷(format)'이라는 용어를 정면으로 인정하지 않고 당해 리얼리티 방송 프로그램의 창작성 여부에 따라 영상저작물로서 보호할 수 있다는 취지의 판시를 하였다.

〈대법원 2017. 11. 9. 선고 2014다49180 판결〉

구체적인 대본이 없이 대략적인 구성안만을 기초로 출연자 등에 의하여 표출되는 상황을 담아 제작되는 이른바 리얼리티 방송 프로그램도 이러한 창작성이 있다면 저작물로서 보호받을 수 있다. 리얼리티 방송 프로그램은 무대, 배경, 소품, 음악, 진행방법, 게임규칙 등 다양한 요소들로 구성되고, 이러한 요소들이 일정한 제작 의도나 방침에 따라 선택되고 배열됨으로써 다른 프로그램과 확연히 구별되는 특징이나 개성이 나타날 수 있다. 따라서 리얼리티 방송 프로그램의 창작성 여부를 판단할 때에는 그 프로그램을 구성하는 개별 요소들 각각의 창작성 외에도, 이러한 개별 요소들이 일정한 제작 의도나 방침에 따라 선택되고 배열됨에 따라 구체적으로 어우러져 그 프로그램 자체가 다른 프로그램과 구별되는 창작적 개성을 가지고 있어 저작물로서 보호를 받을 정도에 이르렀는지도 고려함이 타당하다.

(중략)

(3) 원심이 들고 있는 원고 영상물을 이루는 개별적인 요소들은 아이디어의 영역에 속하거나 다른 프로그램에서도 이미 사용되는 등의 사정으로 인해 그 자체로만 보면 창작성을 인정하기에 부족한 점이 있다. 그러나 원고 측의 축적된 방송 제작 경험과 지식을 바탕으로 위와 같은 프로그램의 성격에 비추어 필요하다고 판단된 요소들만을 선택하여 나름대로의 편집 방침에 따라 배열한 원고 영상물은 이를 이루는 개별요소들의 창작성 인정 여부와는 별개로 구성요소의 선택이나 배열이 충분히 구

—한국과 중국에서의 보호를 중심으로—", 경제법연구 제15권 2호(2016. 8), 한국경제법학회; 채정화·이영주, "방송 프로그램의 포맷에 대한 저작권 보호 및 실질적 유사성의 판단 기준에 관한 연구: 리얼리티 프로그램을 중심으로", 언론과학연구 제10권 제1호(2010. 3), 한국지역언론학회 등 참조.

359) 육소영, "방송 프로그램 포맷의 저작권법에 의한 보호의 한계와 그 대안 —대법원 2017. 11. 9. 선고 2014다49180 판결을 중심으로—", 법학연구 제61권(2019. 12), 전북대학교 법학연구소, 416면은 "방송시장에서 하나의 상품으로 포맷을 거래하는 국제적 포맷 배급회사들은 포맷을 각각의 에피소드 속에 담긴 내용순서라 할 수 있는 프로그램의 구조, 시리즈와의 경쟁의 구조, 외관, 스타일, 그래픽, 음악으로 이루어진 브랜딩의 구성요소라거나 저작권을 가지고 특정 프로그램을 각 지역 버전으로 제작, 방영할 수 있는 라이선스로 정의하고 있어서 방송 프로그램의 포맷을 저작권에 의해 보호될 수 있는 저작물로 보고 있다(채정화·이영주, "방송 프로그램의 포맷에 대한 저작권 보호 및 실질적 유사성의 판단 기준에 관한 연구: 리얼리티 프로그램을 중심으로", 언론과학연구 제10권 제1호(2010. 3), 한국지역언론학회, 292면)"고 설명한다.

체적으로 어우러져 위에서 본 기존의 방송 프로그램과는 구별되는 창작적 개성을 가지고 있다고 할 수 있다.

위 판례는 '원고 영상물'을 리얼리티 방송 프로그램으로서 창작적 특성을 가진 저작물로 인정하고, '피고 영상물 1'과 '피고 영상물 2'를 나누어 비교하여 '피고 영상물 1'은 '원고 영상물'과 실질적 유사성이 없다고 판단한 반면,360) '피고 영상물 2'는 '원고 영상물'과 실질적 유사성이 있다고 판단하였다.361)

위 판례는 방송 프로그램 포맷을 독립된 저작물로 따로 명시하지 않았고 '영상저작물'의 저작권 보호로서 판시를 하였다는 점에서 '포맷의 저작권 보호'를 직

---

360) 대법원은 "피고 영상물 1은 애정촌에 모인 남녀가 자기소개나 게임 등을 통해 짝을 찾는다는 원고 영상물의 기본적인 모티브나 일부 구성을 차용하여 제작된 것이기는 하다. 그러나 원고 영상물과 같이 일반인 남녀가 출연하여 구체적인 대본 없이 출연자 사이의 상호작용에 따라 사건이 진행되는 리얼리티 방송 프로그램이 아니라, 전문 연기자가 출연하여 구체적인 대본에 따라 재소자나 환자 등을 연기하는 성인 대상 코미디물이라는 점에서 프로그램의 성격이 원고 영상물과는 다르다. 또한, 원고 영상물은 진지하게 짝을 찾아가는 남녀와 그들의 상호작용을 대상으로 삼아 객관적으로 보여주는 프로그램의 성격에 맞추어 이를 표현하는 데 주안점을 두고 전체적으로 심각하고 긴장감 있는 느낌을 주도록 이루어진 개별 요소들의 선택 및 배열이 영상물의 특징을 이룬다. 반면, 피고 영상물 1은 성인 대상 코미디물이라는 프로그램의 성격에 따라 현실에서 좀처럼 발생하기 어려운 과장된 상황과 사건들이 극 전개의 중심을 이루어 구성됨으로써 전체적으로 가볍고 유머러스한 분위기가 느껴지도록 표현된 것을 특징으로 하고 있다. 이와 같이 원고 영상물과 피고 영상물 1 사이에는 프로그램의 성격, 등장인물, 구체적인 사건의 진행과 내용 및 그 구성 등에서 표현상의 상당한 차이가 있으므로, 이들 사이에 실질적 유사성이 인정된다고 보기 어렵다"고 하면서 '원고 영상물'과 '피고 영상물 1' 간의 실질적 유사성을 부인하였다.

361) 대법원은 "피고 영상물 2는 게임을 즐기는 남녀가 '애정촌 던전(Dungeon)'이라는 장소에 모여 함께 게임을 할 이성의 짝을 찾는다는 내용으로서, 남녀 출연자들이 애정촌에 입소하여 원하는 이성을 찾아가는 원고 영상물의 기본적인 구조를 그대로 차용하고, 애정촌 던전의 입소 과정부터 남녀 출연자들의 복장과 호칭, 자기소개, 같이 도시락을 먹을 이성 상대방 선택, 제작진과의 속마음 인터뷰 및 내레이션을 통한 프로그램 전개 등 원고 영상물을 구성하는 핵심 요소들을 그대로 사용하고 있다. 그뿐 아니라 원고 영상물과 마찬가지로 이러한 요소들이 구체적으로 어우러져 피고 영상물 2의 시청자들로 하여금 출연한 남녀들을 객관적으로 관찰하는 것을 특징으로 하는 리얼리티 방송 프로그램을 보는 느낌을 갖도록 표현되어 있다. 비록 피고 영상물 2는 피고가 게임물을 홍보할 목적으로 제작한 것으로서 실제로는 진지하게 짝을 찾는 일반인 남녀들 간의 상호작용을 보여주기 위한 프로그램은 아니라고 하더라도, 시청자들의 입장에서는 피고 영상물 2 자체로부터 이와 같은 원고 영상물과 피고 영상물 2 사이의 차이점에 따른 표현상의 차이를 느끼기는 어려워 보인다. 또한 피고 영상물 2에는 온라인 게임 속의 퀘스트(Quest) 시스템을 도입하여 출연자가 자신의 속마음과는 달리 주어진 임무에 따라 행동하도록 하는 등 원고 영상물에 나타나 있지 아니한 요소가 일부 추가되어 있기는 하나, 피고 영상물 2 내에서 이러한 요소가 차지하는 질적 또는 양적 비중이 미미하다. 위와 같은 사정들을 종합하여 보면, 원고 영상물과 피고 영상물 2 사이에는 구성요소의 선택과 배열에 관한 원고 영상물의 창작적 특성이 피고 영상물 2에 담겨 있어서 실질적 유사성이 인정된다고 볼 여지가 있다"고 하면서 '원고 영상물'과 '피고 영상물 2' 간의 실질적 유사성을 인정하였다.

접적으로 인정하였다고 볼 수는 없으나, 적어도 포맷의 저작권법적 보호 가능성을 열어 두었다는 점에서 큰 의미가 있다고 본다.[362]

제9절 도형저작물

1. 도형저작물의 의의

도형저작물은 지도·도표·설계도·약도·모형 또는 그 밖의 도형 등에 사람의 사상 또는 감정이 표현된 저작물이라고 할 수 있다(저작권법 제4조 제1항 제8호).[363] 도형저작물 가운데 주로 저작권침해가 문제되는 것은 지도와 설계도이다. 설계도와 관련하여서는 이미 건축저작물 부분에서 검토한 바 있다.

2. 지도

가. 지도의 개념

지도는 지표상의 산맥·하천 등의 자연적 현상과 도로·도시·건물 등의 인문적 현상을 일정한 축적으로 미리 약속한 특정한 기호를 사용하여 객관적으로 표현한 것이다.[364] 자연적·인문적 현상의 표현에 창작성이 있는 지도는 저작물로 보호받는다. 저작권법 제4조 제1항 제8호에서도 지도를 도형저작물의 하나로 예시하고 있다.

지도는 통상 종이의 형태로 작성되지만, 정보를 디지털화하여 제공하는 전자지도의 형태로 작성하는 것도 가능하다. 전자지도 검색서비스의 프레임 링크에 의한 손해배상책임이 문제되었던 사건에서 법원은 지표상의 자연적 현상들과 인문

---

362) 위 판결을 포맷의 침해를 저작권 침해로 인정한 의미심장한 판결이라고 보는 입장에 대해서는, 홍승기, "방송 프로그램 포맷의 저작물성 —대법원 2014다49180 판결을 중심으로—", 정보법학 제22권 제2호(2018), 한국정보법학회, 37~39면 참조. 반면, 위 대법원 판결이 방송 프로그램 포맷 산업의 확대 및 안정화에 근간을 제공한다는 점에서는 바람직하지만 저작권법에 의한 보호에는 한계가 있으므로 그 대안으로 부정경쟁방지법 제2조 제1호 파목(타인의 상당한 투자나 노력으로 만들어진 성과의 무단사용금지)의 적용이 필요하다는 견해로, 육소영, "방송 프로그램 포맷의 저작권법에 의한 보호의 한계와 그 대안 —대법원 2017. 11. 9. 선고 2014다49180 판결을 중심으로—", 법학연구 제61권(2019. 12), 전북대학교 법학연구소, 416면 참조.

363) 이해완, 저작권법, 제4판, 박영사(2019), 209면.

364) 대법원 2003. 10. 9. 선고 2001다50586 판결.

적 현상들에 관한 지리정보를 체계적으로 정리하여 이를 전산화함으로써 컴퓨터 등의 정보처리장치 등을 통하여 손쉽게 원하는 지리정보를 검색할 수 있도록 한 전자지도는 저작권의 보호대상이 된다는 점을 전제로 하여 판단하였다.[365]

지도는 내용에 따라 일반도(一般圖)와 주제도(主題圖)로 나누어진다. 일반도는 지형·행정경계·교통망·가옥·토지이용 등 일반적인 내용이 종합적으로 나타나 있는 것으로서 한국전도나 세계전도 등이 그 예이다. 주제도는 특정한 사항만을 중심적으로 선택하여 나타내는 것으로서 토지이용도·식물분포도·지질도·교통도 등이 그 예이다.[366]

한편 지도는 축척에 따라 대축척지도와 소축척지도로 구분된다. 대축척지도 는 1 : 50,000 또는 1 : 25,000의 축척을 사용하는 지도로서 군사나 학술연구, 도시계획 등의 목적으로 좁은 범위의 지역을 세밀하게 나타낼 때 사용된다. 소축척 지도는 1 : 50,000을 초과하는 축소율을 사용하는 지도로서 교육용 지도 등 넓은 범위의 지역을 개략적으로 나타낼 때 사용된다.

나. 지도의 특성

1) 사실적 저작물 또는 기능적 저작물로서의 특성

지도는 원칙적으로 실제 존재하는 자연적·인문적 현상을 정확하고 효과적으로 전달하는 데에 그 목적이 있다. 따라서 가치있는 지도는 사실전달기능이 뛰어난 지도이다. 그러한 점에서 지도는 사실적 저작물 또는 기능적 저작물로서의 성격이 강하다.

이러한 지도의 특성은 지도의 실질적 유사성 판단에 큰 영향을 미친다. 실질적 유사성의 법리는 창작자들이 공유대상인 아이디어나 사실에 기초하여 새로운 표현을 창출해낼 수 있도록 하는 인센티브를 실질적으로 보호하기 위한 것이므로, 저작권의 보호범위 역시 창작적인 표현에 국한되어야 한다. 그런데 실질적 유사성의 일반적 판단 기준에 의하면, 다양한 표현가능성이 낮거나 창작의 소재로서의 성격이 강한 요소들은 아이디어로 취급되는 경향이 강할 뿐만 아니라 설령 표현에 해당하더라도 그 실질적 유사성의 범위가 좁아지므로, 창작의 소재로서의 '자연적·인문적 현상'을 '정확'하게 전달하여야 하는 지도의 특성상 그 저작권의 보

---

365) 서울지방법원 2001. 12. 7. 선고 2000가합54067 판결(확정).
366) 동아세계대백과사전 25권, 동아출판사(1988), 617면.

호범위는 좁아질 수밖에 없다. 그러므로 지도의 사실적 저작물 또는 기능적 저작물로서의 특성은 지도에 대하여 약한 저작권이 부여되는 근거가 된다.

2) 편집저작물로서의 특성

실제 존재하는 자연적·인문적 현상은 워낙 그 숫자가 많고 다양하기 때문에 이 모두를 완벽하게 지도에 재현하는 것은 불가능하다. 따라서 필연적으로 수많은 현상 가운데 어느 것을 소재로 삼을 것인가 하는 소재의 선택 문제가 발생하게 된다. 이는 특히 광범위한 지역에 존재하는 현상을 제약된 지면 위에 표현하여야 하는 소축척지도에서 더욱 중요한 문제로 떠오르게 된다. 이와 같이 지도에 있어서는 표현할 소재의 선택이 중요하게 다루어진다는 점에서 편집저작물과 비슷한 성격을 띠게 된다.

이러한 특성은 지도저작물의 실질적 유사성 판단에 있어서 어떠한 소재를 취사선택할 것인가가 중요한 고려요소로 등장하는 것과 깊은 관련이 있다.

3) 시각적 저작물로서의 특성

마지막으로 지도는 정보를 시각적 방법으로 전달하는 도구이므로 시각적 저작물, 특히 미술저작물로서의 성격을 띠게 된다. 관광지도나 예술지도와 같은 경우에 그러한 성격이 강하게 나타난다. 이러한 종류의 지도일수록 저작자의 개성이 두드러지게 나타나게 되어 저작물성이 인정될 가능성이 증가된다.

이러한 특성으로 말미암아 지도저작물에서는 미술저작물이나 건축저작물 등과 마찬가지로 그 지도를 보는 사람이 가지는 전체적인 느낌이 중요한 요소로 고려된다.

다. 지도저작물의 실질적 유사성 판단
1) 대비를 통한 유사성 요소의 확정
가) 대비관점

실질적 유사성 판단의 첫 번째 단계는 문제가 된 두 개의 지도를 대비하는 것이다. 그 대비작업은 다른 저작물들과 마찬가지로 보통 관찰자의 관점에서 행한다.

나) 대비방법

1차적으로는 두 지도를 전체적으로 파악하여 그 전체적 관념이나 느낌의 유사성 여부를 판단하고, 2차적으로는 두 지도를 분석하여 각 지도를 구성하는 요소들의 유사성 여부를 판단한다.

지도는 자연적·인문적 현상을 정확하게 전달하는 것을 주된 기능으로 한다. 그러므로 지도는 누가 만들더라도 유사할 수밖에 없는 특성을 가지고 있다. 따라서 대비작업을 통하여 나열될 수 있는 유사성 요소는 대단히 많을 수 있다. 그렇다면 저작권법에 의하여 보호받을 수 없는 것임이 명확한 자연적·인문적 현상 자체의 동일성을 파악하는 것은 큰 의미가 없다. 따라서 지도에 나타난 자연적·인문적 현상의 동일성 또는 유사성은 1단계에서부터 생략할 수 있다. 그러나 자연적·인문적 현상 중 어떠한 것을 선택하고 어떠한 것을 생략하였는지, 또한 얼마나 구체적인 현상까지 선택하였는지 등의 요소들은 실질적 유사성 판단에 중요한 의미를 가질 수 있으므로 이러한 점에 대한 대비작업은 이루어져야 한다.

2) 표현적 요소의 확정

실질적 유사성 판단의 다음 단계는 대비작업을 통하여 추출된 유사성 요소 중 어느 것이 표현에 해당하고 어느 것이 아이디어에 해당하는가를 가려내는 작업이다. 지도는 사실적 저작물이므로 그 아이디어와 표현을 구분함에 있어서 사실 그 자체 또는 사실을 표현함에 있어서 필수적으로 수반되는 표현방식에 독점권을 부여하지 않도록 유의하여야 한다. 이러한 요소들은 모두 "소재" 또는 "창작의 도구"로서의 성격이 강하여 이를 독점적으로 보호할 때 발생하는 사회적 비용이 너무 높아 저작권으로 보호하는 것이 타당하지 않기 때문이다.

〈대법원 2003. 10. 9. 선고 2001다50586 판결〉

… 일반적으로 지도는 지표상의 산맥·하천 등의 자연적 현상과 도로·도시·건물 등의 인문적 현상을 일정한 축적으로 미리 약속한 특정한 기호를 사용하여 객관적으로 표현한 것으로서 지도상에 표현되는 자연적 현상과 인문적 현상은 사실 그 자체로서 저작권의 보호대상이 아니라고 할 것이어서 지도의 창작성 유무의 판단에 있어서는 지도의 내용이 되는 자연적 현상과 인문적 현상을 종래와 다른 새로운 방식으로 표현하였는지 여부와 그 표현된 내용의 취사선택에 창작성이 있는지 여부가 기준

이 된다고 할 것이고, 한편 지도의 표현방식에 있어서도 미리 약속된 특정의 기호를 사용하여야 하는 등 상당한 제한이 있어 동일한 지역을 대상으로 하는 것인 한 그 내용 자체는 어느 정도 유사성을 가질 수밖에 없는 것이다.

(중략)

... 표현방식과 그 표현된 내용의 취사선택은 원고들 주장의 지도책들 발행 이전에 국내 및 일본에서 발행되었던 지도책들이 채택하였던 표현방식과 그 표현된 내용의 취사선택에 있어 동일·유사하고, 이를 제외한 원고 주장의 나머지 표현방식 및 그 표현내용의 취사선택도 국내외에서 보편적으로 통용되는 기호의 형태를 약간 변형시킨 것에 불과하므로 원고 발행의 지도책들의 창작성을 인정할 수 없고, 나아가 원고 발행의 지도책들에서 잘못 표기한 지명이나 건물명 상당수가 피고 발행의 지도책에서도 잘못 표기된 사실은 인정되나, 달리 피고가 원고 발행의 지도책들에 있는 특유한 창작적 표현을 모방하지 않은 한 그와 같은 사정만으로는 피고가 원고의 저작권을 침해하였다고 인정하기에 부족하고 (이하 생략).

대법원 2003. 10. 9. 선고 2001다50586 판결은 지도의 저작권침해를 다루고 있는 판례로서 지도에 있어서 아이디어와 표현의 구분에 관하여 명확한 기준을 제시하고 있다.

요약하자면, 아이디어에 해당하거나 아이디어와 마찬가지로 취급되는 것은 ① 표현대상으로서의 자연적·인문적 현상, ② 이를 표현하는 데에 전형적으로 사용되는 방식이고, 표현에 해당하는 것은 ① 표현내용의 취사선택 및 ② 전형적이지 않은 표현방식이다.

가) 아이디어성이 강한 요소

(1) 지도의 표현소재인 자연적·인문적 현상

우선 지도의 표현소재인 자연적·인문적 현상 자체는 사실에 해당하므로 일종의 아이디어로서 저작권의 보호대상이 되지 않는다. 따라서 실제로 존재하는 자연적·인문적 현상을 정확하고 효과적으로 재현하였다고 하여 그 자체로 표현성이 인정되는 것은 아니다. 또한 자연적·인문적 현상의 동일성으로 말미암아 양 지도가 유사하여졌다고 하여 실질적 유사성을 인정할 수도 없다.

〈대법원 2010. 4. 15. 선고 2009도14298 판결〉

원심은, 그 판시와 같이 도시의 여러 구조물 중 주요 관광지나 구조물만을 선택하여 지도에 표시하거나, 전체 도시 중 주요 관광구역 내지 상업구역을 선택·구획하여 지도에 표시하는 방법 및 구조물 등을 실사에 이를 정도로 세밀하게 묘사하는 등의 방식은 이 사건 오니온맵 서비스가 제공되기 이전에 미국내외 디지털지도에서 널리 사용되고 있던 것인 점, 어떤 지역의 지도가 일반적인 평면적 지리지도의 기반을 크게 벗어나지 않는 범위에서 그 중 특정구역이나 주요 구조물을 취사선택하여 지도에 표시하는 것은 해당 지도의 용도와 목적에 따라 정하여지는 것일 뿐 이를 들어 아이디어의 표현이라고 할 수 없고, 그와 같은 특정 구역이나 주요구조물을 지도상에서 입체적인 형태로 표시하는 방법 자체도 아이디어에 불과한 점, 지도상에서 특정 구역이나 주요 구조물을 부각하여 표시하는 방법이나 주요 구조물을 입체적으로 표현하는 방법은 경우에 따라 창작성 있는 표현방법이 될 수도 있으나, 이 사건에서 오니온맵이 주요 구조물을 표현하는 방법은 구조물의 본래의 형상에 가깝게 입체적인 형태로 표시하되 지도의 목적에 맞도록 단순화한 것일 뿐이어서 그와 같은 표현에 어떤 창작성이 있다고 하기 어렵고...(이하 생략)

한편, 설령 그 동안 남이 알지 못하던 새로운 장소를 발견하였다고 하더라도, 그 발견자가 그 장소에 관한 자연적·인문적 현상에 관하여 어떠한 형태의 독점권을 가질 수 없다. 예컨대 Hayden v. Chalfant Press, Inc. 판결[367]에서는 미국 캘리포니아주 High Sierras 지역의 사냥 및 낚시용 지도의 저작권침해가 문제되었다. 이 사건에서 원고는 자신이 상당한 기간 동안 조사를 통하여 호수, 시내, 샘 등의 자연지형과 상업적 관광지점의 이름을 붙여 지도를 제작하였는데, 피고들의 지도는 그러한 이름들을 그대로 표기하고 있다고 주장하였다. 이에 대하여 법원은 원고가 위와 같은 이름을 붙였다고 하더라도 그 이름에 대하여 저작권을 주장할 수 없는 것이라고 판시하였다.

(2) 지도의 관행적인 표현방식이나 사용기호

자연적·인문적 현상을 표현함에 있어서 미리 약속된 특정의 기호나 방식을 사용하는 표현 부분에는 창작성이 인정되지 않고, 따라서 이러한 부분의 유사성은

---

367) 281 F.2d 543 (9th Cir. 1960).

실질적 유사성을 인정하는 근거로 사용될 수 없다.[368] 일반적으로 지도에 사용되는 기호에 따라 표현하는 것, 예를 들어 산을 '▲'으로 표시한다든가 온천을 '♨'로 표시하는 것은 표현 요소에 해당하지 않는다. 또한 지역의 높이에 따라 색깔을 달리 사용한다거나 방위 표시를 사용하는 것 역시 미리 약속된 특정의 기호나 방식에 해당하여 표현으로 인정되지 않는다.

〈대법원 2011. 2. 10. 선고 2009도291 판결〉

우선 공소사실이 특정하고 있는 부분 중 여행지의 역사, 관련 교통 및 위치 정보, 운영시간, 전화번호 및 주소, 입장료, 쇼핑, 식당 및 숙박 정보 등에 관한 부분은 객관적 사실이나 정보를 별다른 특색 없이 일반적인 표현형식에 따라 있는 그대로 기술한 것에 지나지 아니하므로, 그 창작성을 인정할 수 없다. 그리고 △△천하유럽에 실린 프랑크푸르트 지도를 살펴보면, 그 내용이 되는 마인강 등의 자연적 현상과 도로, 건물, 지하철 등의 인문적 현상이 종래의 통상적인 방식과 특별히 다르게 표현되어 있지는 않고 그 표현된 내용의 취사선택도 일반적인 여행지도와 별반 다를 것이 없으므로, 저작물로서 보호될 만한 창작성을 인정할 수가 없다. 따라서 이러한 부분들은 ○○○월드유럽과 △△천하유럽 사이의 실질적인 유사성 여부를 판단함에 있어 대비대상으로 삼아서는 안 된다.

다음으로 공소사실이 특정하고 있는 것들 중 관광지, 볼거리, 음식 등을 주관적으로 묘사하거나 설명하고 있는 부분을 보면, △△천하유럽의 표현들을 구성하고 있는 어휘나 구문과 유사해 보이는 어휘나 구문이 ○○○월드유럽에서 일부 발견되기는 한다. 그러나 그 중, 해당 관광지 등에 관하여 알려져 있는 특성과 평판 등을 이전의 다른 여행책자들에서도 쉽게 찾아볼 수 있을 정도의 통상적인 표현방식에 의하여 그대로 기술한 것에 불과하거나 누가 하더라도 같거나 비슷하게 표현할 수밖에 없어 창작성을 인정할 수 없는 표현들을 제외하고 나면, 그러한 어휘나 구문이 전체 책자에서 차지하는 질적·양적 비중이 미미하여 △△천하유럽의 창작적 특성이 ○○○월드유럽에서 감지된다고 보기는 어려우므로, 이 부분을 들어 △△천하유럽과 ○○○월드유럽 사이에 실질적 유사성이 있다고 할 수도 없다.

나) 표현성이 강한 요소

(1) 소재의 창작적 취사선택의 결과물

동일한 자연적·인문적 현상이라고 하더라도 지도를 작성하는 주체의 개성,

---

368) 대법원 2003. 10. 9. 선고 2001다50586 판결 등.

학식, 경험 및 관점에 따라 그 중 지도상에 표현할 소재를 취사선택하여 이를 표현하는 과정에서 그 개성과 창조성이 나타날 여지가 충분히 있다. 이와 같이 창작적인 취사선택에 기하여 표현된 결과물 저작권법에 의하여 보호받는 표현 요소에 해당하므로, 소재의 취사선택에 있어서의 유사성은 실질적 유사성을 인정하는 근거가 될 수 있다. 기존의 어느 지도를 기본으로 하고 거기에 다른 지도들로부터 편집하거나 종합한 특징들을 가미하는 한편, 기존의 지도에 나오지 않는 새로운 정보를 추가한 지도의 경우, 지도 저작자의 독창성은 전에 발견되지 않은 경계표지를 새로이 묘사하거나 축척 또는 위치를 교정, 개선하는 데에서만 인정되는 것이 아니라, 기존의 요소들을 선택하고 도안하며 종합하는 데에서도 인정된다.[369]

지도의 작성은 국토지리원에 의한 공공측량 결과를 포함하여 기존의 소재를 이용하는 경우가 많고, 이렇게 기존의 소재를 이용한 지도가 새로운 저작물로 인정받을 수 있는가의 여부는 결국 소재의 취사선택이 독자적 사고에 의한 것인가에 의하여 결정된다.[370]

〈대법원 2011. 2. 10. 선고 2009도291 판결〉

마지막으로 공소사실이 특정하고 있는 것들 중 편집구성 부분을 보건대, △△천하유럽은 여행에 유용한 정보를 일목요연하고 편리하게 제공한다는 여행책자로서의 일정한 편집목적을 가지고 수많은 여행지 및 그 여행지에서의 교통, 볼거리, 식당, 숙박시설 등의 여러 가지 정보들 중에서 피해자 등의 축적된 여행경험과 지식을 바탕으로 위 편집목적에 비추어 필요하다고 판단된 정보들만을 취사선택하여 나름대로의 편집방식으로 기술한 것이라는 점에서 소재의 수집·분류·선택 및 배열에 편집저작물로서의 독자적인 창작성을 인정할 수 있다.

그런데 ○○○월드유럽의 편집구성을 위와 같이 창작성이 인정되는 △△천하유럽의 편집구성과 대비해 보면, 구체적으로 선택된 정보, 정보의 분류 및 배열 방식 등에서 큰 차이를 보이고 있어 이들 사이에 실질적 유사성이 있다고 할 수 없고, 비록 이들 책자가 전체적으로 도시 정보, 교통, 여행코스, 볼거리, 음식, 쇼핑 및 숙박 정보, 지도 등으로 구성되어 있다는 점에서 공통점이 있기는 하나 이는 다수의 여행책

---

369) United States v. Hamilton, 583 F.2d 448 (9th Cir. 1978); 이성호, "저작권침해 여부의 판단 기준과 각종 저작물의 유형별 특성에 따른 실제적 적용", 동천 김인섭 변호사 화갑기념논문집, 법실천의 제문제(1996), 743면.

370) 박정화, "지도가 저작권법상 보호되는 저작물로서 창작성이 있는지 여부의 판단 기준(2003. 10. 9. 선고 2001다50586 판결: 공2003하, 2150)", 대법원 판례해설 통권 제47호(2004), 법원도서관, 357면.

자가 취하고 있는 일반적인 구성형태일 뿐이어서 그에 대한 창작성을 인정할 수도 없으므로, 이러한 구성상의 공통점이 있다는 것만으로 달리 볼 수 있는 것도 아니다.[371]

외국의 판례들을 보면 이를 주로 창작성의 문제로 다루고 있다. 하지만 창작성 있는 저작물이라는 것은 곧 창작성 있는 표현의 존재를 그 당연한 전제로 하고 있으므로, 아래의 판례들은 어떠한 요소에 표현성이 인정되는가 하는 점에 있어서도 참고할 수 있다. 예컨대 미국에서는 여러 가지 소재들을 종합하여 그 사이에 존재하는 불일치를 시정하고 최종 지도에 담아낼 사항들을 선별하며 일반인에게 유용한 방법으로 표현한 부동산 소유관계 지도에 관하여 창작성을 인정한 사례가 있다.[372] 또한 일본에서는 선행 지도를 기초로 가필 또는 번안을 하였다고 하더라도 자신의 학식과 경험을 토대로 그 용도에 맞추어 축척의 대소에 따라 각종 소재를 그 목적에 맞게 취사선택한 후 일정한 물체표면에 편집·결합해서 표현하여 다른 유사 작품과 비교하여 구별할 수 있는 독자의 창작성이 있는 것이라면 저작권법에 의한 보호를 받을 수 있다는 판례도 있다.[373] 학습용 일본지도에 표시한 지명의 선택에 있어서 각 지역의 문화정도, 인구밀접상태 등을 고려하여 저자의 선택에 의하여 필요하다고 생각되는 것을 표시하는 등 저자의 학식, 경험, 개성 등이 반영되었다고 하여 저작물성을 인정한 판례도 있다.[374]

우리나라 판례는 "지도상에 표현되는 자연적 현상과 인문적 현상은 사실 그 자체일 뿐 저작권의 보호대상은 아니라고 할 것이므로, 지도의 창작성 유무를 판단함에 있어서는 지도의 내용이 되는 자연적 현상과 인문적 현상을 종래와 다른 새로운 방식으로 표현하였는지, 그 표현된 내용의 취사선택에 창작성이 있는지 등이 판단의 기준이 되고, 편집물의 경우에는 일정한 방침 혹은 목적을 가지고 소재를 수집·분류·선택하고 배열하는 등의 작성행위에 편집저작물로서 보호를 받을

---

371) 이 판결은 정확히는 지도 간 실질적 유사성 판단에 관한 것이 아니고, 지도가 포함된 여행책자 간 실질적 유사성 판단에 관한 것이다. 하지만 그 판시 내용은 지도의 실질적 유사성 판단에 중요한 참고가 될 수 있다.

372) Mason v. Montgomery Data, Inc., 967 F.2d 135 (5th Cir. 1992).

373) 東京地裁 1969(昭和 44). 5. 31. 선고 昭41(特わ)142호 판결(判例時報 580호 92면), 富山地裁 1978(昭和 53). 9. 22. 선고 昭46(ワ)33호, 71호 판결{判例ジュリスト(著作權判例百選), 53면} 참조.

374) 大阪地裁 1951(昭和 26). 10. 18. 선고 昭24(ワ)909호 판결; 本橋光一郎, 本橋美光智子 共著, 要約 著作權判例 212, 學陽書房(2005), 194면에서 인용.

가치가 있을 정도의 창작성이 인정되어야 한다"고 판시하고 있다.[375]

한편, "약도"의 경우에는 지도와 유사한 목적을 가지고 지도상에 표현되는 자연적 현상과 인문적 현상을 기초로 목적지의 강조와 주변 현상의 생략을 통해 보다 편의적인 안내를 하는데, 이러한 경우에는 창작성을 인정할 가능성이 높아질 것이다.

(2) 선택된 소재의 창작적인 표현

객관적으로 존재하는 현상이라고 하더라도 창작적인 방법에 의하여 표현하였다면 그러한 요소들도 표현적 요소로서 저작권의 보호를 받는다. 예를 들어 자신만의 색상과 기호를 사용하거나 중요한 지점을 예술적으로 장식하는 등의 방법으로 현상을 표현하는 경우 그 표현은 저작권법에 의하여 보호되는 창작성 있는 표현이고, 이를 모방하는 경우에는 저작권침해가 성립한다. 이러한 표현은 특히 입체관광지도나 예술지도처럼 시각적인 미감(美感)을 동시에 추구하는 지도에 있어서 쉽게 발견된다.

표현에 창작성이 인정되는 이상 지도제작자가 위와 같이 표현되는 현상을 직접 관찰하였는지 여부는 창작성 또는 실질적 유사성 판단에 아무런 영향을 미치지 못한다. 과거 미국 판례들 가운데에는 지도에 대한 저작권 보호의 요건으로서 지도제작자가 현장에서 직접 관찰하였을 것을 요구한 판례들도 있었다.[376] 그러나 이는 모두 창작자의 노력을 저작권 보호의 근거로 본 이마의 땀방울(sweat of the brow) 이론이 영향력을 미치던 때의 판례로서 이를 폐기하고 저작권 보호의 요건으로 창작성을 요구한 Feist v. Rural Telephone 판결[377] 이후에는 더 이상 적용되기 어려운 판례들이다.[378]

3) 유사성의 정도를 고려한 표현적 요소의 보호 여부 판단

마지막 단계는 표현 요소가 얼마나 유사하게 이용되고 있는지를 고려하여 창

---

375) 대법원 2011. 2. 10. 선고 2009도291 판결.
376) Amesterdam v. Triangle Publications, Inc., 189 F.2d 104 (3d Cir. 1951); Alaska Map Serv., Inc. v. Roberts, 368 F.Supp. 578 (D.Alaska. 1973); Marken & Bielfield, Inc. v. Baughman Co., 162 F.Supp. 561 (E.D.Va. 1957); Andrews v. Guenther Publishing Co., 60 F.2d 555 (S.D.N.Y. 1932).
377) 499 U.S. 340 (1991).
378) Paul Goldstein, *Copyright*, (2d ed. 1996), 2:157~158면.

작 인센티브의 의미있는 감소가 발생하였는가를 판단하는 단계이다. 소재의 취사
선택 및 그 표현에 창작성이 있는 경우에 저작권법에 의하여 보호받는 표현으로
인정되는 것이므로, 위 단계 역시 두 가지 측면을 중심으로 진행된다.

구체적이고 독창적이며 다양한 표현가능성 가운데에 선택된 표현 요소일수록
창작 인센티브의 부여 필요성이 큰 것이므로 실질적 유사성의 인정범위가 넓은
반면, 추상적이고 정형적이며 다양하게 표현될 수 없으며 소재성이 강하고 사회적
보호비용이 높은 표현 요소일수록 창작 인센티브의 부여 필요성이 적은 것이므로
아이디어에 해당하거나 설사 표현에 해당하더라도 그 실질적 유사성의 인정범위
는 극히 좁아지게 된다.

지도는 본질적으로 어느 정도까지는 기능적이고 사실적이다. 그러므로 일반
적으로 지도의 실질적 유사성의 인정범위는 매우 좁다. 일본에서는 주택지도의 창
작성에 관하여, 주택지도는 특정한 시, 군, 구의 가로(街路) 및 가옥을 주된 게재
대상으로 하여 약도적 수법을 이용하여 가로에 따라 각종 건축물, 가옥의 위치관
계를 표시하고 명칭, 거주자명, 지번 등을 기입하는 방식으로 제작되는 것인데,
그 취사선택의 대상이 자동적으로 정하여지고, 이에 이용되는 지도의 제작기법이
대동소이하기 때문에 일반 지도와 비교할 때에 그 저작물성이 더 제약되어야 한
다고 판시한 하급심 판례가 있는바,[379] 이는 이러한 원리를 반영한 것이다. 다만
이와 같이 지도의 기능성과 사실성을 창작성 단계에서 주로 반영하려고 하는 데
에는 문제가 있을 수 있다. 앞서 살펴본 우리나라 대법원 판례[380]는 전국도로지도
에서 전국을 권역과 구획으로 나누고, 도로 사이의 구간거리를 표시하며, 각종 색
상과 기호를 통하여 지역과 지형지물을 표시하는 등의 표현방식이 유사한 경우라
고 하더라도 이는 기존 지도책들이 채택하였던 표현방식과 동일 또는 유사하거나
국내외에서 보편적으로 통용되는 기호의 형태를 약간 변형시킨 것에 불과하여 창
작성을 인정할 수 없다고 판시하였다.[381] 지도의 저작권 보호범위가 제약되어야

---

379) 富山地裁 1978(昭和 53). 9. 22. 선고 昭46(ワ)33호, 71호 판결; 吉田大輔, '事實に密着した著作
物の著作權の侵害', 裁判實務大系 27, 知的財産關係訴訟法, 靑林書院(1997), 144면 참조.

380) 대법원 2003. 10. 9. 선고 2001다50586 판결.

381) 원심판결(서울고등법원 2001. 5. 29. 선고 2000나16673 판결)에서는, 원고가 자신이 발행한 지도
책들의 창작성에 대한 근거사실로 내세우는 사실 중 ① 전국을 권역으로 나누어 각 권역마다 다
른 색상을 부여하고 위 권역을 다시 구획으로 나누어 각 구획마다 다른 번호를 부여한 후 구획
번호 순으로 각 구획에 대한 세부지도를 편제하고, 속표지 상반부에 천연색 고속도로 사진을 배
경으로 제호와 출판사를 표시하고, 하반부에 지도에 사용된 기호를 설명하는 범례를 표시한 점,
권말에 찾아보기 면을 만들어 지명·관공서·대학·언론기관·금융기관·종합병원 등 주요 기관

한다는 점에서는 이론이 있을 수 없으나 과연 위와 같은 사안에서 원고의 지도책에 전혀 창작성이 없는 것인지는, 창작성의 정도를 높게 요구하지 않는 대법원 판례의 기본적인 태도에 비추어 볼 때 의문의 여지가 있다. 만약 원고의 지도책을 그대로 복제하여 판매하여도 저작권법상 아무런 문제가 없는 것인가 하는 관점에서 파악한다면 이를 더욱 잘 이해할 수 있다. 그러므로 지도에 있어서도 표현적 요소가 있는 경우에는 창작성을 인정하되, 실질적 유사성은 거의 동일하게 이용하는 경우에 한하여 인정하는 것으로 해석하는 것이 타당하다고 본다.

다만 예술적이거나 미적인 요소가 가미되었거나 자연적·인문적 현상을 독특한 방식으로 표현한 지도의 경우에는 상대적으로 실질적 유사성 인정범위가 넓어질 수 있다. 우리나라 하급심 판례로서는 의도적인 왜곡표현으로 춘천시의 다운타운 지역을 크게 나타내고, 다운타운 지역으로부터 원거리에 산재되어 있는 남이섬과 같은 관광명소들을 실제보다 가까운 거리에 배치함으로써 관광객으로 하여금 한눈에 관광명소를 볼 수 있도록 하는 특징을 가진 관광지도의 복제권 침해를 인정한 사례가 있다.382) 또한 일반적인 내용을 종합적으로 전달하는 일반도(一般圖)보다는 특정한 사항에 대하여 전문적으로 전달하는 주제도(主題圖)의 경우에 지도를 작성하는 주체의 개성, 학식, 경험 및 관점이 나타날 여지가 많으므로, 일반도보다는 주제도에 있어서의 유사성 인정범위가 넓어진다.

3. 설계도

판례는 도형저작물의 저작물성에 대하여 "도형저작물은 예술성의 표현보다는

의 지도상의 위치와 전화번호를 수록하면서 찾아보기 다음에 전국의 호텔 목록과 전국 유명 음식점 안내를 수록한 점, ② 각 구획면의 좌우 상단 모서리에는 그 구획이 속하는 권역의 색상을 바탕색으로 사각형을 만들어 사각형안에 구획번호를 역상으로 표시하고, 그 옆에 지명을 흑색으로 표시하면서, 각 구획면의 상하좌우 여백 중앙에 굵은 화살표를 하고 화살표의 중앙에 연속되는 지역의 구획번호를 표시하고, 하단 여백 우측 끝 부분에 그 구획의 위치를 도해식으로 표시한 점, 각 구획면의 가로·세로를 각각 나누어 좌표로 설정한 다음 구획면 가장자리에 테두리를 둘러 그 위에 각 좌표를 표시한 점, 도로의 구간거리를 표시한 점, ③ 지표상의 자연적·인문적 현상을 표시하는 기호에 있어, 도로의 경우 도로 종류에 따라 각각 다른 색상을 사용하고, 주유소·국보·보물·사적·절·계곡 등 주요장소 및 관광지 등은 색상이 있는 약기호로 표현한 점, ④ 서울에서 각 시·군까지의 거리를 시군거리표로 표현한 점, ⑤ 건물의 표시를 실형으로 표시하고, 건물의 용도별로 색상을 구분한 점, ⑥ 아파트의 동별로 동번호와 아파트 평수를 표기한 점 등의 표현방식과 그 표현된 내용의 취사선택에 있어서 동일 또는 유사성을 인정하면서도 본문에서 설명한 바와 같은 이유로 그 창작성을 인정할 수 없다고 판시하였고, 이 판단은 대법원에서 그대로 유지되었다.

382) 서울중앙지방법원 2005. 8. 11. 선고 2005가단12610 판결.

기능이나 실용적인 사상의 표현을 주된 목적으로 하는 이른바 기능적 저작물로서, 기능적 저작물은 그 표현하고자 하는 기능 또는 실용적인 사상이 속하는 분야에서의 일반적인 표현방법, 규격 또는 그 용도나 기능 자체, 저작물 이용자의 이해의 편의성 등에 의하여 그 표현이 제한되는 경우가 많으므로 작성자의 창조적 개성이 드러나지 않을 가능성이 크며, 동일한 기능을 하는 기계장치나 시스템의 연결관계를 표현하는 기능적 저작물에 있어서 그 장치 등을 구성하는 장비 등이 달라지는 경우 그 표현이 달라지는 것은 당연한 것이고, 저작권법은 기능적 저작물이 담고 있는 사상을 보호하는 것이 아니라, 그 저작물의 창작성 있는 표현을 보호하는 것이므로, 기술 구성의 차이에 따라 달라진 표현에 대하여 동일한 기능을 달리 표현하였다는 사정만으로 그 창작성을 인정할 수는 없고 창조적 개성이 드러나 있는지 여부를 별도로 판단하여야 한다"고 판시함으로써 설계도에 대한 저작권 보호가 용이하지 않음을 암시하고 있다.[383]

　　이 판례는 설계도의 저작물성 여부에 관하여 다음과 같은 판단을 하였는바, 기타 도형저작물의 침해 여부를 판단함에 있어서도 참고가 될 수 있다.

> 〈대법원 2005. 1. 27. 선고 2002도965 판결〉
>
> 　동일한 기능을 하는 기계장치나 시스템의 연결관계를 표현하는 기능적 저작물에 있어서 그 장치 등을 구성하는 장비 등이 달라지는 경우 그 표현이 달라지는 것은 당연한 것이고, 저작권법은 기능적 저작물이 담고 있는 사상을 보호하는 것이 아니라, 그 저작물의 창작성 있는 표현을 보호하는 것이므로, 기술 구성의 차이에 따라 달라진 표현에 대하여 동일한 기능을 달리 표현하였다는 사정만으로 그 창작성을 인정할 수는 없고 창조적 개성이 드러나 있는지 여부를 별도로 판단하여야 한다.
>
> 　(중략)
>
> 　이 사건 배치도면에 배치된 장비나 연결선 등의 모양에 관하여 보면, 이 사건 배치도면에서 폐쇄회로 카메라와 모니터, 컴퓨터를 제외한 나머지 장비들을 단순한 사각형으로 도시하고, 장비들을 연결하는 배선을 직선의 실선, 일점쇄선, 점선 등으로 표시하는 것 및 그 장비에 표시한 단자의 모양은 기계설계분야에서 통상적으로 사용

---

383) 대법원 2005. 1. 27. 선고 2002도965 판결. 이와 관련하여 "설계도를 작성함에 있어서의 제도(製圖)상의 표현기법도 룰(rule)로 정립된 부분이 많고 선택의 자유도는 극히 낮을 것이므로 실제로 그 창작성이 인정될 가능성은 극히 낮다고 할 수 있으며, 기계 기타 비저작물인 상품의 디자인을 일반적인 제도방법으로 작성한 설계도라면 도형저작물이라고 인정할 수 없다"고 한 설명은 이러한 판결의 취지와 크게 다르지 않다{이해완, 저작권법, 제4판, 박영사(2019), 215~216면 참조}.

하는 블록 다이어그램의 작도법에 불과하므로, 거기에 창작성이 있다고 할 수는 없고, 폐쇄회로 카메라와 모니터, 컴퓨터는 실물모양을 간략하게 표현한 것이기는 하지만, 그 간략화된 실물모양은 이 사건 배치도면을 작성한 자가 독자적으로 창작한 것이 아니라, 이 사건 도면을 작성하는 데 사용한 cad프로그램에서 제공하고 있는 정형화된 실물그림 중 하나를 선택한 것으로서 그 선택에 도면 작성자의 개성이 나타나 있다고 보기 어려울 정도의 표준화된 그림이므로, 이 사건 배치도면에서 묘사하고 있는 장비나 연결선, 단자 등의 모양에 창작성이 있다고 할 수 없다.

위 일반역 도면의 기본적인 장비 배치는 통상적인 도면 작성방법에 따른 것일 뿐, 그 배치방식에 창작성이 있다고 할 수는 없다.

(중략)

위 일반역 도면에서 위 장비들을 제외한 나머지 부분들을 어느 위치에 표시할 것인지, 특정 장비를 도면상 정확히 어느 위치에 표시할 것인지, 장비를 나타내는 사각형의 크기를 얼마로 할 것인지, 블록들을 연결하는 선의 길이는 얼마로 할 것인지, 도면상 수평이 맞지 않는 위치의 블록들을 연결하는 선을 일직선의 사선으로 그릴 것인지, 혹은 수평선과 수직선을 조합한 꺾은 선으로 그릴 것인지는 이러한 종류의 도면을 작성하는 자가 통상적으로 사용하는 표현으로 보이므로, 도면 작성자의 창조적인 개성이 드러나 있는 표현이라고 할 수 없다.[384]

4. 도표·모형 기타 도형저작물

지도, 약도, 설계도 외의 도표, 모형 등의 기타 도형저작물도 기능적 저작물로서 보호될 가능성이 있는데, 그 창작성 여부 및 실질적 유사성 여부에 대한 판단은 위에서 본 바와 크게 다르지 않을 것이다.

---

384) 유사한 취지로는, 서울중앙지방법원 2008. 5. 13. 선고 2007카합3418 결정("위 각 설계도면은 위 중수처리시설의 전체적인 구조, 각 설비의 세부적인 처리계통, 규격, 기기배치 등을 당해 기술분야의 통상적인 기술자들이 정확하게 이해할 수 있도록 일반적인 표현방법, 도면작성방법에 따라 표현한 것으로서 누가 작성하더라도 달리 표현될 여지가 거의 없을 뿐 아니라, 설령 작성자에 따라서 다소 다르게 표현될 수 있는 여지가 있다고 하더라도 그러한 사정만으로는 위 각 설계도면에 작성자의 창조적 개성이 드러나 있다고 할 수 없는 것이어서 저작권법의 보호대상이라고는 할 수 없고, 이러한 판단은 위 각 설계도면을 작성함에 있어서 상당한 정도의 시간과 노력이 들어갔다고 하여 달리 볼 것은 아니다") 참조. 이 결정은 서울고등법원 2009. 1. 16.자 2008라1207 결정의 항고기각, 대법원 2009. 4. 27.자 2009마236 심리불속행기각으로 확정됨.

〈대법원 2011. 5. 13. 선고 2009도6073 판결〉[385]

　구 저작권법(2006. 12. 28. 법률 제8101호로 전문 개정되기 전의 것, 이하 같다) 제
4조 제1항 제8호는 "지도, 도표, 설계도, 약도, 모형 그 밖의 도형저작물"을 저작물
의 하나로 예시하고 있는데, 이와 같은 도형저작물은 예술성의 표현보다는 기능이나
실용적인 사상의 표현을 주된 목적으로 하는 이른바 기능적 저작물로서, 기능적 저
작물은 그 표현하고자 하는 기능 또는 실용적인 사상이 속하는 분야에서의 일반적인
표현방법, 규격 또는 그 용도나 기능 자체, 저작물 이용자의 이해의 편의성 등에 의
하여 그 표현이 제한되는 경우가 많으므로 작성자의 창조적 개성이 드러나지 않을
가능성이 크지만, 기능적 저작물도 구 저작권법의 보호대상이 되기 위해서는 작성자
의 창조적 개성이 나타나 있어야 할 것임은 물론이다(대법원 2005. 1. 27. 선고 2002
도965 판결 등 참조). 그리고 기능적 저작물에 있어서 구 저작권법은 그 기능적 저작
물이 담고 있는 기술사상을 보호하는 것이 아니라 그 기능적 저작물의 창작성 있는
표현을 보호하는 것이므로, 설령 종전의 저작물 등과 다소간의 차이가 있다고 하더
라도 그러한 사정만으로 그러한 기능적 저작물의 창작성을 인정할 수는 없고 작성자
의 창조적 개성이 드러나 있는지 여부를 별도로 판단하여야 할 것이다(대법원 2007.
8. 24. 선고 2007도4848 판결 참조).

　위 법리와 기록에 비추어 살펴본다. 원심 판시 별지 일람표 제1, 3, 4, 5, 6, 7의
④, 9, 10 부분(이하 '이 사건 쟁점 종이접기 부분'이라고 한다)은 정사각형의 종이를
이용하여 정삼각형, 정오각형, 정육각형 등의 도형을 만드는 방법, 변을 2, 3, 4, 5, 6
등분 등으로 분할하는 방법 및 정십이면체를 만드는 방법 등의 과정을 순서도에 따
라 그에 관한 도면과 일정한 규약에 의한 점, 선이나 화살표의 기호 등으로 표현하
고 일부 과정에 수학적인 설명 등이 부가되어 있다. 그런데 이 사건 쟁점 종이접기
부분의 순서도에서 앞, 뒷면을 나타내는 방식이나 접은 선, 각종 화살표 기호 등은
국내 및 일본의 종이접기 분야에서 표준화된 기호 또는 도식이고, 위 순서도에 부가
된 수학적인 설명 등은 수학 분야 등에서 널리 알려져 있는 기본적인 원리를 표현한
것에 불과한 점, 한편 이 사건 쟁점 종이접기 부분은 국내 및 일본에서의 관련 종이
접기 순서도에 비하여 그 배치나 순서 등에서 일부 차이가 있기는 하지만, 그 종이
접기 방법이 새로운 것도 아니고 새로운 표현형식으로 도면을 그리거나 설명한 것도
아니며 누가 작성하더라도 달리 표현될 여지가 거의 없을 뿐 아니라, 설령 작성자에
따라서 다소 다르게 표현될 수 있는 여지가 있다고 하더라도 이 사건 쟁점 종이접기
부분에 작성자의 창조적 개성이 드러나 있다고 할 수 없는 점 등에 비추어 볼 때,

---

385) 이 판결의 사실관계 설명에 관하여, 이해완, 저작권법, 제4판, 박영사(2019), 217~219면 참조.

이 사건 쟁점 종이접기 부분은 구 저작권법상의 저작물로서의 창작성이 있다고 보기 어렵다고 할 것이다.

그럼에도 이 사건 쟁점 종이접기 부분에 대하여 이와 달리 판단한 원심은 기능적 저작물의 저작물성에 관한 법리를 오해하여 판결에 영향을 미친 위법이 있다.

〈서울고등법원 2008. 10. 29. 선고 2008나4461 판결(확정)〉

가. 원고가 피고에게 교부한 등대도안의 저작물성

… 따라서 건축을 위한 모형과 설계도서의 경우에는 저작권법 제4조 제1항 제8호에서 정한 도형저작물인 동시에 건축저작물에 해당하고, 그 건축을 위한 모형 또는 설계도서에 따라 건축물을 시공하는 것은 건축저작물의 복제에 해당한다(저작권법 제2조 제22호). 다만 건축을 위한 도면에 저작물성이 인정된다 하여 곧바로 그 도면에 따라 시공한 건축물이 건축저작물에 해당하는 것은 아니므로 저작권법 제4조 제1항 제5호에 정한 건축을 위한 모형 또는 설계도서에 해당하기 위해서는 거기에 표현되어 있는 건축물의 저작물성이 인정되는 경우에 한정되고, 그렇지 않은 경우에는 건축저작물이 아니라 도형저작물이나 미술저작물에 해당하는데 그친다고 보아야 한다.

… 원고의 등대도안은 등대의 제작을 위한 일종의 스케치로서 건축구상을 표현하고 있지만, 그 구상의 밀도에 있어서 개략적인 구상 단계에 불과하고, 그 표현에 있어도 건축설계도면이 가지는 기술성, 기능성보다는 형상, 색채, 구도 등의 미적 표현에 중점을 두고 있으며, 원고의 등대도안만으로는 실제로 등대를 건축할 수 없는 사실을 인정할 수 있는바, 위 인정 사실과 건축법의 규정내용 등에 비추어 보면, 원고의 등대도안은 저작권법 제4조 제1항 제5호에 정한 '설계도서'에 해당한다고 보기는 어렵고, 도형저작물이나 미술저작물에 해당할 뿐이라고 봄이 상당하다.

제10절 컴퓨터프로그램저작물

1. 컴퓨터프로그램저작물의 의의

가. 컴퓨터프로그램의 개념

컴퓨터프로그램저작물은 특정한 결과를 얻기 위하여 컴퓨터 등 정보처리능력을 가진 장치(컴퓨터) 내에서 직접 또는 간접으로 사용되는 일련의 지시·명령으로 표현된 창작물을 말한다(저작권법 제2조 제16호). 다시 말하자면 컴퓨터프로그램(이하 편의상 목차를 제외하고는 '프로그램'이라고 하기로 한다)은 특정한 기능을 수행함에 있어서 필요한 지시, 명령체계의 논리적 표현물이다.

통상적으로 프로그램은 소프트웨어와 같은 의미로 사용되기도 한다. 그러나 소프트웨어진흥법[386] 제2조 제1호는 소프트웨어를 "컴퓨터, 통신, 자동화 등의 장비와 그 주변장치에 대하여 명령·제어·입력·처리·저장·출력·상호작용이 가능하게 하는 지시·명령(음성이나 영상정보 등을 포함한다)의 집합과 이를 작성하기 위하여 사용된 기술서나 그 밖의 관련 자료"로 정의하고 있다. 그러므로 소프트웨어는 프로그램 이외에도 프로그램의 개발과 사용에 필요한 보조적인 문서를 포함하는 넓은 개념이라고 할 수 있다.[387]

프로그램 개발은 해결되어야 할 문제 또는 자동화하여야 할 작업을 명확하게 정의하는 것으로부터 출발한다.[388] 그 이후 프로그램에 사용할 데이터 구조와 알고리즘(algorithm)[389]을 특정함으로써 프로그램의 개요를 작성한다.[390] 이러한 개요는 프로그램의 다양한 모듈이나 서브루틴 사이의 관계를 보여 주는 플로우차트(flowchart)의 형태로 나타나기도 한다.[391] 한편 위와 같은 프로그램의 논리구조는 프로그램 언어에 의하여 작성된 코드로 표현된다. 프로그램 언어는 프로그램을 표현하는 수단으로서의 문자·기호 및 그 체계이다. 이와 같이 프로그램 언어를 이용하여 알고리즘을 구체적인 명령코드로 작성하는 작업을 프로그래밍이라고 하고, 특히 컴퓨터의 명령코드를 쓰는 작업을 코딩(coding)이라고 한다.[392] 요컨대

---

386) 종전의 "소프트웨어산업진흥법"은 2020. 6. 9. "소프트웨어진흥법"으로 전부개정되었다(법률 제 17348호, 2020. 12. 10. 시행).

387) 저작권법 II, 사법연수원(2001), 84면 참조.

388) Dae-Hwan Koo, Information Technology and Law, ―Computer Programs and Intellectual Property Law in the US, Europe, Japan, Korea―, Pakyoungsa(2005), 48면.

389) 알고리즘은 프로그램의 명령체계에 나타나는 일련의 논리 내지 해법을 의미한다. 알고리즘 자체와 알고리즘이 표현된 문서는 구별되어야 한다.

390) Dae-Hwan Koo, Information Technology and Law, ―Computer Programs and Intellectual Property Law in the US, Europe, Japan, Korea―, Pakyoungsa(2005), 51면.

391) Dae-Hwan Koo, Information Technology and Law, ―Computer Programs and Intellectual Property Law in the US, Europe, Japan, Korea―, Pakyoungsa(2005), 51면.

392) 컴퓨터가 처음 나타난 1950년대 초기까지는 프로그래밍은 숫자를 나열한 명령코드를 쓰는 것이었다. 이것을 하급언어(lower level language)라고 한다. 그러나 그 후 인간이 외우기 쉬운 기호나 언어·수식을 사용해서 프로그램을 쓰고, 그것을 일단 컴퓨터에 넣어서 컴퓨터 자신의 명령코드로 고쳐 그것으로부터 계산을 실시하는 방식이 고안되었다. 이것은 프로그램을 만드는 작업의 일부를 컴퓨터 자체에 부담시켜 작업 능률을 향상시키자는 방식이다. 위와 같이 인간이 인식

프로그램 작성단계는 ① 프로그램의 과제를 파악하고, ② 과제를 수행하기 위한 논리를 세우고(알고리즘의 작성), ③ 컴퓨터가 이해할 수 있도록 프로그램 언어를 사용하여 그 논리를 표현하는(원시코드 작성 및 목적코드로의 변환) 것으로 요약될 수 있다. 이러한 단계를 거쳐서 프로그램이 완성되면 하드웨어에 설치되어 실제 구동할 수 있는 상태에 놓이게 된다.

나. 컴퓨터프로그램의 저작물성

오늘날 프로그램의 효용과 비중은 대단히 크다고 할 수 있다. 이러한 프로그램을 어떠한 법체계에 의하여 보호하는 것이 가장 적합한가에 관하여 그 동안 상당한 논의가 있어 왔다. 프로그램의 지적재산권법에 의한 보호는 특허법적 보호, 영업비밀법적 보호, 저작권법적 보호의 세 가지 측면으로 나누어 볼 수 있다(보충적으로 부정경쟁방지법적 보호도 포함될 수 있다).393) 초기에는 프로그램이 가지는 기능성과 관련하여 과연 프로그램이 저작권법의 보호대상인 저작물에 해당하는가 하는 점에 대하여 의견이 일치하였던 것은 아니다. 그러나 프로그램도 기능적 저작물의 일종으로서 저작권법의 보호대상이 된다는 견해가 주도적인 지위를 차지하게 되었고,394) 저작권법적 보호방식은 프로그램에 대한 지배적인 보호방식으로 자리잡게 되었다. 오늘날 대부분의 나라들은 프로그램의 저작물성을 인정하고 저

할 수 있는 기호나 언어·수식으로 구성된 프로그램 언어를 상급언어(higher level language)라고 한다. 많이 쓰이는 프로그램 언어로는 Visual Basic, C, C++, C#, COBOL, FORTRAN, JAVA, ASP 등이 있다.

오늘날 프로그래머는 상급언어를 사용하여 코드를 작성한다. 이와 같이 인간이 인식할 수 있는 언어에 의하여 만들어지는 최초의 코드를 원시코드 또는 소스코드(Source Code)라고 한다. 원시코드가 만들어지면 이를 컴퓨터가 인식할 수 있는 형태의 하급 언어로 변환하는 작업이 수행된다. 이러한 언어변환작업을 컴파일링(compiling)이라고 한다. 컴파일링을 통하여 변환된 기계어 코드를 목적코드 또는 오브젝트코드(Object Code)라고 한다.

393) 세 가지 보호의 장단점에 관하여서는 Dae-Hwan Koo, Information Technology and Law, —Computer Programs and Intellectual Property Law in the US, Europe, Japan, Korea—, Pakyoungsa (2005), 281~284면 참조.

394) 1961년 11월 30일에 북미 항공협회가 미국 저작권청에 최초로 프로그램등록신청을 하여 1964년 6월경 프로그램에 대한 최초의 저작권등록이 이루어졌고, 미국의 1976년 개정 저작권법에서는 제101조의 '어문저작물'(Literary Works)의 개념을 정의함에 있어서 당해 창작물이 테이프나 디스크, 카드 등 어느 매체에 저장되더라도 무방한 것으로 함으로써 프로그램의 어문저작물 인정 가능성을 열어 놓았다. 또한 1975년에 설립된 '신기술에 의한 저작물사용에 관한 국가위원회'(The National Commission on New Technological Use of Copyright Works, CONTU)의 보고서에 따라 1980년 저작권법의 일부 개정에 따라 프로그램을 저작권의 보호대상에 명시적으로 포함시켰다.

작권법에 의하여 이를 보호하고 있고, TRIPs 협정 제10조 제1항에서도 프로그램이 베른협약상 어문저작물로 보호되어야 한다고 규정하고 있다. 우리나라 역시 저작권법 제4조 제1항 제9호에서 프로그램을 저작물의 한 종류로 예시하고 있다.395)396)

다. 컴퓨터프로그램과 사용자 인터페이스

앞서 본 바와 같이 프로그램은 알고리즘의 골격 위에서 작성된 일련의 코드들로 구성된다. 그러므로 프로그램에 대한 저작권법적 보호 논의는 이러한 알고리즘이나 코드에 대하여 보호를 부여할 것인가, 그 보호의 정도는 어떠하여야 하는가 하는 점에 대한 것이다.

그런데 위와 같이 일정한 알고리즘에 기초하여 코딩을 통하여 프로그램이 탄생한다고 하더라도, 이 프로그램을 실제 구동함에 있어서는 여러 가지 프로그램 외적인 요소들이 함께 작동하여야 한다. 예를 들어 실제 프로그램의 구동을 위하여서는 명령이나 지시를 입력할 수 있는 장치와 그 수행결과를 출력할 수 있는 장치, 즉 입출력장치가 필요하다. 또한 프로그램을 사용하는 주체와 프로그램 사이에 의사소통체계가 일치할 필요성도 있다. 이는 사용자 인터페이스(user interface)의 문제이다.

사용자 인터페이스는 하드웨어와 소프트웨어 및 사용자 사이의 상호교환, 상호연결 및 상호작용을 가능하게 하는 프로그램의 구성 부분을 말한다.397) 이는 다

---

395) 컴퓨터에서 사용하는 워드파일(doc, hwp 등), 그림파일(jpg, gif 등), 음원파일(mp3, wav 등), 동영상파일(avi, mpeg, wmv 등) 등의 데이터파일은 컴퓨터에 대한 지시, 명령으로 표현된 창작물이라고 할 수 없으므로 프로그램에 해당하지 않는다는 견해가 있다. 이해완, 저작권법, 제4판, 박영사(2019), 235면 참조.

396) 서울중앙지방법원 2009. 7. 22. 선고 2008가합110895 판결은 HTML(HyperText Markup Language)파일에 대하여 저작권법상 창작물이 아니라고 판시하였다: "HTML 파일은 컴퓨터프로그램보호법 제2조 제1항에서 말하는 '특정한 결과를 얻기 위하여 컴퓨터 등 정보처리능력을 가진 장치 안에서 직접 또는 간접으로 사용되는 일련의 지시·명령으로 표현된 것'에 해당되기는 하나, JSP(웹페이지의 내용과 모양을 제어하기 위해 별도의 자바(Java) 언어로 구축된 프로그램을 호출하는 기술) 등과 같은 별도의 웹 프로그래밍 요소가 포함되지 아니한 일반적인 HTML 문서 자체는 웹 문서를 정리하여 나타내기 위한 문법을 기술한 태그(Tag)에 불과하여 창작성 있는 표현이라 볼 수 없으므로 그 문서가 표시하는 내용과 별도의 창작물이라고 인정하기는 곤란하다". 이 판결은 서울고등법원 2010. 10. 13. 선고 2009나74641 판결(원고일부승소), 대법원 2011. 3. 18. 선고 2010다95369 심리불속행기각판결로 종결되었다.

397) 송재섭, "컴퓨터 사용자 인터페이스의 법적 보호", 서울대학교 법학석사학위논문(2003년), 초록에서 인용. 이해완, 저작권법, 제4판, 박영사(2019), 237~239면 참조.

시 하드웨어 사용자 인터페이스와 소프트웨어 사용자 인터페이스로 나누어 볼 수 있다. 이 중 하드웨어와 사용자 사이의 인터페이스는 하드웨어 사용자 인터페이스라고 할 수 있는데, 키보드나 마우스, 터치패드와 같은 입력장치나 프린터나 모니터와 같은 출력장치가 이에 속한다. 한편 소프트웨어와 사용자 사이의 인터페이스는 소프트웨어 사용자 인터페이스라고 할 수 있는데, 좁은 의미의 사용자 인터페이스는 바로 이 소프트웨어 사용자 인터페이스를 지칭한다. 좁은 의미의 사용자 인터페이스는 사용자와 프로그램 사이의 의사전달체계 및 그 표현방식으로 구성된다. 예를 들어 메뉴명령체계, 메뉴구조, 아이콘이나 대화창 등 스크린 디스플레이, 모니터에 나타나는 프로그램의 총체적 사용환경 등은 사용자가 프로그램에 지시를 내리기도 하고 프로그램으로부터 메시지를 받기도 하는 의사전달체계이다. 이와 같이 프로그램이 사용자와 상호접촉하고 영향을 주고 받는 대면선(對面線) 내지 의사전달체계를 사용자 인터페이스라고 하고, 이 책에서는 이와 같은 좁은 의미의 사용자 인터페이스를 "사용자 인터페이스"라고 지칭하기로 한다.

사용자 인터페이스는 프로그램의 일부를 구성할 수도 있으나 항상 그러한 것은 아니다. 예를 들어 스크린 디스플레이는 프로그램 그 자체를 구성하는 알고리즘 및 코드와는 구별된다. 예를 들어 동일한 메뉴화면이라고 하더라도 서로 다른 코드로 작성될 수 있으므로, 메뉴화면의 동일성이 곧 코드에 관한 저작권침해를 의미하는 것은 아니다.398) 그러나 이러한 요소들도 프로그램과 밀접한 관련성을 가지고 있으므로 이 책에서는 편의상 이를 프로그램저작권침해의 관련 문제로서 함께 다루기로 한다.

2. 컴퓨터프로그램저작물의 특성

첫 번째로 프로그램은 대단히 기능적이고 논리적인 저작물이다. 이와 같이 프로그램에 내재한 논리성으로 인하여 문학, 연극, 음악 등 전통적인 저작물과 비교하여 볼 때 상대적으로 표현의 다양성이 줄어든다. 또한 표준화나 호환성이라는 외부적인 요소도 표현의 다양성을 제약한다. 논리적으로는 다양한 표현방법의 가능성이 열려 있어도 효율성의 측면에서 사실상 하나의 표현방법을 채택하는 것이 강제되어지는 상황도 있다. 예를 들어 이미 특정한 방식이 프로그램 사용자들 사이에 표준으로 자리잡은 경우에는 불가피하게 그 표준에 부합하는 방식으로 표현

---

398) 정상조, "컴퓨터 인터페이스 보호범위", 동천 김인섭 변호사 화갑기념논문집(1996), 793면.

방법을 일치시켜 나가게 된다. 만약 시장에서 사실상 확립된 표준을 따르지 않게 되면, 프로그램 개발자들은 이미 그 표준에 익숙해진 사용자들로부터 자신들이 개발한 프로그램이 외면당하는 불이익을 당할 수 있고, 사용자들의 입장에서도 다른 프로그램을 사용할 때마다 새로운 방식을 익히거나 파일의 포맷을 변환하는 등의 희생을 감당해야 한다.[399] 이와 같은 프로그램의 표현에 대한 이론적, 사실적 제약요소들은 프로그램의 아이디어와 표현의 구분에 있어서 충분히 참작되어야 한다.

두 번째로 프로그램은 저작권법뿐만 아니라(표현형식 관점) 특허법에 의하여서도 보호된다(아이디어 관점). 따라서 다른 보호방식과의 상관관계를 염두에 두고 보호범위를 설정하여야 한다. 예를 들어 프로그램에 대한 특허법적 보호를 위하여 프로그램은 신규성과 진보성을 갖추어야 하는 반면, 저작권법적 보호를 위하여서는 창작성을 갖추기만 하면 된다. 특허를 받기 위하여서는 상당한 시간과 비용을 들여 엄격한 행정절차를 거쳐 권리를 등록하여야 하지만, 저작권의 탄생에는 아무런 절차와 방식을 요하지 않는다. 저작권의 존속기간은 일반적으로 특허권의 존속기간보다 장기간이다. 더구나 프로그램은 최초의 프로그램에 계속적인 업그레이드 과정을 거쳐 버전(version)을 향상시켜 나가는 경우가 많은데 이는 2차적 저작물의 작성에 해당하여 그 작성시로부터 또다시 저작권의 보호기간이 기산되므로 저작권 보호기간은 사실상 계속하여 연장될 수 있다. 이러한 상황에서 저작권의 보호범위가 지나치게 넓어져서 알고리즘까지 보호하게 될 경우에는 프로그램에 대한 특허제도를 유명무실하게 만들 수 있다. 따라서 프로그램의 저작권 보호범위를 설정함에 있어서는 프로그램에 대한 특허제도와의 상관관계를 감안할 필요가 있다.

세 번째로 프로그램은 다른 문예적 저작물과 달리 그 작성 및 이해에 상당히 전문적인 지식을 요하는 경우가 많다. 따라서 일반인이 두 개의 프로그램을 비교한 뒤 그 유사성을 판정하는 데에는 상당한 곤란함이 뒤따른다. 이와 같은 프로그램의 특성으로 말미암아 전통적인 보통 관찰자 테스트에 의하여 프로그램의 실질적 유사성 판단을 행하는 것이 타당한가 하는 부분에 관하여 많은 비판적 견해들이 제기되어 왔다. 이는 아래에서 더 자세하게 살펴보기로 한다.

---

399) Dae-Hwan Koo, Information Technology and Law, ―Computer Programs and Intellectual Property Law in the US, Europe, Japan, Korea―, Pakyoungsa(2005), 57~58면.

3. 컴퓨터프로그램저작물의 실질적 유사성 판단

가. 대비를 통한 유사성 요소의 확정

1) 대비관점

실질적 유사성 판단의 첫 번째 단계는 두 프로그램을 전체적으로 대비하여 유사한 요소를 확정하는 것이다. 그런데 일반인에게 보여지는 것은 프로그램 그 자체라기보다는 프로그램의 구동결과물로서의 화면이다. 따라서 두 프로그램을 대비한다는 것은 그 출력결과로서의 화면을 대비함을 의미하는 것이 아니다. 여기에서 대비의 대상은 프로그램 자체를 구성하는 기능이나 논리의 표현물이다. 그런데 이는 눈에 보이는 것이 아니다. 그러므로 두 프로그램을 전체적으로 대비함에 있어서 일반인이 마치 시각적 저작물처럼 두 프로그램의 전체적인 관념과 느낌이 유사한지를 검토하는 것은 불가능하고, 소스코드의 문언적 표현 및 그 코드와 관련된 일련의 논리적·계층적 구조를 시각화하여 대비하게 된다.

한편 이러한 대비작업은 프로그램에 대한 전문적인 이해를 필요로 하는 경우가 많다. 그러므로 누구의 관점에서 프로그램의 대비가 행하여져야 하는 것인가가 문제된다. 전통적으로는 저작물의 실질적 유사성 판단관점에 관하여서는 보통 관찰자 관점론이 널리 적용되어 왔다. 이는 시각적인 요소가 가미된 프로그램의 외적 측면과 관련하여서는 어느 정도 수긍할 수도 있으나, 프로그램 코드의 비교를 수반하는 프로그램의 내적 측면과 관련하여서는 쉽게 받아들이기 어려운 것이다. 이러한 문제점 때문에 미국에서도 프로그램저작물에 대하여서는 프로그램 전문가의 관점에서 그 유사성을 판단하여야 한다는 논의가 설득력을 얻고 있고, 프로그램 저작권침해사건에서 전문가 증언을 배심원이 사용할 수 있는 증거로서 허용한 판례들도 나타나기 시작하였다.[400] 예를 들어 Whelan Associates v. Jaslow Dental Laboratory 판결[401]에서 미국 연방 제3 항소법원은 보통 관찰자 테스트는 복잡한 컴퓨터프로그램 저작권침해사건에는 적합하지 않다고 판시하였다. 또한 외부적

---

400) Whelan Assoc., Inc. v. Jaslow Dental Lab., Inc., 797 F.2d 1222, 1232 (3d Cir. 1986); Computer Assocs., Int'l, Inc. v. Altai, Inc., 982 F.2d 693, 713~14 (2d Cir. 1992); Dynamic Microprocessor Assocs, v. EKD Computer Sales, 919 F.Supp. 101 (E.D.N.Y. 1996); Melville B. Nimmer & David Nimmer, *Nimmer on Copyright* (2002), §13.03, 13~101면; Clapes, Lynch & Steinberg, Silicon Epics and Binary Bards: *Determining the Proper Scope of Copyright Protection for Computer Programs*, 34 UCLA L. Rev. 1493, 1571 (1987).

401) 797 F.2d 1222 (3d Cir. 1986).

테스트 및 내부적 테스트와 관련하여서도, 내부적 테스트에 있어서 사실인정의 주체인 배심원이 외부적 테스트에서 행하여진 전문가의 증언을 잊어버리라고 요청하는 것은 적합하지 않다고 판시하였다.402) 이러한 Whelan 판결의 취지는 그 이후에 행하여진 판결들에 의하여 받아들여지고 학자들의 지지를 받음으로써 프로그램에 있어서 판단관점은 일반인이 아닌 전문가라는 입장이 정립되었다.403)

이러한 입장은 우리나라에서도 마찬가지로 적용된다. 예를 들어 주가분석 프로그램저작권 침해사건에서 서울고등법원은 "…프로그램이 동일 내지 유사하다고 하려면 전문가가 프로그램의 원시코드(source code)를 비교 분석한다거나 그에 준하는 방법으로 그 구조가 동일 내지 유사함을 증명하여야 할 것인데…"라고 판시하여 전문가 관점론을 채택하고 있다.404) 재판실무에서도 법원이나 검찰은 한국저작권위원회와 같은 전문감정기관에 실질적 유사성에 관한 감정을 의뢰하고 그 감정결과를 비중 있게 판결에 반영하고 있다.405)

다만 시각적 저작물로서의 성격을 가지는 스크린 디스플레이의 경우에는 일반적인 시각적 저작물과 마찬가지로 일반인이 시각적인 방법으로 대비하는 것이 얼마든지 가능하다. 게임화면이나 아이콘 등이 그 대표적인 예이다. 이 경우에는 보통 관찰자의 관점에서 두 프로그램의 화면을 대비하는 것이 타당하다.

2) 대비방법

우리나라의 저작권침해소송에서 실질적 유사성을 판단하는 법관은 통상적으로 프로그램의 코드를 대비하여 유사성 요소를 발견할 만한 전문적인 지식과 경험을 갖추고 있지 않은 것이 일반적이다. 따라서 통상 전문가를 통하여 "프로그램 감정"의 형태로 위 작업을 행하게 된다. 저작권침해소송에 있어서 프로그램 감정

---

402) 이 사건의 판결이유를 작성하였던 Becker 판사는 내부적 테스트에 있어서 전문가의 증언을 허용하는 것의 근거로서 사실인정의 주체에게 유용한 경우에는 전문가의 증언을 증거로 허용한다고 규정한 미 연방 증거규칙 제702조를 들고 있다.

403) Dynamic Microprocessor Assocs, v. EKD Computer Sales, 919 F.Supp. 101 (E.D.N.Y. 1996); Melville B. Nimmer & David Nimmer, *Nimmer on Copyright* (2002), §13.03, 13~101면; Clapes, Lynch & Steinberg, Silicon Epics and Binary Bards : *Determining the Proper Scope of Copyright Protection for Computer Programs*, 34 UCLA L. Rev. 1493, 1571 (1987); Jon O.Newman, *New Lyrics for an Old Melody : The Idea/Expression Dichotomy in the Computer Age*, 17 Cardozo Arts & Ent. L. J. 691 (1999) 참조.

404) 서울고등법원 1993. 6. 18. 선고 92나64646 판결(확정).

405) 한국저작권위원회의 저작권 감정에 대해서는 https://www.copyright.or.kr/business/appraisal/index.do 참조.

은 민사소송법 제333조에 의한 감정, 같은 법 제339조, 제339조의2, 제339조의3, 제340조에 의한 감정증언, 같은 법 제341조에 의한 감정촉탁의 방법으로 이루어진다. 또한 한국저작권위원회에 의한 조정절차에서도 저작권법 제119조 제1항 제2호에 따라 프로그램에 관한 감정을 실시할 수 있다.

시각적 저작물로서의 성격을 가지는 스크린 디스플레이의 경우에는 두 화면을 시각적으로 관찰하여 유사한 요소를 확정하게 된다. 일반적인 시각적 저작물과 마찬가지로 두 화면의 대비는 통상적으로 관찰하는 거리에서 행한다. 따라서 스크린 디스플레이는 통상적으로 모니터를 바라보는 거리에서 관찰하는 것이 상당하다.

나. 표현적 요소의 확정

대비를 통하여 유사성 요소가 확정되면 그 다음 단계로서 그 요소들 가운데에 어떠한 것이 저작권법의 보호를 받을 수 있는 표현 요소에 해당하는가를 확정하여야 한다. 기능적 저작물로서의 성격을 가지는 프로그램에 있어서 아이디어와 표현을 구분하는 작업은 대단히 중요한 것이다. 그 동안 프로그램저작권침해에 관한 미국의 판례들도 대부분 프로그램에 있어서 아이디어와 표현이 무엇인가 하는 점을 집중적으로 다루어 왔다. 아래에서는 프로그램 자체의 아이디어/표현 구분과 사용자 인터페이스의 아이디어/표현 구분으로 나누어 살펴보도록 한다.

1) 프로그램에 있어서 아이디어와 표현
가) 아이디어로서의 알고리즘과 표현으로서의 코드

프로그램의 알고리즘은 아이디어에 해당하는 부분으로서 저작권법에 의하여 보호되지 않고, 코드는 그 알고리즘의 표현에 해당하는 부분으로서 저작권법에 의하여 보호된다.[406] 즉 알고리즘이 동일하다고 하여 논리필연적으로 이를 표현하는 코드의 내용도 동일한 것은 아니다. 예를 들어 특정 기능을 수행하는 프로그램에 있어서 알고리즘이 동일하다고 하더라도 프로그래머의 개성에 따라서는 이를 코딩하는 과정에서 알고리즘의 구현방법이 달라질 수 있다. 이러한 점 때문에 코드에는 알고리즘과 달리 "표현적 요소"가 존재하는 것이다. 따라서 저작권법의 일반적인 아이디어/표현 이분법은 프로그램저작물에 있어서는 알고리즘/코드 이분

---

406) 오승종·이해완, 저작권법, 개정판, 박영사(2001), 618, 619면 참조.

법으로 치환할 수 있다.[407] 다만 알고리즘이 저작권보호의 대상이 되지 않더라도 만약 그것이 수학적 공식에 머무르는 것이 아니라 특정한 제조방법이나 기구와 결합하여 기술적 작용효과를 얻을 수 있다면 다른 특허요건들을 충족한다는 전제에서 특허의 대상이 될 수 있음은 물론이다.

한편 코드 중에서 사람이 인식할 수 있는 언어로 이루어진 원시코드가 저작권 보호대상이라는 점에 대하여는 문제가 없었으나, 기계어로 이루어진 목적코드가 저작권법의 보호대상인 표현에 해당하는지에 관하여는 논란이 있었던 때도 있었다. 그러나 앞서 본 바와 같이 목적코드와 원시코드는 그 형식에 있어서만 차이가 있을 뿐이고 실질에 있어서는 차이가 없기 때문에 원시코드가 저작권의 보호대상이라면 목적코드도 당연히 저작권의 보호대상에 포함된다고 하여야 할 것이다.[408] 또한 코드로 이루어진 프로그램인 이상 그것이 운영체제 프로그램이건 응용프로그램이건 차이를 둘 필요는 없다.

그러므로 두 프로그램의 대비를 통하여 열거되는 유사성 요소 중 알고리즘에 해당하는 부분은 제거하고, 코드에 해당하는 부분은 남겨 놓아야 한다.

나) 알고리즘의 비문언적 표현의 보호 여부

(1) 문제의 소재

코드가 저작권법의 보호대상인 "표현"에 해당한다면 코드 자체를 문언적으로 복제하는 경우에는 저작권침해가 성립하는 것이 명백하다. 그런데 형식적으로는 코드를 달리하고 있으나, 그 코드를 근간으로 하는 일련의 모듈로 구성된 계층적 구조가 유사한 경우 등 실질적으로는 그 코드를 통하여 표현하고자 하는 바를 차용하고 있다면 이 경우에도 저작권침해를 인정할 수 있는 것인가? 이는 알고리즘의 비문언적 표현도 저작권법에 의하여 보호되는 표현인지, 바꾸어 말하면 코드의 비문언적 복제에 관하여 저작권침해가 성립하는지 여부의 문제이다. 이 문제는 프로그램에 대한 저작권 보호범위의 설정과 밀접한 관련성을 가지고 있다. 왜냐하면 비문언적 복제의 범위를 넓게 이해하게 되면 코드 안에 포함되어 있는 아이디어

407) 대법원 2013. 3. 28. 선고 2010도8467 판결도 프로그램저작권 침해 여부를 가리기 위하여 두 프로그램저작물 사이에 실질적 유사성이 있는지를 판단할 때에도 창작적 표현형식에 해당하는 것만을 가지고 대비하여야 한다고 판시하였다.
408) 미국에서는 Williams Electronics v. Arctic International 685 F.2d 870 (3d Cir. 1982); Apple Computer Inc. v. Franklin Computer Corp. 714 F.2d 1240 (3d Cir. 1983) 등의 판례에서 목적코드가 모두 어문저작물로서 보호된다는 점을 명시하고 있다.

의 복제까지도 저작권침해로 인정하게 되어 저작권 보호범위가 지나치게 넓어지는 결과가 발생하게 되고, 그렇다고 하여 비문언적 복제의 범위를 지나치게 좁게 이해하게 되면 코드를 그대로 베끼는 경우를 제외하고는 저작권침해성립의 여지가 거의 없어지게 되어 저작권 보호범위가 지나치게 좁아지는 결과가 발생하기 때문이다. 따라서 코드의 비문언적 복제에 있어서 어떠한 기준에 따라 어느 정도까지를 저작권침해로 인정할 것인가 하는 점은 프로그램저작권침해에 있어서 가장 중요한 쟁점이었다.409)

(2) 미국 판례의 동향410)

① Whelan, Inc., v. Jaslow Dental Laboratory, Inc. 판결411)

프로그램에 대한 저작권의 보호가 어느 범위까지 미치는 것인가 하는 문제를 처음 본격적으로 다룬 것은 미국 연방 제3항소법원이었다. 연방 제3항소법원은 Whelan, Inc., v. Jaslow Dental Laboratory, Inc. 판결에서 코드의 비문언적 복제가 저작권침해에 해당하는가에 관하여 다루었다. 이 사건에서는 치과기공소 장부관리 프로그램 사이의 저작권침해가 문제되었다. 두 프로그램은 서로 다른 프로그램 언어로 작성되어 서로 다른 사양의 컴퓨터에서 구동되는 것으로서 코드의 문언적 표현은 상당한 차이를 보이고 있었다. 그러나 두 프로그램은 파일 구조나 스크린 출력 등 구조적인 면에서 실질적인 동일성을 띠고 있었고, 중요한 서브루틴(sub-routine)에 있어서도 거의 동일한 내용을 보이고 있었다. 법원은 먼저 프로그램이 어문저작물에 해당하고, 어문저작물에 있어서는 문언적 요소 사이에 유사성이 존재하지 않더라도 저작권침해가 성립될 수 있다는 점을 전제하였다. 희곡이나 소설에 있어서도 문언적 요소가 아닌 플롯이나 스토리 구성에 대한 표절이 저

---

409) 수년 전부터 국내에서도 컴퓨터프로그램의 비문자적 요소에 대한 실질적 유사성 판단을 요구하는 사례가 늘고 있다. 서울고등법원 2009. 5. 27. 선고 2006나113835, 2006나113842 판결(대법원 2011. 6. 9. 선고 2009다52304, 52311 판결에 의해 상고기각 확정); 서울고등법원 2010. 10. 13. 선고 2010나10261 판결(대법원 2011. 7. 28. 선고 2010다103017 판결에 의해 상고기각 확정) 등. 이에 대한 더 자세한 논의는, 이철남, "컴퓨터프로그램저작권의 '여과(Filtration)' 과정에 관한 연구 —미국 판례에서 쟁점이 되었던 사례들을 중심으로—", 계간 저작권 제26권 제2호(2013), 한국저작권위원회, 32면 참조.

410) 이 책의 설명 외에도 이철남, "컴퓨터프로그램저작권의 '여과(Filtration)' 과정에 관한 연구 —미국 판례에서 쟁점이 되었던 사례들을 중심으로—", 계간 저작권 제26권 제2호(2013), 한국저작권위원회, 30~50면 참조.

411) 797 F.2d 1222 (3d Cir. 1986).

작권침해로 인정될 수 있으므로 프로그램에 있어서 비문언적 요소도 저작권의 보호대상에 해당한다고 전제하였다. 한편 비문언적 요소 가운데에서도 어디까지가 아이디어이고 어디까지가 표현인가 하는 문제에 관하여서는 다음과 같이 판시하였다. 즉 법원은 실용적 저작물에 있어서는 당해 저작물의 목적이나 기능이 "아이디어"이고, 그러한 목적이나 기능달성에 필수적이지 않은 모든 것은 "표현"이라고 하면서, 만약 특정한 목적이나 기능을 달성하기 위하여 여러 가지의 수단이 병렬적으로 존재한다면 그 수단은 목적달성에 필수적인 것이라고 할 수 없으므로 "표현"에 해당한다는 논리를 전개하였다.412) 이러한 논리에 입각하여 보면 이 사건에서 문제되는 두 프로그램의 목적 내지 기능은 모두 치과기공소 장부의 체계적인 관리라고 할 수 있는데, 이를 달성하기 위한 프로그램의 구조나 배열 및 조직은 여러 가지가 존재할 수 있기 때문에 위와 같은 요소들은 "아이디어"가 아니라 "표현"에 해당한다고 판시하였다. 따라서 프로그램의 구체적인 구조, 배열, 조직도 저작권의 보호대상이라는 결론에 이른 뒤 두 프로그램 사이에 실질적 유사성이 존재한다고 판단한 1심 판결은 정당하다고 판시하였다.413)

② Computer Associate Int'l Inc. v. Altai Inc. 판결414)

Whelan 판결은 프로그램의 저작권보호범위에 관하여 명시적으로 다루었다는 점에서는 큰 의미를 가졌으나, 프로그램의 구조나 배열 및 조직에 대해서까지 저작권 보호를 미치게 하는 것은 사실상 알고리즘에도 저작권 보호를 미치게 하는 것이라는 비판을 받게 되었다.415) 이러한 논란 뒤에 다시 한번 프로그램의 저작권보호범위에 관한 기준정립을 시도한 것은 미국 연방 제2항소법원이었다. 미 연방 제2항소법원은 Computer Associate Int'l Inc. v. Altai Inc. 판결에서 종전의 Whelan

---

412) Melville B. Nimmer & David Nimmer, *Nimmer on Copyright* (2002), §13.03, 13~124면에서는 이러한 Whelan 판결에서 내세우는 논리의 결정적인 약점은 컴퓨터프로그램저작물에는 여러 개의 아이디어가 존재할 수 있음에도 불구하고 위 판결에서는 그 저작물의 목적이나 기능이라는 오로지 하나의 아이디어만 존재한다고 전제한다는 점에 있다고 지적한다.

413) 반면 연방 제5항소법원의 Plain Cotton Cooperative Association of Lubbock v. Goodpasture Computer Service, Inc., 807 F.2d 1256 (5th Cir. 1987) 판결과 연방 제9항소법원의 Data East U.S.A. Inc. v. Epys, Inc., 862 F.2d 204 (4th Cir. 1988) 판결에서는 Whelan 판결의 이러한 입장을 채택하지 아니하였다. 이원형, "컴퓨터프로그램의 비문자적 요소의 법적 보호문제에 관한 고찰", 창작과 권리 제17호(1999), 44~47면 참조.

414) 982 F.2d 693 (2d Cir. 1992).

415) Melville B. Nimmer & David Nimmer, *Nimmer on Copyright* (2002), §13.03, 13~42면 참조.

판결을 비판하면서,[416] 새로운 저작권 보호범위 기준을 제시하였다. 연방 제2항소법원은 원칙적으로 프로그램의 비문언적 요소도 저작권보호의 대상이 된다고 전제하면서도, 그 중 효율성 및 외부적 요인에 의하여 지배되는 요소, 공유의 영역에 속하는 요소는 저작권 보호범위에서 제외하여야 한다고 판시하여 Whelan 판결에서 제시하였던 비문언적 표현의 범위를 크게 축소하였다. 이를 좀더 자세하게 살펴보도록 한다.

연방 제2항소법원은 우선 Whelan 판결에서 연방 제3항소법원이 보여준 아이디어/표현 이분법에 대한 접근방법은 지나치게 형이상학적이었고 실제적인 요소들에 대한 고려가 결핍되었다는 점을 지적하였다. 그러면서 아이디어/표현의 구분과 관련하여 그 동안 존재하던 추상화 테스트나 아이디어/표현 합체이론, 표준적 삽화의 원칙 등을 고려하여 "추상화(abstraction) — 여과(filtration) — 비교(comparison)"의 3단계 테스트를 제안하였다.

첫 번째 단계는 추상화 단계로서 문언적 코드에서부터 프로그램의 궁극적 기능에 대한 설명에 이르기까지 프로그램 작성의 역순으로 프로그램을 구성하는 부분들을 모두 분해하는 단계이다.[417] 이는 Nichols 판결에서 Learned Hand 판사가 도입한 추상화 테스트와 유사하다. 두 번째 단계는 여과 단계로서 분해된 부분들 중에서 프로그램 자체의 기능이나 목적, 추상적인 아이디어, 아이디어와 합체된 표현, 공유의 영역(public domain)에서 인용된 부분 등 저작권의 보호를 받을 수 없는 요소들을 하나씩 제거하여 마침내 창작적 표현의 핵심만 남을 때까지 여과해 나가는 단계이다. 세 번째 단계는 비교 단계로서, 남아 있는 창작적 표현들을 상호 비교하여 그 실질적 유사성을 판단하는 단계이다. 이와 같은 3단계 테스트는 그 이후 다른 연방항소법원에 의하여서도 계속 적용되었다.[418]

---

416) 위 판결은 Whelan 판결에 의하면 프로그램의 전체적인 목적을 제외한 모든 요소들, 즉 프로그램이나 데이터의 구조, 연산방식, 스크린 디스플레이, 출력포맷, 프로그래밍 스타일 등이 "표현"으로 저작권법의 보호를 받게 되는데, 이는 사실상 신규성, 진보성, 기술결합성 등 특허법에서 요구하는 요건을 충족하지 않고도 프로그램의 아이디어에 대하여 광범위한 보호를 부여하는 것이 되어 부당하다고 비판하였다.

417) Gatesrubber Co. v. Bando Chemical Indus. Ltd., 9 F.3d 823, 824 (10th Cir. 1993) 판결에서는 추상화 단계에 관하여 보다 자세한 설명을 시도하였다. 즉 위 판결에 의하면 프로그램은 ① 프로그램의 주된 목적, ② 프로그램의 구조 또는 설계, ③ 모듈, ④ 알고리즘과 데이터 구조, ⑤ 원시코드, ⑥ 목적코드의 6가지 단계로 나누어진다.

418) Gatesrubber Co. v. Bando Chemical Indus. Ltd., 9 F.3d 823 (10th Cir. 1993); Bateman v. Mnemonics, Inc., 79 F.3d 1532 (11th Cir. 1996).

(3) 알고리즘의 비문언적 표현의 보호범위 ── 구체적으로 표현된 논리구조를 보호하되,
외부적 요인에 의한 유사요소는 보호범위에서 제외

이 책의 제3장에서는 아이디어와 표현의 구분은 정책적으로 독점권을 부여하
여야 할 부분이 무엇인지를 확정하는 작업이라고 설명하였다. 또한 양자를 구분하
는 다섯 가지 고려요소로서 ① 추상성/구체성, ② 비독창성/독창성, ③ 유일성/다
양성, ④ 소재성/비소재성 ⑤ 고비용/저비용을 제시하였다. 이는 정책적인 판단작
업이므로 알고리즘/코드 이분법을 기계적으로 일관하여 논리구조는 무조건 표현
으로 보호받지 못한다는 주장은 타당하지 않다. 알고리즘의 비문언적 표현이라고
하더라도 저작권에 의한 정책적 보호가치가 있으면 표현의 영역에 속하는 것이다.
다만 앞에서 설명하였듯이 프로그램은 저작권법뿐만 아니라 특허법에 의하여서도
보호된다는 특성이 존재하므로, 그 비문언적 표현에 대한 저작권의 보호범위를 확
대하여 실질적으로 추상적인 알고리즘 자체에 대한 보호까지 부여하는 것은 특허
법의 취지를 무색하게 하는 것으로서 타당하지 않다. 따라서 알고리즘의 비문언적
표현은 제한적으로만 보호된다. 그 제한원리는 아래와 같다.

우선 Whelan 판결[419]에서 보호대상으로 제시한 프로그램의 구조, 배열 및
조직은 지나치게 추상적이어서 이를 일반적인 표현 요소로 파악하는 것은 타당하
지 않다. 우리나라에는 저작권법에 정한 프로그램저작권에는 프로그램의 언어, 규
약, 해법이 포함되지 아니할 뿐 아니라 프로그램에 내포된 독창적인 고안이나 프
로그램의 기능 자체도 특허로서 보호됨은 별론으로 하고 프로그램저작권의 보호
대상이 되지 아니하며, 다만 프로그램상에 구현된 고안의 표현, 즉 프로그램의 구
조만이 그 보호대상으로 된다고 하여 마치 Whelan 판결을 따르는 듯한 느낌을
주는 하급심 판결례[420]가 있었으나, 프로그램의 구조는 프로그램의 기능과 불가
분의 관계에 있는 경우가 많으므로 이를 일반적인 보호대상으로 규정하는 것은
타당하지 않다.

그 구체적인 보호범위에 관하여서는 Altai 판결[421]에서 제시한 기준이 타당하
다고 생각한다. 위 판결에서는 주로 아이디어와 표현을 구분하는 고려요소 중 '다

---

419) 797 F.2d 1222 (3d Cir. 1986).
420) 서울고등법원 1993. 6. 18. 선고 92나64646 판결(확정). 이 사건에서는 주가분석프로그램들 사이
    의 저작권침해가 문제되었는데, 원고는 양자의 통신프로그램의 구조가 같다는 점을 침해의 근거
    중 하나로 주장하였다.
421) 982 F.2d 693 (2d Cir. 1992).

양한 표현가능성'과 '사회적 보호비용'에 주목하고 있는 것으로 해석할 수 있다. 즉 비문언적 표현들 가운데 추상적인 아이디어에 해당하는 요소들 이외에도 효율성의 고려에 의하여 지배되는 요소들, 외적인 요인(external factor)에 의하여 지배되는 요소들은 보호대상에서 제외되어야 한다는 것이다. Altai 판결은 이러한 외적 요인으로서 특정한 프로그램이 실행되는 컴퓨터의 기계적인 요소, 어떤 프로그램이 다른 프로그램과 상호결합하여 사용될 수 있도록 하는 호환성 요건, 컴퓨터 제조업자들의 디자인 표준, 그 프로그램이 사용되는 산업계에서의 요구, 컴퓨터 업계 내에서 널리 받아들여지는 프로그래밍 관행 등을 들고 있다. 이러한 외적인 요인에 의하여 지배되는 코드의 비문언적 부분은 다양한 표현가능성이 제약받게 될 뿐만 아니라, 이를 우회하도록 강요하는 것은 후발 프로그램 제작자뿐만 아니라 표준성과 호환성의 혜택을 입고 있는 소비자들에게도 커다란 비용부담을 요구하는 것이다. 그러므로 이러한 요소들은 아이디어로 취급하는 것이 타당하다.

　　효율성의 고려에 의하여 지배되는 요소들을 보호대상에서 제외하는 것은 이른바 아이디어-표현 합체이론을 프로그램에 대한 관계에서 수정, 보완하는 측면을 가지고 있다. 즉 어떠한 기능을 수행하기 위한 프로그램 기술방법이 여러 가지가 있을 경우에도 그 방법들 사이에 효율성에 차이가 있어 결국 효율성이 높은 방법은 한 가지뿐이라고 하게 되면, 아이디어와 표현이 사실상 합체된다는 것이다.[422)]

〈대법원 2014. 10. 27. 선고 2013다74998 판결〉

　저작권법에 의하여 보호되는 컴퓨터프로그램저작물은 특정한 결과를 얻기 위하여 컴퓨터 등 정보처리능력을 가진 장치 내에서 직접 또는 간접으로 사용되는 일련의 지시·명령으로 표현된 창작물을 말한다.

　기록에 비추어 살펴보면, 원심 판시 ECO_RFID.INI 파일(이하 '이 사건 파일'이라고 한다)은 원심 판시 RFID(Radio Frequency Identification) 단말기 구동 프로그램(이하 '이 사건 프로그램'이라 한다) 중 동적 연결 프로그램들이 초기 환경 설정을 위하여 받아서 처리하는 데이터들, 즉 시리얼 통신에 사용될 연결 포트를 설정하는 데이터와 프로그램에 연결된 리더기의 종류를 설정하는 데이터를 비롯하여 프로그램과 리더기 간의 통신 속도, 통신 해지 조건, 수신 반복 횟수, 통신 간격 및 재 호출 횟수 등을 설정하는 데이터들이 기록된 것에 불과하고, 위와 같은 데이터들을 받아

---

422) 오승종·이해완, 저작권법, 개정판, 박영사(2001), 620면 참조.

처리하는 과정이 이 사건 파일의 어떠한 지시·명령에 따라 이루어진다고 보기 어려우므로, 이 사건 파일이 저작권법에 의하여 보호되는 컴퓨터프로그램저작물에 해당한다고 볼 수 없다.

다) 오라클(Oracle)과 구글(Google) 간 Java API에 관한 저작권 분쟁 및 그에 대한 미국 판례의 시사점

(1) 오라클(Oracle)과 구글(Google) 간 분쟁의 개요

썬 마이크로시스템(Sun Microsystems, Inc.: 이하 "Sun"으로 약칭)은 1990년대에 "Java"라는 컴퓨터 프로그래밍 언어를 개발하였는데, 프로그램개발자들이 Java 프로그래밍 언어를 이용하여 응용프로그램(애플리케이션)을 쉽게 개발할 수 있도록 입·출력, 연산, 보안, 텍스트 처리 등의 기능을 미리 구현하여 Java 2 Standard Edition(Java SE)이라는 API(Application Programming Interface: 응용프로그램 프로그래밍 인터페이스라고도 함)를 제공하였다. Java SE는 2008년을 기준으로 약 3,000개의 클래스(class)와 30,000여개의 메쏘드(method)를 포함하는 166개의 API 패키지로 구성되었다. 구글은 모바일기기용 소프트웨어 플랫폼인 안드로이드(Android)를 출시하였는데, Java 프로그래밍 언어와 Sun이 제공한 개발환경에 익숙해진 개발자들이 안드로이드용 애플리케이션을 쉽게 개발할 수 있도록 Sun으로부터 Java API에 관한 라이선스를 받으려고 하였으나 협상에 실패하였다. 이에 구글은 안드로이드용 API를 직접 개발하여 배포하였다. 그런데 구글은 안드로이드용 API에 37개의 Java API 패키지의 각 클래스와 메쏘드의 형식을 차용·복제하면서(실행코드, 즉 Implementing code는 별도 개발하여 공통점 거의 없음), 프로그램의 구조와 이름을 정의한 선언코드(declaring code)[423] 11,500줄(line)과 Java API를 구성하는 패키지, 클래스, 메쏘드 등의 구조·배열[424]·조직(structure, sequence, and organization: SSO)을 복제하였다. 오라클은 2010년경 Sun을 인수하고 구글의 안드로이드 모바일 운영체계가 오라클의 저작권을 침해한다는 소송을 제기하였다.[425]

---

423) 선언코드(declaring code)는 "객체를 정의하는 단위인 클래스의 이름과 타입, 기능 수행 단위인 메쏘드의 이름과 그 입력 변수의 이름 및 타입을 정의한 코드"를 의미한다. "API의 저작물성과 공정이용 법리에 관한 최근 미국 연방순회항소법원 판결(Oracle v. Google 판결)", 법무법인 세종(임상혁, 류시원, 신다윤), 로앤비 최신판례해설(2018. 4. 12.)에서 재인용.

424) "sequence"를 '순서'로 번역하는 문헌도 있으나, 이 책에서는 그 문맥상 '배열'로 번역하고자 한다(이하 같음).

425) 사건의 배경 및 분쟁경위의 요지는 "API의 저작물성과 공정이용 법리에 관한 최근 미국 연방순회항소법원 판결(Oracle v. Google 판결)", 법무법인 세종(임상혁, 류시원, 신다윤), 로앤비

(2) 프로그램의 저작물성에 대한 법원 판결의 경과

소송에서 많은 쟁점이 있었으나, 주된 쟁점은 프로그램의 '저작물성 여부'에 관한 것이었다. 즉 (i) 복제한 선언코드가 '표현'인지, (ii) 단문(이름 및 짧은 문구: Names and short phrases doctrine)의 경우 창작성이 인정되는지, (iii) 합체의 원칙 (Merger doctrine) 또는 표준적 삽화 원칙(Scènes à faire doctrine)의 적용으로 저작 물성이 부인되는지, (vi) Java API 패키지 SSO도 저작물이 될 수 있는지 등에 관한 것이었다.

캘리포니아북부 연방지방법원은 2012. 6. 30. 선언코드와 SSO는 합체의 원칙 과 단문의 원칙 등에 의해 저작물성(copyrightability)을 인정할 수 없다고 판단하였 다.[426)]

그러나 연방항소법원은 Java API 패키지 프로그램의 선언코드 및 SSO의 저 작물성을 인정하였다. 선언코드의 경우, 연방항소법원은 '창작시 Java API의 선언 코드를 작성하기 위해 오직 유일한 방법을 가지거나 제한적인 수의 방법들만 있 었다면 선언코드의 저작물성을 인정할 수 없겠으나, 증거에 의하면 구글이 복제한 7,000줄의 선택과 배열에 무수한 선택이 가능했고 대체 표현들을 이용할 수 있었 다는 이유로 합체의 원칙이 적용되지 않는다'고 하고 '이름이나 단문인지 여부가 중요한 것이 아니라, 그 문구에 창작성이 있는지 여부가 중요한데, 본 선언코드에 는 창작성이 있다'고 판단하였다. 그리고 SSO의 경우, 연방항소법원은 '컴퓨터프 로그램을 구성하는 비문자적 요소로서 저작권법상 창작적 표현이 될 수 있는데 본 SSO는 창작적이고, 구글은 Java언어로 프로그램을 작성하기 위해 다른 방법을 선택할 수 있었기 때문에 Java API 패키지들의 SSO, 즉 구조·배열·조직을 복제 할 필요가 없었다는 이유로 저작물성이 인정된다'고 판단하였다.[427)] 주목할 점은, 연방지방법원이 Lotus v. Borland 판결[428)]에 따라 Java API 패키지의 SSO가 저작

최신판례해설(2018. 4. 12.); 이현승, "구글과 오라클 간의 자바 API 분쟁 역사(1) 및 (2)", SPRi 소프트웨어정책연구소(2018. 4. 30./2018. 6. 30.) [https://spri.kr/posts/view/22066?code= inderstry_trend/https://spri.kr/posts/view/22162?code=data_all&study_type=industry_trend: 2023. 2. 15. 기준]; 강기봉, "자바 API 프로그램의 법적 보호에 관한 소고 —Oracle America Inc. v. Google Inc. 사건을 중심으로—", 계간 저작권 제27권 제3호(2014), 한국저작권위원회, 9~12면; 박다미, "오라클의 자바 API를 둘러싼 세기의 저작권 침해 소송, 구글의 역전승으로 종 결", KOTRA 해외시장 뉴스(2021. 4. 27.) 등 참조.

426) Google, Inc. v. Oracle America Inc., 872 F.Supp. 2d 974 (N.D. Cal. 2012).

427) Oracle America Inc. v. Google, Inc., 750 F.3d 1339 (Fed. Cir. May 9, 2014).

428) 49 F.3d 807, 815 (1st Cir. 1995). 아래 항에서 상세한 설명.

권으로 보호받지 못하는 표현이라고 판단하였으나, 연방항소법원은 '① Lotus v. Borland 사건의 피고는 코드를 전혀 복제하지 않았던 반면, 구글은 Java의 선언코드 일부를 그대로 복제하였다는 점, ② Lotus v. Borland 사건에서 해당 명령어들(복제, 출력 등)은 창작적이지 않았던 반면, Oracle v. Google 사건에서 선언코드와 API 패키지들의 SSO는 모두 창작적이었다는 점, ③ Lotus v. Borland 사건에서 해당 명령어들이 시스템을 운영하기 위해 필수적이었던 반면, Oracle v. Google 사건에서 구글은 Java 언어로 프로그램을 작성하기 위해 Java API 패키지의 SSO를 복제할 필요가 없었다는 점 등'을 근거로 Oracle v. Google 사건에 대해 Lotus v. Borland 판결의 법리를 그대로 적용할 수 없다고 판시하였다.[429]

이에 대해 구글은 상고신청을 하였으나, 미국 연방대법원은 2015년 6월경 이를 기각함으로써 선언코드와 SSO의 저작물성 여부에 관한 분쟁은 종결되었다.[430][431]

(3) 공정 이용에 대한 법원 판결의 경과

위 판결에 따라 Java API의 선언코드 및 패키지의 SSO가 저작물인 점을 인정하는 전제 아래 구글은 Java API 복제 및 이용이 공정이용(fair use)에 해당한다고 주장하였는데, 연방지방법원은 2016년 공정이용에 해당한다고 판단한 반면,[432] 연방항소법원은 2018년 공정이용에 해당하지 않는다고 판단하였다.[433] 이에 구글은 상고신청을 하였는데, 미국 연방대법원은 2021. 4. 5. 구글의 Java API 이용이 공정이용에 해당한다고 판단하였다.[434]

---

429) 각 판결의 주요 내용에 대해서는, 강기봉, "자바 API 프로그램의 법적 보호에 관한 소고 —Oracle America Inc. v. Google Inc. 사건을 중심으로—", 계간 저작권 제27권 제3호(2014), 한국저작권위원회, 21~22면 등을 재인용 또는 참조하였다.

430) Google, Inc. v. Oracle America Inc., 576 U.S. 1071 (2015).

431) 오라클과 구글 간의 Java API에 관한 저작권 분쟁(저작물성)의 사실관계와 법적 쟁점에 관한 검토에 관하여 더 자세한 설명으로는 강기봉, "자바 API 프로그램의 법적 보호에 관한 소고 — Oracle America Inc. v. Google Inc. 사건을 중심으로—", 계간 저작권 제27권 제3호(2014), 한국저작권위원회, 5~40면; 권사현·박성필·김용길, "API의 저작권 보호에 관한 고찰 —자바 API의 저작물성을 중심으로—", 지식재산연구 제12권 제3호(2017. 9), 한국지식재산연구원, 138~166면 등 참조.

432) Oracle America Inc. v. Google, Inc., No. C 10–03561, 2016 WL 3181206 (N.D. Cal. June 8, 2016).

433) Oracle America, Inc., v. Google, Inc., 886 F.3d 1179 (Fed. Cir. March 27, 2018).

434) Google, Inc. v. Oracle America Inc., 141 S.Ct. 1183 (2021). 미 연방대법원이 구글의 Java API 이용을 공정이용으로 본 주요 근거는 다음과 같다. ① 저작물의 본질: 복제된 코드는 사용자 인터페이스 일부인데, 저작권 없는 아이디어(API의 전체 구성)와 새로운 창작적 표현의 생성

2) 사용자 인터페이스에 있어서 아이디어와 표현

가) 문예적 요소와 기능적 요소의 구분

사용자 인터페이스에서도 문예적 요소와 기능적 요소가 존재한다.

우선 문예적 요소에 관하여 살펴보기로 한다. 사용자 인터페이스는 프로그램과 사람 사이의 상호작용을 그 내용으로 하고 있어 사람의 이해를 돕기 위한 심미적, 어문적 표현이 수반되기 때문에 창작적인 요소를 쉽게 발견할 수 있다. 그러므로 프로그램의 외적 측면은 내적 측면과 비교하여 그 표현의 영역이 더욱 넓다고 할 수 있다. 통상 사용자 인터페이스의 문예적 요소는 시각적 형태로 나타나게 된다. 예를 들어 전자오락화면과 같이 상당한 예술성과 창작성이 가미된 스크린 디스플레이는 일종의 시각적 저작물과 같은 취급을 받게 된다.[435] 사용자와 소프트웨어 사이의 의사소통창구에 해당하는 개별적인 아이콘이나 대화창의 구체적인 모습과 색깔 등도 문예적 성격을 가지므로 표현성이 인정될 가능성이 높다.

다음으로 기능적 요소에 관하여 살펴보기로 한다. 위에서 본 문예적 요소가 구체적이고 개별적으로 나타난 시각적 요소인 경우가 많다면, 기능적 요소는 그 배후에 존재하는 추상적이고 구조적으로 존재하는 지각적 요소인 경우가 많다. 예를 들어 전체적인 메뉴구조나 의사소통체계 등이 그것이다. 그러나 사용자 인터페

(Google이 독립적으로 작성한 코드)으로 함께 묶여 있다. 복제된 부분의 가치는 컴퓨터프로그래머의 투자에서 파생된다. 본 공정이용은 컴퓨터프로그램의 저작권보호를 약화시키지 않는다. ② 이용의 목적과 성격: 구글은 친숙한 프로그래밍 언어의 일부를 버리지 아니한 채 프로그래머가 다른 컴퓨터환경에서 작업할 수 있도록 허락하는 데에 필요한 만큼만 복제하였다. 이는 "transformative", 즉 '추가 목적 또는 다른 성격을 가지고 새로운 것을 추가하는 의미'로, 변형적이다. ③ 복제 부분의 비중: 구글이 복제한 부분이 전체 API의 0.4%에 불과하다. ④ 관련 시장에 미치는 효과: 구글의 새로운 스마트폰 플랫폼은 Java SE를 대체하지 못한다. Java SE의 저작권자도 다른 시장에서 그 인터페이스를 재실행함으로써 이익을 얻을 수 있다. 끝으로 이들 요소에 대한 저작권 집행은 대중들에게 창작성과 관련된 피해를 줄 우려가 있다. 구글의 Java API 이용이 공정이용(fair use)에 해당하는지 여부와 관련된 더 자세한 논의로는, 정진근, "Google v. Oracle 판결에서의 저작물 공정이용(fair use) 법리 —관련 산업에의 영향—", 산업재산권 제68호(2021. 7), 한국지식재산학회, 83~127면; 김창화, "Google v. Oracle 판결에서의 공정이용에 관한 연구", 산업재산권 제68호(2021. 7), 한국지식재산학회, 48~76면; 정유진·박세진·권헌영, "오픈소스 소프트웨어의 공정이용 —Oracle America, Inc. v. Google Inc., 사건을 통해 본 주요 쟁점과 전망—", 홍익법학 제17권 제4호(2016), 홍익대학교 법학연구소, 763~783면 등 참조. 한편, 관련 로펌 리포트로는 "프로그래밍 언어 복제 행위가 공정이용에 해당하는지" 미국 연방 대법원 판결, 법무법인 광장(김운호, 이현, 맹정환, 곽재우, 박찬우), 법률신문(2021. 5. 21.); "API는 공정이용(fair use)의 대상인가", 법무법인 화우(권동주, 김정규, 임철근, 김윤선), 로앤비 법무리포트(2021. 4. 16.) 등 참조.

435) 정상조, "컴퓨터 인터페이스 보호범위", 동천 김인섭 변호사 화갑기념논문집(1996), 791면.

이스에 있어서의 기능적 요소는 본질적으로 아이디어성이 강한 요소라기보다는 본래는 표현적 성격이 존재하였지만 사실상 표준화로 인하여 아이디어성을 가지게 된 요소인 경우가 많다. 예를 들어 종전 운영체제(예를 들어 MS-DOS)에서는 사용자와 프로그램 사이의 의사전달체계는 텍스트(예를 들어 "COPY", "DELETE" 등의 명령어)였는데, 그 이후 운영체제(예를 들어 MS WINDOWS)에서는 그 의사전달체계가 그래픽 환경으로 바뀌게 되어 사용자가 훨씬 쉽게 프로그램을 이해, 운용할 수 있게 되었다. 또한 메뉴명령어의 표현(예를 들어 "불러오기", "저장하기", "도움말" 등)이나 메뉴의 구조(예를 들어 메인 메뉴의 특정 항목에 마우스를 갖다 대면 서브 메뉴가 밑으로 펼쳐지는 풀다운 메뉴), 대화창이나 스크롤 바(scroll bar) 등도 사용자와 프로그램 사이의 의사소통을 더욱 원활하게 만들었다. 이러한 표현방식은 대단히 창작적이고 유용한 것이고, 그에 비례하여 보호의 필요성도 높아진다. 또한 사용자 인터페이스의 개발자들의 입장에서는 이를 저작권으로 보호하여 주기를 희망할 것이다. 그러나 다른 한편 소프트웨어 산업은 정보화 사회의 총아로서 급성장하고 있고, 그 어떠한 산업보다도 국제화, 표준화가 잘 발생하고 있는 영역이다. 프로그램의 경우 소비자가 많은 상품의 가치와 효용이 점점 올라가는 네트워크 효과(network effect), 이로 인하여 어느 상품이 시장에서 주도권을 가지게 되면 경쟁자가 쉽게 배제되어 사실상 독점상태가 형성되는 쏠림 효과(tipping effect), 이와 같은 독점상태가 형성되면 소비자로서는 그 상품을 계속하여 선택할 수밖에 없게 되는 고착(봉쇄)효과(locked in effect)가 쉽게 일어날 수 있으므로 사실상의 표준화가 발생할 가능성이 있다.436) 그런데 사용자 인터페이스에 대한 사실상의 표준화가 일어난 이후에도 그 인터페이스에 대한 강한 저작권 보호가 이루어진다면 그 인터페이스를 이용한 제품의 개발이나 그 구입에 소요되는 비용이 높아지게 된다. 정책적인 관점에서 볼 때 이는 바람직하지 못한 결과에 도달할 가능성이 높다. 따라서 보상의 원칙과 공유의 원칙을 조화롭게 추구하기 위하여서는 사실상의 표준화가 이루어진 사용자 인터페이스에 대하여는 이를 저작권의 보호범위에서 제외하거나 그 보호범위를 매우 좁게 해석할 필요가 있다. 아래에서 살펴보게 될 미국의 판례들도 특히 표준화나 호환성의 관점에서 사용자 인터페이스의 저작권 보호범위를 좁게 해석하고 있다.437)

---

436) 정연덕, "IT(Information Technology)의 표준과 지적재산권의 문제에 관한 법적 연구", 인터넷 법률 통권 제30호(2005), 65~67면 참조.
437) 이와 관련하여 여전히 여러 가지 논란의 여지가 있다. 즉 뛰어난 혁신을 통하여 우수한 인터페이스를 개발하여 시장을 석권함으로써 그 프로그램이 사용자들에 의하여 표준으로 선택되었다

나) 미국 판례의 동향

(1) Apple Computer, Inc v. Microsoft Corp & Hewlett-Packard. Co. 판결[438]
— GUI의 저작물성

이 사건에서는 Microsoft사(이하 'MS사'라고 한다)의 Windows 2.03 및 3.0 프
로그램과 Hewlett-Packard사(이하 'HP사'라고 한다)의 New wave 프로그램이
Apple사가 매킨토시 프로그램에서 사용한 그래픽 사용자 인터페이스(GUI)에 대한
저작권을 침해하였는가가 문제된 사건이다. 원래 MS사와 HP사는 Windows 1.0
및 Multiplan 등 프로그램에 GUI를 사용함에 있어서 Apple사와 라이센스계약을
체결한 상태였다. 그런데 그 이후 양사가 Windows 2.03 및 3.0과 New wave 프
로그램 등을 개발하면서 라이센스계약에서 허락된 범위를 넘어서서 Apple사의
GUI를 사용하였다고 하여, Apple사가 양사를 상대로 소송을 제기한 것이었다.

미국 연방 제9항소법원은 GUI 자체의 저작물성은 부정하지 않았다. 그러나
저작권침해가 입증되기 위하여서는 표현 사이의 실질적 유사성이 인정되어야 하
는데, 라이센스계약이 존재하는 경우에는 이미 이용허락된 부분은 그 비교대상에
서 제외하고, 이용허락되지 않은 부분에 대하여서만 유사성 여부를 비교하여야 한
다고 하였다. 한편 피고들의 프로그램에서 사용된 GUI의 대부분이 이미 라이센스
계약을 통하여 이용허락된 부분이고, 나머지 부분에 관하여서는 실질적 동일성을
인정할 수 없다는 이유로 원고의 청구를 기각하였다.

여기에서 주목할 것은 위 판결의 결론이라기보다는 GUI의 저작권보호범위에
관한 법원의 판시내용이다. 법원은 GUI를 구성하는 요소들 중에서 저작권에 의하
여 보호받을 수 없는 요소들을 제거한 후에 유사성 판단을 해야 한다고 판시하였

면, 오히려 그 프로그램을 넓게 보호하는 것이 인센티브 부여라는 측면에서 더 합당한 것은 아
닌지, 창작성은 있지만 시장의 표준으로 채택되지 못한 정도의 인터페이스는 보다 강한 보호를
받는 것인지, 만약 그러하다면 오히려 뛰어난 인터페이스는 약한 보호를, 그렇지 못한 인터페이
스는 강한 보호를 받게 되는 모순된 상황이 발생하는 것은 아닌지, 만약 표준화가 프로그램저작
권 보호범위를 제약하는 요소로 작용한다면 구체적으로 어느 시점에 표준화가 이루어졌다고 판
단할 수 있는지 등의 의문점 등이 그것이다. 그러나 저작권의 정책성을 강조하는 관점에 선다면
저작권은 어디까지나 공공정책에 부합하는 한도 내에서만 부여되는 독점권이므로 정책적 환경
의 변화에 따라 더 이상 독점적 보호가 적합하지 않게 되었다면 저작권보호의 대상에서 배제하
는 것은 허용된다고 볼 수 있다. 언제부터 표준화가 일어나는가 하는 문제는 대단히 확정하기
곤란하다. 그러나 실제 저작권침해소송에서는 침해행위시점에 표준화가 되어 있었는가의 여부
를 따지면 족한 것이므로 굳이 어느 시점부터 표준화가 되기 시작하는가를 따질 실익은 크지 않
다고 생각한다.

438) 35 F.3d 1435 (9th Cir. 1994).

다. 한편 GUI 구성요소들의 저작권 보호판단에 있어서 아이디어와 표현의 합체 이론 및 표준적 삽화의 원칙(Scènes à faire) 등을 원용하면서 GUI의 기능성으로 인하여 그 보호범위가 상당히 제한되어야 한다고 하였다. 즉 법원은 GUI가 예술성 이외에 기능성을 가지고 있다고 하면서, 하드웨어적 제약, 친사용자적인 디자인의 요구, 커뮤니케이션의 원활성 요구, 기타 이와 유사한 환경적, 인간공학적 요소들은 저작권 보호의 반경을 제한하고 있다고 판시하였다. 법원은 예를 들어 비디오 게임의 유사한 특징들이 아이디어를 표현함에 있어서 불가피한 제약 또는 표준화로 인한 것이라면 이는 아이디어처럼 다루어져야 할 것이라고 하였다. 또한 겹치는 창(overlapping windows)과 관련하여서는, 프로그램 제작자가 하나 이상의 창을 하나의 화면에 함께 보여주는 방법은 바둑판식으로 창을 배열하거나 겹치게 배열하는 두 가지 방법으로 국한되므로, 창을 겹치게 배열하는 방식은 표현으로서 보호받을 수 없다고 하였다.

(2) Lotus Dev. Corp v. Borland Int'l, Inc. 판결[439] — 메뉴구조의 저작물성[440]

먼저 사실관계를 간단히 소개하면 다음과 같다. 원고인 Lotus사는 Lotus 1-2-3이라는 스프레드쉬트(Spreadsheet) 프로그램을 개발, 판매하는 회사이다. 한편 피고인 Borland사는 역시 스프레드쉬트 프로그램인 Quattro Pro를 개발, 판매하는 회사이다. Lotus 1-2-3(이하 'Lotus'라고 약칭)은 스프레드쉬트 프로그램 시장에서 주도적인 지위를 차지하고 있었다. 따라서 사용자들은 Lotus 프로그램의 메뉴와 서브메뉴상에 나타난 명령어 및 매크로 기능에 상당히 익숙해져 있는 상태였다. 한편 그 뒤에 피고인 Borland사가 개발한 Quattro Pro는 원고가 개발한 Lotus 프로그램의 명령어 및 메뉴체계에 익숙해져 있는 일반 사용자들이 새로운 명령어나 메뉴체계를 익히지 않고서도 쉽게 사용할 수 있도록 그 명령어의 표현 및 메뉴구조를 Lotus 프로그램과 거의 동일하게 배열하였다. 이와 같은 사용자 인

---

439) 49 F.3d 807 (1st Cir. 1995).
440) Lotus Dev. Corp. v. Borland Int'l. Inc. 판결 이전에 메뉴 구조의 저작물성에 관하여 다룬 판례로 Lotus Dev. Corp. v. Paperback Software International 판결(740 F.Supp. 37. MA. D.C. 1990)이 있었다. 위 판결에서 메사추세츠 연방지방법원의 Keeton 판사는 Lotus사의 두 줄로 이동하도록 한 메뉴(two line moving cursor menu) 방식에 관한 저작권보호를 인정하면서 이를 모방한 Paperback사의 행위는 저작권침해에 해당한다고 판시하였다. 이 사건에 관한 1심 판결에 대하여 Paperback사는 항소하지 않았다. 그 이후 Keeton 판사는 이 글에서 다루게 되는 Lotus Dev. Corp. v. Borland Int'l. Inc. 사건의 1심 담당판사를 맡았다.

터페이스의 유사함에도 불구하고 프로그램의 기초가 되는 코드 자체는 서로 유사하지 않았다.

원고인 Lotus사는 메뉴구조가 저작권법의 보호대상이라는 점을 전제로 하여, 피고인 Borland사가 Lotus 프로그램의 메뉴구조를 베낀 것은 저작권침해에 해당한다고 주장하였다. 반면 피고인 Borland사는 미국 저작권법 제102조 (b)[441]에서는 조작방법(method of operation)을 저작권법의 보호대상에서 제외하고 있고, Lotus 프로그램의 메뉴구조는 조작방법에 해당하므로, 저작권법에 의하여 보호받을 수 없는 대상이라고 주장하였다.

이에 대하여 1심인 메사추세츠 연방지방법원에서는 프로그램의 메뉴구조도 표현된 이상 저작권법의 보호를 받을 수 있다고 판시하였다.[442] 위 법원에서는 메뉴명령이나 메뉴구조가 조작방법으로서의 측면을 가지고 있다는 이유만으로 저작권법에 의하여 보호받지 못한다는 것은 논리의 비약이라고 보았다. 즉 프로그램 역시 넓은 의미에서 보면 "조작방법"에 해당할 수 있지만, 그럼에도 불구하고 미국 저작권법 제101조에서는 프로그램을 저작물로서 보호하고 있다. 따라서 프로그램의 조작방법 역시 메뉴구조의 형태로 외부적으로 표현된다면 이는 저작권법에 의한 보호대상이 된다고 보았다. 한편 법원은 피고가 원고의 메뉴명령어 및 메뉴체계를 그대로 사용하지 않고 새로운 메뉴명령어 및 메뉴체계를 도입할 수 있었음에도 불구하고[443] 원고의 것과 거의 유사한 메뉴를 사용한 것에 주목하였다.

하지만 연방 제1항소법원은 Lotus 프로그램 메뉴구조의 저작물성을 부인하여 1심 판결을 파기하였다. 연방항소법원에서는 위 메뉴구조가 아이디어냐 표현이냐의 문제를 판단하기에 앞서, 미국 저작권법 제102조 (b)항의 조작방법에 해당하는가 문제를 먼저 판단하여야 한다고 하였다. 즉 위 조항에 의하면 조작방법에 해당하는 것은 그것이 아이디어 자체이건 아이디어에 기하여 표현된 것이건간에 저작권법의 보호대상에서 배제된다는 것이다.

법원은 어떠한 대상을 어떻게 조작할 것인가에 관한 방법을 설명한 텍스트에 대하여 저작권보호가 미친다고 하여 그 조작방법 자체에까지 저작권이 미치는 것

---

441) 위 조항에서는 『어떠한 경우에도 당해 저작물의 아이디어, 절차, 공정, 체계, 조작장법, 개념, 원칙 또는 발견에 대하여는, 그것이 어떠한 형식에 의하여 기술, 설명, 예시되거나 저작물에 포함되더라도, 저작권 보호가 미치지 아니한다』라고 규정하고 있다.

442) 788 F.Supp. 78 (D. Mass. 1992).

443) 연방지방법원은 예컨대 "Quit"라는 명령어는 "Exit"로, "Copy"라는 명령어는 "Close", "Ditto", "Duplicate", "Imitate", "Mimic", "Replicate", "Reproduce" 등으로 대체될 수 있다고 판시하였다.

이 아니라고 하였다. 따라서 사람들이 그 텍스트를 그대로 복제한다면 저작권침해의 책임을 질 수 있으나, 그 텍스트에서 설명된 조작방법은 자유롭게 이용할 수 있는 것이라고 하였다. 한편 Lotus의 메뉴구조는 단지 Lotus 프로그램의 기능을 사용자들에게 설명하거나 표현하는 것에 그치지 않고, Lotus 프로그램을 통제하고 조작하는 수단을 제공하여 주는 것이므로, 이는 Lotus라는 스프레드쉬트 프로그램을 조작하는 방법 그 자체에 해당하는 것이어서 저작권법의 보호를 받을 수 없는 것이라고 판시하였다.444) 법원은 이러한 결론에 이르는 데에 있어서, 만약 Lotus 측의 주장에 따르면 사용자들은 여러 가지 프로그램을 사용할 때 각 프로그램마다 동일한 기능에 대하여 다르게 정하여진 사용방법을 배워서 익혀야 하는데 이는 매우 불합리하다고 지적하여, 표준화에 의한 호환성의 요구도 적극적으로 고려하고 있다.

다) 사용자 인터페이스에 있어서의 표현적 요소 — 아이디어/표현 합체이론의 적용

스크린 디스플레이처럼 시각적 저작물의 성격을 가지는 사용자 인터페이스에 있어서는 시각적 저작물에 있어서 아이디어와 표현의 구분기준이 그대로 적용될 수 있다. 하지만 일반적인 시각적 저작물과는 달리 스크린 디스플레이에 있어서도 그 기능적 의미를 충분히 고려하여 저작권의 보호범위를 설정하여야 한다. 따라서 스크린 디스플레이 가운데에서도 기능적 요소의 제약을 받는 부분에 관하여서는 함부로 표현성을 인정하여서는 안 될 것이다. 따라서 어떠한 아이디어를 나타냄에 있어서 필수적으로 수반되거나 표준화되어 있는 화면은 표준적 삽화의 원칙 또는 아이디어/표현 합체이론에 따라 표현성을 인정하기 어렵다.445)

프로그램규약 또는 프로그램조작방법으로서의 성격을 가지는 사용자 인터페이스는 표현성이 부정된다고 할 수 있다. 저작권법 제101조의2 제2호는 "프로그램규약"을 '특정한 프로그램에서의 프로그램 언어의 용법에 관한 특별한 약속'이라고 규정하면서 "프로그램 언어(제1호)", "해법(제3호)"과 마찬가지로 프로그램규약에는 위 법이 적용되지 않는다고 규정하고 있기 때문이다. 그러나 사용자 인터

---

444) 메뉴구조에 대하여 저작권 보호를 부정하는 태도는 Mitek Holdings, Inc. v. Arce Engineering Co., Inc. 89 F.3d 1548 (11th Cir. 1996) 판결에서도 이어졌다.

445) 예를 들어 가라테 게임의 화면에서 보여지는 가라테 동작이 유사하다고 하더라도 이는 가라테에 내재한 것으로서 유사하게 표현될 수밖에 없으므로 이를 실질적 유사성의 근거로 삼을 수 없다고 한 Data East USA. Inc., v. Epyx, Inc., 862 F.2d 204 (9th Cir. 1988) 판결 참조.

페이스에 내재하는 논리 자체가 저작권의 보호대상이 될 수는 없더라도 그것이 창작적인 프로그램의 형태로 표현되었을 때에는 저작권의 보호대상이 될 수 있다. 다만 사용자 인터페이스의 기능적, 규약적 성격 및 사용자 인터페이스의 표준화 및 호환성의 요구로 말미암아 이에 대한 저작권 보호는 상당한 정도로 제한될 수밖에 없을 것이다.[446)447)]

다. 유사성의 정도를 고려한 표현적 요소의 보호 여부 판단

1) 컴퓨터프로그램의 기능성과 논리성을 고려함

두 프로그램의 대비를 통하여 확정된 유사성 요소들 가운데에서 아이디어와 표현을 구분하여 표현 요소만 남게 되면, 마지막으로 그 표현 요소에 존재하는 유사성이 창작 인센티브를 의미있게 감소시키는지 여부에 대한 정책적 판단을 행하게 된다.

일반적으로 프로그램은 그 기능성과 논리성으로 말미암아 문예적 저작물과 비교할 때 표현의 독창성 및 다양한 표현가능성이 낮아 이를 강하게 보호하는 것은 사회적 비용을 증가시키게 되므로, 실질적 유사성의 인정범위가 좁다고 보아야 한다. 이와 같은 견지에서 Apple Computer Inc. v. Microsoft Corp.[448)]에서는 기능적 저작물의 일종인 컴퓨터프로그램에 관하여서는 오로지 약한(thin) 저작권보호, 즉 실질적으로 동일한 복제(virtually identical copying)로부터의 보호만 적절하다고 판시하였다.[449)]

---

446) 서울고등법원 2008. 6. 10. 선고 2007나58805 판결(확정)은 "선발업체가 채택한 사용자 인터페이스가 광범위하게 전파될 경우 그 인터페이스의 특징이 기능적인 것으로 변화되고 사실상의 표준으로 작용할 수밖에 없는데, 이를 저작권법에 의하여 장기간 독점적으로 보호할 경우 사용자는 직접 또는 간접적으로 저작권이용료를 부담하여야 하고 이를 피해가기 위하여는 다른 인터페이스를 선택하여 새로운 사용방법을 익혀야 하는 점 등에 비추어 보면, 이 사건 화면구성을 저작권법이 보호하는 편집저작물로 인정하기는 어렵다"고 판시하였는데, 이 판결을 '사용자 인터페이스 보호와 관련하여 응용미술저작물성과 편집저작물성을 자세히 검토한 국내 최초의 선례'라고 하면서 '사실상의 표준화 이론을 수용하여 사용자 인터페이스의 보호를 매우 제한적으로 인정하는 입장을 드러낸 점에서 크게 주목된다'고 평가하는 견해도 있다. 이해완, 저작권법, 제4판, 박영사(2019), 242~244면 참조.

447) 이에 관하여 국내에서는 입법정책의 문제제기 차원에서, 인터페이스를 개발한 주체가 법적 보호를 받지 못하게 되는 것은 투자유인의 관점에서 적절하지 않으므로, 짧은 독점사용기간이나 보상청구권을 인정하여 주는 것이 타당하다는 견해가 있다. 김원오(책임연구자), 컴퓨터프로그램의 효율적 보호방안에 관한 연구, 프로그램심의조정위원회(2004), 94면.

448) 35 F.3d 1435, 1439, 1442 (9th Cir. 1994).

449) Lloyd L.Weinreb, *Copyright for Functional Expression*, 111 Harv. L. Rev. 1149, 1250 (1989)도

2) 컴퓨터프로그램의 유사성 판단에 있어서 객관적 유사성과 구조적 유사성을 고려함

어느 정도의 복제가 실질적으로 유사한 복제인가에 관하여서는 사안에서 문제되는 프로그램의 특성과 내용 및 이용의 모습에 따라 달라지게 될 것이다. 어문저작물의 실질적 유사성 판단에 있어서 부분적·문자적 유사성과 포괄적·비문자적 유사성이 문제되는 것처럼, 프로그램저작물의 유사성 판정에 있어서는 객관적 유사성과 구조적 유사성이 문제된다.[450] 객관적 유사성이란 양 프로그램의 소스코드를 일대일로 문자적으로 대응시켜 검출되는 유사성이고, 구조적 유사성이란 양 프로그램의 시스템 구조층(system structure layer), 즉 프로그램의 파일 및 자료구조, 사용자 인터페이스 또는 설계구조의 비교를 통하여 검출되는 유사성이다.[451]

우선 객관적 유사성이 문제되는 코드의 문언적 복제의 경우에는 코드가 그대로 복제되는 경우이므로 유사성 자체에 대한 문제는 발생하지 않는다. 그러나 과연 복제된 부분이 창작자의 창작 인센티브를 감소시킬 만큼 당해 프로그램에서 질적인 비중을 차지하는 부분인가에 대한 판단 과정은 남아 있다. 만약 복제된 코드가 당해 프로그램에서 차지하는 양적인 비중이 적다고 하더라도 프로그램 전체의 기능을 수행하는 데에 실질적인 역할을 수행하는 부분이라면 그 문언적 복제는 실질적 유사성의 요건을 충족한다고 보아야 할 것이다.

다음으로 구조적 유사성이 문제되는 코드의 비문언적 복제의 경우에는 그 구조 가운데 당해 프로그램의 목적과 기능을 수행하는 데에 필수불가결한 단계를 넘어서서 프로그램 제작자의 창작적 노력이 발현되기 시작한 구체적인 설계구조에 있어서 어느 정도의 유사성을 가지는가를 비교한다. 이러한 과정에서 여러 가지 표절 검출 소프트웨어가 도구로 사용되기도 한다.[452] 그러나 이 경우에도 궁극적으로는 프로그램을 구성하는 각종 요소의 중요성을 고려하여 가중치에 의한 복

같은 취지.

450) 김우정, "프로그램 표절 감정기법에 관한 연구", 석사학위논문, 홍익대학교 정보대학원(2002), 15면.

451) 김우정, "프로그램 표절 감정기법에 관한 연구", 석사학위논문, 홍익대학교 정보대학원(2002), 15면.

452) 소프트웨어 감정을 위해서는 원고/피고의 소스코드를 검사하여야 하는데 그 양이 일반적으로 방대하고 전부에 대한 육안 검사가 사실상 불가능하다. "소프트웨어 감정 도구"는 소스코드의 유사도 감정을 위해 사용되는 도구를 말한다. 국외의 대표적인 표절 검사 도구는 MOSS, Jplag, YAP, Plague, SIM 등이 있고, 국내에서는 한국저작권위원회에서 자체 개발한 exEye 도구 등이 있다. exEye의 경우 감정목적물을 exEye에 입력하고 실행시키면 원본과 비교본에서 서로 유사한 부분이 빨간색으로 표시된다. 저작권 기술 용어집, 한국저작권위원회(2014), 24면 참조.

제도 계산이 이루어져야 하는 것이므로,[453] 프로그램의 실질적 유사성 여부는 궁극적으로 법관의 재량적 판단이 개입되어야 할 부분이다. 결국 프로그램 저작권에 의하여 보호하고자 하는 창작 인센티브는 프로그램의 기능을 수행함에 있어서 동원된 표현 요소들이다. 그렇다면 코드로 표현된 논리구조 가운데에서 프로그램의 기능을 수행함에 있어서 얼마나 중요한 비중을 차지하는가가 1차적인 고려요소가 될 것이고, 그 요소들 가운데 구체적이고 독창적이며 달리 표현될 가능성이 있었던 부분이 복제된 경우에는 실질적 유사성의 인정범위가 상대적으로 넓어진다고 할 수 있다.

〈서울고등법원 2009. 5. 27. 선고 2006나113835, 2006나113842 판결〉[454][455]

컴퓨터프로그램저작권 등의 침해 여부가 문제될 경우 컴퓨터프로그램에 사용된 프로그래밍 언어가 같거나 유사하여 그 소스코드 등의 언어적 표현을 직접 비교하는 것이 가능하다면 표현을 한줄한줄씩 비교하여 복제 등에 따른 침해 여부를 가릴 수 있을 것이다. 그러나 이 사건과 같이 프로그래밍 언어가 서로 달라 그 언어적 표현

---

453) 김규식 · 조성제 · 우진운, "소스코드 유사도 측정 도구의 성능에 관한 비교연구", 한국소프트웨어 감정평가회 논문지 제13권 제1호(2017. 6.), 31~41면[http://www.i3.or.kr/html/paper/2017 − 1/ (4)2017 − 1.pdf — 2021. 3. 26. 기준] 참조.

454) 대법원 2011. 6. 9. 선고 2009다52304, 52311 판결로 확정되었다(상고기각). 대법원은 "원고 fns 와 피고 사이의 서울중앙지방법원 2004카합4128호 컴퓨터프로그램사용금지가처분 사건에서 피고가 'probank'라는 이름으로 제출한 소스코드와 bancs(2001년 이후 제작된 버전)의 소스코드를 대상으로 이루어진 컴퓨터프로그램보호위원회의 감정 결과에 의하면, c언어로 작성된 위 probank와 cobol 언어로 작성된 위 bancs의 소스코드를 구성하는 파일에 대한 호출관계그래프 (call graph)를 도출한 다음 이들을 파일의 개수, 줄 수, 함수 수에 따라 정량적으로 비교한 결과 소스코드 중 50% 이상에서 유사성을 지니는 파일의 비율이 42.74% 정도이고, 정성적 방법에 따른 감정 결과에서도 위 probank 소스코드에 사용된 함수들의 이름과 명령문, 주석 내용으로 보아 이미 존재하는 cobol 소스코드를 일정하게 정해진 규칙에 따라 사람 혹은 기계를 사용하여 번역한 것으로 판단되었는데, 원심판결 별지 제2항 기재 프로그램은 위와 같이 감정대상이 되었던 probank에 모두 포함되어 있던 프로그램이거나 그 동일성을 해하지 않는 범위에서 이를 변형한 프로그램이고, 별지 제3항 기재 프로그램은 그 상당부분이 감정대상이 되었던 probank 구동에 필요한 프로그램이므로(이하 그 등록된 명칭에 따라 원심판결 별지 제2항 기재 프로그램은 'probank', 별지 제3항 기재 프로그램은 'proframe'이라 한다), 이와 같은 제반 정황들에 비추어 bancs와 probank 및 proframe 중 상당부분 사이에는 실질적 유사성이 있다고 볼 수 있다"고 판시하였다.

455) 이 사건은 피고가 Cobol 소스코드를 C언어로 1:1 번역하였는데 프로그램 언어가 달라 소스코드의 문자적 비교가 거의 불가능한 경우였다. 원심은 각 소스코드를 구성하는 파일에 대한 함수호출그래프(call graph)를 도출한 다음 정량적 비교와 정성적 방법에 따른 감정을 하여 실질적 유사성을 인정하였다. 이 판례에 관한 평석으로, 전응준, "컴퓨터프로그램에서 비문언 표현에 대한 보호 가능성", 정보법 판례백선(Ⅱ), 한국정보법학회, 박영사(2016), 297~306면 참조.

을 직접 비교하기 어려운 때에는 침해자가 저작자의 프로그램에 접근했거나 접근할
가능성이 있었는지 여부, 그리고 침해자가 원프로그램의 인련의 지시·명령의 상당
부분을 이용하여 컴퓨터프로그램을 제작한 것인지 여부를 면밀히 살펴보아야 할 것이
다. 침해자가 원프로그램에 접근했는지 여부는 침해자의 원프로그램의 소지 여부,
코드의 공개 여부 및 비공개된 코드에의 접근 가능성, 원프로그램에 포함된 개별 파
일의 수집 가능성 등 여러 사정을 종합하여 판단하여야 할 것이다.

　다음으로 양 프로그램 사이에 실질적 유사성이 있는지 판단하기 위해서는 창작적
인 표현형식에 해당하는 것만을 가지고 대비하여야 할 것인데, 컴퓨터프로그램을 포
함한 저작권의 보호대상은 사람의 사상 또는 감정을 말, 문자, 음, 색 등의 표현도구
로 외부에 표현한 창작물이고, 표현되어 있는 내용, 즉 아이디어나 이론 등의 사상이
나 감정 그 자체와 그 표현을 위해 사용된 표현도구는 저작권의 보호대상이 되는 표
현에 해당하지 않으므로, 이러한 점을 고려하여 사상과 표현도구에 해당하는 부분을
제외한 나머지 표현형식을 추출하여 비교대상으로 삼아야 할 것이다. 보다 구체적으
로는 우선 비교대상 컴퓨터프로그램들의 기능을 추상화하여 그 유사성을 살피고, 다
음으로 컴퓨터프로그램을 둘러싼 주변 요소들 중 사상의 영역과 표현을 위해 사용되
는 수단적 요소들을 제거하여 여과한 다음, 남는 부분들을 비교·검토하여 유사성
여부를 가리는 과정을 거치게 될 것이다.

　다만, 컴퓨터프로그램 사이에 유사성을 비교할 때에는 컴퓨터프로그램은 업무 혹
은 특정 목적을 위해 사용되는 기능적이고 논리적인 저작물이고 외부 조건의 제약
(컴퓨터의 하드웨어나 운영체제의 제약, 수요자들의 규격화된 인터페이스 요구, 호환
성 확보, 널리 받아들여지는 프로그래밍 관행 등)을 받을 수밖에 없기 때문에, 유사한
기능을 수행하는 컴퓨터프로그램들 사이에는 그 구조나 컴퓨터프로그램 내 파일의
상호간 논리적 연관성도 유사하게 나타나는 경우가 많아 그 표현의 다양성이 축소될
수밖에 없다는 점을 고려할 필요가 있다. 따라서 추상화와 여과 과정을 거친 후에
남는 구체적 표현(소스코드 혹은 목적코드)을 개별적으로 비교하는 외에도, 명령과
입력에 따라 개별 파일을 호출하는 방식의 유사도, 머듈 사이의 기능적 분배의 유사
도, 분석 결과를 수행하기 위한 논리적 구조 계통 역시 면밀하게 검토해 보아야 할
것이고, 그와 같은 구조와 개별 파일들의 상관관계에 따른 전체적인 저작물 제작에
어느 정도 노력과 시간, 그리고 비용이 투입되는지 여부도 함께 고려해 보아야 할
것이다.

사용자 인터페이스에 있어서도 마찬가지의 지침이 적용될 수 있다. 따라서 실질적 유사성에 달하는 정도의 유사성인가 하는 부분은 당해 프로그램의 기능수행에 있어서의 중요성, 표현에 있어서의 구체성 및 독창성, 다양한 표현가능성을 염두에 두어 판단한다. 예를 들어 주가분석 프로그램의 실질적 유사성에 관하여 다룬 우리나라의 하급심 판결456)에서는 두 프로그램의 통신상태 변경방법, 날짜 입력방법, 날짜 입력방법, 주식정보 입력방법, 관심종목 나열방법, 차트분석메뉴, 일봉의 표현방법, 각종 주가차트의 구현방법, 예약상태변경방법 등이 유사하다고 하더라도 그것만으로 실질적 유사성이 있다고 단정할 수 없다고 판시하였는데, 이는 주가분석 프로그램의 기능 및 주가분석에 사용되는 각종 표현방식의 정형화에 비추어 볼 때 거의 동일할 정도로 복제되지 아니하면 실질적 유사성을 인정할 수 없다는 의미로 해석되어질 수 있다.

3) 형식적 · 기계적 비교결과는 단순한 참고에 불과함

다른 저작물과 마찬가지로 컴퓨터프로그램저작물에 있어서도 기계적이고 획일적인 기준에 따른 비교결과는 하나의 참고자료가 될 수 있다. 감정 실무에서도 자동 유사도 산정 도구의 도움을 받지만 파일의 비교는 육안 감정으로 수행하는 경우가 많다. 예컨대 선정된 비교쌍을 육안으로 관찰하여 실질적 유사성을 판단하곤 한다.457)

4. 게임저작물의 쟁점

최근 게임산업이 급성장하면서 게임저작물의 저작권침해가 문제될 여지가 늘어나게 되었다. 특히 우리나라는 게임왕국이라고 불리울 만큼 게임개발 및 이용이 폭발적이다. 게임 역시 창작성이 인정된다면 저작물에 해당한다. 게임은 여러 가지 유형의 저작물이 결합된 형태로 이루어진다.458) 게임저작물은 크게 프로그램

---

456) 서울고등법원 1993. 6. 18. 선고 92나64646 판결(확정).

457) 컴퓨터프로그램에 대한 유사성 감정 실무(판단 기준, 판단방법 등 포함)에 대한 자세한 설명은 한국소프트웨어감정평가회, SW분야 감정 전문인력 교육교재 개발, 한국저작권위원회(2011) 참조.

458) 게임 프로그램의 저작물성 여부에 관한 검토에 앞서, "게임" 자체에 대한 저작물성 여부에 관한 검토가 필요할 수 있다. 게임은 게임규칙, 게임에 등장하는 캐릭터, 게임 맵의 디자인 등 다양한 소재 내지 소재저작물로 이루어진 결합저작물 내지 편집저작물이고, 그 중 게임규칙은 추상적인 게임의 개념이나 장르, 게임의 전개방식 등을 결정하는 도구로서 게임을 구성하는 하나의 소재일 뿐 저작권법상 독립적인 보호객체인 저작물에는 해당하지 않는 일종의 아이디어 영역에 해

저작물에 해당하는 부분과 영상저작물에 해당하는 부분[459]으로 나누어진다. 전자
는 게임의 코드를 뜻하고, 후자는 게임화면으로 구현되는 시각적·청각적 요소 또
는 게임방식이나 게임스토리 등으로 구현되는 어문적 요소를 뜻한다.[460]

이와 같이 게임은 여러 가지 이질적인 요소들로 구성되어 있으므로, 실질적
유사성 여부가 문제되는 경우에도 문제되는 부분의 유형에 따른 기준에 의한 판
단이 이루어져야 한다. 그러므로 게임 프로그램 코드의 실질적 유사성 여부가 문
제되는 경우와 게임화면이나 방식, 스토리 등의 실질적 유사성 여부가 문제되는
경우는 그 판단 기준이 달라져야 할 것이다. 게임 프로그램 코드의 실질적 유사
성 여부가 문제되는 사건에 있어서는 일반적인 프로그램저작물의 실질적 유사
성 판단 기준이 그대로 원용된다. 반면 게임화면이나 방식, 음악, 스토리 등의 실
질적 유사성 여부가 문제되는 경우에는 시각적 저작물이나 음악저작물 또는 어문
저작물의 실질적 유사성 판단 기준이 적용된다. 우선 미국의 관련 판례들을 살펴
본다.

예컨대 Atari, Inc. v. Midway Mfg. Co. 판결[461]에서는 비디오게임인 팩맨
(Pac Man)과 먼치킨(K. C. Munchkin) 사이의 실질적 유사성 여부가 문제되었는데,
법원은 게임에 등장하는 "Gobbler"과 "Ghost monster"의 모습, 그 등장주체가 화
면 위에서 돌아다니는 방식, 이들이 죽은 후 소생하는 방식 등이 비슷하다는 점에
주목하여 실질적 유사성을 긍정하였고, Midway Mfg. Co. v. Bandai America
Inc. 판결[462]에서는 게임의 등장인물과 그 움직임, 게임의 스타일과 진행방식, 화
면의 배경 이외에도 주제음악이 같다는 점도 실질적 유사성을 인정하는 하나의
근거로 제시하였다.

그러나 게임방식이나 배경, 등장인물의 움직임이 당해 게임의 기능상 유사할

당한다고 할 것이므로, 게임의 경우 게임을 하는 방법이나 게임규칙, 진행방식 등 게임에 관한
기본 원리나 아이디어까지 저작권법으로 보호되지는 않는다(서울고등법원 2018. 4. 26. 선고
2017나2064157 판결: 대법원 2018. 8. 16. 선고 2018다237138 심리불속행기각판결로 확정).

459) Midway Mfg. Co. v. Artic International Inc., 704 F.2d 1009 (7th Cir. 1983) 및 M.Kramer
manufacturing Co., Inc. v. Andrews, 783 F.2d 421 (4th Cir. 1986)에서는 비디오게임의 영상을
독립된 시청각적 저작물로 인정하였다.
460) 창작성의 요건을 충족할 수 있다면, 게임의 정지된 그래픽 화면은 미술저작물로 보호받을 수 있
고, 게임에 사용된 음악은 음악저작물로 보호받을 수 있다. 정경석, "게임 저작물의 저작권 침
해", 인권과 정의 346호(2005), 대한변호사협회, 61면 참조.
461) 672 F.2d 607 (7th Cir. 1982).
462) 546 F.Supp. 125 (D.N.J. 1982).

수밖에 없는 것이라면 이러한 부분에 유사성이 존재한다고 하더라도 이는 아이디어와 표현이 합체된 경우에 해당하여 실질적 유사성이 부정된다. 예를 들어 가라테 게임의 실질적 유사성이 문제된 Data East USA, Inc. v. EPYX, Inc. 판결463)에서는 두 가지 게임의 진행방식, 등장인물의 움직임, 화면의 묘사방식 등에 모두 15가지의 유사성464)이 인정된다고 하면서도, 이는 가라테라는 스포츠 자체에 내재하여 있는 제약으로 인하여 유사해진 것이라고 판시하여 그 실질적 유사성을 부정하였다. 또한 골프게임의 실질적 유사성이 문제된 Incredible Technologies, Inc. v. Virtual Technologies, Inc. 판결465)에서는 클럽선택, 플레이하는 홀(hole)을 위에서 내려다 보는 지도, 풍속의 측정, 그린(green)의 경사도, 점수카드, 일정 형태의 성공한 샷에 대한 득점 등이 유사하더라도 이는 골프를 게임으로 정확하게 묘사하는 데 필수불가결하고, 메뉴 스크린이나 선수의 포기, 선택과 같은 것은 아케이드 게임 포맷에 있어 스크린의 가장자리에 아이콘 모양으로 고정될 수밖에 없는 표준적인 것으로서 이러한 요소들은 최소한 모양, 크기, 색깔, 연속, 배치 등에 있어서 보호를 받을 수도 있으나 필수적인 장면으로 취급되므로 오직 실질적으로 동일한 복제의 경우에만 보호를 받을 수 있다고 판시하였다.466)

그런데 2012년 뉴저지주 연방지방법원에서 선고된 테트리스 판결은 게임 복제에 대한 저작권법의 적용 양상을 바꾸어 놓았다.467) 테트리스는 위에서 떨어지는 다양한 블록들을 아래에 모양에 맞게 차곡차곡 쌓아 나가 한 줄이 채워지면

---

463) 862 F.2d 204 (9th Cir. 1988).

464) 그 15가지의 유사성을 요약하자면 두 게임 모두 ① 14개의 움직임을 사용하고 있고, ② 두 명이 함께 게임할 수 있으며, ③ 혼자 게임할 수도 있으며, ④ 전방 및 후방 공중제비돌기와 180도 방향전환을 하고, ⑤ 발이 공중에서 떨어진 채로 쪼그리고 앉아 역회전하며 주먹을 지르며, ⑥ 상단 찌르기 펀치를 구사하고, ⑦ 발로 쓸듯이 뒤로 후퇴하며, ⑧ 날아 옆차기를 하고, ⑨ 로우킥(low kick)을 구사하며, ⑩ 뒷걸음치는 자세가 있으며, ⑪ 배경화면이 바뀌고, ⑫ 30초로 이루어진 카운트다운 라운드(countdown round)의 방식으로 게임이 진행되며, ⑬ 한 명의 심판이 등장하고, ⑭ 게임에서 그 심판은 "시작(begin)", "그만(stop)", "백색(white)", "적색(red)"이라고 말하는데 만화처럼 말풍선 안에 표시되며, ⑮ (게임 후) 남아있는 초에 비례하여 100점씩 보너스 포인트가 부여된다는 것이다.

465) 284 F.Supp. 2d 1069 (N.D. Ill. 2003).

466) 강동세, "온라인게임과 저작권", 2005. 12. 16. 중앙대학교 법학연구소 문화예술법센터, 「온라인 게임 무엇이 문제인가 — 온라인게임의 현황과 법적 과제」 발표문 중 26면 참조. 반면 우리나라 서울고등법원 2016. 12. 1. 선고 2015나2016239 판결은 '골프 시뮬레이션 시스템'에서 재현된 각 골프장의 "골프코스"는 인간의 사상 또는 감정이 표현된 것으로서 창작성을 갖추어 저작물에 해당한다고 판시하였다.

467) 이하 테트리스 판결에 대한 설명은 권영준, "게임저작물과 실질적 유사성", 지식재산연구 제17권 제3호(2022), 153~155면의 해당 부분을 발췌한 것이다.

그 줄이 사라지게 하는 방식으로 오랫동안 버틸수록 점수가 올라가는 게임이다. 테트리스는 게임 역사에 전설로 남을 정도로 선풍적 인기를 끌었다. 테트리스의 아류 게임도 많이 등장하였는데, 2009년 5월 시오(Xio)사가 출시한 미노(Mino)도 그중 하나였다. 테트리스사는 시오사를 상대로 저작권침해소송을 제기했다. 이에 대해 시오사는 테트리스와 미노가 외관상 비슷해 보이는 것은 사실이지만, 게임의 규칙과 기능성은 표현이 아니라 아이디어에 불과하므로 저작권침해가 성립하지 않는다고 다투었다. 법원은 시오사의 저작권침해를 인정하였다. 그러한 인정 근거로는 여러 가지가 제시되었는데, 게임 저작권침해 판단에 관하여 주목할 부분은 종래 당연히 아이디어로 여겨져서 저작권 보호범위에서 벗어나 있던 게임규칙에 대한 저작권 보호 가능성을 열어놓은 부분이다.[468] 이 사건에서 법원은 게임의 아이디어가 게임규칙을 통해서도 표현될 수 있다고 보았다.[469] 아울러 게임규칙이나 게임 기능과 관련되었다는 이유만으로 해당 표현이 저작권의 보호범위 밖에 놓인다고 한 판례는 없다고 하면서,[470] 이러한 표현이 아이디어, 규칙, 기능 또는 이와 유사한 것과 결부되어 있더라도 그 아이디어 등을 표현하는 방법이 하나밖에 없어 양자가 합체되는 경우가 아니라면 저작권법으로 보호될 수 있다고 보았다.[471] 법원은 가라테 또는 골프 게임과는 달리 테트리스는 현실에 실존하는 게임에 기반을 두지 않은 창작물로서 다양한 표현 가능성이 높다는 점,[472] 컴퓨터 처리 능력과 다양한 그래픽의 구현 가능성이 획기적으로 증가했다는 점[473]도 저작권침해 판단의 근거로 제시했다. 그 외에도 법원은 개별 요소를 세세하게 검토하기보다는 전체적 특징을 일반인의 관점에서 비교하는 것이 게임저작물의 침해 판단에 더 적절하다고 보았다.[474]

  테트리스 판결은 미국 게임 저작권침해 판단에 한 획을 그은 중요한 판결로

---

468) Lunsford, Christopher, "Drawing A Line Between Idea and Expression in Videogame Copyright: The Evolution of Substantial Similarity for Videogame Clones", *Intellectual Property Law Bulletin*, Vol. 18, No. 1 (2013), p. 113.
469) Tetris Holding, LLC v. Xio Interactive, Inc., 863 F.Supp.2d 394, 409 (D.N.J. 2012).
470) Tetris Holding, LLC v. Xio Interactive, Inc., 863 F.Supp.2d 394, 406-7 (D.N.J. 2012).
471) Tetris Holding, LLC v. Xio Interactive, Inc., 863 F.Supp.2d 394, 408 (D.N.J. 2012).
472) Tetris Holding, LLC v. Xio Interactive, Inc., 863 F.Supp.2d 394, 408, 412 (D.N.J. 2012).
473) Tetris Holding, LLC v. Xio Interactive, Inc., 863 F.Supp.2d 394, 402, 412 (D.N.J. 2012).
474) Tetris Holding, LLC v. Xio Interactive, Inc., 863 F.Supp.2d 394, 409 (D.N.J. 2012). 그 근거로 판례로서 Universal Athletic Sales Co. v. Salkeld, 511 F.2d 904, 908 (3d Cir. 1975); Atari, Inc. v. North American Philips Consumer Electronics Corp., F.2d 614, 672 (7th Cir. 1982); Atari Games Corp. v. Oman, F.2d 243, 245 (D.C. Cir. 1992)를 들었다.

여겨지고 있다.[475] 테트리스 판결을 계기로 미국에서는 게임저작물의 보호가 해석론상 강화되었다는 평가가 지배적이다. 가령 테트리스 판결을 기준을 할 때 과거의 법원은 게임 진행 방법에 관한 대부분의 표현을 보호범위에서 제외하였지만, 현재의 법원은 이러한 게임의 측면을 더욱 적극적으로 보호하는 경향을 보인다고 관찰하거나,[476] 테트리스 판결을 게임 개발사의 승리로 평가하거나,[477] 이 판결을 통해 게임개발사가 게임 복제를 막을 수 있는 새로운 무기를 가지게 되었다는 논평이 이어졌다.[478]

과거 우리나라 하급심 판례 가운데에도 온라인 게임의 저작권침해가 문제된 사례가 있었다.[479] 이 사건은 프로그램저작물로서의 게임저작권침해가 아니라 영상저작물로서의 게임저작권침해가 문제된 것이다.[480] 이 사건 신청인이 온라인을 통해 서비스하고 있는 '포트리스 2 블루'는 온라인상에서 접속 이용자 각자가 선택한 탱크를 사용하여 제한 시간 내에 각도와 거래, 바람의 세기 등을 고려하여 상대방 탱크를 향해 포탄을 발사하여 맞춤으로써 상대방 탱크의 에너지를 모두 소진시키거나 상대방 탱크의 주위 지형을 함몰시켜 그 탱크가 함몰된 지형으로 추락하게 되면 승리하는 게임이다. 신청인은 피신청인들의 온라인게임인 '건바운드'가 신청인의 포트리스 2 블루게임과 탱크 캐릭터, 포탄, 게임 화면, 계기판, 맵(바탕화면), 게임 방식 등의 중요 요소들에 있어 극히 유사하다고 주장하였다.

법원은 "이 사건 게임이 저작권법상의 보호를 받는다고 하더라도 그 내용인 게임의 규칙, 진행방식 등 게임에 관한 아이디어까지 저작권으로서 보호되는 것은 아니고 저작물에 나타난 구체적인 표현을 도용한 경우에 한하여 저작권의 침

---

475) Quagliariello, John, "Applying Copyright Law to Videogames: Litigation Strategies for Lawyers," *Harvard Journal of Sports and Entertainment*, Vol. 10 No. 2 (2019), p.270.

476) Lunsford, Christopher, "Drawing A Line Between Idea and Expression in Videogame Copyright: The Evolution of Substantial Similarity for Videogame Clones", *Intellectual Property Law Bulletin*, Vol. 18, No. 1 (2013), p. 117.

477) Kuelhl, John, "Video Games and Intellectual Property: Similarities, Differences, and A New Approach to Protection", *Cybaris*, Vo. 7 Issue 2 (2016), p. 331.

478) Casillas, Brian, "Attack of the Clones: Copyright Protection for Video Game Developers", *Loyola of Las Angeles Entertainment Law Review*, Vol. 33 Issue 2 (2013), p. 139.

479) 서울지방법원 2002. 9. 19.자 2002카합1989 결정.

480) 이 사건 결정문을 입수하지 못한 관계로 그 결정이유는 정경석, "게임 저작물의 저작권 침해", 인권과 정의 346호, 대한변호사협회, 2005. 6., 64~66면 및 조원희, "게임 표절 사건에서의 법률적 쟁점, —'건바운드' 사건을 중심으로—", 저작권문화 125호(2005. 1), 9면에 기재된 내용을 인용하기로 한다.

해에 대한 구제가 인정된다. 기록상 이 사건 게임과 피신청인들의 건바운드 게임은 포탄 폭발의 모양, 폭발에 의하여 지형이 파괴되는 모양, 캐릭터 손상시 모양, 채팅창·시간제한·파워게이지·랜덤·캐릭터 능력치에 관한 표현 등 상당 부분에 있어 동일하거나 유사하다고 보기 어렵고, 한편 이 사건 게임에 사용된 '턴제 슈팅 방식'은 이 사건 게임이 최초 제작된 1997년 이전에 이미 스코치, 웜즈, 웜즈 Ⅱ등의 게임에 도입된 방식으로서, 이 사건 게임의 목적, 게임 조작 방법, 진행 방식, 승리 조건 등이 위 스코치나 웜즈 게임과 동일하거나 유사할 뿐 아니라, 이 사건 게임에 나타난 바람 게이지·지형·시간제한·포탄·캐릭터·아이템 생성·무기·캐릭터의 턴 애니메이션·턴 넘김 버튼 등 게임의 중요 요소들도 이전 게임에서 동일하거나 유사하게 표현되었던 점 등 기록상의 제반 사정에 비추어 보면 이 사건 게임의 상당 부분은 그 이전에 제작된 게임에 사용된 요소들을 반영하여 제작되었다고 볼 여지가 충분하다 할 것이어서 선뜻 그 독창성을 인정하기 곤란하며, 이 사건 게임에 사용된 일부 아이디어는 컴퓨터라는 표현 매체의 한계성 때문에 특정 형태로 표현되는 것에 불가피하다고 보이는바, 이러한 경우에 있어서까지 저작권법에 의하여 보호해야 할 가치가 있는 것인지도 의문이라 할 것이다"라고 판단한 뒤 나아가 실질적 유사성도 인정되지 않으며 보전의 필요성도 인정되지 않는다고 보아 가처분신청을 기각하였다. 위 결정은 게임방식에 관하여서는 창작성을 부인하고, 게임화면표현에 관하여서는 실질적 유사성을 부인하고 있는바, 게임방식의 저작권 보호가 좁아야 한다는 점은 타당성이 있다고 생각되고, 게임화면표현에 관한 판시 부분의 타당성은 위 결정이유만으로는 판단하기 어렵다.

요컨대, 게임저작물의 경우에도 프로그램적 측면에 대해서는 프로그램의 기준이, 영상물적 측면에 대하여는 어문저작물이나 미술저작물 등의 시각적 저작물 또는 영상저작물의 기준이 그대로 적용된다. 게임의 진행방식, 그 진행에 동원되는 시각적 도구, 게임화면의 배경, 게임의 등장인물 및 그 행태 등이 주된 쟁점으로 떠오르는 경우가 대부분이다. 게임주제나 방식이 골프나 가라테 등 실제로 존재하는 것이거나 그렇지 않더라도 이미 관행화된 게임양식에 따른 것이라면 표준적 삽화의 원칙이 상당한 정도로 적용되어 매우 세부적인 부분까지 복제가 일어나지 아니하는 한 저작권의 보호가 배척되는 경향을 보이고 있다.

한편 2019년 대법원은 이른바 포레스트 매니아 사건에서 게임저작물의 실질

적 유사성 문제를 최초로 다루었다.481) 이 판결은 실질적 유사성 판단 대상은 아
이디어가 아니라 표현이라는 종래의 기준에 입각하면서도 이러한 아이디어와 표
현의 경계가 저작물을 둘러싼 환경 변화에 연동하여 결정된다는 점을 고려하여
종래 아이디어로만 치부되던 게임규칙도 표현에 해당할 수 있다는 점을 분명히
하였다. 그 범위에서는 게임저작물의 저작권 보호범위, 즉 '표현'의 범위가 확장되
었다고도 평가할 수 있다. 또한 이 판결은 실질적 유사성 판단 방법과 관련하여
포괄적·비문자적 유사성에 착안하거나 개별 요소의 선택과 배열이라는 총체적
관점에 기초한 침해 판단 방법의 중요성을 강조하였다. 이는 실질적 유사성 판단
은 개별 요소를 분리하여 비교하는 개별적 층위뿐만 아니라 개별 요소를 뛰어넘
는 전체 구조나 결합을 총체적으로 비교하는 포괄적 층위의 차원에서 이루어질
수 있다는 점을 강조한 것이다. 이 판결의 배후에는 게임저작물의 보호범위에 관
하여 게임저작물의 특성이나 게임저작물을 둘러싼 경제적 환경 등을 고려한 실질
적이고 유연한 접근이 필요하다는 사고방식이 자리 잡고 있다.

〈대법원 2019. 6. 27. 선고 2017다212095 판결〉
　(4) 원고 게임물의 개발자가 그동안 축적된 게임 개발 경험과 지식을 바탕으로 원
고 게임물의 성격에 비추어 필요하다고 판단된 요소들을 선택하여 나름대로의 제작
의도에 따라 배열·조합함으로써, 원고 게임물은 개별 구성요소의 창작성 인정 여부
와 별개로 특정한 제작 의도와 시나리오에 따라 기술적으로 구현된 주요한 구성요소
들이 선택·배열되고 유기적인 조합을 이루어 선행 게임물과 확연히 구별되는 창작
적 개성을 갖게 되었다.
　(중략)
　(1) 피고 게임물은 원고 게임물과 같은 매치-3-게임(match-3-game)의 형식
으로, 기본 캐릭터로는 농작물 대신 숲속에 사는 동물인 여우, 하마, 곰, 토끼, 개구
리 등을 형상화한 캐릭터를, 방해 캐릭터로는 토끼 대신 늑대를, 악당 캐릭터로는 너
구리(○○○) 대신 원시인(△△△△)을 사용하였고, 양동이 대신 그루터기를, 씨앗
과 물방울 대신 엘프와 버섯을 사용하였다. 그러나 피고 게임물은 원고 게임물과 동
일한 순서로 히어로 모드, 전투 레벨, 알 모으기 규칙, 특수 칸 규칙, 양동이 규칙(그
루터기 규칙), 씨앗과 물방울 규칙(엘프와 버섯 규칙), 방해 규칙 등을 단계적으로 도
입하여 원고 게임물의 제작 의도와 시나리오에 따라 기술적으로 구현된 주요한 구성

481) 대법원 2019. 6. 27. 선고 2017다212095 판결.

요소들의 선택과 배열 및 조합을 그대로 사용하였다.

(2) 그뿐만 아니라 원고 게임물이 위와 같이 채택한 ① 노드의 모양과 색상, 특수효과, ② 화면 하단의 부스터 아이콘의 형태, ③ 히어로 모드의 반짝임, ④ 양동이 규칙(그루터기 규칙), ⑤ 씨앗과 물방울 규칙(엘프와 버섯 규칙), ⑥ 전투 레벨, ⑦ 특수 캐릭터, ⑧ 방해규칙에서의 전개와 표현형식을 그대로 또는 캐릭터만 바꾸어 사용하였다. 결국 피고 게임물은 이러한 개별적인 요소들이 원고 게임물과 마찬가지로 구체적으로 어우러져 사용자에게 원고 게임물에서 캐릭터만 달라진 느낌을 주고 있다.

(3) 피고 게임물은 구름과 풍선 레벨 시스템 등을 도입하여 사용자에게 부가적인 보상을 지급하고, 특정 레벨에서 가장 높은 점수를 받은 사람을 표시하며, 다른 사용자를 라이벌로 표시하는 등 원고 게임물에 나타나 있지 아니한 구성요소를 일부 추가하였다. 그러나 이러한 구성요소는 게임의 주된 진행과 직접 관련이 없는 보상 방식에 대한 것이고, 피고 게임물에서 차지하는 질적 또는 양적 비중이 아주 작다. 또한 피고 게임물에 적용된 코뿔소 아이템과 전기코일 규칙 및 풍선 규칙은 업데이트를 통해 적용된 것으로 최초 출시 당시에는 없었던 것이다.

(4) 위와 같은 사정들을 종합하여 보면, 피고 게임물은 원고 게임물의 제작 의도와 시나리오가 기술적으로 구현된 주요한 구성요소들의 선택과 배열 및 유기적인 조합에 따른 창작적인 표현형식을 그대로 포함하고 있으므로, 양 게임물은 실질적으로 유사하다고 볼 수 있다.

제11절 편집저작물

1. 편집저작물의 의의

편집물은 저작물이나 부호·문자·음성·영향·영상 그 밖의 형태의 자료(이하 "소재"라 한다)의 집합물을 말하는 것으로서 데이터베이스도 포함된다(저작권법 제2조 제18호). 데이터베이스는 소재를 체계적으로 배열 또는 구성한 편집물로서 개별적으로 그 소재에 접근하거나 그 소재를 검색할 수 있도록 한 것이다(저작권법 제2조 제20호). 한편 편집저작물은 편집물로서 그 소재의 선택·배열 또는 구성에 창작성이 있는 것이다(저작권법 제2조 제19호). 우리나라 대법원도 편집물이 편집저작물로서 보호를 받으려면 일정한 방침 혹은 목적을 가지고 소재를 수집, 분류, 선택하고 배열하여 편집물을 작성하는 행위에 창작성이 있어야 한다고 판시하고 있다.[482) 이는 단순한 노동의 투입만으로 저작물성이 인정된다는 노동이론과 일정한 정도의 창작성이 존재하여야 한다는 유인이론 중 유인이론의 입장에 기한 것이다.[483)

우리나라 판례들을 살펴보면 편집저작물성을 긍정한 것으로서 민속도감이나 도안에 수록된 도형,[484) 논문 1편이 실린 별쇄본 형식의 논문집,[485) 미술사 연표,[486) 경매정보지,[487) 여행책자,[488) 편집음반,[489) 인터넷홈페이지[490) 등이 있고, 편집저작물성을 부정한 것으로서 성서 주해보감,[491) 12권으로 분책한 성경,[492) 글자교육카드,[493) 경마예상지,[494) 일지형태의 법조수첩[495) 등이 있다.

---

482) 대법원 2003. 11. 28. 선고 2001다9359 판결("편집물이 저작물로서 보호를 받으려면 일정한 방침 혹은 목적을 가지고 소재를 수집·분류·선택하고 배열하여 편집물을 작성하는 행위에 창작성이 있어야 하는바, 그 창작성은 작품이 저자 자신의 작품으로서 남의 것을 복제한 것이 아니라는 것과 최소한도의 창작성이 있는 것을 의미하므로 반드시 작품의 수준이 높아야 하는 것은 아니지만 저작권법에 의한 보호를 받을 가치가 있는 정도의 최소한의 창작성은 있어야 하고, 누가 하더라도 같거나 비슷할 수밖에 없는 성질의 것이라면 거기에 창작성이 있다고 할 수 없다"); 대법원 1996. 6. 14. 선고 96다6264 판결 등.

483) 미국 연방대법원도 편집저작물의 일종인 전화번호부의 저작물성이 문제되었던 Feist Publication, Inc. v. Telephone Service. Co., 499 U.S. 340 (1991) 판결에서 저작물로 보호받기 위한 요건으로서 창작성을 요구하면서 위 전화번호부에 어떠한 창작성을 인정할 수 없어 저작물성을 부정함으로써 유인이론의 입장을 취함을 명백하게 하였다. 한편 전화번호부의 저작물성을 인정한 일본 판례로서는 大阪地裁 1982(昭和 57). 3. 30. 선고 昭1(ワ)4278호 판결 참조.

484) 대법원 1979. 12. 28. 선고 79도1482 판결.

485) 대법원 1992. 9. 25. 선고 92도569 판결.

486) 대법원 1993. 1. 21. 92마1081 결정.

487) 대법원 1996. 12. 6. 선고 96도2440 판결.

488) 대법원 2011. 2. 10. 선고 2009도291 판결.

489) 대법원 2006. 12. 22. 선고 2006다21002 판결.

490) 서울지방법원 2003. 8. 19.자 2003카합1713 결정.

491) 대법원 1993. 6. 8. 선고 92도2963 판결.

492) 서울고등법원 1996. 8. 21. 96라95 결정(확정).

493) 대법원 1996. 6. 14. 선고 96다6264 판결.

494) 대법원 1999. 11. 23. 선고 99다51371 판결; 대법원 2000. 6. 23. 선고 99다57133 판결.

495) 대법원 2003. 11. 28. 선고 2001다9359 판결(일지형태의 법조수첩은 그 수첩을 이용하는 자가 법조 유관기관 및 단체에 관한 사항과 소송 등 업무처리에 필요한 사항 등을 손쉽게 찾아볼 수 있다고 보이기는 하지만, 유용한 기능 그 자체는 창작적인 표현형식이 아니므로, 위 수첩에 이러한 기능이 있다고 하여 곧바로 편집저작물에 요구되는 최소한의 창작성이 있다고 할 수는 없는 것이고, 위 수첩에 수록된 자료들은 법조 유관기관이나 단체가 배포하는 자료 또는 종래 법전 등이나 일지 형식의 수첩형 책자에 수록되어 있는 것이어서 누구나 손쉽게 그 자료를 구할 수 있을 뿐 아니라, 법률사무에 종사하는 자를 대상으로 한 일지 형태의 수첩을 제작하는 자라면 누구나 위 수첩에 실린 자료와 동일 또는 유사한 자료를 선택하여 수첩을 편집할 것으로 보이고, 위 수첩에 나타난 조직과 기능별 자료배치 및 법률사무에 필요한 참고자료의 나열 정도는

편집저작물은 독자적인 저작물로서 보호되지만, 편집저작물의 보호는 그 편집저작물의 구성부분이 되는 소재의 저작권 그 밖에 저작권법에 의하여 보호되는 권리에 영향을 미치지 않는다. 따라서 일정한 기준에 따라 다수의 논문을 모아서 이를 창작성 있게 배열한 논문집의 발간자는 편집저작물로서의 논문집에 대한 저작권을 취득하지만, 개별적인 논문의 저작자는 여전히 이와 별도로 당해 논문에 대한 저작권을 보유한다.[496] 그러므로 논문집을 무단복제하는 경우에는 편집저작물로서의 논문집뿐만 아니라 개별 논문에 대한 저작권도 동시에 침해하게 된다. 이 때문에 제3자가 편집저작물을 이용하는 경우에는 편집저작권자로부터 이용허락을 얻는 외에 이를 구성하는 개개의 저작물의 저작권자로부터도 허락을 얻어야 한다.

2. 편집저작물의 특성

편집저작물은 그 저작물의 구성부분이 되는 소재 자체가 아니라 그 소재의 "선택", "배열" 또는 "구성"에 초점이 맞추어진다는 특성이 있다. 따라서 편집저작물의 창작성 인정 및 실질적 유사성 역시 소재 자체가 아니라 그 소재의 선택, 배열 또는 구성을 기준으로 판단한다.[497]

일반적인 저작물도 편집저작물과 유사한 성격을 가지는 경우가 많다. 대부분의 저작물은 그 저작물을 구성하는 각종 요소들의 선택과 배열 또는 구성을 통하여 탄생하게 된다. 예를 들어 건축저작물의 핵심은 건축디자인의 전체적인 형상인데 이 형상은 문, 기둥, 창문, 계단, 건축장식 등 개별적인 구성요소를 어떻게 선택·배열할 것인가에 따라 달라지게 된다. 소설과 같은 어문저작물의 핵심은 구체

그와 같은 종류의 자료의 편집에서 통상적으로 행하여지는 편집방법이며, 그러한 자료의 배열에 편집자의 개성이 나타나 있지도 아니하므로 위 일지형태의 법조수첩은 그 소재의 선택 또는 배열에 창작성이 있는 편집물이라고 할 수 없다고 한 사례).

496) 대법원 2004. 8. 16. 선고 2002다47792 판결에서는 "타인의 저작물을 소재로 하여 편집저작물을 작성하는 경우 편집저작물이 독자적인 저작물로서 보호받기는 하지만, 그 보호가 미치는 부분은 편집저작자의 독자적인 개성이 나타나 있는 부분, 즉 소재의 선택·배열에 있어서 창작성이 있는 부분만이고, 편집저작물의 보호는 그 편집저작물의 구성부분이 되는 소재의 저작권 그 밖에 저작권법에 의하여 보호되는 권리에 영향을 미치지 아니하므로, 소재 저작물의 저작권자의 동의를 얻어 편집저작물을 작성하였다고 하더라도, 소재 저작물의 저작권자가 그 이용을 허락한 기간이 경과한 후 계속하여 편집저작물을 복제, 배포하는 행위는 소재 저작물을 권원 없이 복제, 배포하는 행위로서 소재 저작물 저작자의 저작권을 침해하는 결과를 가져온다"라고 판시하였다.

497) 통계자료를 기초로 작성한 보고서의 편집저작물성을 인정하면서도 소재의 선택이나 배열을 베낀 것이 아니라 통계자료를 이용한 것에 불과하다면 저작권침해에 해당하지 않는다는 취지의 서울지방법원 2001. 11. 30. 선고 2001가합17140 판결(확정) 참조.

적인 줄거리 또는 사건의 전개과정인데, 이는 소설의 구성요소인 등장인물과 이들을 중심으로 일어나는 개별적인 사건들을 어떻게 선택·배열할 것인가에 따라 달라지게 된다. 음악저작물은 가락, 화성, 리듬을 어떻게 선택·배열하여 음악적 구조를 만들어내는가에 따라 그 가치가 달라지게 된다. 따라서 일반저작물에 있어서의 창작성도 그 저작물을 이루는 개별적 구성요소들의 선택과 배열에 상당한 영향을 받게 되고, 창작성있는 표현의 실질적 유사성 여부를 판단함에 있어서도 이를 고려하지 않을 수 없다. 물론 이러한 개별적 구성요소가 편집저작물에 있어서의 소재498)에 해당하는 것은 아니지만, 개별요소를 선택·배열하여 전체로서의 저작물을 창작하는 전체적인 메카니즘에 있어서는 서로 유사하다.

그러므로 편집저작물에 있어서 소재의 선택과 배열에 창작성이 있는지, 창작성이 있다면 그 선택과 배열이 실질적으로 유사한지 여부의 판단에 있어서는 일반저작물에 있어서 창작성 판단과 실질적 유사성 판단의 기준을 상당 부분 참고할 수 있다.

편집저작물에 관한 우리나라 대법원 판례에 의하면, 편집물이 저작물로서 보호를 받으려면 일정한 방침 혹은 목적을 가지고 소재를 수집·분류·선택하고 배열하여 편집물을 작성하는 행위에 창작성이 있어야 하는바, 그 창작성은 작품이 저자 자신의 작품으로서 남의 것을 복제한 것이 아니라는 것과 최소한도의 창작성이 있는 것을 의미하므로 반드시 작품의 수준이 높아야 하는 것은 아니지만, 저작권법에 의한 보호를 받을 가치가 있는 정도의 최소한의 창작성은 있어야 하고, 누가 하더라도 같거나 비슷할 수밖에 없는 성질의 것이라면 거기에 창작성이 있다고 할 수 없다.499) 따라서 예컨대 법조 유관기관 및 단체에 관한 사항과 소송 등 업무처리에 필요한 사항 등을 손쉽게 찾아 볼 수 있도록 한 기능을 가지고 있다고 하더라도 그 수첩에 수록된 자료들은 누구나 쉽게 구할 수 있는 것으로서 그러한 자료의 편집에서 통상적으로 행하여지는 편집방법에 따라 배열된 것이라면 원고의 개성이 나타나 있지도 아니하므로 원고의 수첩은 그 소재의 선택 또는 배열에 창작성이 있는 편집물이라고 할 수 없다.500)

---

498) 앞서 본 바와 같이 저작권법 제2조 제18호에 의하면 소재는 "저작물이나 부호·문자·음성·음향·영상 그 밖의 형태의 자료"이다.

499) 대법원 1996. 6. 14. 선고 96다6264 판결; 대법원 1997. 11. 25. 선고 97도2227 판결; 대법원 2003. 11. 28. 선고 2001다9359 판결.

500) 대법원 2003. 11. 28. 선고 2001다9359 판결.

3. 편집저작물의 실질적 유사성 판단

가. 편집저작물에서 이용된 양

편집저작물에서 이용된 양이 편집저작물의 실질적 유사성 판단에 어떠한 영향을 미치는가 여부를 살펴보기에 앞서, 과연 편집저작물 전체가 복제되어야만 편집저작물의 저작권이 침해되는가 여부에 관하여 논의하기로 한다.

일본의 경우 종래 구저작권법 제14조에서 편집저작자는 그 편집물의 전부에 관하여만 저작권을 가진다고 규정하고 있었다. 따라서 편집물의 일부만 복제하는 경우에는 편집저작권의 침해가 성립하지 않는가 하는 의문이 있었다. 그러나 일본에서는 그 후 위 규정을 삭제함으로써 편집저작물 중 소재의 선택 또는 배열이 창작성이 있는 부분을 이용하면 반드시 전부를 이용하지 않더라도 편집저작권의 침해가 된다는 점을 명백하게 하였다.[501] 우리나라 대법원도 1900년부터 1989년까지의 미술분야에서의 중요 사건 및 사실을 연대순으로 선택·배열하여 10년 단위로 위 책에 각 분산하여 수록하면서 미술분야가 아닌 문학·음악 및 공연예술·영화·과학·기술·정치 및 기타의 항목도 함께 대비하여 각 분야의 중요한 역사적 사실을 간략하게 수록한 연표의 저작권침해가 문제된 사건[502]에서, 편집저작권은 편집저작물 전체를 이용할 경우에만 적용된다는 전제 위에서 편집저작물의 일부만 이용한 경우 저작권침해가 성립하지 않는다고 판단한 원심결정[503]과 달리, 편집저작물을 전체로 이용(예를 들면 복제)하여야만 저작자의 권리를 침해하는 것은 아니므로 그 편집저작물 중 소재의 선택이나 배열에 관하여 창작성이 있는 부분을 이용하면 반드시 전부를 이용하지 아니하더라도 저작권을 침해한 것으로 인정될 수 있다고 밝힌 바 있다. 따라서 편집저작물 중 일부만 이용하더라도 그 일부에 소재의 선택이나 배열에 관하여 창작성이 있는 부분이 나타나 있다면 저작권침해가 성립한다.

다음으로 문제되는 것은 얼마나 많은 양이 이용되었는가에 따라 실질적 유사성의 인정 가능성이 어떠한 영향을 받는가 하는 점이다. 이용된 양이 많아질수록

---

501) 여미숙, "편집저작물의 의의 및 보호범위", 21세기 한국민사법학의 과제와 전망; 심당 송상현 선생 화갑기념논문집(2002), 866면.
502) 대법원 1993. 1. 21.자 92마1081 결정.
503) 서울고등법원 1992. 11. 6.자 91라149 결정(대법원 1993. 1. 21.자 92마1081 재항고기각결정으로 확정됨).

그 중에 소재의 선택이나 배열에 관하여 창작성이 있는 부분이 포함될 가능성이 높아진다. 그러한 의미에서 이용된 양은 실질적 유사성 인정가능성과 비례관계에 있다. 그러나 이용된 양이 적다고 하더라도 일단 그 안에 소재의 선택이나 배열에 관한 창작성이 존재한다면, 더 이상 이용된 양은 중요하지 않다. 따라서 신문의 지면 한 장에도 소재의 선택·배열이라는 창작의 성과가 표현되었다면 편집저작물이 되므로, 이를 그대로 재작(再作)하거나 요약한 것도 편집저작물의 저작권의 침해가 된다.[504]

이는 전부 또는 상당한 부분을 복제·배포·방송 또는 전송하여야 권리침해가 성립하는 데이터베이스의 경우와 구별되는 것이다. 데이터베이스는 소재를 체계적으로 배열 또는 구성한 편집물로서 그 소재를 개별적으로 접근 또는 검색할 수 있도록 한 것으로서, 편집저작물과 달리 소재의 배열 또는 구성에 창작성을 요구하지 않고 있기 때문이다.

나. 소재의 선택

1) 선택된 소재들이 유사하면 실질적 유사성의 인정 가능성이 높아짐

편집저작물에 있어서 실질적 유사성 판단은 편집저작물에 나타난 소재의 선택이나 배열에 관한 창작성이 대상 작품에 얼마나 유사하게 구현되었는가에 관한 것이다. 따라서 편집저작물의 실질적 유사성 판단에 있어서 먼저 고려하여야 할 사항은 양 작품에서 선택된 소재들의 유사성이 얼마나 인정되는가 여부이다. 소재들 사이의 유사성이 높다면 실질적 유사성이 인정될 가능성이 높아지는 것이고, 소재들 사이의 유사성이 낮다면 실질적 유사성이 인정될 가능성이 낮아지는 것이다.

소재 선택의 폭이 넓어서 우연히 동일하거나 유사한 소재들을 선택할 가능성이 낮은데도 불구하고, 결과적으로 양 작품에서 선택된 소재들이 유사하다는 것은 실질적 유사성의 인정가능성을 더욱 높이는 것이다. 그러나 소재 선택의 폭이 좁아 누가 선택하더라도 그 소재들이 유사하여질 수밖에 없다면 그 사정만으로 실질적 유사성의 인정가능성이 높아진다고 할 수는 없다. 따라서 편집저작물의 실질적 유사성 판단의 일환으로 선택된 소재가 얼마나 유사한가를 고려할 때에는 소

---

504) 여미숙, "편집저작물의 의의 및 보호범위", 21세기 한국민사법학의 과제와 전망; 심당 송상현 선생 화갑기념논문집(2002), 866면; 이상경, 지적재산권소송법, 육법사(1998), 696면.

재 선택의 폭이 얼마나 넓은가에 대한 고찰도 수반되어야 한다.

미국 잡지, 소설 등으로부터 약 3,000어의 표준적인 영어단어, 숙어 및 관용구를 사용빈도에 따라 선택하여 나열한 미국어요어집(美國語要語集)의 저작권침해가 문제된 사건에서 일본 동경지방법원은 "편집저작물도 일반 저작물과 마찬가지로 선인(先人)의 학술적 편집저작물을 참고한 후 스스로 소재의 선택을 행한 결과 상당히 유사하게 된 것이 있을 수 있다. 소재의 선택의 폭이 한정되어 있는 경우에는 동일한 것을 선택하는 것에 대하여 선행의 선택행위를 모방한 것이라고 하는 것은 적당하지 않음에 비하여, 소재의 선택의 폭이 넓고 선인의 저작물을 참고로 한 후 독자적 선택을 행하는 것이 가능하고 다른 소재를 선택하여도 그것이 적절한 것인 한 학술적 가치를 손상시킬 염려가 없는 경우까지 안이하게 선인이 선택한 소재를 그대로 또는 일부 수정하여 이용하는 것은 그 소재의 선택에 든 선인의 노력에 편승하는 것이고 학술적 저작물이라고 하더라도 선인의 선택행위를 모방했다는 비난을 면하기 어렵다고 할 수 있다. 이 점은 영일사전(英日辭典)의 편집에 있어서도 마찬가지이고, 문례의 선택에 관하여 말하자면 관용적 문장에 대하여는 위의 전자의 선택의 폭이 협소한 경우에 해당하고 관용적이 아닌 문장에 대하여는 위의 후자의 선택의 폭이 넓은 경우에 해당한다고 할 수 있다. 이상의 관점에 서면 피고가 요어집에 수록한 문례 중에서 상당수의 문례를 그대로 또는 일부 수정하여 피고사전에 수록한 행위는 원고의 문례의 선택에 의거하여 이를 모방한 것이므로 그 한도에서 원고가 가지는 요어집(要語集)에 대한 편집저작권을 침해한 것이라고 하지 않을 수 없다"라고 판시하고 있는바, 이는 참고할 만하다.[505]

2) 선택된 소재들이 다르면 실질적 유사성의 인정가능성이 낮아지지만 그 사유만으로 실질적 유사성이 부정되는 것은 아님

소재가 다르다면 그 자체로 실질적 유사성이 부정되는가 하는 문제가 발생한다.

일반적으로 선택된 소재들이 다르면 실질적 유사성의 인정가능성은 낮아진다. 예를 들어 일본의 하급심 판례 가운데에는 상품 카탈로그의 배열방법에 일부 유사성이 발견되더라도 피고의 카탈로그에는 원고의 카탈로그와는 전혀 다른 상

---

505) 東京地裁 1984(昭和 59). 5. 14. 선고 昭52(ワ)2028호, 昭53(ワ)6990호 판결(判例時報 1116호 123면; 判例タイムズ 525호 323면); 東京高裁 1985(昭和 60). 11. 14. 선고 昭59(ネ)1446호 판결(無體裁集 17권 3호 544면).

품사진이 게재되어 있는 이상 편집저작권의 침해가 발생하지 않는다고 판시한 것이 있다.506)

그러나 선택된 소재들이 다르다는 이유만으로 당연히 실질적 유사성이 부정되는 것은 아니다. 편집저작물의 창작성은 소재의 선택·배열 또는 구성에 존재하는 것인데, 이 경우 '소재의 선택'과 '소재의 배열 또는 구성' 모두에 창작성이 있어야 하는 것이 아니라 그 중 어느 하나에라도 창작성이 인정되면 족하다고 새겨야 할 것이다.507) 이러한 의미에서 우리나라 대법원 판례들도 '소재의 선택이나 배열'이라는 표현을 쓰고 있다.508) 그러므로 소재가 다르더라도 편집저작물의 표현의 동일성이 인정되는 경우에는 저작권침해가 될 것이다. 이에 관하여 일본에는 원고와 피고의 회사안내팜플렛을 비교하여 보면 그 소재를 이루는 개개의 사진, 레이아웃, 기사가 전부 다르지만 개개의 사진이 이미지 사진이고 그 피사체가 유사하며 이로부터 풍기는 인상이 공통되고 있는 점에 주목하여 소재의 선택 및 배열에 유사성이 있다고 인정한 판례509)가 있다.

다. 선택된 소재의 배열 또는 구성

선택된 소재를 어떻게 배열 또는 구성하였는가 하는 점은 편집저작물에 있어서 대단히 중요한 요소이다. 그러므로 실질적 유사성을 판단함에 있어서 이러한 요소는 비중있게 고려되어야 한다.

다만 소재의 선택이나 배열방식이 작품의 본질이나 목적에 비추어 서로 유사하게 될 수밖에 없다면 그러한 사정만으로 실질적 유사성이 인정되지 않는다는 점은 앞서 언급한 바와 같다. 경마예상지의 저작권침해 여부가 문제된 사안510)에서, 대법원은 "편집물이 저작물로서 보호를 받으려면 일정한 방침 혹은 목적을 가지고 소재를 수집·분류·선택하고 배열하여 편집물을 작성하는 행위에 창작성이 있어야 하는바, 그 창작성은 작품이 저자 자신의 작품으로서 남의 것을 복제한 것이 아니라는 것과 최소한도의 창작성이 있다는 것을 의미하므로 반드시 작품의

---

506) 大阪地裁 1995(平成 7). 3. 28. 선고 平4(ワ)1958호 판결(知裁集 27권 1호, 210면).
507) 강석규, "저작권법상 편집저작물이 갖추어야 할 창작성의 정도", 부산판례연구회 판례연구 제16집(2005. 2), 861면.
508) 대법원 1993. 1. 21.자 92마1081 결정; 대법원 1996. 6. 14. 선고 96다6264 판결; 대법원 1996. 12. 6. 선고 96도2440 판결.
509) 東京高裁 1995(平成 7). 1. 31. 선고 平6(ネ)1610호 판결(判例時報 1525호 150면).
510) 대법원 2000. 6. 23. 선고 99다57133 판결.

수준이 높아야 하는 것은 아니지만 저작권법에 의한 보호를 받을 가치가 있는 정도의 최소한의 창작성은 있어야 하고, 누가 하더라도 같거나 비슷할 수밖에 없는 성질의 것이라면 거기에 창작성이 있다고 할 수 없다[511]"라고 전제한 뒤, 경마예상지의 내용 중 피고들에 의하여 저작권이 침해되었다고 주장하는 부분은 모두 한국마사회 등으로부터 제공받은 자료를 과거부터 누구나 사용해 오던 도표 등 일반적인 표현방식으로 편집한 것에 불과하거나 누가 하더라도 같거나 비슷할 수밖에 없는 표현방식이라고 판단하여 그 저작권침해를 부정한 바 있다. 또한 우리 민족의 다양한 문화와 풍속을 어린이들에게 소개하기 위한 목적으로 작성된 두 도서 사이의 실질적 유사성이 문제된 서적인쇄 및 판매금지 가처분사건에서 서울서부지방법원은 비록 양 도서의 목차 구성과 소주제의 분류 등 그 편집의 방식이 전체적으로 유사하기는 하나, 양 도서는 모두 어린이를 대상으로 하여 기존의 다양한 풍속과 그에 대한 의미를 쉽게 풀이하는 것을 목적으로 하고 있고, 이를 위해 가장 적당한 방식을 취함에 따라 그 구성 또한 비슷해질 수밖에 없는 것이므로 이를 가지고 양자 사이에 실질적 유사성이 인정된다고 할 수 없다고 판시하였다.[512] 또한 감정평가회사가 각종 건축물의 가격감정평가 등에 사용될 수 있는 표준적인 자료로서 발간한 "건물신축단가기준표"에 대한 저작권침해가 문제된 사안[513]에서, 서울고등법원은 이에 대하여 편집저작물로서의 창작성을 인정한 뒤,[514]

---

511) 대법원 1997. 11. 25. 선고 97도2227 판결.

512) 서울서부지방법원 2004. 6. 28.자 2004카합271 결정(확정).

513) 서울고등법원 2004. 6. 2. 선고 2003나80316 판결(대법원 2004. 8. 20. 선고 2004다33414 심리불속행기각 판결로 확정).

514) 법원은 위 건물신축단가기준표는 건축물의 ㎡당 신축 공사비를 표로 작성한 것인바, 여기에 사용된 건축물의 명칭, 용어 및 공사단가 등 개개의 소재는 기존의 법령상 또는 업계 관행상의 명칭, 용어에 불과하거나 사실에 기초한 산술적인 계산 등에 의하여 용이하게 산출될 수 있으므로, 이러한 것들은 누가 하더라도 같거나 비슷하게 표현될 수밖에 없는 성질의 것이어서 그러한 소재 자체에 관하여는 저작물이 갖추어야 할 창작성이 있다고 보기는 어렵다 할 것이라고 보았으나, 다른 한편 원고는 1969년부터 각종 건축물의 가격감정평가 등에 사용될 수 있는 표준적인 자료로서 지속적으로 건물신축표준단가표를 수정·보완하여 왔던 점, 이 사건 제1출판물은 그 핵심적인 부분인 "제2장 건물표준단가"에서 각 건물을 용도, 구조 및 지붕틀에 따라 4단계로 구분한 후, 각 구분번호(분류번호)별로 1면을 할애하여 그 각각의 지면의 상단부에 ① 분류번호, 용도, 구조, 급수, 표준단가) 및 ② 내용연수를 배치하고, 이어 하단으로 가면서 ③ 바닥, 내벽 등 5개 항목으로 구분하여 설명한 주요재료 및 실내마감표, ④ 가설공사 등 10여개 내외의 세부 공사별로 ㎡당 산정한 공사비의 적산표를 각 배치하고 있는데, 이와 같이 건물감정 평가를 정확하고 용이하게 하기 위한 목적으로 건물을 나름대로 분류하고, 그 각각의 건물에 대하여 세부항목별로 공사비 적산표를 두고 있는 구성체계를 가지고 있는 점 등에 비추어 보면, 위 건물신축단가표는 비록 기능적 성격을 띠고 있기는 하나, 전체로서 볼 때 그 소재의 선택 및 배열에 있

이와 같이 기능적 성질을 띤 편집저작물은 그 사상이나 아이디어를 표현하는 형식이 제한될 수밖에 없으므로, 그 무단이용으로 인한 저작권침해는 그 편집체계 및 구성, 선택된 소재 및 이의 배열 등을 상당부분 그대로 사용하는 등의 경우와 같이 제한된 범위에서만 인정되어야 할 것이라고 전제하고, 구성체계가 일부 유사하기는 하나 구체적인 항목의 추출, 배치에 차이가 있는 점 등을 들어 실질적 유사성을 부정한 바 있다.

제12절 2차적 저작물

1. 2차적 저작물의 의의

2차적 저작물은 원저작물을 번역·편곡·변형·각색·영상 제작 또는 그 밖의 방법으로 작성한 창작물이다(저작권법 제5조 제1항). 예컨대 외국소설을 우리 말로 번역하거나,[515] 독창곡을 합창곡으로 편곡하거나, 신문기사를 요약[516]하거나,[517] 컴퓨터프로그램을 업그레이드하는 행위 등은 2차적 저작물 작성행위에 해당할 수 있다. 미국 저작권법 제101조는 파생저작물(derivative work)이라는 용어를 사용한다.

2차적 저작물은 원저작물을 그 출발점으로 한다. 그러므로 원저작물을 이용할 것을 그 첫 번째 요건으로 한다. 공유의 영역에 속하여 저작권보호의 대상이 되지 않는 작품을 기초로 한 저작물도 2차적 저작물에 해당하는가? 이 점에 대하여는 논란이 있을 수는 있으나, 저작권법 제5조에서의 "원저작물"은 저작권법 제2조 제1호에서 정의하고 있듯이 "문학·학술 또는 예술의 범위에 속하는 창작물"에

어 편집저작물로서 요구되는 최소한의 창작성을 만족한다고 볼 것이라고 판시하였다.

515) 대법원 1990. 2. 27. 선고 89다카4342 판결은 국내 소설가의 소설을 영어로 번역한 것은 개작(현행 저작권법의 용어로는 2차적 저작물 작성)에 해당하여 번역저작권으로 보호받는다고 판시하였다. 이에 대한 평석으로는 임치용, "번역저작권", 국민과 사법; 윤관 대법원장 퇴임기념, 박영사(1999) 참조.

516) 미국 저작권법 제101조에서는 2차적 저작물(Derivative Work)의 정의규정에서 '요약'(abridgment)과 '압축'(condensation)도 2차적 저작물 작성행위의 예로 들고 있다.

517) 東京地裁 1994(平成 6). 2. 18. 선고 平4(ワ)2085호 판결(知的裁集 26권 1호 114면)에서는 각종 일간신문기사를 수집, 정리, 요약하는 과정에서 그 소재가 된 신문기사의 표현 일부를 생략하거나 단축하고, 서술순서를 변경한 경우 번안권 침해에 해당한다고 판시하였다. 이 판결에 대한 평석으로서는 山神清和, "新聞記事の飜案による著作權侵害", ジュリスト No. 1141(1998. 9) 및 中島徹, "個々の 新聞記事の著作權侵害を認定した事例", 判例時報 1506호 참조.

속하면 족한 것이고, 반드시 그 저작자가 알려져 있거나 저작재산권 보호기간 중에 있을 것을 요하지 않는다고 새겨야 할 것이다. 결국 2차적 저작물의 법리는 당해 저작물의 표현 중 자신이 창출한 창작적 요소와 그렇지 아니한 창작적 요소가 혼재하는 경우 그 이중성을 어떻게 저작권 보호범위에 반영하는가의 문제인데, 자신이 창출하지 아니한 창작적 요소를 끌어 온다는 점에서는 그것이 저작재산권 보호기간 내에 있는 저작물이건 아니건 본질적인 차이가 없기 때문이다. 이와 관련하여 공유(公有)의 범위 내에 있는 구전가요를 기초로 만든 가요에 2차적 저작물의 법리를 적용한 우리나라의 판례518)가 있다. 미국 저작권법 제101조에서는 2차적 저작물(derivative work)이 이미 존재하는 저작물(preexisting work)에 기반을 두고 있을 것을 요구하고 있는데, 판례상으로는 공유의 영역에 들어간 작품에 기반한 저작물도 2차적 저작물의 범주에 포함시키고 있다.519)

한편 2차적 저작물은 원저작물과 구별되는 새로운 창작성이 존재하여야 한다.520) 따라서 창작성의 부가를 그 두 번째 요건으로 한다. 2차적 저작물로 인정받기 위하여 요구되는 창작성의 정도는 어떠한가? 일반적으로 저작권법상 창작성이란 완전한 의미의 독창성을 말하는 것은 아니며 단지 어떠한 작품이 남의 것을 단순히 모방한 것이 아니고 작자 자신의 독자적인 사상 또는 감정의 표현을 담고 있음을 의미할 뿐이어서 이러한 요건을 충족하기 위하여 단지 저작물에 그 저작자 나름대로의 정신적 노력의 소산으로서의 특성이 부여되어 있고 다른 저작자의 기존의 작품과 구별할 수 있을 정도이면 충분하다.521) 그런데 처음부터 공유에 속하는 아이디어들을 소재로 하여 창작성을 창출해내는 원저작물과 달리, 이미 타인에 노고에 의해 창작된 저작물 위에 자신의 창작성을 부가하여 창출한 2차적 저작물의 경우에는 낮은 정도의 창작성만으로는 부족하고 "보통의 저작물에서 요구되는 창작성보다 더 실질적이고 높은 정도의 창작성(some substantial, not merely

---

518) 대법원 2004. 7. 8. 선고 2004다18736 판결.

519) Alfred Bell & Co. v. Catalda Fine Arts, Inc., 191 F.2d 99 (2nd Cir. 1951); Silverman v. CBS, Inc., 870 F.2d 40 (2d Cir), *cert. denied*, 492 U.S. 907 (1989); L.Batlin & Son, Inc. v. Snyder, 536 F.2d 486 (2d Cir. 1976).

520) 따라서 원저작물에 다소의 수정·증감이나 변경을 가한 것에 불과할 뿐 새로운 창작성의 부가가 이루어졌다고 보기 어려우면 이는 복제에 해당할 뿐 2차적 저작물의 작성에 해당하지 않는다.

521) 대법원 1995. 11. 14. 선고 94도2238 판결; 대법원 1997. 11. 25. 선고 97도2227 판결; 대법원 1999. 11. 23. 선고 99다51371 판결; 대법원 1999. 11. 26. 선고 98다46259 판결; 대법원 2001. 5. 8. 선고 98다43366 판결 등 참조.

trivial originality)이 요구된다"고 해석하여야 할 것이다.522)523) 참고로, 판례는 '인터넷 링크(Internet link)는 링크된 웹페이지나 개개의 저작물에 새로운 창작성을 인정할 수 있을 정도로 수정·증감을 가하는 것에 해당하지 아니하므로 2차적 저작물 작성에도 해당하지 아니한다'고 판시하였다.524)

　2차적 저작물에 또다른 창작성을 부가하여 만든 저작물은 3차적 저작물로서의 성격을 가지는데, 이 역시 2차적 저작물의 범주에 포함시켜 파악한다. 원저작물의 이용 정도에 비하여 창작성 부가 정도가 훨씬 많아서 원저작물과 새 저작물 사이에 종속성 또는 실질적 유사성이 인정되지 않을 정도가 되면, 그 새 저작물은 원저작물의 2차적 저작물이 아니라 독립된 저작물이 된다. 원저작물에 대한 개변(改變)의 정도가 커짐에 따라 순차적으로 "원저작물의 복제(다소의 수정, 증감을 가한 것에 불과한 경우) ⇒ 2차적 저작물의 작성(창작성을 부가한 경우) ⇒ 새로운 저작물의 작성(원저작물과 종속성 내지 실질적 유사성을 인정할 수 없을 정도로 많은 개변이 일어난 경우)"으로 인정받게 된다.525)

---

522) 서울고등법원 2002. 10. 15. 선고 2002나986 판결("피고가 이 사건 뮤지컬을 녹화한 후, 이를 14개의 부분으로 나누어 피고의 인터넷 홈페이지에 올려놓는 행위만으로는 거기에 별다른 창작성이나 실질적 개변이 있다고 인정할 수 없으므로, 피고의 위 주장 역시 이유 없다"). 이 판결은 대법원 2003. 3. 25. 선고 2002다66946 판결에 의해 확정되었다.

523) 미국의 경우 L. Batlin & Son, Inc. v. Snyder, 536 F.2d 486 (2d Cir. 1976) 판결에서는 미국에 널리 알려진 철제 Uncle Sam 저금통에 기초하여 이와 비슷한 플라스틱제의 Uncle Sam 저금통을 만든 것에 관하여 양자는 거의 같아서 창작성을 인정할 수 없기 때문에 2차적 저작물로 인정할 수 없다고 하면서, 2차적 저작물에 요구되는 창작성의 정도에 관하여 위와 같이 표현하였다. 같은 취지로, 카드의 그림을 세라믹 타일에 영구적으로 부착하는 행위는 그 과정에서 상당한 수준의 기술과 노력이 요구되나 이는 사진을 액자에 넣는 것과 같이 "게시"하는 매체의 변화에 불과할 뿐, 원저작물에 대한 실질적 변형은 아니라는 Lee v. ART, 125 F.3d 580 (7th Cir. 1997) 판결; 디즈니 캐릭터를 플라스틱 인형으로 제작하는 행위도 2차적 저작물이 아니라는 Durham Indus., Inc. v. Tomy Corp., 630 F.2d 905 (2d Cir. 1980) 판결(Thus, the mere reproduction of the Disney characters in plastic, even though the adaptation of the preexisting works to this medium undoubtedly involved some degree of manufacturing skill, does not constitute originality as this Court has defined the term) 등 참조.

524) 대법원 2016. 5. 26. 선고 2015도16701 판결은 "인터넷 링크(Internet link)는 인터넷에서 링크하고자 하는 웹페이지나, 웹사이트 등의 서버에 저장된 개개의 저작물 등의 웹 위치 정보 내지 경로를 나타낸 것에 불과하여, 인터넷 이용자가 링크 부분을 클릭함으로써 링크된 웹페이지나 개개의 저작물에 직접 연결더라도, ...(중략)... 위와 같은 인터넷 링크의 성질에 비추어 보면 인터넷 링크는 링크된 웹페이지나 개개의 저작물에 새로운 창작성을 인정할 수 있을 정도로 수정·증감을 가하는 것에 해당하지 아니하므로 2차적 저작물 작성에도 해당하지 아니한다. 이러한 법리는 이른바 모바일 애플리케이션 (Mobile application)에서 인터넷 링크(Internet link)와 유사하게 제3자가 관리·운영하는 모바일 웹페이지로 이동하도록 연결하는 경우에도 마찬가지이다"고 판시하였다.

525) 구 저작권법(1986. 12. 31. 법률 제3916호로 개정되기 전의 것) 제5조에서는 "2차적 저작물 작

2차적 저작물과 편집저작물은 모두 이미 존재하는 소재들을 기반으로 하여 새로운 저작권법적 이해관계를 창출한다는 공통점이 있지만, 2차적 저작물의 기반이 되는 소재는 타인의 저작물이라야 하고 그 저작물 위에 창작성을 수반하는 개변이 발생하여야 하는 반면, 편집저작물의 기반이 되는 소재는 저작물일 필요가 없고 그 저작물 자체에 창작성있는 개변을 가할 필요도 없다는 점에서 양자는 차이가 있다.[526)]

2. 2차적 저작물의 특성

'원저작물의 이용'과 '창작성의 부가'라는 두 가지 요소는 2차적 저작물의 이중적 성격에 그대로 반영된다. 우선 2차적 저작물은 원저작물에 대하여 종속성을 가지기 때문에 원저작권자의 동의없이 원저작물을 이용하여 2차적 저작물을 만드는 경우에는 2차적 저작물 작성권의 침해를 구성한다. 반면 2차적 저작물은 원저작물에 별도의 창작성이 부가된 것이기 때문에 그 창작성의 범위 내에서는 원저작물과 별도로 독자적인 저작물로 보호된다.[527)] 따라서 제3자가 2차적 저작물을 무단이용하는 경우에는 2차적 저작물 작성자는 이에 대하여 저작권침해임을 주장할 수 있다.

요컨대 2차적 저작물은 원저작물에 대한 종속성으로 말미암아 내부적 관계(원저작권자와의 관계)에서는 원저작물을 무단이용한 범위 내에서 저작권침해물로 취급되면서, 원저작물과 구별되는 창작성으로 말미암아 외부적 관계(제3자와의 관계)에서는 그 부가된 창작성의 범위 내에서 독자적인 저작물로 취급된다.

성" 대신 "개작"이라는 용어를 사용하고 있었는데, 이에 관하여 대법원 1990. 2. 27. 선고 89다카4342 판결에서는 '개작'이라 함은 원저작물을 기초로 하였으나 사회통념상 새로운 저작물이 될 수 있는 정도의 수정·증감을 가하거나 위 법 제5조 제2항 각호의 방법에 의하여 복제하는 것을 말하는 것이므로 원저작물과 거의 동일하게 복제하는 이른바 도작, 표절 또는 원저작물을 다소 이용하였으나 원저작물과 실질적인 유사성이 없는 별개의 독립적인 신저작물을 만드는 창작과는 다르다고 하여, 도작 내지 표절―개작―창작을 구분하였다.

526) Robert C. Osterberg & Eric C. Osterberg, *Substantial Similarity in Copyright Law* (2003), 15―1면.

527) 피해자의 저작이 원저작물과의 관계에서 이것을 토대로 하였다는 의미에서 종속성을 인정할 수 있어 소위 2차적 저작물에 해당한다 할지라도 원저작자에 대한 관계에서 저작권침해로 되는 것은 별 문제로 하고 저작권법상 2차적 저작물로 보호된다고 판시한 대법원 1995. 11. 14. 선고 94도2238 판결 참조.

3. 2차적 저작물의 실질적 유사성 판단

가. 2차적 저작물 작성권 침해와 실질적 유사성

2차적 저작물 작성권은 원저작물을 기초로 하여 '새로운 저작물'을 '작성'할 수 있는 권리라는 점에서, '원저작물'을 '이용'할 수 있는 복제권 등 다른 저작재산권과 커다란 차이가 있다. 2차적 저작물 작성권 침해나 복제권 침해나 저작재산권 침해라는 점에서는 매한가지이지만, 복제권 등의 이용허락만 하고 2차적 저작물 작성에 대한 이용허락은 하지 않는 경우가 종종 있기 때문에 복제권 침해인지 그렇지 않으면 2차적 저작물 작성권 침해인지의 문제가 중요하게 떠오르는 경우가 있다.[528]

이와 관련하여 주로 복제권 침해와 관련하여 발전되어 온 실질적 유사성의 법리가 2차적 저작물 작성권 침해사례에도 그대로 적용될 수 있는가가 문제된다. 실질적 유사성의 법리에 따르면 저작물과 침해물 사이에 실질적 유사성이 존재할 때 저작권침해가 성립한다. 그런데 2차적 저작물은 비록 원저작물과의 관계에서 침해물로서의 성격을 가지지만 다른 한편 독자적 저작물로서의 성격도 가지기 때문에 과연 이러한 경우에도 양자 사이에 실질적 유사성이 존재한다고 말할 수 있는 것인가, 차라리 2차적 저작물 작성에 의한 저작권침해에 있어서는 별도의 기준이 필요한 것이 아닌가 하는 의문이 드는 것이다.

그러나 2차적 저작물 작성권 침해에 관하여서도 복제권 침해와 마찬가지로 실질적 유사성 판단 기준이 그대로 적용되어야 할 것으로 생각한다.[529] 2차적 저작물은 앞서 본 바와 같이 '원저작물의 이용'과 '창작성의 부가'라는 두 가지 요소로 구성된다. 그 중 '원저작물의 이용'이라는 측면에 있어서는 복제권 침해와 2차적 저작물 작성권 침해는 다를 것이 없다. 이용된 부분이 '원저작물' 안에서 양적으로나 질적으로 차지하는 비중이 크다면 실질적 유사성이 인정된다. 하지만 어떤 저작물이 기존의 저작물을 다소 이용하였더라도 기존의 저작물과 실질적인 유사

---

528) 예컨대 Gilliam v. ABC, 538 F.2d 14 (2d Cir. 1976)은 이러한 사안을 다루고 있다.

529) 서울고등법원 2005. 7. 27.자 2005라194 결정(대법원 2005. 10. 28. 선고 2005마760 심리불속행 기각으로 확정)은 '원저작물에 대한 2차적 저작물이 될 만한 실질적 유사성이 인정되기 위하여는 원저작물을 토대로 작성된 저작물이 단순히 사상, 주제, 소재 등이 같거나 유사한 것만으로는 부족하고 두 저작물 사이에 사건의 구체적인 구성, 전개과정, 등장인물의 교차 등에 공통점이 있어서 새로운 저작물로부터 원저작물의 본질적인 특징 자체를 직접 감득할 수 있어야 한다'고 판시하였다.

성이 없는 별개의 독립적인 신 저작물이 되었다면, 이는 창작으로서 기존의 저작물의 저작권을 침해한 것이 되지 아니한다.[530]

'창작성의 부가'라는 측면에 있어서 복제권 침해와 2차적 저작물 작성권 침해는 차이가 있다. 그러나 원저작물에서 이용한 부분에 새로운 부분을 부가하였다고 하여 실질적 유사성이 부정되는 것은 아니다. 그러므로 2차적 저작물도 원저작물과 사이에 실질적 유사성이 존재한다. 따라서 실질적 유사성의 법리는 2차적 저작물에도 그대로 적용된다.[531]

우리나라 대법원은 2차적 저작물로 보호받기 위한 요건에 관하여 "2차적 저작물로 보호받으려면 원저작물을 기초로 하되 원저작물과 실질적 유사성을 유지하고, 이것에 사회통념상 새로운 저작물이 될 수 있을 정도의 수정·증감을 가하여 새로운 창작성이 부가되어야 하는 것이며, 원저작물에 다소의 수정·증감을 가한 데 불과하여 독창적인 저작물이라고 볼 수 없는 경우에는 저작권법의 보호를 받을 수 없다"라고 판시함으로써[532] 원저작물과 2차적 저작물 사이에는 실질적 유사성 관계가 존재한다는 입장을 취하고 있고,[533] 미국에도 같은 취지의 판례들이 다수 있다.[534]

---

530) 대법원 2010. 2. 11. 선고 2007다63409 판결.

531) 실질적 유사성의 기준을 2차적 저작물의 판별에 적용하는 것에 대한 비판적 입장으로서 Carol S. Curme, *Derivative Works of Video Game Displays: Lewis Galoob Toys, Inc. v. Nintendo of America, Inc.*, 964 F.2d 965(9th Cir. 1992), 61 U. Cin. L. Rev. 999, 1029 (1993); Christian H. Nadan, *A Proposal to Recognize Component Works: How a Teddy Bears on the Competing Ends of Copyright Law*, 78 Calif. L. Rev. 1633, 1643~1644 (1990). 그 주된 논거를 보면 실질적 유사성은 본래 어떤 저작물이 베껴졌는가, 즉 복제권이 침해되었는가를 판단하는 기준이고, 2차적 저작물은 그 본질상 원저작물을 바탕으로 하면서도 원저작물과는 같지 않은 것이므로 이 실질적 유사성의 기준을 2차적 저작물의 판별에 사용하는 것은 부적절하고, 또한 원저작물에 대한 수요를 잠탈하는 위법한 저작물도 원저작물과 유사하지만 않으면 2차적 저작물이 아닌 것으로 판단될 수 있는 위험이 있다는 것이다.

532) 대법원 2002. 1. 25. 선고 99도863 판결.

533) "개작이라 함은 원저작물을 기초로 하였으나 사회통념상 새로운 저작물이 될 수 있는 정도의 수정증감을 가하거나 법 제5조 제2항 각호의 방법에 의하여 복제하는 것을 말하는 것이므로 원저작물과 거의 동일하게 복제하는 이른바 도작, 표절 또는 원저작물을 다소 이용하였으나 원저작물과 실질적인 유사성이 없는 별개의 독립적인 신저작물을 만드는 창작과는 다르다"라고 판시한 대법원 1990. 2. 27. 선고 89다카4342 판결; 대법원 1997. 5. 28. 선고 96다2460 판결. "원저작물(소설)에 대한 2차적 저작물(영화)이 되기 위하여는 원저작물을 토대로 작성된 저작물이 단순히 사상, 주제, 소재 등이 같거나 유사한 것만으로는 부족하고 두 저작물 사이에 사건의 구성, 전개과정, 등장인물의 교차 등에 공통점이 있어서 새로운 저작물로부터 원저작물의 본질적인 특징 자체를 직접 감득할 수 있어야 한다"는 서울고등법원 1991. 9. 5.자 91라79 결정(확정)도 같은 취지이다.

534) 예를 들어 Litchfield v. Spielberg, 736 F.2d 1352 (9th Cir. 1984); Vault Corp. v. Quaid

〈서울중앙지방법원 2011. 9. 14.자 2011카합683 결정〉[535]

위 각 강의에서 해당 강사는 이 사건 각 교과서 및 문제집의 지문과 문제 등 내용을 낭독하기도 하고, 이에 대한 해설 및 설명을 하기도 하며, 수강생들이 온라인으로 강의를 들으면서 강의 화면과 교재를 번갈아 보아야 하는 번거로움을 줄이기 위해 이 사건 교과서 및 문제집의 지문 일부를 칠판에 그대로 판서하거나 빔 프로젝터, 파워포인트 등의 방법으로 영사하기도 한다.

(3) 2차적 저작물 작성행위 여부

2차적 저작물작성권 침해 여부에 관하여 먼저 살펴본다.

앞서 본 바와 같이 별지 1 목록 기재 각 강의는 이 사건 교과서 및 평가문제집의 지문 일부를 칠판에 그대로 적거나 영사하는 부분, 지문 등 일부를 그대로 낭독하는 부분, 수강생들이 각종 시험에 대비하여 손쉽고 재미있게 지문의 내용을 이해·암기하거나 출제 가능한 문제의 풀이방법을 지득할 수 있도록 강사 나름의 요령과 방식에 따라 지문 이외의 설명을 부가한 부분이 서로 혼재되어 있고, 위 설명 부분의 경우에는 강사 나름의 독창적인 표현방법으로서의 창작성이 인정될 여지가 있다.

(중략)

이에 따라 살피건대, 이 사건 각 동영상에 녹화된 별지 1 목록 기재 각 강의에서 각 강사들은 위에서 본 바와 같이 이 사건 각 교과서 및 문제집의 내용(다만 이 사건 각 교과서 및 문제집 중 타인의 저작물을 인용한 부분은 제외한다)을 그대로 판서, 영사하거나 낭독하면서 그 내용을 나름의 요령과 방식으로 설명하고 있고, 피신청인은 위 각 강의를 녹화하여 영상물인 이 사건 각 동영상으로 제작함으로써 추가적인 변형을 가하였다. 그러나 이러한 부가, 변형부분을 모두 감안하더라도, 국어 교과의 목적과 교육 대상 학생의 연령 등을 고려할 때 이 사건 각 교과서 및 문제집의 기본 틀과 지문이 위 각 강의에서 그대로 사용될 것인 점 등을 고려하면, 이는 이 사건 각 교과서 및 문제집의 본질적인 특성을 해하지 않는 범위 내에서의 수정·증감·변경에 지나지 않는 것으로 보이므로, 이 사건 각 동영상은 피신청인의 주장과 같이 별개의 저작물에 이르기보다는 이 사건 각 교과서 및 문제집과의 실질적 유사성이

Software Ltd., 847 F.2d 255 (5th Cir. 1988).

535) 이 결정도 "다른 사람의 원저작물을 원형 그대로 복제하지 않고 다소의 수정·증감이나 변경을 가한 경우, 사회통념상 새로운 저작물이 될 수 있을 정도의 수정·증감·변경을 가하여 새로운 창작성을 부가하였더라도 원저작물과의 실질적 유사성이 유지되고 있다면 이는 원저작물과는 별개의 독립된 저작물이 아니라 2차적 저작물에 해당하고, 원저작물과의 실질적 유사성을 상실하게 되었다면 이는 원저작물과는 별개의 독립된 저작물로서 원저작자의 2차적 저작물작성권의 효력이 미치지 아니한다"고 판시하고 있다. 서울고등법원 2012. 1. 10.자 2011라1498 항고기각 결정으로 확정.

인정되는 2차적 저작물에 해당할 여지가 많다. 그러므로 피신청인이 신청인들의 허락 없이 이 사건 각 동영상을 제작하는 행위는 특별한 사정이 없는 한 신청인 ○○교육을 제외한 나머지 신청인들의 이 사건 각 교과서에 대한 2차적 저작물작성권 및 신청인 ○○교육의 이 사건 각 문제집에 대한 2차적 저작물작성권의 침해행위에 해당한다.

이와 같이 원저작물과 실질적 유사성이 인정되는 한도 내에서만 2차적 저작물성을 인정한다는 법리는 2차적 저작물의 범위를 합리적으로 제한함으로써 적절한 저작권 보호범위 설정에 크게 기여한다. 타인의 저작물에 기초하여 자신의 창작성을 부가하는 창작행위는 매우 널리 퍼져있는 창작관행이다. 이를 2차적 저작물 작성행위로 보게 되면 원저작자와의 관계에서 저작권침해행위가 되는 것이고, 새로운 저작물 작성행위로 보게 되면 저작권침해행위가 되지 않는다. 따라서 2차적 저작물의 범위가 지나치게 넓어지면 원저작물의 저작권자는 강하게 보호되는 반면 다른 창작자의 창작활동에 장애가 될 수 있고, 반대로 2차적 저작물의 범위가 지나치게 좁아지면 원저작물의 저작권자 보호가 소홀하다는 지적을 받을 수 있다. 이때 실질적 유사성은 2차적 저작물의 범위를 합리적으로 설정하는 도구로 기능한다.[536)]

나. 2차적 저작물 저작권침해와 실질적 유사성

2차적 저작물 중 원저작물에서 이용된 부분은 2차적 저작물 작성자가 창작한 부분이 아니다. 그러므로 2차적 저작물 작성자에게 부여되는 저작권의 보호범위는 오로지 2차적 저작물 작성자가 스스로 부가한 창작성 있는 표현 부분에 국한된다. 따라서 2차적 저작물에 대한 저작권침해사건에서 실질적 유사성 여부를 판

---

536) 이에 대하여 이상훈, "미국 저작권법상 2차적 저작물의 보호", 재판자료 89집(2000), 법원도서관, 542면에서는 2차적 저작물은 원저작물에 근거하여 이를 고쳐 만들거나 변형시키거나 응용한 것이므로 2차적 저작물이 원저작물에 근거한 것인지 가리기 위하여 두 저작물을 비교하는 것은 당연하고, 원저작물과 약간의 유사성만 있으면 2차적 저작물로 인정될 수도 있는 위험성을 배제하기 위하여 두 저작물 간에 실질적 유사성이 있을 것을 요구한다는 점에서 그 원칙의 의의를 인정할 수 있으나, 한편 2차적 저작물이 되려면 기존 저작물의 요소에 독창적 표현요소가 부가되어 전체로서 원저작물과는 다른 시장을 위한 새로운 저작물이 되어야 하는 것인데, 원저작물과의 실질적 유사성을 지나치게 강조하게 되면 2차적 저작물의 독립적 지위는 무시되고 2차적저작권을 복제권과 별개로 인정하는 의미가 퇴색되므로 이 원칙을 지나치게 강조할 것은 아니라고 하고 있다.

단함에 있어서 2차적 저작물의 권리자는 침해를 당한 2차적 저작물 중 **"원저작물에 새롭게 부가한 창작적인 표현형식에 해당하는 것만"**을 가지고 대비하여야 한다.[537] 이는 2차적 저작물의 실질적 유사성 판단을 위하여서는 원저작물에 속하는 부분과 창작성을 부가한 부분을 구별하는 작업이 선행되어야 한다는 것을 의미한다. 이와 관련하여 원고의 작품이 2차적 저작물이 아니라 원저작물의 복제에 불과하다는 주장이 제기되는 경우가 많다.

음악저작물에 관하여 논의하면서 살펴본 태진아의 '사랑은 아무나 하나' 사건에서, 우리나라 대법원은 원고가 공유의 영역에 있는 구전가요에서 차용한 부분에 관하여서는 저작권의 보호가 부여되지 않기 때문에 이를 제외한 나머지 부분만 가지고 피고의 작품과 비교하여 실질적 유사성 여부를 판단하여야 한다고 판시한 바 있다.[538] 또한 '삼국지연의'를 원작으로 한 만화작품 사이의 실질적 유사성을 판단함에 있어서는 공유에 속하는 삼국지의 스토리는 비교대상에서 제외되어야 한다고 판시한 판례,[539] 번역저작권자에게는 창작성이 있는 번역 표현 부분에 대하여만 저작권이 있고 줄거리 부분에 대하여는 저작권이 없으므로 줄거리의 유사성이 실질적 유사성의 인정근거가 될 수 없다고 한 판례[540]도 있다.

〈대법원 2011. 5. 13. 선고 2010도7234 판결〉

2차적저작권의 침해 여부를 가리기 위하여 두 저작물 사이에 실질적 유사성이 있는가의 여부를 판단함에 있어서는 원저작물에 새롭게 부가한 창작적인 표현형식에 해당하는 것만을 가지고 대비하여야 한다(대법원 2004. 7. 8. 선고 2004다18736 판결 등 참조).

원심판결 이유에 의하면 원심은, 그 채택 증거들을 종합하여 그 판시와 같은 사실을 인정한 다음, 피해자 공소외 1이 작성한 이 사건 무언극의 시놉시스와 '프리즈(freeze)' 시놉시스는 우연히 비보이를 만나게 된 발레리나가 비보이로 동화되어 간다는 기본 설정이 실질적으로 유사하나, 이 사건 무언극의 시놉시스는 단순히 '프리즈' 시놉시스에 나타난 기본 설정을 그대로 차용하여 구체적인 상황설정 등에만 다

---

537) 金井重彦, 小倉秀夫 編著, 著作權法コンメンタール(下), 東京布井出版(2001), 218면, 東京地裁 1999(平成 11). 11. 17. 선고 平10(ワ)16389호 판결(判例時報 1704호 134면).

538) 대법원 2004. 7. 8. 선고 2004다18736 판결.

539) 서울고등법원 2003. 8. 19. 선고 2002나22610 판결(이 판결은 대법원 2005. 9. 9. 선고 2003다 47782 판결로 파기환송되었으나, 위 판시의 취지는 유지될 수 있다고 본다).

540) 서울고등법원 2005. 7. 13. 2004나86199 판결(대법원 2007. 3. 29. 선고 2005다44138 판결로 확정).

소의 수정·증감이나 변경을 가한 데에 그치지 않고, 구체적인 사건의 전개과정, 등장인물들의 성격과 상호관계 등에 발레리나가 비보이와 동화되어 가는 과정에서의 사랑, 내·외적 갈등 및 그 극복 구조 등을 새로이 추가한 것이어서, 원저작물인 '프리즈' 시놉시스와는 구분되는 새로운 저작물로서 「저작권법」 제5조 제1항 소정의 2차적 저작물에 해당한다 할 것인데, 피고인은 제1심 판시 [범죄일람표 1, 2] 기재와 같이 발레리나가 비보이를 우연히 만나게 되는 장소와 같은 구체적인 상황설정 등에서만 다소 차이가 있을 뿐 이 사건 무언극의 시놉시스 중 위와 같이 '프리즈' 시놉시스에 새롭게 부가된 창작적인 표현형식에 해당하는 부분과 실질적으로 유사한 내용의 공연을 진행함으로써 공소외 1의 이 사건 무언극의 시놉시스에 관한 저작재산권을 침해하였다는 취지로 판단하였다.

그리고 일본 판례로서 원고의 인형은 기존의 외국 저작물에 기초하여 만들어진 2차적 저작물이고, 원고와 피고의 인형 간에 발견되는 공통점은 모두 기존 저작물로부터 오는 것이므로 2차적 저작물의 복제권이 침해되지 않았다고 판시한 것이 있다.[541] 이와 같이 2차적 저작물 중 창작성이 부가된 부분만을 실질적 유사성 판단의 비교대상으로 삼는다는 법리는 미국 판례에서도 나타나고 있다.[542]

다. 기타 2차적 저작물에 관한 쟁점별 검토

"소설과 시나리오, 또는 드라마나 영화", "원곡과 편곡" 등과 같은 원저작물과 2차적 저작물 간의 실질적 유사성 여부 판단에 관해서는 이미 앞에서 살펴본 바와 같다. 이하에서는 그 외의 2차적 저작물에 관하여 살펴보고자 한다.

1) 번역물

번역저작물의 창작성은 원저작물을 언어체계가 다른 나라의 언어로 표현하기 위한 적절한 어휘와 구문의 선택 및 배열, 번역된 문장의 장단, 위치, 또는 서술의 순서, 원저작물 내용에 대한 이해도 또는 번역의 충실도, 문체(어투), 어조 및 어감의 조절 등 번역자의 창의와 정신적 노력이 깃들은 부분에 있다고 할 것이다.[543] 그 번역저작물에 나타난 사건의 전개, 구체적인 줄거리, 등장인물의 성격

---

541) 東京高裁 2001(平成 13). 5. 30. 선고 平12(ネ)7호 판결(判例時報 1797호 111면).

542) 예컨대 Theotokatos v. Sara Lee Personal Products, 971 F.Supp. 332 (N.D.Ill. 1997).

543) 대법원 2007. 3. 29. 선고 2005다44138 판결 참조.

과 상호관계, 배경설정 등은 경우에 따라 원저작물의 창작적 표현에 해당할 수 있음은 별론으로 하고, 이것만으로는 번역저작물의 창작적 표현이라 할 수 없다. 번역저작권의 침해 여부를 가리기 위하여 번역저작물과 대상 저작물 사이에 실질적 유사성이 있는가의 여부를 판단함에 있어서는 2차적 저작물인 번역저작물의 창작적인 표현에 해당하는 것만을 가지고 대비하여야 한다.

〈대법원 2007. 3. 29. 선고 2005다44138 판결〉

먼저, 이 사건 소설은 '당나귀 귀'라는 제호의 프랑스어 원작소설을 우리말로 번역한 저작물로서, 이 사건 소설과 대상 동화는 주요 인물들의 설정과 상호관계, 상황설정, 구체적인 줄거리 및 사건의 전개과정, 구체적인 일화 등에 있어서 유사성이 있으나, 위와 같은 부분들은 위 프랑스어 원작소설의 창작적 표현이지 번역자에 의하여 이 사건 소설에 새롭게 부가된 창작적인 표현이 아니므로 위와 같은 부분들의 유사성을 이유로 양 저작물 사이에 실질적 유사성이 있다고 할 수 없다.

대상 저작물이 기존의 저작물에 의거하여 작성되었는지 여부와 양 저작물 사이에 실질적 유사성이 있는지 여부는 서로 별개의 판단으로서, 전자의 판단에는 후자의 판단과 달리 저작권법에 의하여 보호받는 표현뿐만 아니라 저작권법에 의하여 보호받지 못하는 표현 등이 유사한지 여부도 함께 참작될 수 있으므로, 대상 동화가 이 사건 소설에 의거하여 작성되었는지 여부를 판단함에 있어서 저작권법에 의하여 보호받지 못한 표현 등의 유사성을 참작할 수 있다고 하여, 양 저작물 사이의 실질적 유사성 여부를 판단함에 있어서도 동일하게 위와 같은 부분 등의 유사성을 참작하여야 하는 것은 아니다.

다음, 이 사건 소설의 개개 번역 표현들을 구성하고 있는 어휘나 구문과 부분적으로 유사해 보이는 어휘나 구문이 대상 동화에서 드문드문 발견되기는 하나, 그러한 사정만으로 바로 이 사건 소설과 대상 동화 사이에 실질적 유사성이 있다거나 이 사건 소설에 대한 번역저작권이 침해되었다고 단정할 수는 없고, 그 실질적 유사성을 인정하기 위해서는 대상 동화에서 유사 어휘나 구문이 사용된 결과 이 사건 소설이 번역저작물로서 갖는 창작적 특성이 대상 동화에서 감지될 정도에 이르렀다는 점이 인정되어야 한다. 그런데 총 문장 2,000여 개의 이 사건 소설과 총 문장 1,000여 개의 대상 동화에서 원심판결의 별지 제4목록 기재 총 53항 중 일부 유사 어휘나 구문이 차지하는 질적 혹은 양적 비중은 미미하고, 이 사건 소설은 사회비판 소설로서 청소년 등을 독자층으로 하여 아이의 시각에서 위선적인 세상을 풍자하는 것을 주제로 설정하고 있는 반면, 대상 동화는 유아동화로서 아동 등을 독자층으로 삼아 학교에서 집단따돌림을 당하는 학생에게 희망과 꿈을 심어주는 것을 주제로 설정하여 교육성과 단순성 등이 이 사건 소설보다 훨씬 강한 관계로, 전체적으로 쉬운 어휘와 구문, 밝은 어조를 사용하여 독자에게 친근감과 안정감을 느끼도록 문장과 문단이 전개되고 있고, 그 결과 위와 같은 유사 어휘나 구문 등이 배열된 순서나 위치, 그 유사 어휘나 구문이 삽입된 전체 문장이나 문단의 구성, 문체, 어조 및 어감 등에서 이 사건 소설과 대상 동화는 상당한 차이를 보이고 있으므로, 위와 같은 정도의 일부 어휘나 구문의 유사성은 이 사건 소설과 대상 동화의 전체적인 구성이나 표현의 차이에 흡수되어 이 사건 소설이 번역저작물로서 갖는 창작적 특성이 대상 동화에서 감지된다고 보기는 어렵다. 따라서 이 사건 소설과 대상 동화 사이에 실질적 유사성이 있다고 할 수 없다.

인명, 지명, 한자발음 등을 개정된 외국어표기법이나 국어맞춤법에 따라 현대적 표현으로 수정하거나, 번역의 오류를 수정한 부분, 누구나 쉽게 떠올릴 수 있고 자주 쓰이는 유사한 단어를 단순하게 변경하거나, 조사를 생략 또는 변경하거나, 띄어쓰기를 수정한 부분들은 양 번역저작물 사이의 동일성이나 유사성에 영향을 미치기 어렵다.[544]

2) 팬픽션(fan fiction)

팬픽션(fan fiction)이란 만화·영화·소설·드라마 등 일정한 장르를 구분하지 않고 대중적으로 널리 인기를 끄는 작품이 있을 경우, 이들 작품을 모태로 팬(fan)이 직접 자신의 뜻대로 원작을 비틀기(패러디)하거나 전혀 다른 방향으로 내용을 전개시켜 나가는 방식의 작품을 통틀어 이르는 개념이다.[545] 따라서 원작과 내용이 거의 비슷할 수도 있고, 경우에 따라서는 완전히 다를 수도 있다.

팬픽션은 예전에 문화콘텐츠를 수동적으로 향유하던 소비자(팬)가 원작의 의미를 자기만의 구조로 받아들이고 재구성하는 능동적 참여자로 변화되면서 발전하게 되었다고 한다. 팬픽션은 그 기초가 되는 원저작물의 등장인물(캐릭터), 배경, 사건 등을 차용하지만, 팬들이 원작에 대한 생각, 느낌, 경험을 다양하게 표현하는 과정에서 새롭게 창작되는 것은 그 범위 내에서 저작물성을 인정받을 수 있다.[546]

---

544) 대법원 2020. 12. 10. 선고 2020도6425 판결.
545) 두산백과(네이버지식백과). 줄여서 '팬픽(fan fic)'이라고 하기도 한다.
546) 최은희·우달로바 아나스타샤, "팬픽션, 저작권 침해인가 공정이용인가?", 스포츠엔터테인먼트와 법 제18권 제3호(2015. 8), 189~194면.

팬픽션은 원저작물에 대한 깊은 애정을 전제하는 것이 보통이므로 원저작물의 시장가치를 높여주는 경우가 많아 원저작자가 이를 법적으로 문제 삼는 경우는 많지 않다. 그러나 팬픽션은 그 속성상 원저작물을 기초로 작성하기 때문에 원저작자의 허락이 없을 경우에는 복제권 또는 2차적 저작물작성권 침해에 대한 다툼이 발생할 수 있다. 특히 팩픽션이 저작권자가 스스로 작성하려고 하였거나 제3자에게 각색, 수정 등에 대한 이용허락권을 주려고 할 경우에는 이해관계가 충돌할 수 있으므로 법적 분쟁의 가능성이 높아질 수 있다. 예컨대, 해리포터 시리즈의 열혈팬이 2000년경 비영리 온라인 백과사전인 '해리포터 렉시콘(Harry Potter Lexicon)'이라는 웹사이트를 개설하여 해리포터 시리즈의 캐릭터(characters), 장소(places), 크리처(creatures), 마법(spell), 마법장치(magical devices) 등을 소개하고 설명하였는데, 인기를 끌게 되어 2007년 8월경 출판사가 책으로 출간하자, 원작자인 롤링(J.K Rowling) 자신도 해리포터 백과사전을 출간할 계획이었기 때문에 출판사를 상대로 소를 제기한 사안에서 미국 법원은 저작권침해를 인정하였고 공정이용 항변을 배척하였다.[547]

게임(game)의 경우에도 유사한 문제가 있다. 예컨대, 게임의 배경, 세계관, 캐릭터 등을 이용하여 만든 팬픽션이나 팬아트(FanArt), 게임의 배경음악을 이용하여 만든 변형곡 등뿐만 아니라 게임물의 요소를 상품화하는 것도 복제권 또는 2차적 저작물작성권 침해 여부가 문제될 수 있다. 특히 게임을 즐기는 게임 이용자 또는 게임 플레이어가 게임에 기반한 영상물 등(게임전략 분석 등 게임플레이 장면을 보여주면서 해설하는 등)을 제작하는 경우가 종종 있다. 과거 아케이드 기반 게임을 이용하는 장면을 비디오로 촬영하는 행위 등에 대하여는 2차적 저작물성을 인정할 수 있는 것인지 여부에 관하여 '게임기반영상물에 표현된 장면은 게임 개발사가 의도한 실행방법을 따른 것에 불과한 것으로 게임 이용자의 창작적인 기여가 들어갈 여지가 없다고 보는 견해'[548]가 있었고 미국 판결 중에도 유사한 취지의 판시들이 있었다.[549] 그런데 최근 게임들은 게임 이용자들에게 상당한 자율성을 주

---

547) Warner Brothers Entertainment Inc. v. RDR Books, 575 F.Supp. 2d 513 (SDNY 2008). 위 판결에 대한 설명으로 최은희·우달로바 아나스타샤, "팬픽션, 저작권 침해인가 공정이용인가?", 스포츠엔터테인먼트와 법 제18권 제3호(2015. 8), 200~201면 참조.

548) 오승종, "저작권법상 공표된 저작물의 인용에 관한 고찰", 홍익법학 제10권 제2호(2009), 홍익대학교 법학연구소, 70~71면 참조.

549) Williams Electronics, Inc. v. Artic International, Inc. 685 F.2d 870 (3d Cir. 1982); Midway Mfg. Co. v. Arctic International, Inc. 704 F.2d 1009, 1014 (7th Cir. 1983) [게임 플레이를 하

고 있는데, 게임 이용자의 전략과 선택, 다양한 조작방법 등에 따라 창작의 여지가 많을 수 있다는 점에서, 과거 아케이드 기반 게임의 경우와는 달리 볼 필요가 있다. 예컨대, MMORPG 같은 게임 이용자들은 창의적 전략과 조작을 통해 마치 영상저작물과 같은 창작성을 보여주는 경우가 있고, 심지어 게임 내에서 주고 받는 메시지들은 게임 개발사가 창작했다고 보기 어렵다. 특히 이는 게임 개발사가 원래 의도한 실행방법에 따른 것에 불과하다고 볼 수 없는 경우가 많다. 이러한 것들에 창작성이 인정되어 저작물로 보아야 할 경우 이는 원저작물인 게임물을 기초로 창작되었거나 그 이용과정에서 파생되는 것이므로 2차적 저작물성에 해당할 가능성이 높다.[550] 이렇게 제작된 게임 이용자의 저작물을 제3자가 복제를 하거나 제3의 2차적 저작물을 작성한다면 그 새로운 창작 부분에 대해 실질적 유사성이 있는 범위 내에서 저작권 침해 문제가 발생할 것이다.

3) 3D 프린팅

3D 프린팅(또는 삼차원프린팅)은 "3차원 형상을 구현하기 위한 전자적 정보(이하 "3차원 도면"이라 한다)를 자동화된 출력장치를 통하여 입체화하는 활동"을 의미한다(삼차원프린팅산업진흥법 제2조 제1호).[551] 3D 프린팅에 의한 저작권침해는 기존의 저작물을 CAD 파일로 변환하는 과정 또는 3D 프린터를 이용하여 제작하는 과정에서 발생할 수 있다. 예컨대, 유명 영화나 만화의 캐릭터를 3D 모델로 제작하는 것과 같이 기존의 저작물을 CAD 파일로 작성하여 3D 프린트할 경우 타인

는 행위 자체는 TV채널을 바꾸는 것 정도에 지나지 않아 창작성이 없다는 취지]; Stern Electronics, Inc. v. Kaufman, 669 F.2d 852 (2d Cir. 1982) [게임 이용자의 게임 플레이는 게임 개발사가 의도한 범위 내의 것이라는 취지] 등. 미국 판결에 대한 설명에 대하여, 김성원, "게임 플레이어의 창작영상물에 대한 저작권법적 고찰", LAW & TECHNOLOGY 제11권 제5호(2015. 9), 서울대학교 기술과법센터, 53면 참조.

550) 유사한 취지로, 이에 대하여 자세한 설명은, 김성원, "게임 플레이어의 창작영상물에 대한 저작권법적 고찰", LAW & TECHNOLOGY 제11권 제5호(2015. 9), 서울대학교 기술과법센터, 46~72면 참조.

551) "기존의 저작물 또는 새로운 저작물을 CAD(Computer-Aided Design) 프로그램을 이용하여 CAD 파일로 작성하거나, 기존의 저작물을 3D 스캐너로 스캔하여 이를 CAD 파일로 변환한 후 3D 프린트하는 방식으로 이루어진다"고 설명하기도 한다. 박유선, "3D/4D 프린팅과 이차적 저작물 작성권에 관한 연구", 계간 저작권 2015 가을호(제28권 제3호, 통권 제111호), 한국저작권위원회, 78면. 또 '3D 프린팅은 설계도에 따라 고분자 물질이나 플라스틱, 금속성 가루, 목재, 고무 및 바이오 재료 등을 겹겹이 분사하여 3차원의 물질로 형상화하는 것'이라고 설명하기도 한다. 박종규·박세환, "3D 프린팅 산업동향", 주간기술동향, 정보통신산업진흥원(2013. 9. 11.) 참조.

의 저작물을 CAD 파일로 변환하는 행위와 이를 3D 프린트하여 3D 모델로 제작하는 행위는 복제권 침해에 해당할 수 있다.552)

3D 프린팅에 의한 2차적 저작물 작성 여부와 관련하여서는, 기존의 저작물을 사실적으로 재현할 목적으로 개인적 특성 또는 창작적 노력 없이 원저작물을 있는 그대로 CAD 파일로 변환한 경우에는 2차적 저작물로 인정하기 어렵다. 반면 소프트웨어로 작성할 때 2D를 3D로 만들거나 개변을 하는 과정에서 새로운 창작성이 부가된다면 2차적 저작물로 인정될 수 있다. 다만 원저작자의 동의가 없다면 원저작물에 대한 저작권침해가 될 수 있다.553) 미국 법원은 원고가 단지 차량의 정확한 묘사를 위해 상당한 시간, 노력, 기술을 들여 3D 모델을 보완하고 수정하였더라도 기존의 차량 디자인에 추가적인 창작성을 부가하지 않았다면 저작권법 보호를 받을 수 없다는 취지의 판시를 하였다.554)

4) 요약물

요약물이 그 원저작물과 사이에 실질적인 유사성이 있는지 여부는, 요약물이 원저작물의 기본으로 되는 개요, 구조, 주된 구성 등을 그대로 유지하고 있는지 여부, 요약물이 원저작물을 이루는 문장들 중 일부만을 선택하여 발췌한 것이거나 발췌한 문장들의 표현을 단순히 단축한 정도에 불과한지 여부, 원저작물과 비교한 요약물의 상대적인 분량, 요약물의 원저작물에 대한 대체가능성 여부 등을 종합적으로 고려하여 판단해야 한다.555)

4. 2차적 저작물 작성권은 별도의 소송물인지 여부

저작권침해를 이유로 한 소송에서 통상 원고는 '저작재산권 중 복제권', '저작

---

552) 박유선, "3D/4D 프린팅과 이차적 저작물 작성권에 관한 연구", 계간 저작권 제28권 제3호 (2015), 한국저작권위원회, 82~83면.

553) 한지영, "3D 프린터의 출현과 지식재산권 ─저작권, 디자인, 상표권을 중심으로─", 계간 저작권 제27권 제2호(2014), 한국저작권위원회, 162면; 박유선, "3D/4D 프린팅과 이차적 저작물 작성권에 관한 연구", 계간 저작권 제28권 제2호(2015), 한국저작권위원회, 84~85면.

554) Meshwerks Inc. v. Toyota Motor Sales U.S.A. 528 F.3d 1258 (10th Cir. 2008). 이와 관련하여 'CAD 파일이 이차적 저작물로 인정받기 위한 창작성의 정도와 관련하여 미국 법원은 디지털 모델을 작성하는 데 필요한 시간과 노력, 기술의 정도를 고려하지 않고 작성자의 변형의 의도를 창작성의 유무를 결정하는 요소로 고려한다'고 설명한 것으로, 박유선, "3D/4D 프린팅과 이차적 저작물 작성권에 관한 연구", 계간 저작권 제28권 제3호(2015), 한국저작권위원회, 84~85면 참조.

555) 대법원 2013. 8. 22. 선고 2011도3599 판결.

인격권 중 동일성유지권'과 같이 침해당하는 권리의 내용을 특정하게 된다. 한편 피고의 작품이 원고의 저작물과 실질적으로 유사하지만 창작성이 부가되는 경우 저작재산권 중 복제권 침해는 성립하지 않지만 2차적 저작물작성권 침해는 성립하게 된다. 그런데 원고가 복제권 침해만을 주장할 뿐 2차적 저작물 작성권 침해를 명시적으로 주장하지 않는 경우에도 법원은 이를 판단할 수 있는가?

이는 실무상 종종 문제될 수 있는 쟁점으로서 저작권침해소송에 있어서의 소송물 이론의 문제로 귀착된다. 소송물 또는 소송상 청구는 토지 및 사물관할의 유무, 중복제소 여부, 청구의 변경 내지 병합 여부, 기판력의 객관적 범위 등 소송의 전 과정에서 중요한 의미를 가지는 개념이다. 소송물을 어떻게 결정하는가에 관하여 크게 구소송물이론과 신소송물이론이 대립하고 있다. 구소송물이론은 소송물을 실체법상 권리 또는 법률관계의 주장으로 파악하는 견해이다. 반면 신소송물이론은 소송물을 실체법적으로 파악하지 않고 소송법적으로 파악하는 견해이다. 한편 절충적 견해로서 신실체법설이 있는데, 이는 전통적인 민법상의 청구권 개념 자체를 수정하여 수정된 의미의 실체법상의 청구권의 주장을 소송물로 파악하는 이론이다. 우리나라에서는 구소송물이론이 통설, 판례의 지위를 차지하고 있다. 두 이론에 대한 상세한 설명 및 이에 대한 평가는 민사소송법의 영역으로 미루기로 하고, 일단 여기에서는 우리나라 판례가 주로 취하고 있는 구소송물이론의 입장에 따라 저작권침해소송에 있어서의 소송물을 살펴보기로 한다.

현행 저작권법의 구조를 보면 제3절의 표제를 저작인격권으로 정하고 제11조에서 제15조까지 공표권·성명표시권·동일성유지권에 관하여 각각 규정하고 있고, 제4절의 표지를 저작재산권으로 정하고 제16조에서 제22조까지 복제권·공연권·공중송신권·전시권·배포권·대여권·2차적 저작물 작성권에 관하여 각각 규정하고 있다. 한편 그 권리발생요건과 효과도 동일하지 않다. 이러한 실체법상 조항의 구조와 성격에 의할 때 저작인격권이나 저작재산권을 이루는 개별적인 권리들은 저작인격권이나 저작재산권이라는 동일한 권리의 한 내용에 불과하다기보다는 독립적인 권리라고 파악하여야 한다. 그렇다면 구소송물이론에 의하는 이상 위각 권리에 기한 청구는 별개의 소송물로 보는 것이 이론상 일관된다고 할 것이다.556) 이러한 결론에 의하면, 저작권침해소송에 있어서 원고가 복제권 침해만을 주장할 뿐 2차적 저작물 작성권 침해를 주장하지 않는다면 법원이 함부로 2차적

---

556) 이상경, 지적재산권소송법, 육법사(1998), 646면.

저작물 작성권 침해에 대하여 판단할 수 없다.[557] 그러므로 복제권침해에 기한 소송계속 중 동일한 사실관계에 기초하여 2차적 저작물 작성권 침해에 기한 소송을 제기하였다고 하더라도 중복제소가 되는 것이 아니고,[558] 동일한 소송절차에서 전자의 청구를 후자의 청구로 추가하거나 변경하는 것은 민사소송법 제253조의 소의 객관적 병합 및 제262조의 청구의 변경에 해당하며, 복제권 침해에 기한 청구에 대한 판결이 확정되었더라도 그 기판력은 2차적 저작물 작성권 침해에 기한 청구에 미치지 않는다.[559]

---

[557] 2차적 저작물 작성권 침해는 필연적으로 원저작물의 변경을 가져오게 된다. 이 경우 2차적 저작물 작성권 침해와 별도로 동일성유지권 침해가 성립하는가가 문제될 수 있는데, 두 개의 권리는 각각 별개의 요건과 성격을 가진 것으로서 양립가능하다. 서울동부지방법원 2004. 9. 30. 선고 2004가합4292 판결(확정)은 원고의 조형물의 본질적인 부분을 변경한 피고의 행위에 대하여 2차적 저작물 작성권 침해와 별도로 동일성유지권 침해가 성립한다고 판시하였다. 다만 이 경우에도 두 권리에 기한 청구는 각각 별개의 소송물이므로 원고는 동일성유지권 침해 주장을 별도로 하여야 한다.

[558] 일본의 最高裁 2003(平成 15). 3. 11. 선고 平14(オ)1763호, 平14(受)1793호 판결은 이러한 사안을 다루고 있다. 원고는 1심에서 음악저작물의 복제권침해를 주장하였다가 패소하자, 항소심에서 편곡권(2차적 저작물 작성권)침해를 주장하여 승소하였고, 이 결론은 상고심에서도 유지되었다.

[559] 다만 위와 같은 결론은 어디까지나 구 소송물이론에 충실할 때에 도출되는 것이고, 소송물이론에 관하여 유연한 입장을 취하게 되면 다른 결론도 가능하다. 저작권법 제123조는 '저작권 또는 이 법에 따라 보호되는 권리(제25조 · 제31조 · 제75조 · 제76조 · 제76조의2 · 제82조 · 제83조 및 제83조의2의 규정에 따른 보상을 받을 권리는 제외한다. 이하 이 조에서 같다)를 가진 자'는 그 권리를 침해하는 자에 대하여 침해정지청구권 등을 행사할 수 있다고 규정하고 있고, 저작권법 제125조에서는 '저작재산권 또는 이 법에 따라 보호되는 권리(저작인격권 및 실연자의 인격권은 제외한다)를 가진 자(이하 "저작재산권자등"이라 한다)'는 고의 또는 과실로 권리를 침해한 자에 대하여 손해배상청구권을 행사할 수 있음을 전제로 손해배상액의 산정에 관한 규정을 두고 있으며, 저작권법 제127조에서는 '저작자 또는 실연자'는 '고의 또는 과실로 저작인격권 또는 실연자의 인격권을 침해한 자에게 손해배상을 갈음하거나 손해배상과 함께 명예회복을 위하여 필요한 조치를 청구할 수 있다고 규정하고 있다. 이러한 조항들은 마치 저작권침해에 기한 각종 청구에 있어서는 저작재산권 또는 저작인격권이 하나의 권리로 취급되는 듯한 느낌을 주고 있다. 실제 소송에서는 저작재산권이나 저작인격권 자체의 침해여부가 심리대상이고 그 중 개별적인 권리침해주장은 공격방어방법처럼 인식되어 소송이 수행되는 경우도 적지 않고, 여러 판례들의 판결이유에서도 결론 부분에서 '복제권 침해'나 '공연권 침해' 등 구체적인 권리침해태양을 적시하지 않은 채 저작재산권이나 저작인격권이 침해되었다고만 적시하는 등 마치 저작재산권이나 저작인격권 그 자체가 소송물인 것처럼 운영되는 실무 경향도 발견된다.

　이처럼 복제권과 2차적 저작물 작성권이 서로 다른 개별적 권리라고 하더라도, 그 침해로 인하여 발생하는 법적 효과는 동일한 점, 위와 같은 개별적인 권리들은 저작재산권 또는 저작인격권이라는 하나의 포괄적인 권리에서 발생하는 지분적 권리로서의 성격이 강한 점, 구소송물이론에 대하여 일반적으로 가하여지는 비판처럼 구소송물이론에 의하면 복제권침해를 주장하면서 소를 제기하였다가 패소판결이 확정되면 다시 2차적 저작물 작성권 침해의 소를 제기하더라도 기판력에 저촉되지 않는다고 새기게 되는바 이는 사실상 동일한 사실관계와 피침해이익에 관한 분쟁을 인위적으로 나누는 것으로서 소송경제나 분쟁의 1회적 해결이라는 관점에서 바람직하지

제13절 서로 다른 표현매체 간 또는 장르 간 실질적 유사성 판단

1. 서로 다른 표현매체 간 또는 장르 간 실질적 유사성 판단의 어려움

소설을 영화화하거나,[560] 안무(按舞)를 사진으로 표현하거나,[561] 만화주인공을 인형으로 만들거나,[562] 사진을 조각으로 표현하는 경우[563] 등에도 저작권침해가 발생할 수 있다. 그런데 저작물과 침해물이 서로 다른 매체로 표현된 경우 또는 서로 다른 장르인 경우에 실질적 유사성 판단을 함에 있어 매체 또는 장르 사이의 이질성을 얼마나 고려하여야 하는가?

예를 들어, 연극(또는 뮤지컬)과 영화(또는 드라마)를 비교해 볼 때, 연극(또는 뮤지컬)은 무대공간과 공연시간이라는 제약을 받을 수밖에 없고 그 표현도 무대 위라는 현장에서 사람이 표현할 수 있는 동작과 무대장치의 한계에 영향을 받는 반면, 영화(또는 드라마)는 위와 같은 제약과 한계에 거의 구속을 받지 않을 뿐만 아니라 편집이나 특수효과(CG등) 등의 기술을 통해 훨씬 더 다양한 표현을 할 수 있다. 이러한 매체나 장르 간 차이로 인해 저작물과 침해물 사이에 실질적 유사성이 없는 것처럼 보일 수 있고, 실제 사건에서도 침해자는 이러한 차이를 강조하면서 실질적 유사성을 부정하는 경우가 종종 있다.

2. 서로 다른 표현매체 간 또는 장르 간 실질적 유사성 판단의 기준

표현매체 또는 장르가 서로 다른 경우의 실질적 유사성 판단의 쟁점은, 표현매체 또는 장르가 달라짐으로 인하여 발생하는 비유사성이 실질적 유사성 판단에 어느 정도까지 영향을 미치는가 하는 점이다. 우선 이는 비유사적 요소가 실질적 유사성 판단에 미치는 영향이 어떠한가에 관한 일반 이론과 결부시켜 생각할 필

않고 소송당사자의 진정한 의사에도 부합하지 않는다고 보이는 점 등을 종합하여 보면, 현실적으로 하나의 저작권침해행위에 관하여 여러 개의 권리가 침해되는 경우에 이를 별개의 소송물로 보는 구소송물 이론의 입장이 타당한지에 관하여서는 향후 추가적인 논의가 필요하다고 생각한다. 다만 실무상으로는 법관의 석명권 행사 등을 통해 변론에서 구체적으로 어느 권리에 기한 청구인지 여부를 확인 또는 특정하는 경우가 많을 것이다.

560) Roy Export Establishment Co. v. Columbia Broadcasting System, Inc. 672 F.2d 1095 (2d Cir. 1982).

561) Horgan v. Macmillan Inc., 789 F.2d 157 (2d Cir. 1986).

562) Filmvideo Releasing Corp. v. Hastings, 668 F.2d 91 (2d Cir. 1981).

563) Rogers v. Koons, 960 F.2d 301 (9th Cir.), *cert denied*, 506 U.S. 934 (1992).

요가 있다. 이 책의 총론 부분에서 논의한 바에 의하면 실질적 유사성의 판정에 있어서는 이용된 부분이 '원고'의 저작물에서 어떠한 비중을 차지하는가 하는 점이 중요한 것이고, '피고'의 작품에서 어떠한 비중을 차지하는가 하는 점은 부수적인 것이다. 따라서 원고의 저작물 중 가치있는 부분이 무단이용되었다면 피고의 작품에서 유사하지 않은 다른 요소들을 부가하였다고 하더라도 그러한 사정만으로 곧 저작권침해가 부정되는 것이 아니다. 이는 표현매체 또는 장르가 달라짐으로 인하여 발생하는 비유사적 요소에 대하여서도 마찬가지이다. 특히 표현매체 또는 장르가 달라지면서 불가피하게 비유사적 요소가 발생하는 경우 그러한 비유사적 요소가 실질적 유사성을 부정하는 데에 차지하는 비중은 더욱 감소한다.564) 만약 표현매체만 달리함으로써 저작권침해의 책임으로부터 쉽게 벗어날 수 있다면, 오늘날과 같이 표현의 수단이 다양해진 상황에서는 창작자의 창작핵심이 도용당하면서도 이에 대한 구제는 이루어지지 않는 사태가 빈발하게 되어 저작권법이 추구하는 본래의 목적을 달성할 수 없기 때문이다.565)

이러한 이유 때문에 미국에서는 빈번하게 문제되는 소설과 영화 사이의 실질적 유사성 판단에 있어서 시각적 묘사나 특수효과 등 영화에서 발견되는 이질적인 요소들은 별로 중요하지 않게 취급하면서 마치 두 작품이 모두 어문저작물인 것처럼 주제, 사건의 전개과정, 등장인물, 속도, 대사, 세팅, 분위기 등의 요소들에 관하여 실질적 유사성 검토를 집중하는 경향이 발견된다.566)

우리나라 법원도 기본적으로는 '문예장르의 차이로 당연히 달라질 수밖에 없는 표현상의 차이는 실질적 유사성 특히 포괄적·비문자적 유사성의 판단에 있어

---

564) 피고가 원고의 만화캐릭터와 유사한 장난감을 만들어서 저작권침해 여부가 문제된 King Features Syndicate v. Fleischer, 299 F.533, 536 (2d Cir. 1924) 판결에서는 "우리는 실체나 아이디어를 차용하여 다른 매체를 통하여 이를 재생산하고 그 형상과 세부적인 모습을 묘사함에 있어서 캐릭터의 진정한 복제품이 될 정도로 모방한 경우에 저작권침해를 회피할 수 있으리라고 생각하지 않는다.… 이는…예술가의 재능을 무단이용하는 것이다(We do not think it avoids the infringement of the copyright to take the substance or idea, and produce it through a different medium, and picturing in shape and details sufficient imitation to make it a true copy of the character…Doing this is…appropriating the genius of the artist)."라고 판시하고 있다.

565) 서울민사지방법원 1990. 9. 20. 선고 89가합62247 판결(확정)에서는 무용극을 영화화한 경우의 실질적 유사성 판단이 문제되었다. 이 사건에서 법원은 무용극과 영화 사이에 내재하는 예술의 존재양식 및 표현기법의 차이를 감안하더라도 양자 사이에 원작과 2차적 저작물의 관계를 인정할 만한 실질적 유사성이 있다고 볼 수 없다고 판단하였다.

566) Williams v. Crichton, 84 F.3d 581 (2d Cir. 1996) 참조.

그 비중을 높게 두지 않아야 한다'는 입장인 것으로 보인다.

> 〈서울고등법원 2012. 12. 20. 선고 2012나17150 판결〉[567]
>
> 이 사건 대본은 뮤지컬 공연을 위한 대본이고, 이 사건 드라마는 TV 방송을 위한 대본 또는 드라마라는 점에서 문예장르의 차이가 있다. … (중략) …
>
> 같은 주제와 줄거리, 구성으로 저작물을 작성하는 경우에도, 현대극과 사극에서의 구체적인 대화의 표현은 시대에 맞게 달라져야 하고, 같은 사극이라 하더라도 2시간 정도의 공연을 전제로 한 연극이나 뮤지컬에서의 표현과 장기간 연속 방송되는 드라마에서의 표현은 달라질 수밖에 없는 점 등을 고려하면, 이러한 문예장르의 차이로 당연히 달라질 수밖에 없는 표현상의 차이는 실질적 유사성 특히 포괄적·비문언적 유사성의 판단에 있어 그 비중을 높게 두지 않아야 한다. …(중략)…
>
> 위와 같이 이 사건 대본의 덕만은 신비로운 능력을 지니고 성격이 단조롭게 표현되어 있는데 비하여, 이 사건 드라마의 덕만은 좀 더 복합접이고 다변적인 특징을 지니고, 인물의 심리묘사고 치밀하게 되어 있는 차이는 있으나, 이러한 차이는 위와 같은 문예장르와 분량의 차이, 판타지적 요소의 가미 등으로 당연히 나타난 것에 불과하므로 양 저작물의 실질적 유사성을 판단하는 데 비중을 둘 것이 아니다.

하급심 판례 중에는 국내 최초로 파리 – 다카르 랠리를 참가하여 완주한 교포 카레이서가 쓴 '사하라 일기'라는 서적과, 인기 만화작가가 그 카레이서와 유사한 주인공을 내세워 자동차 경주를 주제로 하여 제작한 '아스팔트 사나이'라는 만화 사이의 실질적 유사성을 판단하면서, 양 작품이 표현형식, 주제, 구성에 관한 전체적인 관념과 느낌에 있어서 상당한 차이가 있음이 인정되지만 일부 사건, 대화

---

567) 이 판결은 대법원 2014. 7. 24. 선고 2013다8984 판결에 의해 파기환송되었으나 이 대법원 판결은 "의거성 여부"에 대해서만 판단을 하였는바, 실질적 유사성에 관한 판시 부분은 실무상 참고가 되어 여기에 소개한다. 파기환송 후 원심판결(서울고등법원 2014. 12. 11. 선고 2014나41430 판결)도 의거성에 관한 판단만 하였다. 이 사건의 1심 판결에 대한 비판은, 정상조, "상이한 문예 장르 간의 표절: 서울남부지법 2010가합1884 판결에 대한 비판적 검토", LAW & TECHNOLOGY 제8권 제4호(2012. 7), 서울대학교 기술과법센터, 3~24면 참조. 한편 저작권침해(실질적 유사성 및 의거성 모두 인정)를 인정한 파기환송 전 서울고등법원 2012나17150 판결이 대법원 판결에 비해 더 합리적이었다는 입장(이 사건의 경우 타클라마칸 사막이나 미실과 덕만의 관계, 유신과 덕만의 관계처럼 역사적인 사실에서 찾아볼 수 없는 독특한 사실 등이 핵심 사건과 연관된 경우를 고려해볼 때 대법원의 판단기준이 너무 엄격하다는 비판을 함)에 대해서는 유주안, "극적 저작물 저작권 침해 판단의 기준 —서울고등법원 2012나17150 판결과 대법원 2013다8984 판결 분석 및 비교를 중심으로—", LAW & TECHNOLOGY 제15권 제2호(2019. 3), 서울대학교 기술과법센터, 90~109면 참조.

및 사상의 표현에 있어서 동일성 내지 유사성이 인정되므로 실질적 유사성이 있다고 판단한 사례가 있다.[568]

표현매체의 차이로 발생하는 공간적 제약으로 인한 비유사성은 실질적 유사성 판단에서 비중있게 고려할 요소가 아니다. 예컨대 영화와 연극이 동일한 줄거리를 표현하는 경우에도, 연극은 무대라는 공간적 제약으로 인하여 세팅과 이를 배경으로 한 사건의 묘사가 제한될 수밖에 없는 반면, 영화는 훨씬 더 다양한 수단을 동원하여 광범위한 세팅과 이를 전제로 한 다양한 사건의 묘사가 가능하다는 차이점이 있는데, 이러한 불가피한 차이점으로 인하여 발생하는 비유사성은 실질적 유사성 판단에서 중요하지 않다.[569][570]

시간적 제약으로 인하여 발생하는 비유사성의 비중도 고려대상에서 제외하거나 고려하더라도 그 비중이 높지 않아야 한다. Filmvideo Releasing Corp. v. Hastings 판결[571]에서는 소설과 영화 사이의 저작권침해 여부가 문제되었는데, 이 사건에서 영화제작사는 영화가 소설에 기반을 둔 점을 인정하면서도 소설과 영화 사이에 존재하는 차이점들을 부각시키면서 양자의 실질적 유사성이 존재하지 않는다고 주장하였다. 그런데 법원은 이러한 차이점의 존재에도 불구하고 전체적으로 볼 때 양자가 실질적으로 유사하다는 결론에 이르렀다. 그 과정에서 법원은 소설을 영화로 바꾸는 과정에서 300페이지가 넘는 분량을 65분 안에 압축하여 동일하거나 유사한 메시지를 표현하기 위하여서는, 소설에 나온 캐릭터가 일부 삭제되기도 하고, 소설과는 다른 캐릭터에 그 대사와 연기가 주어지는 등 어느 정도의 편집이 불가피하다는 점을 지적하였다. 이와 같이 매체가 변경됨으로써 발생하는 시간적 제약 역시 불가피한 비유사적 요소들을 야기하는데, 이러한 요소들이 실질적 유사성 판단에 큰 비중으로 고려되어서는 안 된다.

또 미술저작물은 2차원과 3차원 사이를 넘나들 수 있다. 예를 들어 원고의 그림을 피고가 조각으로 만들어 그림의 저작권을 침해하였다고 주장하는 사례와

---

568) 서울지방법원 1996. 9. 6. 선고 95가합72771 판결(서울고등법원 1997. 7. 22. 선고 96나41016 판결로 확정).

569) Twentieth Century-Fox Film Corp. v. Stonesifer, 140 F.2d 579, 583 (9th Cir. 1944).

570) 대법원 2014. 7. 24. 선고 2013다8984 판결(이른바 '선덕여왕 사건')과 관련하여, '원고 뮤지컬 대본은 3시간 가량의 뮤지컬 공연을 위한 대본인 데 반해, 피고 드라마는 62회에 걸친 장편의 드라마이기 때문에 이를 평면적으로 비교하여서는 안 된다'는 견해로는 정상조, "상이한 장르 간의 표절—서울남부지법 2010가합1884 판결에 대한 비판적 검토—", LAW & TECHNOLOGY 제8권 제4호(2012. 7), 서울대학교 기술과법센터, 23면 참조.

571) 509 F.Supp. 60 (S.D.N.Y. 1981).

같이 2차원적 저작물인 그림과 3차원적 저작물인 조각의 실질적 유사성을 판정하여야 하는 경우이다(반대도 가능).[572] 이 경우에도 매체의 차이로 부득이하게 발생하는 차이점에 집착하여 실질적 유사성을 판단하는 것은 타당하지 않다. 따라서 그림이 대상의 전면(前面)을 묘사하였고, 조각이 그 전면뿐만 아니라 측면(側面)과 후면(後面)을 추가하여 묘사하였다고 하더라도 실질적 유사성 판단은 양자에 모두 존재하는 전면의 비교를 통하여 행한다고 보아야 할 것이다.

---

572) 2차원적인 만화의 등장인물을 3차원적인 인형과 장난감으로 만든 경우에 실질적 유사성을 인정하여 저작권침해를 긍정한 Fleischer Studios, Inc. v. Ralph A. Freundlich, Inc., 73 F.2d 276 (2d Cir. 1934) 참조.

제6장

결 론

제6장 결 론

필자는 서론 부분에서 ① 실질적 유사성 판단의 배후에 흐르는 실체적인 기본원리를 연구하는 것, ② 실질적 유사성에 관한 이론적 체계화를 이루는 것, ③ 가급적 다양한 판례들을 분석하여 저작물의 유형에 따른 실질적 유사성 판단에 도움을 주기 위한 지침을 제시하는 것의 세 가지를 연구의 목적으로 제시하였다. 이제 결론 부분에서는 위와 같이 제시된 목적에 관하여 필자가 종국적으로 이야기하고자 하는 바를 차례대로 제시하고, 본 연구의 한계에 대한 평가와 향후 이 주제에 대한 연구방향에 관한 제언을 행하고자 한다.

첫 번째로 제시하였던 연구목적은 실질적 유사성 판단의 배후에 흐르는 실체적인 기본원리를 연구하는 것이었다. 이에 관하여서는 주로 이 책의 제3장 「실질적 유사성 판단의 기본원리」에서 다루었다. 이 부분에 관한 결론은 "창작 인센티브를 의미있게 감소시키는 정도의 유사성이 실질적 유사성이다"라는 것이다.

실질적 유사성 판단에 관한 기존의 학술적인 논의나 판례이론에서 공통적으로 도출되는 실질적 유사성 판단 원리는 "일반인의 관점에서 저작물의 표현 부분이 실질적으로 유사하게 이용되었다고 느끼면 실질적으로 유사하다"라는 것이었다. 이러한 원리가 타당하지 않은 것은 아니지만, 실질적 유사성이 인정되는 경우에 "왜" 그러한 것인가라는 질문에 관하여서는 결국 "실질적으로 유사하다고 느끼면 실질적으로 유사하다"라는 순환논리를 제시할 수밖에 없어 실체적인 내용이 담긴 답변을 하지 못한다는 취약점이 있었다.

본 연구는 하나의 법체계에 존재하는 법리들은 그 법체계가 지향하는 궁극적 목적 아래에서 서로 유기적인 기능을 수행하고 있다는 점에 대한 인식에서 출발하였다. 저작권법의 목적은 가장 포괄적이고 추상적인 형태로 논의되는 거시적인 쟁점이고, 실질적 유사성 판단은 저작권침해분쟁의 실제 현장에서 가장 개별적이고 구체적으로 행하여지는 미시적인 쟁점이다. 이 책에서는 양쪽 끝에 위치한 두 가지 쟁점 사이에 논리적 연결고리를 생성해 냄으로써 포괄적인 저작권법의 목적이 개별적인 실질적 유사성 판단의 현장에도 반영될 수 있는 이론적인 틀을 생성하기 위하여 노력하였다.

저작권법은 사회의 문화를 발전시키기 위하여 저작자에게 창작 인센티브를 부여하여 창작물을 생산하게 하고, 일반 공중이 이를 공정하게 이용할 수 있도록 하는 것을 그 목적으로 하는 규범체계이다. 저작권은 저작자에게 자신의 창작물에 대한 제한된 독점권을 부여함으로써 창작으로 나아가게 하는 인센티브로서의 본질을 가진다. 저작권 제도에 있어서는 보상과 공유의 두 가지 가치가 조화를 이루어야 하는 것이므로 저작권 제도를 운영함에 있어서 가장 중요한 과제는 어느 정도 크기의 창작 인센티브를 부여하는 것이 적정한가, 즉 저작권 보호범위 설정은 어떻게 이루어져야 하는가를 고민하고 해결하는 것이다.

그런데 실질적 유사성의 법리는 저작물성의 제한, 저작재산권의 보호기간 제한, 저작재산권의 제한 또는 저작물의 자유이용 범위 설정과 함께 저작권 보호범위의 설정을 위한 중요한 정책적 도구 중 하나이다. 타인의 저작물의 핵심을 도용하면서도 중대하지 않은 변형을 가하여 저작권침해의 책임을 회피하도록 방치하는 것은 창작자의 창작 인센티브를 과도하게 감소시켜 저작권법의 목적 실현에 지장을 주게 되는 것인데, 실질적 유사성의 법리는 이를 효과적으로 규제하여 창작 인센티브를 실효성 있게 보호하고자 하는 취지를 가지고 있다. 그러므로 실질적 유사성 판단은 창작자의 창작 인센티브를 의미 있게 감소시키는가라는 기준에서 행하여지는 것이 타당하다. 이는 법관이 실질적 유사성을 판단하는 마지막 단계에서 자신의 판단재량을 행사할 때 스스로에게 "만약 당해 부분이 자유롭게 이용되도록 놓아 둔다면 창작자의 창작 인센티브가 의미있는 정도로 감소할 것인가?"라는 질문을 던져야 한다는 점을 의미한다.

창작 인센티브를 이해함에 있어서는 다음 두 가지 점이 고려되어야 한다.

우선 창작 인센티브 가운데에는 저작물을 통한 현실적·잠재적 이익실현 가능성이라는 경제적 인센티브뿐만 아니라 저작물에 대한 프라이버시, 예술적 통제권, 공헌의 인정 등 비경제적 인센티브도 포함된다는 점이다. 이러한 입장에 따르면 저작물의 핵심적인 부분을 도용하면서도 이를 기술적으로 포장하여 일반 수요자의 입장에서는 두 작품이 서로 다르다는 느낌을 받게 하는 경우에는 수요감소로 인한 경제적 인센티브의 감소는 일어나지 않겠지만, 작품의 핵심적인 부분에 대한 통제권이나 공헌을 상실함으로써 비경제적 인센티브의 감소가 일어나게 될 것이므로 실질적 유사성이 인정될 것이다.

다음으로 창작 인센티브를 부여받는 주체인 창작자는 1차적으로는 당해 창작물을 공급하는 위치에 있지만 2차적으로는 다른 창작물을 수요하는 위치도 함께 가지고 있다는 점이다. 대부분의 창작활동은 다른 사람의 창작물로부터 완전히 자유롭지 못하기 때문이다. 그러므로 저작권법이 추구하는 보상과 공유의 이념이 조화롭게 달성될 수 있도록 적정한 창작 인센티브의 크기를 설정함에 있어서는, 이와 같은 창작자의 이중적인 지위를 고려하여야 한다. 지나치게 과도한 실질적 유사성의 인정은 다른 사람의 창작물을 어느 정도 이용할 수밖에 없는 대부분 창작자들의 창작 의욕을 꺾어 오히려 사회전체적으로는 창작 인센티브가 감소하는 결과를 가져오게 될 것이다. 따라서 공급자로서 가지는 창작 인센티브와 수요자로서 가지는 창작 인센티브의 총합(總合)이 최고에 이르는 정도의 저작권 보호가 가장 적정한 보호범위라고 할 수 있다.

이처럼 저작권법의 목적에서 출발하여 창작 인센티브와의 상관관계에서 실질적 유사성을 판단한다는 것은 하나의 포괄적인 원리에 해당하므로 이를 적용한다고 하여 막바로 개별적이고 구체적인 사안에 관한 답변을 이끌어 낼 수 있는 것은 아니다. 그러나 위와 같은 기본원리의 제시를 통하여 왜 실질적 유사성을 인정할 수 있는가라는 질문에 대하여 실체적인 내용이 담긴 답변이 가능해질 것이다. 또한 실질적 유사성 판단과 관련하여 제시된 각종 기준들을 하나로 엮어 주면서 방향을 제시하여 주는 지도원리로서의 기능도 수행하게 될 것이다.

두 번째로 제시하였던 연구목적은 실질적 유사성의 이론적 체계화였다. 이는 그 동안 기존 문헌들에서는 실질적 유사성에 관하여 논의되었던 각종 쟁점들을 설명하면서도 그 쟁점들에 체계적인 지위를 부여하고자 하는 노력이 다소 소홀하였다는 문제의식에서 출발한 것이었다. 이 부분은 주로 이 책의 제4장 「실질적 유사성의 일반적 판단 기준」에서 논의하였다. 제4장에서는 실질적 유사성의 일반적 판단 기준을 크게 실체적인 측면과 방법적인 측면으로 나누고, 실체적인 측면은 보호대상과 보호범위로, 방법적인 측면은 판단관점과 판단방식으로 나누었다. 또한 그 동안 실질적 유사성을 둘러싸고 논의되었던 각종 쟁점들을 위 틀 안에 논리적으로 위치시켰다. 위에서 제시한 틀에 따르면 그 동안 미국 판례 및 문헌들을 통하여 등장하였던 테스트들 가운데 추상화 테스트나 유형 테스트는 실체적인 측면 중 보호대상에 관한 것이고, 양적 판단 기준 내지 질적 판단 기준은 보호범위에 관한 것이며, 보통 관찰자 테스트는 방법적인 측면 중 판단관점에 관한 것이며, 전체적 관념과 느낌 테스트는 판단방식에 관한 것으로서, 이들은 병렬적으로 나열될 수 있는 것이 아니라 모두 다른 체계적 의미를 가지고 있음을 명확하게 알 수 있다.

실질적 유사성 판단의 실체적 측면에서는 "무엇"을 "어느 정도까지" 보호할 것인가 하는 점을 다루었다.

무엇을 보호할 것인가 하는 점은 보호대상의 확정 문제이다. 최종적인 유사성 판정을 위하여서는 무슨 요소가 저작권법의 보호를 받는지, 바꾸어 말하여 무슨 요소를 가지고 유사성 판정을 행할 것인지를 확정하여야 한다. 저작권은 창작 인센티브로서의 본질을 가지는 것인바, 창작 인센티브로서의 독점권을 부여할 만한 사회적 가치가 있는 부분은 '표현'이고 그렇지 않은 부분은 '아이디어'에 해당한다. 이 책에서는 ① 구체성, ② 독창성 ③ 다양한 표현가능성, ④ 비소재성, ⑤ 사회적 비용의 비과다성의 다섯 가지 요소를 고려하여, 이러한 성격들이 강하게 나타나 있는 요소일수록 저작권에 의한 보호가치가 높은 표현일 가능성이 높다는 기준을 제시하였다.

어느 정도까지 보호할 것인가 하는 점은 보호범위의 확정 문제이다. 보호대상의 확정 문제가 어떠한 요소에 창작 인센티브가 부여되어야 할 것인가의 문제라면, 보호범위의 확정 문제는 그 요소에 어느 정도의 창작 인센티브를 부여할 것인가 하는 문제이다. 위에서 제시한 다섯 가지의 고려 요소는 보호범위 확정의 문제에도 그대로 적용될 것이다. 유사성 판정에 동원되는 이른바 질적 판단 기준도 결국 당해 저작물이 가지는 고유한 가치를 반영하는 핵심적인 부분일수록 유사성의 인정범위가 넓어져야 한다는 것으로서 위와 같은 요소들을 고려한 결과이다.

실질적 유사성 판단의 방법적 측면에서는 "누구의" 관점에서 "어떻게" 판단할 것인가 하는 점을 다루었다.

누구의 관점에서 판단할 것인가 하는 점에 관하여는 주로 미국에서 논의되어 왔는데, 보통 관찰자 테스트가 주류적인 입장을 이루어 왔고 우리나라 법원도 같은 입장인 것으로 보인다. 이러한 입장은 다음 두 가지 점에서 정당성을 부여받을 수 있다. 첫 번째로 저작권법은 사회의 문화발전을 위하여 그 수단으로서 창작 인센티브를 부여하는 것으로서 그 종국적인 혜택은 사회의 구성원들이 입게 되는 것이다. 그렇다면 창작 인센티브를 부여할 요소를 확정하고 그 부여의 정도를 정하는 것도 사회 전체에서 평균적인 지위를 차지하는 보통 관찰자의 관점에서 행하는 것이 바람직하다. 두 번째로 창작 인센티브의 중요한 비중을 차지하는 것은 경제적 인센티브이다. 한편 경제적 인센티브는 그 저작물의 일반적인 수요자의 이용행위에 의하여 실현되는데, 일반적인 수요자의 입장에서 유사하다고 느끼는 작품이 유통된다면 경제적 인센티브에 해악이 발생하게 될 것이다. 그러므로 일반적인 수요자의 입장에서 실질적 유사성을 판단하는 것은 특히 경제적 인센티브의 실현과 밀접한 관련성이 있다. 다만 이러한 원칙적인 입장에는 예외가 필요하다는 것이 이 책의 입장이다. 전문가 저작물의 수요자인 경우, 일반인이 쉽게 유사성을 판단할 수 없는 특성의 저작물인 경우, 일반인이 쉽게 발견할 수 없는 기술적 표절의 경우에는 전문가의 관점이 고려되어야 한다는 것이다. 이렇게 함으로써 일반인의 관점에만 의할 때에 포착될 수 없는 침해행위와 창작 인센티브의 상관관계가 실질적 유사성 판단에 제대로 반영될 수 있다.

어떻게 판단할 것인가 하는 점은 그 동안 누구의 관점에서 보호할 것인가 하는 문제와 뚜렷이 구별되지 않은 채 논의되어 온 경향이 있다. 그러나 판단관점과 판단방식의 문제는 개념적으로 구별되어야 한다는 것이 필자의 입장이다. 판단방식에 관하여서는 크게 "전체적으로" 비교할 것인가, "분석하여" 비교할 것인가 하는 두 개의 입장이 대립되어 왔다. 미국 판례에서는 이 두 가지를 혼합한 2단계 접근방식이 주류적인 입장으로 자리잡게 되었다. 그러나 2단계 접근방식도 최종단계에서는 전체적 접근방식에 의존함으로써 전체적 접근방식이 받는 비판에서 자유롭지 못하게 되었다. 적정한 창작 인센티브의 부여는 아이디어와 표현의 구분에서 출발하는 것이고, 그 정신은 분석적 접근방식에서 더욱 잘 구현되어 있으므로 분석적 접근방식이 원칙적으로 타당하다. 그러나 저작물의 요소별 분리작업을 모두 거친 후 그 중 표현에 해당하는 부분만 여과하여 피고의 작품과 대비하는 분석적 접근방식은 ① 추상화작업이 선행됨으로써 유사성과 관계없는 요소까지 모두 분리하여야 한다는 점에서 낭비적이고, ② 여과된 표현 부분만으로 대비작업을 하는 것은 관념적으로는 가능하지만 현실적으로는 곤란하다는 비판을 받을 수 있다. 따라서 필자는 두 작품을 전체적으로 대비하여 유사한 요소를 확정한 후, 그 요소 중 표현적 요소를 확정하고, 마지막으로 그 표현적 요소가 창작 인센티브에 어떠한 비중을 차지하는지, 그 표현 부분과 피고 작품 사이의 유사성의 정도가 창작 인센티브를 어느 정도 감소시키는지에 따라 실질적 유사성 여부를 결정한다는 3단계 접근방식을 제안하였다.

세 번째로 제시하였던 연구목적은 가급적 다양한 판례들을 분석하여 저작물의 유형에 따라 적용할 수 있는 실질적 유사성 판단의 지침을 제공하고자 하는 것이었다. 이 부분은 이 책의 제5장 「실질적 유사성의 유형별 판단 기준」에서 다루어지고 있다. 실질적 유사성의 일반적 판단 기준은 개별적인 저작물의 유형에 투영되는 과정에서 그 저작물의 특성에 영향을 받아 구체적인 적용모습이 달라지게 되므로, 실질적 유사성의 유형별 판단 기준의 정립이 필요하다. 실질적 유사성의 일반적 판단 기준은 저작물의 유형과 특성에 따라 그 구체적인 적용의 모습이 달라지게 되고, 또 달라져야만 한다. 이는 저작물의 내재적 특성과 외부적 환경을 둘러싼 창작 인센티브의 내용이 조금씩 틀리기 때문이다.

이 책에서는 저작물을 유형화한 뒤 그 특성을 고찰하고, 제4장에서 살펴본 실질적 유사성의 일반적 판단 기준이 어떠한 모습으로 적용되는지에 관하여 연구하였다. 각 저작물의 실질적 유사성 판단은, 두 작품의 대비를 통하여 유사성을 유발하는 요소들을 확정한 뒤 그 요소들 중 표현적 요소를 분리하고, 사안에 존재하는 유사성의 정도 및 표현적 요소가 창작 인센티브에 가지는 의미를 고려하여 저작권법의 목적상 이를 금지 또는 허용하는 것이 타당한지를 판단하는 단계로 이루어지게 된다. 더욱 체계적인 유형별 판단 기준을 정립하기 위하여서는 일반적으로 저작물을 구성하는 각종 전형적인 요소들을 정하고, 그 요소가 표현에 해당하는지, 또한 유사성 판단에 있어서 그 요소가 얼마나 비중있게 고려되어야 하는지를 검토하는 방식이 필요하다. 소설과 같은 어문저작물의 경우 주제, 사건의 전개과정, 등장인물, 대사, 분위기, 세팅, 속도의 요소들을 고려하되 사건의 전개과정 및 등장인물에 대한 검토가 가장 핵심적인 비중을 차지한다. 음악저작물의 경우 가락, 리듬, 화성 및 이를 배열한 음악적 구조를 고려하되 가락에 대한 검토가 가장 핵심적인 비중을 차지한다. 미술저작물이나 사진저작물의 경우 색, 선, 형상, 스타일, 재료, 묘사대상 등 소재적 요소들이 아이디어에 해당하고, 그 소재적 요소들의 창작적 선택, 배열을 통하여 창출된 미적 형상이 표현에 해당하는데, 특히 유사하지 않은 부분까지 고려하여 전체적인 미감이 어떠한가를 주로 고려한다. 건축저작물의 경우 기본적으로 시각적 저작물의 성격을 가지지만 기능성이 강하다는 특성을 가지고 있으므로, 건축저작물을 구성하는 개별적 요소들이 어떠한 전체적 디자인을 형성하는가에 실질적 유사성 판단의 핵심이 있되, 기능성으로 인한 표준적 삽화의 원칙 또는 아이디어/표현 합체이론의 적용이 빈번함을 염두에 두어야 한다. 컴퓨터프로그램저작물의 경우 알고리즘으로 일컬어지는 기술적 사상이 구체적으로 표현된 코드가 저작권 보호의 대상인데, 구체성과 창작성을 갖추었다면 코드의 비문언적 부분까지도 표현으로 보호할 수 있으나 기능성, 호환성, 표준성 등 프로그램에 특유한 외부적 요소들이 그 보호범위의 제약원리로 작동함을 인식하여야 한다. 도형저작물, 특히 지도의 경우 객관적으로 존재하는 자연적·인문적 현상을 정확하게 전달한다는 지도 본래의 기능은 독점적 보호대상이 아님을 염두에 두고, 지도에 표현할 소재의 선택 및 그 표현방식의 창작성 및 유사성을 검토하여야 한다.

이 책에서는 위와 같이 유사성 판단 기준을 제시하면서도 그 구체화에는 본질적으로 한계가 있을 수밖에 없다는 점을 감안하였고, 이를 보완하기 위하여 경험적 사례로서의 판례들을 가급적 많이 반영하였다. 현실적인 실질적 유사성 판단에 더 큰 참고가 되기 위하여서는 위 판례들의 사실관계와 판결이유를 자세히 소개하고 이를 평가하는 작업도 의미있었을 것이나, 이러한 작업은 논의의 선명성을 떨어뜨릴 수 있기에 특별한 사정이 없는 한 판례들의 내용은 논지를 보강하는 자료로만 활용하였다.

이와 같이 이 책에는 서론 부분에서 제시한 세 가지 목적을 달성하기 위한 노력의 결과물이 담겨 있으나, 여전히 여러 가지 한계를 가지고 있음을 자인하지 않을 수 없다. 특히 이 책에서 제시한 실질적 유사성 판단의 기본원리와 일반적 판단 기준이 개별적 유형의 저작물에 적용되는 과정에서 제시한 판단지침들이 보다 더 구체화되지 못한 점은 한계로 남는다. 이러한 구체화의 한계는 실질적 유사성 판단 기준 정립을 위하여 서술된 국내외의 기존 문헌들에서도 그대로 관찰되는 것으로서 실질적 유사성이 가지는 사안중심적 특성에서 불가피하게 유래하는 측면도 있다. 그러나 향후 이러한 점들은 다음과 같은 연구를 통하여 어느 정도 극복되어질 수 있다고 생각한다.

우선 개별적인 유형의 저작물에 어느 만큼의 창작 인센티브가 부여되어야 하는가 하는 점은 그 저작물의 내부적인 특성과 외부적인 환경의 두 가지 측면에 의하여 좌우된다. 그러므로 이 두 가지 측면에 대한 깊이있는 연구를 통하여 당해 유형의 저작물에 있어서 창작 인센티브를 좌우하는 요소들이 무엇인지, 그 비중은 어느 정도인지를 발견해 나감으로써 더 구체적인 실질적 유사성 판단 기준의 정립이 가능할 수 있으리라 생각한다. 또한 저작물의 사회적 의미가 변화되어 가면서 그 판단 기준 역시 변화되어 가야 하는 것이므로 이러한 작업은 계속적으로 수정, 보완될 필요가 있다. 이와 관련하여 창작의 과정은 어떠하고 창작의 주체가 지출하는 비용과 노력은 그 창작단계에 따라 어떻게 달라지는지, 그 창작물 중 어떠한 요소가 수요자들의 창작물 이용으로 유인하는 효과가 큰 것인지에 대한 실증적인 연구도 창작 인센티브의 규명에 크게 도움이 될 수 있을 것이다. 창작 주체가 일련의 창작과정에서 가장 핵심적인 노력을 기울여 수행하는 단계에서 생성한 요소이고, 이로 인하여 창작물의 수요가 창출되는 것이라면, 그 요소는 저작권에 의하여 더욱 강하게 보호되어야 할 것이다. 이러한 연구는 법률가의 노력만으로 수행할 수 있는 것이 아니므로 당해 저작물에 관한 전문가들과의 협력연구가 필요할 것이다.

마지막으로 실질적 유사성은 저작권법이 추구하는 정책적인 목적을 달성하기 위한 도구라는 점을 강조한 이 책의 입장에 선다면, 저작권 제도의 거시적인 운용 방향에 대한 논의 역시 실질적 유사성 판단에 영향을 미치게 될 것이다. 그러므로 과연 저작권 제도가 이 사회에서 어떠한 기능을 수행하여야 하는 것인가, 저작권 제도를 운용함에 있어서 보상의 원칙과 공유의 원칙은 어떻게 조화롭게 상생할 수 있는 것인가에 관한 끊임없는 논의는 향후 실질적 유사성을 연구함에 있어서 중요한 지침이 될 것이다.

그 동안 실질적 유사성 판단 기준에 관한 국내의 판례나 연구성과가 많지 않았던 현실에 비추어 보면 이 책은 실질적 유사성 판단 기준의 연구에 관한 첫 걸음 단계에 불과할지도 모른다. 어느새 사회의 중심에 등장하게 된 저작권 제도를 둘러싼 각종 분쟁에 있어서 법적 안정성을 높이고 사회적 비용을 줄이기 위하여 향후 실질적 유사성 판단 기준에 관한 지속적인 연구와 판례의 지속적인 축적을 기대하여 본다.

참고문헌

1. 국내문헌(가나다 순)

가. 단행본

* 강동세, 지적재산권의 형사적 이해, 세창출판사(2003).
* 김진욱, K-POP 저작권 분쟁사례집, 도서출판 소야(2013).
* 남형두, 표절론 — 표절에서 자유로운 정직한 글쓰기, 현암사(2015).
* 문화관광부, 영화 및 음악 분야 표절방지 가이드라인(2007).
* 박성호, 문화산업법, 한양대학교 출판부(2012).
* 박성호, 저작권법, 제2판, 박영사(2017).
* 법원행정처, 재판자료 제56·57집, 지적소유권에 관한 제문제(上)(下), 법원도서관(1992).
* 손경한 편저, 사이버지적재산권법, 법영사(2004).
* 송영식·이상정, 저작권법개설, 전정판, 세창출판사(2000).
* 송영식·이상정·황종환 공저, 지적소유권법(上)(下), 제7전정판, 육법사(2001).
* 오승종, 저작권법, 제5판, 박영사(2020).
* 오승종·이해완, 저작권법, 개정판, 박영사(2001).
* 이상경, 지적재산권소송법, 육법사(1998).
* 이상정, 미술과 법, 세창출판사(2009).
* 이시윤, 민사소송법, 신정4판, 박영사(2001).
* 이철남·이민영·최우령·신은경·김진아·류건수, 컴퓨터프로그램 실질적 유사성에 관한 연구, 한국저작권위원회(2012).
* 이해완, 저작권법, 제4판, 박영사(2019).
* 장주영, 미국저작권판례, 육법사(2003).
* 저작권심의조정위원회, 저작권표준용어집(1993).
* 저작권심의조정위원회, 신문과 저작권(우리가 알아야 할 저작권 상식 6)(1999).
* 정상조 편, 저작권법 주해, 박영사(2007).
* 정상조·박준석, 제5판 지적재산권법, 홍문사(2020).
* 정상조 편, 지적재산권법강의, 홍문사(1997).
* 최용규, 박형준, 김관조 공저, 지적재산권 분쟁소송 —법리와 실제—, 홍문관(2004).
* 프로그램심의조정위원회, 디지털컨텐츠감정에 관한 연구(Ⅰ), 수탁기관 : 한국소프

트웨어감정연구회(책임연구자 이규대)(2002).

* 프로그램심의조정위원회, 컴퓨터소프트웨어감정관련 국내외 동향조사 및 분석, 수탁기관 : 한국소프트웨어감정연구회(연구책임자 조동욱)(2002).

* 프로그램심의조정위원회, 컴퓨터프로그램 분쟁조정사례집 제1권(1995 – 2002년)(2003).

* 프로그램심의조정위원회, 컴퓨터프로그램보호법 주요판례집(2004).

* 프로그램심의조정위원회, 컴퓨터프로그램의 효율적 보호방안에 관한 연구, 수탁기관 : 숙명여자대학교(연구책임자 김원오)(2004).

* 허희성, 신저작권법 축조개설(上)(下), 저작권아카데미(2000).

* 한국소프트웨어감정평가학회, SW분야 감정 전문인력 교육교재 개발, 한국저작권위원회(2011).

* 한국저작권위원회, 저작권 관련 감정사건 판례집(1)(2010).

* 한국저작권위원회, 감정을 통한 저작권 침해판단에 관한 연구(2011).

* 한국저작권위원회, 2013 저작권 관련 감정사건 판례집(2) [일반저작물 및 컴퓨터프로그램 분야](2013).

* 한국저작권위원회, 드라마·영화·음악 표절 관련 판례집(2013).

* 한국저작권위원회, 저작권 기술 용어집(2014).

* 한국저작권위원회, 한국 저작권 판례집[14](2014).

* 한국저작권위원회, 감정사건 판례집(3)(2016).

* 한국저작권위원회, 감정사건 판례집(4)(2018).

* 한국저작권위원회, 저작권 등록 심사 편람(2020).

* 한국저작권위원회, 저작권 상담사례집 Vol. 9(2020).

* 한국콘텐츠진흥원, 게임 분야 팬덤 연구(2020).

* Dae – Hwan Koo, Information Technology and Law, —Computer Programs and Intellectual Property Law in the US, Europe, Japan, Korea—, Pakyoungsa(2005).

나. 논문

* 강기봉, "자바 API 프로그램의 법적 보호에 관한 소고 —Oracle America Inc. v. Google Inc. 사건을 중심으로—", 계간 저작권 제27권 제3호(2014).

* 계승균, "우리나라 저작권법의 건축저작물 복제조항에 관한 비판적 소견", 정보법학 제22권 제3호(2018).

* 고영회, "건축설계도서의 저작권 보호", 계간 저작권 제15권 제3호(2002).

* 곽경직, "창작성의 개념", 한국저작권논문선집(2), 저작권심의조정위원회(1995).

* 곽재우, "건축저작물 증·개축시 저작권침해에 관한 소고", LAW & TECHNOLOGY

제9권 제2호(2013).

* 권사현·박성필·김용길, "API의 저작권 보호에 관한 고찰 —자바 API의 저작물성을 중심으로—", 지식재산연구 제12권 제3호(2017).

* 권영준, "컴퓨터프로그램저작권과 아이디어/표현 이분법", 사이버지적재산권법, 법영사(2004).

* 권영준, "게임저작물과 실질적 유사성 —한국의 포레스트 매니아 판결과 미국의 테트리스 판결을 중심으로—", 지식재산연구 제17권 제3호(2022).

* 권택수, "사진저작물이 저작권법에 의하여 보호되는 저작물에 해당하기 위한 요건 (2001. 5. 8. 선고 98다43366 판결)", 대법원판례해설 37호(2001).

* 김경숙, "저작권 침해판단에서 실질적 유사성 개념의 재구성", 계간 저작권 제28권 제3호(2015).

* 김규식·조성제·우진운, "소스코드 유사도 측정 도구의 성능에 관한 비교연구", 한국소프트웨어감정평가학회 논문지 제13권 제1호(2017).

* 김민기·김경숙, "대중음악의 실질적 유사성 판단을 위한 시론", 계간 저작권 제28권 제2호(2015).

* 김경종, "편집저작권의 침해", 대법원판례해설 19－2호(1993).

* 김병일, "저작권법상 실질적 유사성에 관한 고찰 —어문저작물(소설 및 드라마 저작물)을 중심으로—", 정보법학 제17권 제3호(2013).

* 김성원, "게임 플레이어의 창작영상물에 대한 저작권법적 고찰", LAW & TECH-NOLOGY 제11권 제5호(2015).

* 김수현, "예술작품에 대한 표절판정의 논리", 미학 Vol 18(1993).

* 김영철·이혜승·신미해·조진완, "음악 표절 분석을 위한 음원 연구", 한국컴퓨터정보학회 하계학술대회 논문집 제21권 제2호(2013).

* 김우정, "프로그램 표절 감정기법에 관한 연구", 홍익대학교 석사학위논문(2002).

* 김정완, "저작권법상 패러디의 공정이용 항변에 관한 고찰", 법과 정책(제주대학교) 제23집 제3호(2017).

* 김진엽, "미술에서의 저작권 문제 —미술 저작권 적용을 중심으로—", 예술과 미디어 제15권 제4호(2016).

* 김창화, "저작권법상 실질적 유사성 판단의 관점에 대한 연구", 계간 저작권 제27권 제2호)(2014).

* 김창화, "Google v. Oracle 판결에서의 공정이용에 관한 연구", 산업재산권 제68호(2021).

* 문건영, 판례해설 「사랑은 아무나 하나」 저작권침해 아니다", 저작권문화 제121호(2004).

* 민경재, "방송 프로그램 포맷에 대한 법률적 보호방안에 관한 연구", 법학논총(전남대학교) 제39권 3호(2019).

* 박경신, "차용미술과 저작권의 충돌의 해결방안에 관한 재고", 정보법학 제18권 제2호(2014).

* 박경신, "음악 샘플링과 저작권 —미국과 독일의 최근 사례를 중심으로—", 저작권동향 제24호(2016).

* 박성진, "게임저작물의 실질적 유사성 판단", 계간 저작권 제28권 제4호(2015).

* 박성호, "저작물의 보호범위 — 희랍어 분석방법 사건", 한국저작권판례평석집(1), 저작권심의조정위원회(1998).

* 박성호, "현저한 유사성에 의한 '의거관계'의 추정", 정보법 판례백선(Ⅱ), 한국정보법학회, 박영사(2016).

* 박용규, "미국 판례성 저작권침해판단의 구조와 그 기준", 재판자료 제65집(1994).

* 박유선, "3D/4D 프린팅과 이차적 저작물 작성권에 관한 연구", 계간 저작권 제28권 제3호(2015).

* 박익환, "저작권침해소송에서의 기본 공격방어방법", 법학연구(인하대학교) 제4집(2001).

* 박익환, 판례해설 "만화저작물의 창작성 판단요소", 저작권문화 제111호(2003).

* 박정일·김상욱, "멀티미디어 데이터베이스 : 음악 데이터베이스를 이용한 음악 표절 감지 시스템 개발", 멀티미디어학회논문지, Vol.8, No.1(2005).

* 박정화, "지도가 저작권법상 보호되는 저작물로서 창작성이 있는지 여부의 판단 기준(2003. 10. 9. 선고 2001다50586 판결 : 공2003하, 2150)", 대법원 판례해설 제47호(2004).

* 박준석, "특허권 등 지적재산권의 남용을 긍정한 우리 판례들의 논리 분석", 민사판례연구[XXXIV], 박영사(2012).

* 박준석, "게임규칙 관련 부분의 저작권 보호가능성 —아이디어·표현 이분법의 신축적 적용—", 저스티스 통권 제193호(2022).

* 박준우, "모방풍경사진의 저작권 침해에 관한 연구", 계간 저작권 제27권 제2호(2014).

* 박태일, "어문저작물인 원저작물을 요약한 요약물이 원저작물과 실질적 유사성이 있는지 판단하는 기준에 관한 연구 —대상판결: 대법원 2013. 8. 22. 선고 2011도3599 판결—", 정보법학 제18권 제3호(2014).

* 박형옥, "의류 디자인의 미국 저작권법상 보호에 관한 연구 —Silvertop Associates, Inc. v. Kangaroo Manufacturing, Inc. 미국 바나나 코스튬 사건을 중심으로—", 정보법학 제22권 제3호(2018).

* 박희영, "[독일] 연방헌법재판소, 랩의 샘플링은 저작권 침해를 정당화할 수 있다", 저작권 동향 제11호(2016).
* 박희영, "끝나지 않은 음악샘플링 재판의 분석과 전망 — 독일 함부르크 고등법원 재파기환송심 판결", 이슈리포트 2022-25, 한국저작권위원회(2022).
* 배대헌, "지적재산권 개념의 형성과 그 발전", 매산 송영식 선생 화갑기념 「지적재산권법의 제문제」(2004).
* 백경태, "마술에 대한 지적재산권법적 보호", 계간 저작권 제28권 제3호(2015).
* 서달주, "공작기계 설계도의 저작물성 여부", 저작권문화 제131호(2005).
* 손천우, "모바일 게임의 창작물 및 실질적 동일성의 판단기준 — 대법원 2019. 6. 27. 선고 2017다212095 판결('포레스트 매니아' 사건)을 중심으로", 사법 제49호(2019).
* 손흥수, "설계도면의 저작물성(대상판결 : 대법원 2005. 1. 27. 선고 2002도965 판결)", 저스티스 제84호(2005).
* 손흥수, "미국에서의 건축저작권", 저스티스 제108호(2008).
* 송재섭, "컴퓨터 사용자 인터페이스의 법적 보호", 서울대학교 석사학위논문(2003).
* 신계하, "방송 프로그램 포맷에 대한 저작권 보호", 문화·미디어·엔터테인먼트 법(중앙대학교) 제11권 제1호(2017).
* 양대승, "4차 산업혁명 시대에 있어서 삼차원 프린팅의 도전과 저작권의 대응", 법학총론(한양대학교) 제35집 제1호(2018).
* 여미숙, "편집저작물의 의의 및 보호범위", 21세기 한국민사법학의 과제와 전망; 심당 송상현 선생 화갑기념논문집(2002).
* 오승종, "건축저작물과 저작권", 저스티스 제33권 제4호(2000).
* 오승종, "저작재산권침해에 있어서 실질적 유사성 요건과 그 판단 기준", 매산 송영식 선생 화갑기념 『지적재산권법의 제문제』(2004).
* 오승종, "저작재산권침해의 판단 기준에 관한 연구", 서강대학교 박사학위논문(2005).
* 오승종, "악곡과 가사로 이루어진 대중가요의 성격", 법률신문 연구논단(2019. 6. 10).
* 왕상한·박준우, "방송포맷의 국제적 보호방안에 관한 연구 —한국과 중국에서의 보호를 중심으로—", 경제법연구 제15권 2호(2016).
* 우원상, "저작물에 대한 창작성 요건의 검토", 계간 저작권 제28권 제4호(2015).
* 원종규, "컴퓨터프로그램의 법적 보호에 관한 연구 : 민·형사적 구제제도를 중심으로", 경희대 국제법무대학원 석사학위논문(2003).
* 유주안, "극적 저작물 저작권 침해 판단의 기준 —서울고등법원 2012나17150 판결

과 대법원 2013다8984 판결 분석 및 비교를 중심으로—", LAW & TECHNOLOGY 제15권 제2호(2019).

* 육소영, "건축저작물의 저작권 보호", 계간 저작권 제20권 제4호(2007).

* 육소영, "방송 프로그램 포맷의 저작권법에 의한 보호의 한계와 그 대안 —대법원 2017. 11. 9. 선고 2014다49180 판결을 중심으로—", 법학연구(전북대학교) 제61권 (2019).

* 육소영, "오라클과 구글의 저작권 분쟁과 산업계의 영향", IT와 법 연구 제22집 (2021).

* 윤민희, "현대 시각 디자인에서 표절시비에 대한 재고", 서울디자인포럼학회 디자인 학연구집 Vol. 6. No 1(2000).

* 이경호·정진근, "음악저작물 표절판단에 있어서 관용구의 인정가능성 —외톨이야 사건 및 썸데이 사건을 중심으로—", 정보법학 제18권 제1호(2014).

* 이상연, "표절과 그 패러다임에 관한 연구 — 어문저작물을 중심으로", 연세대학교 석사학위논문(1996).

* 이상정, "저작물의 제호의 보호에 관한 판례, 실무의 경향과 그 비판", 계간 저작권 제38호(1997).

* 이상정, "저작물의 보호범위", 계간 저작권 제12권 제1호(1999).

* 이상정, "사진의 저작물성에 관한 일고", 계간 저작권 제27권 제1호(2014).

* 이상훈, "미국 저작권법상 2차적 저작물의 보호", 재판자료 제89집(2000).

* 이성호, "저작권침해 여부의 판단 기준과 각종 저작물의 유형별 특성에 따른 실제 적 적용", 동천 김인섭 변호사 화갑기념논문집, 『법실천의 제문제』(1996).

* 이성호, "지적재산권에 대한 침해와 침해자의 고의·과실", 사법논집 제28집(1997).

* 이영록, "저작권 보호기간의 헌법적 한계에 관한 연구", 계간 저작권 제17권 제4호 (2004).

* 이영애, "건축저작권과 건축설계계약", 민사판례연구 제23권(2001).

* 이원형, "컴퓨터프로그램의 비문자적 요소의 법적 보호문제에 관한 고찰", 창작과 권리 제7호(1999).

* 이정환, "동물 캐릭터 도안에 관한 저작권 판단기준과 상표권", 정보법 판례백선 [Ⅱ], 한국정보법학회, 박영사(2016).

* 이정훈·박성수, "대중음악 샘플링의 저작권 침해 판단과 공정한 이용", 계간 저작 권 제30권 제4호(2017).

* 이철남, "컴퓨터프로그램저작권의 '여과(Filtration)' 과정에 관한 연구", 계간 저작권 제26권 제2호(2013).

* 이철남, "서체파일의 저작권 쟁점에 관한 연구검토 —최근의 국내 판결들에 대한

분석을 중심으로—", 정보법학 제22권 제3호(2018).

* 이태원, "힙합 음악 창작에서의 샘플링 기법에 대한 저작권법적 논의", LAW & TECHNOLOGY 제14권 제6호(2018).

* 이태종, "동일한 주제의 드라마가 기존 소설의 저작권을 침해하는 것으로 인정하기 위한 요건(2000. 10. 24. 선고 99다10813 판결)", 대법원 판례해설 제35호(2001).

* 이헌, "방송 포맷의 저작권법에 의한 보호", 사법 통권 제43호(2018).

* 이헌, "역사서의 창작성 및 실질적 유사성 판단", LAW & TECHNOLOGY 제14권 제5호(2018).

* 이형하, "언론 출판의 자유와 저작권의 상충과 조정 — 헌법상 언론 출판의 자유를 이유로 하여 저작권침해에 대한 면책특권을 인정할 것인가?", 헌법판례연구 I, 한국 사법행정학회(1993).

* 이해완, "저작권의 침해와 그 구제", 재판자료 제57집(1992).

* 임광섭, "응용미술저작물의 분리가능성에 관한 미국 대법원 판례 —Star Athletica, L.L.C. v. Varsity Brands, Inc., 137 S.Ct. 1002 (2017)—", LAW & TECHNOLOGY 제14권 제1호(2018).

* 임치용, "번역저작권", 국민과 사법; 윤관 대법원장 퇴임기념논문집, 박영사(1999).

* 장혜인, "창작 뮤지컬에서 연출가의 저작권법상 보호 가능성", LAW & TECH-NOLOGY 제14권 제6호(2018).

* 전규완, "사진의 창작성", 저작권문화 제106호, 저작권심의조정위원회(2003).

* 전응준, "컴퓨터프로그램에서 비문언적 표현에 대한 보호 가능성", 정보법 판례백선 (II), 한국정보법학회, 박영사(2016).

* 정경석, "게임저작물의 저작권 침해", 인권과 정의 346호(2005).

* 정상기, "Idea/Expression 이분법에 대한 소고(1)", 계간 저작권 제6권 제2호(1993).

* 정상조, "상이한 문예 장르 간의 표절", LAW & TECHNOLOGY 제8권 제4호(2012).

* 정상조, "저작물의 창작성과 저작권법의 역할", 계간 저작권 제5권 제1호(1992).

* 정상조, "컴퓨터 인터페이스 보호범위", 동천 김인섭 변호사 화갑기념논문집, 『법실천의 제문제』(1996).

* 정상조, "창작과 표절의 구별기준", 서울대학교 법학 제44권 제1호(2003).

* 정연덕, "IT(Information Technology)의 표준과 지적재산권의 문제에 관한 법적 연구", 인터넷법률 통권 제30호(2005).

* 정영길, "현대소설의 해체현상에 대한 고찰 — 문학텍스트의 표절시비를 중심으로", 현대문학이론연구 3권(1993).

* 정영미, "공연예술에서 연출자의 저작권 보호와 그 구체적 범위에 관한 연구", 계간 저작권 제21권 제4호(2008).

* 정영미, "무용저작물의 저작권법상 쟁점과 창작 현장의 관습", 정보법학 제18권 제 1호(2014).

* 정유진·박세진·권헌영, "오픈소스 소프트웨어의 공정이용 — Oracle America, Inc. v. Google Inc. 사건을 통해 본 주요 쟁점과 전망", 홍익법학 제17권 제4호(2016).

* 정진근, "Google v. Oracle 판결에서의 저작물 공정이용(fair use) 법리 -관련 산업에의 영향", 산업재산권 제68호(2021).

* 조상혁, "안무가의 안무참여방식에 따른 저작권의 인정과 그 효과", 무용역사기록학 제35호(2014).

* 조원희, "게임 표절 사건에서의 법률적 쟁점 — '건바운드' 사건을 중심으로", 저작권문화 제125호(2005).

* 조채영, "공정이용과 동일성유지권의 충돌에 관한 연구 —현대예술에서 독창성의 의미와 차용예술을 중심으로—", 연세대학교 박사학위논문(2016).

* 차상육, "레시피의 보호에 관한 저작권법상 쟁점에 관한 소고", 계간 저작권 제28권 제4호(2015).

* 채명기, "악보를 저작물로 지칭, 문제있다", 저작권문화 제122호(2004).

* 채정화·이영주, "방송 프로그램의 포맷에 대한 저작권 보호 및 실질적 유사성의 판단 기준에 관한 연구: 리얼리티 프로그램을 중심으로", 언론과학연구 제10권 제1호 (2010).

* 최기성, "안무의 저작권 보호에 관한 소고 —각국의 판례를 중심으로—", 법학논고 (경북대학교) 제64집(2019).

* 최승수, "음악저작권 침해의 판단 기준", 정보법 판례백선(Ⅲ), 한국정보법학회, 박영사(2016).

* 최승수, "선재미술 작품의 저작권 침해 문제 — 2021. 6. 24. 선고 부산고등법원 2017나339 판결)", 저작권문화 제333호(2022).

* 최우령, "안무의 저작권에 대한 고찰", 창작과 권리 제82호(2016).

* 최우령, "건축저작물의 저작물성 판단기준에 대한 소고 —대법원 2020. 4. 29. 선고 2019도9601 판결—", 안암법학 제61권(2020).

* 최은희·우달로바 아나스타샤, "팬픽션, 저작권 침해인가 공정이용인가?", 스포츠엔터테인먼트와 법 제18권 제3호(2015).

* 최재원, "인공지능 창작물에 대한 저작권의 주체", 문화·미디어·엔터테인먼트법 제11권 제1호(2017).

* 최지선, "팬픽션과 저작권 보유 기업 간 상생방안에 관한 소고", 계간 저작권 제26권 제1호(2013).

* 한지영, "어문저작물의 포괄적 유사성 판단에 관한 소고", 계간 저작권 제23권 제4

호(2010).

* 한지영, "3D 프린터의 출현과 지식재산권 ―저작권, 디자인, 상표권을 중심으로―", 계간 저작권 제27권 제2호(2014).

* 한지영, "무대 디자인의 보호방안에 관한 연구", 법학연구(부산대학교) 제55권 제1호(2014).

* 허진경, "대중음악의 표절 판단에 관한 고찰 ―창작성 및 실질적 유사성과 관련하여―", LAW & TECHNOLOGY 제14권 제6호(2018).

* 허희성, "음악저작물의 창작성과 실질적 유사성 ―대법원 2004. 7. 8. 선고 2004다18736 판결―", 계간 저작권 제17권 제4호(2004).

* 홍승기, "소설과 영화 사이의 저작권 침해판단", 저작권문화 제128호(2005).

* 홍승기, "TV 방송 프로그램 포맷 보호방안 ―저작권법적 보호를 중심으로―", 정보법학 제20권 제2호(2016).

* 홍승기, "방송 프로그램 포맷의 저작물성 ―대법원 2014다49180 판결을 중심으로―", 정보법학 제22권 제2호(2018).

* 홍승기, "무용저작물 보호와 그 한계", 강원법학 제57권(2019).

* 황선영, "중국에서의 방송포맷 보호에 관한 법률적 검토", 법학연구(부산대학교) 제59권 제1호(2018).

2. 외국 문헌(미국 문헌은 알파벳 순, 일본 문헌은 연대순)

가. 단행본

* Joyce, Craig et al., *Copyright Law* (6th ed. 2003).

* Landes, William M. & Posner, Richard A., *The Economic Structure of Intellectual Property Law* (2003).

* Melville B. Nimmer & David Nimmer, *Nimmer on Copyright* (2002).

* Paul Goldstein, *Copyright* (2d ed. 1996).

* Practicing Law Institute, *A Practitioner's Guide* (2003).

* Robert A. Gorman & Jane C. Ginsburg, *Copyright* (6th ed. 2003).

* Robert C. Osterberg & Eric C. Osterberg, *Substantial Similarity in Copyright Law* (2003).

* Stephen M. McJohn, *Intellectual Property, Examples & Explanation* (2003).

* Steven Shavell, *Foundations of Economic Analysis of Law* (2004).

* 小酒禮, 最新判例解說集, 民事篇, 法曹會(1982).

* 淸永利亮, 著作權侵害訴訟, 新·實務民事訴訟講座 5卷, 日本評論社(1983).

* 秋吉捻弘, 著作權關係事件の研究, 判例時報社(1987).

＊齊藤 博, 牧野利秋 編, 裁判實務大系 27, 知的財産關係訴 訟法, 靑林書院(1997).

＊淸永利亮, 設樂降一 編, 現代 裁判法大系 26, 知的財産權, 新日本法規社(1999).

＊金井重彦, 小倉秀夫 編著, 著作權法コンメンタール(上), 東京布井出版(2000).

＊金井重彦, 小倉秀夫 編著, 著作權法コンメンタール(下), 東京布井出版(2001).

＊淸水辛雄, 著作權判例百選, ジュリスト 別冊 157号(2001).

＊三山峻司, 松村信夫, 實務解說 知的財産權訴訟, 法律文化社(2003).

＊加戶守行, 著作權法逐條講義, 四訂新版, 著作權情報 センタ(2003).

＊作花文雄, 著作權法の基礎と應用, 發明協會(2003).

＊法學書院, 著作權法・不正競爭防止法 コンメンタール, 改訂 第2版(2004).

＊本橋光一郎, 本橋美光智子 共著, 要約 著作權判例 212, 學陽書房(2005).

＊半田正夫, 著作權法槪說, 第12版, 一粉社(2005).

나. 논문

＊ Autry, John, *Toward a Definition of Striking Similarity in Infringement Actions for Copyrighted Musical Work*, 37 J. Intell Prop. L. 113 (2002).

＊ Avsec, Mark, *Nonconventional Musical Analysis and Disguised Infringement : Clever Musical Tricks to Divide the Wealth of Tin Pan Alley*, 52 Clev. St. L. Rev. 339 (2004).

＊ Blessing, David S., *Who Speaks Latin Anymore? : Translating De Minimis Use For Application To Music Copyright Infringement And Sampling*, 45 Wm & Mary L. Rev. 2399 (2004).

＊ Breyer, Stephen, *The uneasy case for Copyright : A Study of Copyright in Books, Photocopies, and Computer Programs*, 84 Harv. L. Rev. 281 (1970).

＊ Cady, John, *Copyrighting Computer Programs : Distinguishing Expression from Ideas*, 22 Temp. Envtl. L. & Tech. J. 15 (2003).

＊ Calandrillo, Steve P., *An Economic Analysis of Property Rights in Information : Justifications and Problems of Exclusive Rights, Incentives to Generate Information, and the Alternative of a Government-run Reward System*, 9 Fordham Intell. Prop. Media & Ent. L. J. 301 (1998).

＊ Clapes, Lynch & Steinberg, Silicon Epics and Binary Bards, *Determining the Proper Scope of Copyright Protection for Computer Programs*, 34 UCLA L. Rev. 1493 (1987).

＊ Cohen, Amy B., *Masking Copyright Decisionmaking : The Meaninglessness of Substantial Similarity*, 20 U.C. Davis L. Rev. 719 (1987).

* Conley, Neil & Braegelmann, Tom H., *Metall auf Metall (Kraftwerk, et al. v. Meses Pelham, et al), Decision of the German Federal Supreme Court no. 1 ZR 112/06, dated November 20, 2008*, Journal of the Copyright Society, Vol. 56, 2009 (http://papers.ssrn.com/sol3/papers.cfm?abstract_id=1504982).

* Dunn, Susan A., *Defining the Scope of Copyright Protection for Computer Software*, 38 Stan.L.Rev 497 (1986).

* Francis, Michelle V., *Musical Copyright Infringement: The Replacement of Arnstein v. Porter — A More Comprehensive Use of Expert Testimony and the Implementation of an Actual Audience Test*, 17 Pepperdine L. Rev. 493 (1990).

* Frankel, Montgomery, *From Krofft to Shaw and Beyond, The Shifting Test for Copyright Infrigement in the Ninth Circuit*, 40 Copyright Law Symposium 429 (1997).

* Gladden, Nick, *When California Dreamin' Becomes a Hollywood Nightmare; Copyright Infringement and the Motion Picture Screenplay: Toward an Improved Framework*, 10 J. Intell. Prop. L. 359 (2003).

* Grinvalsky, Paul M., *Idea—Expression in Musical Analysis and the Role of the Intended Audience in Music Copyright Infringement*, 28 Cal. W. L. Rev. 395 (1991).

* Hadfield, Gillian K., *The Economics of Copyright: An Historical Perspective*, 38 Copyright Law Symposium 412 (1992).

* Hall, William A., *Kohus v. Mariol: The Sixth Circuit Adopts Two—Step Test for Substantial Similarity in Copyright Infringement*, 34 U. Mem. L. Rev. 995 (2004).

* Jackson, Melody, *Jingling All the Way to the Bank, A Real—Life Screenwriter's $ 19,000,000 Story*, Creative Screenwriting, March/April 2002.

* Jaszi, Peter, *Toward a Theory of Copyright: The Metamorphoses of "Authorship"*, 1991 Duke L.J. 455 (1991).

* Jones, Stuart E., *Copyright Protection of Architectural Works: My House is My Castle, But Can I Protect it From Infringement?*, 8 No. 2. Intell. Prop. L. Bull. 1 (2003).

* Kaplicer, Brett, I., *Rap Music and De Minimis Copying Applying the Ringgold and Sandoval Approach to Digital Samples*, 18 Cardozo Arts & Ent. L.J. 227 (2000).

* Ku, Raymond, *The Creative Destruction of Copyright: Napster and the New*

Economics of Digital Technology, 69 U. Chi. L. Rev. 263 (2002).

* Kyet, Aaron, *An Improved Framework for Music Plagiarism Litigation*, 76 Cal. L. Rev. 421 (1988).

* Landes, William M. & Posner, Richard A. *An Economic Analysis of Copyright Law*, 18 J. Legal Stud. 325 (1989).

* Lape, Laura G., *The Metaphysics of the Law : Bringing Substantial Similarity Down to Earth*, 98 Dick. L. Rev. 181 (1994).

* Latman, Alan, *Probative Similarity as Proof of Copying : Toward Dispelling Some Myths in Copyright Infringement*, 90 Colum. Rev. 1187 (1990).

* Lunney Jr., Glynn S., *The Death of Copyright : Digital Technology, Private Copying and the Digital Millennium Copyright Act*, 87 Va L. Rev. 813 (2001).

* Lupton, Keith, *Photographs and the Concept of Originality in Copyright Law*, 10 E.I.P.R. 257 (1988).

* Mow, Adam T., *Building with Style : Testing the Boundaries of the Architectural Works Copyright Protection Act*, 2004 Utah L. Rev. 853 (2004).

* Newman, Jon O., *New Lyrics for an Old Melody : The Idea/Expression Dichotomy in the Computer Age*, 17 Cardozo Arts & Ent. L.J. 691 (1999).

* Sharb, Michael L., *Getting a "Total Concept and Feel" of Copyright Infringement*, 64 U. Colo. L. Rev. 903 (1993).

* Shavell, Steven & Ypersele, Tanguy Van, *Rewards versus Intellectual Property Rights*, 44 J. L. & Econ. 525 (2001).

* Sitzer, Michael Ferdinand, *Copyright Infringement Actions : The Proper Role for Audience Reactions in Determining Substantial Similarity*, 54 S. Cal. L. Rev. 385 (1981).

* Smart, Thomas A. et al, *Reality Check: When Will two TV shows in the same genre be considered substantially similar under copyright law?* 21−SUM Ent. & Sports Law 1 (2003).

* Weinreb, Lloyd L., *Copyright for Functional Expression*, 111 Harv. L. Rev. 1149 (1998).

* Y'Barbo, Douglas, *The Origin of the Contemporary Standard for Copyright Infringement*, 6 J. Intell. Prop. L. 285 (1999).

* 中島徹, "個々マの 新聞記事の著作權侵害を認定した事例", 判例時報 1506호(1994).

* 光石俊郎, "著作權法の依據におけるついて", 知的財産權の現代的課題 : 本間崇先生還曆記念, 信山社(1995).

* 西田美昭, "複製權の侵害の判斷の基本的考え方", 裁判實務大系 27, 知的財産關係訴訟法, 靑林書院(1997).
* 茶園成樹, "新聞記事の要約", 裁判實務大系 27, 知的財産關係訴訟法, 靑林書院(1997).
* 吉田大輔, "事實に密着した著作物の著作權の侵害", 裁判實務大系 27, 知的財産關係訴訟法, 靑林書院(1997).
* 陸本英史, "著作權侵害の判斷について(上)", 判例時報 1595호(1997).
* 陸本英史, "著作權侵害の判斷について(下)", 判例時報 1596호(1997).
* 靑柳昤子, "著作權訴訟の要件事實", 裁判實務大系 27, 靑林書院(1997).
* 山神淸和, "新聞記事の飜案による著作權侵害", ジュリスト, No. 1141(1998).
* 中山信弘, "創作性についての基本的考え方", 著作権研究 28号, 著作権法学会(2001).

판례색인

1. 국내 판례

2. 미국 판례

3. 독일 판례

4. 일본 판례

사항색인

저자약력

권 영 준

서울대학교 법과대학 졸업
서울대학교 법과대학원 졸업(석사 및 박사)
하버드 로스쿨 졸업(LL.M.)
판사(서울지방법원 등 다수 법원)
서울대학교 법학전문대학원 교수
하버드 로스쿨, 듀크 로스쿨, 막스플랑크 연구소 등 방문교수
동경대학교 법과대학 특임교수
법무부 법무자문위원장
국가지식재산위원회 지식재산－인공지능 특위 위원장
국가지식재산위원회 위원
(전)한국저작권위원회 위원
(전)서울대학교 기술과 법 센터장

〈주요 저술〉
민법학의 기본원리
민법판례연구 Ⅰ, Ⅱ
2014년 법무부 민법 개정시안 해설
민법주해(공저)
주석민법(공저)
민법 Ⅱ － 권리의 변동과 구제(공저)
저작권법주해(공저)
미국사법의 이해(공편저) 등 저서 다수

특허권 남용의 법리와 그 관련 문제
저작권과 소유권의 상호관계
게임저작물과 실질적 유사성
데이터 귀속·보호·거래에 관한 법리 체계와 방향
법의 개인화 단상 등 논문 다수

조 정 욱

서울대학교 법과대학 졸업
서울대학교 법과대학원 졸업(석사 및 박사)
버클리 로스쿨 졸업(LL.M.)
변호사(법무법인 강호)
서울대학교 법학전문대학원 객원교수
연세대학교 법학전문대학원 겸임교수
한국저작권위원회 감정전문위원
대한상사중재원 중재인
영화진흥위원회 공정환경조성센터 법률지원단
한국엔터테인먼트법학회 부회장
WIPO(세계지식재산권기구) Domain Name Panelist

(전)국가지식재산위원회 전문위원
(전)Townsend and Townsend and Crew LLP 근무

〈주요 저술〉
Innovation and Competition in the Digital Network Economy
인터넷 도메인 분쟁연구
인터넷과 법률(공저)
저작권법주해(공저)
Entertainment Law(공저) 등 저서 다수

저작권법상 기술적 보호조치에 대한 침해행위
온라인서비스제공자의 기술적 조치 의무
동영상 서비스와 UCC에 대한 저작권법상 쟁점
부정경쟁방지및영업비밀보호에관한법률상 희석화에 대한 연구 등 논문 다수

제2판
저작권침해판단론 —실질적 유사성을 중심으로—

초판발행	2007년 1월 20일
제2판발행	2023년 5월 30일
지은이	권영준·조정욱
펴낸이	안종만·안상준
편 집	김선민
기획/마케팅	조성호
표지디자인	벤스토리
제 작	고철민·조영환
펴낸곳	(주) **박영사**
	서울특별시 금천구 가산디지털2로 53, 210호(가산동, 한라시그마밸리)
	등록 1959. 3. 11. 제300-1959-1호(倫)
전 화	02)733-6771
f a x	02)736-4818
e-mail	pys@pybook.co.kr
homepage	www.pybook.co.kr
ISBN	979-11-303-4445-4 93360

정가   34,000원